丰南志体古籍汇编

郭百新 编

吉林大学出版社

图书在版编目（CIP）数据

丰南志体古籍汇编 / 郭百新编. —长春：吉林大学出版社，2018.10
ISBN 978-7-5692-3621-7

Ⅰ. ①丰… Ⅱ. ①郭… Ⅲ. ①丰南区－地方志－古籍－汇编 Ⅳ. ①K292.24

中国版本图书馆CIP数据核字(2018)第248530号

书　　名　丰南志体古籍汇编
　　　　　FENGNAN ZHITI GUJI HUIBIAN
作　　者　郭百新 编
策划编辑　刘子贵
责任编辑　李卓彦
责任校对　刘子贵
装帧设计　郭远芳
出版发行　吉林大学出版社
社　　址　长春市人民大街4059号
邮政编码　130021
发行电话　0431-89580028/29/21
网　　址　http://www.jlup.com.cn
电子邮箱　jdcbs@jlu.edu.cn
印　　刷　唐山市丰南区兴华印刷有限责任公司
开　　本　787mm×1092mm　　1/16
印　　张　48
字　　数　670千字
版　　次　2018年10月 第1版
印　　次　2018年10月 第1次
书　　号　ISBN 978-7-5692-3621-7
定　　价　200.00元

序 言

2015年秋，正值收获的季节，《丰南志体古籍汇编》初稿打印出来。这时，距最初创意之时，已历时8年有余。

此时的它，形容质朴，结构凌乱，且谬误多出。它像什么？像幼年记忆中的垫脚石，从山体剥离下来，略经雕琢，简单码放在草屋门前。它既没有一览众山的气势，也无曲径通幽的禅意。只是在不经意间，让人们轻松地变换一个高度。而这个，也正是我最初编录这本书的目的。

2006年初夏，在同事相约之下，绕路海堤遥望故乡的大海。故乡的海是什么样子？已近不惑的我没有印象。尽管心里早有准备，与海的邂逅，依然感到深深震撼！灰褐色的海水，浩瀚无边，暖阳漫撒，波光潋滟。久在内地生活的我，站在海堤之上，看海天寥廓，迎拂面清风，少许燥意烟消云散，心境顿觉无比开阔。

故乡风物如此多娇，我们应该读懂它的前世今生！但我知道，丰南是历史上丰润县、滦县析置，再加上遵化州插境而成。最初的丰南建置于战争年代，始于1946年4月。新中国成立后几经调整，至1961年，建置相对稳定。因此，丰南没有旧县志，给系统了解和研究历史带来极大不便。

我因此设想：通过自己搜集整理，编成一部丰南古籍文献汇编，宛若古志，一册在手，家乡既往，可资查询。如此一来，可使人免于奔波反复之累。

创意诱人，现实却很骨感。实际动手，却发现有几关难以逾越。一是知识关，自身文化水平有限，对于古文的兴趣，更多来自少年时期对古典文学作品的喜爱，面对汗牛充栋的古籍，无处不在的生僻字及莫名的典故，让人望而生畏。二是资料关，虽然基础资料《丰润县志》《滦州志》《遵化州志》有所涉及，但并不足以撑起相应的体量，后续资料的搜集，只能摸索前行。三是取舍关，由于文献庞杂，如何取舍才能做到繁简得当，需要精准规划。四是时间关，基层事务千头万绪，身归于家，心难静属。往往一掷数月，才有暇重新做起。因记忆导致的混乱，影响编录进行。经常发生的是：偶有所得，不胜欣喜，精心整理之后，放置相应卷目，却发现早有收录。因遗忘如此反复者，不下数十次。还有，数百村庄与相关人物的校核，逐一而行，错综复杂，让人不堪其扰。

但誓志于此，除不懈前行，别无捷径。从此，工作之余，我专注搜集丰南古籍资料。旁搜博采，查阅大量古籍及电子读物，包括地方志、通志、明清实录、个人笔记、古代舆图、碑记等相关史料，先后查阅古籍文献上百部，摘录各种资料上百万字，拍摄文献照片数千张。结合实地搜集考证，除本地之外，足迹踏遍北京、天津及周边县区。形成以旧志为主线，以历史资料为补充，结合走访资料，形成一部相对丰富的古代历史文献汇编。

在内容取舍上，结合丰南建置形成，按照区划主次构成，在建置选用中，采用丰润详，滦州、遵化略的方式处理。而涉及物产类，同居斯土，同此风物，在选用上以详者为主。文字辑录，根据文献内容，采用引用、摘录、参考手法。引用之法，原文献涉及丰南的，直接编纂文中。如村庄、人物、古迹等；摘录之法，涉及相关社会、自然文献，如水灾、盐法等，摘录与丰南现境有直接关系部分编录其中；参考之法，即丰南现域所无，却与先民生活息息相关，或有助于了解社会形态之衙署、学校、各种谕令等，以尽可能多收录历史文化信息，尽力复原清代以前丰南自然、社会、经济、文化全貌。值得提起的是家谱资料的收集。作为家族史料，在方志编纂历史上，除《遵化州志》略有所涉及，很少为旧志收录。但因家谱富含历史信息，在这次整理中，特将家族谱序列入其中。以此反映先民迁徙情况，同时印证相关人物资料。如《丰润县志》对科举人物记载有限，人物原籍无法厘清。作为光耀门楣的亮点，家族人物及主要事迹在家谱中均有明确记载。对照家谱记载，参考旧志文献，对于丰富地方历史文化堪称一个重要补充。

回望编纂历程，尽管耗时日久，且投入相当精力，但仍存有诸多缺憾：一是自身水平所致，虽然几经努力，但谬误之处仍无法避免；二是引用资料有误，个别资料引用电子文献，缺乏原本古籍对照，错误难以纠正；三是古籍本身问题，因年久破损，个别词句难以辨识，故致相关文献存有空白之处。四是涉及丰南的古籍资料，随着发掘不断深入，尚可进一步收集，碍于情势所需，只好初成辄止。当然，最突出的还是自身水平问题，几经校核及多方求教，仍然存在断句不准确、个别文字无法查到出处等问题，只好寄望于贤者指教了。

2017年初，我有幸调入区地方志办公室，得以接触地方志一些理论知识，在此基础上，对初稿卷目进行调整，对内容也进行了适度删减或补充，使之更加接近旧志体例。

在成书过程中，有赖于有关部门、专家、学者及热心历史人士的帮助。丰南图书馆考虑我身处基层，往来不便，破例允许将馆藏文献带回家中，得以从容整理。唐山历史研究会副会长任荣会、唐山历史研究会秘书长刘天昌、唐海县环保局局长、文史专家李庆玺、开滦档案馆学者刘利民、《唐山劳动日报》记者梁竞艳、《唐山晚报》记者张薇、丰南民俗文化研究会会长于东兴、丰南原文联主席高昌顺给予热诚帮助。同时，也得到丰南及邻近县区一批历史爱好者的倾力支持。

在这期间，尤其感谢丰南方志办李继隆老师，作为国内方志界名声遐迩的专家、丰南地方志事业的重要开拓者，在提供大量古籍材料的同时，对我的努力给予高度评价。同时，以其深厚的古文功底，渊博的理论知识及丰富的实践经验，对编录内容进行全面、认真的修改，使之日臻完善。

最后，感谢丰南区委、区政府及有关领导！作为地方主政者，在推动全区经济社会实现跨越式发展的同时，始终关注历史文化的繁荣，对本书出版给予全力支持。种种关切，虽未一一尽数，却历历铭刻在心！

热爱家乡，从了解历史开始。作为一个从基层走来的乡土历史文化爱好者，能够将个人爱好与事业融合在一起，无疑是难得的幸事。结合新时期发展需要，在未来的岁月，我将以推进方志事业转型升级为己任，凝聚方方面面的力量，力争编纂一批既有历史价值，又有现实意义的地情文献。

一个地域的全面繁荣，离不开历史文化的富足。可以确信，在历史文化发掘的路上，坚持的越久，家乡曾经的一切便愈加清晰，愈加丰富，也愈加璀璨。

——郭百新

2018年3月于丰南

凡 例

一、本书立足旧志整理的基础上，收集大量与本地相关的正史文献、疏奏、纪略、日记、碑记、家谱资料汇编而成，旨在发挥方志资政、存史和教化作用，并弥补丰南无古志之憾。

二、本书所涉及唐山市丰南区行政区划以2013年12月31日之前为止。

三、本书上限自文字记载以来，下限至清代覆亡。个别篇目因取材原因，资料录至民国初年。

四、为尊重原著保存历史资料，校点时将繁体字改为规范的简化汉字，异体字则酌情处理，易混淆的保持原貌。对原文进行断句，并加注标点符号，缺字和模糊无法辨认者则以“□”标识。除极个别难以查寻出处的，一般不做注释，基本保留了原版风貌。

五、结合丰南建置形成，在内容取舍上，按照区划主次构成，如建置卷，采用丰润详，滦州、遵化略之的方式处理。而涉及物产类，因滦州志记述较详，故多选用该志内容。

六、文字辑录的选用，根据文献内容，采用引用、摘录、参考手法。引用是指原文献涉及丰南的，直接编纂文中。摘录是指涉及相关社会、自然、历史等方面的文献，摘录与丰南有直接关系部分编录其中；参考是指丰南现域所无，但有助于还原当时社会形态之相关内容，如衙署、学宫等。

七、本书人物，重点收录断限内丰南籍人物及在本地活动并有影响的外地人。或家族后裔迁播外地，本地家谱仍有记载，则统编于本书之内。家族人物因后代散播各地，能够厘清所居村庄的，则予以标注。一时不能厘清的，则未做标注，统一收录书中，有待以后甄别分录。

八、为使今人对丰南现城镇村隶属、村庄历史名称及建村时间有所了解，在编后附唐山市丰南区镇村分隶一览表。

九、古籍整理是一项细致严谨的工作，具有一定的难度，因本人经验不足，水平有限，错讹在所难免，敬请广大读者雅正。

附《丰南现域清末分隶图》注释：

（一）本图系于 1993 年丰南行政图基础上改绘，所属村庄均沿用现有名称；相关道路、河流、洼淀、海域非清代实际情形。

（二）本图反映丰南现有村庄在清代末期行政隶属关系，镇及社屯分界并非清末镇、社、屯的实际界线。

（三）因遗漏、易名、拆分、合并，或因建村时间较晚，个别村庄在清代文献或舆图无载，系编者在现有区划基础上，经走访调查确定，存在谬误之处。

（四）因清代存在飞地现象，造成一个村庄为两个行政区域分隶，如钱营镇隶属滦州，但中街隶属丰润；刘唐保村隶属丰润县，但小北街隶属滦州；夏庄屯隶属遵化，但个别住户隶属滦州赤口社；井屯村以南北街为界，分属遵化州和滦州。诸如此类，多有发生，均未在地图中标注。

总 序

丰润县

明·隆庆《丰润县志》原序

昔丰润隶渔阳郡，今属蓟州。抵神京三百里有奇，为左臂辅邑。圣化昭洽，亦首善之域也。虽其地迩边陲，四塞险阻，古号雄踞，今称藩篱，其邑舆有志附于旧蓟矣。邑王令纳言，以时久而简编缺，或晦焉靡显，略焉不详，非邑之全乘也，奚足以信今传后耶？爰集献鸠文，合旧志而补葺之。始之以图经、事纪、地里、建置、学校、食货，继之以官师、仕籍、宦迹、人物、兵制、杂职、艺文。凡昔无而今有、后盈而前缩者，悉与厘正集次，纲总目析，歧为二卷。纪载参于旧乘，义例窃乎古文，灿然为邑巨典也。甫成，王令以忧去。余令乾亨专心民瘼，究意典章，嗣而梓之，请余以叙诸简端。余惟志也者，非徒以侈文而资博也，将以纪实而出治道也。邑而匪志，则往迹湮没、民俗漫无所稽，司土者或掇其别闻而敷治之，民其不为误者无几也。余自臬关西受简命来宪兹蓟，夫蓟，重镇也，日惴惴焉以弗胜是，乃取《一统志》《九边图》《郡县志》《地里考》，时批阅之。将以识山川之险易、戎马之盈缩、钱谷之登耗、民俗之淳漓，拯衰振弊，以仰答我皇上之简命。偶得诸地里考之所载者，民刁俗悍、时号难治者最是邑焉。始若以为然，暨按历数月，邑令持志诣予，阅之再三，其见于人物者，若石大用之节义、董让之廉介、谷周氏之贞烈，正气耿光，可以彰往；若大中丞之谷公、大方伯之韩公、大司徒之严公，高谊峻世，足以兴今。见于风俗者，且曰民多俭质而力农，士多节义而务学，风俗淳厚，礼让聿兴。施诸冠、婚、丧、祭，秩然有礼，尤可稽也。其他好义而急公、尊君而亲上，可以远追浑噩狉獉之风者，不尽殚述。未闻有所谓弗驯之民、强梗之俗，以列于其间也。使其无志以嗣于今，则莅民者将有泥成说，主先入而厉禁峻法，未必不加于友顺之民矣。奈之何！民不误且病也。噫！书其可以尽信、邑其可以无志哉？虽然世于变而四凶梗化，时太平而三监弗率，考之说，亦有自也。而转移化导其机，系乎上耳。方今圣天子建极彰轨，畿辅之民，涵濡道化，见德顺则，已比比然矣。抚台刘公承休宣猷，揆文奋武，是以民享安乐之福，而抚属郡县悉皆若于政训，维于礼义，风俗淳美，诚有如志之所称者。是志也，虽以稽更张之迹，富激劝之道，而民俗不变之初，此其识之矣。为令邑者，仰体乎圣君贤辅之心，而曲尽乎承流宣化之道。监往哲以厉精，缘时俗以张弛，则民俗一变至道，当不止于今日已也。考之说奚辨焉。

隆庆四年岁次庚午九月，蓟州兵备副司杨锦撰。

明·隆庆《丰润县志》原序

丰润之为邑也，幽冀之门户，辽海之襟喉，而神京之肘腋也。其地近边，北险南旷。虽僻在一隅，而华夏之盛衰，宇内之开塞，恒于此乎候焉。历观载籍，本黄帝所画幽州之域，在唐虞为侯甸，在商则孤竹之所邻，在周则尧裔之所封，而随入于燕者也。民当其时，近圣人居，被圣人之化，其英哲并生，士风朴茂，盖可想见。汉隶渔阳，唐隶北平，往往皆称善治。其季也，刘虞据之、禄山凭之，则多故矣；至于晋氏之衰，慕容攘窃；五代而后，并入契丹；辽、金迄元，运移殆五百年也。虽豪杰间生其间，又焉知其风化之流不异于古所云耶？故观于丰润之分合，而华夏之盛衰可睹已。我太祖命将削兵，如轩辕之都涿鹿；成祖卜燕定鼎，如陶唐之宅平阳。自是而为邦畿、为屏翰，矻然称重地矣。夫上下五六千年，而再遇轩尧之兴，处畿辅之重，斯世斯民，何其幸欤！故观于今日之丰润，而寰宇之再辟可知已。沿革不常，旧无邑乘，凡疆域、山川、人物、政治之迹，俱附州志，然亦略矣。明兴且二百年，累洽重熙，文物声华，与辇毂相埒，而学士大夫未有议及此者，岂非一方之阙典欤？仰文献之兴，其郁而彰者，固自有待欤！纂修先朝实录，遐陬远檄，靡不蒐辑，由是邑令王君梧月始锐意纂集，而间谋诸子。予阅敝箧之中，得往事备遗者凡数十种，命从子九鼎辈润色诠次。垂及成书，而君以忧去。新令余君兼山继之，好古崇文，与王君同志，遂竟阙功，以付诸梓。举千百年之坠典，一旦光昭。而自兹以往，凡道法之师资、政治之轨范、民风之淑慝、兵赋之盈虚，与夫居身莅众之凿戒，皆于此而可稽矣。嗣是而为君相者考焉。治跻唐虞，化行南国，为士民者考焉。生王国而为桢，闻清风而兴起，则斯志也，其裨于世教者，岂小哉！

隆庆庚午初夏既望，邑人谷峤撰。

清·康熙重修《丰润县志》序

浭阳古称边陲地。自历代建都于燕，此邦遂为神京左翼。凡声名、文物、教化，必首及焉。然太史采风，要于邑乘是赖，则修之可不亟亟哉。顾隆庆以来，垂百余年未及纂辑，其间山川更易，风俗变迁，人民、财赋之盛衰，官师、科第之隆替，以及节义文章湮没而不传者，不可胜记。余莅任后，辄欲修举废坠，逮翻阅旧志，见其典章残阙，不足考古而信今，每惄焉忧之。为簿书鞅掌，奔走无宁，实有志而未逮也。恭遇圣天子允辅臣请，纂修天下通志。奉檄博访明儒，光昭史乘。余不敏，与邑之绅士议，务求足当斯任者。学博刘君世芳乃以乡先生谷君元调进，暨文学诸子副焉。余开馆授粲，三请而后受事。乃谓谷君曰："今日之事，奉命纂修，匪特一邑之志，实为千秋之书，将进之史馆，用佐兰台笔札。其务殚精抽毫，期副国家右文至意。"谷君曰："唯唯。但为此事者有三难：丰自圈占之后，书籍荒废，故事无征，恐亥豕鲁鱼，实增固陋。一难。百年以来，老成凋谢，考问无从，山陬水湄，稗官莫纪。二难。地处偏隅，非如通都大邑，可以招致明贤，共囊盛举，管窥蠡测，未便可悬国门。三难。"余曰："无难也。故老犹存，书仓不乏，亦在乎矢慎矢公而已。"余乃博搜旁讨，得邻邑之志数种授之。爰取旧志十三卷更为十卷，芟芜补阙，复与之商确校订，宁详毋略，宁严毋滥，宁据实毋徇情。阅四月，而书成。余细绎之，但见纲举目张，条分缕晰。览舆地建置，则时代因革、陵谷变迁可得而知也；览赋役、学校，则民物消长、祀典异同可得而考也；览秩官、兵制，则知文武之所由重轻；览选举、人物，则知人才之所由进退。暨夫杂职以备参稽，文苑以资博览，丰之典故莫不了如指掌、朗若列眉，洵可称良工心苦矣。于是抚卷而叹曰：事之废兴，岂不以人哉！

盖隆、万之时，文章非不盛也，或狃于无事优游，或阻于军兴旁午，遂至典籍沦落，缺焉弗修，讵非有识者所深悼哉。今者车书玉帛，万国来同，偃干戈而修礼乐，遂令一代掌故灿若日星，诚哉千秋盛事欤。丰邑虽小，亦梄轩之使所必及，此一役也，虽不敢与班固之地理、李靖之边图比材而絜长，而一邑之信史，亦庶几可以不朽矣。

邑侯张撰。

清·康熙重修《丰润县志》序

康熙壬子十有一年，万方和会，玉帛来同。辅臣请修《大清一统志》，报可。

诏郡邑、各修志乘以进。越明年，邑宰张公以雕龙绣虎之才，汇天禄石渠之彦，于是有县志之修，而属予主其事。受命以还，弗遑宁处，虑胸次浅狭，不足以荷钜典，而覆餗是惧。初开馆于宏法寺，于时鸿雁在天，芝兰满座，相与订疑葺漏，三阅月而志弗成。乃禅林呵冻，携簏斋头，复键户弥月而志弗成。盖邑志经百年未修，而诸同事又四出采访，以千秋不朽之业，徒付之寡昧空踈之手，宜乎其虚岁月而靡饩廪，岌岌负盛代崇文之典，暨诸当事风雅之心也。无何，而江梅逗月，凤历书云。圣天子方居青阳，朝群后举，夫祝鸠司徒、雎鸠司马、爽鸠司寇、鸤鸠司空，以及隼旟、熊轼、鹤绣、犀鞶，五马春芜之牧、双瀛盛瑞之征，万国呼嵩，千官舞寿。太史氏纪虞延辑瑞之年，而吾志适成。于烁哉。汇采风谣，述职入觐，贤邑宰即执此为风俗之良书以献，云胡不宜？而况是举也。上以昭国典之光，下以备一邑之乘，远以绍我先大中丞开创之功。而且书传，则张邑宰适馆授粲之风亦传，即王、余两宰宁不与之俱传哉？虽然书何以言传也？书以足征，银根帝虎如何征？书以备观，覆瓿算簿如何观？书以持久，缀彩续貂如何久？荒芜漫漶，几何不对载籍而形秽也。继兹以往，慎勿如斯。举百年始见，久深寥落之感，致从事者考据莫由，幸岂特在斯志欤。芟予榛莽，焕彼玑珠，翘首将来，如望河清矣。

康熙十二年癸丑二月，邑人谷元调撰。

清·康熙续修《丰润县志》序

邑之有志，犹国之有史也，由来尚矣。夫志为邑之所尚，使其记载繁芜，腴华失实，更或时异世殊，政治不无沿革，风俗不无盛衰，官师人物不无今古，典籍虽存，事多缺略，则有志等诸无志。若是乎，修辑之功，诚不可以已也。余自庚午秋，杪奉简书来宰是邑，省方问俗之下，粤考旧志，丰润古号渔阳，距神京三百余里，为畿辅左翼，首善之地。其雄踞者，山川形胜也；绣错者，畇畇原甸也；惟正者，岁之租庸调也。善政善教炳麟史册者，昔之宦游兹土也；策名清时铭勋钟鼎者，向之荐绅贤杰也。民俭质而力农，士倜傥而务学，忠孝节义本乎天性，冠婚丧祭准乎家礼者，治之习尚风俗也。亦既洋洋洒洒，称一邑之记载矣。然而，创始于明之隆庆四年，继修于今上之十有二年，越百余岁，时日以久，事日以增，及脱稿，而前令张君即以忧去。嗣此受牧者，复苦于薄书鞅掌，弗克校雠厘定，迄今又十有八载矣。据其抄本，习为传书，其间义例乖舛，详略矢宜；幽潜之德，未登彤管；猥屑之行，谬列丹黄。疆亩之圈占拨补，今昔悬殊；屯卫之归并革裁，后先复杂。诸如赋税之盈缩、户口之消长、俗尚之变更、物产之有无，多所未核，未可以信今而传后也。方今盛朝重熙累洽，车书万国。天下通志既修于前，宇内舆图复绘于后。绣梓成书，传之万禩。皇哉！一代文治之隆，固已极盛，蔑以加矣。彼丰邑一志，乃独废坠若此，守土者鉴前车之泄泄，其敢夙夜自康也哉。故于去春之三月，申请上宪，敦礼名宿，若原任凤翔之太守曹公，现任本邑之学博贾公，文学若唐子居仁、韩子范、谷子文张、唐子寿朋诸公，类皆博学洽闻，笔大如椽，共裒旧载，缉以新编。凡邑之纲纪、法度、礼乐、兵农，以及官师人物，略者须详，疑斯用阙。事有存乎风化，虽单寒微贱而必登，评苟惭乎月旦，虽豪华势要而不录。取所长而弃所短，善善原非纳交之媒；由其显而察其微，嫉恶感怀梯怨之惧。太守诸公相与避席而辞曰："史以存一代之是非，志以纪一邑之典故。学非五总，无以考古而证今也。才非三长，无以品德而定行也。苟一物而虚实不辨，匪夸则诞矣。一言而公私不别，匪欺则罔矣。一事而诚伪不分，匪谄则忮矣。志之修也，其容易言乎？”余曰：“志固未易言，亦惟矢公矢慎，无执乎一己，无背乎舆论，无负乎天下后世而已。”于是，太守诸公研思振藻，吮墨濡毫，余复时与质订参稽，舛者正之，芜者删之，缺者补之，后之继起者博采而编次之。崇实不袭乎矫诬，征信务期夫久远。例遵乎古，纲举目张；事全乎今，条分缕析。至客秋之九月而书始成，登诸梨枣。由是，览山川形胜，知舆地之建置，足以巩神京而固边圉也，观任土作贡，知今昔之赋税，足以裕军国而厚闾阎也；稽村庄里社，知比闾之亲睦，足以兴仁让而消亢悍也；考名宦乡贤，知甘棠之遗爱与竹帛之流芳，足以光当时而荣后世也；阅选举学校，知科目之抡才与胶庠之造士，盛于前者宜继于后也；读忠孝节义与道德文章，知蜚英声于一时，垂芳誉于无穷。顽者当廉，懦者当立志也。若乃古迹之所必详，灾详之所必稽，食货物产之所必核，匪务博瞻，亦以备鉴。观示修省，念物力之艰难，寓樽节爱养之意云尔。噫！斯役也，集前后之鸿裁，成一邑之全乘。义精文确，良工心苦，岂徒踵事增华，苟免因陋就简之诮而已耶？而于此窃有惧焉。昔尹铎之治晋阳也，宁保障毋茧丝；公孙侨之治郑也，民兴谁嗣之歌。浭阳虽小，有民人、有社稷，利何以兴，弊何以革，鳏寡孤独何以惠？鲜怀保《书》曰：正德、利用厚生。《鲁论》曰：富之，教之。吾侪学古入官，受圣天子以百里之寄矣，能无乾乾惕若，期与后之君子共登斯民于唐虞三代也哉？

康熙三十一年壬申岁孟冬，知县、古庐陵罗景泐亦潭甫撰。

清·康熙续修《丰润县志》序

自邦国之志弗领于太史，郡邑之大夫率以钱谷刑名、钩稽簿书为急务，图籍之残阙有无弗问也。夫历年久远，陵谷尚有变迁，而况建置之兴废、赋役之盈耗、风俗之淳漓、物产之盛衰，今昔岂能尽同。又如贤人君子之丰功懿德，著述题咏，表章无人，湮没随之。后之官斯地者，何所考镜，以施补救；过是邦者，何所咨询，以别贞淫。间有有志之士，奋然欲为纂序，而老成凋谢，文献无征，即令倚相复生，又安能率胸臆而成信史？然则图籍之亡，甚于礼崩乐坏，夫岂细故也哉。邑志明隆庆四年庚午始修于县令王公纳言，总其事者谷君九鼎。星移物换，版册无存矣。康熙十有二年，今上允辅臣奏纂修一统志，前令张公如骞偕邑进士谷元调重修，未梓而以事去。庚午，亦潭罗父母以理学世家来宰是邑，毅然以修复为己任。会岁凶，请粟散赈无宁晷，未遑也。越明年，庶事修，民志定，振衰起敝，百度为之一新。于是开馆授餐，聘多士以修邑志，以鼎望礼先一饭，亦得从而载笔，而心窃难之。何则？志莫略于一统，莫详于一邑。职略者主乎识，繁者剪之，芜者芟之而已。至于理之在疑似者，晰之欲其精，事之在幽隐者，阐之欲其明。人之在数十年以前者，遥定其是非，务令无憾亦无愧。下至里社、津梁、昆虫、草木亦所必悉，此皆职详者之事，故难也。今承兹役，较订则赖于诸子，鉴裁则定于罗公，阅两月而告成。而余重有感焉。志之修也，始于庚午，历百余年曾无续修而举之者。甲寅奉檄而举，卒未成。罗公来于庚午，来斯举，举斯成，然后知事物之成厥有定数，非其人与时，强而成之，弗能也。后之君子读是书，而知纂修之不易，心公之心，事公之事，时加增订，勿废勿坠，则政事文章，后先同揆，并传不朽，无疑矣。

邑人曹鼎望撰。

清·乾隆《丰润县志》序

志乘之作，于它邑易，于丰润难，何也？县于古无主名，志于今无善本。汉为土垠，徐无，石城，无终；唐为玉田，金为永济，后更为丰润。金史于永济沿革皆未了了，且注丰润曰太和间置，前辈已非之，况正史以外诸书乎？县志为前令罗景泐，邑人曹鼎望重修定本。汉县偏举土垠，唐县忽为蓟州。不问元明易闰为润，以致陈宫石鼓之穿凿附会，八景之支离不根。又其甚者，刘振世，李昌汴，赵登高不为立传，殷壮猷则并逸其名。而庸庸侪辈，转得与徐乐、田畴诸贤分颜抗手，迷谬失伦，殆莫可究诘矣。

予滥膺表率，属望于莅兹土者相为更订，数年而不一遇。吴君爱山好学嗜古，为蜀中名进士。授涞水令，有政声，调繁丰润，视事之始，读旧志而陋之，毅然以修辑为己任，公余翻阅书史，编摹撰述，有不安者削其稿常至夜分，弗稍辍。阅半载，书成，质于予。则予向所寻绎而未惬者，一一考证，辩驳，且于取义成仁诸公，采方言，搜家乘，各具本传纪之，皆勃勃有生气焉。欧阳子曰："修于五代史，窃有善善恶恶之意。"予于爱山亦云然，他日爱山又过予曰："群书可正古迹之讹，碑碣可补国史之缺。昔疆域未能遍历，见闻未能广阔，属有所思，愿秘之而弗出也。"予曰："泰山不让土壤，而不必尽天下之培塿；河海不择细流，而不必罄天下之沟渠。纪载不废咨诹，而不必穷一时之闻见。君于此役，业已旁搜博采，克殚厥心，纵耳目所及尚有未周，留俟后人补缺可也，奈何秘而弗出哉？"爱山无以应，辴然而笑，退而授之剞劂氏。既蒇事，复索序于予，乃记其答问之语于简端。

时乾隆十九年甲戌秋八月遵化直隶州牧新郑刘埥撰

序

尝考丰润为古玉田县地，统于渔阳郡。金元之间乃邑而治之。志乘则自明始，明以前无闻焉。至本朝康熙中，西昌罗君景泐复行增修，距今盖六十余年矣，官斯土者，率因公事旁午，未遑经理。于是事势屡更，简编犹旧，掌故之谓何，而听其缺略也。夫邑之有志也，将以考政治之得失，民生之休戚，人才之盛衰，风俗之醇漓，户口之聚散，物产之息耗，贡赋之盈绌，世代之变迁；沿革建置之异名，而同实，山川、纬络、星纪、灾祥之表著，历验而不可诬。伊有志之士，循旧章而成竹在胸，出令毋违，然后四封之内得以仰托庇荫。而鸡犬无惊，井闾晏然，有非史氏之溢美虚词可比者。盖一邑之命悬于令，一邑之概统于志。志之所不登，事之所不属也；志所以之不取，俗之所不便也。即至纪一名必核其实，书一物必讨其源，一人是载，能惬忠臣孝子之隐；一行是录，足关礼义廉耻之防。则笔削匪私，谨严匪刻，而激扬彰瘅之意，亦略具梗概矣。况丰之为域，枕山表海，烟火万家，其间可法、可传、可喜、可愕之事，虽更仆亦难以悉数，不有以综之，不几散而无所统欤？

故予变事之始，百度未举既筹兹役。乃博考群籍，衷诸正史，参之传记，与父老之传闻、乡先生之淹雅疏通者，下至谚语卮言，有关必录。曾未及期，裒然成帙。乃稿甫脱，而顿遭吏议。爰与介休马君佩夫更相评骘，勒成一书。后之君子试按册稽之，某某可因，某某可革，某某犹须斟酌损益，其了然在目者，此予悉所未逮，而次第举行之。使此书不等诸覆瓿之故纸也，予滋幸矣。

时乾隆二十岁次乙亥立秋日，前邑令、丙辰进士、眉山吴慎简夫氏撰文并书。

续修《丰润县志》原委序

县志失修久矣。溯自乾隆十八年，前县尊吴简夫先生纂修旧志，著为成书，迄今百三十余年未经续纂。其间陵谷之变迁、政治之沿革、风俗之厚薄、民物之息耗，以及人文科第之盛衰、土田赋税之增益，星移物换，前后参差。况自削平发逆、靖扫夷氛以来，邑之远宦他省者，或誓守孤城见危授命，或捐躯报国气壮山河，取义成仁，前贤媲美，若不亟登志乘，恐遐年父老莫道遗闻，而亮节孤忠渐归澌灭，其何以励人心而端风化耶？同治十一年，前邑侯瑞卿谌父台奉宪札饬修，设馆立局，因事中止。至光绪九年，蔼如牛县尊接修一年，仅搜罗节孝请旌，其余尚未遐及，调任迁安以去。嗣受山郝父台到任，雅意兴修，礼先一饭，延请绅董，首倡捐廉，预筹经费，聘锦县进士朱、陆二公总裁其事，而秉笔、采访、校对、皆邑中宿儒。适馆授餐，洵为盛举。开馆于光绪十一年，至十二年十月甫经脱稿，未及开雕，复以忧去任。幸我周父台铁珊先生，海上名儒、玉堂硕彦，由玉田调任丰润。甫下车，披阅前稿，慨然曰："九仞为山，功亏一篑。前任之憾，后任之责也。"于是，乘簿书之余闲，持鉴衡之卓识，详加删定、补阙搜遗，俾百年旷典阙如，一旦灿然大备。视吴志之麟麟炳炳，不得独擅美于前矣。乃犹深自谦抑致，嫌掠美不欲见功。呜呼！集诸任之大成，著千秋之信史，成人之美，莫大于是，掠美云乎哉？且善作者不必善成，述之功犹大于作。使公存爱莫能助之心，置此事而不顾，吾恐续修之稿兀堕于故纸堆中，他日作覆瓿之用。而后之有心世道者，考证无从，谁复知我！受山父台两年纂辑之功，煞费苦心，为不易也。昌黎云："莫为之前，虽美弗彰；莫为之后，虽盛弗传。"吾于二公之纂修县志，相与有成益信，兹已刊刻告竣，爰详记其颠末，以备后来者征考云。

时光绪十五年四月上浣，邑人张仲鳌文涛甫撰。

清·光绪《丰润县志》序

自来唯忠孝节义之经，历千古而不变。而其中性情而发为事业者，则德之不同。他如井里虽同，而命名或不同矣；仓储虽同，而立制或不同矣；民物虽同，而政治之因革、风俗之厚薄又或不同。若将泥旧志以求之，而欲周知民隐，默辨土宜也，不綦难乎？

丰润邑志，自乾隆二十年邑侯吴公续修之后，又百余年矣。其间，孝子、忠臣、义士、节妇代不乏人，以及井里、仓储、政治、风俗其因时制宜者，亦何可胜道！前邑侯牛公有志续修，为逮而去。余于光绪十年始莅兹土，方欲赞而成之，而水旱频仍，未暇及此。乙酉秋稔，乃进父老而问之，群谋佥同。以邑绅诸公董其事，别户分门，旁搜博采，两越月后粗有端倪。乃延朱子良农部、陆宝臣水部笔削之，删繁就简，敛华归实。然后，忠孝节义之卓然事传者，昭如日月。而凡井里之名，仓储之制，政治之因革，风俗之厚薄，莫不了然在目。庶见是书者，可以周知民隐，默辨土宜，而不至泥古以求也。是则予之幸也夫。

光绪丙戌季秋（十二年），书于浭阳官廨，辽西古徒河、受山甫郝增祜撰。

清·光绪《丰润县志》序

县志一书，举凡山川、沿革、风俗变迁，征文考献，载纪必详。而表忠励节，显微阐幽，所以厚培民气、振兴人文者，莫不于是乎赖。予自奉调来莅兹土，薄书之余，披览志乘，卷帙散佚，知失修已百余载矣。前邑侯谌公雅意续纂，未逮而去。念邑志失修，守土之责也。因延绅耆，撺残补阙。其间，玉田邑侯夏公遽归道山，予奉兼摄，见玉志将及告成，唯节孝犹缺，因合两邑而请旌焉。余未蒇事，旋奉檄履迁，于心缺然。迨由迁莅玉，事隔数年，邑易数任。于庚寅秋复奉权斯土，询悉邑志，已续成于郝公，复删定开雕于周公，越岁孟秋全书告成。详加批阅，凡疆域、山川、人文、物产、忠孝、节义糜不备详，邑志遂灿然大备，足为信史，皆二公之力也。然其中字句，间有伪夺，因校正而修补之，亦以伸予之素志云尔。

光绪十有七年岁次辛卯孟秋月，中州牛昶煕撰书。

滦州

明·嘉靖《滦州志》原序

余宫披《舆地图》观京师形势，周览畿甸冯翊之区，未尝不欣然仰皇居之胜也。及今合《滦志》观之可见矣。

滦盖古碣石地，自黄帝肇域於涿，獯鬻远遁，始被淳风。周峙，孤竹君子以其国让，又避纣居北海之滨，今其俗犹慷慨狷忿，尚廉让，有夷齐之风焉。然自黄帝以来，巽姓递兴，皆在伊、洛、崤、函之间，则滦之距中州盖数千有余里，謦教不通，风俗亦异，其幸者乃仅同于边郡耳。我国家建都幽冀以控制中外，则太行以东薄海，皆左辅之地，而滦之去京师仅数百里，层峦叠嶂，周迴环拱，披拂皇风，密迩天邑，盖屹屹乎重镇矣。

嘉靖乙巳，养吾陈子以王命来守兹土。越明年，政成民安，百废具举，乃周视四封，躬按往牍，考世系之传，溯王风之旧，喟然叹曰："昔诗人咏歌周业，始乎《二南》，岂不以王风所被自近及远者乎？今滦土亦王郊也。予为兹牧守，而阙一方之事不载，上无以比于《周风》，下无以昭示来世。嗟乎，余有惧焉！"于是蒐罗载籍，博访耆旧，阅期岁，乃编摩成帙。曰世编、曰疆里、曰壤则、曰建制。将以授梓，驰书告余请为之序。

夫州郡之有志，犹国之有史。《周礼·职方》所载，八索、九邱、小史之帙，尚矣。萧相入关，先收秦籍，襄郊之迷识者病焉。夫以宇宙之寥廓，万类之区分，古今之沿革，陵谷之变迁，山川方物，诡状殊形，精察强记有所不逮，然据程按牍，半武不出于户，而通塞毕谙者，以有志焉耳。且滦固北边要郡也，自三代以来，虽汉唐盛峙犹不能尽隶中国，况五季而地非我有，混然同风，宁复知有礼义纲纪民彝如今日者乎？今幸而释其往昔之俗，以复乎冠裳之旧，又幸而列于畿辅，为声教之所首被。盖自黄帝至于今世之相去数千有余岁，而藩屏之胜，绝代悬符，文物之隆，后先相望，则夫侈国家舆图之广纪斯地名胜之迹，以垂示於不朽者，微斯文，乌能有徵于后世哉？若夫证往古以昭鉴戒，则“世编”可考，绘画野以奠民居，则“疆里”可稽，“壤则”示惟正之义，“建制”著民力之存，规画经理寓于檃扩之中者，开卷可得矣。吾又安知后之宦于斯者，不籍焉以为指掌之资乎？则是书也，其有系于滦者重矣。敬入数言，题之简端，俾省方者可以揽观焉。

嘉靖戊申五月朔，赐进士出身、翰林院庶吉士、江陵张居正。

明·万历重修《滦志》原序

夫志者，郡乘也。载一郡之典故，上备省方者之采览，下垂徵信于后模也。

滦郡当北海之滨，为古孤竹地，其来远矣。我国家隶在畿辅二百余年，披拂于皇风者最近且久，其间建置、贡赋、户口、政教、官秩、科贡等项，皆大典宜载而不可遗者。前志无考。自先连许康衢公私为编辑，大都涉繁芜而乏体裁。迨旧守养吾陈公删繁正误，搜古订今，始修为官志。其门类虽简，而首以［世编］，因年系事，寓以褒贬，是以志而兼史者也。其体裁严矣。公乃三楚名流，素读左史、三坟五典、八索九邱之书，故露一斑于志云。

余昔宦中州，会青螺郭公议修《许州志》。公曰：“海内志书，青州为第一，像李沧溟所修。其次则陈养吾《滦志》可取。”则此志为有名矣。顾岁久未经续纂，上下数十年之行事，可任其湮灭而不载乎？今州大夫塵寰周公已报政成，犹以此为缺典。于是属署教熊君，并遴弟子员之有博识者，共纂修之。公语余曰：“陈志类目颇少，似应拟添。而编年体出自独创，然终不欲改易，致失传也，俱仍其旧。至于《续编》事迹，入者必慎，滥者必黜，笔削惟公自裁。体严而义正，倘亦有《春秋》遗意欤？”阅数月而志成。展卷玩读，灿然典章悉备，俾当代有可采之国风，后世无不征之文献，其功岂在陈公下哉？公循良卓绩，书之史册，载于口碑。兹不暇赘。了就有功于郡乘者失之简端，昭不朽焉。

万历戊午仲秋吉旦，赐进士第中奉大夫、陕西布政使司右布政、郡人高第撰。

清·光绪二十四年滦州志序

亲民之官，自府及州县皆称之为知，知之义：训管匪，知胡管，既管必知其实，一也；知县之名始见于唐府州，称知则昉于宋，然其初皆非本官，皆由他任而代摄者良以所属之事。本官之宜知，固也若代摄者或虑其有诿谢之见，故特实其责曰知，又以其时之不可以久也，则曰权知。光绪乙未润五月，文鼎由静海任调摄滦州。于古权知之义为合且深，维知之名实缘代摄者而起，而益兢兢焉不敢以自康也，夫钩稽文簿，厘清案册，固凡为政者之所宜，有事而政体之大者、要者必不系乎是第，于是以求知以求毕吾当知之事，则愈远矣。古者列国有史，今之郡邑志书是也，周官外史掌道方志，所以陈四方之风，备柱下之要。然则欲周知一邑之事，于冯轼问俗而外，有可以徵文献而备稽考者，其惟志乎，滦志始修于明嘉靖间知州陈士元。历国朝至嘉庆己巳，续修者凡五，最末为知州吴士鸿，吴以前之书，其原本俱不可得见，惟陈志犹存编目序引，余则仅有其叙。兹由吴志上循各叙，以追陈书之旧，大约续修者渐失其简古，而其事实则寖备。然自吴志之修，迄今几九十矣，壤地如故也，而河流屡溢，水道淹徙原田墟落，有失其夷者，礼教犹昔也。而人物之生，文明之萃，忠孝名节或显或晦，有非一致者。有司涖治后先嬗代其举措，奉上临民之迹，志趣各殊，进止斯异，即如经政之大，甲令法制之所颁定，积弊而张，积张而弛，识之胥吏之手，有久而不能存，存之而不能泄者，而况父老之称说传述于口耳，尤为可恃而不可恃也，是则九十年以前之事，实固有可以按籍而稽，而自兹以还，则往往有所寻绎而不得其据，且渐至荡焉澌灭不可以究诘。文鼎既于徵考之际，身其难而即不欲以是难来者，故受事伊始，批阅是书，即有志于搜辑补缀以弥其憾，徒以师旅饥馑之后，民生雕瘵将谋，所以苏息安聚，而兹事不能骤举也。越明年，事稍理，爰集谋于邑之贤士大夫得资群力以相佽，于是吴君会隆海秋综理局务纂修，则属之王君大本静轩、吴君宝善止轩，其书院诸生之翘特者，则俾之分任采访校对之役，又聘蕲水王君炯松峤为之裁正而总其成，而文鼎则于听政之暇亦相与探讨而参酌焉。是役也，始事于丙申之夏，凡几十个阅月而脱稿，将付剞劂。适文鼎以调任常山去滦，越明年，奉命出守庆阳，滦之士绅属为弁言，不揣固陋志其缘起，后之莅州事，而务先求夫知者，当有取于是书，抑或务先求知而其所急欲知者，固别有在则于是书仍无取也。

光绪二十四年戊戌四月，诰授通议大夫三品衔甘肃广阳府知府前署滦州知州杨文鼎撰。

滦州志纂修识石总裁：

花翎三品衔在任即选府己卯科举人（静海县知县、署滦州知州）杨文鼎

裁定：拣选知县己丑科举人靳水王炯

目 录

第一卷 方舆

第二卷 建置

第三卷 职官

第四卷 赋役

第五卷 学仕

第六卷 人物

第七卷　风土

风　俗

物　产

第八卷 艺文

艺文（上）

艺文（中）

艺文（下）

第九卷 谱籍

附表

后记

方舆

卷之一

星土

沿革

疆域

地理

海溢

地图

村庄

市集

纪事

漕运

星土

象纬霉茫，难以缕析，渺兹黑子，岂皆上应星垣。然《国精符》曰：地为山川，山川之精上为星，各应其州城分野。况丰之负山抱海，千汇万状乎！抑又闻之郎官上应列宿，静镇为福，动摇为灾，两存其说，以俟大雅君子，亦前事之师也。志星土。

——光绪《丰润县志》

丰润县：

北方辰星水，生物布其纪。《春秋元命苞》

斗，第一天枢。《春秋运斗枢》

冀属枢。《广雅》

析木，燕之分星，幽州之星土也。《周礼总义》

自尾四度至斗六度谓之析木，之次立冬，小雪居之燕之分野。《月令章句》

尾箕幽州。《史记》

燕地尾箕分野也，东有渔阳右北平。《汉书》

尾得云汉之末，龟鱼丽焉。当九河之下流，滨于渤碣，北纪之所穷也。《唐书》

东方尾宿九星，按汉永元铜仪，尾宿十八度，唐开元游仪同。旧去极百二十度，一云百四十度，今百二十四度；景佑测验六十八度。距西行从西第二星去极百二十八度，在赤道外二十二度，干象新书二十七度。《宋史》

尾汉九初律洛下闳所测十八度，宋皇佑所测十九度，崇宁所测十九度，少元授时历郭守敬所测十九度一十分。《古今律历考》

析木起尾九度。费直《周易分野》

析木起尾四度。蔡邕《月今章句》

尾宿在赤道为十一宫九度弱，在黄道为十一宫十二度强。又：尾宿一在春分后二百四十六度余，去极一百二十六度。《新制仪象考成》

渔阳入尾三度，右北平入尾七度。《文献通考》

府实幽州之分野，当在尾七度。《永平府志》

刘青田细分缠次，遵化应于尾六度。《遵化州志》

丰润居渔阳、北平之中，应在尾度六七之间。（明·隆庆《丰润县志》）

按星土之说，有系之五星者，有系之北斗者，有系之二十八宿者。二十八宿分野，汉留侯所定。又有星属事类之分野，则兼五星北斗，因时占候。明刘青田又有日缠黄道之分野。其为法曰，凡六十年测准一次，改横度不改纵度，今其书不可得见矣。公余属笔，就披阅所及胪陈之，无洛下闳、僧一行之神悟，岂足语因地分天之术，挦撦天官家言。呶呶聚讼，总归扪籥扣槃而已矣。

——光绪《丰润县志》

滦州：

附旧志星野晷度

三垣：紫微垣外有斗星七，一曰枢，五曰玉衡。滦之分野属焉。《春秋纬》云：冀州属枢星。宋《天文志》云：北斗七星，五曰玉衡。为音主土，其分为燕。第八曰弼星，在第七星右，不见《汉志》主幽州。案天市垣东蕃十一星，三曰燕。又十六国十六星，在牛女南，近九坎，各分土居，列国之象，其楚南一星曰燕。

五纬：晋《天文志》云，辰星曰北方，冬水主燕赵。石氏云：辰星主幽。

十二宫：《辽史地理志》云：野旅寅为析木之津。案晋《天文志》：自尾十度至南斗十一度为析木，于辰在寅，为燕之分野，属幽州。元《历志》谓：太阳黄道，界尾三度余，外入燕分析木之次，辰在寅。《帝王世纪》载：自尾十度至斗七度百三十五分而终，曰析木之次，于辰在寅。谓之摄提格。于律为应钟，斗建在亥。今燕之分野，《山堂索考》云：箕尾星曰析木，宫曰人马，时曰寅。州曰幽，又《汉书天文志》云：壬燕赵，亥燕代。《淮南天文训》亦谓亥燕。甲戌燕也。

二十八宿：箕尾为析木。《周礼》注：析木燕也。考《汉书地理志》：自尾四度至斗六度，谓之析木之次，为燕之分野。东有渔阳、右北平、辽西、辽东。又《晋书天文志》：自尾十度至南斗十一度为析木，实燕之分野，属幽州。渔阳入尾三度，右北平入尾七度，辽西东入尾十度。《唐书天文志》：析木为云汉末派，山河极焉，故其分野自北河末派。穷北极之曲，东北负海为析木。负海者，以其云汉之阴也。又云：箕尾析木津也。初尾七度余，中箕五度，终南斗八度。自渤海九河之北，得汉河间、涿郡、广阳及上谷、渔阳、右北平、辽东、辽西、乐浪、元菟、古北燕、孤竹、无终之国。案自尾十度至南斗十一度，凡三十度有奇，为燕之分野，属幽州。今北直、河间、保定、隆庆、宣府、保安、辽东、永平。《明史天文云》：尾三度至斗二度，析木之次也。永平府尾分。滦州箕尾分。又说者谓：尾宿九星。三曰天狗，四曰天风，滦在天狗天风之间。总之滦野属箕尾之间，其分度尽莫能详考云。

晷度：北极出地三十九度，四十七分，三十秒。冬至。晷影一丈九尺八寸三分强。夏至，晷影二尺九寸三分强。冬夏至，昼夜长五十九刻四分强，短三十六刻十一分弱。

——光绪《滦州志》

沿革

自封建废而郡县分，割缀补截，派分益繁。汉唐以来，代各不同。丰虽蕞尔边陲，兴革变迁亦多故矣。为县、为务，为郡治，为州、为宣徽院署，群书可考，指掌列眉。庶乎马伏波之聚米成山，瞭然在目云尔。志建置沿革。

丰润县：

虞分十有二州，丰润属幽州。

周封帝尧之后于蓟，召公奭于燕。

春秋，丰润为无终子国。

秦置右北平郡，丰润县名无考。

《水经注》：秦始皇二十二年灭燕，置右北平郡治。《汉书》注：右北平郡，秦设。

汉为土垠县（颜师古《汉书》注：垠音银）、徐无县，属右北平郡。

《水经注》：巨梁水出土垠县北陈宫山，西南流迳观鸡山，谓之观鸡水。又云：庾水出徐无县北塞中。《方舆纪要》：庾水即庚水。以陈宫山庚水考之，丰润为土垠、徐无二县无疑也。

后汉移郡治于土垠县。

晋移郡治于徐无县，属北平郡。

《后汉书·郡国志》序："先书县名者，郡所治也。"又云："右北平郡四城：土垠、徐无、俊靡、无终。"《晋书》："北平郡统县四：徐无、土垠、俊靡、无终。"

后魏废郡治，土垠、徐无二县属渔阳郡。

按：土垠县有二：后魏延和元年置交州，太平真君二年罢州置安乐郡，领县二：土垠、安市，此今顺义之土垠，非丰润土垠也。而《方舆纪要》乃云："土垠废县，汉置属右北平，晋属北平郡，后魏属渔阳郡，后属安乐郡，是混而同之，以后魏之土垠错置于汉之土垠矣。且援丰润之陈宫山以实之，又乌知《隋书》所云后齐废郡，二县入密云，又废安乐郡之土垠入安市，早为千古分水之犀耶？”

北齐废土垠县为永济务，入无终县。

旧志，北齐天宝八年，徙冀人于幽州，谓之乐迁。维时人民鲜少，土垠久废，迁民聚堡为务。

后周省徐无县入无终县。

《隋书地理志》：渔阳郡统县一：无终。其注云：“无终，后齐置，周又废，徐无入焉。大业初置渔阳郡，有长城，有燕山，有无终山，有泃河、如河、庚水、灅水、滥水，有海。按一郡只统一县，大无垠矣。而洵河、如河、庚水、灅水皆入之，是今之三河、蓟州、遵化皆隋之无终县，或以无终专属玉田，又以丰润为非无终，此不识之无之言也。”

唐析无终为玉田县，丰润仍为永济务，属蓟州渔阳郡。

《唐书·地理志》：“蓟州渔阳郡，开元十八年析幽州，置县三：渔阳、三河、玉田。其玉田注曰：本无终，武德二年置，贞观元年省，乾封二年复置，万岁通天元年更名，神龙元年隶营州，开元四年还隶幽州，八年隶营州，十一年又隶幽州。有壕门、米亭、礓石、方公、白杨等七戍。按：渔阳郡即分渔阳、玉田、三河等县，则唐之玉田惟遵化、玉田与丰润共之。”

辽代同上，属蓟州尚武军、景州清安军。

《辽史·地理志》：“蓟州尚武军上刺史统县三：渔阳、三河、玉田。永济务无考。”观鸡寺碑其标题曰：“大辽景州陈宫山观鸡寺碑”，其文曰：“北依遵化为前古养马之监，南邻永济乃我朝煮盐之场。”又有铭曰：“惟观鸡寺隶清安军。”而《辽史》曰：“景州清安军下刺史本蓟州遵化县，重熙中置，户三千。”又曰：“遵化州本唐平州买马监，为县来属。按碑铭则丰润在辽为永济无疑，起讫直标景州清安军，则当日之丰润早为遵化辖其北矣。”

金改永济务为永济县，后改为丰润县，属蓟州。

《金史·地理志》：“旧有永济县，金大定二十七年以永济务置，未详何年废。”又曰：“丰润，泰和间置。”元县尹孙庆瑜碑记曰：“昔金大定年间改务为县，至大安初避东海郡侯讳更名丰润。”而朱竹垞《曝书亭集》

曰："丰润县，《金史》称泰和间置。今观孙庆瑜碑记，则改务为县乃在世宗大定年事。且云承安中夹谷习捏来宰是县，足证置县在泰和之先云云。"按《金·本纪》，卫绍王讳允济，章宗时避显宗讳，诏改允为永，章宗崩卫绍王即位，是为大安。元年三月，道陵礼成，诏曰：自今于朕名不连续及昶咏等字，不比别改。此永济改丰润之据也。《金史》分而不合、碑记略而不详，而《曝书亭》因疑似而为推原之语，亦发株而未能掘根也。《畿辅通志》沿袭《金史》，误岂有止乎？今为逐层厘剔，则丰润之为丰润，庶几来去井井，心开目明矣。（卫绍王崩，宣宗即位，为奸臣胡沙虎所协，降封东海郡侯）

元升丰润为闰州，寻省入玉田。后复为县，属蓟州。孙庆瑜碑记曰：我本朝开创以来，庚辰之岁，改县为闰州。又曰：至元初，以远从近，省并诸司，将邑并入玉田。未及周岁，里民怀牒诣省部陈理，县治乃得仍旧。朱昆田曰："丰润曾升为闰州，《元史》不载。《清类天文分野》之书成于洪武初，去元甚迩，亦未之及，乃见于当日县令之文勒之于石，未可云无征不信也。"

明仍为丰润县，属顺天府蓟州。

《郡县释名》曰："县产盐场，故名丰润，"《清类天文分野》之书曰："洪武元年，改闰为润。"《通志》曰："金泰和中，置丰润，大安初，改润为闰，洪武初复改闰为润。按：洪武初改闰为润，则本于《清类天文分野》之书，大安初改润为闰，不知何所本也。《金史》通作润，《元史》则通作闰，元碑亦如之。金时遗碣见者绝少，唯天宫寺一碑又在未改县之先，蓄疑惘惘，指授由来，要当奉为一字之师也。"

本朝因之。

康熙十五年，改属顺天府遵化州。

雍正三年，改属永平府。

乾隆八年，又改属遵化州。

按：旧志以丰润为汉土垠县。而《畿辅通志》则兼举徐无，且以玉田为无终，此其说似是而实非也。《汉书》无终县注："故无终子国，浭水西至雍奴入海，过郡二，行六百二十里。"《水经注》："庾水出徐无县北塞中。夫浭水发源于迁安，入丰境将百里，安得谓崖儿口山既徐无之北塞乎？且西至玉田、宝坻、宁河入海，宝、宁为泉州旧县，浭水界丰、玉西东，若谓玉田既无终，试问玉田之西有浭水乎？无终于晋魏无专属，隋渔阳郡统县一：无终。唐渔阳郡统县三：渔阳、三河、玉田，其注玉田有‘本无终’三字，盖承隋县而更其名，则必追所自出，此隋之无终，非汉之无终也。以唐之玉田为隋之无终且不可，以今之玉田为汉之无终，沿讹袭谬安所底止乎？至以丰润为土垠、徐无，则更有说焉。”《辽史·地理志》：“泽州广济军下刺史本汉土垠县地，有松亭关、神山、九宫岭、石子岭、滦河、撒河。属县二：神山、滦河。其注滦河县曰：本汉徐无县地。而《明史》注遵化县曰：东有滦河、北有松亭关。则今之遵化亦汉土垠、徐无旧壤。”奈之何其以概丰润也？天古不可蔑，俗不可戾，故仍通志之说，并献所见，以俟好古者别白而论定焉。

——光绪《丰润县志》

滦州：

古孤竹国，战国属燕，汉置海阳县，属辽西郡，晋魏皆因之。北齐省入肥如，隋唐为卢龙县地，五代时入契丹，始析置滦州永安军，属平州，后又置义丰县，为州治。金仍曰滦州，天辅七年置永安军节度使，属中都路。元属永平路，明初以州治义丰县省入，属永平府。

——光绪《滦州志》

滦州古无之。唐末天下乱，阿保机攻陷平、营，刘守光据幽州，暴虐，民不堪命，多逃亡依阿保机为主，筑此以居之。州处平地，负麓面冈。东行三里许，乱山重叠，形势险峻。河经其间，河面阔三百步，亦控扼之所也。水极清深，临河有大亭，名曰濯清，为塞北炎绝郡，守将迎于此，回程锡宴是州。

——《宣和乙巳奉使金国行程录》奉议郎、尚书司封员外郎许亢宗

疆域

古云：诸侯有道，守在四境，今之郡县古之诸侯，今之疆域古之国也。丰虽蕞尔，窃附蒲谷之班，非别白其四，履何由按幅员而懋华理欤？海涵山负综而著之，非敢标形胜，亦以验职守也。

丰润县：

县境东西广七十三里。南北袤二百六十余里。东至滦州界三十里，以铁城坎为界。西至遵化州界四十三里，以高力湾为界。南至海二百里。北至遵化州界五十里，以佟家店为界。东南至滦州界四十里，以开平镇为界。西南至宁河县界一百零五里，以埋珠庄为界。宝坻县界一百里，以丰台镇为界。东北至迁安县界六十里，以崖儿山口为界。西北至遵化州界五十里，以党峪为界。至州城一百里，西至直隶省保定府六百八十里，京师三百三十里。

——光绪《丰润县志》

在府西一百八十里，东三十里至滦州界，西五十里至玉田县界，南一百二十里至海，北六十里至顺天府遵化州界，东南一百九十里至乐亭县治，西南一百六十里至顺天府宝坻县治，东北一百三十里至迁安县治，西北一百六十里至顺天府蓟州治。东西广七十里，南北袤一百八十里。

——《畿辅通志》

——《永平府志》

丰润县州东南八十里。西北至蓟州百七十里，东至永平府百六十里。本玉田县之永济务。金泰和中，置丰润县，属蓟州。元至元二年，省。四年，复置。今城周四里，编户二十二里。

——《读史方舆纪要》

滦州：

在府西南四十里，东十里至昌黎县界，西一百一十里至丰润县界，南一百三十里至海，北十二里至卢龙县界，东南五十里至乐亭县界，西南一百五十里至海，东北十里至卢龙县界，西北一百四十里至丰润县治，东西广一百二十里，南北袤一百四十二里。

——《畿辅通志》

地理

河川

陡河：

在滦州西，其上源曰馆水。源出迁安县馆山南，径罗家岭、小龙、皂角二湾。又经梯子岭至偏山、临水院，又合黄花港入牤牛桥为牤牛河，又西南至榛子镇东南，会龙湾河，又西会唐家河，而至州西八十五里之双桥，会板桥水即丰润之泉水河也，又南经石城西为石溜河，又南经唐山桥名大河，又南与帅家河合为官渠河，自石城以南滦州与丰润分界。

——《畿辅通志》

滦州陡河：在州西百二十里，其上源曰馆河。自迁安县流入界，经偏山南流合众水又西入丰润界。

——《读史方舆纪要》

陡河在县南三十五里，发源于迁安县馆山，由牤牛桥而来。

——《畿辅通志》

——光绪《丰润县志》

附：

陡河，查旧志云：陡河至油葫芦泊会王家河诸水，至二甲口分西南正南两支。今油葫芦泊在三角淀西十余里，二甲口在三角淀东南二十余里，王家河诸水自胥各庄、王家坟、于家泊、么家泊入油葫芦泊，未曾流向东南与陡河交，西南、正南二支亦非至二甲口始分。旧志所云与今陡河水道不符，盖缘多历年所沧桑稍异。谨就现在陡河之源流详为补注。按：陡河之源在县境者，一出腰带山东分水岭下，南流经火石营、王官营；一出上水路村东水头山，西南流至王官营南，与分水岭南流之水合，即前志所云泉水河也。又南流过石匣等村达城东之板桥庄，有滦境围山之水西流会之，即前志所云板桥河也。按：陡河之源在迁境者，发于馆山，由牤牛桥西来，经滦境之双桥、西与板桥河、泉水河合流（前志专以此水为陡河源），南过戴家庄达唐山官渠河入之，又西南至滦境稻地镇，西流经董各庄、宣庄、石桥沽至王兰庄，为菱角泊、三角淀。其余流由营田桥而南，至拦沽桥入涧河，纳杨家河之水入海。此西南一支也。其正南一支，非陡河正派，乃横绝之流从黄家庄、杨家泊至拦沽桥仍与西南一支同入涧河达海。

——光绪《丰润县志》

陡河：在城西百二十里。其上流在榛子镇东（有桥名承流桥，俗名牤牛桥）为犛牛河，其下游即为陡河。发源之大者，其东北有石溜河、二龙河、馆水河。其正北四十里泉子峪之大小龙潭水，流至汤子洼西南，过承流桥入焉。其西北二十里有尖山峪之水，经陈官营、哑叭庄子东南，至于桥入焉。尖山峪之南十里，又有黑山峪之水，经乱石山、烟筒山，由镇西折而东南，亦入焉。自北而南，过屈家庄西、缸窑庄东，亮甲山之西，唐山之东，流而南二十里，由稻地镇南入丰润界。

——《滦县志》

陡河自滦入，错出复入，合倍河，分流复合，入为涧河口。

——《清史稿》

沙河：

旧志已载，惟嫌未详，特将河之首尾补注。按：此河暑月雨集则涨发，深且阔，不旬日即落，两岸悉白沙，故名。其源始于迁邑四十余里后屯村侧，村在众山中。山溜环抱而出，南下二十里由杨家店历木山口、安山口，水势始大。复从沙河驿、九百户等处至茨榆坨西、钱家营东入丰邑境，又西南至张家湾坨、小北柳河、邸家庄转向东南柳林庄、大新庄、北新开河又南至大佟庄、河沿庄，从脊门与干沟入泊。自乾隆五年改流，由邸家庄向西南二里至小集及桑坨入泊，照旧河相去二十里。

——光绪《丰润县志》

附

沙河：在迁安县西北四十里，源出县西北横山之赤崖，东流至松各庄，合石河又东南经沙河驿过滦州西，又东径丰润县界，又东南入于海。

丰润县有沙河，源自滦州西北，流经县东南入于海。

——《大明一统志》

沙河：在城西四十里。发源迁安县西南草束子屯，由沙河驿南流至新立庄之西，巍峰山之东，过石佛口南流。值淫雨，则贾山泉水自东来注之。折而西南，经海子崖、石佛庄，又经钱家营之东，流而西南入丰润界。每夏秋涨发，势甚奔腾，邻岸田庐，辄被漂没。

——光绪《滦州志》

沙河：沙河在县西二十里，旧志作西北四十里，源出赤岭赤崖寺。经好树屯东流至松各庄，合石河过七家岭至院头与王家河合，历安山口，由沙河驿入滦州界，又经丰润界转东南入于海。

按：沙河之水并非名川，系山水涨溢之所致，无利而有害。河西岸是土，东岸是沙。夏霖雨山水骤发，将西岸平畴沃壤冲作沙滩，以故地日窄而民日贫。此水滦州之南白洼则漫散矣。

——《永平府志》

缓灵水：汉书地理志，海阳有缓灵水南入海或云。即滦州沙河。

——《永平府志》

沙河自迁安入。馆水亦自其县入，曰陡河，亦曰牤牛河，合石溜河。

——《清史稿》

沙河，县西北四十里。源出尖山南，流合于石河。又南汇山溪诸水，经沙河驿，入滦州界。又还乡河，在县西北七十里，汇诸山溪之水，流经县西。一云源出黄山西南，流入丰润县界，为浭水之上源。成化十七年，议者欲于丰润还乡河，通漕永平，是也。又馆水，出县西南三十里之馆山，入滦州界。

沙河，（迁安）县西北四十里。源出尖山南，流合于石河。又南汇山溪诸水，经沙河驿，入滦州界。

——《读史方舆纪要》

沙河在县南。源出滦州界，西北流经县之越支社，又屈而东南流，入于海。《志》云：明成祖北征三卫，还驻跸沙河，即此。似误。

——《读史方舆纪要》

王家河：在滦州西一百二十里，源出曹家口社，南经郑家庄至丰润婿家庄漫入白场达于海。

——《永平府志》

——《畿辅通志》

王家河：在城西一百二十里，发源曹家口社，南经郑家庄、水湾寺、将军坨，入官渠。

——《滦县志》

煤河：在县南六十里，从宁河县芦台镇起至丰润县胥各庄止，绵亘五六十里，两堤宽六十弓，河中宽十二弓，由八尺至一丈五尺，深浅不等，因地势之高下为之。引芦台大河潮水通船往来，西口设闸，船之出入视闸之启闭，建桥八座，以便行人，亦巨观也。

——光绪《丰润县志》

官渠河：在城西南。陡河、帅家河下游也。至丰润胥家庄漫入白场，总达建河入于海。

——嘉庆《滦州志》

海

海：在县南二百里，东际辽海，西坻直沽，南达登莱，浩瀚千有余里。为还乡河、陡河归宿之所，鱼盐蜃蛤，居民利之。

——光绪《丰润县志》

海：在府城南 160 里，东连辽东西抵直沽。

——《大明一统志》

白马冈：在曹妃甸之西，长七十余里，西北入丰润界，沙冈一道，暗而不露。土人操舟者知之。

——《滦县志》

泊淀

油葫芦泊：在县南八十里，宽约六七里，系营田三角淀中央。

大泊，在县南一百一十里，东自二甲口起，西南至拦沽桥宽约四十里。

——光绪《丰润县志》

长春淀：在滦州西南一百二十里长春社。

——《畿辅通志》

石城有长春淀，旧名大定淀，大定二十年更。

——《金史·地理志》

雍奴薮：“雍奴，薮泽之名。四面有水曰雍，澄而不流曰奴。雍奴薮甚大，东极于海。”

——《水经注》

注：《尔雅·十薮》注曰：“薮，大泽也。”大泽，即今所谓沼泽湿地。故雍奴薮也称雍奴泽。自今黄骅县西南境、沧县北境起，北经青县静海、唐官屯，西转大城北侧，任丘东界，文安西界，再北至霸县南境而东折信安、王庆坨、韩家墅，又北折杨村、大良镇及宝坻西界、北界，复东经玉田县大安镇、鸭鸿桥与丰润县唐河甸、大漫港，以抵丰南界，这一边长屈曲千里的巨大洼地，便是雍奴薮的范围。今天尚存的有武清三角淀，宝坻东北的青淀洼，丰润和丰南的油葫芦泊、草泊，宁河县的七里海，静海的团泊洼、保定文安县的文安洼、白洋淀等等，便是雍奴泽的遗址。

山脉（沙坨）

爽坨之南米廒镇、其西南小集镇，三镇地势平旷，无所谓山也，惟土之凝结而突起者，谓之为坨。坨之大小不一也，而一脉相连，绵亘二百余里者，莫若大佟家庄南之芝麻坨。此坨直取永郡杨家店山下，历滦境之茨榆坨、霍家庄，委婉起伏至大佟家庄，形势愈秀。陟其巅高数仞，步其东西广里许，南临泊场，俯有清溪。溪之中捕鱼者，得鱼每于坨穴藏之，取归即咸。俗云取十斤土八斤盐，盖谓引坨也。

——光绪《丰润县志》

宋家坨、孙家坨、刘家坨、纪坨，俱在岭头坨西南。长春坨、杨家坨、大夫坨俱在唐山南十里。

——《滦县志》

海溢

元帝初元元年（前 48）五月，勃海水大溢。

——《汉书·天文志》

元帝初元二年（前 47）七月诏：一年中地再动，北海水溢，流杀人民。

——《汉书·元帝纪》

大司空掾王横言：往者天尝连雨，东北风，海水溢，西南出，浸数百里，九河之地已为海所渐矣。

——《汉书·沟洫志》

质帝本初元年（146）五月，海水溢乐安、北海，溺杀人物。

——《后汉书·质帝纪》

——《续汉书·五行志三》

桓帝永康元年（167）秋八月，勃海海溢，没杀人。

——《后汉书桓帝纪》

——《续汉书·五行志三》《五行志六》

灵帝建宁四年（171）二月癸卯，地震，海水溢。

——《后汉书·灵帝纪》

灵帝熹平二年（173）六月，北海地震，东莱、北海海水溢出，漂没人物。

——《后汉书·灵帝纪》

——《续汉书·五行志三》

地图

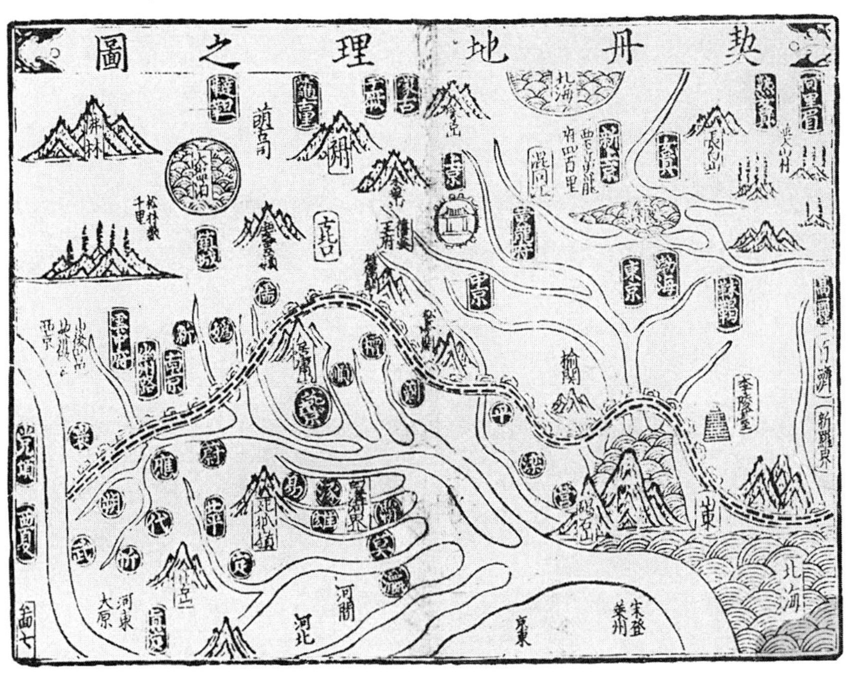

契丹地理之图

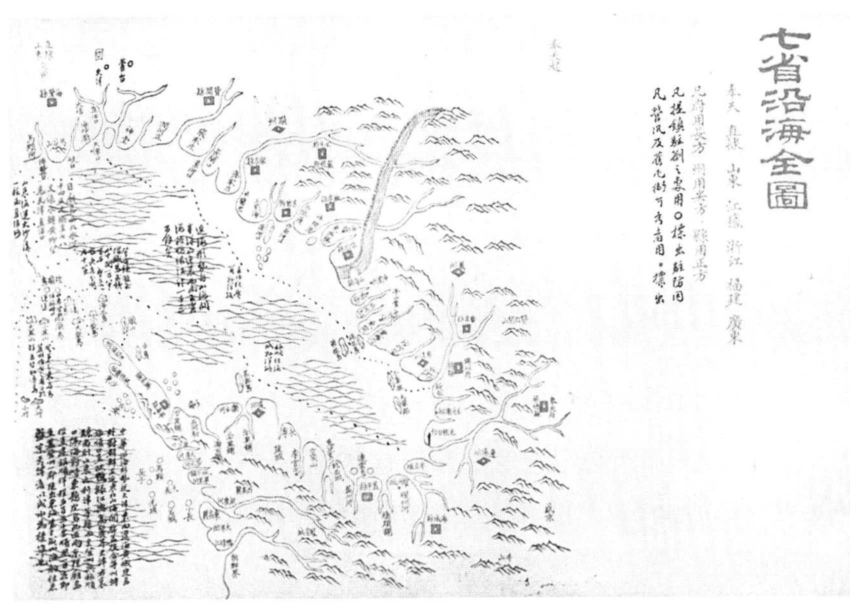

清代《七省沿海全图》

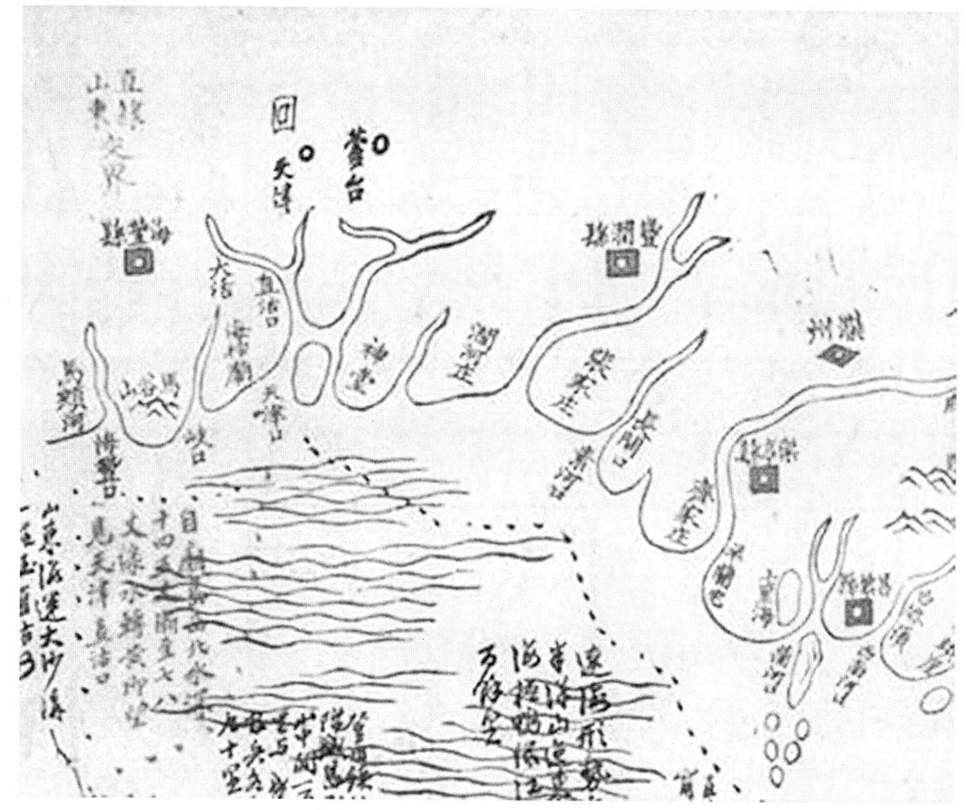

清代《七省沿海全图》局部

隆庆《丰润县志》之丰润县图

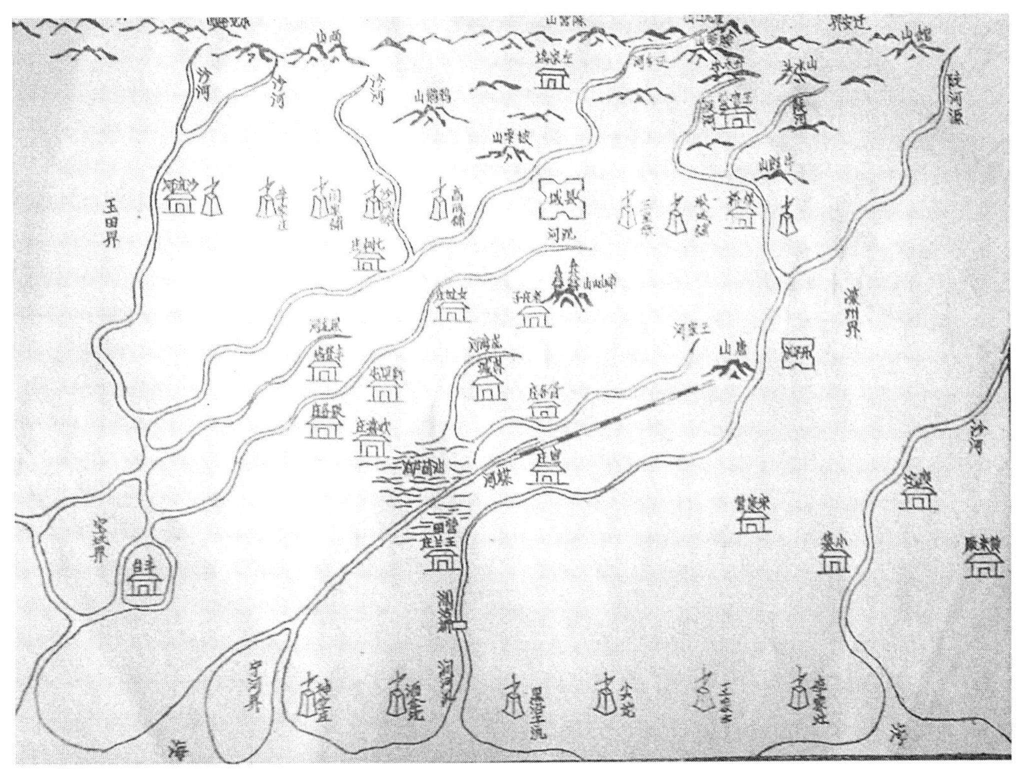

光绪《丰润县志》之丰润县图

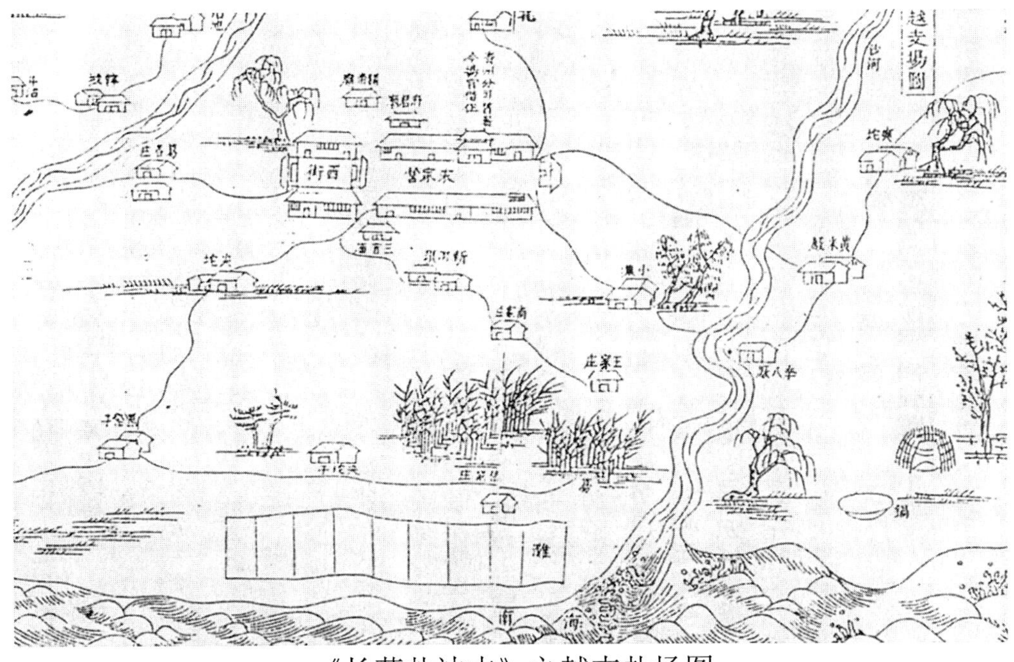

《长芦盐法志》之越支盐场图

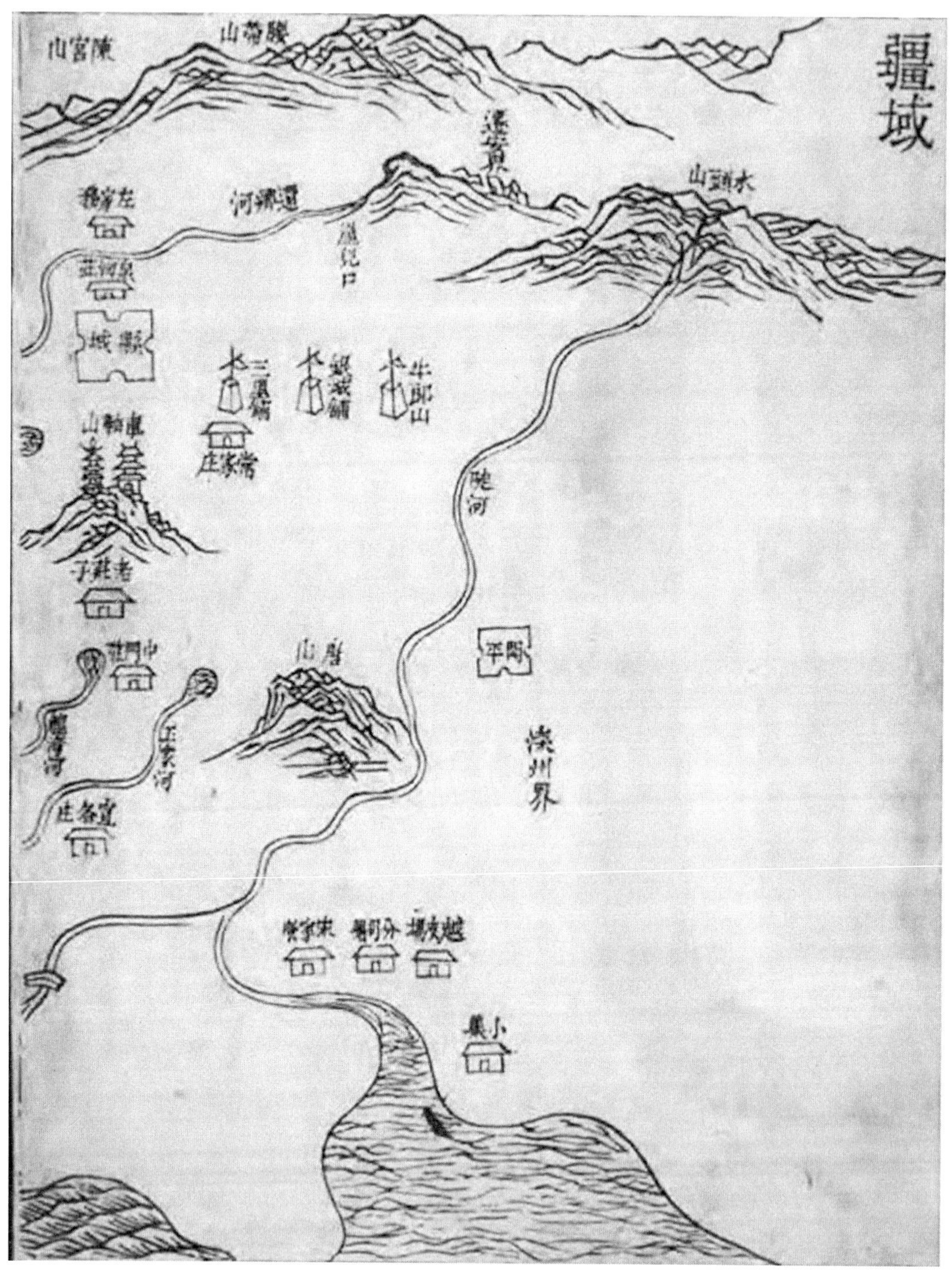

乾隆二十年《丰润县志》之丰润县图

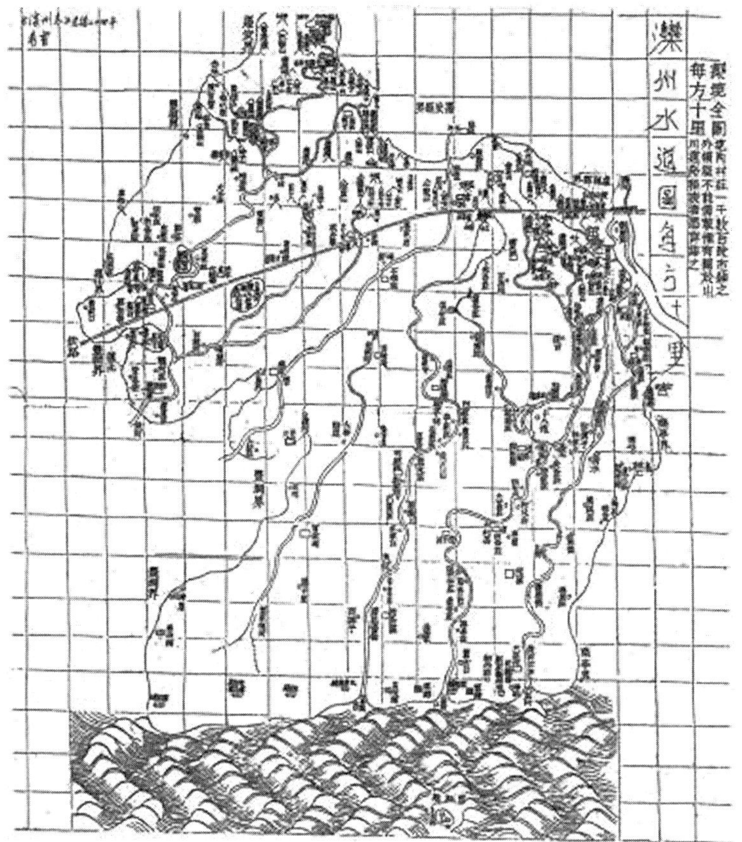

《滦州志》之滦州水道图

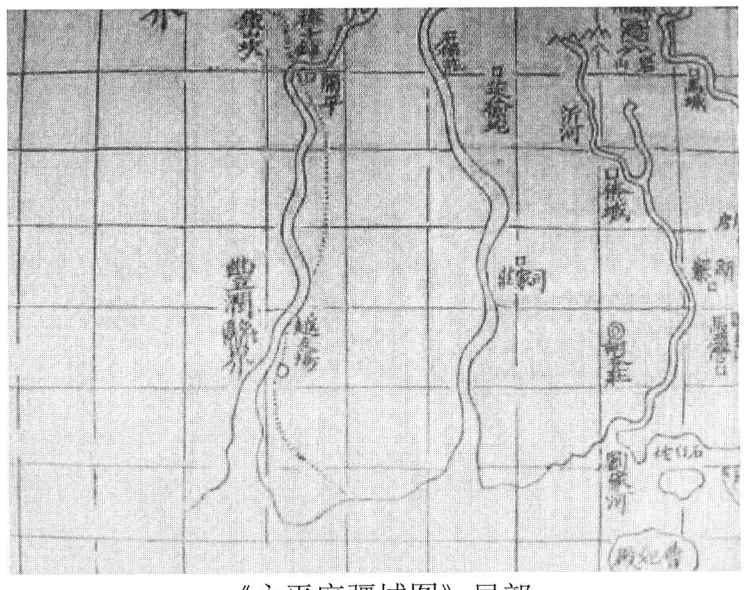

《永平府疆域图》局部

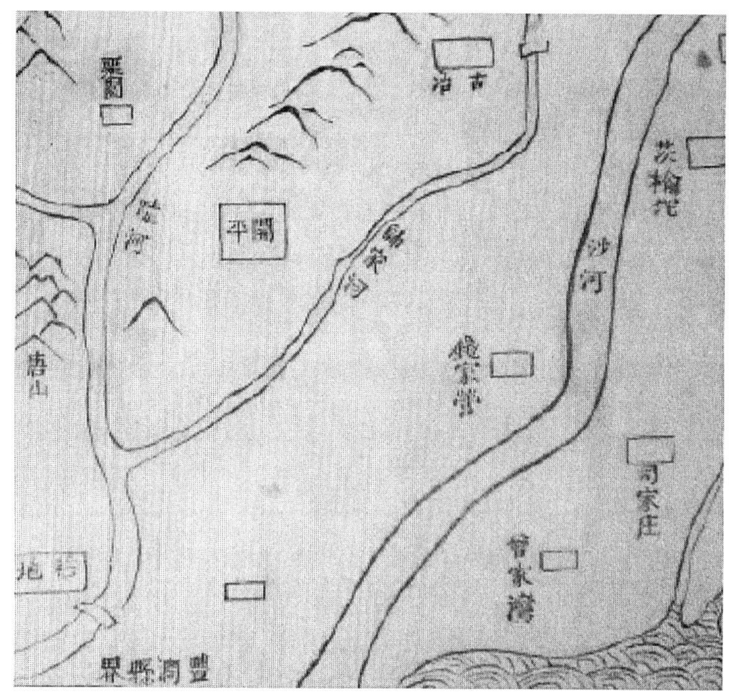

嘉庆十五年《滦州志》疆域图局部

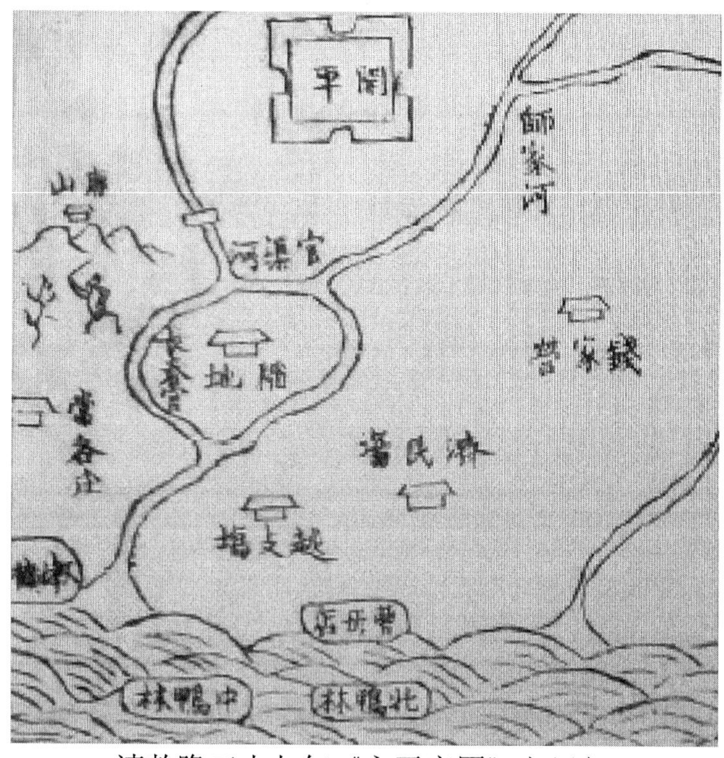

清乾隆三十九年《永平府图》之局部

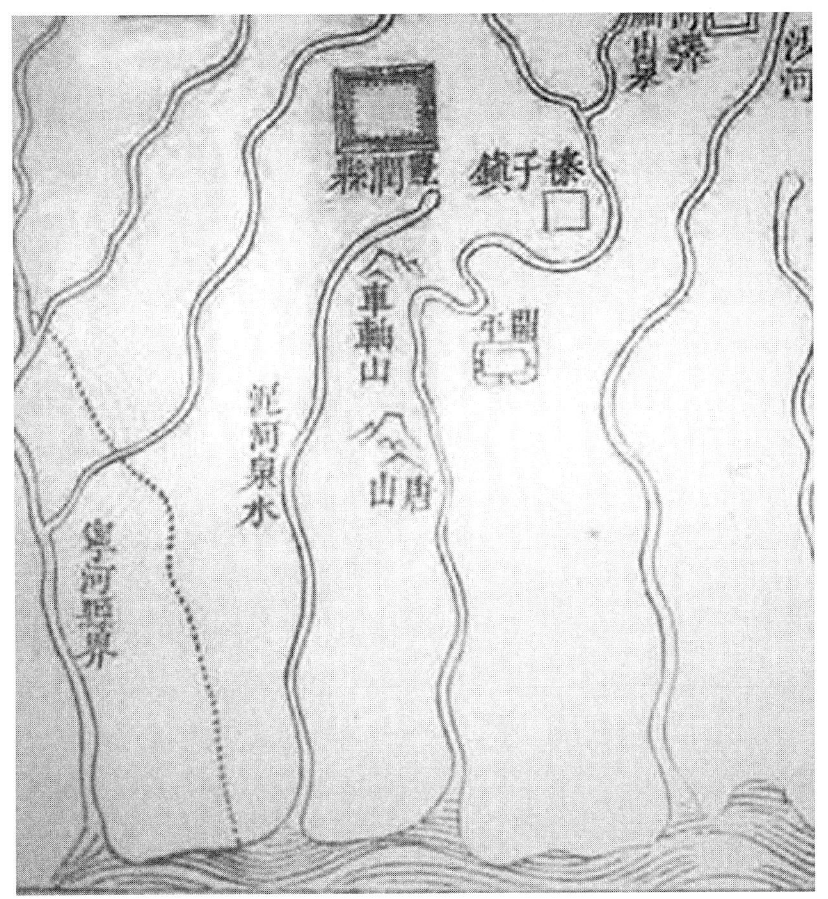

《顺天府志》之丰润图

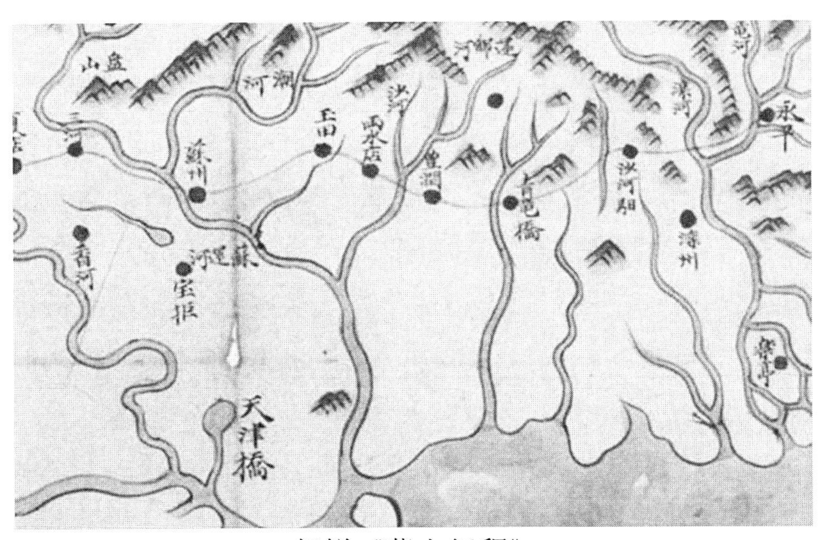

朝鲜《蓟山纪程》

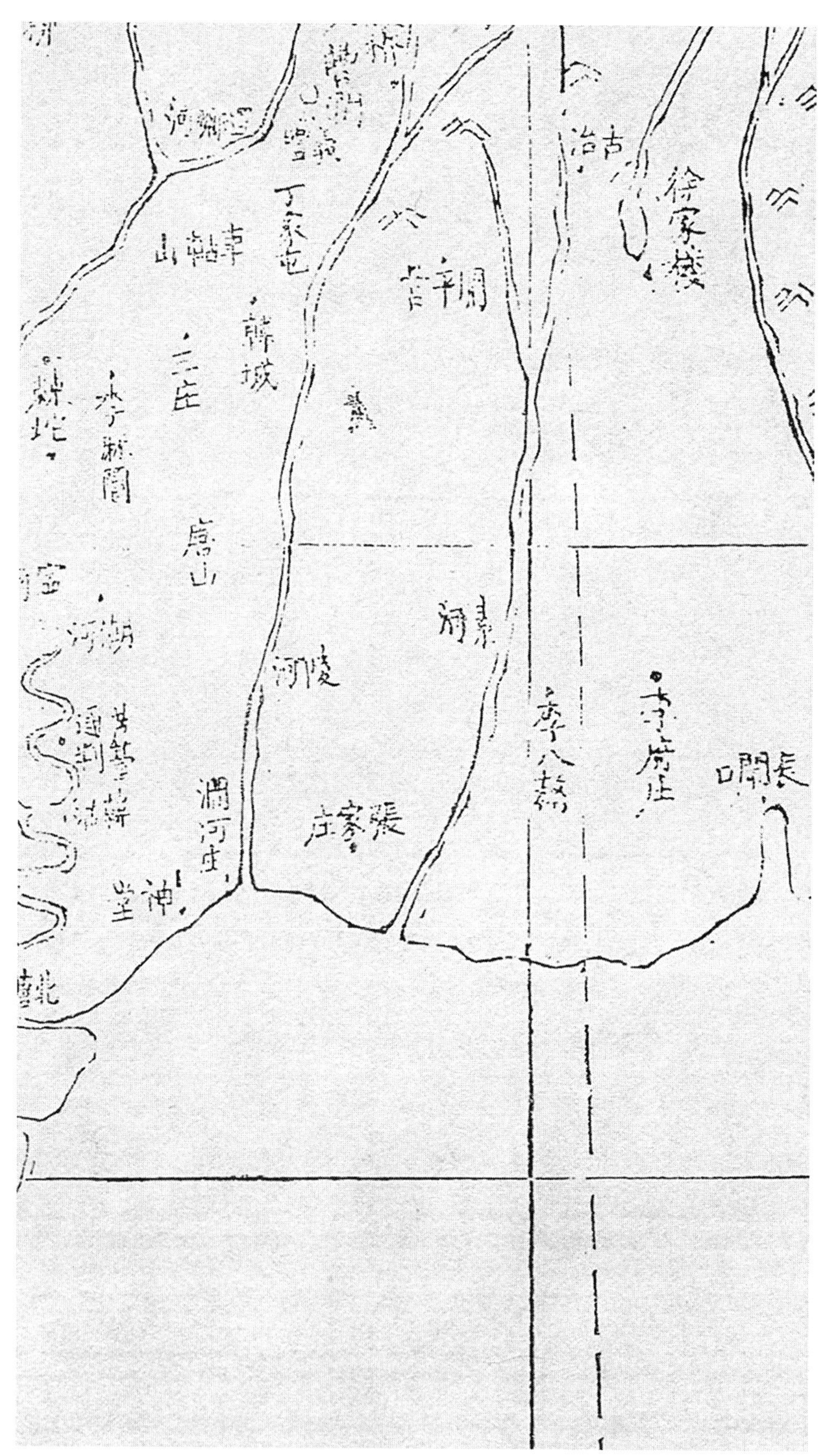

《大清中外一统舆图》

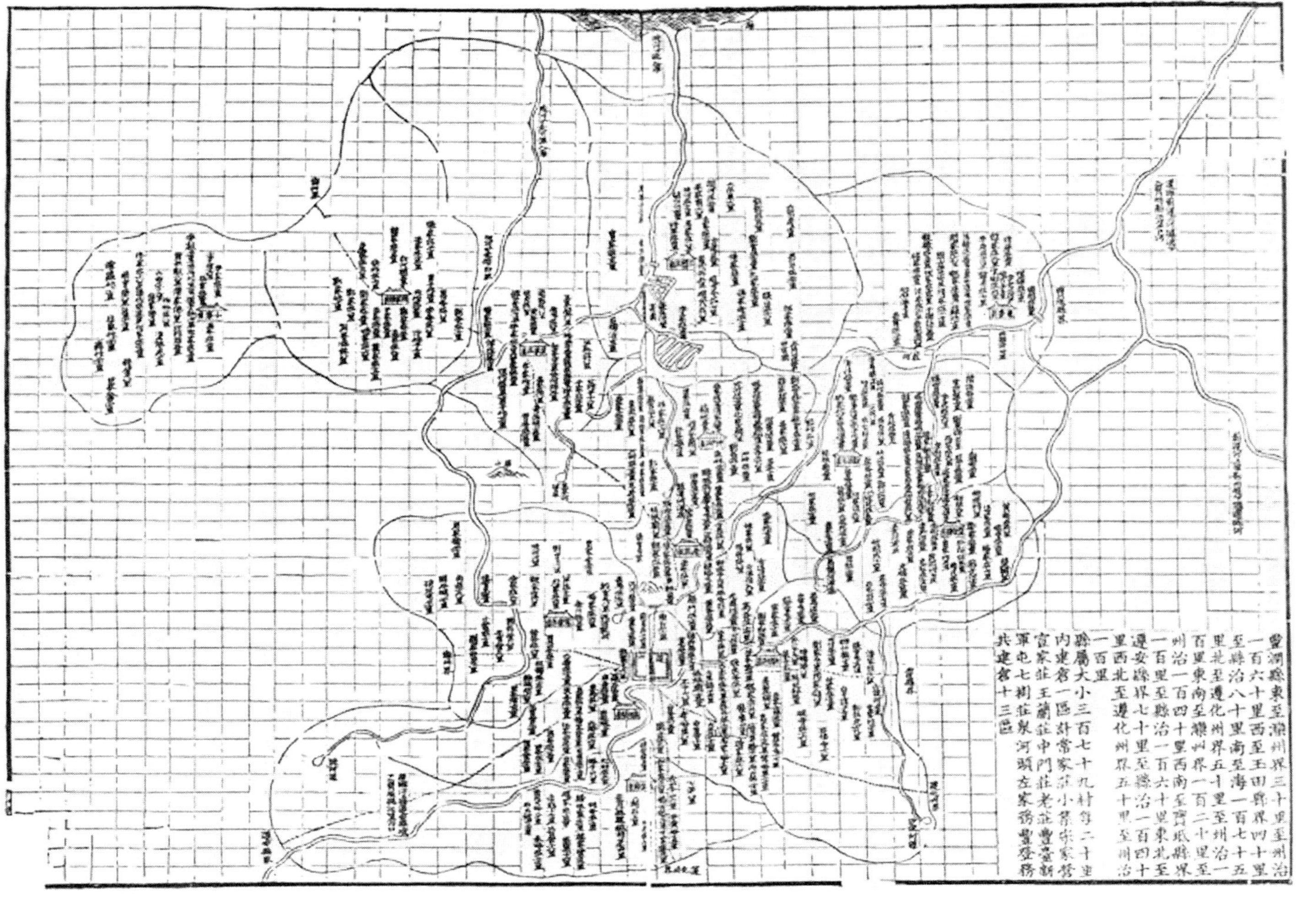

豐潤縣東至灤州界三十里至州治
一百六十里西至玉田縣界四十里
至縣治八十里南至海一百七十五
里北至遵化州界五十里至州治一
百里東南至灤州界一百二十里至
州治一百四十里西南至寶坻縣界
一百里至縣治一百六十里東北至
遷安縣界七十里至縣治一百四十
里西北至遵化州界五十里至州治
一百里
縣屬大小三百七十九村每二十里
內建倉一區計常家莊小集宋家營
官家莊王蘭莊中門莊老莊豐臺新
軍屯七樹莊泉河頭左家務豐登務
共建倉十三區

《畿辅义仓图》之丰润县

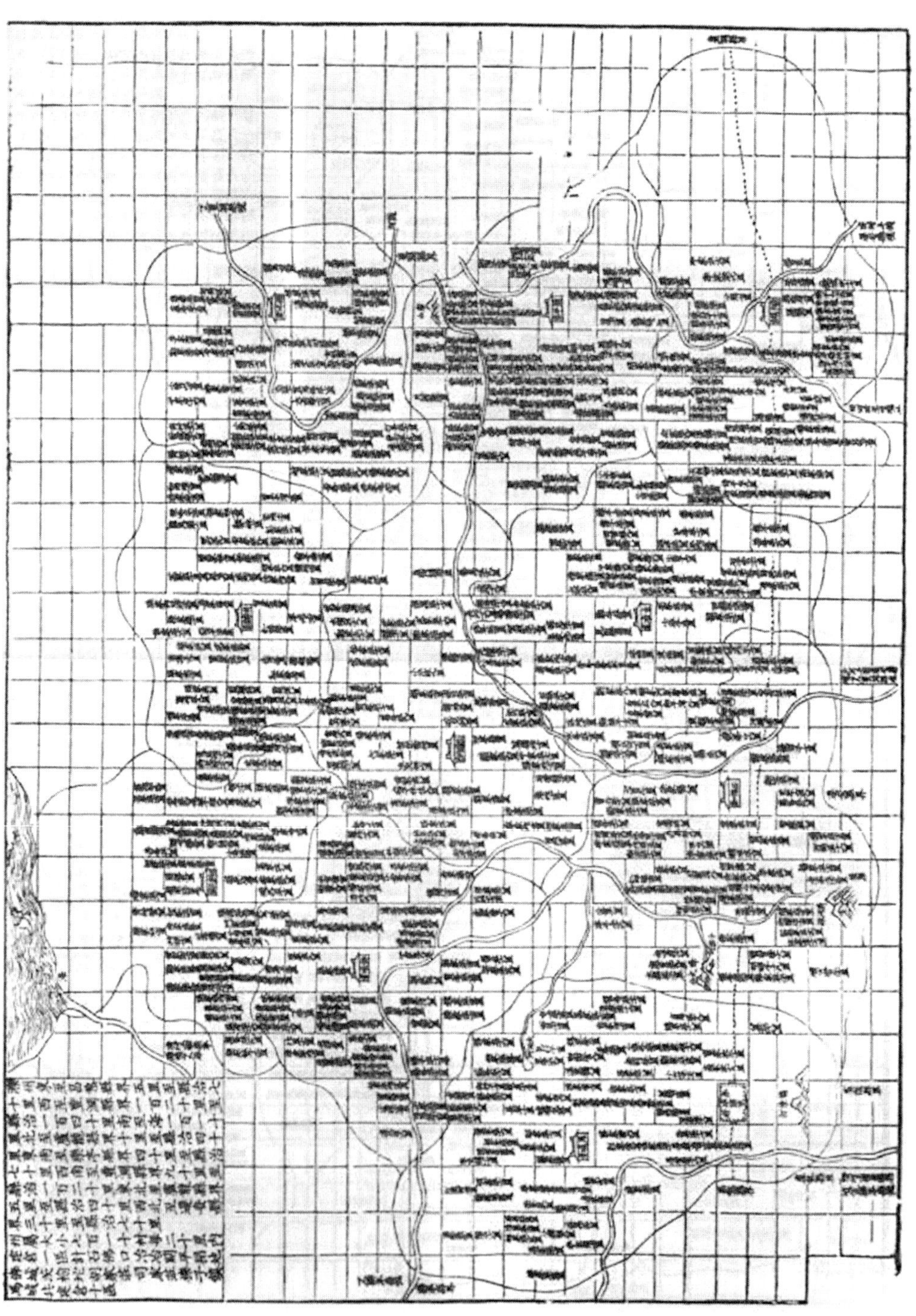

《畿辅义仓图》之滦州

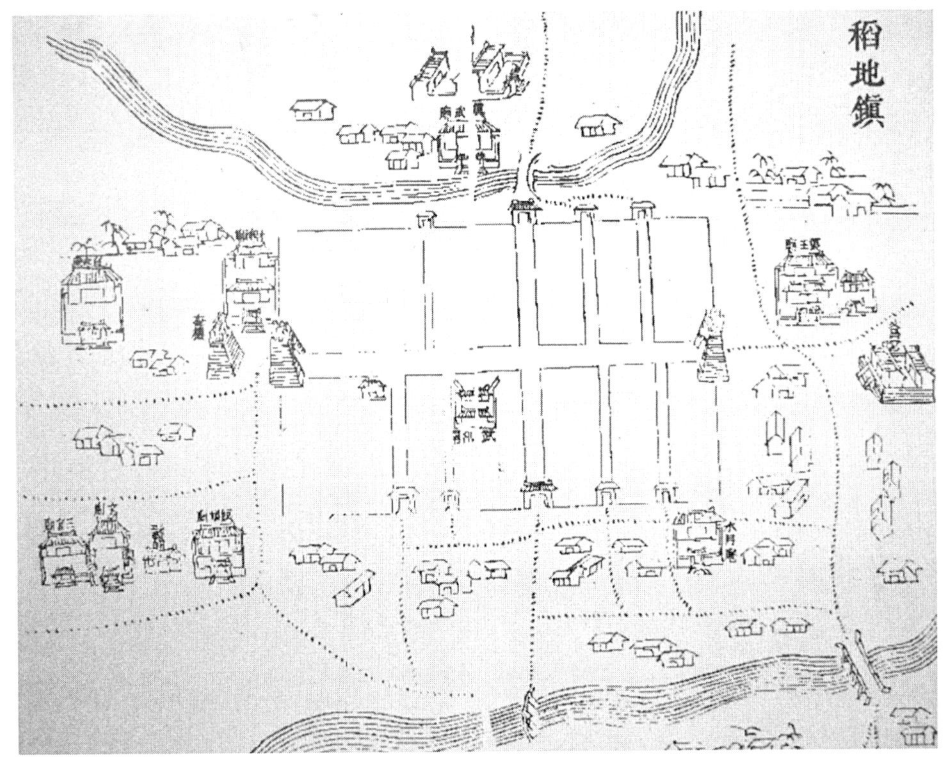

光绪《滦州志》之稻地镇

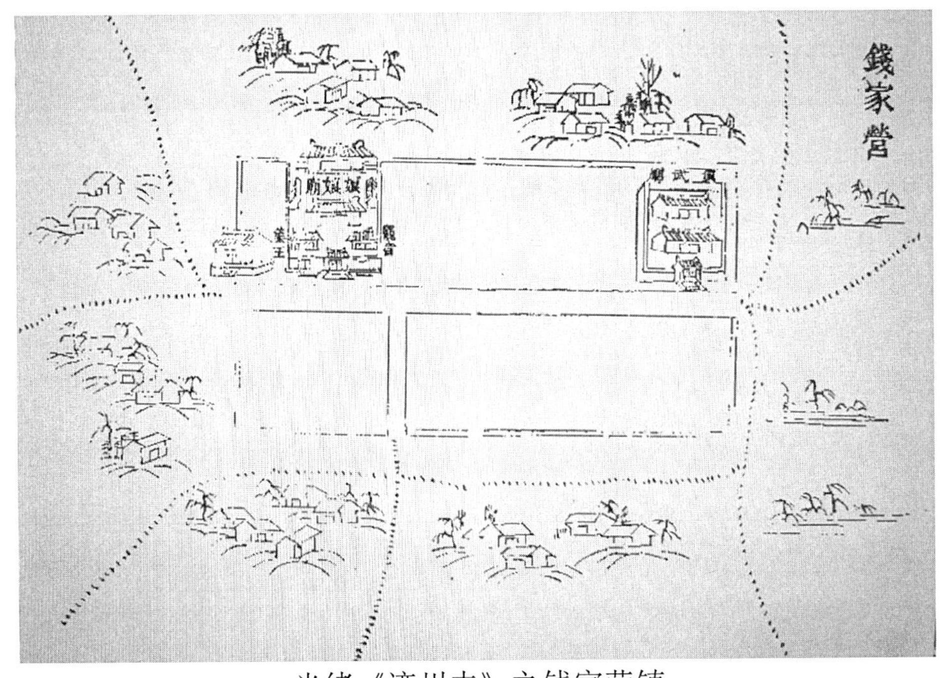

光绪《滦州志》之钱家营镇

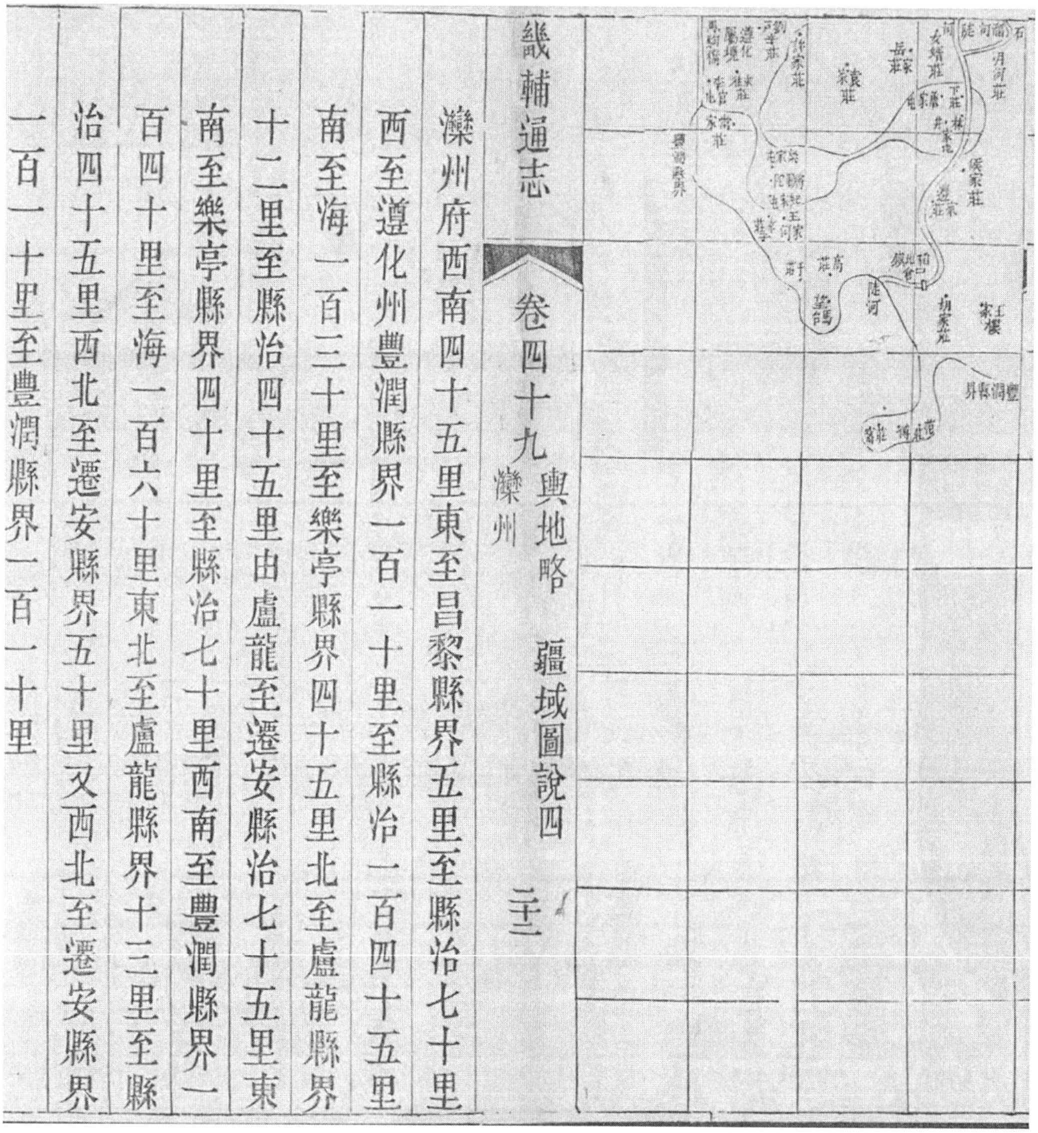

畿輔通志 卷四十九 輿地略 疆域圖說四 三三

灤州

灤州府西南四十五里東至昌黎縣界五里至縣治七十里西至遵化州豐潤縣界一百一十里至縣治一百四十五里南至海一百三十里至樂亭縣界四十五里北至盧龍縣界十二里至縣治四十五里由盧龍至遷安縣治七十五里東南至樂亭縣界四十里至縣治七十里西南至豐潤縣界一百四十里至海一百六十里東北至盧龍縣界十三里至縣治四十五里西北至遷安縣界五十里又西北至遷安縣界一百一十里至豐潤縣界一百一十里

清光绪十年《畿辅通志》滦州地图局部

《溧阳赵氏族谱》之胥各庄赵氏祖茔图

村庄

“成化十八年前，定裁二十二里，既载于册。弘治五年，因民外窜数多，归并二十里；弘治十五年，归并十三里；嘉靖元年，又并为十二里；十一年，民少复业，复归十三里。”

——明隆庆《丰润县志》

明永乐二年始编社屯。改革之后，人民鲜少，地广不治，招集流亡复业，并迁江淮、浙江、江西之民实边。乃以土民编社，迁民编屯。嘉靖元年，民稍复业，编民户为八里（仁西社、杏西社、家南社、坊市社、岁丰社、丰济社、孝西社、咸宁社），灶户为五图（越支一图、二图、三图、四图、五图）。本朝里、图仍旧。康熙六年并屯卫，兴前、开平俱归于县。

——光绪《丰润县志》

今注：社屯统称为“里”，每里十甲，每甲十户，甲设甲长，每里辖户为一百一十。里长对上级官府负责，管束所属人户，统计本里人户丁产的消长变化，监督人户生产事宜，调理里内民刑纠纷，并以丁粮和财产多寡为序，按赋役黄册排年应役。以里甲为单位编派的徭役称里役或甲役，有正役和杂泛差役两种。里甲正役是里甲人户应当的重要差役。里长和甲首为十年轮役制。每年由里长一名偕同甲首督率一甲十户应役，其余九里长及九甲人户在此后九年内轮流应役。里甲正役主要项目是：征收税粮。办运上贡物料。支应官府的公用。由于里长“放富差贫”，导致徭役严重不均。明代中叶后，随着一条鞭法的实行，里甲正役逐渐摊入地亩，折银征收，雇募应役，里甲十年应役之法逐步废弃。

——丰润学者：刘天昌

丰润县所属村庄

明

越支乡：

董家庄，宣庄村。

——明隆庆《丰润县志》

国朝

宣庄镇属七十三屯：

宣庄距城八十里，现属黄各庄镇。

董各庄距城八十里，现属黄各庄镇。

韩家薄洛距城八十五里，今名韩家博乐，现属黄各庄镇。

范家岗距城八十五里，现属黄各庄镇。

发旺台距城八十里，现属黄各庄镇。

李家庄距城八十二里，现属黄各庄镇。

黄各庄距城八十三里，现属黄各庄镇。

迷城庄距城八十六里，今名米厂，现属黄各庄镇。

越支庄距城八十八里，现属西葛镇。

东红家泊距城八十三里，今名东鸿鸭泊，现属黄各庄镇。

西红家泊距城八十三里，今名西鸿鸭泊，现属黄各庄镇。

老治庄距城八十三里，现属黄各庄镇。

东板桥距城六十三里，现属丰南镇。

西板桥距城六十三里，现属丰南镇。

王家盘距城八十四里，现属黄各庄镇。

曹家庄距城八十三里，现属黄各庄镇。

李兴庄距城九十五里，现属东田庄乡。

楼庄子距城八十一里，现属黄各庄镇。

王红庄距城八十里，今名王洪庄，属黄各庄镇。

石桥沽距城八十里，现属唐坊镇。

莲花泊距城八十里，现属唐坊镇。

蒲子泊距城八十八里，现属唐坊镇。

义合庄距城八十八里，现属唐坊镇。

莲花沽距城八十里，现属唐坊镇。

双井距城八十八里，现属唐坊镇。

刘家堼距城八十五里，现属唐坊镇。

大孙家庄距城八十里，今名南孙庄，现属南孙庄乡。

小孙家庄距城八十里，今名北孙庄，现属南孙庄乡。

李新庄距城九十里，现属南孙庄乡。

韩家厂距城七十五里，现属南孙庄乡。

大新庄距城八十里，今名赵辛庄，现属宣庄镇。

宋家坨距城八十里，现属黄各庄镇。

顶戴庄距城八十里，现属黄各庄镇。

王家庄距城八十里，今名大王庄，现属丰南镇。

龚家庄距城八十里，今名龚庄子，现属黄各庄镇。

东岔河距城七十八里，今名大岔河，现属丰南镇。

西岔河距城七十八里，今名小岔河，现属丰南镇。

翟家庄距城八十里，现属丰南镇。

杨贵庄距城七十五里，现属丰南镇。

侉子庄距城七十里，现属丰南镇。

张思庄距城六十六里，现属丰南镇。

魏家庄距城六十六里，现属丰南镇。

杨家泊距城六十六里，现属黄各庄镇。

傅么庄距城一百里，今名付庄腰街，现属稻地镇。

戟门庄距城一百五十里，现属柳树鄚镇。

老铺庄距城一百五十里，现属柳树鄚镇。

涧河庄距城一百六十里，现属黑沿子镇。

李富庄距城一百六十里，现属柳树酄镇。

下新庄距城一百二十里，今名夏新庄，属柳树酄镇。

廒里庄距城一百三十里，现属柳树酄镇。

毕家酄距城一百四十里，现属黑沿子镇。

刘德庄距城一百六十里，现属柳树酄镇。

柳树酄距城一百五十里，现属柳树酄镇。

蒲台河距城一百二十里，现属尖子沽乡。

韩家酄距城一百二十五里，现属柳树酄镇。

尖子沽距城一百里，现属尖子沽乡。

米城坨距城九十里，今名东城坨，现属黄各庄镇。

西米城坨旧城九十里，今名西城坨，现属黄各庄镇。

李保庄距城一百二十五里，现属王兰庄镇。

东花沽距城一百三十里，今名东河沽，现属尖字沽乡。

杨家庄窠距城一百三十五里，现属王兰庄镇。

胥各庄镇属二十六屯

胥各庄距城六十里，现属丰南镇。

白石头庄距城六十五里，今名白石庄，现属丰南镇。

青庄湖距城六十里，现属丰南镇。

狼羔子庄距城六十里，今名兰高庄，现属丰南镇。

南于家泊距城七十里，今名于家泊前村，现属丰南镇。

坨儿上距城六十五里，现属丰南镇?

北于家泊距城七十五里，今名于家泊北村，现属丰南镇。

东么家泊距城七十里，现属丰南镇。

西么家泊距城七十里，现属丰南镇。

铁匠庄距城六十五里，现属丰南镇。

萝卜坨距城七十里，现属丰南镇。

艾坨子距城七十里，现属丰南镇。

张良庄距城一百里，现属东田庄乡。

北袁家庄距城一百里，现属南孙庄乡。

东刘良庄距城九十里，现属东田庄乡。

西刘良庄距城九十里，现属东田庄乡。

谷家庄距城九十里，现属东田庄乡。

么排子庄距城九十里，现属东田庄乡。

小翟家庄距城九十里，现属丰南镇。

欢喜庄镇属三十一屯

何仓庄距城八十里，现属南孙庄乡。

东规昆庄距城八十里，今名东张稳庄，现属南孙庄乡。

西规昆庄距城八十里，今名西张稳庄，现属南孙庄乡。

薛家埑距城八十二里，现属南孙庄乡。

马新庄距城八十二里，现属南孙庄乡。

无名泊距城八十里，现属南孙庄乡。

教厂庄距城九十二里，今名教军厂，现属南孙庄乡。

小李家庄距城里，八十二里，现属南孙庄乡。

王御史庄距城里九十里，今名王玉石庄，现属南孙庄乡。

张家庄距城九十里，今名小张庄，现属南孙庄乡。

王家庄距城九十二里，今名小王庄，现属南孙庄乡。

赵新庄距城九十五里，现属南孙庄乡。

张六庄距城七十二里，现属南孙庄乡。

韩城镇属五十五屯

董家庄距城四十五里，现属南孙庄乡。

孙茂庄距城四十五里，现属东田庄乡。

杨英庄距城四十五里，现属南孙庄乡。

北吴家庄距城四十五里，现属东田庄乡。

刘胡子庄距城四十五里，今名刘胡庄，现属南孙庄乡。

小何家庄距城四十五里，现属南孙庄乡。

深井庄距城四十五里，现属南孙庄乡。

南袁家庄距城四十五里，今名南元庄，现属东田庄乡。

小于家庄距城四十五里，现属东田庄乡。

新集庄距城四十五里，现属东田庄乡。

赵杌牛庄距城五十里，今名赵四牛，现属南孙庄乡。

黄米廒镇属二十四屯

黄米廒距城一百二十里，现属大新庄镇。

大佟家庄距城一百二十里，现属大新庄镇。

小佟家庄距城一百二十九里，今名佟庄子，现属大新庄镇。

薄洛坨距城一百二十里，今名博乐坨，现属大新庄镇。

裴家庄距城一百一十里，现属大新庄镇。

双坨庄距城一百一十里，现属大新庄镇。

河沿庄距城一百一十里，现属大新庄镇。

魏家庄距城一百一十里，现属大新庄镇。

羊马坨距城一百一十里，现属大新庄镇。

安子庄距城一百一十里，现属大新庄镇。

四间房距城一百一十里，现属大新庄镇。

薄家庄距城一百一十里，现属大新庄镇。

大新庄距城一百一十五里，现属大新庄镇。

赵家庄距城一百零五里，今名大赵庄，现属大新庄镇。

李家庄距城一百一十里，今名东李庄，现属大新庄镇。

沙沟庄距城一百一十里，现属大新庄镇。

李鄂道庄距城一百零五里，今名李公道庄，现属大新庄镇。

薄家港距城一百零五里，现属大新庄镇。

小集镇属四十五屯

小集距城一百里，现属小集镇。

小刘家庄距城一百零一里，今名东刘庄，现属小集镇。

杨家庄距城九十九里，今名杨塘？现属小集镇。

客家庄，距城一百里，今名起庄子，现属小集镇。

北王家庄距城一百里，今名王庄，现属小集镇。

田家庄距城九十六里，今名北田庄，现属小集镇。

韩家庄距城一百里，今名大韩庄，现属小集镇。

赵家庄距城九十里，现属小集镇。

北韩家庄距城九十四里，现属小集镇。

鸭子庄距城九十七里，现属小集镇。

洼儿庄距城九十六里，今名洼里，现属小集镇。

邸家庄距城九十八里，现属小集镇。

大刘家庄距城一百里，今名东刘庄，现属小集镇。

大郑家庄距城一百三十里，今名西郑庄，现属小集镇。

大孙家庄距城一百零二里，现属小集镇。

郑家坨距城一百里，现属小集镇。

高家庄距城一百里，今名小高庄，现属小集镇。

孙家沙坨距城一百零五里，现属大新庄镇。

小岭庄距城一百零七里，今名小岭子，现属大新庄镇。

大岭庄距城一百零八里，今名大岭子，现属大新庄镇。

黑沿子距城一百五十六里，现属黑沿子镇。

宋家营镇属二十九屯

宋家营距城九十里，现属小集镇。

深港庄距城八十五里，现属小集镇。

蛮子坨距城九十里，现属西葛镇。

郑家庄距城八十五里，现属小集镇。

于家庄距城八十五里，现属稻地镇。

王家庄距城八十五里，现属稻地镇。

霍家庄距城八十五里，现属稻地镇。

刘唐保庄距城八十里，现属稻地镇。

张飞庄距城八十里，今名张福庄，现属稻地镇。

大葛各庄距城九十五里，今名东葛各庄，现属西葛镇。

小葛各庄距城八十里，今名西葛各庄，现属西葛镇。

东尖坨距城九十五里，现属西葛镇。

西尖坨距城九十五里，现属西葛镇。

刘各庄距城九十里，现属西葛镇。

李各庄距城八十二里，现属西葛镇。

孟家庄距城八十里，现属西葛镇。

新庄子距城九十五里，今名新房子，现属小集镇

姚家庄距城八十五里，现属小集镇。

杨家庄距城八十八里，现属黄各庄镇。

庄窠庄距城八十五里，现属黄各庄镇。

老庄子距城八十里，现属黄各庄镇。

张见庄距城八十二里，今名张建庄，现属黄各庄镇。

郝家庄距城八十五里，现属黄各庄镇。

傅家沙坨距城八十里，今名沙坨子，现属西葛镇。

王兰庄镇属五十四屯

王兰庄距城一百里，现属王兰庄镇。

岔道口距城一百一十五里，现属王兰庄镇。

杨家庄距城一百里，现属王兰庄镇。

刘官庄距城一百一十五里，现属王兰庄镇。

董唐庄距城一百一十里，现属王兰庄镇。

彭家庄距城一百一十五里，现属王兰庄镇。

王道庄距城一百一十五里，现属王兰庄镇。

董恩庄距城一百三十里，现属王兰庄镇。

董代庄距城一百一十里，现属王兰庄镇。

傅家庄距城一百一十里，现属东田庄乡。

郭家庄距城一百一十三里，现属东田庄乡。

大田家庄距城一百一十五里，今名东田庄，现属东田庄乡。

小田家庄距城一百一十五里，今名西田庄，现属东田庄乡。

王大刀庄距城一百二十里，今名王大刁，现属东田庄乡。

南吴家庄距城一百二十五里，今名大吴庄，现属东田庄乡。

刘大官庄距城一百二十里，现属东田庄乡。

张稗子庄距城一百二十里，今名张柏庄，现属东田庄乡。

刁家庄距城一百里，现属唐坊镇。

唐家房距城一百里，今名唐坊，现属唐坊镇。

翟家庄距城一百里，现属唐坊镇。

赵茂庄距城一百里，现属唐坊镇。

赵鸡翎庄距城一百一十里，今名赵翎庄，现属唐坊镇。

孙老庄距城一百一十里，现属唐坊镇。

孔家庄距城一百一十五里，现属唐坊镇。

刘木林庄距城一百一十里，现属东田庄乡。

张山庄距城一百一十五里，现属唐坊镇。

韩家庄距城一百一十里，今名韩庄子，现属东田庄乡。

宋家庄距城一百一十里，现属东田庄乡。

刘四新庄距城一百里，现属东田庄乡。

孙永庄距城一百里，现属王兰庄镇。

抓先庄距城一百一十里，现属王兰庄镇。

刘迁庄距城一百一十里，现属王兰庄镇。

高家庄距城一百一十里，现属王兰庄镇。

将军庄距城一百里，现属王兰庄镇。

车道铺距城一百里，现属王兰庄镇。

大麦铺距城一百里，现属王兰庄镇。

马家庄距城一百里，现属王兰庄镇。

崔家庄窠距城一百一十里，现属东田庄乡。

新河庄距城九十五里，现属唐坊镇。

挡水埝距城九十二里，现属唐坊镇。

南高家先甸距城八十五里，今名高先甸，现属王兰庄镇。

北高家先甸距城八十五里，今名高家围，现属王兰庄镇。

董家庄距城八十里，今名董庄子，现属南孙庄乡。

横沽距城九十里，现属王兰庄镇。

西河庄距城一百四十里，现属柳树鄘镇。

毕武庄距城一百三十里，现属王兰庄镇。

上双坨距城一百里，现属尖字沽乡。

下双坨距城一百里，现属尖字沽乡。

望马泊距城九十八里，现属尖字沽乡。

么家庄距城一百二十五里，现属王兰庄镇。

爽坨镇属二十屯

爽坨距城九十里，现属大新庄镇。

瓦子庄距城八十八里，现属大新庄镇。

崔家庄距城八十三里，今名崔坨，分西、东崔坨。现属大新庄镇。

黑坨距城九十五里，现属大新庄镇。

双港庄距城九十五里，现属大新庄镇。

碱城距城九十三里，现属小集镇。

六各庄距城九十八里，现属大新庄镇。

八户庄距城九十八里，今名东八户、西八户，现属大新庄镇。

龙湾庄距城九十里，现属小集镇。

北柳河距城九十里，现属小集镇。

枣园庄距城一百里，现属大新庄镇。

杨家庄距城九十五里，现属小集镇。

小韩家庄距城九十里，今名东韩庄，现属小集镇。

大何各庄距城九十五里，今名大河各庄，现属大新庄镇。

小何各庄距城九十五里，今名小河各庄，现属大新庄镇。

薄家庄距城九十五里，现属大新庄镇。

渠坨距城九十五里，现属大新庄镇。

柳林庄，距城九十五里，现属大新庄镇。

董家庄，距城一百零二里，今名南董庄，现属大新庄镇。

开平镇属二十二屯

钱家营（注：中街）距城七十里，现属钱营镇。

钱家濠距城七十里，现属钱营镇。

小张各庄距城六十里，现属钱营镇。

陆家濠距城六十里，现属钱营镇。

滦州所属村庄

桥头社：

耿家街：城西南一百二十里，七十一户，三百七十三人，今名龙凤庄，现属稻地镇。

西大福坨：城西南一百二十里，八十三户，七百三十三人，今名西大夫坨，现属稻地镇。

孙家楼：城西南一百二十里，六十户，五百六十九人，现属稻地镇。

重家庵子：城西南一百二十里，五十户，二百零八人，今名重广庵，现属稻地镇。

安机寨：城西南一百二十里，一百二十户，一千六百九十一人，现属稻地镇。

于家庄：城西南一百二十里，九十三户，一百七十一人，今名于庄子，现属丰南镇。

高家庄：城西南一百二十里，五十八户，四百七十三人，今名高庄子，现属丰南镇。

四王庄：城西南一百二十里，八十五户，四百五十七人，现属丰南镇。

新庄子：城西南一百二十里，三十九户，三百五十九人，现属丰南镇。

东王家河：城西南一百二十里，三十三户，二百五十五人，现属丰南镇。

西王家河：城西南一百二十里，五十九户，四百九十九人，现属丰南镇。

岭子庄：城西南一百二十里，九十六户，六百二十七人，现属丰南镇。

东大福坨：城西南一百二十里，五十户，五百零四人，今名东大夫坨，现属稻地镇。

王家庄：城西南一百一十里，三十七户，一百二十五人，现属丰南镇。

付家坨：城西南一百二十里，三十五户，二百六十二人，现属稻地镇。

长春社：

稻地镇：城西一百二十里，四百五十户，四千八百零七人，现属稻地镇。

张家簸箩：城西南一百二十里，三十九户，二百一十九人，今名张博乐，现属黄各庄镇。

杨家庄：城西一百二十里，六十户，二百三十六人，现属稻地镇。

相家庄：城西南一百二十里，七十九户，六百七十人，现属稻地镇。

尚德村：城西南一百二十里，四十四户，三百三十九人，现属稻地镇。

苟实村：城西南一百二十里，十二户，八十九口人。1976 年 7·28 地震后并入尚德村。

喻家庄：城西一百二十里，四十五户，三百九十一人，现属稻地镇。

范家庄：城西南一百二十里，一百一十三户，一千三百四十三人，现属稻地镇。

钱营南街：城西九十里，十一户，一百零四人，现属钱营镇。

刘唐保庄：城西一百二十里，八户，六十一人，现属稻地镇。

小工庄：城西一百一十里，十八户，九十人，今名小公庄，现属大齐各庄镇。

鲁家庄：城西一百里，三十四户，二百一十人，现属大齐各庄镇。

大工庄：城西南一百一十里，四十户，二百六十人，今名大公庄，现属稻地镇。

李新庄：城西一百一十里，四十一户，二百七十人，现属稻地镇。

景家庄：城西一百二十里，四十一户，二百二十九人，现属稻地镇。

王家楼：城西南一百一十里，三十六户，二百八十一人，现属大齐各庄镇。

大长春：城西南一百二十里，一百二十三户，六百八十二人，现属大齐各庄镇。

小长春：城西南一百一十里，六十四户，二百七十二人，现属大齐各庄镇。

史马庄：城西南一百里，四十二户，三百五十口，现属大齐各庄镇。

窦家庄：城西一百二十里，二十九户，一百一十九人，现属稻地镇。

胡家庄：城西一百二十里，六十一户，四百七十九人，现属稻地镇。

安各庄：城西南一百一十里，八十四户，七百二十五人，现属大齐各庄镇。

望马台：城西南一百二十里，六十七户，三百六十四人，现属丰南镇。

边家庄：城西一百二十里，四十三户，二百五十九人，现属稻地镇。

李家坨：城西一百里，十六户，二百五十五人，现属大齐各庄镇。

井家屯：城西一百里，四十四户，二百一十四人，现属大齐各庄镇。

北岭庄：城西南一百二十里，五十五户，五百二十一人，现属稻地镇。

付家庄：城西南一百二十里，一百零四户，一千一百八十七人，现属稻地镇。

王家庄：城西一百一十里，三十三户，一百七十二人，今名王庄子，现属大齐各庄镇。

赤口社：

毕家庄：城西南七十五里，五十六户，三百零四人，现属钱营镇。

成各庄：城西南七十里，三十八户，六百八十人，现属钱营镇。

后打公庄：城西南七十里，九十二户，三百四十六人，今名后打弓庄，现属钱营镇。

史家庄：城西南七十五里，一百零六户，五百二十九人，现属钱营镇。

李毫子庄：城西南九十里，九十八户，六百三十一人，现属钱营镇。

夏庄屯：城西一百里，五户，一百八十四人，现属大齐各庄镇。

康庄社：

罗各庄：城西九十里，一百零二户，九百三十四口人，现属钱营镇。

赞公庄：城西九十里，六十五户，三百一十三人，现属钱营镇。

五里屯：城西九十里，一百三十九户，一千一百六十人，现属钱营镇。

王官屯：城西九十里，四十二户，二百五十人，现属钱营镇。

苗家庄：城西九十里，六十三户，四百三十八人，现属钱营镇。

齐家庄：城西一百里，五十七户，一百六十三人，现属大齐各庄镇。

郑各庄：注：嘉庆《滦州志》有载。

夏庄屯：注：嘉庆《滦州志》有载。

北柳河社：

李家庄：城西南九十里，四十五户，二百一十五人，现属钱营镇。

汤毫子庄：城西南九十里，七十三户，三百九十人，现属钱营镇。

苗家庄：城西南九十里，七十五户，三百六十八人，现属钱营镇。

赵各庄：城西南一百里，一百户，六百二十七人，现属大齐各庄镇。

阎家庄：城西南九十里，五十五户，二百八十一人，今称阎庄，现属钱营镇。

高家庄：城西南一百里，四十二户，三百六十人，今称高各庄，现属大齐各庄镇。

骚古庄：城西南一百里，四十三户，二百四十人，现属小集镇。

新庄子：城西南一百里，四十九户，三百二十二人，今名大田港村，现属大齐各庄镇。

张家庄：城西南一百里，四十三户，二百三十人，现属小集镇。

油房庄：城西南一百里，九十户，五百一十九人，现属小集镇。

西纪各庄：城西南九十五里，一百八十七户，九百零二人，现属小集镇。

寺坨庄：城西南一百里，一百二十五户，五百一十四人，现属大新庄镇。

康各庄：城西南一百里，一百二十四户，六百零八人，现属小集镇。

东纪各庄：城西南九十里，六十二户，三百二十七人，现属小集镇。

黄各庄：城西南九十里，八十五户，四百九十九人，现属钱营镇。

小王庄：城西南九十里，六十七户，三百六十四人，现属大齐各庄镇。

柳河庄：城西南一百里，一百一十户，九百一十八人，现属小集镇。

北柳河庄：城西南九十里，一百四十二户，八百零一人，现属钱营镇。

赞公庄：城西南九十里，三十户，二百六十二人，现属钱营镇。

狗儿社：

杜林庄：城西南九十里，五十八户，五百二十八人，现属大新庄镇。

郭家岭坨：城西南九十里，六十户，五百八十三人，现属大新庄镇。

李家岭坨：城西南九十里，六十户，五百八十三人，现属大新庄镇。

泰各庄：城西南八十里，八十九户，四百八十三人，今名太各庄，现属钱营镇。

刘家庄：城西南八十里，三十五户，三百零九人，今名刘庄子，现属钱营镇。

陆家庄：城西南八十里，四十七户，四百零九人，今名陆庄子，现属钱营镇。

西桥北坨：城西南八十里，三十三户，三百三十一人，现属钱营镇。

东桥北坨：城西南八十里，五十户，四百六十六人，现属钱营镇。

王家岭坨：城西南九十里，二十六户，二百〇一人，现属钱营镇。

沟子岭坨：城南九十里，现属大新庄镇。

花港社：

草各庄：城西九十里，七十五户，九百五十一人，现属钱营镇。

新庄子：城西九十里，六十八户，七百八十人，现属钱营镇。

碾子庄：城西南九十里，二十六户，四百六十八人，现属钱营镇。

南阳庄：城西南八十里，二百零二户，一千零五十八人，今分中、前、后南阳庄，现属钱营镇。

张各庄：城西南九十里，四十一户，二百零三人，今分大、小张各庄，现属钱营镇。

高各庄：城西南九十里，六十户，二百七十七人，现属钱营镇。

小新庄子：城西七十五里，三十二户，一百六十一人，今名北新庄，现属钱营镇。

王各庄：城西南七十里，七十三户，三百七十五人，现属钱营镇。

罗各庄：城西南七十里，二十六户，二百四十四人，现属钱营镇。

岭上庄：城西南七十里，十一户，一百四十五人，现属钱营镇。

北阳庄：城西南九十里，二十一户，一百四十七人，现属钱营镇。

南阳庄：西南八十里，二百零二户，一千零五十八口，现属钱营镇。

钱家营：城西南九十里，十四户，五十二人，现属钱营镇。

崇道屯：

东檀家庄：城西南九十里，三十五户，二百七十八人，现属小集镇。

石各庄：城西南九十里，一百一十五户，一千二百六十八人，现属钱营镇。

辉坨庄：城西南一百里，一百一十四户，八百六十四人，现属小集镇。

董家庄：城西南九十里，一百一十一户，九百一十七人，现属小集镇。

陈家庄：城西南九十里，三十一户，一百四十七人，现属钱营镇。

解家庄：城西南九十里，三十三户，一百六十一人，现属钱营镇。

惊马林：城西南九十里，二十二户，五十七人，现属钱营镇。

小营庄：城西南九十里，二十九户，一百四十九人，现属钱营镇。

打各庄：城西南九十里，五十四户，二百一十八口，现属钱营镇。

赞各庄：西南九十里，三十户，二百零六口中，今称赞公庄分小、前、中、后赞公庄四个村。

大张庄：城西南九十里，四十九户，四百零五口，现属钱营镇。

齐家庄：西南一百里，十二户，六十六口。现属大齐各庄镇。

学各庄：注：嘉庆《滦州志》有载。

嘉祐屯：

小屯庄：城西南八十里，二十七户，二百三十六人，现属钱营镇。

林子庄：城西南八十里，十八户，二百三十一口人，现属钱营镇。

黄各庄：城西七十里，九十四户，六百四十四口人，现属钱营镇。

遵化州忠义屯所属村庄

林家屯，城东南一百八十里。现属大齐各庄镇。

井家屯，城东南一百八十里。现属大齐各庄镇。

夏庄屯，城东南一百八十里。现属大齐各庄镇。

占家屯，城东南一百八十里。现属大齐各庄镇。

杨家屯，城东南一百八十里。编者注：清代中叶毁于火灾，遗址杨坨位于今大齐各庄镇。

于家屯，城东南一百八十里。编者注：清初位于赵各庄村西，当地人称“小于北庄子”，因河道变迁，赵各庄村址西移，与于家屯合并，

康熙年间与乾隆二十九年《遵化州志》无夏庄屯。按旧志村庄多有讹漏或不计里数，前后错置，或不核实虚实有无混淆。

——乾隆五十九年《遵化州志》

市集

宋家营四九

胥各庄一六

小集一六

爽坨二八

王兰庄六一

按旧志董各庄十五，何时裁无考，王兰庄何时增亦无考。

——光绪《丰润县志》

七区：

钱家营。城西九十里，四九日集。

辉坨。城西南九十里，五十日集。

八区：

稻地镇。城西南一百二十里，三八日集。

——《滦县志》

纪事

丰润县纪事（古志今志皆有）

古者，列国皆有史，其郡邑沿革、象纬、榀异、华夔、变夔、政事、淑慝为历代兴衰之迹有关于丰润者，咸足劝鉴，故纪其大者以备一邑之史云。

前代

黄帝氏遂种鬻。

帝喾氏建九州始分冀。（丰润在帝喾为冀州之域）

有虞氏肇十有二州，冀分幽。（舜以冀州地广分冀东北为幽州，丰润在虞，属幽州。）

夏后氏复九州治水，自冀始幽仍属冀。

周武王封帝尧之后，于蓟为蓟国，封召公奭于北燕为燕国。

灵王三年，无终子嘉父使孟乐如晋，因魏绛请纳虎豹之皮以和戎，晋悼曰：“戎狄无亲，不如伐之。”（丰润在春秋为无终之城）

秦始皇二十六年，灭燕分天下为三十六郡，燕入秦。（丰润在秦属渔阳郡）

汉武帝元封元年冬，帝东巡海上至碣石自辽西历。（北边）

献帝初平元年，四皇聚尾。（或以四年公孙瓒杀幽州，于蓟虞尽据幽州为验。）

建安九年，曹操领冀州，救省幽州并冀。

后帝建兴十三年冬，太白昼见在尾。（历二百余日恒昼见，占曰：燕臣验有兵。时公孙渊自立为燕王。）

晋惠帝永兴元年秋，七月庚申，太白犯尾。（时刘渊兴，惟并起自此，燕地陷于腥膻几二百余年，隋文奄有成，业燕始入于中夏。）

成帝感康七年暮，封幽州牧慕容皝为燕王，燕没于慕容氏。

孝武帝太元元年，燕慕容垂称帝。

魏太巡三年，魏攻燕灭之，燕王弘奔高丽，燕入魏。

北魏孝昌二年，魏以国用耗竭，租调不足，乃因丰润近海可煮为盐，遂置盐监司。（有丞八品专税盐课领于盐府，校尉或以州刺史兼之，由是国用皆仰给焉。）

北齐天保八年，徙冀州人于幽州。（齐以冀州人众地少，徙无田之人于幽州宽乡以处，□□之乐迁，以永济务属玉田县。）

隋炀帝大业六年，诏敕幽州总管元弘嗣往东海口造船，帝自将击高丽。（时往还数千人，昼夜不绝，死者相枕，燕境骚动。）

玄宗开元二十八年，析玉田永济务为蓟川县，隶北平郡（后梁乾化元年）。卢龙节度使刘守光据幽州称燕王，秋八月称帝，国号“大燕”。（时守光暴虐，契丹阿保机乘间入塞，攻陷城邑，遂有北平之地，自称天辽太祖。）

宋太宗兴国四年六月，帝发太原次幽州伐辽，蓟州降，乾亨元年，契丹初置贡。

至道三年，契丹募民垦地免租。

徽宗宣和四年（辽保大二年），金太祖完颜阿骨打克辽燕京。（至是辽至京皆属金矣）

孝宗乾道二年（金世宗榷大定六年），始筑土为城，改永济务为永济县。

金永济大安元年，避东海郡侯讳，巡永济县为丰闰县，号曰浭阳。（东海郭金章宗阳之弟，也名永济，璟宁永滴立定为大安。）

光定四年（金大安三年），太子斡可亟帅兵取中都，丰闰等处皆降于元，大掠辽西之地。

六年（蒙古太祖，孛儿只斤铁木真八年）冬，兵攻陷丰闰。

理宗端平元年（元太宗皇帝八年），升丰润县为润州，以宗公充镇国上将军、行节度使，以张公克同知隶大都路。

景定元年（元世祖忽必，烈中统元年）土豪张进辈府檄鸠迁率数十户集越支之宋家营以居复事煎造。

四年（元中统四年），以监司隶正收课税所

五年（元世祖钦以至元九年），燕京为中都大兴府定于燕，省丰润入玉田县。（未几周岁，邑人咸曰：丰间实东西要冲，相去玉田地□，辽邈累路，□火诉讼之急，奔赴控告有所不便，相倡怀牒□□□陈理，遂蒙允可，县治诏旧。）改盐监司为玉田税使司（设大使、副使各一员）

庆宗咸淳元年（元至元二年），丰间实东西要冲，相去玉田地□，辽邈累路，□火诉讼之急，奔赴控告有所不便，相倡怀牒□□□陈理，遂蒙允可，县治诏旧。（诗廉平存恤，盐课以盈，感曰：“自立盐司，三百余年未有如此时安静无扰也。”）

三年（元至元四年）秋禁私酿酒醋。

六年（元至元七年）县尹孙庆瑜始修县署。

七年（元至元八年）春发民筑长城。

恭帝德祐元年（元至元十二年）县尹耿公由翰林掾史来任始创建文庙。

端宗景炎二年（元至元十四年）冬十月，改立大都、芦台、越支、三叉沽盐使司。

元至元二十年夏，暂免丝料并民户丝线俸钞。

二十四年饥，禁酒。

二十七年秋，免租赋及酒。

泰定三年冬，弛山泽带。

天历元年，发民扰辽东军。

二年，冬禁酿酒。

至正二十六年冬十二月，太白岁星聚尾，次年秋八月庚（午戊）

太祖高皇帝遗常遇春将兵讯燕，寻取永平。

当代

洪武二年冬，诏安北平布政使司曰北平，新附地方民有记级，官有逋□□□前代事理并行革拨

三年，今以荒地召人开□。

十四年，诏编里社及赋役黄册。

二十八年，今民领儿马一匹，免粮五十亩；骒马一匹，免粮一百亩，儿马一，骡马四，为群，群立头一人；五群立长一人，内选聪明为监兽，每一岁纳驹一匹。

永乐元年，诏流民复业，给与子种牛犋，迁南民来屯。置兴州前屯卫于丰润县，以卫民。

二年，以丰润县直隶顺天府属蓟州，始编社屯。（革除之时，县民为辽军残散，至是，召民复业江惟迁戍亦至，以土民编社，迁民编屯。）

宁德十三年，今僧道续置田土还民。

十四年，各□选壮丁。

景泰三年，诏免老马骑。核寺观田以六十亩为率，余拨小民佃种。

天顺元年冬，割民垦地于卫所军余佃种。

六年春，恩诏廪膳生员年四十以上者入国子监。

成化辛丑，督饷户部郎中官廉始议还乡河通遭运，移置永平府东盈仓分贮海运之粟，以便永平山海之饷，请于上，可之，赐仓名曰丰盈。

二十二年，始征柴夫银，每名月徵银一两二钱。

正德五年，太白犯尾。（占曰：燕有兵。尾年刘贼相聚至十余万众作乱，所遇残破，经丰润不言而去。）

八年，岁星荧惑合于其尾。（占曰：旱饿。是年旱极，蝗为灾。）

嘉靖四年，大雹如鹅卵杀稼，岁饶免民田租

六年，地震有声如雷，形势闪荡如舟在浪中。官民墙屋倾颓数多。

八年，除沙汰生员例。

十四年冬，十二月雷。

十七年，诏加岁贡生员二名。秋八月，星殒，其光烛地。

二十一年，淫雨伤稼，霾沙屡作，蝗蝻遍地，是年赈饶。

二十三年，巡抚都御史朱芳立保甲法。冬十月桃李复花。

二十七年，地震房屋，大风拔树，雨雹杀稼。岁饶民多逃窜。

三十八年，白气如练卫尾。（占曰：起兵。是年北虏入寇，掳掠人民多伤害。）

三十九年，春涝秋旱，飞蝗蔽空，害稼大，饶人食野草。

四十年，六月不雨，蝻随生，积地数寸，绵亘百里，伤稼殆尽。斗米二钱。

四十二年，四月初七日霜。十五日午时，正南天鼓如雷。五月大旱，八月大水。

隆庆二年，三月地震，至四月复震。十月初三日白昼星殒有光，如练烛地。诏选恩贡一名入国子监。

三年，六月飞蝗蔽空，飞越它境。

——明隆庆《丰润县志》

滦县纪事

汉武帝（刘彻）建元三年，癸卯秋九月戊戌晦，日食几尽，在尾九度。

后汉光武（刘秀）建武六年，庚寅秋九月，丙寅晦，日有食之，在尾八度。（史官不见，郡以闻）

桓帝永寿二年，丙申，夏六月甲寅，辰星入太微，遂伏不见。

献帝初平元年，庚午，四星聚尾。

后帝（刘禅）建兴十三年（魏明帝睿，青龙三年），乙卯，冬十月，壬申，太白昼见，在尾。（历二百余日，恒昼见，占曰：燕臣强有兵，时公孙渊自立为燕王。）

孝武帝（西晋）十三年戊子，闰七月戊辰，天狗东北下有声。

十八年癸巳，客星在尾，自春二月至于九月。

壬午，辽圣宗隆绪统和元年（复国号曰契丹）秋九月，赈饥。丙午，契丹咸雍六年，复国号曰辽。

丁亥，五年春三月癸亥，契丹主如长春宫，赏花钓鱼，以牡丹赐近臣（宫在州西长春社）。

己丑，七年春二月乙卯，如长春宫。

甲午，十二年春三月壬申，如长春宫观牡丹。

丁酉，十五年春二月丙申，如长春宫。

己亥，十七年正月乙卯，如长春宫。

甲寅，十年春二月癸未，蠲复业民租赋。

乙卯，大康元年闰月，赈饥。

己未，五年冬十月丁已，赈饥。

德宗贞元八年壬申，大水，平地丈余。

徽宗宣和四年壬寅（辽保大二年，金太祖完颜阿骨打天辅六年）冬十一月，宋遣赵良嗣入金，求营、平、滦三州，金主不许。十二月金克辽燕京（先三月，金袭辽，辽主延禧走夹山，燕京留守李处温以耶律淳称帝，遂据有燕云，及上京辽西之地。至六月淳死，其妻萧氏主国事，至是克燕京。自古北口奔天德，辽五京皆为金有）。金使韩询，招谕平州（金太祖已定燕京，访得平州人韩询，使持诏招谕平州。诏曰：朕亲巡西土，底定全燕，号令所加。城邑皆下，爰嘉忠款，特示优恩。一应在彼大小官员，可皆充旧职，诸囚禁配隶，并从释免。时辽主尚在天德，虽开谕，而民未信从）。

高宗绍兴十五年（金皇统五年）乙丑，金授滦王信信武将军。

孝宗乾道七年，辛卯（金大定十一年），王信为镇国上将军，封开国侯。

孝宗隆兴元年癸未（金大定二年）春二月饥。

金世宗雍大定二年春二月，徙居民于山西就食。（于道路计口给食）

癸巳，十三年春二月，罢平滦盐钱。

戊戌，十八年春正月壬戌，金主如春水。

己亥，十九年春正月丁卯，如春水。

孝宗淳熙七年，金大定二十年庚子，春正月己巳，金定如春水。丙子幸石城县行宫。丁丑以玉田县行宫之地偏林为御林大淀，滦为长春淀。（寻改长春淀为大定淀）

八年，辛丑，二十一年春三月丁未，如长春宫及春水。遣人阅实赈贷。

九年，春正月壬午，金大定二十二年，金主如长春宫。自癸卯至辛酉，连入长春宫，及春水，凡十二次。

十年，癸卯，金大定二十三年春，正月壬午，如长春宫及春水。

十一年，甲辰，金大定二十四年春，正月戊戌，如长春宫及春水。

十二年，乙巳，金大定二十五年春，二月丁丑，自上京如春水。

十三年，丙午，金大定二十六年春，正月甲辰，如长春宫及春水。

十四年，丁未，金大定二十七年春，正月庚戌，如长春宫及春水。

十五年，戊申，金大定二十八年春，正月甲辰，如春水。

光宗元年，庚戌，金章宗璟明昌元年春，正月己卯，如春水。

三年，壬子，明昌三年春，正月壬戌，如春水。

四年，癸丑，明昌四年春，二月戊戌朔，如春水。癸丑，猎于姚村淀。

五年，乙卯，明昌六年春，正月壬辰，如春水。

宁宗庆元六年，庚申，承安五年春，正月丙申，如春水。

宁宗嘉定六年，辛酉，泰和元年春，正月庚午，如长春宫及春水。

癸酉，金宣宗珣贞祐元年、蒙古太祖奇渥温铁木真八年冬，蒙古兵陷丰润。十二月分兵三道南侵，其别将薄察等遵海而东，破滦蓟，大掠于辽西之地。

度宗咸淳三年丁卯，元至元四年，秋八月辛酉，元禁私盐酒醋。

四年戊辰，元至元五年，秋九月丁巳，元主敕长春宫，修设金箓周天大醮七昼夜。

七年，元至元八年，辛未，春二月丁酉，元发滦民筑长城。

十年，元至元十一年，甲戌，春正月丁酉，元复敕长春宫，设金箓大醮七昼夜。

帝昺祥兴二年，元至元十六年，乙卯宋亡。

元世祖忽必烈至元十九年，冬十月丙申，设芦台、越支、三叉沽盐使司。

二十七年，庚寅夏四月，免今岁俸钞；五月癸亥，赈民粟五千石；六月辛丑，暂免赋丝之半；秋八月庚辰，免租赋及酒醋课。

二十八年，辛卯，九秋月，免屯田租；秋八月戊午，弛酒禁；冬十月免田租，及包银岁钞。

成宗铁穆耳，元贞元元年，乙未，秋八月免租。

成宗大德六年寅壬，春三月，诏特免平滦路差税三年。

泰定帝泰定三年丙寅，秋七月，大赈民钞七万锭，冬十一月，弛山泽禁。

四年丁卯，春二月，赈民钞三万锭。

文宗天历二年己巳，冬十月禁酿酒。

顺帝元统二年，甲戌，春二月赈民钞五千锭。

至正元年，辛巳，出粟赈饥。

明太祖洪武三年庚戌，令民垦地。（令以荒地，召人开垦，每户十有五亩。又给地二亩种菜，有余力者不限顷亩，皆免三年租税。）

十四年辛酉，诏编里社及赋役黄册。

二十八年乙亥，命养马免税。（领儿马一匹，免粮五十亩；骒马一匹，免粮一百亩；儿马一，骒马四，为群。群立头一人，五群立长一人，内选聪明子弟二三人为兽医。）

成祖永乐元年癸未，春二月，诏流民复业，迁南民来屯，特免北平差税三年。

二年甲申，编社屯。（时州民为辽军残破，至是土民复业，江淮迁民亦至，始以土民编社，迁民编屯。）

二十二年甲辰，令民养马，二岁纳驹一匹。

英宗正统元年丙辰，令造逃户周知文册。（备开逃民乡里姓名，男妇口数，军民匠灶等籍。又遗下田土税粮若干，原籍有无人丁，应承粮差。）

三年戊午，诏民垦地。税粮额地，不堪耕种。另自开垦补数，不许重复起科。

英宗复辟，天顺五年，秋七月，曹吉祥及侄钦作乱，伏诛。（太监曹吉祥，州之长春社人。）

十四年己巳，编民壮丁。（六十七社屯，共编派民壮丁一千一百九十一名守城。）

孝宗弘治元年，戊申，加征柴夫银。（每名加征二钱。）

十四年辛酉，赈济。

世宗嘉靖二十年辛丑春，免租三分之一。

二十三年壬辰，春三朋，立保甲法。（巡抚都御史朱芳议。）

二十七年戊申，发民修长城。

四十二年癸亥，调民壮，充遵化标兵。（万历三年，发回守城。）

穆宗隆庆五年辛未，立顾役法。（知府顾褒，革民户走递为顾役，民始苏。）

神宗万历十三年乙酉，开稻田。

十四年丙戌，春行赈。

二十一年癸巳，加派征东出征钱粮。

二十五年丁酉，春立一条鞭法。

三十五年丁未，革车户。知州孙慈。

四十二年甲寅，立乡约，编保甲。（知州周宇。）

四十五年丁巳，建社仓，垦荒地。

四十七年己未，始增辽饷。

庄烈帝崇正二年，己巳，冬十一月，戒严城守。（以遵化警。）

十年，丁丑，发内帑赈饥。

十七年甲申，春三月，顺治元年，闯贼李自成犯京师，尽撤辽民入关，分驻昌黎、乐亭、滦州、开平等处。丁未京师陷，伪官刘宏谔来，士民逐之。

四月甲申，李自成至永平。丙午至山海关，大战于城北一片石。清师入关讨闯贼，歼之。

顺治元年，甲申，诏免民租十分之五。

二年乙酉，诏释民壮归农。

三年丙戌，诏免被圈民田租之半。

十二年乙未，诏免十二年以前拖欠田租。

十七年庚子，春二月不雨至于六月，饥。

十八年辛丑，诏停止练饷。

康熙元年壬寅，大旱。

三年甲辰，诏永免再圈民田。六月，海溢。十月丙子地震。十一月彗见东方。

四年乙已，戊子朔，大霾；二月有星孛于东方。（三月初五日始灭）三月戊子地震，癸巳太白经天。

四年八月，东明、滦州、灵寿蝗。（清史稿）

五年丙午，正月丙午，异风黄雪。三月丁亥，户部尚书苏纳海、左都郝惟讷、侍郎艾元征、给练张维赤、周命新、黏本盛等，奉命勘八旗田土。夏六月辛未，流星如织。八月尚书苏纳海，奉命圈民田。冬十月癸丑地震。十一月有星北陨。

六年丁未，春正月戊寅，大星如月，坠西方有声。辛卯地震，旱。五月庚戌，星陨有声。秋蝗。九月，帝冬巡，乙未驻跸岩山，庚申驻跸钱家营。

八年，诏还本年所圈田园房舍归民。

十二年癸丑，秋七月，淫雨。

二十一年壬戌，诏免地丁钱粮。

二十五年丙寅，诏免未完民欠粮款。

二十六年丁卯，诏免地丁钱粮。

二十七年戊辰，诏赏八十、九十、百岁老人，银米绢肉有差。

四十七年戊子，秋大有年。

四十八年己丑，诏赏八十、九十、百岁老人，银米绢肉有差。

四十九年庚寅，诏全免康熙五十年地丁钱粮，并历年民间旧欠。夏五月旱，秋大有年。（谷一茎有至四五穗者。）

五十二年癸巳，诏免地租，并积年民欠。

五十四年乙未，诏免地丁银米，豆谷草束

五十六年丁酉，诏免地丁钱粮。

雍正元年癸卯，诏赏老人米布有差。

七年，诏免地丁钱粮。

八年庚戌，诏免地丁钱粮。

九年辛亥，诏免地丁钱粮。

十三年，诏赏老妇米布有差。

乾隆四年己未，诏蠲免钱粮。

十年乙丑，诏普蠲地丁钱粮。

二十二年丁丑冬十月二十四日，大雨震雷。

二十四年己卯，春三月初七日，天雨黄土，旱；夏螣；秋九月二十六日，夜大雪。民家门户，皆壅蔽不可识。

二十六年，诏赏老人绢绵肉，有差。

二十七年壬午，诏赈饥民，二十二万三千余口，共米九千五百三十四石零，银二万一千六百二十五两九钱零。

二十八年三月，滦州、文安、霸州飞蝗七日不绝。（清史稿）

二十八年癸未，春饥，斗米银七钱。夏蝗蝝生；七月晦始灭，秋有年。

三十五年庚寅，诏普蠲地丁钱粮。秋七月二十七日夜，正北天光五色，如霞照地。

三十六年辛卯，帝六旬万寿，恩赐千叟宴，诏赏赉老民绢绵布肉有差，罪囚援减。

四十七年，滦州、昌黎、临榆饥。（清史稿）

四十七年壬寅，春饥。

五十五年庚戌，帝八旬万寿，恩赐千叟宴。诏赏赉老民绢绵米肉有差，诏免地粮旗租银两。

六十年巳卯，夏六月二十一日亥时，地大震，移时又震，秋七月十五日乃止。

嘉庆元年丙辰，诏赏老民绢帛米肉有差，蠲免钱粮，赏给老民顶戴，罪囚援免。春正月严寒，井冻，花木多萎。

二年丁巳，夏四月十四日，大风昼晦。闰六日十三日，戌刻，地震有声。

三年戊午，春二日二十九日，大风昼晦。冬十月二十九日亥刻，流星如织，经时乃止。

四年己未，夏四月初三日，日月合璧，五星联珠。

五年庚申，二月二十六日地震，三月二十一日地震，夏闰四月无麦。

六年辛酉，诏八项旗租银两，均匀减除蠲免积欠，罪囚援减。

七年壬戌，秋八月，蝗飞遍野，自边城至海。冬十一月大雪连绵，至次年春正月。

十一年丙寅，夏五月初四日，大雨雹。（平地积尺余，次日乃消。）

十二年丁卯，诏蠲免十一年地粮民欠十分之三，春三月不雨，至于夏六月二十五日始雨。

十四年己巳，帝五旬万寿，诏赏赉老民绢绵米肉有差，覃恩文武各员，准予封典，加级请封，罪囚援减。

十六年夏，霸州、保定、文安、大城、滦州、蓟州饥。（清史稿）

十七年壬申，诏输米石赈滦被水饥民。春正月丁酉，大雨雪如绵，长二寸许，大饥，斗米十千，设粥厂以赈穷乏。秋大熟。

二十四年四月，唐山（尧山）、滦州大水。二十五年，宁河、宝坻、文安、静海、沧州、丰润大水。（清史稿）

道光元年辛巳，夏四月朔，日月合璧，五星联珠，大疫，民多死。秋七月淫雨连旬。

二年壬午，春大饥疫，人死甚众。夏五月，蚄虫伤麦。

三年癸未，春大疫，夏六月淫雨伤稼，岁饥，发粟赈之。

四年甲申，诏捐输煮赈被水饥民，夏六月霖雨，秋蝗，冬苦寒，人多冻死。

五年乙酉，春，蝝食苗。秋蝗，大旱，禾尽枯。

六年丙戌，诏蠲免被灾地粮旗租银两，蝗，淫雨。濒河田庐多被淹。

七年丁亥，诏蠲免被地粮旗租银两，夏大旱，暍死者甚众。

九年己丑，诏蠲免被灾地粮旗租银两，春二月大雪，夏雹。

十年庚寅，夏闰四月癸巳，雹，平地深二寸许。

十一年辛卯，秋蛩，冬十二月朔，夜大雪，深五尺许。

十二年壬辰，春旱；夏四月戊寅，陨霜成冻；夏秋之交，虫食禾稼，野无青草，州牧查公魁，详请出借籽粮；冬十二月初三日，大雪，深三尺许。

十三年癸巳，春民大饥，饿莩相望。诏捐输米石，动用义谷，赈济被旱饥民。五月麦大熟，民困始苏，秋瘟疫。

十五年乙未，诏蠲免被灾地粮旗租银两。

十六年丙申，夏大旱，雩后，淫雨不止。

十八年戊戌，太白昼见，时当未申之交。

二十年庚子，春二月，大风昼晦，丁丑大雪，昏时有白气见于西方，亘若虹，尾上指，逾月乃没。（或云其北有小星，盖长星也）秋七月，淫雨不止，冬饥。

二十年冬，滦州、乐亭饥。（清史稿）

二十一年辛丑，春，闰三月，己未，夜雨成冰。

二十四年甲辰，夏淫雨伤稼。

二十五年乙巳，春大旱，夏四月海啸，上溢二十余里，渔舍尽没，六月淫雨连旬，屋宇倾圮无算。岁饥。

二十六年丙午，夏四月，蛎为麦灾。

二十九年巳酉，春三月癸酉地震有声，夏六月大雨连旬至七月十八日。

咸丰元年，辛亥，大疫，夏五月丙午，大风昼晦。

三年癸丑，夏四月大雪尺余，数时晴霁，田禾无损。五月大雨连旬，平地水深三尺，麦没不见。秋九月粤匪至天津，奉上谕各直省府州县团练。冬十一月二十四日亥刻，磷火遍野，沿村钟鼓枪炮不绝，如有寇警，永遵皆然。

四年六月，滦州、固安、武清蝗。（清史稿）

六年丙辰，春三月，阴霾昼昏，人家皆秉烛，数百里皆然。

七年丁巳，春，蝝生，三月二十九日，大风如晦，昼皆燃烛。

八年戊午，春三月二十九日，大风昼晦，夏蝗。

九年己未，春大旱，至五月乙酉乃雨，秋大熟。

九年七月，滦州旱。（清史稿）

十一年辛酉，秋八月朔，日月合璧，五星联珠。冬十月十一日戌刻，大雨迅雷。前此连日风雨晦冥，诏蠲免被灾粮租银两，并米豆草束。

三十年庚戌，二月丙戌，大风寒甚，河冰复冻，厚二尺许，大雨雹。

同治元年壬戌，春二月二十六日，大风昼晦。秋七月十五日戌刻，流星如织，瘟疫大作，人死无算。甜瓜剖之有血，食者立病。

四年乙丑，瘟疫流行，人死无算。

七年戊辰，秋九月十五日，晡时，有流星自东徂西，过处有五色云，曲曲蛇行，已而天鼓大震，声毁墙壁，逾时云气始散。

光绪元年乙亥，蠲免被灾地粮旗租，并米豆草束。

二年丙子，春旱无麦禾，大饥，知州郭奇中，煮粥赈之。秋八月初十日，严霜，晚稼尽枯。

二年春，日照、海阳、滦州饥。（清史稿）

三年夏，昌平、武清、滦州、高淳、安化旱蝗。（清史稿）

三年丁丑，春饥，知州郭奇中，详请赈抚，并捐兼倡义，开设粥厂，全活甚众。夏旱荒，妖人以邪术剪人发辫，秋螟伤稼；八月疫，人死甚众；九月十三日夜，震雷大雨雹。冬馑。

五年己卯，春三月，十七八日大雪。

八年壬午，夏四月初一日，丙辰朔，日食。夏秋之际，淫雨连旬，田禾被潦。冬饥，官军撤防。

十一年乙酉，春旱秋涝，八月十六日未刻，怪风折木，屋瓦皆飞。

十五年己丑，秋七月，瘟疫。

十六年庚寅，五月初一日，己巳朔，日食。诏豁免被水地粮旗租银两，并米豆草束十分之五。

十七年辛卯，秋八月，大雨雹，形如鸡卵。

十八年壬辰，诏豁免被灾地粮旗租银两，并米豆草束有差。

十九年癸巳，诏豁免被灾地粮旗租银两，并米豆草束有差。

二十年甲午，秋七月，大水，高下田颗粒不纳。清日肇衅，由夏徂冬，淮军湘军，络绎过境，岁大饥。

二十一年乙未，春大饥，民食草根树皮俱尽，对甲午清日战争未已也。秋大有年。

二十二年丙申，秋，七月初一日，甲午朔，日食，大雨如注，高地有秋。

二十四年戊戌，夏，康梁变法，厉行新政，诏废八股，改试经义策论。

谨按八股取士，无关实学。粗有学识者，类能道之。苏文忠云：祖宗以来，取士之法，不过如此。此语最为破的。盖策谕八比，相去几希。幸遇国家政治清明，君子在位，无谕策谕八股，未尝无名儒硕彦，杰出其中。否则策论八股，等无用耳。即诏设学校遍国中，读宋人学记，如见邹鲁遗风。而其裨益宋室者，果何若耶？顷年学校如林，丧乱日甚，赤狐黑乌，是非莫决，孰主持是？而令时局泯棼至斯极耶？策谕八股，不任其咎矣！

二十七年辛丑，秋，李鸿章八国联军和议成，两宫由西安回銮，滦境渐臻敉靖，联军驻防如故，即所谓履行辛丑条约者也。

二十八年壬寅，联军大队撤退，惟京榆路线，分段派兵留守。

三十二年丙午，初立劝学所。秋八月，明诏全国，预备立宪。

三十三年丁未，冬初立巡警局。

三十四年戊申，慈禧太后，德宗景皇帝，先后崩殂。州人遵制守国恤，官民不准剃发，遏密八音，官厅公牍，钤印用蓝色。

宣统元年己酉，醇亲王载沣，监国摄政，宣统帝本生父也。

宣统年辛亥正月初一日大雨雪，深数尺，户为之蔽，几不能出，南北方数千里。

中华民国元年壬子，群起组党，若国民党、若共和党，又有所谓进步党、民主党、自由党者，蜂起虎争，势成一哄，识者忧之。

——《滦县志》（另有标注者除外）

漕运

（又名：复海运议，作者：知府陈维成）

唐开元二十八年，分卢龙、古城二县地置马城县，通水运，幽州刺史领之。

元会通河初开，岸狭水浅，不能负重，岁不过数十万石。故终元之世，海运不罢焉。其由海通河者，自三岔河有三道：一由直沽经白河至通州，一由娘娘宫经粮河至蓟州，一由芦台经黑洋河、蚕沙口、青河至滦州。是滦之漕乃岔河东道，若善导之，自辽西、右北平无不可通者。中统间，因陆运之费，从姚演言欲通漕，势不可，遂止。而并可漕者废之，但资造船之役焉。至元十七年，正月戊辰，赐开滦河五卫军钞。十九年四月壬寅，敕滦河造官车给粮费。五月庚辰，造船于滦州。发军民合九千人，令探马赤白带领之。伐木于山及取于寺观、坟墓，官酬其直，仍命桑哥遣人督之。九月壬申，敕平滦、高丽、耽罗及杨、泉等州，造大小船二千艘。（初造车以通陆运，寻造船以备漕也。）二十年正月庚午，以平滦造船。去运木所远，民疲于役，徙于抚宁之阳河从之。二十一年十一月戊子，命北京宣慰司修滦河故道。（为将漕也。）二十八年九月，姚演奉敕疏浚滦河，漕运上都。取沿河盖露囷工匠杂物，仍预来岁漕船五百艘，水手一万，牵夫二万四千。命省臣等集议，寻罢止。

明洪武八年五月己巳，遣颍川侯傅友德往北平备边。疏陈五本言："永平民接运军储，由鸦洪桥至府，道里颇远。宜通青河、滦河故道漕运，则用力少而成功多矣。"上嘉其言，寻召还。

成化十七年，管粮郎中郑廉奏言："还乡河可通漕，永平东盈仓可移置，而海运之粟可分贮，以便永平山海之饷。"上可之，赐名丰盈仓。（由滰水还乡河东导陡河，抵沙河，通陷河，而及青滦。滰水小，非滦所通，沙河淤滥，随行随止。不一二年，壅塞如故。）隆庆元年，巡抚耿随卿奏通滦河海运。原议挑挖青河，自王家闸起，至新桥海口止，凡百四十里，乃漕运故道。

初允其议，寻以御史刘翾疏阻而止。

万历二年，守备李惟学勘称：漕道虽议复开，不案水势，辄就滦河末流通海，是非知运言也。今勘滦河西岸王家闸大水劈心滩，至分出支河，由支河西岸至蔡家营、许家坟、南闸头，皆先年运粮故道，虽年久河迹见存。挑浚不可径投滦河，须隔滦河西岸，往南顺崖，船行至北复南，庶无冲径之虞。再由翟家庄、龙堂桥、暖泉、破桥、王家庄、李家桥、狮子营、套里庄、沙沟店、宋家庄桥、翟坨庄、达青河之费家桥，至土儿庄，再由土儿庄、武家营、罗各庄、广东营、高各庄、焦家庄、潘家庄、麻湾庄、公案桥、韩家道口、庄坨营、白家营、廖指庄、杜家务、刘石庄、阁儿坨、陈家庄，至郑家庄止，共计凡一百一十里。统查地形，其自翟家庄以下至暖泉，虽细流不绝，不能成河，仍须挑挖。自暖泉以下，有大洋数处，翻涌成河，然其流未大，宜开阔之。自破桥迤南，水势渐大，十里许与溯河合并青河，水势深广。至郑家庄桥，河道不绝，其底皆平坦实土，无沙石冈阜相隔，但河身稍窄，略加开阔为易。自郑家庄至东新庄、石臼坨、马营、巡检司、新桥、观音寺、套里庄、下马坨、湾坨、杨家庙、烟墩，遂至于海，计共二十五里。俱通潮水，深阔六七尺，毋庸挑浚。惟海口漫散，略加扒挖，舟楫无阻矣。议上不果行。

知府孙维城，复议。海运故道直捷，而所经蚕沙绿洋各口，蛎房山，石臼坨，险岛，有风涛之虑，舟楫多被损失。故道之所由废，此国初既通于罢，今诚难议覆也。其通芦台漕河无危，然必从白场兔儿坨，上下挑出道路，迂行四五百里，中多堆沙，难挑易塞，不惟工大财诎，抑且徒劳无益。民则惩咽而废食，官以覆辙为畏途矣。因委武学科正王宏爵，博访详度。据称，自滦州王家闸起，引滦水入青河，导入王家坨河，再导使由艾家青沟，下接靳家河，以通交流河，进黑洋海口，经建河（涧河）、堂儿上，百有十里，复出大沽海口，入通州运粮河，而达天津。地里近，工费省。间虽有百余里海道，然盐船乘潮往来，不闻有覆溺，足知无虞。询之于众，皆言挑此，比旧二议为便。本府乃躬视滦州迤东二十里马城堡西，为王家闸。其南闸相距十里，原系海运入滦故道，嗣因罢运久湮，逐成平田。而闸迹尚存。南闸头六里，至龙堂桥，北有细泉，或伏或见。成沟仅一丈，不堪载舟，是青河小发源也。再二里有暖泉，混混南流，渐远渐大，是青河大发源也。阔二丈或二丈五尺，深尺半或二三尺，三四尺，再八里许，则泝河自五子山西灌之，其流益大，益深矣。阔三丈，或二丈五尺，深堪通艇。又二十里，陷河贯之，水不甚大。又三里至歇驾桥，又三里半至土儿社李家庄，其深阔与上等。然不免从此南趋绿洋口入海，原运皆由口北上家闸。今马头营固其旧囤仓处。李家庄迤上河原宽，淤填其半，而岸有旷地，其西半沟半道，相杂民田，约十数里，过即王家坨河，无源。滦河涨入，青不能容，必从李家庄西泻。遂下注之。加之秋露泊湖等港，诸水凑集，故为极阔。不减二十余步，虽中间断浅不一，而深处为多。询土人老者，皆言自幼未见其涸。今春深三四尺，夏秋旱甚始消。是深者常而涸者暂也。且湾环曲直，自樊各庄起，而高庙庄、而曲荒店、而砖窑店、而马孤塘、而贾各庄、而狗儿村、而印步店，凡四十余里，至杨家庄，亦南趋海。庄南有沙坨，长一里，高可五尺。若穿之，即艾家青沟，东西长七里，或荒或田，深如沟，十岁九潦，今旱始涸。其地多无钱粮，民视之不甚惜，堪浚为河。过梁各庄，而靳家河疏经焉。其初甚微，出四里至黄坨，阔一丈五尺；又五里至双坨，阔三丈；又六里至柏各庄，阔六丈。深皆没胸，堪载大舟。稍南散漫，三股并流，阔常数丈矣。凡盐船泊交流河者可望。相去五里，其源本相接。因盐丁不便往来，遂塞使不通。河名交流者，由海潮而成，故微有五里淤浅。外则大潮所至，横斜行七十余里，入黑洋海口；又三十里，则建河（涧河）海口；又四十里，则堂儿上海口；又四十里，则大沽海口。出口入通州运粮白河百余里，即天津卫矣。是此道一通，不过三百余里，舟可经由天津抵滦。比西由芦台河道，岂但倍近？且惟黑洋海口，至大沽百十里，由海随盐船出入，当保无他虞。比由绿洋海口造滦，其远近险夷安危，亦不啻十百相悬焉。中间应挑之处，计大费工力者，不过交流河，接靳家河五里，黄坨抵艾家青沟十二里，李家庄抵樊各庄十里，暖泉抵南闸头八里。与夫王家坨河之经杨家庄、印步店、狗儿庄、贾各庄，土淤高厚者十二三里耳。其余或止应挑深五六尺，七八尺，阔五六步七八步者，约以河五丈计之。论工大小，折半通算，阔三丈深一丈者，总不过百三十余里耳。工固不甚多也。况下因川泽，不损民居，妨田不及五顷，其价不足百金。验河所经，惟李家庄西有沙三里，杨家庄南有沙一里，其余俱土脉胶固无忧。其善崩河之所，自若暖泉、若溯河、若陷河、若靳家河，俱水性如常。可弗苦其变迁，则语有利无害。又孰以逾乎此，惟王家闸一处。议者每言挑接滦河，虽便通舟，然滦河西下平岸一丈八尺，焉能使之逆流而上入青河哉？且滦暴湍，而常带沙石，涨则闸不能制，退必遗沙填积，将来岁挑繁费，恐反为青梗。莫若挑青河至马城本堡，方议修壕。以壕工筑城，而借壕为河，使可容数十舟。南来运艘，俱往此焉。虽隔滦尚五六里，道不甚多，且平坦便车，至滦易舟而运，则青不受沙石之扰，而挑夫可省岁费似于计两便也。诚于可挑者挑之，可因者因之。而李家庄、杨家庄南岸各筑大坝一道，以阻青河，并防顺王冢坨河入海。量置涵洞，备大水宣泄，使青之水，尽入王冢坨，接靳家河，其所置闸，设夫守之，潮至则启，退则闭。又于暖泉上亦置闸，以蓄上流细水，则水常足，舟可挽行。天津之运饷，无不顺下于滦矣。由滦而北运建昌、太平，西运滦阳、汉庄，陆运喜峰、松棚、三屯附近营路，东运桃林等口，其水路皆可次第毕通。岂惟兵食有赖！即应属州县，岁殊丰歉，粟有出入；且商舶辏集，百货可致，将变为富庶之区矣。旧志云，宏爵议建闸六处，以驱滦水入青河，则王家闸当复旧。而今惟达于马城，复唐之旧规，则此闸不复置。其云驱青河水西通曲荒店，则歇驾桥当置闸；驱王冢坨水通梁各庄河，则印步店当置闸。今议于李家庄、杨家庄各坝为涵洞，惟于接靳家河闸之。而暖泉上先置闸蓄焉，是皆要领肯綮矣。然宏爵云，海边潮河，自芦台南旱沽子起，东行三十里，至大坨，可通巨船。坨东北五十五里，由椿树沟、高家庄，通于建河（涧河）下稍；顺河东北行十里，至碓臼儿，又东十五里至于家沽，入黑洋潮河，则黑洋迤西，全用建河（涧河）上稍；迁安、丰润所汇泊场之水，每年积聚不涸。今开漕当闸碓臼儿，束水东入于家沽，以接黑洋河；闸李家庄使入西通大坨，接旱沽子，是东为李家庄坝，西为李家庄闸，中间宣泄合宜，尤为万全之计也。视之沙河即省，而于海运故道，其挑浚之费相当，且获避蛎坨之险，当事如欲为之，可采择斯议焉。（谨按旧志，载滦州通漕运，议疏浚，事终寝废不行。光绪志讥其迂，不为无见。然所称凡海运以甜水沟进口，以拨船起运，由长凝马城一带，直抵县治数语，亦一时目前之拟议，爰彼时二滦河水道，尚未湮塞，小船均可通行海口也。今滦河下游已东徙，二滦河由马城、长凝入海之道，久已淤平。沧海桑田，上下四十年间，已变迁如是，又遑论数百年前漕运之故迹耶？况今日铁轨轮船，交通便利，凡百运输，纵横国内，无有停滞之虑。漕运一项，久已废而不用，本在删汰不论之列。兹因旧志所载，存其梗概，亦以备后人稽古者之考核而已。）

——《滦县志》

又乾隆十六年，本府（滦州）知府屠用中奉委查勘海道。据本县（乐亭）知县陈金骏禀复云：查清河海口抵天津水程，自海口起抵南槽机计三十里，自南槽机至北槽机五里，自北槽机至河汪铺计三十里。以上滦州界。自河汪铺至黑洋河嘴计七十里，自黑洋河嘴至黑家（沿）子计五十里，自黑家（沿）子至建（涧）河计十五里。以上系丰润县界。自建河（涧河）至深塘（神堂）计二十里，自深塘（神堂）至蔡家铺计十四里，自蔡家铺至台沽计十里。以上系宁河县界。自台沽至清坨子计八里，自清坨子至避风嘴计八里，自避风嘴至北塘计三里，自北塘至大沽三里，入天津界，自大沽至天津，县治计二百三十里。

——清乾隆二十年《乐亭县志》

卷之二

建置

城池
衙署
仓储
盐法
武备
津梁
形胜
古迹
丘墓
坊碑
画像
坛庙

城池

丰润县城：

丰润县城，金大定六年始筑土为城，周围四里，高二丈有奇。为门四。

明正统十四年，巡抚邹来学檄令甃以砖石，未半而止。

天顺六年总兵马荣、成化年间巡抚阎本相继讫工。为门楼四。

嘉靖二十八年，东北二楼圮，知县时风修。

隆庆二年，巡抚刘应节檄知县冯如圭增修，城益高。

崇祯十三年，知县李重镇复增筑城。

本朝因之，历经修补。至乾隆十七年，知县陈文言、真定府通判张人鉴领帑三万六千八百四十余两，撤旧增筑城身，连排墙垛口共高二丈四尺五寸，周围长七百七十八丈三尺五寸，底宽二丈四尺五寸，顶宽一丈三尺五寸，女墙垛口一千零四十个。瓮城内外门四座，双层门楼四座，顶高一丈七尺，檐高八尺，面宽一丈一尺，进深一丈二尺。自乾隆十七年二月起，工讫八月完工。先是隆庆二年增建城角楼四，东南曰羌伏，西南曰海润，东北曰定边，西北曰保极，今废。正统十四年，城门额东来远，西拱宸，南观海，北镇朔。今东易为迎旭，南易为朝宗，西易为瞻天，北易为望化。城门楼额东曰：龙山春色，西曰：浭水朝宗，南曰：平台堆玉，北曰：古冶流金。匾额久废，乾隆十九年知县吴慎复大书榜之。

——光绪《丰润县志》

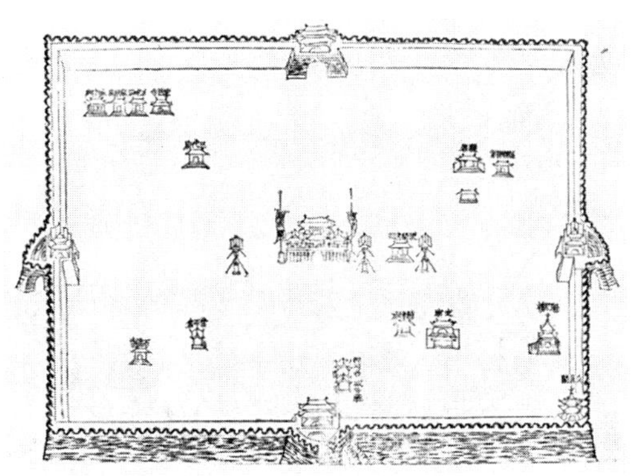

旧土城始建无考，明正统十四年巡抚邹来学、天顺六年总兵马荣、成化初阎本相继甃以砖石，周围四里，高二丈五尺，广二丈，门四，池深阔各二丈，嘉靖中知县时凤、隆庆中巡抚刘应节、知县冯如圭、余干亨、崇祯间知县李重镇相继增修。

——《畿辅通志》

滦州城：

辽时建土城，明景泰二年巡抚邹来学檄州同杨雄甃以砖，周围四里二百余步，高二丈九尺，广二丈，门四，池深二丈，阔二丈。弘治中，知州孔经，嘉靖中，知州张国维、陈士元，隆庆中署州事府同知贺溱、知州崔炳、刘欲仁，万历中知州白应干、张元庆、何士伟、周宇相继重修。

——《畿辅通志》

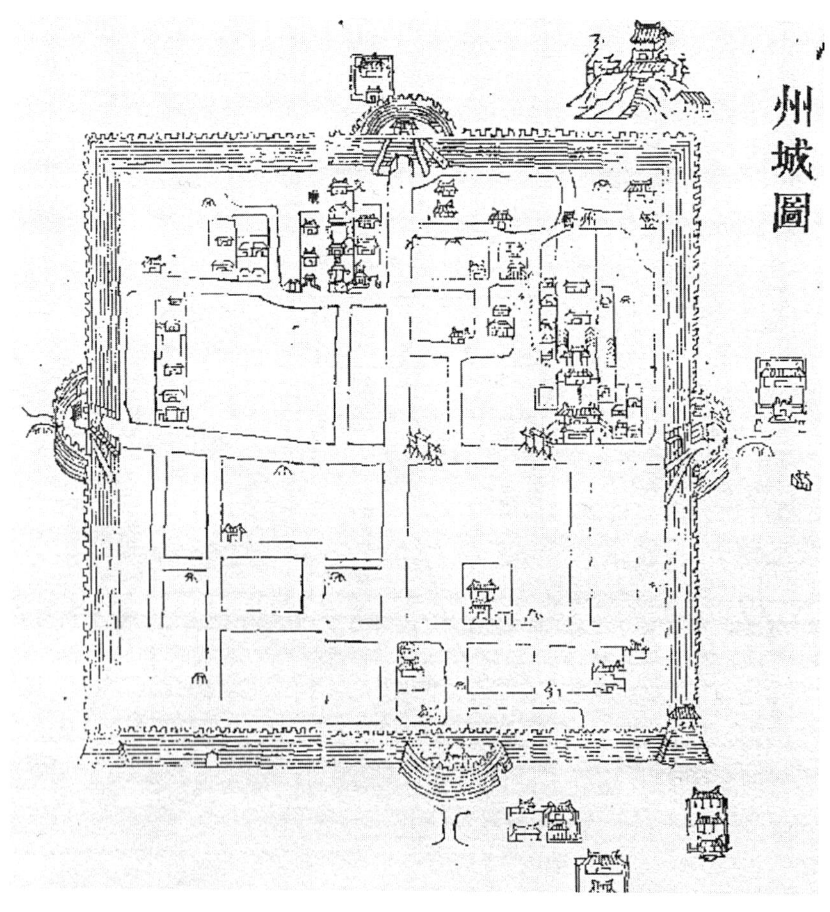

衙署

琴堂坐理于宓子，讲堂肇始于文翁。南面而临下民，于是观政教焉。昔蔡子居为中书侍郎，迁晋阳太守。将至，郡令左右修中书确宇，日庶来者无劳。则夫受九重之命，母百里之民，顾可视为传，舍而不为之所乎？虽然轮蹄络绎，邮政实繁，毋废公执事，有属于兹，亦略见梗概矣。志官署附焉。

——光绪《滦州志》

丰润

县署，在城东北隅，金大定二十七年建，元至元七年知县孙庆瑜修，明洪武初重建。中为正堂，明永乐二年知县宁智修，嘉靖十九年知县乔迁重修，本朝光绪十一年知县郝增祜重修。照旧址高八寸。甬道为戒石亭，明弘治间知县张表立，后改为坊。前为仪门，为大门，顺治五年，知县吴执忠修。又前为“畿东保障”坊，前额曰：“古渔阳坊”。明崇祯间，知县李重镇改题，今废。后为宅门，为后堂（康熙三十一年知县罗景泐修），为座楼。以上各三间。翼正堂者，东西库房二间（今圮）。两庑东西吏房各九间（明嘉靖二十年知县刘佐修各五间，隆庆四年知县王纳言各添修四间）。翼仪门者，角门二间，两庑东为土地祠，西为狱。翼大门为门房二间（今废）。“畿东保障”坊旁翼，承流坊、宣化坊（明隆庆三年王纳言建，今废）。翼后堂为耳房二间，两庑各厢房三间。后楼两庑旧有厢房各三间（今废）。

正堂后东首为内宅，三层，各五间。厨房三间，面西。

正堂后西首中为花厅三间，东耳房三间，西厢房二间。后为退思轩、书房各三间。对厅房五小间。再前又为房三层，各五间。

以上瓦房若干间，半属知县许煓建修。年久木料朽烂，形势倾颓。乾隆十九年，知县吴慎详修饬估，未兴工去任。嗣后历有修补，仅蔽风雨。同治七年，知县彭载恩酌量增修。

管河主簿署。因复设未建，今驻扎丰台。每年额设房价银十六两，赁住民房。

典史署，在县治大门内东首，东西栅门二、大门一，中为堂三间，东西厢房各二间，马厩二间，宅门一所。门旁东耳房四间，后为住房六间，东西厢房各二间。

教谕署，在明伦堂东。前为门，中为堂三间，左翼书房二间，后为内宅二层各三间，西厨房二间，西马厩三间。

训导署，在明伦堂西。前为门，中为堂三间，右翼书房二间，后为内宅四间，西厨房二间，东马厩三间。

都司署，前为门房五间，中为厅，后为堂，为后堂各三间。每层俱有厢房，共二十九间。

城守把总署，前为门房四间，中为厅三间，左翼房一间，后为堂、为后堂各三间。每层俱有厢房，共十七间。俱在城南街，面西，系营田观察使旧署。乾隆二年详改。

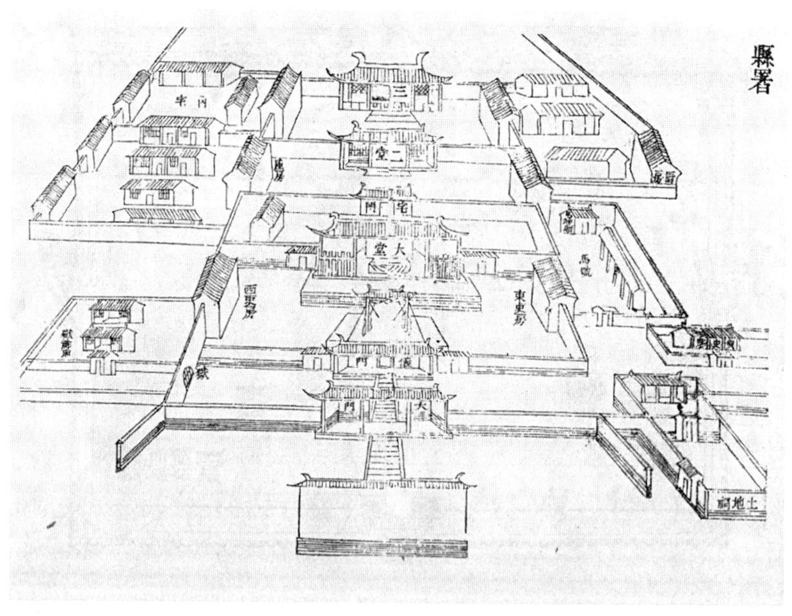

监务掣挚通判署，在县东南九十里宋家营，雍正十三年官房改建。

越支场盐大使署，在县南一百里，元至元间建。

分防把总署，一驻扎开平，一驻扎小集。又千总驻扎黑沿子。

——光绪《丰润县志》

越支场盐课司，在县南一百里，元至元始建。明朝因之属长芦盐运青州分司，正厅三楹，门楼一座，司房三楹。

——明隆庆《丰润县志》

越支场大使衙署，在丰润县宋家营。明万历年间，青州分司移住天津，场大使遂移住分司衙署。

国朝顺治十年，大使屈秉直捐修，积年垂杞。乾隆五十六年，大使刘义芳捐建房九间，重修二十三间，共三十二间。大门一座，二门一座，土地祠三间，南房三间，大堂三间，住房六间，客房六间，厢房八间，书役房三间。

——《长芦盐法志》

留养局四所，在城南关、宣家庄、沙流河、左家坞。历奉督宪檄设。向系官民随时捐赀，就庙寺僧房栖止。乾隆十九年夏五月，知县吴慎捐俸五十两，劝捐绅士银八百两，于各所建屋五间。余银七百五十二两，置胡各庄地三顷六十四亩，岁收租粮四十九石五斗，为留养之需。嗣后，宣庄等处三局皆废，惟存南关一局。

——光绪《丰润县志》

滦州

衙署，州治在御滦门内。大堂三楹。嘉庆十三年，知州吴士鸿重修，题匾曰："敬事爱民。"联曰："滦水瀹津梁教养无偏方尽父师之义，研山资保障生成有道始全天地之仁。"东西库房各三楹，在大堂两旁。东西翼廊各十四楹，东为吏、户、粮、礼、卫所五房，西为承、发、兵、刑、招工五房。

戒石坊，在大堂前。

仪门三楹，在戒石坊前，东西各有角门。

土地祠，在仪门前左，嘉庆十三年知州吴士鸿重修。

狱神祠，在仪门前右。

大门三楹，在仪门南。

东西辕门，在大外。嘉庆十三年，知州吴士鸿重建立坊，东曰"政先六邑"，西曰"教率四民"。

宅门，在大堂后。嘉庆十四年，知州吴士鸿于门前左建皂隶班房，右建门子班房。

二堂三楹，在宅门后。两翼各有厢房。

三堂五楹，在二堂后。两翼各有厢房。

四堂五楹，在三堂后。嘉庆十二年，知州吴士鸿重修。两翼各有厢房，中间有内宅门。

五堂在四堂后。乾隆四十五年毁。

六堂五楹，在五堂旧基后。东西各有厢房，中间有垂花门。

大花庭三楹，在三堂东。知州蔡熏建。

大书房五楹，在花庭东。知州莫謩建。

内书房八楹，在三堂西。嘉庆十四年，知州吴士鸿建造。

吏目廨，在州署仪门内，西进有照墙。仪门、大堂、东西班房、宅门、二堂、会客厅、住宅，俱于嘉庆十五年吏目黄斑重修。

——嘉庆《滦州志》

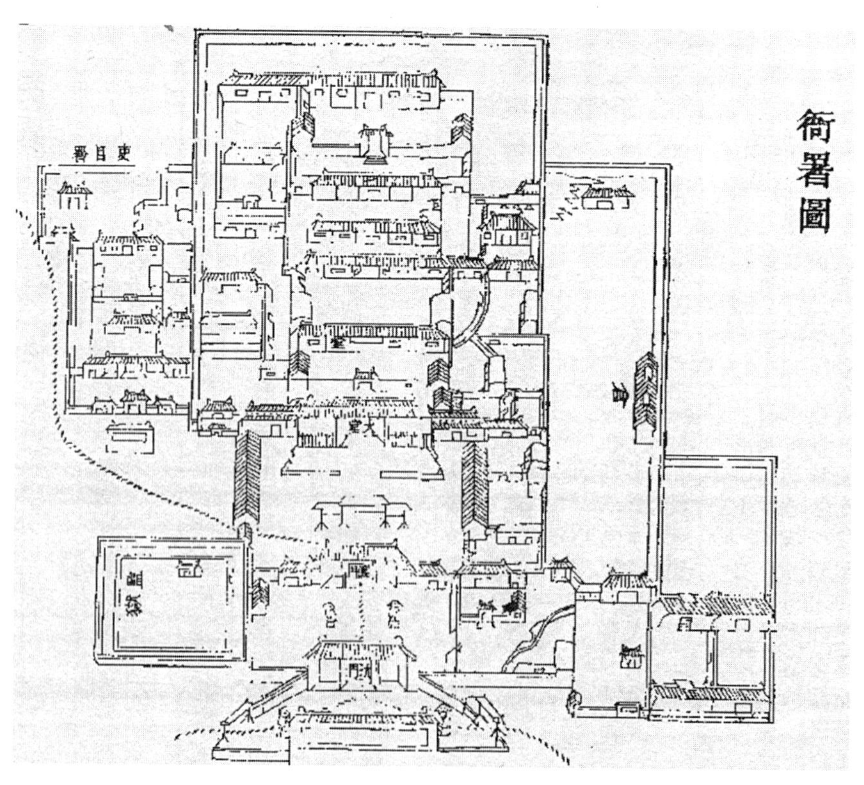

仓储

礼云：国无九年之蓄曰不足，无六年之蓄曰急，无三年之蓄，曰国非其国也。然则仓储者，非国家之要政乎？吾国仓政，昉自上古，《周官》一书，言之綦详。嗣是以后，历代皆重视之。盖非徒为救荒而设，亦且为军食之备也。兹据旧志所载，暨各仓近状，书之如左。

——《滦县志》

仓政

康熙五十五年十月初八日，谕大学士九卿，设立社仓止一年可行，若年久便不能行。朕甚留意此事，李光地为巡抚时曾试行之，因难行至今尚未具奏，张伯行谓知府谢赐履称：永平府属州县，从前俱有社仓，今年春间乏食，将仓粮借出，民甚赖之。既然如此，永平府所属地方民人缘何流往盛京？幸将军抚恤，乃得给与口粮养赡耳。今年直督赵弘燮具题常平仓米石及庄头等粮米俱已用完，请借银买米赈济。朕发通仓米二十万石，遣大臣官员分路赈济，今张伯行及知府谢赐，履既称设立社仓于民大有裨益，着交与张伯行、谢赐履二人于永平府属地方举行，五年如果有益再于各处举行，尔等会同九卿询问张伯行议奏。

——《畿辅通志》

雍正二年，丁丑。谕直隶各省总督巡抚等。社仓之设，原以备荒歉不时之需，用意良厚。然往往行之不善，致滋烦扰，官民俱受其累。朕意以为奉行之道，宜缓不宜急，宜劝谕百姓，听其自为之，而不当以官法绳之也。近闻各省渐行社仓之法，贮蓄于丰年，取资于俭岁，俾民食有赖，而荒歉无忧，朕心深为嘉悦。但因地制宜，须从民便，是在有司善为倡导于前，留心稽核于后，使地方有社仓之益，而无社仓之害，此则尔督抚所当加意体察者也。又闻民间输纳钱粮，自封投柜，亦属便民之法。但偶有短少之处，令其添补，每至多方需索，其数浮于所少之外，应将原银发还，仍于原封内、照数补足交纳，庶可免多索之弊。此虽细事。督抚大吏、亦不可不留心体察，严饬有司、以除民累。

——《雍正实录》

户部等衙门、遵旨议覆、积贮备荒事。将河南巡抚石文焯、山东巡抚陈世倌条奏内酌议六：——民间积贮、莫善于社仓。积贮之法、务须旌劝有方，不得苛派滋扰。其收贮米石、暂于公所寺院收存，俟息米已多，建廒收贮。设簿记明、以便稽考，有捐至三四百石者、请给八品顶带。——社长有正有副，务择端方立品、家道殷实之人，以司出纳。著有成效，按年给奖，十年无过，亦请给以八品顶带。——支给后、每石将息二斗，遇小歉之年、减息一半。大歉、全免其息。十年后，息倍于本。祇收加一之息。——出入斗斛、官颁定式。每年四月上旬，依例给贷，十月下旬收纳。两平交量，不得抑勒。——收支米石、社长逐日登记簿册、转上本县。县具总数申府。——凡州县官、止许稽查，不许干预出纳。再，各方风土不同。更当随宜立约，为永远可行之计。应令各督抚于一省之中先行数州县。俟二三年后著有成效，然后广行其法，从之。

——《雍正实录》

雍正四年七月十五日，上谕，据鄂尔奇、缪沅奏称，直隶借粜仓谷，弊端种种，无非地方官巧为掩饰亏空之计。向来直隶仓谷亏缺甚多，朕知之甚悉，各官惟恐败露，故设计弥缝详请借粜。李绂为其所欺，遂代为题请。且未经奉旨，即先为散给，及派员往查，又转停止。览鄂尔奇等所奏，各官情弊显然，凡此等州县官员，若仍留原任，将来假公济私，挪新掩旧，必至刻剥小民，亏欠正项，而地方仓廒始终不得清楚，可将巧称仓谷出借各官悉行解任，着吏部将投供到部候补候选之州县官俱带来引见，朕亲自选定人数，其鄂尔奇等已经到过之正定、顺德、大名、广平、保定五府所属赞皇等二十一州县着即将拣选人员，掣籤发往鄂尔奇等。未到之永平、宣化、顺天三府所属之二十一州县，俟伊等到彼查出有出借仓粮者，即咨吏部令籤掣人员前往代之。以上各州县借出之谷，俱着解任之官员自行催还，以一年为限限，内全完者仍准即行另补。若先期速完者，随到随即另补。若逾限不还者，治以挪移亏空之罪。如此办理，则亏空之员不得复居现任，挟制小民挪移出纳；而接任之员交代井然，又无前后不清之项。若果系借欠在民，按数催还，其原官仍可另补，于公私均有裨益。李绂既不能稽查属员之巧饰亏空，转为伊等欺朦，具题代请又不候旨即令各属擅自给发，甚属不合着严饬。行又鄂尔奇等奏，称阜平、赞皇等处，违例将谷借给兵丁，向来有无借给兵丁之例，着九卿察明具奏。闻直隶各处仓厫久未修理，倾圮者多，此皆地方官漫不经心，利瓦伊钧不实心任事之故，着李绂严饬各属设法速行修整。

——《畿辅通志》

道光元年，乙酉，谕内阁：御史陈继义奏请整顿社义二仓一摺。社仓义仓，所以辅常平仓之不足，本系良法美意。雍正乾隆年间，各直省实力奉行，小民均受其益，逮后日久弊生。如该御史所称，仓正偷卖分肥，州县藉端挪借，胥役从中侵蚀，遂致日就亏缺，仅賸空厫。继则旷废日久，并厫座亦复无存。是以近年直省偶值偏灾，议缓议蠲，从未闻有议及以社义二仓之粟，周赡穷黎者。夫积贮为生民之大命，此事废弛已久，自应及时兴复，以裕民食。著通谕各直省督抚，察看所属州县地方，社义二仓，现在存者若干，废者若干，以次董率修复。惟是仓以社义为名，原系民间自为输纳，若官吏因缘为奸，甫经输纳，旋即亏缺；既已亏缺，又复派输，是闾阎未受其益，先受其害。务检查从前办理旧章，各趁丰稔之年，劝谕绅民殷户，量力捐输，妥慎存贮。其出借交还，一切谨守成法。仓正公举诚实信义之人，司其出入。地方官不得抑勒挪移，致多侵扰。如有前项弊端，该管上司访闻，立即严参惩办。俾乡里竞敦任恤之风，以期缓急有备，若数年之间，能使良法渐复，水旱不致为灾，其所益于民生者，岂浅鲜也。其各实心经理，用副朕重民本务至意。

——《道光实录》

义仓规条

——择地建仓。案朱子社仓之法，方五十里而置一仓。准邑之大小酌其数方五十里者，一面十二里半也。仓立其中，四隅之稍远者，亦不及十里最于民称便。但州邑之大者，需仓过多，今于每州县卫内择大村集镇酌建仓廒。自三四区至十八区，令四面村庄皆在十五里及二十里之内。间有山程崎远、海滨辽阔村落无多，亦不出三四十里。俾捐输晓谕易徧，赈贷老弱能来，且众情晓然知捐于此者，即可取于此积，于公者无异藏于家。闾里乡党相赒相救，无非耳目相接之人，于以发其任邮之情，而取效集事为尤速。州县办此，先将阖境村庄绘图齐全，某处立义仓，一区附仓若干里之内为某某村庄，各注明到仓里数，各仓村用五色笔别之。其境内高山大川为疆界，眉目所繫者，一并绘入镘版，存县，印送院、司、道该管府州存案，仍将义仓数处各画一图悬之本仓，村民视之更为了然。向后积贮日广，更于乡镇社约凑总之地，参错增建则多而益近，总不得取便在城致违本制。每仓瓦房三间，俾可贮谷千余石，周以高垣门额，题某村义仓，按方位列各村于后，再建小房一间以居。守仓之人，仓宜分间，各门以便新旧谷轮流出借，并盘查杂粮，无多另以囤置之。士民有捐输工料建义仓一座者，折照谷价一体奖励。所需刍藁、木植、土墼，村民有零星捐备并力作者，俱簿记之，分别加奖。各村应岁加修葺补或数年一次，修理所需工料，仓正副禀县勘明，准动息谷变价充用。如捐谷渐多，应添建仓廒并于息谷内动支。凡仓廒工作俱估计册报本管府州，立案直隶州报本道立案。

——劝捐分别奖励。秋收丰稔之年，该管道府州率州县劝导捐输。绅衿士庶人等捐谷十石者，州县官给以花红，三十石以上奖以匾额，五十石以上报明上司递加奖励，准将各年所捐前后通算，至二百石者照例核实具题，给以九品顶戴；三百石者，给以八品顶戴；四百石以上者，给以七品顶戴。其有捐杂粮者，照谷数画一奖励，近京五百里内，旗庄正身有愿在所住产业地方捐输者，悉照民人之例予以奖励，所收谷石即贮该管州县义仓内一体办理。

劝捐之法，州县设立印薄多本，将劝捐义谷缘由摘叙简明书之，薄首就附仓诸村内，延择绅衿乡老殷实可信者各数人，转相劝谕，无论粟米杂粮不拘，升斗斛石听捐户，自登姓名数目，毋许抑勒强派。各按村庄总归一薄，勿使紊淆，每年于秋收后，举行十月内交仓。注：收州县核实总数限于十一月内详府申司彚总，通省捐数报院。麦收后有愿捐者，听盐当商有愿捐者，听官捐昌首即于登薄之日，交出实数贮仓。其年歉收在六分以下停捐，如富户自愿捐者，逾格旌之。

——典守择人。每乡谷数在五百石以内者立仓正一名，经管千石以上添设仓副共为经理，统于乡耋中公举殷实之人充当，免其差徭，姓名申报存案，不得违例引用生监。

仓正副经管三年，果能乡井休戚相关，辛勤无误，遵照新例，由州县详府州给匾奖励；六年无过，许府州详布政司给匾；十年无过，许布政司报院给匾。徇私者革惩，侵蚀者治罪赔补。

仓正副禀事许径赴州县署，不许胥役隔手，平时亦不许胥役至仓。其经理妥者，州县官岁首传集公堂之酒食以示鼓励。

仓置夫二名或一名，住仓看守于息谷内。每名按月给工食谷五斗，如需增加，视岁入息谷多寡，随宜酌办。

——出纳积息。每年于青黄不接之时分半出借，定于三月下旬开仓。预期仓正副先计一仓应借之数，按村庄大小核明，某某村各应借若干，开具清榜，送官核明，标发实贴仓门，俾各村皆知应借之数，愿借者互保，具领到仓，仓正副核明应借，各于领内画押登薄，每户自数斗至二石为止。愿借杂粮者，听仍不得逾于借谷之数。如已借常社仓谷，即不准重借，令于领内注明，并无重借字样。游子不事生业之人不准借。通一村无捐户者不准借。倘有强借情事，立即禀究，事毕仓正副将出借花名簿领送州县查核钤印，秋收后发仓照数催还。仓正副并其同居亲属，准于常社仓借给，毋得即借本仓之谷。

借谷限于秋收后十月内还仓，收成八分以上加一收息，收成六七分免其加息。每斗收耗谷三合五分以下，缓至次年秋后分别加免。还仓借杂粮者，年易谷交还，仍照谷数加息。谷户交还正息谷，俱令正副长眼，同登薄于原借薄内注销。通计所收正息谷若干，正欠若干，免息若干，分晰开载，岁底送州县核明，盘查得实，通报存案。如有顽户抗不交还者，禀官倍罚。正副长徇私捏还，销欠察出究处，仍罚谷十倍，故绝无着者，核明禀官开除。

每仓置斛斗升各一，俱照部颁成式用铁页裹口，印烙发仓储用，出入令借户轮流灌量，概则食司之以免高下之弊。

息谷准以丰年之入每百石收息十石，以一石为仓正副纸张饭食，以一石为仓谷折耗，以一石为铺垫之资。其余七石除动支仓夫工食外，存作修建仓廒之用，如有盈余，源源积储。

——收掌盘查晒晾。各仓锁钥当春借秋还时发仓正收掌，平时缴存州县署。如遇霉雨湿漏，应开仓看视，赴署请领门锁封条，俱由州县给发。惟春借秋还时，将条标发仓正副按日用之，有余仍缴州县官。每岁于十二月逐乡同仓正副盘查一次，取具甘结加具印结，详报本管道府察核，其有因事交代者，接任官于限内容照常平仓谷一体盘收。如仓正副有侵混情弊，即严行详究，前任官知情者着令赔补。仓正副年满更替，亦按数盘量交代。

盘查晒晾仓夫如不足用，即派本村乡民执役，量给饭食。

增附二条：

煮赈

遇岁荒人饥灾象已成，急出谷碾米积柴薪附仓立粥厂。设灶釜缸桶各具。每日散粥一次，人给一筹，领粥先女后男。（不出三日，人数约略可定）用米按大口五合，小口二合五勺计之。石米可食二百人日。煮米五石可食大小千余口，一仓所食不越四面附近村民且不待检别而来着，皆极贫者，如或灾重人多，义谷不继，州县劝富户出粟，或认日煮赈，一人兼认数日，数人共认一日，惟便先期于赈厂揭示，大书某某于某日煮赈，使食者知感，而施者不倦，即令仓长司厂务，佐以好善能事数人，州县并排妥役以备呼应。正佐各营各官，勤至察视，以资弹压，所需釜薪杂费，准予息谷动用。

散谷

案明臣王廷相之言曰：“备荒之政，莫善于义仓。第上中下户捐谷贮仓，凶岁计户给散，先中下者，后及上户。上户责之偿，中下者免之。”今师其意，先为粥以食极贫者，令谷足用，乃筹次贫。准谷之多少以算户，视口之众寡以贷谷。有田者，来岁还仓，或宽期二年均免息，无田者免偿。官亲临给散，毋独任仓长（未赈散之先，增守仓健役为之防）极次贫户既皆已得食，一州邑之中各仓并举，数州邑之中同时并举，继之以官赈，而民宜无外出者矣。贫民安而富户乃可保，当其时益见是，又当晓之于平日者。

义仓

丰润县：

地广则民稠，人众则难为治，水旱不齐而仓皇四出，其可乎！丰邑常平之设，由来久矣。近复设义仓于四境，而以附近之五百村庄系属之。此于遗人掌乡里门关郊里野鄙县，都各有委积之法，仿佛相合星罗棋布，展卷知归。观于乡而知王道之易此物此志也。夫志仓储并乡屯。

乾隆十七年，知县陈文言奉督宪檄于常家庄、宋家营、小集、宣家庄、王兰庄、老庄子、中门庄、新军屯、丰台、七树庄、丰登坞、泉水头、左家坞各建仓一所，每所瓦房三间储谷，小瓦房一间居守谷之人。立仓正一名，仓斗两名，部颁斛斗升各一具。三月下旬出借，十月还仓息谷，视年岁丰歉乘除，区划村庄皆在仓二十里之内，越界不借，游惰不借，不捐输者不借，自乾隆十二年至十八年，官民捐输并息谷，各仓共储谷三千零三十石。

——乾隆二十年《丰润县志》

宋家营义仓

宋家营，至县九十里，属二十三村。

郑家坨，至仓八里。

郑家庄，至仓七里。

李家庄，至仓十二里。

韩家庄，至仓十五里。

张家庄，至仓二十里。

沙坨子，至仓十里。

王家庄，至仓五里。

姚家庄，至仓六里。

王家庄，至仓十五里。

蛮子坨，至仓五里。

尖坨庄，至仓三里。

李家庄，至仓八里。

孟家庄，至仓九里。

刘唐保庄，至仓八里。

刘家庄，至仓五里。

霍各庄，至仓十二里。

郑家庄，至仓五里。

于家庄，至仓五里。

刘家庄，至仓十里。

葛各庄，至仓八里。

高家庄，至仓六里。

小集镇义仓

小集镇，至县一百里，属五十三村。

崔家坨，至仓二十里。

爽坨，至仓二十里。

佟家庄，至仓十八里。

八户里，至仓十七里。

何各庄，至仓十二里。

钱家营，至仓十八里。

柳林庄，至仓八里。

薄家庄，至仓十里。

双港儿，至仓十里。

黄米厰，至仓十八里。

李八厰，至仓十八里。

杨家庄，至仓七里。

领子庄，至仓七里。

邸家庄，至仓三里。

李家庄，至仓五里。

霍各庄，至仓十里。

薄落坨，至仓二十里。

羊马坨，至仓十三里。

沙坨庄，至仓五里。

王家庄，至仓二里。

田家庄，至仓五里。

赵家庄，至仓三里。

洼儿庄，至仓五里。

郑家新庄，至仓十里。

北杨庄，至仓五里。

小营，至仓十八里。

丁家豪子庄，至仓十七里。

豪子庄，至仓十八里。

小张各庄，至仓九里。

路家庄，至仓十三里。

瓦子庄，至仓十里。

黑坨，至仓十五里。

陆家庄，至仓十三里。

北柳河，至仓五里。

薄家庄，至仓十九里。

魏家庄，至仓十七里。

赵家庄，至仓十二里。

四间房，至仓六里。

小佟家庄，至仓二十里。

双坨庄，至仓十四里。

韩家村，至仓八里。

宣家庄仓

宣家庄仓，至县八十里，属三十三村。

杨家庄，至仓七里。

薄落庄，至仓七里。

韩家庄，至仓七里。

李家庄，至仓三里。

董各庄，至仓三里。

蛮子坨，至仓十二里。

越支庄，至仓八里。

黄各庄，至仓五里。

王家庄，至仓八里。

清庄湖，至仓十五里。

胥各庄，至仓十五里。

老治庄，至仓六里。

岔河庄，至仓五里。

楼庄子，至仓五里。

翟家庄，至仓五里。

于家泊，至仓十五里。

艾坨子，至仓十八里。

顶代庄，至仓四里。

迷城庄，至仓八里。

宋家坨，至仓三里。

洪家泊，至仓二里。

王家盘，至仓八里。

侉子庄，至仓十三里。

王洪庄，至仓八里。

高家庄，至仓五里。

新庄子，至仓八里。

沙坨庄，至仓十里。

刘家庄，至仓二十里。

孟家庄，至仓十三里。

庄窠儿，至仓一里。

王兰庄义仓

王兰庄仓，至县一百里。属三十六村。

石桥沽，至仓十三里。

黑崖子，至仓二十里。

横沽庄，至仓二十里。

西河庄，至仓十七里。

李家庄，至仓十五里。

涧河庄，至仓二十里。

岔道口，至仓五里。

董代庄，至仓五里。

赵茂庄，至仓八里。

傅家庄，至仓十里。

刘干庄，至仓十五里。

刘官庄，至仓十三里。

孙家庄，至仓二十里。

曹家庄，至仓十三里。

蒲子泊，至仓六里。

蒲台河，至仓十五里。

将军庄，至仓十四里。

马家庄，至仓八里。

么家庄，至仓十四里。

毕家圈，至仓十八里。

赵鸡翎庄，至仓七里。

孙家老庄，至仓十里。

张山庄，至仓十八里。

孔家庄，至仓十二里。

六间房，至仓二十里。

王大刁庄，至仓二十里。

抓先庄，至仓十二里。

白石头庄，至仓二十里。

张家庄，至仓二十里。

铁匠庄，至仓二十里。

张斯儿庄，至仓二十里。

付家庄，至仓十里。

张申头庄，至仓十七里。

毕五庄，至仓十五里。

小高家庄，至仓十里。

——乾隆二十年《丰润县志》

丰邑常平之设，由来旧矣。乾隆十七年设仓于邑之四境，而以附近之村庄属之。其于遗人掌乡里、门关、郊里、野鄙县都，各有委积之法，仿佛相合，制诚善矣。但百余年来，仓至今久废，村较昔倍增，若不稍为变通，未免有名无实，开卷茫然。今将县属八百余村系于城镇暨二十一镇之下，而以近来所捐积谷银钱开载于后，遮几星荧碁布，一见了然也。夫志仓储。

屯镇户口附：

义仓十三所向无专设，乾隆十七年设立。

——光绪《丰润县志》

宣家庄一所属三十三村

王兰庄一所属三十六村

宋家营仓一所属二十三村

小集镇一所属五十三村

宣家庄一所属三十三村

王兰庄一所属三十六村

以上各仓因年久远，遇有凶荒，谷既支放无存，仓亦久废。

——光绪《丰润县志》

……今递年仓废，谷并无存。光绪七年，劝捐积仓，详准折价，发交富商生息，未及建仓节年谷息。复置义产收租，变通办法亦最善云。

宋家营义仓，县南九十里，属二十三村，生息谷价银一百五十石。

小集镇义仓县南百里，属五十三村，生息谷价银四百两。

黄米廒生息谷价银二百三十两

宣庄义仓县南八十里，属三十三村，生息谷价银八百五十九两五分。

胥各庄生息谷价银五百两。

王兰庄义仓县南百里，属三十六村，生息谷价银三百二两八钱。

——光绪《遵化州志》

滦县义仓：

稻地镇义仓。

——《滦县志》

盐法

《辽史》载：契丹神册元年，唐（后唐）将周德威恃勇不修边备，太宗阿保机陷榆关，据平、滦之地入辽后，遂于永济务（今丰润城关）设榷盐院。据清乾隆《丰润县志》，“大辽景州陈宫山鸡观寺碑文”载：“北依遵化，为前古养马之监，南邻永济，乃我朝煮盐之场”。

——《畿辅通志》

盐场

越支场在县属宋家营。南滨海，别渚名涧河。东接济民场，逾沙河西至斗沽接芦台场，北至韩城，广袤二百四拾里。原额灶丁一千一百三拾丁，三百九十三户，共大小一万四千七百七十一丁口。盐坨五，今废。盐堡四。滩荡沿海，除地粮边布由县征解统归田赋外，每丁额进贡白盐二十二斤四两五钱九分四厘六毫九丝二微六织五沙四尘八埃六渺八漠二糊，共征进贡白盐二万五千一百八十四斤八两。又每丁额征灶丁银九钱二分三厘四毫八丝五微四织五沙七尘二埃二渺六漠八糊，共征灶丁银一千一百六十二两五钱七分二厘。遇闰加征银十五两七钱八厘。

——光绪《丰润县志》

越支场，场在丰润县宋家营，古蓟州地方青州分司旧署在此。距运司分司二百八十里，南濒海，别渚名建河，即今运河下流，东接济民场界，踰沙河西北至斗沽接（芦台）场界，广袤二百四十里。户籍在丰润、滦州、遵化、玉田等处，坨五，今废。堡四，滩荡沿海。

——《畿辅通志》

盐滩，康熙十七年，巡盐御史刘安国会同户部郎中石柱等查清：越支场滩七十二副半，滩地六顷二十三亩二分四厘。

盐锅，六十七面，每面锅价银二分一厘七毫六丝四忽七微二沙九尘八埃五渺七糊，共征锅价银十三两五钱一分八厘。

——光绪《丰润县志》

灶戶，越支场原额户三百九十三户今实在三百九十三户。原额丁一千一百三十丁今实在一千一百三十丁。越支场原额灶地一千三百六十顷，新增灶地九顷九十四亩五分。原额滩七十二副半，草荡地一百四十顷七十四亩七分五厘，原额锅三十四面。

——《畿辅通志》

越支盐场大使

金设管勾一员，掌分管诸场。元每场设司令、司丞、管勾各一员。明设盐课司大使一员。本朝因之。

屈笔直

丁逵

丁权，康熙三十一年任。

许宗鲁

屈秉直，康熙五十二年；

丁逵，康熙五十四年；

许宗鲁，康熙五十五年；

王说，山西忻州人，康熙五十七年三月任。

章崇礼，浙江会稽县人，雍正三年十二月任。

章世熹，贵州贵筑县人，壬子举人，乾隆十一年七月任。

杜志瑛，湖北公安县己酉举人，乾隆十九年闰四月任。

陆良瑾，字宝斋，苏州府附监生，乾隆三十年八月任。

熊雨田，字润周，江西丰城县举人，乾隆三十五年任。

刘仪芳，江西新昌县监生，乾隆四十一年任。

何道榜，山西灵石县监生，乾隆六十年任。署丰润县知县。

魏庭琦，山东钜野县监生，嘉庆九年任。

孔昭杰，山东曲阜，道光三年任。

王甥祺，江苏江阴，监生，道光二十年任。

王汉杰，山西汾阳县监生，道光八年任。

蔡传谨，字子信，浙江嘉善县人，监生，道光二十年署。

王甥穧，江苏江阴县监生，道光二十年任。

龚泽，江苏阳湖县监生，咸丰三年署。

陈宝芬，籍贯失考，咸丰四年任。

奎联，镶黄旗，蒙古监生，咸丰五年任。

汪汇，浙江乌程县人，道光己未科誊录，咸丰七年任。

丁志平，安徽庐江县监生，同治三年署。

田名传，山东潍县人，同治四年任。

方观澜，江苏扬州监生，同治六年任。

韩濬，山西右玉县附监生，同治七年任。

张定基，山西榆次县人，光绪三年署。

邓宣猷，四川汉州贡监生，光绪三年任。

周锦殿，安徽怀宁县监生，光绪七年署。

杨寿名，浙江嘉善县附监生，光绪八年任。

谢谦，浙江会稽县监生，光绪十二年署。

许恩溥，江苏阳湖县监生，光绪十二年任。

按：嘉庆十年至道光七年，遍查吏科，案卷遗失，各大使姓名、籍贯及任事年份无可考据，姑从阙略。

——《长芦盐法志》

——《新修长芦盐法志》

盐政

盐者，民生所赖。而自汉以后，尤关国计。沧、瀛、幽、青四州，设官置灶。至后魏，始见于史。自宋以前盐法与诸道同。宋太祖以山后十六州入于辽，推恩河朔，特许通商。至明，法始详备直。盐运使旧治，河间府长芦故县。洪武初称北平河间盐运使，后乃改称长芦。今徙治天津而长芦之名不改，盖长芦在旧沧州西北四十里。据二十四盐场之中，讥察指挥呼吸可徧故，古名不可易也。明初额设六万三千一百五十三引，引三百觔。弘治间改小引，增为一十八万八百七引，引一百八十觔。凡常股存积折色，诸欵皆在焉，其后仅存空名，而余盐割没倍增其数。至于戚畹中贵，咸得胁监临制，有司以要中盐，而长芦盐政之弊极矣。我世祖章皇帝建极之元年，特敕长芦盐运使商：灶两敝，毋蹈前明陋习。贪黩阘冗，纵官属吏胥侵渔扰害。圣祖仁皇帝二十六年特诏：凡军兴暂加一切盐课，次第豁免，并免灶地钱粮。我皇上御极首苏商困长芦之法，引增盐觔不增引目。从前官吏巧立名目，滥增税课，澄汰无遗，豪商营私，剥众利己之弊一时并绝。商益阜，引益流，而民之食德愈溥矣。用稽历年长芦盐法备着于篇，庶朝廷德意得有所考云。

——《畿辅通志》

北魏

长芦盐法自魏以前无考，魏初尝弛禁其后，盐官罢立不常。自迁邺后，于沧、瀛、幽、青四州傍海煮盐，置盐官，辖沧州灶一千四百八十四，瀛洲灶一百五十二，幽州灶一百八十，青州灶四百三十六，又于邯郸置灶四，计岁终合收盐二十万九千七百八斛四升，军国所资得以周赡。

——《畿辅通志》

唐

初以使命官置副使。开元中，以拾遗刘彤言，诏将作大匠姜师度与诸道按察使简天下盐课，令幽州、大同、横野军诸盐屯，皆□于度支，每屯有丁有兵，岁得盐二千八百斛，下者一千五百斛。

肃宗干元元年，盐铁使第五琦初变盐法，就山海井灶近利之地为盐院，遊民业盐者为亭户，免杂徭，廉察盗鬻者论以法。

天宝初，河北一路盐利俱为藩镇所据。至穆宗时，田弘正举魏博归朝廷，乃命河北罢盐榷酾，户部侍郎张平叔以榷盐法弊，请官自卖盐可以富国，诏公卿议。中书韦处厚、兵部侍郎韩愈条议以为不可，乃止。

——《畿辅通志》

后唐

庄宗同光三年，敕魏府每年所征随丝盐钱，逐年俵卖。庄宗又命赵德钧镇（芦台）军，因（芦台）卤地置盐场，又舟行运盐东去京国一百八十里，相其地高阜平阔，因置榷盐院，谓之新仓，以贮其盐。流衍于民间，因其盐曰榷盐。复开渠运漕盐，货贸于瀛、莫间，上下资其利，遂致饶衍赡于一方。

——《畿辅通志》

后周

世宗令榷河北盐犯辄处死，其后北伐，父老遮道泣诉，愿以均之两税钱，而弛其禁。盖行之河北免盐之榷，而征其税，所谓两税盐钱也。及其甚也，盐不给而征钱如故，税已纳而禁榷再行，民不堪焉。

——《畿辅通志》

宋

太祖建隆四年，令河朔、邢、洺、磁镇、冀、赵等六州许通盐商，止令收税。

开宝三年，悉罢榷官，收其筭止，过税钱一文，住卖二文。盖缘河北土皆斥卤，民间税地，五谷不丰，惟刮盐煎之，以纳二税，至今六州之境咸颂宋祖之泽不衰。

仁宗时，言者请禁榷以收遗利，谏官余靖谏寝之。其后王拱辰为三司使，复议榷张方平言，曰："河北有两税盐钱，今复榷之，是再榷也。"仁宗悟，立以手诏罢之。

熙宁八年，章惇为三司使，以河北无榷禁乃祖宗一时误，恩请遣使，与两路转运司度利害行之。苏轼上书宰相文彦博，言其害，遂止之。绍圣中惇为相，仍行禁榷。元丰三年，京东转运使李察请置河北买盐场，自大名府、澶、恩、信、安、雄、霸、瀛、莫、冀等州，尽灶户所煮，盐官自榷卖，禁私为市。

——《畿辅通志》

辽金

自后晋高祖石敬瑭以辽主有援立之恩，举燕蓟十六州归之辽，遂改为燕京。因置新仓镇，广榷盐以补用度。金灭辽，以地属京圻，生齿既繁，炊锅益众。尝设提举司于宝坻，秩视五品，以重其选。所辖诸场，越支课居其半，特除勾管一员以莅之。

金世宗大定二十一年，参知政事梁肃言宝坻旁县多缺食，可减盐价增粟价，而以粟易盐，命宰臣议，皆谓盐非可多食之物，若减价易粟，恐多而不售，以致亏课不可。

——《畿辅通志》

元

元初未立盐政，任土之贡一付京官。时土豪张进辈被府檄，鸠遗民数十户，集越支场之宋家营，复事煎造。聚落未成，京使旁午，令大偿巨价债缗，鞭笞急迫，田野为之骚然。未几，以盐司隶征收课税，所众稍息肩，自鬻课之。令行提领诸路者，皆自诡增，镕山爨海，搜罗殆尽，其征输入官者，须厚贿乃获归。且以所费取偿于其属，大抵用直十钱之物，估以当数十钱之属，而工本又稽时不给，给则克减，自是灶民皆困。

至元二年，诏以大中大夫、礼部侍郎倪德政为中都路转运使，提领税司事，答木丁同知使事宝坻，盐使崔岩臣副之。德政敦厚廉平。凡场户入盐即给，仍纯支宝钞，不折诸物，其尤贫窭者，预贷工资以赒之。

明

洪武初年长芦岁办大引盐，每引四百觔，共计六万三千一百五十三引三百觔零，已而改办小引盐，每引二百觔共计一十八万零八百零七引一百八十八觔零。永乐间定都北京，以长芦密迩应进贡白盐，每年于正课内进五十三万四千六百六十九觔二两二千六百七十三引零。

分商之纲领者五：曰浙直之纲，曰宣大之纲，曰泽潞之纲，曰平阳之纲，曰蒲州之纲。分商之名目者四：曰在边报中之商，曰在场买盐之商，曰在司守支之商，曰行盐地方卖盐之商。

中盐之边镇三：曰宣府镇，每年中七万五千五百二十五引八十六觔；曰大同镇，每年中三万七千三百七十六引五十觔；曰蓟州镇，每年中六万七千九百六引一百五十觔，以上共大引九万四百四引四十觔十四两，每一大引折二小引，共折一十八万八百八引八十九觔十二两八钱。

派场规则为三：上则十场，南海、丰深、州海、润北、严镇、丰财、芦台、越支、富国、惠民、归化是也；中则七场，南利、民利、国富、民阜、民北、兴国、厚财、石碑是也；下则三场，南阜、财海、盈北、济民是也。

——《畿辅通志》

永乐十三年，始差御史给事中各一员，押支天下盐课，寻以渤海盐薮私犯挠法，特差御史一员巡视河间私盐。

宣德四年，命御史于谦率锦衣卫官捕长芦一带马船夹带私盐者。于谦不避权贵，悉置之法，河道为之一清。

正统三年，差侍郎差御史一年两巡长芦私盐，后定议岁差。御史巡视长芦盐法，而河渠由济宁迤北抵张家湾，长芦御史兼理之，诏灶户逃移者，盐课勘实停征。

正统五年，诏远年客商中盐未支者，每引给资本钞二十锭，议准长芦盐课量，场分远近着为则四等，招商中卖，高下互为搭配。其远年不敷者又立法，俾于纳剩余盐自相粜籴。

定常股存积分数，以天下盐八分为常股，听商支二分为存积，备客兵不时之需。凡引常股价轻，存积价重，常股须挨次行支，存积则不分次第，引到即支。长芦分派常股盐一十二万六千五百六十五引一百八十觔三两三钱，存积盐五万四千二百四十二引一百五觔一十二两八钱。正统八年，吏科给事中俞泰奏请每引盐连包索二百五十觔，所带余盐亦准二百十觔，令输价银三钱八分，是年裁革运司副使。

正统八年，吏科给事中俞泰奏请，每引所带余盐即令输价，此长芦纳课之始也。

清

顺治十三年，御史牟云龙清查包索，照例按引增价二分五厘，应增课银一万九千八十五两零七分五厘。自十三年为始，添入课额，征解另铸铜板。遵行又查出北场石碑灶地虚额包课，芦台场欺隐，越支场影占，共灶地一千七百四十五顷九十五亩六分九厘五毫。南场利民、严镇、海丰三场，原额未行粮地一千五百八十七顷四十二亩一分二厘二毫，究拟其罪，外造册征解。

——《畿辅通志》

乾隆元年乙卯，禁盐捕私扰。谕总理事务王大臣曰：私盐之禁，所以除蠹课害民之弊。大伙私枭，每为盗贼逋薮，务宜严加缉究。然恐其展转株连，故律载私盐事发，止理人盐并获。其余获人不获盐，获盐不获人者，概勿追坐。至于失业穷黎，肩挑背负者，易米度日，不上四十斤者，本不在查禁之内。盖国家于裕商足课之中，而即以寓除奸爱民之道，德意如是其周也。乃近见地方官办理私盐案件，每不问人盐曾否并获，亦不问贩盐人数多寡，一经捕役，汛兵指拏，辄根追严究，以致挟怨诬扳，畏刑逼认，干累多人。至于官捕业已繁多，而商人又添私雇之盐捕，水路又添巡盐之船只，州县毗连之界，四路密布。此种无赖之徒，藐法生事，何所不为。凡遇奸商夹带，大枭私贩公然受贿纵放。而穷民担负无几，辄行拘执。或乡民市买食盐一二十斤者，并以售私拏获，有司即具文通详，照拟杖徒。又因此互相扳染，牵连贻害，此弊直省皆然，而江浙尤甚。朕深为悯恻，著直省督抚、严饬各府州县文武官弁：督率差捕，实拏奸商大枭，勿令疎纵。其有愚民贩私四十斤以上被获者，照例速结，不得拖累平人。至贫穷老少男妇，挑负四十斤以下者，概不许禁捕。所有商人私雇盐捕及巡盐船只，帮捕汛兵，俱严查停止，毋得滋扰地方。俾良善穷民，得以安堵。

——《乾隆实录》

谕各省关差盐差等官：从来关榷盐税之设，所以通商裕国，或用钦差专辖，或令督抚兼理，无非因地制宜、利商便民之至意也。朕前于关盐两差，各下谕旨诰诫谆切，但旗员向来相沿成习，阳奉阴违，任意侈靡，不知撙节。额外加派，苦累商民。差满之日，惟恐回京有当差效力之事，每以缺额恳求宽限，希图掩饰。是以不惮叮咛，再加申饬。大抵关差之弊，皆惟知目前小利，恣意侵渔，听信家丁，纵容胥吏。开关、分别迟早，肆无厌之诛求；报单、任意重轻，为纳课之多寡；饱溪壑者，则任其漏税，代为朦胧；不遂欲者，则倒箧倾箱，不遗纤细。致商贾畏惧，裹足不前；行旅彷徨，越关迂道，则困商实所以自困也。盐差之弊，尤合重惩。飞渡重照，贵卖夹带，弊之在商者犹小；加派陋规，弊之在官者更大。若不彻底澄清，势必致商人失业，国帑常亏。夫以一引之课。渐添至数倍有余。官无论大小，职无论文武，皆视为利薮，照引分肥。商家安得而不重困，赔累日深则配引日少。配引日少，则官盐不得不贵，而私盐得以横行。故逐年之课、难以奏销，连岁之引，尽皆壅滞。非加派之所致与，故关差惟在严禁苛求，使舟车络绎，货物流通，则税自足额。盐差惟在力除加派，使商困少苏，尽复旧业，则课自盈余。至于督抚、系封疆大吏，更当仰体朝廷归并之意。关政不得视为带理，漫不经心，误认属员，听其剥削。盐政不得罔恤穷商，独专厚利，硬派州县，计口征钱。夫榷关部属尚有顾忌，恐督抚持其短长，令归督抚，则何所瞻顾。巡盐御史、地方官或不奉约束，今归督抚，则孰敢抗违？况钦差犹每年更换，而督抚兼理，则无限期。若不实心奉行，使风清弊绝，则大负归并之本意矣。至将耗羡充课，固属急公，但恐以耗羡归正额，而正额之外，复加耗羡，商民重输迭出，何以堪此？朕深悉关盐扰累之害，垂念商民营逐之苦，特谕尔等经理榷税者，务期奉公守法，遴委得人知商旅之艰辛，绝箕敛之弊窦。通商即所以理财，足民即所以裕国。如自利自便，罔上行私，责有攸归，其悉遵朕上。

——《雍正实录》

引额

丰润旧销蓟引一千一百二十八道。顺治十七年，巡盐御史冯班题准商人张希稳等承认蓟引二百道。康熙四十七年，部议加增丰润蓟引一千一百九十道。雍正十年，巡盐御史鄂礼题准商人王慎德承认再加蓟引五千一百七十五道。雍正十二年，直隶总督李卫疏奏，经大学士伯鄂尔泰等议准，丰润再新加蓟引二千道，合旧额、增引、加增、再加新加，共销蓟引九千六百九十三道。每引额征银四钱六分九厘九忽九微一织八沙，其再加五千一百七十五引，每引征额银五钱一分六厘三毫三丝四忽，总计共征引银四千七百九十一两一分五厘。

——光绪《丰润县志》

丰润县额引一千三百二十八引，新增一千一百九十引。又按《盐法》考，顺永正河四府并采育营，地连边海，私贩盛行，以致课派地亩人丁后，招募土商包纳课银，给引认地行盐。顺天府属之蓟州、遵化、丰润、玉田、宝坻、平谷、香河、三河八州县，岁改行引八千七百六十三引；永平府属之滦州、卢龙、迁安、抚宁、乐亭、昌黎六州县，岁改行引五千八十七引；正定府属之冀州、深州、南宫、武强、饶阳、安平、衡水、武邑八州县，岁改行引一万五千九百引；河间府属之沧州、献县、静海、青县、盐山租地、庆云六州县，岁行引三千七百零三引，采育营岁行二千引，共计三万五千四百五十三道，岁征课银一万一千一百十九两六钱六分九厘六毫五丝七忽一微四纤，每引征银三钱一分三厘六毫四丝五忽三微八纤。

——《畿辅通志》

乾隆六年，又议覆长芦盐政三保奏称：长芦引盐，每包加五十斤。遵部议折中核算，每引应征银四钱四分五厘八毫零，共应增课银八万六千一百四十二两九钱八分六厘四毫，均摊于额引。此项增课，自应本年入额征收。但各商现有应完带征银两，恐商力拮据。请俟带完缓征课银后，于壬戌年起，将乾隆二年至六年应追之课、均摊完纳，毋庸加引，应如所请。至所称请分十二年带征，未免过缓。应令分限八年，均匀带销。至长芦引课，蓟、永、怀引有轻重之分，应令该盐政分别蓟、永、并怀，数目按引摊算，永为定额。从之。

乾隆十年，户部议准长芦盐政伊拉齐、会同升任直隶总督高斌覆奏，长芦所属滦州、迁安、乐亭、丰润、宁河等五州县引地，自设立老少牌盐，奸徒收买发贩，以致私盐充斥，官引壅滞难销。若照闽省之例，折给老少钱文，停其自行负卖，则影射囤积之弊既除，而贫民计日得钱，可资度日，又无负贩往来之苦，实属均有裨益。至各州县现存老少若干名，务须查验确实。每名日给大钱二十四文，令商人按月照数捐交。嗣后如有新补贫难老少，一例折给。其沧州、盐山、等州县，有应照此办理者，并令查明具题，从之。

——《乾隆实录》

滩价

长芦之盐有由煎而成者，其旧有四场：曰阜民，曰石碑，曰济民，曰归化是也，今则阜民场荒矣。有由晒而成者，其旧有九场：曰兴国，曰利民，曰富国，曰富民，曰海丰，曰深州海盈，曰阜财，曰利国，曰严镇是也。今则富国、富民、深州海盈亦荒矣。若丰财、越支、芦台三场，其旧半煎而半晒，今则芦台如故，而丰财晒越支煎矣。煎者何？灶丁秋日采草于所分场中，至十一月间凿海冰藏之。春暖以后，淋其卤于锅煎之。周十二时为一伏火，凡干六锅，每锅约得盐百觔。诘旦，仍出坑灰晒于亭场，俟盐花浸入灰内，仍实灰于坑，以取卤。其试卤也，投石莲卤中，沉而下者为淡卤，浮而横侧者盐淡，半焉煎之则耗薪，必浮而立于卤面者乃为盐卤，以此入锅可顷刻成盐。将成时又须投皂角数片，盐始凝。至于积灰，则以年久者为良。卤水浸润，其成盐尤多。久旱则潮气下降，土燥而盐不生花，久雨则客水浸淫，亭场沾湿晒之，反致销蚀。故以灰取卤必雨旸时，若而盐乃丰也。晒者何？灶丁于近海之区预掘土沟，以待海潮浸入，复于沟旁坚筑晒池九层或七层，自高而低，俟潮退后，两人绳系柳兜，挽沟中盐水倾入最高一层，池中注满晒之，然后放入第二池，又灌高池使满，逐层放至末池，投石莲试之，咸矣，于是趁晴曝一日，以木扒把起堆贮池旁隙地。如高墉然，泥封覆其上，待商至而批发之。凡盐由晒成者，其形颗名曰鹽盐，由煎成者其形散，名曰末盐。末味高而鹽次之。晒必资于滩，故滩有价；煎必资于锅，故锅有价。半煎半晒则滩锅兼征焉。若今之不煎不晒，而听其荒者，务别业以包课，课则仍其旧名。明时征法，每滩一亩，科盐三引，每引折价三分五厘，补给逃亾额数及给与各灶偿其排浚等费，余银解司报部。本朝则照旧额征价，而听各场灶户自为批发。其批发也，南北之场不同。南场以四百二十觔重为一包，其价随时低昂，每包约略一钱以外。北场以二百四十觔重为一包，其价至八九分。而止南场之运盐也由陆而至，沧州北场之运盐也由水而至天津。未运入坨之先曰生盐，既运入坨之后曰熟盐，熟盐改包另筑以三百觔为度，转运各商行盐地方运司，每年额征滩价银六百两解部。至于锅价，则自顺治十二年巡盐御史题请清查各场锅面，分别远近，以上下其科，则每年额征锅价银四十五两七钱八分解部。

——《畿辅通志》

额征

越支场

额征边布银三百五十三两六钱二分六厘三毫五丝。

额征京山银一百七十三两六钱七分。

额征滩价银三十五两三钱五分八厘六毫六丝。

额征锅价银六两八钱六分。

额征白盐三万二千七百三十九觔十三两六钱。

额征白盐折价银二百七十四两一钱六分七厘一毫六丝六忽六微六纤六沙七尘八埃三渺三。

糊遇闰加银六两六钱四分。

额征盐砖折价银五两六钱三分八厘。

额征俸粮银一百八十三两六钱四分七厘遇闰加银八两四钱三分八厘四毫。

额征裁汰书办工食银六两。

丰润县

额征边布银一百一十九两四分。

额征新增边布银八钱七分四毫七丝九忽九微九纤九沙三尘五埃六渺五漠。

——《畿辅通志》

乾隆四年，免长芦兴国、富国、丰财、芦台、越支、石碑、海丰、严镇、八场，青县、沧州、盐山、南皮、庆云、东光、六州县乾隆二年被灾灶地未完停征银一千四百九十五两有奇。

——《乾隆实录》

贡盐额例

天下产盐之省八，两淮、两浙、山东、河东、福建、广东、四川、云南。而贡盐独责之长芦者，以长芦属京师，内地就近取给故。明制于每年正课一十八万余引内进五十三万四千六百六十九觔零二两，计二千六百七十三引零。灶丁之煎办白盐，其劳倍于青盐，必十余丁始能煎办一包。在南北场则有往来运载、看守、伺候交纳等费，其总催解京交纳，又有沿途起运车船大小使用。长芦土地瘠薄，各灶差役浩繁，故灶丁所出解京脚价曾经题准尽数蠲免。又议佥审丁粮近上之家，充当各场白盐上戸，于本司所辖场分每丁派白银六分，共银二千四十两，每年三月内依限征完，解司贮库呈详。巡盐御史委首领官一员，场官二员，动支前银南场一千三百二十引，每引银六钱五分，该银八百五十八两。北场一千三百五十三引，每引银五钱五分，该银七百四十四两一钱五分，给与首领官。责令利民、富国等场见年总催，南赴海丰、严镇等场，北赴（芦台）越支等场，买盐筑包运赴小直沽批验所坨内听掣。一应芦席、绳索、雇船、搬运包筑、看守人工，俱取足前银数内。其运盐脚价，并赴京上纳费用，即于司贮库银内动支银一千七百七十四两六分，给总催等役，同委官解京上纳。外给总解官路费银四十两，分解官各给银十两，一应常例尽行裁革。余银三百九十三两八钱五分，每总催解盐一引，补给银一钱，以赔补不敷之数。再有多余，存作都察院。食盐动支，其各灶该办额盐，仍派与引商关支，即后到之商，亦一体支课，无致拖欠，此前明贡盐旧制也。我朝定鼎顺治元年八月，户部请定御用盐斤数目，行文长芦运使每年解纳盐斤供用库，青白盐二十四万一千六百六十六斤。内官监青白盐一十三万四千五百斤，光禄寺青盐一十二万斤，内盐砖二百七十七块，每块重十五斤，白盐三万二千斤，卤水二千四百斤，神乐观食盐六千五百二斤，务于九月中旬解纳以供御用。顺治七年题准光禄寺盐交本寺收贮，顺治十五年题准供用库盐归并宣徽院收贮，康熙元年题准各监库盐仍交户部收贮，三年题准光禄寺盐仍交户部收贮。二十八年议准长芦运司煎办贡盐九十余万觔，内务府光禄寺每年取用三十余万觔。自二十八年为始，止令煎办四十万觔，其余五十余万觔停其煎办，每包折价银七钱五分，报部三十三年覆准将长芦三十三年、三十四年额解盐觔停止，俟用完再照例移解。五十一年议准长芦运司解送备用青白盐十万觔，砖盐一万觔，于五十一年起至五十五年止停止解送。折价解部俟五年后，每年止解青白盐六万觔，砖盐四千觔交光禄寺，仍将每年应折价银报部查核。

——《畿辅通志》

嘉庆十六年，谕军机大臣等：据温承惠奏丰润县张家庄地方，有匪徒聚众一二百人，乘夜偷扒盐坨。是否盐枭肆行无忌，抑系匪徒附和滋事，现已飞饬通永道李于培，务关参将庆昌，星驰前往察看，督同该处文武员弁就近查拏，务获解究等语。丰润县地方，距马兰峪不远，为东陵风水重地。今张家庄有匪徒聚众之事，福长安想已闻知。如探听李于培等业将案内人犯拏获究办，该镇即毋庸前往。若尚未办竣，著福长安于所属将弁兵丁内，选带数十员名，驰赴该处严密防缉，毋令匪徒向马兰峪一带逃逸。将为首之犯务获，解交直隶总督审办，以靖地方为要。将此谕令知之。

嘉庆十七年，壬寅，谕内阁：温承惠奏上年丰润县匪徒抢扒盐坨一案，经总兵庆长派令玉田营都司朱文郁、宝坻营都司伊克进，协同丰润营都司陈明亮、带兵查拏。陈明亮、伊克进在要路堵截，朱文郁前往查探，一见匪徒多人，遂即退回，各兵丁亦皆走避，未获一犯，陈明亮等亦未向前追捕。请将朱文郁革职，于该营枷号三个月，发往伊犁充当苦差。陈明亮、伊克进请一并革职等语。国家设立营制，优养员弁兵丁，小之缉捕盗贼，大之敌忾颜行，总应勇往直前。兹都司朱文郁等奉派缉捕，所缉不过盐匪百余人，朱文郁带兵前探，望见乌合匪徒，辄先行退避，以致一犯未获。似此恇怯无能，设令效力行闲，尚安望其克敌致果耶！营员畏缩至此，不可不大加惩创。朱文郁著革职拏交刑部严讯治罪，陈明亮等于朱文郁退避之后，亦并不上前追捕，俱属玩懦，仅予革职，不足蔽辜。陈明亮、伊克进均著革职，发往伊犁充当苦差。并先于各该营枷号三个月，再行发遣。其跟随朱文郁退避各兵丁，著该督查明，将首先逃避者责革枷号数名，以示惩儆。天津镇总兵庆长，派出弁兵如此懦怯，由该总兵平日纪律不严，操防懈弛所致，庆长着交部议处。寻议上，得上谕，革去总兵，仍留一等男世职，授为三等侍卫，在大门上行走。

——《嘉庆实录》

附震豫恒商号（注：清末从事盐斤运销的一家商号）：

"长芦蓟六商人张日高，引名震豫恒。自道光年间，试办七分交课。"

——《同治实录》

"据蓟永分司王运判钟霖、丰润县谌令命年禀覆，会查商人震豫恒呈控李八厫灶户情形，请准开滩，借本核示遵办等情，到本阁爵部堂，据此除批，暨据查明商灶情形，准如所请。自光绪二年为始，令孙李两灶，在于酸枣等沽，照向定开滩三副半，仍按锅面旧数，分晒滩盐五六千包，不准再行私晒。候分饬滦卢迁三州县遵照，即赴该灶配运滩盐，不准借运滦州。倘迁卢或恐运滞，仍令丰润商人每年配运一千五百包，以助不足。所需滩本，即由运库筹借银五百两，每年在于蓟六商人应领缉费项下扣还一百两，分作五年扣清，并候行运司查照办理，饬遵。其余一切章程，该分司即同越支场大使逐细妥筹，详请立案，饬遵缴等因印发，外合行札饬。札到，该县即便遵照办理，具覆此札。"

——《永平府志》

谕军机大臣等，御史来仪奏请饬严查盐务积弊一摺。据称长芦积欠，向系按引摊交，每年应征银十数万两。风闻该商等任意拖欠，皆由商人张日高，同伙谢鹭湄，把持射利，以致众商效尤。张日高承办蓟州遵化等处盐课，既不呈交积省余利，又不包交全课。亏交库款，不下三十余万之多。张日高业已身故，谢鹭湄影射充商，仍行接办，现已限满，经户部饬催额课，竟敢抗违。且各报捐职官，难保无亏那情弊等语。长芦盐务，疲玩日久。如有商人舞弊营私，欠交课款，亟应彻底根究，以清鹾政。著庆祺、松龄，按照所参各情，确切查明，据实具奏。原摺著钞给阅看，将此谕知庆祺、并传谕松龄知之。

——《咸丰实录》

“辛卯（初四日），有人奏，咸丰十年间，僧格林沁督师海口，伏设暗桩，闻有震豫恒盐商张肇乾等，使其伙沙洛玉，潜与敌通，泄露机宜，致大沽口炮台陷落。现闻沙洛玉在丰润宣庄，或在北塘各盐铺藏匿，命刘长佑派妥员严密查拿治罪。”

——《清通鉴》

“近海之李八厫庄，煎盐私贩，丰润大受其累。李八厫庄，多李姓，近数百户，向为永东西煎盐灶户。近年丰润东境，盐务废弛，无人整理。煎盐之户，无处去卖，遂大帮私贩，诛之不可胜诛。且恐激生巨案，而又不可听其自然。鹭湄兄在京东、抚宁、遵化及今二十余年，声名素震，手下巡役皆得力，私贩尚不敢逞志，然亦须及早设法办理。连日获私盐数十抬，约两千余斤。”

“如京东丰润等处，前十年盐务废弛，商贩大帮时起，几乎难治。谢鹭湄四表兄，初入盐务，即大以巡务为意。遂处择人，皆胆力可用而又时以义气勉励。久之，挑有三百余人。现在丰润等处，滨海多盐，又与永平州县接壤。彼处无商已久，只滦州一处官办。而历任但顾目前，贱赊于州人承卖，公私相假。数年之间，赊积已多，私亦难治，浸灌丰润等处，极难防查。经谢四兄布置多年，情法兼施，居然易坏为好，东家大受其益。期间非无大帮盐贩滋闹，恃有素蓄巡役受恩已重，感谢四兄之深遇，令对敌真出死力，设有命案，又能为之料理，不致令受官累。丰润一处，为蓟六州县屏障，谢四兄独挡此面，他处安枕无忧，业有年矣。”

注：咸丰八年三月二十四日至四月十二日，时为内阁中书的王钟霖，受其表兄谢鹭湄邀请，到谢鹭湄办公处丰润宣庄小住。

——《王钟霖日记》

“初二日，海下张庄管巡张鹤峤二兄到店。张庄一带，地薄而卤多，草鲜禾，居民惟食黄粟，有终年不得食香油者，肉食更可知其无矣”。

——《王钟霖日记》

武备

左氏曰：疆场有守御之备。司马法曰：教惟豫。丰邑负山面海，于昔为边地，今则中外一家矣。且昔之制，乡以居土著，屯以表迁流，无事散之田间，有事列诸戎行，仿佛先王寓兵于农之遗。然徒袭其名，而日久弊生，有不为房琯之续者几何。审地里之厄塞，而分汛于前，立营于后，为将帅以时练习之，庶几不负国家安不忘危之至意云尔。志武备。

——光绪《丰润县志》

按：武汛为国家经制之官兵，保卫为民众自卫之武力，性质敻然有异也。况滦县武汛，如城镇之千总、把总、外委等官兵，早经裁撤，时复与保卫民团相提并论，语似不伦，而不知二者实有牵连并及之势也。盖国于天地，未能无兵，保我黎民，端资武备。忆昔防汛官兵，皆属绿营劲旅，积久之，则饷绌兵疲，械窳衣败。迄逊清光宣之际，编者尝目睹汛官汛兵，腐败状态。每值总镇（滦汛昔归通永镇总兵管辖）巡阅，官则袍褂带刀，烟容可掬；兵则雇募乞丐，褴褛可嗤。明令裁撤，亦固其所。惟视吾民积弱，自卫无方。虽汛官腐败相沿，而吾民犹仗国家威灵，视为保障，慰情终胜无也。兹特列武汛旧制，以备参考。

——《滦县志》

金设民兵，丰润属平州。

注：《金史·兵志》：天会五年，伐宋之役，调燕山、云中、中京、上京、辽东、平州、辽西、长春八路民兵，隶万户侯。

元设镇戍兵，丰闰行屯田法。

注：《元史·兵志》：世祖之时，海宇混一，然后命宗王将兵镇边，徼襟喉之地。又云：国初用兵征讨，遇坚城大敌，则必屯田以守之。世祖至元二十二年，创立大都路于蓟州之丰闰县，为户八百三十七，为田三百四十九顷。

明设卫所，复行屯田立法，兴州前屯卫属丰润，开平中屯卫与滦州分隶之。

注：《明史·兵志》：太祖既定天下，度要害地系一郡者设所，连郡者设卫，

大率千一百二十人为千户所，百十有二人为百户所，五千六百人为卫。大小联比成军。其取兵有从征、有归附、有谪发。又后军都督府在京，在外直隶屯卫有开平中屯卫、兴州前屯卫。又按王旧志云：原额守城屯操舍余二百名，守城操军五百名，边操舍余五百名，在边军士五千名，应补五十名。

——光绪《丰润县志》

守备

明设兴州前屯卫指挥十四员，镇抚司三员，千户二十八员，百户三十六员，经理一员，知事一员。本朝裁卫，改把总一员。后因守御不及，于康熙十四年设丰玉营守备，旋丰、玉为二营，雍正间改为都司。

——光绪《丰润县志》

国朝设丰玉营，旋改为丰润营，属通协，隶天津镇。道光二十三年隶芦台镇。

注：初裁屯卫，设丰玉营，驻遵化州，康熙十四年改移守备，二十九年又改为丰润营。雍正九年升为都司佥书，仍驻丰城。辖把总三，外委把总一。又旧制，玉田、丰润二营原系蓟协所辖，康熙二十九年设古北镇，将蓟协抽拨改隶，留玉田、丰润，改属通协，隶天津镇。今隶芦台镇。

驻扎都司佥书一员。

驻防丰润汛把总一员。

经制外委一员。

额外外委一员。

马兵三十名，守兵四十六名。

——光绪《丰润县志》

丰润营：

原设丰玉营，驻遵化州，康熙十四年移驻于此，二十九年改为丰润营。守备一员，把总一员，马兵四十四名，守兵五十七名，每岁俸饷马干等银二千四百九十六两七钱五厘六毫米折银三百六十三两六钱。

通州协：

原设总兵官一员。顺治七年裁，改设副将。辖张湾、采育、三河、玉田、丰润、务关、宝坻、崔黄口、涿州、拱极城、旧州十一营。雍正九年，将张湾、务关、宝坻改拨河标营。今辖采育、三河、玉田、丰润、崔黄口、涿州、拱极城、旧州八营。

——《畿辅通志》

军器局：

在县西久废，嘉靖三十年卖为民间庐舍。

——明隆庆《丰润县志》

小集汛：

把总一员，道光二十三年裁黑洋河，移驻于此。

马兵三名，守兵十名。

黑沿子汛：

千总一员，道光二十三年龙门路葛峪堡千总移驻。

马兵六名，战兵十三名，守兵三十一名。

以上四讯共马步守兵二百零九名，拨归通永练军马兵十四名，战兵五名，守兵四十九名。光绪二年裁归永定河守兵一名，光绪十年拨归北塘营守兵九名。现存马步兵守兵一百三十一名。

原设例操马六十三匹，陆续调赴军营，并节省马十四匹，现存马二十九匹。

官俸薪等银，岁需二百九十七两三钱九分六百厘，六成核发。

岁需养廉银六百六十八两，六成核发。

外委并马战守兵岁需饷折银二千六百六十八两八钱，七成核发。

岁需马乾银三百六十五两四钱七成核发。

——光绪《丰润县志》

涧河汛：

把总一员，马战兵六名，守兵十七名，每岁俸饷马干等银四百八十四两八钱米折银八十二两八钱。

——《畿辅通志》

此于丰台汛皆属玉田营，涧河汛地全属丰润。丰台汛地半属丰润，附记于此。

——乾隆二十年《丰润县志》

把总署二。

一驻涧河毕家瞿 。

——光绪《遵化州志》

稻地汛：

乾隆二十九年，由天津镇玉田营分防。外委一员，鸟枪守兵三名（布盔甲三顶身，腰刀三口，铁斧三把，鸟枪三杆）。旗帜、账房、炮位皆无。道光二十三年，随玉田营改隶通永镇。

——光绪《滦州志》

稻地汛：

经制外委一员，马兵口名布盔甲三顶身，腰刀三口，钺斧三把，鸟枪三杆。守兵口名原设马守兵十四名，同治十年拨归通永练军守兵二名，十二年拨归天津练军，马守兵三名，光绪九年拨归北塘营防兵一名，见存马守兵共八名。

——《滦县志》

另附：

涧河营在县南海滨，清设把总。

黑沿子汛在县南境，距海二里，潮来水势浩瀚，退潮一片淤泥。旧设有千总驻防。涧河口汛在县南，河口宽四丈余，平时水深三四尺，潮涨时水深五六尺不等。以南洋面阔约三百里，旧有炮台一座，墩台四座，早已沉沦于海矣。清设把总驻防，驻毕家瞿 。

——《直隶疆域屯防详考》

武职

都司

刘德相，直隶沧州人，康熙十四年任。

马攀桂，直隶涿州人，康熙十七年任。

郭虎威，山东武进士，康熙二十年任。

陈充端，唐山人，壬子武举，康熙三十二年任。

陈皞，江南人，武举，康熙四十年任。

周宝，江南人，康熙五十二年四月任。

萧日升，陕西延安人，康熙五十七年七月任。

李才，陕西西安府人，雍正五年三月任。

以上俱系守备，后为都司。

徐云龙，陕西西安府武进士，雍正七年十二月任。

韩起虎，山西人，雍正十三年十一月任。

吴秉忠，福建人，乾隆二年九月任。

杨宏，山东沂州府武进士，乾隆四年三月任。

珠陵，满洲镶红旗人，世袭一等轻车都尉。乾隆十二年四月任。

王万里，乾隆二十九年任。

李梅，乾隆年任。

张锡谟，乾隆四十五年任。

苏克东，乾隆五十年任。

舒当阿，乾隆五十一年任。

杨先荣，乾隆年任。

鲁大勇，嘉庆十年任。

王应槐，嘉庆十一年任。

常永，嘉庆十三年任。

陈明亮，嘉庆十六年任。

苏国栋，嘉庆十八年任。

长英，嘉庆十九年任。

富森泰，嘉庆二十三年任。

殷天麟，嘉庆二十五年任。

柴官泰，道光四年任。

夏永祥，旗籍，世袭子爵。道光八年任。

邹德，道光十年任。

秦射斗，道光十一年任。

刘绍珂，道光二十年任。

熊宗福，道光二十一年任。

王世俊，道光二十四年任。

万善，道光二十七年任。

蓝炳煊，道光二十九年任。

吴世增，咸丰三年任。

牛元昇，咸丰五年任。

赵万卷，咸丰六年任。

陆泰，咸丰六年任。

善廷，咸丰七年任。

金延龄，咸丰八年任。

文安，咸丰十年任。

陆祥，同治元年任。

杨景忠，同治四年任。

锡荣，同治六年任。

陈臻源，江苏人，军工二品。同治十一年任。

汛守

黑洋河讯把总：

郑文智，本县人，康熙十年任。

黄世福，山海卫人，康熙十五年任。

朱廷琬，陕西人，武举，康熙十八年任。

缪允恭，康熙五十五年任。

李自荣，河间人，雍正五年任。

曹超，交河人，雍正九年任。

马瑞，乐亭县人，乾隆三年任。

张文焕，天津府人，乾隆六年任。

王继超，天津府人，乾隆八年九月任。

小集汛把总：

胡亮，乾隆五十一年任。

吴君用，嘉庆十年任。

刘兆麟，嘉庆十四年任。

徐光勇，嘉庆十四年任。

孟又新，嘉庆十五年任。

刘玉，嘉庆十八年任。

朱光麟，嘉庆二十五年任。

卜喜，道光十五年任。

张靖堂，道光十五年任。

王长泰，道光十九年任。

梁承惠，道光二十四年任。

李大鹏，咸丰四年任。

谭兴魁，咸丰五年任。

崔胜，咸丰七年任。

马骏，咸丰八年任。

高成德，同治元年任。

金春龄，同治八年任。

陈煊，光绪元年任。

刘国樑，光绪二年任。

刘国彦，光绪五年任。

金长龄，光绪八年任。

——光绪《丰润县志》

黑沿子汛千总：

何明德，道光二十三任。

高清科，道光三十年任。

白云兴，咸丰四年任。

姜保淑，咸丰五年任

刘云清，咸丰六年任。

魏丹书，咸丰九年任。

冯振邦，同治元年任。

贾兴，同治五年任。

陈富，光绪元年任。

李在华，光绪四年任。

郭景盛，光绪五年任。

刘维良，光绪六年任。

王胜雄，光绪九年任。

赵连会，光绪十年任。

——光绪《丰润县志》

稻地镇外委把总：

孟金堂，嘉庆十年任。

——嘉庆《滦州志》

军器

向有生铁神威大炮二位，生铁西洋大炮八位，生铁大炮三位，大铁朗机炮二位，铁大子铳炮六位，三道箍铁炮十七位，五道箍铁炮一位，八道箍铁炮一位，二道箍扁铁炮二位，四道箍扁铁炮十一位，以上皆不堪用。现存镇边大炮二位，运赴黑沿子讯海口，外三道箍扁铁炮四十二位，其中十位堪用，运赴大沽海口，余三十二位尚存本营者不堪用。

——光绪《丰润县志》

兵事

道光庚子，有夷船三次泊于海中，近黑沿子地。是时，岸上兵满，昼夜严防，恐其乘隙而登岸也。乃于九月某日夜半，海水大明，照彻数百里，其光如火闪烁，恍同白昼。官军惊起，以为夷船进逼，急侦之，乃夷船亦惧而远遁矣。意者海神努其不靖，而为此以助朝廷兵威。

与张融赋海云：振骏气以摆雷，飞雄光以倒电。

又《壬子年拾遗记》云：西海有浮玉之山，山有穴，穴中水五色，若火，昼则不明，夜则照耀，虽波涛汹涌，其光不灭，是谓阴穴。唐尧时其光烂起，化为赤云，辉映百川，以应火德。是海明乃盛世之祥征也，夷船之遁宜哉！

——光绪《丰润县志》

七年四月，英吉利兵船至天津海口，命僧格林沁为钦差大臣，督办军务，驻通州，托明阿屯杨村，督前路。仓促征调，兵难骤集，敌兵已占海口炮台，闯入内河。议掘南北运河泄水以阻陆路，别遣议和大臣桂良、花沙纳赴天津与议条约。五月，议粗定，英兵退。未尽事宜，桂良等赴上海详议。于是筹议海防，命僧格林沁赴天津，勘筑双港、大沽炮台，增设水师。以瑞麟为直隶总督，襄理其事。奏请提督每年二月至十月驻大沽，自天津至山海关海口，北塘、芦台、涧河口、蒲河口、秦皇岛、石河口各炮台，一律兴修。九年，桂良等在上海议不得要领。五月，英、法兵船犯天津，毁海口防具，驶至鸡心滩，轰击炮台，提督史荣椿中炮死。别以步队登岸，僧格林沁督军力战，大挫之，毁敌船入内河者十三艘。持数日，敌船引去。

——《清史稿》僧格林沁传

堡城

邑旧有堡八座，铁城坎、高丽铺、沙流河、白官屯、韩城、宋家营、胥各庄、董各庄拥护县城，屹如金汤，今则渐颓唐，岂非守土者之则乎？

——光绪《丰润县志》

铁城坎、高丽铺、沙流河、白官屯（在县南三十里）、韩城（县南五十里）、宋家营（县南九十里）、胥家庄（县南六十里，已俱废，隆庆三年县令王纳言重修）

——明隆庆《丰润县志》

津梁

陡河桥在县南九十里石桥沽。

王兰庄桥在县南一百里。

拦沽桥在县南一百一十里。

中梁桥在县南八十里宣庄，乾隆二十五年建。长十二丈，梁头琢龙首尾形。河水盛时，出没波涛，殊形夭矫。两栏镌人物花草，亦极工细。石柱凿狮子七十有二，有雌伏者，有鹄立者，有两相斗者，有群相戏者。玲珑万状，雅壮观瞻。相传，本乡处士李镐监修，方其兴工伊始，桥底柱多日不得树，昼夜忧思，一夕须眉顿白。倏有老人指示曰：此处只宜如是，徒劳工罔益也。因历陈建筑之法，且云：中梁如或动摇，宜以杜木片塞之。言讫不见。遵所告获有成功。识者谓至诚所感，自邀神贶，因以中梁名桥，志不忘云。

乐善桥：在董各庄二甲口。长十三丈，高一丈三尺。桥下设闸，涛声澎湃。桥南有减水坝，前为方塘，波水渊涵，游鳞萃聚。夏秋水涨，渔舟钩舫，盈渡迷津。尤复堤柳扶疏，与来往行旌相掩映。登桥四顾，俨然在画图中也。桥为邑士孟春台诸人倡捐修理，咸丰三年落成。

石桥：在宋家营街中。

平安桥：在县南一百三十里戟门庄，光绪九年邑人李邦彦倡捐重建。

新设煤河桥梁，以由西至东为次序。

第一铁桥：名利涉，距县一百一十里，在宁河县属之芦台北，去大河百丈，由芦台道出宁河必由于此。

第二木石桥：名通津，在县属之裴家庄与王兰庄交界处，去第一桥九里。

第三木石桥：名济众，在王兰庄镇之大田庄南，去第二桥十一里。

第四木石桥：名拱宸，在王兰庄镇之赵鸡翎庄西三里，去第三桥八里。

第五木石桥：名咏唐，在王兰庄镇之唐家坊庄东，去第四桥十里。

第六木石桥：名履泰，在王兰庄营田三角淀之东南，去第五桥九里。

第七木石桥：名望丰，在丰属侉子庄西，去第六桥六里。

第八木石桥：名汇通，在县属胥各庄镇街南，去第七桥六里。

铁道桥二座附列：

一名阜民，在县与遵化州交界王家河，去汇通桥八里。

一名庆成，距城六十里，在滦州界煤井南，去阜民桥十里。

——光绪《丰润县志》

稻地木桥：在稻地街东，清光绪二十六年改建铁桥。

——《滦县志》

形胜

孤嶂秦碑，荒城鲁殿，颂少陵句，辄低回不能去，丰形胜不及秦陇，山川亦亚吴越，而秦皇蔓草中，供后人之凭吊者，何限循旧文，以传疑入谈资而有味，莫云无征不信也，志古迹。附以冢墓。

长春淀：在滦州西南一百二十里长春社。

——光绪《滦州志》

长春古淀：在城西南九十里长春社，金时尝建行宫于此。凿渠通水，以恣游观，世宗朝改名大定淀。（今废。金建行宫，想必楼阁参差，林木森蔚，有景可观。今则遍植桑麻，求所谓故宫遗址，了不可得。）

——《滦县志》

如石城有长春淀，旧名大定淀，大定二十年更。

——《金史·章宗纪三》

古迹

长春宫：

在城西南百二十里，金史．大定二十年，作大定淀于石城县，建长春宫，又名长春淀。旧志云：长春宫，系辽萧后所建，考辽之长春宫。在长春州，非石城之长春宫也。

桃李城：即长春宫。

——嘉庆《滦州志》

长春行宫：在滦州西南，金史地理志石城有长春行宫。

中都路滦州石城县“有长春行宫。长春淀旧名大定淀，大定二十年更”。

——《金史·地理志上》

长春淀，在废石城县西。《志》云：在州西南百二十里，旧名大定淀。金大定二十年，改曰长春。有长春行宫，亦金时所建也。

——《读史方舆纪要》

长春宫，在长春淀，本名石城行宫。金大定二十年，如石城县，改行宫为长春宫。以后尝为巡游之所。

——《读史方舆纪要》

石城行宫，在滦州金建行宫于石城。

——《畿辅通志》

宛在园：在城南百里许，地可数亩，绿水周环，中有茅屋数楹，夹岸植杨柳，杂以桃杏，春夏之交，绿影镂日，红雨鏖花，园林佳胜者也。今废。

——光绪《丰润县志》

银杏树：

宋家营北有银杏树二株。

——《永平府志》

宋家营北街有银杏树二株，高九丈，笼阴十亩，不知植于何代。

廒里井，在宋家营街中西北隅。水甘美不竭，莫计年代，相传唐太宗征辽，军马驰驱重赖此井。

——光绪《丰润县志》

龙爪槐：

龙爪槐，在宋家营街中，崔公祠内。

——《永平府志》

龙爪槐在宋家营街中崔公祠内，枝柯夭矫，屈曲酷似龙形，盖数百年物也。

——光绪《丰润县志》

稻地土城：

稻地土城：在滦州西一百二十里，自独莫城以下皆元时屯兵处也。

——《畿辅通志》

稻地土城：在县城西南百二十里。

——《滦县志》

越支社：

在丰润县南，越支社亦曰越支埸，有宋家营盐课司。

——《读史方舆纪要》

越支场，南百里，大使驻，今移宋家营。

——《清史稿》

宋家营：

在县南一百里，旧有土城，今为盐课司。相传唐太宗征辽时，在营南炼炉坨打造矣，甲造完皆送于此营收贮取用，故名送甲营，今名宋家营者，误矣。

——明隆庆《丰润县志》

丘墓

战国

淳于髡墓，黄县淳于髡墓在县南近海滨之地，盖海郎东溟之支流与齐登莱之境相望。昔杜甫谓唐人转东吴粳稻以给幽燕，此即海运之故道也。

——隆庆《丰润县志》

注：淳于髡者，齐之赘婿也。长不满七尺，滑稽多辩，数使诸侯，未尝屈辱。齐威王之时，喜隐，好为淫乐长夜之饮，沉湎不治，委政卿大夫。百官荒乱，诸侯并侵，国且危亡，在于旦暮，左右莫敢谏。淳于髡说之以隐曰："国中有大鸟，止王之庭，三年不蜚又不鸣，不知此鸟何也？"王曰："此鸟不

飞则已，一飞冲天；不鸣则已，一鸣惊人。”于是乃朝诸县令，长七十二人，赏一人，诛一人，奋兵而出。诸侯振惊，皆还齐侵地。威行三十六年。

——《田完世家》

辽

韩将军常墓碑，辽将韩常墓，在城西南一百里高庄子，有碑。

——光绪《滦州志》

明

高尚书第墓城西百二十里。

高第墓：在滦州西百二十里，唐山南。

——《永平府志》

清

高太仆显辰墓，城北五里横山下。

喻封君墓城西南百二十里胡家庄。

——光绪《滦州志》

董总戎用威墓在董各庄北。

韩参戎积善墓在韩家博洛。

董参戎玉龙墓在董各庄北。

董总戎果墓在宣庄镇莲花沽西。

董观察戎墓在董各庄北。

郑方伯源涛墓在宋家营。

董提督象伟墓在爽坨镇枣园庄北。

郑光禄家麟墓，在宋家营。

——光绪《丰润县志》

浙江杭嘉湖道、山东青州府知府董世凝墓，在县南八十里宋家营。

——光绪《遵化州志》

坊碑

董各庄牌坊街

木坊

木坊二

一建县城西街，旌赐“龙章锡命”，为永祉公立。

一建县城东街，旌赐“卜式高风”，为世公立。

神道碑

神道碑三

一建董各庄东老坟，为诰封光禄寺大夫廷玺公立。

一建董各庄西老坟，为诰封光禄寺大夫龙虎将军用威公立。

一建董各庄西老坟，为诰封明威将军邑庠生靖乾公立。

石坊

石坊四

一建宣庄北街，为国学生尚宾公发妻孙氏立。

一建董各庄牌坊街，为邑庠生锦公发妻伦氏立。

一建董各庄牌坊街，为岁进士蕙公发妻张氏立。

一建董各庄牌坊街，为邑庠生岱公发妻冯氏立。

——董各庄《丰润董氏家谱》

迎恩街各巷坊

“宠褒三世”，高玉、高吉昌、高第建。

“恩纶叠锡”，高吉昌建。

“科第联芳”，高第建。

——《滦县志》

光绪十七年：以捐建义学，予直隶丰润县监生王廷弼建坊。

——《光绪实录》

——明隆庆《丰润县志》

石碑：

石碑十三：

一在图里交界，为诰封光禄寺大夫龙虎将军用威公请准永免五图差役立。

一在湖广永州府署内菊花亭，为守府正邦公全城立。

一在永清县学宫，为学官锟公德教立。

一在山东泰安县岱庙西道院，为知县峋公德政立。

一在西老坟西南，为栽树守墓，盖坟房，三支族人立。

文附：

从来燕翼贻谋，祖宗之所以利，赖于后嗣报功崇德。子孙之所以仰答于先人，故纶祀蒸尝应符求食之意，坟茔树木用昭棲神之思。惟我祖宗簪缨继世，书香传家，克闲厥后，衍系多人。凡我为子孙者，愧不能负荷有光于前，而食德服畴犹孝旧遥。忆我祖宗立茔之始，树木森然，箐葱蔚起，三百余年，自有可观，但多历年所霜皮剥蚀，迄今渐消枯矣。缅怀我子孙辈一垅一瓦，孰非先泽之遗，而数亩茔林，竭后昆之力，扪心自问，是难为情。幸于乾隆十七年捐赀茔房，以备看坟之所。而备祭培树，以及看坟工费之资，虽及商确，尚待办理。又于十八年公议一堂，皆有同心，各出资财，共襄厥事。虽丰歉不等，谁非仁人孝子之心？多寡不齐，均属用力劳心之助。备辞勒石，书名注数，以垂永远之意也。云尔。

一在奉天海城县门人佟汉广，为文学琪树公立。碑文附：

呜呼！此佟汉广十余年师玉林夫子墓也，晨昏有变，未能筑室于场，模范无从，空忆在门曳杖；穷江河之水，未足喻痛泪之多；极风霆之威，何能形悲号之响；恭镌片石，聊达微忱，呜呼！

碑阴：栽培孔厚。

咸丰十年中秋月

一在海城县庠生佟汉洪、举人佟汉源、训导张淡岩、进士庞家淦、进士张步瀛，为文学琪树立。文附：

盖闻人有不可淹没子事迹，他人亦不欲使之淹没，可资久远者传记，而外端在勒石。所以志景慕垂后世也。董公玉林夫子，其生平子事迹闻于遐迩，并有著作可籍，无意淹没。然日久年远，恐后人徒之其学，而不知其敦品。励行道德，为尤高尚。兹即转移世风，维系名教者，以市恩不入公门，以干谒与物无竞，不与世浮沉。公致家孝，友雍睦。所谓视无形，听无声，难为兄，难为弟，男正外，女正内者，殆于公家睹之，一门之内，独存古道。且无论其克笃抡常，可资表率。即其仆婢辈，观摩之深，亦莫不彬彬文雅，有学者风。邻里乡党，偶有勃豀，群以勿令董公知，相告诫焉。公和以处世，常于广场丛众，谈孝悌廉耻，克勤克俭，诸故事情词恳挚，期于有所训诲。公之处世，殆由由与偕，具柳下之风。而公取友，又严如伯夷，即其造诣高深，而品节少亏，亦不得与之联欢。至公之施教，则又与论交不同。天质纯洁，固乐得英才，即其粗暴蠢愚，亦来者不拒。罗列绛帐之前，因才以笃，则列高第登仕版，次亦经明行修。公之讲学，以俗语道俗情，不作高深之论，使人不畏难而利于行。故斋外听经者，不乏承宫之辈，教之入人也，深故感人也。速一时之风气习俗为之一变。噫！若公者可独言行之宗，师道之极。辽东者数邑人文发扬，微公蓄不能若此之蓬勃也。为之铭曰：胸襟落落，仪表堂堂。一时礼乐，千古纲常。人伦之表，众士之望。圭璋其质，日月齐光。斯人其不朽兮，行为表而言为坊。举世其景仰兮，人虽往而风犹长。为刻石揄扬兮，帐仪型之莫睹。愿遗规墨守兮，维世道于无疆。碑阴：人伦东国。

注：董琪树，董各庄人。

咸丰十年二月

一在董各庄乐善桥西北，为恩授文林郎太学生三公同邑绅修桥设闸，大兴下游二十四村水利立。

一在董各庄乐善桥南，岁进士训导初为公书。文附（道光十七年重修二甲口石坝记）

一在东老坟三品衔翰林院侍讲学士张佩纶为祖舅瑞时公立。

一在宣庄关帝庙为同上初为公书。

一在胥各庄王氏义学，为例奉正大夫邑庠生桂新公赞助兴学立。

画像

——明封奉正大夫原任工部屯田郎中永祉像，守明节道状。

——明封光禄大夫镇国龙虎将军总兵官用威像。

——明封夫人何夫人像。

——明封拔贡生时雍像，供楼庄子。

——清赠恭人熊太恭人像，以两孙贵供楼庄子。

——清赠明威将军邑庠生靖乾公像，供新房子。

——清明通进士教谕瓒公像，供杨家泊。

——台湾全境图，总戎果公绘兵家要件，存内府。

——迎养家庆图，台湾总戎署总兵果公阖家欢聚，玄孙济生探存。

——柳汁染衣图。画举人维垣公柳下闲坐观书，小童烹茶。除自跋外，一时名士如张美斯、徐振详、孙之祜、孙广珍，题咏满纸，成大观也。集隘不能录，仅登自跋一首，孙之祜诗一首。曾孙凤舞保存。

——董各庄《丰润董氏家谱》

坛庙

记曰：诸侯祭封内山川。又曰：有功德于民者祀之，以死勤事者祀之，御大灾捍大患者祀之。盖祀者荐也，用以报本崇德也。至于群神群祀，士民因事祷祠，有其举之，莫或废之。浮屠、老子之宫，为一邑名胜所关，又乌可以不籍乎？志坛庙，附以寺观。

——光绪《丰润县志》

礼凡有功于民者祀之。历代坛庙，列在祀典，以其有功于民也。或曰民国以来，除文武圣外，余悉罢祀，何志为？应之曰：先民制礼，具有深意。时代不同，斯有兴废。不可因其已废，遂置而弗稽。兹志坛庙，用备稽古者之参考而。

——《滦县志》

庙

药王庙：在小集镇北，年久残颓，咸丰间监生杨廷梅重修。

文庙：在小集东北，道光二十年邑令刘公命生员田学文建修。

三皇庙：在爽坨街西。

三皇庙：在钱家营镇街西。

药王庙：一在董各庄，一在黄各庄。

附：

宣庄镇十三庙：

关帝庙。

碧霞元君祠：康熙年重修。

龙王庙：乾隆年重修。

火神庙。

财神庙。

文昌阁。

魁星楼。

药王庙：一在董各庄、一在黄各庄。

娘娘庙：一在吕各庄，一在大泊庄。

文昌庙：一在吕各庄，一在黄各庄。

——光绪《丰润县志》

真武庙，一在城内北街，邑人高第又建于北月城，均废。一在崇道屯辉坨庄，原有香火地四十亩。一在钱营镇后打弓庄，一在稻地镇。一在钱家营镇街东。

三官庙，一在重家庵，原有香火地十八亩。一在狗儿社郭家岭坨，原有香火地四十经亩。一在长港社毕家庄。

玉皇庙，一在崇道屯辉坨庄，原有香火地十六亩。

观音庙，一在长春社胡家庄，原有香火地十亩。

娘娘庙，一在南阳庄。

二圣庙，一在桥头社四王庄，原有香火地八亩。一在东大福坨，原有香火地八十二亩。

药王庙：

一在北柳河社寺坨庄，原有香火地十亩。

一在东纪各庄，原有香火地十亩。

一在长春社李家坨，原有香火地十一亩。

一在稻地镇。

二郎庙：在石各庄，康熙四十年建。

——光绪《滦州志》

东岳庙：一在北柳河社赵各庄，香火地二十五亩。

——乾隆二十年《滦州志》

火神庙：尔雅曰：法祭曰：幽荧发星，注荧者星坛也。以昏见夜出，故曰幽星，祠历代有之，与群星共祠。独郊祠六典，唐太宗祠赤帝荧惑星于南方，三辰七宿从祠；宋修大火祠，以三月九日祠之；明之以六月二十三日祀火德星君，康熙二年，定如明制。

稻地镇火神庙：

稻地镇火神庙前后两层，宽三间，中祀火神，左祀龙王，右肖冥曹，后塑观音。传为本朝康熙、雍正间镇人田泰征所建，庙无碑记，其祥莫考。惟稻地别庙俱无会，而此庙有。正月二十九为会期，每至岁丰一举，远近称为盛观。溯其由来，则自乾隆甲寅年，稻地大火，四面延烧，两河之间，几无完宇。丰盛盐店商人吴衣园先生者，故太史也，适在稻，焚香诚祷，愿捐立火会，以救将来之燎，而店竟不毁。遂邀集镇中首事人等告以意，出资制为水机两架，筲担一百副，分布居人立为十会，遇火即救。居人思志其善，乃以“翰林院诚保永远庆太平”十字编为会名，以名字为首，而庙会从兹兴焉。然会期自昔禁赌，故行之既久，有救灾之备，而无生事之端。至道光乙巳，器具残缺，旧数不全，人恐其事之遂废也，合镇公捐补旧增新，撰记勒碑，祥记数目，彰前善以劝后世焉。

——《永平府志》

四乡关帝庙基：

一在狗儿社杜林庄，香火地二十亩。

一在赤口社史家庄，香火地五十亩。

一在长春社井家屯，香火地一顷五亩。

三官庙在韩家庄。

延寿庵在望马台。

三官庙在东董家庄东南，双坨庄西。

——光绪《滦州志》

寺

雾抬寺：在县南一百里黄各庄。

望海寺：在县南一百里宋家营。

崇兴寺：在爽坨街南三里余，为近村祈雨之所。

——光绪《丰润县志》

洪阳寺：城南六十里胥各庄。

——明隆庆《丰润县志》

龙泉寺，一在华港社南阳庄，清雍正元年重修，原有香火地一顷五十亩。

崇兴寺，一在崇道屯石各庄，明天启七年建，原有香火地十六亩。一在西桥北坨，连弥陀庵，原共有香火地九十二亩。

寿兴寺，一在纪各庄，清康熙十年修。

寿圣寺，一在北柳河社西纪各庄，原有香火地七十二亩。

华严寺，一在华港社新庄子，清光绪十八年重修，原有香火地一顷十亩。

盛岩寺，一在长春社小长春庄。

华麻寺，在钱营镇东罗各庄；一在城西南华港社岭上庄，原有香火地八顷。

花港寺，在城西南百十里，明永乐年建。

观音寺，在钱家营镇赞公庄，清光绪三十年重修。

延寿寺，一在长春社望马台，原有香火地二十亩。

建福寺，一在范家庄，清乾隆二十年重修，原有香火地一顷。

护国寺，在北柳河社康各庄。

——光绪《滦州志》

庵

白衣庵，一在稻地镇，今废。一在花港社董各庄。

朝阳庵，一在北柳河社小王庄，原有香火地十亩。

弥陀庵，一在狗儿社东桥北坨，原有香火地九十亩。

地藏庵，一在桥头社西大福坨，原有香火地三十亩。

万善庵，在北柳河社柳河庄，连万行庵、元帝庙、药王庙，原共有香火地一顷。

福寿庵，在北柳河社高各庄，原有香火地五亩。

祥光庵，在桥头社安机寨，原有香火地八亩。

善庆庵，在桥头社王家河，原有香火地六亩。

吉祥庵，在长春社范家庄，原有香火地十亩。

三教庵，在长春社鲁家庄，原有香火地三十亩。

水月庵，一在稻地镇。

观音庵，一在稻地镇。一在长港社小营庄。一在柳河庄，原有香火地五十亩。

延寿庵，一在长春社望马台。

崇兴庵，在长春社付家庄。

——光绪《滦州志》

观

道士居观，为方外通例。滦境道士，散居寺庙。以庙产多归学欵，故近今止有糊口之田。全境道士，不过十余人。其功课略同浮屠氏。又有龙门火居道，分驻开平南五里屯、茨榆坨、养马庄、石佛口等处，共五十人。

——《滦县志》

朝阳观：在县南一百里。

——光绪《丰润县志》

祠

董氏宗祠在县南八十里宋家营。

赵氏宗祠在县南大王庄，国朝进士赵国华建。

卢氏宗祠在县南八十里宋家营。史思培述略：卢氏宗谊最厚，子姓考试皆宗祠给赀。每童试制钱十千，乡试倍之，会试又倍之，捷者各照考赀加给四倍。故其后裔业读既多，赴试尤便，诚大族所宜取法也。

——光绪《遵化州志》

一在山西黎城县，为县令铎公立。

一在江西上犹县，为观察榕公立。

邑乡贤祠

明工部屯田郎中太仆寺卿董永祉位。

湖广江陵县知县董钜位。

——《董氏家谱》

卷之三

职官

封赠

诰敕

职官

按：经国之道，有政与教；作民之官，惟令与师，两相判实，两相维也。而丞、簿、训导等官，邑故全设。有设而旋废者，有废而复设者，繁简因乎地，损益妙乎时也。至于宦迹，实后起之型；武功，为干城之寄，均关治理，乌可忽诸。志职官。

——光绪《丰润县志》

知县

秦汉为县令长，唐为县令，宋为知县事，辽、金为县令，元为县尹，明为知县，本朝因之。旧志于历朝皆缺，金、元仅据碑略举一二，然亦凌乱错简。至明设题名碑记于县治，姓氏始有所考。今仅按群书，摩挲断碣，得若干人，考订核入宦迹。已见于梓者仍其旧。至康熙三十一年以后，《畿辅通志》载名宦罗景沕、黄梦麟、陈恭锡三人，备录以志典型，其余则操月旦于荐绅先生与都人士，未敢妄增一字也。

——光绪《丰润县志》

金

夹谷习捏，承安年间任。

元

张公，名无考。

石抹公，名无考。

杨公，名无考。

以上四人见县治丰润县碑记。

孙庆瑜，至元初年任。

田茂，至元三年任。见丰润县封域碑记。

解思诚，延佑二年任。

刘帖哥，延佑年任。

以上二人见学宫封号碑记。

耿承事，延佑三年任。见学宫创建两庑碑铭序。

明

郑登，山西谡县举人，永乐年任。

宁智，贡生。

郑忞，贡生。

吴昌，贡生，正统年任。

张安，河南襄城县贡生，成化年任。

陈安，山东曲阜县贡生。

陈瓒，山阳县贡生。

薛克训，山东博兴县贡生。

王定，河南钧州举人，成化年任，秉性刚直，不事阴险，均市鬻，禁民奢，首诛不孝，屈服豪强。尤存心于学校，师生禀俸处置得宜，至今传诵。祀名宦。

张表，陕西褒城县进士，弘治九年任。赋性清介，虽胥役无敢索一钱。听讼不尚武健，不率之徒，先为恺且开喻，不悛始绳以法，民皆感悦。祀名宦。

靳宣，山西崞县举人，弘治年任。持心清正，抚字得人，政声籍甚，县治学宫，修饬改观，今犹赖之。祀名宦。

方峤，福建莆田县举人，正德年任。

合澄，山西应州举人，正德年任。事治民安，考绩称最。

张凤，陕西安定县举人，正德年任。廉明有声。

邢良，河南汝阳县举人，正德年任。勤政爱民，加意学校。

张春，山东东平州举人。

燕汝孝，陕西咸宁县贡生。

罗绘，山东新春县举人，嘉靖三年任。平易近民，清廉强干，救灾恤患，当道异之。至于爱礼儒绅，赈贫周乏，至今犹思慕焉。祀名宦。

张瓛，陕西文县贡生，嘉靖五年任。

王自周，河南汤阴县举人，嘉靖十年任。

冉崇儒，河南中牟县举人，嘉靖十三年任。政平讼简，人共宜之。

乔迁，山西洪洞县举人，嘉靖十五年任。治事严明，吏民畏服。升户部主事。

刘佐，山东恩县贡生，嘉靖二十一年任。性情而操守甚严，政平而人心咸悦。

高宪，山西广昌县举人，嘉靖二十三年任。政尚宽平，人怀德量。

王献可，山东武城县贡生，嘉靖二十五年任。清慎和平，与民相安。

时凤，山西沁州贡生，嘉靖二十七年任，才长力毅，公正不挠。

朱泗，河南郾城县贡生，嘉靖三十五年任，加意学校，始终如一。

曹光祖，陕西临潼县举人，嘉靖三十六年任。恩威并行，政教兼举。

阴汝相，河南溱县贡生，嘉靖三十七年任。

冯珍，山西蒲州举人，嘉靖三十八年任，刚能制奸，敏能集事，恢廓县治，修葺学宫。

汪翰，山西潞安县举人，嘉靖四十年任。

陈镛，山东濮州贡生，嘉靖四十一年任。

明奇，江南桃源县贡生，嘉靖四十二年任。

罗许，河南永宁县人举人，嘉靖四十三年任。博学能文，人安政举。

伍希德，江西南昌县举人，嘉靖四十三年任。裁节里甲，明罚敕法。

张九苞，山东朝城县举人，嘉靖四十四年任。

冯如圭，山东曹州贡生，隆庆元年任。梁有县鱼，案无留牍。

王纳言，江南武进县进士，隆庆二年任。整饬功多，百废俱举，与邑绅谷九鼎始辑县志。

余乾亨，浙江遂安县举人，隆庆三年任。

张车，陕西长安县举人，隆庆五年任。

李嘉宾，贵州举人，万历元年任。

宁笏，河南内县举人，万历二年任，调抚宁县升陕西商州知州。

高应莺，山东黄县举人，万历四年任。

王遴臣，陕西保安县举人，万历五年任。

唐思周，山西长治县举人，万历八年任，调清涧县。

都维新，河南祥符县举人，万历十一年任。

陆楷，浙江崇德县（今石门县）举人，万历十六年任。拔士课文，决张维则，必售榜发果捷。

钱守鲁，浙江会稽县举人，万历二十年任。

李应聘，陕西乾州举人，万历二十四年任。

王用恩，陕西汉阴县贡生，万历二十八年任。

李为梁，四川江津县进士，万历三十一年任。

刘维忠，湖广石首县进士，万历三十六年任。

刘宪，云南临安衙举人，万历三十八年任。

陈如锦，河南举人，万历年任。雅意作人，创捐学田，今之所存，其留贻也。先是教军场在学宫之右，公精于地理，谓不利人文，移改城西，嗣是科第不绝。虽性刚政猛要，不失为古之遗爱矣。祀名宦。

齐君荣，山东进士，升户部主事。

李文林，山东平度州举人，升通判。事迹旧志不载，祀名宦。

张杰，山西进士，岁饥赈济，全活甚多。

黄良印，事迹旧志不载。《畿辅通志》：县东门外有黄公祠。祀知县黄良胤，今祀名宦。

单明诩，山东即墨县进士，后升顺天巡抚。

史应聘，河南河内县进士，天启六年任。

胡永清，浙江举人，崇祯二年任。行取工部主事。

相大成，事迹旧志不载。祀名宦。

蒲日华，四川贡生，崇祯七年任。

李重镇，河南虞城县人，崇祯八年任。实心会事，摒斥浮华，宏奖风流，精于鉴别，季考取生童各五人。后朱治泰、谷秉谦举人，韩祥、曹鼎望，进士，艺林传为佳话。时寇盗充斥，城垣倾颓，督增五尺，旋以事去。识者惜之。

阴鹤鸣，陕西耀州举人。

朱鼎淦，山西大同府人，崇祯十五年任。行取刑部主事。

吕应夏，山东贡生。

国朝

王嘉椿，顺治元年任，本县主簿升。

赵登高，（旧志高字讹科，今按墓碑改正），盛京人，顺治二年任。草昧初定，盗贼肆行，公擒贼数人系狱，贼纠党劫之，公力斗而死，葬东郊北，原有碑，谨记姓名。祀名宦。

林长春，盛京贡生，顺治二年任。

张翀，山西进士，顺治三年任。

张九嶷，江南进士，顺治三年任。

吴执忠，盛京人，顺治四年任。德可宜民，才堪适应。葺县治，修学宫，司牧之良也。但为群小所误，改亩贻害，白璧微瑕，君子惜之。

顾君锡，浙江仁和县贡生，顺治九年任。学富才优，游刃有余，能知人善任，鉴别臧否。值岁荒，煮粥济饥于西关。

李尔蕙，山西代州人贡生，顺治十一年任。才能适应，勇敢有为。岁乙未，京东多盗，白昼劫城市，侍卫率禁旅剿之。公闻命即具牛酒犒于境，随之行，分别良莠，全活甚众。司空遣官查花石，将辇之京。公以前朝弃物为解，事遂寝。升巩昌郡丞，去之日，泣送者载道。

靖乃猷，湖广黄冈县贡生，顺治十四年任。

沈令式，浙江海盐县进士，顺治十五年任。规模整饬，风度端凝，精于算法，吏不敢欺。最恶投缳，概不受理。死者绝少，历升刑部主事、广东学道。

王孙绳，江南通州贡生，顺治十六年任。

武裕文，河南贡生，康熙二年任。清慎和谨，民颂其德。

高良弼，山西垣曲县贡生，康熙二年任。清介公明。升河南禹州知州。

曾大升，福建侯官县举人，康熙八年任。风流儒雅，和气迎人，投烦遗钜，处之裕如。迁宛平县。

张如骞，江南当涂县进士，康熙十一年任。秉性清介，与民相安，开馆修志，所费不赀，后以艰去未刻。

尚大发，山东莱州进士，升蔚州知州。

金应隆，盛京人。

王绪禹，盛京人。

孙星，进士，康熙二十三年任国。慈祥爱民，清廉谨厚。

罗景泐，江西泰和县贡生，康熙二十九年任。倜傥磊落，不拘小节，案牍片言立决，无不批隙导窾。每下乡，则携案卷随行左右，指数开说，无不悦服。至社庙听讼外，每集父老子弟，训以做人居家大义，有投牒者即为判之。县署之清，几如水焉。暇则登临啸咏，集邑之名人逸士，分韵赋诗，数百言立就，其政绩之可纪者，如灶户旧有边布之征，地即被圈，折征如故。履任后具详上官，摊入地粮项下，穷民得免追呼。县多公费，如运粮车辆，喂马草束，旧皆按里分派，公捐俸支给，不以累民。谙练河务，开挖有方，优礼生儒，卷不去手。延邑绅曹鼎望商榷前令张公县志草本，纂辑授梓，今所存十一于千百者，其留贻也。祀名宦。

王之勋，陕西鄠县人，癸卯举人，康熙三十七年五月任。

陈九鹏，镶黄旗人，古北口同知，康熙三十九年四月署。

杨棠，四川万县人，甲戌进士，康熙四十二年十一月署。风度凝远，洒然尘外。官顺义县，摄丰篆。顺瘠而丰沃，人咸谓收之桑榆矣。到官以后，一切陋规毫不入手，亦不详革沽名。轻骑往过数月之后，萧然屡空，了不为意。

王梦麟，贵州平越县举人，康熙四十三年任。性耿介，举动端严。革除重耗杂派，严治豪强积盗，听断廉明，门无私谒，吏民爱之如慈父母。捕蝗遍历郊野，境不为灾。岁亢旱，身率士庶，蓬跣叩祷赤日中，甘雨大霈。以忧归，三子一仆策蹇就道，行李萧然。长子士俊在籍，鬻产只身来迎于磁州，启橐仅存白镪四金。闻者咸叹息，为不可多得。祀名宦。

李新德，正黄旗人，北路同知，康熙四十六年七月署。

沈琢，湖广临湘县人，丁卯举人，康熙四十七年十二月任。

沈中桂，江南青浦县人，玉田县知县，康熙四十八年十二月署。

许愫，河南睢州人，庚辰进士，康熙四十九年五月任。居官不立崖岸，恂恂若儒生，而利害之际，则凛然不可动摇，勤于民事，政清讼理。

秦国辅，正黄旗人，荫监生，康熙四十九年十一月署。

孔毓仪，江南高淳县人，癸未进士，康熙五十年四月任。

马兆辰，浙江山阴县人，南路同知，康熙五十二年十二月署。

方梨如，浙江淳安县人，丙戌进士，康熙五十三年六月任。制义得金，子骏支流，吐弃一切，卓然成家。喜晋人清谈，一时名流如何屺瞻、储六雅皆至止焉。而吏治非所长，旋夺职去。乾隆年间举博学鸿辞，格于吏议报罢。

王之琦，浙江山阴县人，通州知州，康熙五十五年七月署。

陈恭锡，贵州普安县人，巳卯举人，康熙五十五年十一月任。明年岁饥，赈贷有方，查革里胥浮冒之弊。邑河淤塞，捐资开浚，自张各庄至丰台镇三十里，咸得疏通，民获其利，至今颂之。祀名宦。

赵松，陕西肤施县人，蓟州知州，康熙六十年三月署。

张正乾，正蓝旗人，八品笔贴式，康熙六十年十二月任。

张楷，江宁县贡生，雍正五年十二月任，才情干练，力除积蠹，钻营者无隙可乘，强梁者望而俯首。

王铨，山西洪洞县人，辛卯举人，雍正六年九月署。

马尔栋，陕西永昌县人，癸巳举人，雍正六年十一月任。

金昌世，浙江山阴县人，甲辰进士，雍正八年五月署。

周传昌，江西南丰县人，甲辰进士，雍正八年八月任。

吴璪，江南全椒县人，贡生，雍正十一年十月任。

杨大崑，山东历城县人，乾隆二年十二月任。

薛天培，云南人，乙未进士，乾隆二年六月署。事无大小皆亲决，性既和平，事又果断，尘杂钜案，无不条分缕析，各得其所。昔任未久，以忧去职。

李廷桂，河南汲县人，贡生，乾隆四年五月署。醇厚有才，邑有世族，为豪仆所压，公请托谢绝，卒直其狱。

徐崇熙，浙江西安县人，丙辰进士，乾隆四年十二月任。

张镇，山东海丰县监生，乾隆七年六月署。

彭月孙，江南溧阳县人，庚子举人，乾隆七年十月任。

唐倚衡，江南江都县人，丙辰举人，乾隆十年六月署。

许煓，安徽歙县监生，乾隆十年十一月任。

高积厚，浙江钱塘县监生，玉田县知县，乾隆十四年三月署。

姜之瑜，浙江山阴县附监生，乾隆十四年九月任。

马国錞，陕西绥德州人，江南江宁县籍，乾隆十六年三月署。

陈文言，奉天承德县人，丁酉举人，乾隆十六年九月任，升江南无为州知州。

孙联捷，陕西富平县人，己酉举人，乾隆十八年五月署。

吴慎，四川夹江人，丙辰进士，乾隆十八年十月任。关心民瘼，百废俱兴，延绅衿纂辑县志，一邑掌故昭然若揭，惜在任未久，士民系去后思焉。

申澍，陕西三原县癸卯举人，乾隆二十年署。

马绥，山西介休县人，壬戌进士，乾隆二十六年任。

章廷杞，乾隆二十九年任。

吴龙光，乾隆三十年任。

邹士诚，乾隆三十七年任。

何思温，山西灵石县人，乾隆四十年任。

何道榜，乾隆四十年任。

潘应椿，乾隆四十四年任。

沈振鹏，乾隆五十年任。

沈赤然，武林进士，乾隆五十一年任。

程起鹏，乾隆年任。

袁惟清，嘉庆年任，名失考。

毕裕曾，嘉庆年十二年任。

杜怀英，进士，嘉庆二十二年任。

高牧，道光二年任。

刘大均，山东邱县附贡，道光二年任。

傅以纳，湖北江夏县人，由议叙加捐，道光四年署。

傅潢，贵州贵筑县进士，道光四年任。

李景岱，山东邹平县举人，道光五年署。

欧声振，云南拔贡，道光六年任。

冯化龙，四川贡生，道光六年代理。

熊炳离，江南新昌县进士，道光七年代理。

王仲槐，河南滑县进士，道光七年任。慈惠爱民，扶持文教。邑南街旧有浭阳书院废为射圃，下车后即首捐廉俸，为绅富先，买置房田，设书院于东街。延名师，优给诸生膏火，文风为之大振。又预防凶荒，建仓积谷，今韩城犹有遗碑可考。后升定州牧。

彭玉雯，江西宁都州举人，道光十年任。

曹谨，举人，道光十二年任，时岁歉，米价腾贵，左家务镇有无赖谋为均粮，公侦知之，将倡首者置于法，民获安堵。

冀洪，拔贡，道光十二年。

徐桂，监生，道光十二年署。

刘遵海，河南进士，道光十二年任。听断明决，民颂神君，虽催科稍严，为累焉。

杨夔生，由供事议叙，道光十五年署。

许瀚，江西副榜，道光十七年任。续捐书院，增诸生膏炎，文风由兹益振。后以用法峻厉，被议去官。

刘煦，山西赵城县人、拔贡，道光二十年署。才足有为，案无积牍。

易炳晃，进士，道光二十年署，二十七年任。修筑炮台，海防出力。

桂超万，安徽贵池县进士，道光二十一年任。风度端凝，才优守卓。

郭宝勋，四川举人，道光二十三年任。

刘衡，举人，道光二十六年署。

何辉绶，山西灵石县进士，由给练外任河道左迁。道光二十八年署。

宋复新，河南林县举人，道光二十九年任。

上官懋本，福建光泽县举人，道光三十年署。

汤振畿，广东茂名县举人，咸丰元年任。

张维型，山东昌邑县人，由未入流荐升，咸丰四年署。

刘镇冈，河南举人，咸丰五年任。

夏献烈，进士，咸丰六年任。捕蝗出力，岁不为灾。

邓春林，四川彭县举人，咸丰六年署。

童元音，江西南昌府举人，咸丰七年署。

徐綖，江苏吴县监生，咸丰八年署，同治二年任。缉捕勤明，盗贼屏迹，严禁赌博，犯者惩。

毕世榕，山东文登县附贡，咸丰十年署。

龚焕，江苏金匮县监生，同治元年署。

杨中桂，山西丙午解元，同治三年署。甫下车即问闾间疾苦，取士具真，鉴执法严，势利家罔，敢干以私。未几，调补枣强，以母忧未赴，卒于津门。

彭载恩，江西宁都州监生，同治四年署，六年任。

朱立纲，浙江归安县人，同治五年署。

全永佐，湖南保靖县拔贡，同治十年代理。

崧翰，镶蓝旗满洲附生，同治十年署。精明练达，片言决狱。

谌命年，江南上元进士，同治十一年任。优待文人，怜悯孤苦，如为老生增膏火，为贫民增留养之需，书院暨留养局皆有碑可考焉。

徐庆铨，浙江仁和县附贡，光绪六年署。

吴积銁，浙江钱塘县俏监生，光绪七年任。实心任事，请托不行。

夏子鎏，江苏江阴县附生，光绪八年玉田兼摄。

牛昶煦，河南唐县贡生，光绪八年署。练达勤明，士民戴之。

郝增祜，奉天锦县附贡，光绪十年任。

张彭龄，奉天锦县拔贡，光绪十二年署。

周晋堃，江苏上海县进士，光绪十二年十一月以玉田县兼摄，十三年八月任。

——光绪《丰润县志》

主簿

辽、金、元皆设。至崇祯十七年裁。本朝雍正五年复设。

元

牛公，名无考。范公，名无考。俱至元年任。

钱永昶，李佑，俱至元年任。

不花，帖木儿不花，俱延佑年任。

赵公，名无考。

只儿瓦

反进义

以上二人俱延佑年任。见学官《创建两庑碑铭序》。

明

窦钦，山东齐东县监生。廉谨爱民，催科不扰，升户部主事。祀名宦。

武宣，成化年任。

冯琰

王进，山东利津县吏员。

商金，弘治年任。

谢铭

文清

董秀，陕西乾州人，监生。

范继宗

陈茂，正德年任。

师儒，山东东阿县人。

张增

高寿，山东莘县人。监生。

宋广

李文秀，山西闻喜县监生。

李祥

王瑾，陕西耀州监生。

沈绍宗，山东莘县人。嘉靖年任。

刘鑰，山东高密县人。

王蒸，河南耀县人，监生。

陈仲宿，山东恩县吏员。

陈珪，山西阳曲县人。

贾廷相，山西解州人。

阎子臣，山东濮州人。

任世富，山西长子县监生。

高仲，山东高唐州人，监生。

阳仲纪，陕西人，监生。

孙希鲁，河南人，吏员。

扯怀贤，山东汶上县贡生。

张从龙，山东临清州贡生。博学多闻，长于词赋。

李仲富，山东茌平县吏员。

李地，山东阳谷县监生。隆庆二年任。

李腾蛟，山东单县监生，隆庆四年任。

李节，辽东定辽卫监生，隆庆五年任。

韩勋，河南监生，万历元年任。

左虞，宁波府监生，万历三年任。

何出图，河南贡生，万历六年任。

张惟忠，山东监生，万历十一年任。

刘大伦，辽东监生，万历十四年任。

黄观易，湖广监生，万历十七年任。

王一大，山西贡生，万历二十一年任。

张汝显，江南监生，万历二十五年任。
李良彝，江南监生，万历二十六年任。
孙顺，河南贡生，万历二十九年任。
王襄，山东贡生，万历三十一年任。
冯大臣，浙江人，吏员。万历三十二年任。
朱光辉，江西人，吏员。万历三十六年任。
张文族，山东监生，万历三十八年任。
宋国祯
叶汝寿
曹文彬
王嘉椿，崇祯十七年任。缺自此裁。

国朝

蔡亨宜，福建龙溪县人，雍正五年闰三月任。缺自此复。
黄保世，山东即墨县人，雍正十三年九月任。
汪培，浙江萧山县人，乾隆四年十一月任。
李凤卜，直隶宝坻县人，乾隆七年七月任。升真定县县丞。
江志观，浙江去钱塘县人，乾隆十八年九月任。
洪尚仪，安徽祁门县监生，道光十五年任。
陆祥保，江苏元和县监生，道光二十九年任。
彭良臣，江西庐陵县监生，道光三十年署。
徐麟，浙江平湖县监生，道光三十年任。
陈枫，浙江山阴县监生，道光三十年任。
宋鼎祥，江苏长洲县监生，咸丰四年署。
胡世华，江苏青浦县监生，咸丰五年任。
王宗沂，浙江山阴县监生，咸丰五年署。
张鸿馨，监生，同治五年任。
卢正熙，江西武宁县监生。同治六年任。

方志勤，监生，同治八年署。

庞德沄，监生，同治八年署。

阎知年，山东保德县监生，同治九年任。

张守谔，山东海丰县监生，同治十年任。

典史

辽、金设尉，主巡捕事。元设尉一员，兼设典史二员。明裁尉，设典史一员。本朝因之。

元

李祀，至元三年任。见《丰润县封域碑记》。

赵德明，至元七年任。见县治《丰润县碑记》。

明

吕复，河南获嘉县监生，永乐年任。才干有余，操持不懈，保升工部郎中。祀名宦。

许斌

徐志，成化年任。

王琳，弘治年任。

李嵩

于惠，陕西人，正德年任。

程霓，山东人。

戚鸾，江南人，嘉靖年任。

刘润，江西人。

张希祐，山东人。

韩汝宁，陕西人。

郑廷选

桑朝用

杨栋

饶秀

梁正，陕西人。

陈谟

李丞业

费凤，江南人。

吕子贤，江南人，隆庆二年任。

安文楷，浙江人，隆庆五年任。

邹国亨，河南人，万历元年任。

张文渊，江西人，万历三年任。

吴松，万历五年任。

唐良臣，江西人，万历六年任。

刘章，山西人，万历十一年任。

龚侃，江西人，万历十四年任。

项坤，浙江人，万历十八年任。

陈彬，万历二十二年任。

冷兆元，万历二十三年任。

刘穆，万历二十五年任。

张元李，万历三十年任。

苏应秋，万历三十一年任。

葛延，万历三十四年任。

曹廷琏，万历三十七年任。

李舒时，万历三十九年任。

施一麟，浙江人。

路自纯，陕西人。

金著光，浙江人。

孙好学，浙江人。

蘧光前，陕西人。

国朝

李暹，浙江人，顺治年任。

江赞，湖广人，升巡检。

田守郡，陕西人，康熙年任，升巡检。

李桂芳，淮安人。

杨枝，陕西人，康熙十二年任。

张文远，浙江人。

刘君用

赵鼒

诸元鼎

赵惟忠

金德桂，浙江永康人，康熙三十年三月任。

王惟乾，浙江山阴县人，康熙三十三年十二月任。

任伊卫，浙江萧山县人，康熙三十六年闰三月任。

王国祯，河南封丘县人，康熙三十七年九月任。

范宗铭，山西翼城县人，康熙四十三年八月署。

陈抒，山东鱼台县人，康熙四十三年八月任。

王仁政，陕西富平县人，康熙五十六年三月任。

陈廷扬，浙江余姚县人，雍正二年八月署。

董巩，河南确山县人，雍正四年十一月任。

叶思敬，浙江会稽县人，雍正八年任。

余拔，浙江山阴县人，雍正十二年三月任。

陈宽亮，浙江会稽县人，乾隆元年八月任。

周嘉露，顺天府大兴县人，乾隆七年十二月署。

殷玉振，河南获嘉县人，乾隆八年七月任。

吴一峰，江西乐平县监生，乾隆十七年正月任。

白世禄，乾隆十七年任。和不伤雅，勤不惮劳，助修邑志，士民德之。

朱涵，乾隆四十四年任。

俞涵，乾隆五十年任。

程公，道光年任。名失考。

孙建标，浙江会稽县人，由吏员道光七年署。

李应华，江西庐陵县人，由供事道光年署。

归淦，江苏常熟县监生，道光二十四年任。

潘珍，迪化州人，由新疆吏员咸丰元年任。在官勤慎，丰仪闲雅，时与邑人士诗酒往来，扫除俗吏习气。

朱光恒，江苏吴县监生，咸丰四年署。

吴湘，咸丰四年任。

胡钟鉴，浙江会稽县监生，咸丰六年署。

袁庭和，贵州贵筑县监生，咸丰八年任。

王振基，浙江山阴县监生，咸丰十年署。

童景春，同治二年任。

郭维新，山西孝义县附生，同治四年署。

萧世霖，同治四年任。

车德符，同治六年署。

马光瀛，江西监生，同治六年任。性情质实，与人和厚，虽一行作吏，而公余雅好吟咏，有文人学士之风。

汪如筠，江西监生，光绪八年署。

辅廷，旗籍，光绪八年署。

韩凤翮，奉天锦县附生，光绪九年任。

沈贻桂，浙江监生，光绪十年署。

葛其寿，安徽怀宁监生，光绪十年任。

教谕

《辽·百官志》列博士、助教二员。金、元史不载，无考。然检查元碑得二人焉。或曰教谕，或曰学官。明设教谕一员。本朝因之。

——光绪《丰润县志》

元

武起宗，至元三年任。见《丰润县封域碑记》。

杨齐贤，延佑年任。见学宫《创建两庑碑铭序》。

明

王仲，山东德州举人，成化年任。

王聪，贡生。

刘宁，贡生。

邵珏，山东德州贡生，弘治年任。

杜诰，山东即墨县举人，弘治年任。道足正传，德足表物，文足崇雅黜浮，尝典云贵。

文衡，处师生有恩义，至今传诵。祀名宦。

李云，山东人，贡生，正德年任。

武宁，河南人，贡生。

薛瑰，直隶东安县贡生，正德年任。勤教化，肃规矩，修整学宫，至今赖之。祀名宦。

胡体乾，福建人，贡生。嘉靖年任。

蔡麟

王祚，山东乐陵县贡生，嘉靖年任。诚于事母，举足不忘，不受生徒修脯，始终莫渝。所得俸资，每周贫乏，抚按以孝廉闻，以内艰去。祀名宦。

陈凿，安徽当涂县贡生，嘉靖年任。学行兼优，训课有方。祀名臣。

武邦翰，陕西人，贡生，升定州学正。

杨方中，山西贡生。

郜汉卿，山西贡生。

赵佩

李志学，陕西贡生，隆庆三年任。

邱立朝，辽东人，隆庆六年任。

金明汉，贵州举人，万历三年任。

姚良能，山西人，万历五年任。升陕西学正。

马禄，直隶天津人，万历六年任。

周道，山东人，万历九年任。

曹用行，山东人，万历十二年任。

张获吉，陕西举人，万历十四年任。

程景伊，江西举人，万历十七年任。

焦希光，赵州人，万历二十一年任。

蒋守戬，广西举人，万历二十九年任。

李树馨，四川举人，万历三十二年任。

施澄，辽东人，万历三十三年任。

蔡志学，昌黎县任，万历三十六年任。

杨宏备，江西举人，万历三十八年任。中丙辰会魁，殿试二甲一名，官至布政。

李不伐，山东举人，万历四十四年任。

郭相，四川举人，万历四十六年任。

张席珍，直隶滦城人，天启元年任。

杨秉禄，贵州举人，天启五年任。

邵象鼎，贵州举人，崇祯元年任。

盛朝臣，云南举人，崇祯七年任。

雷翀，举人。

高登庸，辽东贡生，累官顺广道。

张联标，玉田县举人，升知县。

国朝

刘云鹤，盛京贡生。顺治年任。

李变，贡生。

彭应聘，藁城人，贡生。

吴允升，盛京举人，后中进士。

刘其化，晋州副榜贡生，升兵马副使。

蔡元宁，龙门所贡生。

刘光谟，康熙年任。

刘世芳，景州举人，升国子监学正。

姬洪基，安州贡生，康熙十三年任。

辛禹昆，新城县举人，后中进士。

臧际昌，宁津县举人，康熙二十一年任。

贾二酉，祁州举人，康熙三十年任。

王彤元，武邑县举人，康熙五十一年三月任。

张其昌，鸡泽县举人，康熙五十六年九月任。

倪运惠，盛京锦县举人，雍正四年十一月任。

马任，雄县举人，雍正十年三月任。

夏时雍，正红旗进士，乾隆二年十月任。

高宏裁，昌黎举人，安徽南陵县知县降补。乾隆九年十一月任。醇谨和雅，卷轴之气盎然，人咸谓：不愧司铎之任云。

丁灏，大兴举人，乾隆二十九年任。

田营，乾隆四十四年任。

傅金铎，乾隆五十年任。

陈云，嘉庆十九年任。

刘荫庭，嘉庆二十二年任。

刘奕华，道光六年任。

尹同本，道光二十一年任。

李云光，道光二十年署。

刘桂芳，道光二十八年任。

王海春，廪贡，咸丰三年署。

李嘉勋，宣化府举人，咸丰三年任。

王炳勋，滦州举人，同治四年署。

常庆，韩姓，屯居，汉军旗举人，同治五年任。见淑德传。

田松，副贡，光绪元年署。

邹延翰，天津县举人，光绪元年任。

训导

明设训导二员，裁其一，后仍复。本朝设训导一员，裁，旋复。

明

许聚，河南灵宝县贡生，成化年任。学问优长，敦化厚俗，严课诸生，毫发不苟。祀名宦。子进士至吏部尚书，入阁；孙瓒仕至礼部尚书，如阁；论仕至兵部尚书。

张聪，成化年任。

王钺，山西应州人。

张秀

王德明

王鉴，山西聊城县贡生，成化年任。和厚可亲，恭俭为德，教人先礼义而后文艺。祀名宦。子禄官至御史。

王镕

刘需

赵芳，弘治年任。

张鉴

王谦，江南山阳县人。

罗琦，山东高密县人。

李懦绅，河南汝阳县人。

盛琦，山东人，正德年任。

张孔道，山东人。

武威，河南人。

杜桂林，河南人。

李良，山东人。

夏铤

邹世才，山东人，嘉靖年任。

董友谅，山东人。

牛棋枢

刘诏，河南人。

牛山

徐衍泽

王泮，山东人。

杨濬，山西人。

周銮，浙江人。

司空，山西人。

赵琛，陕西人。

马卿

杨献章

李友德，陕西人。

王谟，山西人，隆庆年任。

王钥，山东人。

陈士华，山东人。

王朝爱，直隶人，隆庆六年任。

张从师，直隶人，万历三年任。

赵洋，直隶人，万历五年任。

赵应宿，直隶人，万历七年任。

冯国贤

白相，陕西人，万历十七年任。

陈学诗，安州人，万历二十二年任。

乔思乐，内丘县人，万历二十五年任。

高士元，浙江人，万历二十六年任。

张应奎，保安州人，万历三十一年任。

张国祥，昌黎县人，万历三十四年任。

刘爕，辽东人，万历四十年任。

花渟，新安县人，贡生，万历四十八年任。禔躬教士，望重儒林，升山东莱州府教授。

刘克勤，山海卫贡生，天启年任。

张文运，真定府人，崇祯五年任。

张希载，天津卫拔贡生，崇祯七年任。

孙允升，阜平县岁贡生，崇祯十年任。

刘云鹤，山海卫人，崇祯十五年任。

国朝

隗公征，顺治年任。

左显祖，河间府岁贡生，顺治九年任。

回趋圣，青县岁贡生，顺治十五年任。

吴渠，怀来卫岁贡生，康熙三年任。

骆在中，任县岁贡生，康熙十九年任。

朱同晖，天津卫岁贡生，康熙三十二年任。

铁可智，盛京承德县岁贡生，康熙三十六年三月任。

张昊，保定卫岁贡生，康熙四十四年四月任。

魏溉，柏乡县贡生，康熙五十五年闰三月任。

王金声，南宫县岁贡生，雍正四年三月任。

王雍，通州岁贡生，雍正五年七月任。

温成杰，奉天宁远州岁贡生，雍正十三年三月任。

苏时瑞，清苑县岁贡生，乾隆二年十一月任。

席仲琰，南乐县岁贡生，乾隆五年九月任。

樊显祖，魏县岁贡生，乾隆九年六月任。

张九聘，沙河县岁贡生，乾隆十九年闰四月任。

王德佩，乾隆二十九年任。

常住，乾隆四十四年任。

张眉峰，嘉庆二十二年任。

张铭新

周桂林，衡水县廪贡生，道光七年署。

杜清远，滦州廪贡生，道光七年任。

高克均，蓟州举人，道光十五年署。

张有章，沧州举人，道光十五年任。

张师渠，道光年任。

俞恒淳，大兴县举人，道光二十三年任。

谢开祥，天津县举人，咸丰元年任。

李鹏展，奉天优贡，咸丰二年任。

轧奉銮，字灵峰，顺天宛平县增贡生，咸丰五年任。性直易，好诱掖后进，监书院持规严肃，凡遇课期扃门面试，廿余年无倦息，肄业者严惮之。复捐修考试桌凳若干存学，派董事人经理，历年修补，以垂久远。邑人士颂以“嘉惠文坛”“大雅扶轮”匾额。

姚振铎，通州举人，光绪四年署。

侯受坤，字秀峰，静海县岁贡生，光绪四年任。

知州

明

洪武

李益谦监生，山东德州人，三年任。

刘政，举人，江西南昌人，十年任。

谈辉，监生，南直隶华亭人，十六年任。

永乐

卢聪，监生，南直隶颖州人，七年任。

何敏，监生，四川新都人，十一年任。

张敬，监生，山西阳曲人，十三年任。

王务信，举人，南直隶贵池人，十五年任。

陶安，举人，南直隶常熟人，十七年任。

宣德

李宁，进士，广东南海人，六年任。

正统

刘弁，监生，山西大同人，五年任。

稽昭，进士，南直隶昆山人，九年任。

郭泰，举人，陕西延安人，十二年任。

景泰

蔡頵，举人，福建长泰人，六年任。

天顺

尤瓛，进士，南直隶武进人，元年任。

郑鼐，进士，南直隶武进人，六年任。

成化

李端，进士，湖广兴宁人，三年任。

薛禳，举人，浙江鄞县人，七年任。

扬鼐，进士，江西南昌人，十五年任。

李智，举人，山东曹县人，二十一年任。

潘龄，举人，南直隶嘉定人，二十三年任。

弘治

吕镃，举人，山东郓城人，十年任。

江晓，举人，南直隶六安人，十三年任。

曹宗琏，举人，河南郑州人，十八年任。

正德

王溥，举人，山东海丰人，按王溥旧志佚，省志列在李伟之前，云正德年任，兹依次补入。

李伟，举人，江西丰城人，五年任。

陈溥，举人，江西乐安人，九年任。

彭璘，举人，甘肃兰州人，十一年任。

高堂，举人，陕西米脂人，十四年任。

嘉靖

张守，举人，陕西泾阳人，三年任。

张国维，进士，南直隶定远人，三年任。

赵叶，进士，浙江东阳人，七年任。

魏谧，举人，河南汝宁人，十年任。

刘体元，进士，广东南海人，十年任。

周佐，进士，江西永丰人，十四年任。

陈道，举人，山东陵县人，十四年任。

曾梦祺，十五年任。

卢杰，举人，山东商河人，十五年任。

徐桢，进士，南直隶长州人，十九年任。

张士俨，举人，四川内江人，二十年任。

陈士元，进士，湖广应城人，二十四年任。

张璜，举人，山东海丰人，二十八年任。

王家士，举人，河南光山人，三十年任。

董宗舒，举人，河南光山人，三十五年任。

孟鹏年，举人，河南洛阳人，四十年任。

韩应春，举人，山东人茌平人，四十一年任。

刘节，四十二年任。

李成，举人，湖广江陵人，十二年任。

隆庆

崔柄，举人，河南永宁人，三年任。按："柄"府志作炳。

刘欲仁，举人，河南陈留人，四年任。

万历

严守约，举人，直隶顺德人，元年任。

邢子深，举人，陕西南郑人，二年任。

周五凤，举人，四川富顺人，五年任。

吴敬夫，举人，浙江余姚人，五年任。

郑琉，举人，湖北石首人，七年任。

陆从平，进士，南直隶华亭人，十年任。

白应干，举人，山东博兴人，十一年任。

黄景泽，举人，山西襄陵人，十四年任。

张元庆，举人，浙江山阴人，十四年任。

王应选，举人，山东阳谷人，十九年任。

刘从仁，恩贡，山西解州人，二十一年任。

张尧辅，举人，陕西宜川人，二十三年任。

李鸣皋，举人，山东博平人，二十六年任。

赵桐，举人，山西应州人，二十八年任。

何士玮，举人，甘肃陇西人，二十九年任。

孙慈，举人，湖广蕲水人，三十四年任。

林养栋，进士，广东番禺人，三十八任。

李乔岳，举人，陕西南郑人，三十八年任。

周宇，进士，四川成都人，四十二年任。

林应聚，进士，福建漳州人，四十七年任。

天启

胡应聘，举人，河南人，一年任。

吴震元，举人，南直隶太仓人，三年任。

刘绳祖，举人，河南汝宁人，四年任。

罗成功，举人，广东高要人，六年署任。

段耀然，举人，陕西三原人，六年任。

崇祯

杨熑，举人，贵州铜仁人，元年任。

柏之焕，举人，奉天盖州人，三年任。

施镜光，举人，福建人，六年任。

张鸿猷，举人，河南商邱人，七年任。

曹钟庆，举人，河南商邱人，八年任。

辛志谔，拔贡，陕西三原人，九年任。

冯如京，恩贡，山西代州人，十二年任。

王瑞麟，举人，河南人，十五年任。

吴方思，进士，南直隶武进人，十六年任。

清

顺治元年

孙维宁，贡生，山东青城人。

朱伸垚，贡生，陕西人。

顺治二年

郑伸，奉天锦州人。

顺治三年

许安邦，奉天辽阳人。

顺治五年

王光晋，贡生，辽阳人。

顺治七年

傅成勋，辽阳人。

顺治八年

刘大勋，辽阳人。

顺治十年

刘汉杰，辽阳人。

顺治十四年

萧如芝，贡生，辽阳人。

顺治十六年

石鲸，进士，湖南武陵人。

康熙四年

陈钟斗，副榜，福建古田人。

康熙六年

李溉之，荫生，山东长山人。

康熙八年

侯绍岐，贡生，陕西三原人。

康熙九年

潘士俊，荫生，奉天辽阳人。

康熙十年

孙宗元，进士，山东淄川人。

康熙十四年

吴景炜，贡生，山西文水人。

康熙十六年

马如龙，举人，陕西绥德人。

康熙二十年

欧鸿，举人，福建南平人。

康熙二十一年

王奕会，奉天辽阳人。

康熙二十四年

徐原人，荫生，奉天辽阳人。

康熙二十六年

白崇玺，奉天辽阳人。

康熙二十九年

金垣生，奉天辽阳人。

康熙三十七年

韩逢庥，山东青城人。

康熙三十九年

张勿执，贡生，山东昌邑人。

康熙四十九年

刘士琨，贡生，山西安邑人。

康熙五十年

段标麟，举人，云南南宁人。

康熙五十四年

吴肇煌，保举，江南武进人。

雍正元年

朱煌，浙江长兴人。

雍正六年

黄伟，贡生，正白旗汉军。

李馥，贡生，山东乐平人。

雍正七年

刘焜，举人，江南太和人。

胡文伯，贡生，山东奉安人。

乾隆元年

唐士梁，举人，广西临桂人。

乾隆三年

朱煌，再任。

乾隆四年

燕臣仁，进士，河南陕州人。

马兴瑞，山西介休人。

乾隆六年

张嘉成，贡生，浙江海宁人。

乾隆八年

李钟俾，进士，福建安溪人。

乾隆九年

卢见曾，进士，山东德州人。

乾隆十年

胡星，进士，山东高密人。

杨肇焜，浙江仁和人。

乾隆十二年

务廉，镶蓝旗满洲人。

胡星，再任。

乾隆十三年

怀荫布，正黄旗满洲人。

乾隆十四年

景师毅，贡生，山西安邑人。

孙昌鑑，贡生，浙江山阴人。

乾隆十八年

卢炅，籍无考。

申澍，举人，陕西三原人。

乾隆十九年

纳齐图，镶黄旗人。

张正化，山西介休人。

蒋曰杞，江南吴县人。

乾隆二十三年

叶宏图，湖北江夏人。

朱山，进士浙江归安人。

乾隆二十五年

王南珍，福建漳浦人。

乾隆二十九年

萨灵阿，镶黄旗蒙古人。

顾学潮，副榜，江南元和人。

乾隆三十四年

王铭琮，举人，江南上元人。

霍裕铨，贡生，安徽合肥人。

乾隆三十五年

朱克阅，举人，河南嵩县人。

孔傅瀛，廪贡，山东曲阜人。

乾隆三十八年

陶，失名，籍无考。

王述曾，监生，贵州贵阳人。

乾隆三十九年

乔钟吴，籍无考。

王述曾，监生，再任。

乾隆四十三年

王琮，籍无考。

高天凤，监生，江苏人。

蔡熏，监生，四川安岳人。

乾隆四十八年

朱元星，进士，本府摄任，安徽人。

刘树芳，进士，山西平定人。

乾隆五十三年

欧阳泰健，举人，湖南人。

黄开性，监生，湖东桂东人。

乾隆五十七年

金际会，举人，籍无考。

金宝，举人，浙江人。

张健，举人，山西崞县人。

嘉庆二年

彭选，监生，江西人。

嘉庆五年

莫蕃，举人，广东安定人。

嘉庆九年

刘溥，监生，山东人。

嘉庆十年

周景，监生，河南人。

嘉庆十一年

赵灿，举人，山东人。

王余昌，解元，山东人。

丁攀龙，贡生，山西人。

嘉庆十二年

吴士鸿，监生，江苏长洲人。

嘉庆十五年

赵森元，附监，浙江仁和人。

汪洞，监生，浙江秀水人。

朱高槱，举人，安徽全椒人代理。

汪洞，再任。

嘉庆十九年

周德纯，举人，四川人。

嘉庆二十年

郭兴汾，监生，山西太谷人。

盛世绮，供事，浙江秀水人。迁安县兼署。

王仲湘，监生，江苏太湖人。

嘉庆二十二年

杨岳东，进士，山东宁海人，迁安县兼署。

颜樾，附贡，广东连平人。

嘉庆二十四年

陈景登，举人，广西马平人，代理。

沈惇厚，浙江归安人。

阎树，举人，江苏萧县人。

嘉庆二十五年

包旉政，举人，江西南丰人。

陈晋，进士，江苏吴县人。

黄克昌，进士，江苏武进人。

道光元年

傅以纳，议叙，湖北江夏人。

黄克昌，再任。

道光四年

曾豫谦，举人，江苏昭文人，代理。

黄克昌，三任。

道光六年

陈晋，再任。

道光七年

吕治安，举人，江苏阳湖人，代理。

陈晋，三任。

道光十二年

赵廷椿，监生，浙江山阴人，迁安县兼署。

李德，进士，陕西华阴人。

查揆，举人，江苏人。

道光十三年

张槐，监生，浙江钱塘人。

道光十四年

喜禄，进士，满洲人。

道光十六年

刘奋南，拔贡，广东香山人，代理。

喜禄，再任。

道光二十年

广劈，满洲人，代理。

陈嘉谟，监生，浙江钱塘人。

道光二十一年

卢兰馨，监生，安徽无为人。

唐淳，江苏江都人。

石元善，安徽宿松人。

唐淳，再任。

道光二十三年

张佑安，举人，浙江仁和人，代理。

唐淳，再任。

刘衡，举人，湖南善化人，代理。

唐淳，三任。

张佑安，再任。

姜士冠，举人，江苏六合人。

邓廷梅，监生，江苏江宁人。

道光二十五年

陆为棣，监生，江苏元和人。

道光二十六年

恩符，监生，蒙古人。

陆为棣，再任。

道光二十八年

石玢，拔贡，奉天铁岭人，代理。

张佑安，乐亭县兼任。

焦家麟，山东章丘人。

道光三十年

高应元，拔贡，浙江富阳人，代理。

咸丰元年

谢子澄，举人，四川新都人。

焦家麟，再任。

咸丰三年

博德宏武，蒙古人。

觉罗景兰，满洲人。

觉罗贵龄，满洲人。

崇禧，满洲人，以上三任俱代理。

祁之鍱，举人，山西高平人。

咸丰七年

汪桂，监生，浙江桐乡人。

咸丰八年

祁之鍱，再任。

祥瑞，监生，蒙古人。

汪鸣和，监生，江苏人。

咸丰十年

宋炳文，进士，奉天人。

咸丰十一年

陈赞清，监生，山东人。

存禄，进士，蒙古人。

同治元年

祁之鏾，三任。

同治二年

倪人垌，附贡，安徽人。

同治三年

高锡康，举人，江苏泰州人。

同治七年

邓锡恩，监生，四川崇庆人。

同治八年

张士铨，举人，云南人。

同治十年

刘锡谷，举人，山东安邱人。

游智开，举人，湖南新化人。

同治十一年

朱静旬，进士，河南安阳人。

同治十二年

唐世禄，举人，四川中江人。

光绪二年

张承福，监生，浙江山阴人。代理。

郭奇中，监生，安徽合肥人。

光绪五年

董汝缄，举人，安徽合肥人，代理。

韩耀光，进士，山西洪洞人。

光绪九年

郭奇中，再任。

光绪十年

郭东槐，监生，河南武陟人，代理。

郭奇中，三任。

光绪十四年

宫昱，监生，江苏泰州人。

光绪十五年

吴积玺，监生，浙江钱塘人。

光绪十九年

许之轼，监生，浙江钱塘人。

光绪二十年

杨文鼎，举人，云南蒙自人。

光绪二十三年

程熙，举人，安徽含山人。

光绪二十四年

李振鹏，进士，江苏吴县人。

光绪二十八年

朱家宝，进士，云南人。

叶溶光

光绪二十九年

章焘，举人。

光绪三十年

解茂椿，拔贡，代理。

李兆珍，举人，福建长乐人。

光绪三十一年

耿守恩，监生，山东历城人。

光绪三十三年

刘宝泰，监生，安徽歙县人。

光绪三十四年

刘凤鏕，举人，山东福山人。

宣统元年

冯汝骥

宣统二年

卢观渭，代理。

朱佑保

宣统三年

马为瑗

——《滦县志》

封赠

按：子膺显爵，父为匹夫，其可乎？子虽贵，不得爵其亲，然而所愿存焉矣。

王者之以孝治天下也，于是有封有赠，俾之各遂所愿，锡以纶綍，或及身或不及身，荣黼黻而光泉壤，恩王渥也。与斯典者，其何以仰答高厚，勉思报称哉！志封赠。

——光绪《丰润县志》

封赠荫袭两门，本可从删。以政体变更，爵秩已废，无所附丽也。然酬庸之典，体制虽异，而褒扬之美，今古攸同。漫然除去，使旧制无从考较，亦属缺憾。存之以备一格可也。

——《滦县志》

金

王思云，以子信累赠宣武将军。

注：王思云，四王庄人。

——《滦县志》

明

诰封奉政大夫董大纪，以子永祉贵。

诰封承德郎董永佑，以子用极贵。

诰赠镇国将军董迁玺，以曾孙用威贵。

诰赠镇国将军董永禄，以子用威贵。

——光绪《丰润县志》

高吉昌，以子第，赠兵部尚书。

高玉，以孙第，累赠兵部尚书。

高应辰，第子，以父官都御史，荫户部照磨。

高士�，显臣子，以父母官云南知府，殉难，荫绛州知州。

——《滦县志》

国朝

诰封明威将军董澜，以子正斌贵。

诰封明威将军董靖乾，以子正邦贵。

敕封文林郎董纯嘏，以子铣贵。

诰封奉政大夫董涌，以子榕贵。

诰赠中宪大夫董溶，以子世纶贵。

诰赠武愿大夫董纯嘏，以曾孙果贵。

诰赠中宪大夫晋赠武显大夫董铣，以孙果贵。

诰赠中宪大夫晋赠武显大夫董灏，以子果贵。

诰赠朝议大夫董沆，以子柽贵。

诰赠奉政大夫董汤，以孙承煊贵。

诰赠奉政大夫董枢，以子承煊贵。

貤封修职郎董正邡，以子廉贵。

诰赠通奉大夫郑克惠，以曾孙源璹贵。

诰赠通奉大夫郑珣，以孙源璹贵。

诰赠通奉大夫郑见龙，以子源璹贵。

诰赠奉政大夫郑肇埙，以子钰贵。

诰赠奉政大夫郑肇墉，以子之钟贵。

诰封修职郎董尚勋，以子瓒贵。

敕封文林郎郑应澄，以子鼐贵。

诰封中宪大夫郑鸣皋，以子澄贵。

貤封朝议大夫郑澈，以弟澄贵。

诰赠武翼都尉韩珂，以孙积善贵。

诰赠武翼都尉韩景武，以子积善贵。

诰赠中宪大夫卢景清，以子金第贵。

诰赠中议大夫王起相，以子鹭飞贵。

诰赠中议大夫王鹭飞，以子廷相贵。

——光绪《丰润县志》

诰命皇清敕封武功将军连文翠，二品夫人潘太君。

诰命皇清敕封武功将军连杰，二品夫人何太君。

皇清诰封武功将军连茹庆。

皇清诰封武义都尉连佩霖，淑人高太。

——《连氏家族墓碑》

诰敕

董各庄董氏家族

奉天承运，皇帝敕曰：乃者疏大庆于天下，中外臣工咸沾暨之。矧其秩列清班，光予近禁者乎，彝章岂有爱焉！尔文华殿中书舍人董永祉，宏植伟负，雅度冲襟；胄监蜚英，轩墀展彩。而尔出入必慎，禔躬驰敏邵之声，夙夜惟寅；奉职效共靖之节，祈承厥序，休有令闻。是用覃恩，授尔阶征仕郎，锡之敕命。夫黄扉之署，尽称华选，簪笔染翰。昔人每以此流闻于不朽，则今兹非直以假尔明也，尚增修其职，业以永佩夫渥恩。

初任文华殿办事试中书舍人

二任实授今职

敕曰：朕闻贤妇之益，比于友生，则内助之不可已也。矧其赞兹，清班励成雅致者乎！从爵而贵，孰曰不宜。尔文华殿中书舍人董永祉妻张氏，英门美质，喆士好逑，作室惟勤，不替鸣环之儆，亲贤是勖，常师解珮之风。尔夫之出入，彤庭而无滞念也，资尔实多，是用覃恩，封尔为孺人。尔其益饬矜鞶，永延懋誉明纶，殊未艾矣。

敕命

天启四年三月日

之宝

奉天承运，皇帝敕曰：天笃哲人，非崇膴自显庸也。夫以一身，上衍前休，下开令绪，盖有中权之寄焉。尔后选光禄寺署署丞董永佑，乃光禄寺大官署署丞，仍办鸿胪寺鸣赞事董用极之父，家承冠冕之辉，力笃圣贤之学。文章憎命，竟淹子衿之名；松桂遂初，顿高岩谷之贾。而尔恂恂儒者，岳岳道躬风徽，如饮醇醪。月旦称祭酒，虽有喆嗣，为我典仪。兹赠尔为征仕郎，光禄寺大官署署丞。嘉尔缥缃之泽，贲乃蒿壤之光。

敕曰：朕惟醇谨之家，德不厌丰，用不厌啬，盖合中外之精神毕聚于拮据，然后式谷有成，而家肥焉。尔高氏乃光禄寺大官署署丞，仍办鸿胪寺鸣赞事董用极之母，纫兰芳苑，贽枣德闳，调甘穆孝于遵章，赠佩敬共于君子，令德严折爰之教，高风追提汲之贤，同人惠有，必周合息，行无不得。兹用，封尔为太孺人，传芳徽彤管，介戬榖于紫纶。

敕命

天启四年五月日

之宝

奉天承运，皇帝制曰：朕雅慕泰交莹精朝会，乃若正体统肃观瞻，即尔胪臣与而有责焉，果能其官，是用嘉予尔光禄寺大官署署丞，仍办鸿胪寺鸣赞事董用极，威仪棣棣，文质彬彬，升秀贤关，策名近秩。澄叙千官之礼乐，敏办有闻；登崇万国之衣冠，清修无懈。九仪不忒，三署有章，兹以覃叙，授尔阶征仕郎，锡之敕命。夫叔孙通修蕞仪，而天子遂以尊贵，宁知勾陈豹尾间有肃雍乎，尔能既征朕睹矣，尚明习典章以勤官守，朕所觇尔才度者，不独司仪而已也。

初任鸿胪寺序班

二任今职

敕曰：妇人从夫，常劳于御穷，而佚于履贵。岂其今日之疏，荣遽忘昔人之织，素是示天下以薄也。尔光禄寺大官署署丞，仍办鸿胪寺鸣赞事董用极妻孙氏，毓芳名阀，主馈高闳，用瑱为规。克相下帷之业，居丰以约；独存疏布之风，琴瑟中乖。笄珈未逮，朕心恻焉，是赠尔为孺人贲矣，明纶光兹幽穸。

敕曰：人臣供事内庭，夙夜在公，不遑夕庀矣，必有贤媛佐之，管钥疏恩并逮，所以恤臣之私也，尔光禄寺大官署署丞，仍办鸿胪寺鸣赞事董用极继室吴氏，素娴内则，祇绍前徽，度珩璜以示仪躬，釜锜而主馈，尔夫恪职负俎而从王。惟尔持家鸣机，而赞治是用，封尔为孺人。益勤燕儆，祇佩鸿庥。

敕命

天启四年五月日

之宝

奉天承运，皇帝制曰：才略之士，业参帷幄而不及究厥，施其蕴祟之气，必厚乃发于嗣人，以恢其未竟之绪于天。为挹注于人，为留馀幽芳，堪挹壮志，宜酬尔山西北楼口参将、署都督佥事董用威，乃光禄寺珍馐署署丞、仍管鸿胪寺鸣赞事董时熙之父，上将授脤，元戎推谷，传书黄石，受业青缃。邓禹文学，尚或执戈；葛洪书生，且云破贼。藜阳水败官渡，山惊请缨之志，素雄系楫之心。终郁□扬，未展式诒；鹭序休声，鸿曙光昭。益念鹤阴，雅和劝忠广孝，锡类推恩，兹赠尔为勋上轻车都尉昭毅将军。长才而无远驾，以贻后人，后积而自流光，休于前烈。

制曰：妇能从夫，矢节复能迪子，以名家妇道，母仪两见之矣。式谷惟贤握兰，有自劳旌鸿署，光被蘐闱，尔何氏乃光禄寺珍馐署署丞、仍管鸿胪寺鸣赞事董时熙之母，含贞华阀，俪美名英，甘臇惟调，佐二人之色；养藻苹克，宣五夜之勤。劬韶华节，凛如霜共姜比烈；夙夜课勤，茹檗柳母齐芳育。尔凤雏光予鹭序念，厥乌哺锡之鸾章是用，封尔为淑人。戴珈拥茀，锡纶綍以芳新，爰日迎晖，迓慈禧于未艾。

制诰

崇祯元年月日

之宝

奉天承运，皇帝制曰：岩穴砥行之士，幽辉弗耀，而能谷贻厥嗣；俾列侍从而休明，此国典所亟褒也。尔赠征仕郎中书舍人董大纪，乃文华殿中书房办事、工部屯田清吏司郎中永祉之父。赋性真醇，宅衷坦易。秉太和以御物如月如春；仿至德以禔弓，式金式玉。恩推闾里，宏开赒恤之方，身隐衡门实急赴公之义，惟身储庆泽而嗣有宁馨，子之树绩，既彰尔之食禄，宜厚是用，加赠尔为奉政大夫、工部屯田清吏司郎中。德基昌而启后恩，锡类以光前。

制曰：紫薇翻阶，亲切方推乎中秘蘐草，坠地悲号，厘于北堂，故将母抱靡及之感，而体臣有锡类之褒也。尔赠孺人刘氏乃文华殿中书房办事、工部屯田清吏司郎中董永祉之母，衷天植淑德性成勤，劬茂著于闱中，謦欬靡闻于壶外，相夫以义。赀罔靳于推施，爱子之劳教，必先以礼仪有贤，尔胤竖宣綍之声，华丕念厥，兹怆遗杯之手泽，是用加赠尔为宜人。荣名式映于彤纶，宠锡赠辉之元壤。

敕命

崇祯元年三月日

之宝

奉天承运，皇帝制曰：徐坚凤阁之祥，籍色丝纶，张鶱龙缣之香，生光殿陛。秘省虽曰近地，建官尤重得人。尔文华殿中书房办事、工部屯田清吏司郎中董永祉，胸罗黼藻，质比琮璜，骏足骋奇。早擅金台，誉望鸿才。路颖允夸，璧水英贤。虽培风未奋于南溟，而湛露屡承于西署，爰是联班，鳌禁展彩，凤池彻夜。燃藜校文中之鱼豕，对日簪笔，走毫端之蛟螭，咫尺喜近红云衣袖，香惹丹座，即此薇垣之升，秩允并粉署而加崇。是用覃恩，授尔阶奉政大夫，工部屯田清吏司郎中，锡之诰命。尔其恪共濡翰，祗肃抒猷，克宣焕汗之音，懋著辉煌之绩，诞受新命，勿殆前修，钦哉。

初任文华殿办事试中书舍人

二任实授中书舍人

三任今职

制曰：国匪才臣，孰造鹓班之羽，家非淑媛，谁襄凫弋之规。是以锡有六珈，褒兹四德，庶彰而臣绩著也。尔文华殿中书房办事，工部屯田清吏司郎中董永祉妻封孺人张氏，蕙性冲夷，兰心婉嫕，勤机丝而佐阃，俭素可风；躬釜锜以承尊，肃雝有度。追从中秘之署，益征内则之贤，正沛宠纶，褒兹懿德，是用加封尔为宜人，象服永迓于方来，燕誉弥敦于勿替。

敕命

崇祯元年三月日

之宝

奉天承运，皇帝制曰：朕光缵鸿图，懋昭孝治，凡推恩百职，必遡乃谷贻。矧父展采天衢，子翱翔官路，邦家之器，济美后先盖亦鲜矣。爰霈恩纶，以光燕翼。尔都指挥佥事董用威，原任山西太原府掌印都司，封授昭毅将军，乃兴州前屯卫所镇抚散官，今授忠显较尉董时乘之父，识量渊宏，品格冲粹，名高列阃，学窥八面，韬钤望重干城，才吐九天星斗。方任所钥之寄，忽歌薤露之悲，留不尽鲤庭绳绳，文武庆有余于麟趾，振振芬芳。子有象贤之荣，父荷愍章之典，是用覃恩，兹赠尔为镇国将军，锡之诰命。被龙纶而有赫，贲马鬣以生光。

制曰：妇道肃雍，母仪圣善，宜家裕国，白首为期。而彤编常馥者，宁非人子所深愿矣。而封授淑人何氏，乃都指挥佥事，原任山西太原府掌印都司董用威之妻，兴州前屯卫所镇抚散官，今授忠显较尉董时乘之母，毓自华族，俪美哲英，珩璜比度，动无惭于阃彝，膏火襄勤，力有劳于馈务。相夫而望耸干城，训嗣而名腾琬琰。是用覃恩，兹加封尔为夫人。恩霈六珈之宠，荣彰四德之华。

制曰：新政敷恩，锡爵中外，其士有崛起，绾符誉腾，仕路殚心计，而裨国莫者，曷靳恩赉焉，尔兴州前屯卫所镇抚散官董时乘，乃原任山西太原府掌印都指挥佥事董用威之季子，卓识英资，宏才博学，一时声价动，鹰扬奏捷，棘苑万里功名，看鹊起抡秀彤廷。翼翼播桥梓之芳规，累累著珪璋之峻代。是用覃恩，授尔阶忠显较尉，锡之诰命。勉以忠义，勖之廉能，朕有崇擢，以需尔钦哉。

制曰：人臣宣劳，抚字厥务孔艰，不有淑媛内修，曷赞故荣褒者，必及其配，所以表相成之美，而正风化之原也。尔郭氏乃兴州前屯卫所镇抚散官，今授忠显较尉董时乘之妻，祥肇名宗，作宾硕彦，懋明内则，肃雍加于士，案克修阃，仪清贞翊；彼官方洵，尔女中之贤，相予干城之俊，是用覃恩，兹封尔为安人。遡徽音于琴瑟，式贲六珈；昭宠命于丝纶，弥敦四德。

制诰

崇祯二年十月二十三日

之宝

奉天承运，皇帝敕曰：士具宏才，硕抱弗竟其用，而其子居卿，贰之亚为清曹，最上则所得于庭训者，多可无褒予以示显扬，尔赠征仕郎、鸿胪寺鸣赞董永祐，乃鸿胪寺右寺丞董用极之父，蜚声艺苑，蚤探学海之珠；列级天庖，克荷鼎调之任。式如金如玉，儒者风标；雅必信必诚，古人规范。义高施济待举火者，仿佛三千；望重典型崇祭酒者，声称一口。内修胥备，外行聿彰，悉是令仪，克昌厥后，兹特晋尔阶承德郎，锡之敕命。国恩重播，子秩赠迁，佩兹宠渥之隆，愈慰幽冥之寂。

敕曰：伉俪匹配，内外相成。古贤妇有胎教，因而断丝画荻，慈母之训，不殊严父义方。尔封孺人高氏，乃鸿胪寺右寺丞董用极之母，夙娴女范，作佩儒门，始相夫君，既列御于庖寺。今成嗣胤，益茂绩于礼官。况咏柏舟，冰霜凛然，风世而称未亡，耆艾屹尔永年。是妇而夫，诚母而父，兹封尔为太安人。沐此国荣，益绵家养。

敕命

崇祯三年三月日

之宝

奉天承运，皇帝敕曰：朕俯从群议，肇建元储，恩逮普天，宠宣自近，尔鸿胪寺右寺丞董用极，韵流金玉，标立准绳。鸳行鹭序之班，望而生肃；龙章凤诏之典，籍以扬辉。既进列于堂卿何退言乎，小相叔孙有礼绵蕞，夸野外之奇；仲舒能文策略，称汉庭之最。彼固各分其美，此犹兼善其长，况治国试于和羹，先优鼎俎而折冲需于尊酒，旁裕韬钤群属趣锵允是门墙，桃李比肩，师济何殊，前后于喁，兹特授尔阶承德郎，锡之敕命。於戏！

纶言再涣，用酬积岁之勋；寺秩新迁，益懋将来之绩。慎修厥职，以副朕怀，钦哉。

初任鸿胪寺序班

二任本寺鸣赞

三任光禄寺署丞仍办鸿胪寺鸣事赞

四任鸿胪寺随堂

五任今职

敕曰：诗咏宜家，式重人伦之本；礼称从爵，用彰国典之荣。若寻故剑以彷徨，宜抚遗琴而怆恻。尔鸿胪寺右寺丞董用极妻孙氏，毓秀名宗，来嫔喆士。相苹釜藻，夔夔孝敬承尊；解珮鸣环，蔼蔼柔嘉佐阃。据夫荣之克显，知妇道之有成，虽数不永年，实恩宜眷德是用，赠尔为安人。宠承紫綍，以知华光，贲黄垆而永泽。

敕曰：士通籍承明，夙夜匪懈，非有珩璜之佐；克赞清勤，得无牵内，顾而忘燕儆乎。此锡庆庭僚必疏荣闺媛也。尔鸿胪寺右寺丞董用极继室吴氏，齐媚徽音，图箴淑度，既承诗而说礼，亦明袜以颂椒。素丝互勖羔羊，红叶犹勤；象服药房良友，蕙畹贞臣。兹特封尔为安人。祇膺翟茀，以方来益，佐鸿纶于有斐。

敕命

崇祯三年三月日

之宝

奉天承运，皇帝制曰：锡类乃朝廷之典，服劳为臣子之常。尔鸿胪寺序班加一级董洪饶，有任事之才，克尽服官之职。适逢庆典，用锡恩纶，兹以覃恩，授尔为登仕郎，锡之敕命。於戏！钦兹纶綍之荣，益励忱恂之宜。

初任本寺序班

二任今职

敕命

顺治八年八月二十一日

之宝

奉天承运，皇帝制曰：宠绥国爵，式嘉阀阅之劳；蔚起门风，用表庭闱之训。尔董靖乾，乃署守备管湖广永州镇标右营守备事董正邦之父，义方启后，谷似光前。积善在躬，树良型于弓冶；克家有子，拓令绪于韬钤。兹以覃恩，赠尔为明威将军、署守备管湖广永州镇标右营中军守备事，锡之诰命。於戏！锡策府之徽章，涔承恩泽；荷天家之休命，永贲泉垆。

制曰：怙恃同恩，人子勤思于将母；赳桓著绩，王朝锡类以荣亲。尔署守备管湖广永州镇标右营守备事董正邦母孙氏，七诫娴明，三迁勤笃。令仪不忒，早流珩瑀之声；兹教有成，果见干城之器。兹以覃恩，封尔为恭人。於戏！龙纶而焕彩，用答劬劳；被象服以承休，永膺光宠。

制诰

康熙二十三年九月二十四日

之宝

奉天承运，皇帝制曰：国威覃布，尚勤鼙鼓之思；武备勤修，允重干城之选。尔署守备管湖广永州镇标右营中军守备事董正邦，材勇著闻，韬钤娴习。戎行振饬，具知士武无譁；军政修明，因见拊循有素。欣逢庆典，宜焕温纶，兹以覃恩，特授尔阶明威将军，锡之诰命。於戏！策幕府之勋名，祗承休命；荷天家之光宠，勿替成劳。

初任

今职

制曰：策府疏勋，甄武臣之茂绩；寝门治业，阐贤助之徽音。尔署守备管湖广永州镇标右营中军守备事董正邦妻王氏，毓质名闺，作嫔右族。撷苹采藻，夙彰宜室之风；说礼敦诗，具见同心之雅。兹以覃恩封尔为恭人。於戏！锡宠章于闺阃，惠闻长流；荷嘉奖于丝纶，芳声永邵。

制诰

康熙二十三年九月二十四日

之宝

奉天承运，皇帝制曰：求治在亲民之吏，端重循良；教忠励资敬之忱，聿隆褒奖。尔董纯嘏乃四川顺庆府广安州渠县知县董锯之父，禔躬淳厚，垂训端严。业可开先，式谷乃宣猷之本；泽堪启后，贻谋裕作牧之方。兹以覃恩，赠尔为文林郎四川顺庆府广安州渠县知县，锡之敕命。於戏！克承清白之风，嘉兹报政；用慰显扬之志，昭乃遗谟。

制曰：朝廷重民社之司，功推循吏；臣子凛冰渊之操，教本慈帏。尔四川顺庆府广安州渠县知县董锯母王氏，淑慎其仪，柔嘉维则。宣训词于朝夕，不忘育子之勤；集庆泽于门闾，式被自天之宠。兹以覃恩，封尔为太孺人，於戏！仰酬顾服之恩，勉思抚字，戴焕丝纶之色，用慰劬劳。

敕命

康熙二十三年九月二十四日

之宝

奉天承运，皇帝制曰：分符百里，必遴出宰之材；报最三年，爰重懋官之典。尔四川顺庆府广安州渠县知县董钜，雅擅才能，克宣慈惠。抚绥有要，常深疾痛在己之心；怀保无穷，不忘顾服斯民之责。兹以覃恩，授尔为文林郎，锡之敕命。於戏！前劳已茂，用褒制锦之能；来轸方遵，益励饮冰之操。

制曰：良臣宣力于外厥，勤劳贤媛襄职于中膺，兹宠锡尔顺庆府广安州渠县知县董锯妻陈氏，终温且惠，既静而专。綦缟从夫，克赞素丝之节；苹蘩主馈，爰流彤管之辉。兹以覃恩，封尔为孺人。於戏！敬尔有官，著肃雍而并美；职思其内，迪黾勉以同心。

敕命

康熙二十三年九月二十四日

之宝

奉天承运，皇帝制曰：宣猷服采，中朝抒报最之忱；锡类推恩，休命示酬之典。尔董纯暇乃内阁撰文中书舍人董铣之父，令德践修，仪方素著。诗书启后，用彰式谷之风；弓冶传家，克作教忠之则。兹以覃恩，赠尔为征仕郎内阁撰文中书舍人，锡之敕命。於戏！笃生杞梓之材，德归庭训；丕焕纶丝之色，泽及泉台。

制曰：壶教凝祥，懋嘉猷朝，宁国常布惠，扬休命于庭闱。尔内阁撰文中书舍人董铣母王氏，勤慎宜家，贤明训后。相夫以顺，含内美于珩璜；鞠子有成，树良材于桢干。兹以覃恩，封尔为太孺人。於戏！昭兹令善之声，荣施勿替；食而劬劳之报，庆典攸隆。

敕命

康熙二十七年十月二十三日

之宝

奉天承运，皇帝制曰：官在禁林，时掞天庭之藻；差承纶阁，还依册府之光。尔内阁撰文中书舍人董铣，温醇著誉，恪谨持躬。质有其文撰述，分劳于两制；才堪称职丝纶，贲宠于重霄。兹以覃恩，授尔为征仕郎，锡之敕命。於戏！西清趋直，嘉翰忆之劳；北阙承恩，尚励靖共之节。

初任

今职

制曰：不绩奏于中朝，端赖贤家之助。宠章颁乎庆典，宜分齐体之荣。尔内阁撰文中书舍人董铣妻崔氏，早习女仪，克修妇职。鸡鸣交儆，既砥节于素丝，蚕织执劳，用邀恩于紫綍，兹以覃恩，赠尔为孺人。於戏！巾袿彰和顺之风，风鸾书诞；赍庭陛焕褒嘉之命，翟弗永贻。

制曰：臣心报国，每资贤助于中闺；妇爵从夫，必普施恩于继室。尔内阁撰文中书舍人董铣，继娶张氏，柔顺嗣徽，雝和叶吉。既告虔于枣栗，洵内教之克修；堪比德于珩璜，宜朝章之式贲。兹以覃恩，封尔为孺人。於戏！无忘象服之荣，勉副鸾书之锡，祗承宠典，益播休声。

敕命

康熙二十七年十月二十三日

之宝

奉天承运，皇帝制曰：宠绥国爵，式嘉阀阅之劳；蔚起门风，用表庭闱之训。尔董澜乃署守备管河南河南府城守营中军守备事董正斌之父，义方启后，谷似光前。积善在躬，树良型于弓冶；克家有子，拓令绪于韬钤。兹以覃恩，封尔为明威将军、署守备管河南河南府城守营中军守备事，锡之诰命。於戏！锡策府之徽章，洊承恩泽；荷天家之休命，永耀门闾。

制曰：怙恃同恩，人子勤思于将母；赳桓著绩，王朝锡类以荣亲。尔署守备管河南河南府城守营中军守备事董正斌母张氏，七诫娴明，三迁勤笃，令仪不忒，早流珩瑀之声；慈教有成，果见干城之器，兹以覃恩，赠尔为恭人。於戏！锡龙纶而焕彩，用答劬劳；被象服以承休，永光泉壤。

制曰：属毛离里，子心御罔极之恩；并食同衣，亲谊将所生之重。尔署守备管河南河南府城守营中军守备事董正斌继母张氏，妇仪纯备，母道贤明。淑慎流徽，人有礼宗之誉；均平著美，子为义府之英。兹以覃恩，封尔为恭人。於戏！扬惠闻于庭闱，式承荣泽，受龙章于纶轴，永荷休光。

制诰

康熙二十七年十月二十三日

之宝

奉天承运，皇帝制曰：国威覃布，尚勤鼙鼓之思；武备勤修，允重干城之选。尔署守备管河南河南府城守营中军守备事董正斌，材勇著闻，韬钤娴习，戎行振饬，具知士武，无譁；军政修明，因见拊循有素。欣逢庆典，宜焕温纶。兹以覃恩，特授尔阶明威将军，锡之诰命。於戏！策幕府之勋名，祇承休命，荷天家之光宠，勿替戒劳。

初任

今职

制曰：策府疏勋，甄武臣之茂绩；寝门治业，阐贤助之徽音，尔署守备管河南，河南府城守营中军守备事董正斌妻卓氏，毓质名闺，作嫔右族。撷苹采藻，夙彰宜室之风；说礼敦诗，具见同心之雅。兹以覃恩封尔为恭人。於戏！锡宠章于闺闼，惠闻长流；荷嘉奖于丝纶，幽光永贲。

制曰：泽沛丹宸，式将赳桓之绩；恩流彤管，载扬淑慎之风。尔署守备管河南河南府城守营中军守备事董正斌继室郑氏，姆教素娴，妇功克备。梱言雍肃，它内外以同心；闺范修明，洁后先而媲美。兹以覃恩，封尔为恭人，於戏！表宜家之有则，宠命均颁；嘉继室之能贤，休光永荷。

制诰

康熙二十七年十月二十三日

之宝

奉天承运，皇帝制曰：资父事君，臣子效匪躬之谊；作忠以孝，国家弘锡类之恩。尔董纯心乃后选知县董铎之父，善积于身，祥开厥后。教子著义方之训，传家裕堂构之遗，兹以尔子遵例急公，赠尔为文林郎知县，锡之敕命。於戏！殊荣必逮于所亲，宠命用光夫有子，承兹优渥，永笵忠勤。

制曰：抒悃奉公，嘉教劳之有自；推恩将母，宜锡典之攸隆。尔后选知县董铎母张氏，壶范宜家，夙协承筐之美；母仪诒谷，载昭画荻之芳。兹以尔子遵例急公，赠尔为孺人。於戏！彰淑德于不暇，式荣象服；鹰宠命之有赫，永贲泉垆。

制曰：劬劳同于己出，母氏鞠育之恩；褒恤并于所生，朝廷旌扬之典。尔后选知县董铎继母刘氏，夙娴壶范，克嗣徽音妒则敬以宜家，教子而勤能奉职。兹以尔子遵例急公，赠尔为孺人。於戏！淑德籍纶丝赠焕，芳模与翟茀齐辉，宠渥载加，泉原永慰。

敕命

康熙三十五年十二月十一日

之宝

奉天承运，皇帝制曰：锡类推恩，朝廷之大典；奉公效力，臣子之常经，尔后选知县董铎，赋之纯良，持身恪谨。伫服官之奏绩，先报国以抒诚，忱恂克昭，新纶宜贲，兹以遵例急公，授尔为文林郎，锡之敕命。於戏！弘敷章服之荣，用励靖共之谊，钦兹宠命，懋乃嘉猷。

制曰：恪恭报国，良臣既殚厥心；贞顺宜家，淑女爰从其贵。尔后选知县董铎妻陈氏，含章协德，令仪夙著于闺闱；黾勉同心，内治相成于夙夜。兹以尔夫遵例急公，封尔为孺人，於戏！龙章载焕，用褒敬戒之勤，翟茀钦承，益励柔嘉之则。

敕命

康熙三十五年十二月十一日

之宝

奉天承运，皇帝制曰：求治在亲民之吏，端重循良；教忠励资敬之忱，聿隆褒奖。尔董纯心乃山西潞安府黎城县知县加一级董铎之父，禔躬淳厚，垂训端严。业可开先，式谷乃宣猷之本；泽堪启后，贻谋裕作牧之方。兹以覃恩，赠尔为文林郎，山西潞安府黎城县知县加一级董铎。锡之敕命。於戏！克承清白之风，嘉兹报政，用慰显扬之志，昭乃遗謨。

制曰：朝廷重民社之司，功推循吏；臣子凛冰渊之操，教本慈帏。尔山西潞安府黎城县知县加一级董铎之母张氏，淑慎其仪，柔嘉维则。宣训词于朝夕，不忘育子之勤；集庆泽于门闾，式被自天之宠。兹以覃恩，封尔为太孺人。於戏！仰酬顾服之恩，勉思抚字；戴焕丝纶之色，永贲幽潜。

制曰：阃仪济美，既并播其芳，声策名扬，休宜均霑乎渥泽。尔山西潞安府黎城县知县加一级董铎之继母刘氏，毓英明阀，俪德高门。琴瑟调在御之和，令模夙著；机杼媲中闺之美，慈训永昭，兹以覃恩，赠尔为儒人。於戏！情深鞠育，恩固不间于所生；典重显扬，荣亦载加乎泉原。

敕命

康熙五十二年三月十八日

之宝

奉天承运，皇帝制曰：分符百里，必遴出宰之材；报最三年，爰重懋官之典。尔山西潞安府黎城县知县加一级董铎，雅擅才能，克宣慈惠。抚绥有要，常深疾痛在己之心；怀保无穷，不忘顾服斯民之责。兹以覃恩，授尔为文林郎，锡之敕命。於戏！前劳已茂，用褒制锦之能；来轸方遒，益励饮冰之操。

初任

今职

制曰：良臣宣力于外厥，勤劳贤媛，襄职于中膺，兹宠锡尔山西潞安府黎城县知县加一级董铎妻陈氏，终温且惠，既静而专。綦缟从夫，克赞素丝之节。苹蘩主馈，爰流彤管之辉。兹以覃恩，封尔为孺人。於戏！敬尔有官，著肃雍而并美；职思其内，昭淑慎之遗徽。

敕命

康熙五十二年三月十八日

之宝

奉天承运，皇帝制曰：锡类推恩，朝廷之大典；奉公效力，臣子之常经。尔顺天府永清县教谕董锟，赋之纯良，持身恪谨。伫服官之奏绩，先报国以抒诚。忱悃克昭，新纶宜贲。兹以覃恩，授尔为登仕郎，锡之敕命。於戏！弘敷章服之荣，用励精共之谊，钦兹宠命，懋乃嘉猷。

制曰：恪共奉职，良臣既殚厥心；贞顺宜家，淑女爰从其贵。尔顺天府永清县教谕董锟之妻郑氏，含章协德，令仪夙著于闺闱；黾勉同心，内治相成于夙夜。兹以覃恩，封尔为孺人。於戏！龙章载焕，用褒敬戒之勤，翟茀钦承，益励柔嘉之则。

敕命

康熙五十二年三月十八日

之宝

奉天承运，皇帝制曰：考绩报循良之最，用奖臣劳；推恩溯积累之遗，载扬祖泽。尔董铨，乃原任河南直隶许州知州董榕之祖父，锡光有庆，树德务滋。嗣清白之芳声，泽留再世；衍弓求之令绪，祐笃一堂。兹以覃恩，貤赠尔为奉直大夫，锡之诰命。於戏！聿修念祖，膺茂典而益励新猷；有谷贻孙，发幽光而丕彰潜德。

制曰：册府酬庸，聿著人臣之积；德门辑庆，式昭大母之徽。尔原任河南直隶许州知州董榕之祖母张氏，箴诫扬芬，珩璜表德，职勤内助，宜家久著，其贤声泽裕后昆，锡类式承乎嘉命。兹以覃恩，貤赠尔为宜人。於戏！播徽音于彤管，壶范弥光；膺异数于紫泥，天庥永劭。

敕命

乾隆十六年十一月二十五日

之宝

奉天承运，皇帝制曰：求治在亲民之吏，端重循良；教忠励资敬之忱，聿隆褒奖。尔董湧乃原任河南直隶许州知州董榕之父，禔躬淳厚，垂训端严。业可开先，式榖乃宣猷之本；泽堪启后，贻谋裕作牧之方。兹以覃恩，封尔为直隶大夫，锡之敕命。於戏！克承清白之风，嘉兹报政；用慰显扬之志，畀以殊荣。

制曰：朝廷重民社之司，功推循吏；臣子凛冰渊之操，教本慈帏。尔原任河南直隶许州知州董榕之母杜氏，淑慎其仪，柔嘉维则。宣训词于朝夕，不忘育子之勤；集庆泽于门间，式被自天之宠。兹以覃恩，封尔为宜人。於戏！仰酬顾服之恩，勉思抚字，戴焕丝纶之色，用慰劬劳。

敕命

乾隆十六年十一月二十五日

之宝

奉天承运，皇帝制曰：考绩报循良之最，用奖臣劳；推恩溯积累之遗，载扬祖泽。尔原任山西潞安府黎城县知县董铎，乃江南江宁府督粮同知董柽之祖父，锡光有庆，树德务滋。嗣清白之芳声，泽留再世；衍弓求之令绪，祐笃一堂。兹以覃恩，貤赠尔为奉政大夫，锡之诰命。於戏！聿修念祖，膺茂典而益励新猷；有穀贻孙，发幽光而丕彰潜德。

制曰：册府酬庸，聿著人臣之懋绩；德门辑庆，式昭大母之芳徽。尔江南江宁府督粮同知董柽之祖母陈氏，箴诫扬芬，珩璜表德。职勤内助，宜家久著，其贤声泽裕后昆，锡类式承乎嘉命。兹以覃恩，貤赠尔为宜人。於戏！播徽音于彤管，壸范弥光；膺异数于紫泥，天庥永劭。

诰命

乾隆十六年十一月二十五日

之宝

奉天承运皇帝，制曰：求治在亲民之吏，端重循良；教忠励资敬之忱，聿隆褒奖。尔董沆乃山东盐运司滨乐分司运同董柽之父，禔躬淳厚，垂训端严。业可开先，式谷乃宣猷之本；泽堪启后，贻谋裕作牧之方。兹以覃恩，赠尔为朝议大夫、山东盐运司滨乐分司运同，锡之诰命。於戏！克承清白之风，嘉兹报政；用慰显扬之志，昭乃遗谟。

制曰：朝廷重民社之司，功推循吏；臣子凛冰渊之操，教本慈帏。尔张氏乃山东盐运司滨乐分司运同董柽之母，淑慎其仪，柔嘉维则。宣训词于朝夕，不忘育子之勤；集庆泽于门间，式被自天之宠。兹以覃恩，封尔为恭人。

於戏！仰酬顾复之恩，勉思抚字；载焕丝纶之色，永贲幽潜。

诰命

乾隆二十六年十一月二十日

之宝

奉天承运，皇帝制曰：资父事君，臣子笃匪躬之谊；作忠以孝，国家弘锡类之恩。尔董沆，乃候选州同董柽之父，善积于身，祥开厥后。教子著义方之训，传家裕堂构之遗。兹以尔子遵例急公赠尔为儒林郎，锡之敕命。於戏！殊荣必逮于所亲，宠命用光，夫有子承。兹优渥“永芘忠勤”。

制曰：奉职在公，嘉教劳之有自；推恩将母，宜锡典之攸隆。尔候选州同董柽之母张氏，壶范宜家，夙协承匡之孅；母仪诒谷，载昭画荻之芳。兹以尔子遵例，急公赠尔为安人。於戏！彰淑德于不瑕，式荣象服；膺宠命之有赫，允贲泉垆。

诰命

乾隆十年二月二十六日

之宝

奉天承运，皇帝制曰：求治在亲民之吏，端重循良；教忠励资敬之忱，聿隆褒奖。尔董溶乃候选同知董柽之叔父，禔躬淳厚，垂训端严。业可开先，式谷方宣猷之本；泽堪启后，贻谋裕作牧之方。兹以尔侄克襄王事，封尔为奉政大夫，锡之诰命。於戏！克承清白之风，嘉兹报政；用慰显扬之志，畀以殊荣。

制曰：朝廷重民社之司，功推循吏；臣子凛冰渊之操，教本慈帏。尔候选同知董柽之叔母裴氏，淑慎其仪，柔嘉维则。宣训词于朝夕，不忘育子之勤；集庆泽于门间，式被自天之宠。兹以尔侄克襄王事，封尔为宜人。於戏！仰酬顾复之恩，勉思抚字；载焕丝纶之色，用慰劬劳。

敕命

乾隆十一年九月初五日

之宝

奉天承运，皇帝制曰：锡类推恩，朝廷之大典；奉公效力，臣子之常经。

尔候选州同董柽，赋之纯良，持身恪谨。伫服官之奏绩，先报国以抒诚。忱恂克昭，新纶宜贲。兹以遵例，急公授尔为文林郎，锡以敕命。於戏！弘敷章服之荣，用励精共之谊。钦兹宠命，懋乃嘉猷。

制曰：恪恭报国，良臣既殚厥心；贞顺宜家，淑女爰从其贵。尔后选州同董柽妻曹氏，含章协德，令仪夙著于闺闱；黾勉同心，内治相成于夙夜。兹以尔夫遵例急公，封尔为安人。於戏！龙章载焕，用褒敬戒之勤；翟茀钦承，益励柔嘉之则。

敕命

乾隆十年二月二十六日

之宝

奉天承运，皇帝制曰：任使需才称职，志在官之美；驱驰奏效报功，膺锡类之仁。尔原任山西潞安府黎城县知县董铎乃以州同署理直隶河间府吴桥县县丞董溶之父，雅尚素风，长迎善气，弓冶克勤于庭训，箕裘丕裕夫家声。兹以覃恩，貤赠为儒林郎，以州同署理直隶河间府吴桥县县丞，锡之貤命。於戏！肇显扬之盛世，国典非私；酬燕翼之深情，臣心弥励。

制曰：奉职无愆，懋著勤劳之绩；致身有自，宜酬鞠育之恩。尔以州同署理直隶河间府吴桥县县丞董溶之母陈氏，淑范宜家，令仪昌后。早相夫而教子，俾移孝以作忠。兹以覃恩，貤赠尔为安人。於戏！贲象服之端严，诞膺钜典；锡龙章之涣汗，允播徽音。

敕命

乾隆二年三月初六日

之宝

奉天承运，皇帝制曰：锡类推恩，朝廷之大典；奉公尽职，臣子之常经。尔直隶河间府吴桥县县丞董溶，赋质纯良，持身恪谨，伫服官之奏绩，先报国以抒诚。忱悃克昭，新纶宜贲。兹以覃恩，授尔为修职郎，锡之敕命。於戏！弘敷章服之荣，用励靖共之谊，钦兹宠命，懋乃嘉猷。

制曰：恪恭报国，良臣既殚厥心；贞顺宜家，淑女爰从其贵。尔直隶河间府吴桥县县丞董溶之妻裴氏，含章协德，令仪夙著于闺闱；黾勉同心，内治相成于夙夜。兹以覃恩，封尔为八品孺人。於戏！龙章戴焕，用褒敬戒之勤；翟茀钦承，益励柔嘉之则。

敕命

乾隆二年三月初六

之宝

奉天承运，皇帝制曰：设官分职，昭器使之无遗；锡类施仁，喜蒙恩于伊始。尔原任中书舍人董铣，乃以州同署理直隶顺天府固安县管河主簿董溶之本生父，秉心淳朴，饬行端方。交会怀式谷之勤，政事本诒谋之善。兹以覃恩，貤赠而为征仕郎，锡之敕命。於戏！一命得以逮亲，遂膺旷典；庶政期于称职，永荷荣光。

制曰：登皇路以驱驰，原本孝入庭闱，而侍奉严必兼慈。尔原任中书舍人董铣之妻崔氏，乃以州同署理直隶顺天府固安县管河主簿董溶之本生嫡母，性本和柔，饬矜鞶于阃内；教惟勤慎，纡章服于庭前。兹以覃恩晋，貤赠而为孺人。於戏！所亲邀优渥之恩，勉图懋绩；有子效靖共之谊，永表芳型。

制曰：澄叙官方，一得之长必录；祗承庭训，二人之慕惟均。而原任中书舍人董铣之继妻张氏，乃以州同署理直隶顺天府固安县管河主簿董溶之本生继母，性温恭禔，淑慎启迪。恩深于顾复显，扬適逮夫荣光。兹以覃恩晋，貤赠而为孺人。於戏！锡纶綍之涣汗，用奖母仪；视翟茀之辉煌，笃思臣职。

制曰：出从王事，庶司并重得人；入奉母仪，祗尤隆生我。尔以州同署理直隶顺天府固安县管河主簿董溶之本生母张氏，赋姿温惠，秉性幽真。闺范赖其赞襄，母德嘉其慈爱。兹以覃恩，貤封尔为九品孺人。於戏！宠命非常，广布之典荣；施有自益，弘教孝之方。

敕命

乾隆二年十二月初六日

之宝

奉天承运，皇帝制曰：任使需才称职，志在官之美；驱驰奏效报功，膺锡类之仁。尔董尚勋乃直隶天津府庆云县教喻董瓒之父，雅尚素风，长迎善气。弓冶克勤于庭训，箕裘丕裕夫家声。兹以覃恩，貤赠为修职郎、直隶天津府庆云县教喻，锡之敕命。於戏！肇显扬之盛世，国典非私；酬燕翼之深情，臣心弥励。

制曰：奉职无愆，懋著勤劳之绩；致身有自，宜酬鞠育之恩。尔直隶天津府庆云县教喻董瓒之母刘氏，淑范宜家，令仪昌后。早相夫而教子，俾移孝以作忠。兹以覃恩，貤赠尔为八品孺人。於戏！贲象服之端严，诞膺钜典；锡龙章之涣汗，用表荣施。

敕命

乾隆十六年十一月二十五日

之宝

奉天承运，皇帝制曰：资父事君，臣子笃匪躬之谊；作忠以孝，国家弘锡类之恩。而董溶乃候选布政司理问加五级董世纶之父，善积于身，祥开厥后。教子著义方之训，传家裕堂构之遗。兹以尔子克襄王事，封尔为中宪大夫，锡之诰命。於戏！殊荣必逮于所亲，宠命用光；夫有子尚宏佑启，益励忱恂。

制曰：奉职在公，嘉教劳之。有自推恩将母，宜锡典之攸隆。尔候选布政司理问加五级董世纶之母裴氏，壶范宜家，夙协承匡之孍；母仪诒谷，载昭画荻之芳。兹以尔子克襄王事，赠尔为恭人。於戏！彰淑德于不暇，式荣象服；膺宠命之有赫，允贲泉垆。

诰命

乾隆二十四年十月十六日

之宝

奉天承运，皇帝制曰：德厚流光，溯源之。自始功多，延赏锡褒。宠以攸宜，应沛殊施，用扬前列。尔董铣乃三等侍卫加一级董果之祖父，性质醇茂，行谊恪纯。启门祚之繁昌，华簪衍庆；廓韬钤之绪业，奕叶扬休。钜典式逢，崇阶宜陟。兹以覃恩，贻赠为中宪大夫，锡之诰命。於戏。三世声华，实天伦之盛事；五章服采，洵天宝之隆恩。显命其承，令名永著。

制曰：天朝行庆，必推本于前徽；家世贻谋，遂承休于再世。彝章宜锡，宠命载扬。尔崔氏乃以三等侍卫加一级董果之祖母。壶范示型，母仪著孅。惠风肆好，既比德于珩璜；余庆绵延，自邀恩于翟茀。特颁渥典，用表芳规。兹以覃恩，貤赠尔为恭人。於戏！缓带轻裘，挺孙枝之材武；高文典册，贻大母之显荣。祗服宠绥，永昭芳轨。

制曰：溯贻谋于式谷，恩义兼隆；广锡庆于重闱，后先媲美。前劳既懋，崇奖宁遗。尔张氏乃三等侍卫加一级董果之继祖母，阃仪不忒，母德可嘉。传淑懿之芳规，历岁年而弥著；启忠贞之贤嗣，衍宗绪以常新。宠泽攸加，显扬克遂。兹以覃恩，貤赠尔为恭人。於戏！礼娴内则，留长庆于后人；宠锡朝章，荷荣名于奕世。特颁休命，以慰尔灵。

制曰：溯贻谋于式谷，恩义兼隆；广锡庆于重闱，后先媲美。前劳既懋，崇奖宁遗。尔赵氏乃三等侍卫加一级董果之生祖母，阃仪不忒，母德可嘉，传淑懿之芳规，历岁年而弥著；启忠贞之贤嗣，衍宗绪以常新。宠泽攸加，显扬克遂。兹以覃恩，貤赠尔为恭人。於戏！礼娴内则，留长庆于后人；宠锡朝章，荷荣名于奕世。特颁休命，以慰尔灵。

敕命

乾隆二十六年十一月二十日

之宝

奉天承运，皇帝制曰：秩分介胄，克抒报国之忱；教始庭闱，诞启折薪之祚。尔董灏，乃三等侍卫加一级董果之父，禔躬笃行，训子义方。燕翼维勤，殚深心于韬略；象贤能继，廓大业于弓裘。兹以覃恩，赠尔为中宪大夫三等侍卫加一级，锡之诰命。於戏！恩光下逮，式膺殊渥之施；惠泽下流，益表令名之永。

制曰：崇法严明，奖忠孝之旧德；壶仪纯备，嘉徙宅之前劳。尔舒氏，乃三等侍卫加一级董果之母，早习规箴，夙贤训典。相夫以礼，式谷聚敬之风；教子有成，茂展策勋之志。兹以覃恩，封而为恭人。於戏！习翟茀以扬徽，休声益著；赍鸾函而焕采，惠问弥昭。

敕命

乾隆二十六年十一月二十日

之宝

奉天承运，皇帝制曰：宣畅国威，统三军而奏绩；采甄世德，遡四世以推恩。积庆有源，流光自远。尔董纯嘏，乃前任湖北荆州城守营参将董果之曾祖父，纯心抱质，善气储祥。丕逮乃家，允超弓裘于奕叶；克昌厥后，诞膺节钺于高门。爰贲徽音，俾扬令问。兹以覃恩，貤赠尔为武议大夫、湖北荆州守城营参将，锡之诰命。於戏！簪缨赫奕，式隆一品之殊荣；纶诰辉煌，用慰九原之夙志。祗承宠命，永播休声。

制曰：德门积善，衍余庆于后人；幕府策勋，锡殊恩于先世。家声克大，阃范攸彰。尔王氏，乃前任湖北荆州城守营参将董果之曾祖母，佩服女箴，娴明母道。惠风肆好，留懿训于闺中；令绪三传，毓奇才于阃外。爰颁茂典，俾阐徽音。兹以覃恩，貤赠尔为淑人。於戏！涣汗诞敷，用播深遐之泽；湛恩徧洒，益扬贤淑之名。显命丕承，幽光永贲。

敕命

乾隆三十六年十一月二十五日

之宝

奉天承运，皇帝制曰：策勋疆圉，遡大母之恩勤；锡赉丝纶，表皇朝之霈泽。尔董铣，乃前任湖北荆州城守营参将董果之祖父，敬以持躬，忠能启后。威宣阃外，家传韬略之书；泽沛天边，国有旂常之典。兹以覃恩，赠尔为武议大夫，湖北荆州城守营参将。锡之诰命，於戏！我武惟扬，特启孙枝之秀；赏延于世，益征遗绪之长。

制曰：树丰功于行阵，业著闻孙；锡介福于庭闱，恩推大母。尔崔氏，乃前任湖北荆州城守营参将董果之嫡祖母，壶仪足式，令问攸昭。振剑配之家声，辉流奕世；播丝纶之国典，庆衍再传。兹以覃恩，赠尔为淑人。於戏！翟茀用光，膺宏休于天阙；龙章载焕，锡大惠于重泉。

制曰：宣力戎疆，溯钟祥于累叶；贻恩介胄，广锡类于重闱。尔张氏，乃前任湖北荆州城守营参将董果之继祖母，范著宜家，仁能裕后。佑启折冲之略，庆溢门闾；显扬毓德之休，光胜纶綍。兹以覃恩，赠尔为淑人。於戏！著彤管于芳型，褒章申贲；沛琅函之瀸泽，泉壤遗徽。

制曰：懋绩孔昭，国宪重五章之命；贤声克缵，母仪流三世之祥。尔赵氏，乃前任湖北荆州城守营参将董果之生祖母，婉嫕承徽，柔嘉济美。裕孙枝而式谷，群推篚室之贤；循内则以无违，用启亢宗之彦。兹以覃恩，赠尔为淑人。於戏！沐殊荣于三锡，懿德弥光；集繁祗于一堂，新伦丕焕。

敕命

乾隆三十六年十一月二十五日

之宝

奉天承运，皇帝制曰：宠绥国爵，式嘉阀阅之劳；蔚起门风，用表庭闱之训。尔董灏乃前任湖北荆州城守营参将董果之父，仪方启后，谷似光前。积善在躬，树良型于弓冶；克家有子，拓令绪于韬钤。兹以覃恩，赠尔为武议大夫，湖北荆州城守营参将，锡之诰命。於戏！锡策府之徽章，洊承恩泽；荷天家之庥命，永贲泉垆。

制曰：怙恃同仁，人子勤思于将母；赳桓著绩，王朝锡类以荣亲。尔舒氏，乃前任湖北荆州城守营参将董果之母，七诫娴明，三迁勤笃。令仪不忒，早流珩瑀之声；慈教有成，果见干城之器。兹以覃恩，封尔为淑人。於戏！锡龙纶而焕采，用答劬劳；被象服以承庥，永膺光宠。

敕命

乾隆三十六年十一月二十五日

之宝

奉天承运，皇帝制曰：宣畅国威，统三军而奏绩；采甄世德，遡四世以推恩。积庆有源，流光自远。尔董纯嘏，乃前任福建漳州镇总兵官调任台湾镇总兵官董果之曾祖父，纯心抱质，善气储祥。丕建乃家，允超弓裘于奕业；克昌厥后，诞膺节钺于高门。爰贲徽章，俾扬令问。兹以覃恩，貤赠尔为武显大夫、前任福建漳州镇总兵官调任台湾镇总兵官，锡之诰命。於戏！簪缨赫奕，式隆一品之殊荣；纶诰辉煌，用慰九原之夙志。祇承宠命，永播休声。

制曰：德门积善，衍余庆于后人；幕府策动，锡殊恩于先世。家声克大，阃范攸彰。尔王氏乃前任福建漳州镇总兵官调任台湾镇总兵官董果之曾祖母，佩服女箴，娴明母道。惠风肆好，留懿训于闺中；令绪三传，毓奇才于阃外。爰颁茂典，俾阐徽音。兹以覃恩，貤赠尔为夫人。於戏！涣汗诞敷，用播深遐之泽；湛恩徧洒，益扬贤淑之名。显命丕承，幽光永贲。

敕命

乾隆四十二年五月二日

之宝

奉天承运，皇帝制曰：嘉荣臣之伟伐，远遡家风；策专阃之宏勋，上推祖德。旧章斯在，新渥攸加。尔董铣乃前任福建漳州镇总兵官调任台湾镇总兵官董果之祖父，善可开祥，教能诒谷。集轩车于里閈，早知世泽之长；拥节钺于方州，聿见孙谋之裕。爰颁宠爵，俾荷崇褒。兹以覃恩，赠尔为武显大夫、前任福建漳州镇总兵官调任台湾镇总兵官，锡之诰命。於戏！锡五色之徽章，丕光令绪；佩九重之濊泽，益焕膺功。休命其承，淳风追表。

制曰：丰功炳烁，端锡庆余于闺门；懿德深长，恒钟祥于子姓。特加渥典，用遡休声。尔崔氏，乃前任福建漳州镇总兵官调任台湾镇总兵官董果之祖母，毓质清门，作嫔名族。肃雍壶范，夙知诒谷之风；硕大孙枝，弥见含诒之泽。式逢庆典，特赉徽章。兹以覃恩，赠尔为夫人。於戏！发珩瑀之流光，恩纶下贲；焕中褵之异彩，宠命宏达。敷茂奖钦，承良型弥永。

制曰：建牙秉钺，扬旧德于前人；锡类推恩，播今名于大母。特颁国典，用布家声。尔张氏，乃前任福建漳州镇总兵官调任台湾镇总兵官董果之继祖母，轨度娴和，风规慈淑。阃仪夙备，早承继室之贤；门祚可昌，爰锡重闱之庆。鸿章洊布，象服攸宣。兹以覃恩，赠尔为夫人。於戏！佩涣汗之德音，素风远映；流含诒之惠问，懿范弥昭。式树芳型，永膺嘉渥。

制曰：懋绩孔昭，国宪重五章之命；贤声克缵，母仪流三世之祥。尔赵氏，乃前任福建漳州镇总兵官调任台湾镇总兵官董果之生祖母，婉嫕承徽。

柔嘉济美。裕孙枝而式谷，群推箎室之贤；循内则以无违，用启亢宗之彦。兹以覃恩，赠尔为淑人。於戏！沐殊荣于三锡，懿德弥光；集繁祗于一堂，新伦丕焕。

敕命

乾隆四十二年五月初二日

之宝

奉天承运，皇帝制曰：国爵优崇，树膺扬之伟烈；家声先大，表蛾术之良模。特布新纶，用彰旧德。尔董灏乃前任福建漳州镇总兵官调任台湾镇总兵官董果之父，清门代启，素履恭修。教子义方，早受豹韬之略；传家忠孝，果符鹊印之祥。庆典式逢，崇阶宜涉。兹以覃恩，赠尔为武显大夫、前任福建漳州镇总兵官调任台湾镇总兵官，锡之诰命。於戏！显扬克遂，休兹天室徽章；作述交辉，展也人伦盛世。令名无斁，世泽长垂。

制曰：元戎受任，既协吉于师贞；阃范贻芳，更推原夫母德。克光内则，载扬殊恩。尔舒氏乃前任福建漳州镇总兵官调任台湾镇总兵官董果之母，早习规型，夙娴图史。令仪不忒，表懿范于闺门；慈教有成，树鸿勋于幕府。式颁庆典，用阐徽音。兹以覃恩，封尔为夫人。於戏！锡茂奖于兰陔，芳蕤益播；被惠风于葱佩，馨泽弥新。祗服诰词，益标芳轨。

敕命

乾隆四十二年五月初二日

之宝

奉天承运，皇帝制曰：阃外疏功，特重大之任；始中树绩，爰标上将之名。望起干城，恩颁纶綍。尔福建台湾镇总兵今调海坛镇总兵董果，谋猷克壮，材艺兼优。早执锐以披坚，久司军旅；乃建牙而仗节，遂总戎麾。裘带从容，功信成于樽俎；车徒整练，势俨并于金汤。爰贲宠纶，俾膺嘉奖。兹以覃恩，特授尔阶武显大夫，锡之诰命。於戏！式颁殊宠，用酬阀阅之勋；祗服徽章，益展韬钤之略。尚勤后效，无替前劳。

制曰：推恩锡爵，王臣奏秉钺之勋；履顺思庄，女士著宜家之美。良型既播，茂奖宜加。而福建台湾镇总兵今调海坛镇总兵董果之妻赵氏，毓智名闺，作嫔右族，恪恭当室，率礼法于珩璜；黾勉相夫，树勋名于帷幄。特颁令典，俾阐徽音，兹以覃恩，封而为夫人。於戏！被七章之褕翟，象服攸宜；贲五色之纶丝，鸾书有耀。祇承显命，弥劭休声。

敕命

奉天承运，皇帝制曰：政先食货，聿分煮海之司；职典钩稽，爰重惠商之吏。尔山东盐运司宾乐分司运同董柽，职佐度支，权参转运。督征输而无缺，绩在阜民；职会计之有方，才能裕国。兹以覃恩，特授尔阶朝议大夫，锡之诰命。於戏！欲足赋，必先阜民。惟洁己，始能利物。毋忘纶焕，益矢冰兢。

制曰：良臣宣力于外，効厥勤劳；贤爰襄职于中，膺兹宠锡。尔山东省盐运司滨乐分司运同董柽之妻曹氏，终温且惠，既静而专。綦缟从夫，克赞素丝之节；频繁主馈，爰流彤管之辉。兹以覃恩，封尔为恭人。於戏！敬尔有官，著肃雍而并美；职司其内，迪黾勉以同心。

诰命

乾隆二十六年十一月二十日

之宝

奉天承运，皇帝制曰：德厚流光，溯源之自始；功多延赏，锡褒宠以攸宜。应沛殊施，用扬前列。尔董汤，乃蓝翎侍卫加一级董承煊之祖父。性资醇茂，行谊恪纯。启门祚之繁昌，华簪衍庆；廓韬钤之绪业，奕叶扬休。钜典式逢，崇阶宜陟。兹以覃恩，貤赠尔为奉正大夫、蓝翎侍卫加一级。锡之诰命。於戏！三世声华，实天伦之盛事；五章服采洵，天室之隆恩。显命其承，令名永著。

制曰：天朝兴庆，必推本于前徽；家世贻谋，遂承休于再世。彝章宜锡，宠命载扬。尔许氏乃蓝翎侍卫加一级董承煊之祖母，壸范示型，母仪著媺，惠风肆好，既比德于珩璜余庆绵延，自邀恩于翟茀，特颁渥典，用表芳规。兹以覃恩，貤赠尔为宜人。於戏！缓带轻裘，挺孙枝之材武；高文典册，貤大母之显荣。祇服宠绥，永昭良轨。

诰命

乾隆二十六年十一月二十日

之宝

奉天承运，皇帝制曰：奋扬威武，固资宣力之臣；敷锡宠光，用表推恩之典。尔董枢乃蓝翎侍卫加一级董承煊之父，躬修克毖，庭训时勤。门祚开祥，早授豹韬之业；天家有庆，聿颁鸾彩之书。兹以覃恩，封而为奉政大夫、蓝翎侍卫加一级，锡之诰命。於戏！义方懋著，其教思果堪负荷；休命用酬，其诒谷祗服宠荣。

制曰：戎事宣劳，每兴怀于将母；王庭沛泽，爰锡类于荣亲。尔张氏乃蓝翎侍卫加一级董承煊之母，克修壶则，聿著母仪。教子失忠尽之忱，兜鍪增采；酬庸本庭帏之训，纶綍生光。兹以覃恩，封尔为宜人。於戏！际燕喜之昌期，宁忘国命；受鸾翔之典册，用表家桢。

诰命

乾隆二十六年十一月二十日

之宝

奉天承运皇帝，制曰：任使需才称职，志在官之美；驱驰奏效报功，膺锡类之仁。尔董校乃顺天府通州训导董思易之父，雅尚素风，长迎善气。弓冶克勤于庭训，箕裘丕裕夫家声。兹以覃恩，貤赠为修职郎，锡之敕命。于戏！肇显扬之盛世，国典非私；酬燕翼之深情，臣心弥励。

制曰：奉职无愆，懋著勤劳之绩；致身有自，宜酬鞠育之恩。尔孙氏乃顺天府通州训导董思易之母，淑范宜家，令仪昌后。早相夫而教子，俾移孝以作忠。兹以覃恩，貤赠尔为八品孺人。于戏！贲象服之端严，诞膺钜典；锡龙章之涣汗，允播徽音。

敕命

乾隆二十六年十一月二十日

之宝

奉天承运，皇帝制曰：任使需才称职，志在宦之美；驱驰奏效报功，膺锡类之仁。尔董尚勋乃直隶天津府庆云县教喻董瓒之父，雅尚素风，长迎善气。弓冶克勤于庭训，箕裘丕裕夫家声。兹以覃恩，貤赠为儒林郎、直隶天津府庆云县教喻。锡之敕命，於戏！肇显扬之盛世，国典非私；酬燕翼之深情，臣心弥励。

制曰：奉职无愆，懋著勤劳之绩；致身有自，宜酬鞠育之恩。尔直隶天津府庆云县教喻董瓒之母刘氏，淑范宜家，令仪昌后。早相夫而教子，俾移孝以作忠。兹以覃恩，貤赠尔为八品孺人。於戏！贲象服之端严，诞膺钜典；锡龙章之涣汗，用表荣施。

敕命

乾隆十六年十一月二十五日

之宝

奉天承运，皇帝制曰：任使需才称职，志在官之美；驱驰奏效报功，膺锡类之仁。尔董正邡乃直隶正定府新乐县训导董廉之父，雅尚素风，长迎善气，弓冶克勤于庭训，箕裘丕裕夫家声。兹以覃恩，貤封尔为修职郎、直隶正定府新乐县训导。锡之敕命。於戏！肇显扬之盛世，国典非私；酬燕翼之深情，臣心弥励。

制曰：劻勷奏绩，膺宠命于朝廷；涣汗敷恩，阐幽光于母氏。尔单氏乃直隶正定府新乐县训导董廉之前母，懿仪不忒，慈范攸昭。谐早岁之倡随，启后人之昌大。兹以覃恩，貤赠尔为八品孺人。於戏！播芳型于彤管，有命自天；贲嘉宠于黄垆，永遂厥祚。

制曰：奉职无愆，克著勤劳之绩；致身有自，宜酧鞠育之恩。尔王氏乃直隶正定府新乐县训导董廉之母，淑范宜家，令仪昌后。早相夫而教子，俾移孝以作忠。兹以覃恩，貤赠尔为八品孺人。於戏！贲象服之端严，诞膺钜典；锡龙章之涣汗，允播徽音。

敕命

乾隆四十二年五月初二日

之宝

奉天承运，皇帝制曰：设官分职，昭器使之无遗；锡类施仁，喜蒙恩于伊始。尔监生董尚友乃陕西榆林府葭州吏目董芳镇之父，秉心醇朴，饬行端方。教悔怀式谷之勤，政事本诒谋之善。兹以覃恩，貤封而为登仕佐郎、陕西榆林府葭州吏目，锡之敕命。於戏！一命得以逮亲，遂膺旷典；庶政期于称职，永荷荣光。

制曰：登皇路以驱驰，原本孝入庭闱，而侍奉严必兼慈。尔吴氏乃陕西榆林府葭州吏目董芳镇之母，性本和柔，饬矜鞶于阃内；教惟勤慎，纾章服于庭前。兹以覃恩，晋貤赠尔为九品孺人。於戏！所亲邀优渥之恩，勉图懋绩；有子效靖共之谊，宜播芳徽。

敕命

乾隆四十二年五月初二日

之宝

奉天承运，皇帝制曰：求治在亲民之吏，端重循良；教忠励资敬之忱，聿隆褒奖。尔庠生董齐彦乃原任山东曹州府城武县知县董岣之父，禔躬淳厚，垂训端严。业可开先，式榖乃宣猷之本；泽堪启后，贻谋裕作牧之方。兹以覃恩，赠尔为文林郎，锡之敕命。於戏！克承清白之风，嘉兹报政；用慰显扬之志，昭乃诒谟。

制曰：锡类扬庥，恩不殊于中外；循陔追慕，情无间于后先。尔赵氏乃原任山东曹州府城武县知县董岣之前母。家风肃穆，内则娴明。瑀珮犹存，眷芳型之未远；杯棬如故，欣庆典之方膺。兹以覃恩，赠尔为孺人。於戏！图史有闻，欲报寸心于宿草；彝章丕焕，用宣后泽于新纶。

制曰：朝廷重民社之司，功推循吏；臣子凛冰渊之操，教本慈帏。尔陈氏原任山东曹州府城武县知县董岣之母，淑慎其仪，柔嘉维则。宣训词于朝夕，不忘育子之勤；集庆泽于门闾，式被自天之宠。兹以覃恩，赠尔为孺人。於戏！仰酬顾复之恩，勉思抚字；载焕丝纶之色，允贲幽潜。

敕命

嘉庆二十四年正月初一日

之宝

奉天承运，皇帝制曰：资父事君臣子，笃匪躬之谊；作忠以孝国家，弘锡类之恩。尔董岣乃州判衔董玉璋之父，善积于身，祥开厥后。教子著义方之训，传家裕堂构之遗。兹以尔子遵例急公，赠尔为征仕郎，锡之敕命。於戏！殊荣必逮于所亲，宠命用光；夫有子钦兹优渥，长芘忠勤。

制曰：奉职在公，嘉教劳之有自；推恩将母，宜锡典之攸隆。尔李张氏州判衔董玉璋之母，壶范宜家，夙协承匡之孅；母仪诒谷，载昭画荻之芳。兹以尔子，遵例急公，赠尔为孺人。於戏！彰淑德于不瑕，式荣象服；膺宠命之有赫，允贲泉垆。

制曰：奏绩在公，已慰勤勉之念；推恩及下，宁遗鞠育之劳。尔王氏乃州判衔董玉璋之生母，持躬以慎，助篚能贤。无忝所生，常念属毛而离里；则笃其庆，俾能尽分以近情。兹以尔子遵例急公，封尔为孺人。於戏！特申母因子贵之文，用昭善则归亲之义。颁兹休命，励乃芳规。

敕命

同治三年十月二十八日

之宝

奉天承运，皇帝制曰：考绩报循良之最，用奖臣劳；推恩溯积累之遗，载扬祖泽。尔董枟乃同知衔山东兖州府宁阳县知县董春卿之祖父，锡光有庆，树德务滋。嗣清白之芳声，泽留再世；衍弓裘之令绪，祜笃一堂。兹以覃恩，貤赠尔为奉政大夫，锡之诰命。於戏！聿修念祖，膺茂典而益励新猷；有谷贻孙，发幽光而丕彰潜德。

制曰：册府酬庸，聿著人臣之积；德门辑庆，式昭大母之芳徽。尔崔氏乃董枟乃同知衔山东兖州府宁阳县知县董春卿之祖母，箴诫扬芬，珩璜表德；顺依母命，宜家久著。其贤声泽裕后昆，锡类式承乎嘉命。兹以覃恩，赠尔为宜人，於戏！播徽音于彤管，壶范弥光；膺异数于紫泥，天庥允劭。

敕命

咸丰十年正月初一日

之宝

奉天承运，皇帝制曰：求治在亲民之吏，端重循良；教忠励资敬之忱，聿隆褒奖。尔董辉乃同知衔山东兖州府宁阳县知县董春卿之父，禔躬淳厚，垂训端严。业可开先，式谷方宣猷之本；泽堪启后，贻谋裕作牧之方。兹以覃恩，赠尔为奉政大夫，锡之诰命。於戏！克承清白之风，嘉兹报政；用慰显扬之志，昭乃遗谟。

制曰：朝廷重民社之司，功推循吏；臣子凛冰渊之操，教本慈帏。尔王氏乃同知衔山东兖州府宁阳县知县董春卿之母，淑慎其仪，柔嘉维则。宣训词于朝夕，不忘育子之勤；集庆泽于门闾，式被自天之宠。兹以覃恩，封尔为宜人。於戏！仰酬顾复之恩，勉思抚字；载焕丝纶之色，用慰劬劳。

敕命

咸丰十年正月初一日

之宝

奉天承运，皇帝制曰：任使需才称职，志在官之美；驱驰奏效报功，膺锡类之仁。尔董瑅乃直隶安平县训导董初为之父，雅尚素风，长迎善气。弓冶克勤于庭训，箕裘丕裕夫家声。兹以覃恩，貤赠为修职郎，锡之敕命。於戏！肇显扬之盛事，国典非私；酬燕翼之深情，臣心弥励。

制曰：奉职无愆，懋著勤劳之绩；致身有自，宜酬鞠育之恩。尔孙氏乃直隶安平县训导董初为之母，淑范宜家，令仪昌后。早相夫而教子，俾移孝以作忠。兹以覃恩，貤赠尔为八品孺人。於戏！贲象服之端严，诞膺钜典；锡龙章之涣汗，允播徽音。

敕命

制曰：群工师济，既懋绩之克昭；母氏劬劳，焕明纶而必及。尔孙氏乃直隶安平县训导董初为之生母。妇职能襄，母仪并著。内协无非之度课，子成有用之才。兹以覃恩，貤赠尔为八品孺人。於戏！加壶内之殊荣，用酬顾复；沐天家之旷典，永贲幽潜。

敕命

同治元年九月初二日

之宝

宣庄董氏

奉天承运，皇帝制曰：策勋疆圉，昭大父之恩勤；锡赍丝纶，表王朝之霈泽。尔董德元乃山东济南卫任城帮领运千总董国印之祖父，敬以持躬，忠能启后。威宣阃外，家传韬略之书；泽沛天边，国有旌常之典。兹以覃恩，貤赠尔为武略佐骑尉。锡之敕命。於戏！我武维扬，持起孙枝之秀；赏延于世，益征遗绪之长。

制曰：树奇功于行阵，业著闻孙锡介福于庭闱，恩推大母。尔李氏乃山东济南卫任城帮领运千总董国印之祖母，壶仪足式，令问攸昭。表剑佩之家声，辉流奕世；播丝纶之国典，庆衍再传。兹以覃恩貤赠尔为安人。於戏！翟茀用光，膺宏休于天阖；龙章载焕，被大惠于重泉。

制诰

道光三十年三月初二日

之宝

奉天承运，皇帝制曰：宠绥国爵，式嘉阀阅之劳；蔚起门风，用表庭闱之训。尔董悦乃山东济南卫任城帮领运千总董国印之父，义方启后，谷似光前。积善在躬，树良型于弓冶；克家有子，拓令绪于韬钤。兹以覃恩，赠尔为武略佐骑尉。锡之敕命。於戏！锡策府之徽章，荐承恩泽；荷天家之庥命，永贲泉垆。

制曰：怙恃同恩，人子勤恩于将母；赳桓著绩，王朝锡类以荣亲。尔林氏乃山东济南卫任城帮领运千总董国印之母，七诫娴明，三迁勤笃。令仪不忒，早流珩瑀之声；慈教有成，果见干城之器。兹以覃恩，赠尔为安人。於戏！锡龙纶而焕采，用答劬劳；象服以承庥，允光泉壤。

制诰

道光三十年三月初二日

之宝

奉天承运，皇帝制曰：国威覃布，尚勤鼙鼓之思；武备勤修，允重干城之选。尔山东济南卫任城帮领运千总董国印，材勇著闻，韬钤娴习，戎行振饬，具知士伍。无譁军政修明，因见拊循；有素欣逢庆典，宜焕温纶。兹以覃恩授尔武略佐骑尉，锡之敕命。於戏！策幕府之勋名，祗承休命；荷天家之光宠，勿替成劳。

制曰：恪恭报国，良臣既殚厥心；贞顺宜家，淑女爰从其贵。尔山东济南卫任城帮领运千总董国印之妻萧氏，含章协德，令仪素著于闺闱；黾勉同心，内治相成于夙夜。兹以覃恩赠尔为安人。於戏！龙章载焕，用褒敬戒之勤；翟茀钦承，益励柔嘉之则。

制曰：臣心报国，每资内助于中闺；妇爵从夫，必普恩施于继室。尔山东济南卫任城帮领运千总董国印之继妻佟氏，姆教素娴，妇功克备。阃言雍肃，宅内外以同心；闺范修明，洁先后而媲美。兹以覃恩，赠尔为安人。於戏！表宜家之有则，宠命均颁；嘉继室之能贤，休光永荷。

制曰：泽沛丹宸，式奖赳恒之绩；恩流彤管，载扬淑慎之风。尔山东济南卫任城帮领运千总董国印之继室王氏，早习女仪，克修妇职。鸡鸣交儆，既砥节于素丝；蚕绩执劳，用邀恩于紫綍。兹以覃恩，赠尔为安人。於戏！巾袿彰和，顺之凤鸾；书诞贲廷，陛焕褒奖之命，翟茀永贻。

敕命

道光三十年三月初二日

之宝

奉天承运，皇帝制曰：宣畅国威，统三军而奏绩；采甄世德，溯四世以推恩。积庆有源，流芳自远。尔董兴宝乃花翎副将衔署贵州安义镇标中营游击右营都司董继平之曾祖父，纯心抱质，善气储祥。丕建乃家，允肇弓裘于奕叶；克昌厥后，诞膺节钺于高门。爰贲徽章，俾扬令问。兹以覃恩，封尔为武功将军。锡之诰命。於戏！簪缨赫耀，式隆一品之殊隆；纶诰辉煌。用慰九原之夙志。祗承宠命，长播徽音。

制曰：德门积善，衍余庆于后人；幕府策勋，锡殊恩于先世。家声克大，阃范攸彰。尔李氏乃花翎副将衔署贵州安义镇标中军游击右营都司董继平之曾祖母，佩服女箴，娴明母道。惠风四好，留懿训于闱中；令绪三传，毓英才于阃外。爰颁茂典，俾阐徽音。兹以覃恩，封尔为夫人。於戏！涣汗诞敷，用播深遐之泽；湛恩遍洒，益扬贤淑之名。显命丕承，幽光允贲。

制诰

道光十六年四月十二日

之宝

奉天承运，皇帝制曰：策勋疆圉，昭大父之恩勤；锡贲丝纶，表王朝之沛泽。尔董有志乃花翎副将衔署贵州安义镇标中营游击右营都司董继平之祖父，敬以持躬，忠能启后。威宣阃外，家传韬略之书；泽沛天边，国有旌常之典。兹以覃恩，封尔为武功将军。锡之诰命。於戏！我武维扬，特起孙枝之秀；赏延于世，聿征遗绪之长。

制曰：树丰功于行阵，叶著闻孙；锡介福于庭闱，恩推大母。尔高氏乃花翎将衔署贵州安义镇标中军游击右营都司董继平之祖母，壶仪足式，令问攸昭。表剑佩之家声，徽流奕世；播丝纶之国典，庆衍再传。兹以覃恩，封尔为夫人。於戏！翟茀用光，膺宏庥于天阃；龙章载焕，昭异泽于皇朝。

制诰

光绪十六年三月二十二日

之宝

奉天承运，皇帝制曰：谊笃靖共，入官必资于敬；功归诲迪，犹子亦教以忠。爰沛国恩，用扬家训。尔董立德乃蓝翎侍卫董继平之胞伯父，躬修士行，代启儒风。抱璞自珍，克发珪璋之秀；储才足用，聿彰杞梓之良。兹以覃恩，貤封尔为武德佐骑尉，锡之诰命。於戏！昭令问于经籯，书贻刻鹄；佩徽音于策府，庞贲回鸾。茂典丕承，荣名益劭。

制曰：家有孝兹之范，是以相继而成；国崇褒锡之文，恩以并推而厚。尔田氏乃蓝翎侍卫董继平之胞伯母，德可相夫，教能启后。一堂环珮，和音克著其慈祥；五夜机丝，内治聿昭其柔顺。兹以覃恩，貤尔为宜人。於戏！溥一体之荣施，鸾章贲采；表同心于训迪，象服分光。

制诰

同治元年九月初二日

之宝

奉天承运，皇帝制曰：德厚流芳，溯渊源之自始；功多延赏，锡褒奖之攸宜。尔董立忠乃蓝翎侍卫加一级董继平之伯父，禔躬笃行，训子义方。燕翼维勤，殚深心于韬略；象服能继，廓大业于弓裘。兹以覃恩，封尔为武德佐骑尉。锡之敕命。於戏！惠光上逮，式膺殊渥之施；恩泽下流，用慰显扬之志。

制曰：家法严明，奖教忠之旧德。壶仪纯备，嘉徙宅之前劳。尔翟氏乃蓝翎侍卫加一级董继平之伯母，早习规箴，夙娴训典。相夫以礼，式彰聚敬之风；教子有成，茂展策勋之志。兹以覃恩，封尔为宜人。於戏！锡翟茀以扬徽，休声益著；贲鸾函而采，惠问弥昭。

制诰

同治元年九月初二日

之宝

奉天承运，皇帝制曰：资父事君，臣子效匪躬之谊；作忠以孝，国家宏锡类之恩。尔董立业乃蓝翎侍卫加一级董继平之生父，善积于身，祥开厥后。教子著义方之训，传家裕堂构之遗。兹以覃恩，封尔为武德佐骑尉。锡之敕命。於戏！殊荣必建于所亲，宠命用光；夫有子承兹优渥，永芘忠勤。

制曰：豫悃奉公，嘉教劳之有自；推恩将母，宜锡典之攸隆。尔张氏乃蓝翎侍卫加一级董继平之母，壶范宜家，夙协承筐之孅；母仪诒谷，载昭画荻之芳。兹以覃恩，封尔为宜人。於戏！彰淑德于不瑕，式荣象服；膺宠命之有赫，永贲泉垆。

制诰

同治元年九月初二日

之宝

奉天承运，皇帝制曰：俾孝作忠，家有义方之训；有功必赏，国有宠锡之恩。尔董立功乃花翎副将衔署贵州安义镇标中军游击右营都司董继平之叔父，敬以持躬，祥开厥后。家传韬略之书，诲及犹之；国有旌常之典，宠锡攸隆。兹以覃恩，封尔为武功将军。锡之敕命，於戏！邀王朝之德泽，永耀门庭；表宠命之殊荣，允光泉壤。

制曰：奉职无愆，懋著勤劳之绩；致身有自，宜酬鞠育之恩。尔赵氏乃花翎副将衔署贵州安义镇标中军游击右营都司董继平之婶母，淑范宜家，令仪昌后。早相夫而施孝，俾移孝以作忠。兹以覃恩，封尔为宜人。於戏！贲象服之端严，诞膺钜典；锡龙章之涣汗，永播徽音。

制曰：阃仪济美，既并播其芳声；策命扬休，宜均沾乎渥泽。尔王氏乃花翎副将衔署贵州安义镇标中军游击右营都司董继平之婶母，毓英名阀，俪德高门。琴瑟调在御之和，令模夙著；机杼媲中闺之美，慈训永昭。兹以覃恩，封尔为宜人。於戏！情深鞠育，恩固不间于所生；典重显扬，荣亦载加泉原。

制诰

同治元年九月初二

之宝

奉天承运，皇帝制曰：戎行振饬，具知士伍无譁；武备勤修，允是干城之选。尔原任贵州省古州镇中衡游府董继平，识量渊宏，品格冲粹。名高列阃，学窥八面。韬钤望重干城，才吐九天星斗。欣逢庆典，宜涣温纶。是用覃恩，封尔为武显将军。锡之敕命。於戏！策幕府之勋名，祇承休命；荷天家之光宠，勿替成劳。

制曰：人臣宣劳抚字，厥务孔艰不有；淑媛内修曷赞，故荣褒者必及其配。所以表相成之美，而正风化之原也。尔耿氏乃原任贵州省古州镇中衡游府董继平之妻，祥肇名宗，作宾硕彦。懋明内则，肃雍加于是案；克修阃仪，清贞翊彼官方。洵尔女中之贤，相予干城之俊。是用覃恩，封尔为宜人。於戏！溯徽音于琴瑟，式贲六枷；昭宠命于丝纶，弥敦四德。

制曰：朕闻贤妇之益，比于友生，则内助之不可已也。从爵而贵，孰曰不宜？尔乃原任贵州省古州镇中衡游府今封武显将军董继平之继妻李氏，英门美质，喆士好逑。作空惟勤，不簪鸣环之儆；亲贤是最，常师解佩之风。是以覃恩，封尔宜人。於戏！锡宠章于闺闼，惠闻常流；荷嘉奖于丝纶，芳声永邵。

敕命

同治元年九月初二日

之宝

奉天承运，皇帝制曰：分符百里，必遴出宰之材；报勛三年，爰重懋官之典。尔蓝翎五品顶戴、候补州判调署柳驹县知县、署理穷水县知县加一级董均平，雅擅才能，克宣慈惠，抚绥有要，常深疾痛在已之心；怀保无穷，不忘顾复斯民之责。兹以覃恩，授尔为文林郎。锡之敕命。於戏！前劳已茂，用褒制锦之能；来轸方遒，益励饮水之操。

制曰：良臣宣力于外，效厥勤劳；贤媛襄职于中，膺兹宠锡。尔乃蓝翎五品顶戴、候补州判署柳驹县知县、署理穷水县知县加一级董均平之妻高氏，终温且惠，既静而专。綦缟从夫，克赞素丝之节；频繁主馈，爰流彤管之辉。是用覃恩，封尔为儒人。於戏！敬尔有官，著肃雍而并美；职思其内，乃黾勉以同心。

制曰：士通籍承明，夙夜匪懈。非有珩璜之佐，克赞清勤，得无牵内顾，而忘燕儆乎！此锡庆庭僚，必疏荣闺媛也。尔乃蓝翎五品顶戴、候补州判调署柳驹县、署理穷水县知县加一级董均平之继妻马氏，齐媚徽音，图箴淑度。撷频菜藻，夙彰宜室之风；说礼敦诗，具见同心之雅。尔夫人之奉公无愆，克共厥职者，资尔实多。是用覃恩封尔为儒人。於戏！无忘象服之荣，勉副鸾之锡，祗承宠典，益播休声。

敕命

同治十二年三月初五日

之宝

孙氏家族

奉天承运，皇帝制曰：好仪可风，教育笃相攸之谊；加恩无已，褒崇惬报往之思。荣名既策，夫臣工宠命，宜加颁于戚属。尔董鹏扬乃在任候补道江苏无锡县知县孙赞元之妻父。谨恪持躬，睦婣笃行。重门楣之选择，职擅几先；冀廊庙之显扬，情同启后。兹以尔婿克襄王事，貤封尔为中宪大夫，锡之诰命。於戏！表潜德以宣示四方，知半子报施之厚；贲新纶而辉煌五色，昭大廷申锡之隆。被以殊荣，钦承恩赞。

制曰：协尔雅外姑之义，柔嘉聿著贤声；慎礼经内则之文，黾勉弥敦懿范。允称阐扬之锡命，用彰闺阃之诒谟。尔董孟解氏乃在任候补道江苏无锡县知县孙赞元之妻母，钟郝无惭，朱陈氏好。重于妇之始训，敬戒维勤；垂克相之芳型，柔嘉有则。兹以尔婿克襄王事，貤封尔为恭人。於戏！为风俗劝鸾，早推甥室之恩；作女士师象，服被天家之泽。敬承懋典，长播德馨。

诰命

光绪二十七年七月十六日

之宝

魏庄子赵氏

奉天承运，皇帝制曰：求治在亲民之吏，端重循良；教忠励资敬之忱，聿隆褒奖。尔赵书乃河南陈州府项城县知县保淳之父，禔躬淳厚，重训端严。业可开先，式谷乃宣猷之本；泽堪启后，贻谋裕作牧之方。兹以覃恩，封尔为文林朗。锡之敕命。於戏！克承清白之风，嘉兹报政；用慰显扬之志，昭乃贻谋。

制曰：朝廷重民社之司，功推循吏；臣子凛冰渊之操，教本慈帏。尔赵氏乃河南陈州府项城县知县保淳之嫡母，淑慎其仪，柔嘉维则。宣训词于朝夕，不忘育子之勤；集庆泽于门闾，式被自天之宠。兹以覃恩，赠恩尔为孺人。於戏！仰酬顾后之恩，勉思抚字；载焕丝纶之色，允贲幽潜。

制曰：朝廷重民社之司，功推循吏臣；子凛冰渊之操，教本慈帏。尔解氏乃河南陈州府项城县知县保淳之母，淑慎其仪，柔嘉维则。宣训词于朝夕，不忘育子之勤；集庆泽于门闾，式被自天之宠。兹以覃恩赠恩尔为孺人。於戏！仰酬顾后之恩，勉思抚字；载焕丝纶之色，用慰勤劳。

敕命

咸丰五年十月二十日

之宝

奉天承运，皇帝制曰：委质策名，荣既膺夫簪绶；克家缵绪，光必逮乎门闾。尔赵荫堂乃河南陈州府项城县知县保淳之兄，乃足持躬，情殷训弟，经传诗礼。青缃扬雁序之辉，庆笃芝兰；丹綍焕龙章之丽，芳徽允懋。新典宜颁。兹以覃恩，貤封尔为文林郎。锡之敕命。於戏！被章服以增荣，事显友恭之义；承丝纶而无忝，弥彰善庆之风。

制曰：教佐义方，内则允彰。夫懿范荣，敷闺阈朝思，宜体乎私情。尔郭氏乃河南陈州府项城县知县保淳之嫂，贞淑性成，徽柔道协。身娴姆训，聿储卓荦之才；志禀慈微，用衍炽昌之绪。丕昭淑慎，特贲丝纶。兹以覃恩，貤赠尔为孺人。於戏！龙章式焕，令仪著美于当时；象服钦承，名德益彰于奕叶。

敕命

咸丰五年十月二十日

之宝

奉天承运，皇帝制曰：秩分介胄，克抒报国之忱；教始庭帏，诞启折薪之祚。尔保淳乃满军蓝旗世袭云骑尉赵光璧之父，禔躬笃行，训孟义方，燕翼维勤，殚深心于韬略；象贤能继，拓大业于箕裘。兹以覃恩，貤赠尔为武德骑尉。锡之诰命。於戏！思光上逮，式殊渥之施；惠下流益，表令名之著。

制曰

家法严明，奖教忠之旧德；壶仪纯备，嘉徙宅之勤劳。尔陈氏乃满军正蓝旗世袭云骑尉光璧之母，早习箴规，夙娴训典。相夫以礼，式彰聚敬之风；教子有成，茂展策勋之志。兹以覃恩，封尔为宜人，赐之诰命。於戏！锡翟茀以扬薇，休声益著；贲鸾函而焕采，惠问弥贻。

诰命

咸丰十一年十月初九日

之宝

西葛李氏

奉天承运，皇帝制曰：求治在亲民之吏，端重循良；教忠励资敬之忱，聿隆褒奖。尔太学生李贵科乃四川成都府崇宁县知县李自超之父，禔躬淳厚，垂训端严。业可开先，式谷乃宣猷之本；泽堪启后，贻谋裕作牧之方。兹以覃恩赠尔为文林郎，锡之敕命。於戏！克承清白之风，嘉兹报政。用慰显扬之志，昭乃遗谟。

制曰：朝廷重民社之司，功推循吏；臣子凛冰渊之操，教本慈帏。尔霍氏乃四川成都府崇宁县知县李自超之母，淑慎其仪，柔嘉维则。宣训词于朝夕，不忘育子之勤；集庆泽于门闾，式被自天之宠。兹以覃恩赠尔为太孺人。於戏！仰酬顾复之恩，勉思抚字；载焕丝纶之色，允贲幽潜。

敕命

嘉庆二十四年正月初一日

之宝

奉天承运，皇帝制曰：分符百里，必遴出宰之材；报最三年，爰重懋官之典。尔四川成都府崇宁县知县李自超，雅擅才能，克宣兹惠。抚绥有要，常深疾痛在已之心；怀保无穷，不忘顾复斯民之责。兹以覃恩授尔为文林郎。锡之敕命。於戏！前劳已茂，用褒制锦之能；来轸方遒，益励饮冰之操！

制曰：良臣宣力于外，效厥勤劳；贤媛襄职于中，膺兹宠锡。尔四川成都府崇宁县知县李自超之妻陈氏，终温且惠，既静且专。綦缟从夫，克赞素丝之节；频繁主馈，爰流彤管之辉。兹以覃恩，赠尔为孺人。於戏！敬尔有官，著肃雍而并美；职思其内，昭淑慎之遗徽。

敕命

嘉庆二十四年正月初一日

之宝

赋役

卷之四

田赋

营田

差徭

水灾

缓免

田赋

《通典》有之：谷者，人之司命；地者，谷之所出；而人者，君之所治也。竭奉公之节，上不阙供副恤人之心，下不靡敝邑令之责，不綦重哉！丰自圈补数更，旗民杂处，厥赋维均，忧乎难之，乃里书诡于飞洒，豪右巧于影射，核其实而清其弊，则必自志乘之典籍始。志田赋。

——光绪《丰润县志》

田

八里民地，小亩原额六千六百一十四顷玖十九亩二分五厘五毫。

五图灶地，小亩原额四千八百九十四顷六十五亩四分二厘五毫。（内顺治二、三、四年，共圈丈去民地四千零一顷七十三亩五厘八毫，又圈丈去灶地二千四十拾七顷七拾七亩八分三厘四毫。顺治三、四、六、七、八年投充，共带去民地一千九百一顷七拾二亩三分七厘九毫，又带去灶地二千八百四十六顷八十七亩五分九厘一毫外）。实存民地七百一十一顷五十三亩八分一厘八毫。

拨补退出并开垦闪出地原额共二千四百零一顷六十亩八分二厘九丝八微。内除拨补圈去并没入旗下又买去营治稻田地外。实存地九百五十四顷二亩九分四厘八分四丝三忽八微。

查出开垦地，顺治五年至十三年，原额共地一千七百七十四顷二亩七分二厘六毫一丝八忽。内除拨补圈去并没放旗下地外。实存地三百三十五顷八十四亩六厘八毫九丝二微。

受补外州县大小亩原额二千六百九十一顷九十六亩二厘三丝八忽，内除退回各州县大小亩地一千七百七十二顷六十七亩五分五厘五丝七忽八微外，实存大小亩通折等地九百一十九顷二十八亩六分五厘一毫八丝四微。（乾隆三年奉文各归本州县入额征粮）

乾隆九年至十九年，新增开荒地共二百二十二顷五十一亩五分二厘，额内额外并新增开荒地总共七千三百五十六顷四十五亩九分七厘二毫五丝七忽四微二织。

乾隆十九年至光绪十一年，新增开荒等地共七千二十一顷七十九亩五分四厘余。

额内额外并新增开荒等地总共一万四千三百七十八顷二十五亩五分一厘余，瓦房二十间草房六间。

——光绪《丰润县志》

顺治元年，丁丑，谕户部。我朝建都燕京。期于久远，凡近京各州县民人无主荒田及明国皇亲驸马公侯伯太监等死于寇乱者，无主田地甚多。尔部可概行清查。若本主尚存，或本主已死而子弟存者，量口给与。其余田地尽行分给东来诸王、勋臣、兵丁人等。此非利其地土，良以东来诸王、勋臣、兵丁人等无处安置，故不得不如此区画。然此等地土若满汉错处，必争夺不止。可令各府州县乡村。满汉分居，各理疆界，以杜异日争端。今年从东先来诸王各官兵丁及见在京各部院衙门官员，俱著先拨给田园。其后到者，再酌量照前与之。至各府州县无主荒田，及征收缺额者，著该地方官查明造册送部，其地留给东来兵丁。其钱粮应征与否，亦著酌议。至熟地钱粮，仍照额速征。凡绅民有抗粮不纳者，著该抚按察处。有司官徇情者，著抚按纠参。若抚按徇情事发，尔部即行察奏。

顺治二年，乙卯，户部奏言，民间田地拨给满洲，虽已于邻近地方补还。但庐舍田园，顿非其故，迁徙流离，深为可念。应照被拨地数，一应钱粮，全免一年。其地土房舍，虽未经拨给满洲，而与近村被拨之民同居分种，亦应照分出地数，将一应钱粮量免一半。凡故明公侯外戚屯地，既经拨出，其钱粮自应照数永免。如有被拨之民，将他处未拨产业混开冒免者，察出重究。从之。

顺治四年，辛亥，户部奏请，去年八旗圈地、止圈一面内薄地甚多，以致秋成歉收，今年东来满洲又无地耕种，若以远处府州县屯卫故明勋戚等地拨给，又恐收获时，孤贫佃户，无力运送。应于近京府州县内，不论有主无主地土，拨换去年所圈薄地，并给今年东来满洲。其被圈之民，于满洲未圈州县内查屯卫等地拨补，仍照迁移远近豁免钱粮。四百里者，准免二年；三百里者、准免一年。以后无复再圈民地。庶满汉两便，疏入从之。于是圈顺义、怀柔、密云、平谷四县地，六万七百五晌，以延庆州、永宁县、新保安、永宁卫、延庆卫、延庆左卫右卫、怀来卫、无主屯地拨补。圈雄县、大城、新城三县地四万九千一百一十五晌，以束鹿、阜城二县无主屯地拨补。圈容城、任邱二县地三万五千五十一晌，以武邑县无主屯地拨补。圈河间府地二十万一千五百三十九晌，以博野、安平、肃宁、饶阳四县先圈薄地拨补。圈昌平、良乡、房山、易州、四州县地五万九千八百六十晌，以定州、晋州、无极县、旧保安、深井堡、桃花堡、递鹗堡、鸡鸣驿、龙门所、无主屯地拨补。圈安肃、满城二县地三万五千九百晌，以武强、藁城二县无主屯地拨补。圈完县、清苑二县地、四万五千一百晌，以真定县无主屯地拨补。圈通州、三河、蓟州、遵化、四州县地十一万二百二十八晌，以玉田、丰润二县圈剩无主屯地，及迁安县无主屯地拨补。圈霸州、新城、漷县、武清、东安、高阳、庆都、固安、安州、永清、沧州十一州县地十九万二千五百一十九晌，以南皮、静海、乐陵、庆云、交河、蠡县、灵寿、行唐、深州、深泽、曲阳、新乐、祁州、故城、德州各州县无主屯地拨补。圈涿州、涞水、定兴、保定、文安五州县地十万一千四百九十晌，以献县先圈薄地拨补。圈宝坻、香河、滦州、乐亭四州县地十万二千二百晌，以武城、昌黎、抚宁、各县无主屯地拨补。

顺治四年，庚午，谕户部，满洲从前在盛京时，原有田地耕种。凡赡养家口以及行军之需，皆从此出。数年以来，圈拨田屋，实出于万不得已，非以扰累吾民也。今闻被圈之民，流离失所，煽惑讹言，相从为盗，以致陷罪者多，深可怜悯。自今以后，民间田屋，不得复行圈拨。著永行禁止。其先经被圈之家，著作速拨补，如该地方官怠玩，不为速补，重困吾民，听户部严察究处。著作速行文该抚按，诞告吾民，咸使闻知。

——《顺治实录》

雍正七年，谕户部：向来三陵俸工米石，皆系截留漕米支给。自康熙五十年漕米不敷，经直抚题请，将不敷之米，每石给银一两，令遵化、蓟州、丰润三州县采买支放。州县委之吏胥，遂致吏胥串通兵役，折银代米，私相授受。虽经降上喻严禁，恐此弊未能尽除。而州县之运送本色者，车脚之费，不无赔垫。且领银采买，或值米贵之时，一时难以购办。官员兵役，未免守候时日。是折银采买，于官兵均属未便。著总理三陵事务尚崇廙将三陵官员太监兵役，每年需给俸工米石，分析白米、稜米、粟米数目，预行造册，咨报户部。户部行知仓场，预行照数截留，分贮遵化、蓟州、丰润三州县。于庚戌年为始，所有俸工米石，均以本色给发。如此，则更无不敷之米。陵寝员役，不至守候待支。胥吏兵丁，可免串通折价之弊。而州县亦无赔垫脚价之累矣。

——《雍正实录》

赋

民地：八厘六毫七丝六忽。

备边地：二分二厘至二分二厘八丝不等。

灶地：五厘四毫八丝五忽五微四织四沙三尘一埃。

更名地：一分五厘八毫六丝八忽。

备荒地：一分二厘至二分二厘八丝不等。

太仆寺地：一分。

屯定地：二分至二分二厘不等。

水田地：一分五厘八毫六丝八忽。

牧马草场地：康熙三十九年改主小亩为一大亩，五厘五毫。

苇地：一分一厘至二分二厘不等。

与前卫地：二分二厘。

陈、周、刘三府地：二分二厘。

府地：一分二厘。

黑豆地：二分二厘。

东厂地：二分。

香火民地：同民地。

河淤民地：同民地。

以上各项地银数，俱系每亩正银，此外每亩额各加芝棉胖衣银三丝三忽二微二织七沙五厘六埃一渺七漠，遇闰，每两加银七厘九毫四丝。至额外地有慈宁宫地、延庆宫地、乾清宫地、英国公地、陈皇亲地、张王亲地、永年伯地、三王府退出备边改左都督刘地、荣昌公主地、里安长公主地、遂平长公主地、文皇亲地、三屯营熟地、青山营熟地、苇地、太平寨熟地、汉儿庄地、开荒充饷地、大马松三路退出备边地、水田熟地、荒地、牧马草场地、牧马籽粒地、太仆寺牧马籽粒地、各项征银不等。其芝棉胖衣银或加或不加，限于章幅不能备载也。

本县丁银，中上则一两，中上则九钱，中下则八钱，下上则七钱，下中则六钱，下下则五钱。

——光绪《丰润县志》

附：

海防粮

民荒上地，二十四顷一十九亩四分七毫，草房十间，每亩每间征租银八分。

民荒中地，一顷一十二亩三分八厘，草房二十二间，每亩每间征租银七分。

民荒中地，五十顷七十五亩五分三厘，每亩议征租银六分。

民荒下地，一百五十二顷三十一亩五分三厘三毫，每亩仪征租银五分。

共地二百二十八顷三十八亩八分五厘，草房三十二间，共征租银一千二百八十九两八钱六分六厘。自道光二十三年征租为始，批解藩库。

又储备军饷民荒地十一顷三十亩四分四厘，每亩征租银四分五厘，共征租银五十两八钱七分。自道光二十八年征租为始，批解藩库。

旗粮

同治元年，藩宪札开。咸丰十一年奏准，每亩额征银八厘七毫。自同治元年至今年，共报地一百五十二顷五十七亩五分七厘八毫二丝，房二百六十三间半。每年共征银一百三十四两六钱六分二厘九毫七丝四忽八微。

当税、牛驴牙帖杂税并无定额，尽收尽解，年终年款造册报销。

营田

王兰庄有营田两处，南围菱角泊水田共地捌顷伍拾壹亩壹分，布种稻谷；北围三角淀旱田共地参拾玖顷肆拾玖亩，布种杂粮。此项营田系工部侍郎王钧捐置，于雍正十三年奏明，将营成地亩开除粮额，乾隆元年二月内归公，交地方官招佃承种，官肆佃陆分收。乾隆十二年，委营田官经理，其官肆谷石，照贰谷壹米碾成糙米，运解蓟仓以充陵寝官弁俸饷之需。余米变价解司，作为莲池书院士子膏火等项之资。所有管理营田官于道光十一年奏明裁撤，仍交地方官经营。因历年被歉，收不足额，递年短少，共短缺蓟仓额米九千余石。光绪三年，经督宪李奏明，将所短之米豁免，议定以光绪三年为始，南围水田解额糙稻米四十二石五斗五升五合，北围旱田额解粟米二百二十五石零九升三合，以为定额，嗣后不准颗粒少解。

——光绪《丰润县志》

差徭

按：户役之征，自古有之。宋时差役雇役二法，议论不一，各有利弊。至清代道咸年间，差徭之征，漫无限制。胥役藉端勒索，妨农害民，不堪其苦。自同治十年，知州游智开、朱靖旬二公，办理差徭，力除积弊，派夫征车，示有定数，法良意美，人民爱戴不忘。兹录旧志，将各差办法，分志于下，以备异日稽考焉。

——《滦县志》

顺治十一年，丙辰，户部奏言。人丁地土、乃财赋根本。故明旧例，各直省人丁，或三年，或五年，查明造册，谓之编审。每十年又将现在丁地，汇造黄册进呈。我朝定鼎以来，尚未举行，今议自顺治十二年为始，各省责成于布政使司，直隶责成于各道，凡故绝者开除、壮丁脱漏及幼丁长成者增补，其新旧流民，俱编入册。年久者，与土著一体当差。新来者，五年当差。至于各直省地土，凡办纳钱粮者，为民地。不纳钱粮者，不分有主无主，俱为官地。各边镇俱应照例分别。其荒田旷土，招民开垦，一如兴屯之法。畿内满汉错杂之处，难以清查，如有隐地漏粮，讦人告发。从之。

——《顺治实录》

清帝诣盛京谒陵道差：修垫尖营地盘，搭盖桥座，派拨里下，共壮夫八百名，大车五十一辆。原派一百日，回差三十日。每车一辆，乡民交价，折滦钱十千；每夫一名，折滦钱一吊。又修垫道路，派拨里下，共壮夫五百名，大车十二辆。原派六十七日，回差三十日。尖营在榛子镇预备，距城九十里。按道光九年以前，差徭极轻。恶其害己者，去其籍矣。嗣后办差，皆以陈任案宗为示，故着于此。

——光绪《滦州志》

玉牒，十年送盛京太庙一次。每次道差：派拨里下，共壮夫五百八十四名九分，共大车二十九辆七分四厘九毫。原派一百日，回差三十日。宿站在榛子镇预备，距城九十里。

皇白道差：派拨里下，共壮夫七百四十八名四分，共大车三十辆零三分五厘五毫。往返六十日。

东西陵马差：奉调协济马匹，每次或三十匹，或四五十辆不等，无定额。向系藉资民力，奉文后谕饬地甲，摊于六十二社之内，均匀派拨。定章以六十日计算。每马一匹，每日折交东钱五吊，其马价值，需用包杆站鞍马夫饭食马匹喂养等费，俱在折价之内。

——光绪《滦州志》

附：

各屯社派兵差车辆数目：

北柳河社大车一辆，六分九厘五毫；赤口社大车二辆，八分九厘五毫；桥头社大车三辆，五分二厘五毫；花港社大车一辆，九分九厘五毫；狗儿社大车两辆，四分四厘五毫；嘉祐屯，大车二辆，七分。

兵差旧无定章。吏役任意中饱，需索无厌，追比甚于催租。以至閭阎被累，十室九空。其在咸丰年者为尤甚。自同治十年十一年，州牧游公朱公接任，严剔其弊，于各社张示晓谕：遇有征兵过境，其奉文谕饬地方官供应者，每兵一千名，共谕派大车一百二十辆，分在各社公摊。其往返并守候回空各日期，统以二十八日为定限。每日每车，交折价东钱十千。所需供应弁兵酒水口粮马干等费，运载军装火药等车费，俱在折交车价之内。如是而已。但过境之兵，或有多寡，此以一千名为程序。兵多则照增，兵少则照减。示谕一出，民皆欢抃。同治十一年，阖境绅民在州署仪门侧立碑，刊刻章程，以垂久远。迄今照办，官无丛棘之虞，而民力亦纾焉。

——光绪《滦州志》

附：

《去思碑文》云：

且夫小民何知，有利害而已。利不自兴，有兴之者；害不自去，有去之者，民始戴之如慈父母焉。然兴利与去害，初非两事也。害去则利兴，岂必家赐人与，始谓之利哉。我敏翁朱老父台，权篆斯土。凡盗贼赌博，以及土豪之欺压，讼棍之讹挑，为害阎闾之事，莫不剔除殆尽。而去兵差积弊，尤足以垂之悠久。吾滦僻处一隅，不通大道，本无兵差。其有兵差者，不过协济卢迁十分之四。为数无多，奈日久弊生，变本加厉。前升州游太尊，深知其弊。征从前之浮派，拟以后之规条。彻底根究，通盘筹算，将虚縻一概翦裁。办有成案，本拟出示晓谕，永为定章。未及核办，既已超迁。迨我父台大人接署，以教养为先务。谓书院不就，由于民力不支；民力不支，由于兵差为累。于是上承府宪之定章，下由小民之呈请，酌定过兵一千名，大车一百二十辆，往返二十八日，永为定式。兵多则照增，兵少则照减，案日每车交价东钱十千一辆，使费全行在内。去岁十一月内，黑龙江征兵过境，既照此办理。官无赔累，民乐输将。遵照部文，刊刻告示，散于各社，案村收执。俾人人知有据依，永远遵照。二月十三日，身等亦在府宪案下声明，蒙批允准在案。是游太尊作之于前，朱父台成之于后，岂非千载一时之遇哉？且今春派办道差，亦照每车十吊，十夫一车办理，有断案可查。万民感戴，没齿难忘。今日我父台已卸事矣。借寇无从，永沐甘棠之泽；思刘有术，常怀偃草之风。若夫铺张盛德，摭拾肤词，则蚩蚩所不敢出也。

——光绪《滦州志》

水灾

乾隆二年，丰润县还、陡二河水发，曹家泊等三处营田围埝漫溢，田禾确查另报。

——七月初七日李卫奏

乾隆二年，今年夏末秋初，阴雨连绵，河流泛涨，低洼积水。营治稻田地方，如：霸州、文安、大城、保定、新安、大津等县，虽高阜有收，而水田多被淹浸。平山、丰润、玉田、涿州、房山、安肃、满城、定州、邢台、南和、任县、磁州、永年、宁晋等十四州县，其中有成灾者，所种禾稻不无浸伤，即不成实．洼处收成亦皆淡薄。

——九月二十一日李卫奏

乾隆三年，丰润县高地实收六、七、八分，洼地实收六七分不等，被水被虫者实收五分，水园山地实收七分、八分，通县合计实收六分。

——九月二十八日李卫奏

乾隆十一年，又据蓟州、丰润、玉田、宝坻及河间之东光等五州县禀报，十三、十四、十五日（公历 7 月 30、31 日，8 月 1 日）连雨，水势骤涨，漫溢堤埝，前月被水村庄，复经淹漫。十九日晴霁之后，高地已涸出，禾菌略减收成。其低地积水难以疏消，不无久漫淹损。

——六月二十八日那苏图奏

乾隆二十六年，蓟运河于六月二十五、二十六两日（7月26、27日），……又丰润县雨水过多，兼因漫水波及被淹。……又丰润县陡河骤涨，漫溢花亭子旧埝，随即堵筑断流。复有滦州稻地村陡河漫下之水流入境内，并滦山各水淋漓奔赴，自西北汝河至东南胥各庄，水过之处村庄多被淹浸。

——七月二十四日方观承奏

乾隆二十六年，入秋以来，雨水稍多。臣途次所经，如永平所属之滦州。遵化所属之丰润、玉田，顺天府所属之蓟州、三河、通州、顺义等处，低洼地亩间有被淹之处。

——八月初三日顺天学政张泰开奏

乾隆三十六年，七月初一至初五六等日（8月10—14、15日），大雨连绵，或河流盛涨，或沥水汇归。据各属于初五日起至十六日（8月14—25日）止。陆续具报被水四十一州县。……清苑、安州、高阳、新安、蠡县、涿州、昌平、密云、怀柔、宝坻、香河、宁河、三河、蓟州、保定、文安、天津、静海、丰润、玉田二十州县被水稍重。

——七月二十日杨廷璋奏

乾隆四十五年，查乾隆四十五年（1780年）霸州等六十三州县厅被水轻重不等。……所有霸州、保定、文安、大城、固安、永清、东安、大兴、宛平、房山、武清、宝坻、蓟州、宁河、清苑、蠡县、雄县、安州、高阳、新安、河间、献县、任丘、交河、天津、青县、静海、沧州、鸡泽、延庆、保安、蔚州、怀来、丰润、玉田等三十五州县被灾村庄较多。

——十月二十二日袁守侗奏

乾隆五十五年，前奏霸州、武清、宝坻、永清、固安、香河、景州、河间、献县、任丘、雄县、天津、卢龙、滦州、乐亭、朝阳、丰润、玉田等州县被水。

——七月二十九日梁肯堂奏

乾隆五十五年，查本年成灾应赈者五十三州县，……永平府属之乐亭、滦州、卢龙、昌黎，遵化州属之玉田、丰润等三十州县，或滨临河淀被水较重，或系上年被灾之区，连岁歉收。

——十二月初八日梁肯堂奏

乾隆五十九年，前此查办被水情形，臣与司道等分路履勘，……至次重之通州、涿州、良乡、宁河、丰润、玉田、大名、元城八州县八分灾极贫仍展赈一个月。

——十二月二十三日梁肯堂奏

嘉庆六年，又据滦州、大名、丰润、平谷等州县禀报均被水。

——六月二十九日熊枚奏

嘉庆六年，专办煮赈未给银米者共十五州县：三河、蓟州、固安、定兴、新城……丰润、玉田、永清。

附奏清单：丰润县各项地亩，除被水地七成无收外，计有收地三成，秋禾约收四分。

——九月二十四日陈大文

嘉庆十五年，……又据方受畴详称，被灾州县除先经具报之固安、永清、霸州、保定、文安、大城、雄县、任丘、安州、新安、宛平、东安、武清、良乡、涿州、房山、通州、新城、容城、安肃、定兴、丰润、玉田、清苑、冀州、青县二十六州县外，……惟较重之固安、永清、霸州、保定、文安、大城、雄县、任丘、安州、新安，次重之清苑、宛平、涿州、房山、良乡、安肃、新城、容城、丰润、玉田二十州县核计成灾六七八九分不等。

——八月初三日温承惠奏

嘉庆十七年，沧州、盐山、丰润、新河四州县，七、八月间（8月上旬—10月上旬）连次大雨，低洼处所间被淹浸。

——九月初六日温承惠奏

道光二年，本年入夏以来，雨水过多，各河宣泄不及，以致田禾被淹。……续据大兴、宛平、昌平、保定、文安、固安、东安、三河、武清、宝坻、蓟州、宁河、满城、容城、完县、阜平、河间、献县、肃宁、青县、沧州、大名、丰润、玉田、冀州、南宫、新河、武邑、衡水、赵州、柏乡、深州、武强、曲周、平乡、鸡泽、元城、南乐、任县、天津等四十州县陆续禀报被水淹漫等情。

——七月十三日颜检奏

道光三年，直属地方，本年自春徂夏，缺雨干旱，麦收歉薄。迨六月初旬（7月8—17日）以后，大雨连绵，异常倾注，各处山水陡发，甚为汹涌，……其余无河不涨，附近河堤村庄及低洼之地无处不淹。今岁被水情形实重于去年。……据藩司……呈称，遵化州并所属之丰润、玉田等八十一州县，陆续禀报田禾被水冲淹，兵民房屋城垣衙署亦均有倒塌等情。

——七月十一日蒋攸铦奏

道光九年，直属地方，本年春夏之间，雨泽调匀，田禾一律畅茂。缘入伏后，各州县晴雨不同，间有未能沾足，以及滨临河泊地势低洼被水淹浸之处。……宁河、安州、静海、沧州、南皮、盐山暨丰润、玉田、宁晋等九州县报有被水村庄。

遵化州属丰润县迷城坨等五十七村庄，……遵化州属丰润县原报被水越支庄等一百四村庄……均请缓至次年麦后启征。

——十月初二日那彦成奏

道光十二年，直隶地方，本年麦收牵计尚获中稔。惟近京一带之三河等十三州县，以雨泽愆期，收成减薄。……迨入伏以后，恒旸日久，经臣查明被旱之大城等八十二州县厅。……嗣于六月下旬（7月18—26日），频得透雨，……其滨湖河泊处所，又因秋霖过多，或沥水汇积，或堤埝漫溢，以致洼地被淹，并有被雹、被霜之处。

前据……遵化州并属之遵化丰润、玉田等六十六州县厅，先后禀报被旱、被水、被雹、被霜等情。

先旱后涝之宝坻、香河、顺义、丰润等四县，均系全境歉收三四分不等。

——闰九月初十日琦善奏

道光二十年，遵化州并属除丰润、玉田二县内有被水村庄……

——九月十五日讷尔经额奏附清单

道光二十年，直隶地方，本年夏秋以来。雨泽较多，滨临河泊及地势低洼之区，或因沥水汇归，或因堤埝漫溢·致被淹漫。兼有雨中带雹之处。前据霸州等三十三州县先后禀报，……嗣又据安肃等十一厅州县续行禀报，……

丰润县东刘良庄等三百二十村庄；

——十月初四日讷尔经额奏

咸丰五年，查直隶秋禾被水、被雹、被蝻，勘明灾歉之保定等五十八州县，……至开州、东明、长垣、保定、吴桥、东光、宝坻、宁河、新城、雄县、安州、高阳、天津、静海、丰润、玉田等十六州县成灾五六七八九分村庄，……其成灾之开州、东明、长垣、保定、吴桥、东光、宝坻、宁河、新城、雄县、静海、丰润、玉田等十三州县歉收三四分村庄并安州、高阳、天津等三州县歉收四分村庄……

——十二月十七日直隶总督桂良奏

同治三年，本年……东安、唐县、丰润等六州县成灾五七八九分各村庄，……缓至同治四年秋后启征。

——十二月二十四日直隶总督刘长佑奏

同治十二年，丰润县柳树酄等二十一村成灾五分，大孙庄等八十七村歉收四分，李新庄等七十二村歉收三分。

——十月十二日李鸿章奏

光绪二年，直境本年自春徂夏，天时亢旱。……闰五月十一日（7月2日）起，各属次第得雨。……惟麦收已形歉薄，统计仅得五分。迨夏秋阴雨连绵，……其各处支河民堤间有被冲决。……计通州、武清、宝坻、蓟州、香河、宁河、霸州、文安、怀安、遵化、丰润、玉田、武邑、武强、饶阳、安平、定州、深泽等六十三州县，各有被水、被旱、被雹、被潮、被霜、被风村庄。

——十月二十日李鸿章奏

光绪五年，直境本年春雨愆期，麦收歉薄，四、五月间始沾甘雨。……五月中旬（6月30日至7月9日）以后，连遭大雨，……各河迭次涨漫。时过霜降，尚复水势浩瀚，实为近年所罕有。各属洼区多被淹浸。……旋据通州、三河、武清、宝坻、蓟州、香河、宁河、霸州、保定、文安、大城、固安、永清、东安、涿州、平谷、滦州、乐亭、清苑、满城、安肃、新城、博野、望都、容城、蠡县、雄县、祁州、安州、高阳、河间、献县、阜城、肃宁、任丘、交河、景州、故城、天津、青县、静海、沧州、盐山、庆云、无极、藁城、新乐、平乡、巨鹿、任县、邯郸、广平、磁州、元城、大名、开州、东明、长垣、丰润、玉田、冀州、新河、武邑、衡水、隆平、深州、饶阳、安平、定州、深泽等七十州县禀报洼区被水及间有被雹之处。……共计灾歉六十五州县。

丰润县刘家堼等二十四村成灾五分，莲花泊等七十八村歉收四分，王红庄等一百三十九村歉收三分。

——十月十六日李鸿章奏

光绪八年，顺、直各属，本年春夏肠雨尚称调匀，大田一律播种。惟交六月（8 月 13—）以后，迭次大雨，……五月、八月间，天复雨雹，禾稼受伤，并有缺雨被旱及被霜之处。……查本届被水、被旱、被雹、被霜州县，……实计通州、武清、蓟州、宁河、霸州、保定、文安、大城、固安、永清、滦州、清苑、安肃、新城、唐县、望都、蠡县、雄县、安州、高阳、河间、献县、任丘、青县、静海、沧州、南皮、盐山、庆云、栾城、无极、任县、永年、广平、元城、大名、遵化、丰润、枣强、深州，饶阳、安平、定州、曲阳、深泽、张家口厅、独石口厅等四十七处。

丰润县李庚庄等二十六村成灾五分，前蒲泊等六村歉收四分，黄三沽等十六村歉收三分。

——十月十五日张树声奏

光绪十二年，直隶各属，本年伏雨过多，入秋复霪霖不止。……以致顺天、永平、保定、河间、天津等府属，酞多被淹没。……此外各府州属亦有被水、被雹地面，灾区既广且重。……直属之滦州、卢龙、迁安、昌黎、乐亭、清苑、安州、高阳、河间、献县、肃宁、任丘、吴桥、天途、青县、永年、大名、元城、开州、东明、长垣、丰润、玉田等六十二县禀报……

丰润县鱼虾庄九村成灾七分，上双坨等五十九村成灾六分，小郑家庄等五十九村成灾五分。

——十月十六日李鸿章奏

光绪十五年，本年顺直地方，入夏颇形亢燥，迨得雨后，大田一律播种。讵秋初阴雨连绵，山水下注，……并沥水汇归，洼区被淹。

丰润县尖子沽等四十五村歉收四分，刁家庄等二十二村歉收三分。

——十月十五日李鸿章奏

光绪十六年，查顺直各属，本年夏间霪雨兼旬，连宵达旦。边外及邻省诸水奔腾汇注，汹涌异常。永定河、南北运河、大清、潴龙河及任丘千里堤，先后漫溢多口。上下数百里一片汪洋，有平地水深二丈余者。庐舍民田尽成泽国，小民荡析离居，凄惨万状，灾象之重，为数十年所未有。以致顺天、永平、保定、河间、天津等府属，田亩多被淹没，房屋倒塌甚多，并有损伤人口。旋据顺属之通州、三河、武清、宝坻、蓟州、香河、宁河、霸州、保定、文安、大城. 固安、永清、东安、大兴、宛平、良乡、房山、涿州、顺义、怀柔、密云、平谷，直属之卢龙、滦州、迁安、昌黎、乐亭、天津、青县、丰润、玉田等十八州县先后禀报。计灾重者通州等五十五州县。

丰润县黑沿子等一百二十九村成灾八分，郑家庄等四十六村成灾七分，孙永庄等三村成灾六分，越支庄等七村成灾五分，孙唐屯等三十村歉收四分，大佟家庄等十三村歉收三分。

——十月十四日李鸿章奏

光绪十八年，顺直各属，本年自春徂夏，雨泽稀少。麦收减色……六月（6月24—7月23日）以后，节次大雨，连宵达旦，势若倾盆，加以上游边外山水暴发，……平地永深数尺至丈余不等。灾区之广，灾情之重，与光绪十六年（1890年）相等。直属之滦州、清苑、满城、安肃、定兴、新城、唐县、博野、容域、完县、蠡县、雄县、祁州、安州、献县、肃宁、任丘、交河、张家口厅、丰润、玉田、枣强、隆平、宁晋、深州、武强、饶阳、安甲、定州等七十三州县厅先后禀报。

尖子沽等二十五村成灾七分，丘家庄等九十五村成灾六分，么排庄等三十二村成灾五分，翟家庄等十四村歉收四分。

——十月十四日李鸿章奏

光绪二十四年，本年伏秋以后，霪雨连绵，各河同时盛涨，漫溢为灾。以致顺属之武清、宝坻，直属之天津、静海、南皮、青县、河间、献县、乐亭、滦州、玉田、丰润、深州、高阳、安州、雄县、南和、平乡、大名、饶阳等处，多被淹浸。小民啼饥号寒，不堪言状。

——十月初二裕禄奏

光绪二十四年，本年顺直各属，自春徂夏，雨水调匀，麦秋中稔。……伏秋以后，霪雨连绵，上游山水暴发，各河同时盛涨。下游宣泄不及，……直属之滦州、乐亭、天津、青县、静海、沧州、丰润、玉田等五十二州县先后禀报。

丰润县望马庄等一百二十九村成灾七分，黄新庄等四十六村成灾六分，郭韩庄等十六村成灾五分，稻秧庄等三十三村歉收四分，仰伸坨等三十六村歉收三分。

——十月十九日裕禄奏

光绪二十九年，本年顺直地方，自春徂夏，雨泽愆期，二麦收成减色。……六月（7 月 24—8 月 22 日）间节次大雨，以致山水下注，各河堤岸漫决，并泛溢出槽。加以沥水汇注，滨临各河洼地，禾稼均多被水。并因天时不齐，各属有被旱、被雹、被虫、被霜之处。……武清、霸州、东安、献县、宁河、大城、清苑、安肃、安州、高阳、河间、天津、青县、静海、开州、东明、长垣、丰润等十八州县，成灾五六七八九分。

——十二月二十二日袁世凯奏

缓免

顺治十四年，戊午，免直隶霸、蓟、安、冀、晋、赵、定七州、宝坻、蠡、新安、新城、雄、保定、文安、大城、固安、永清、东安、玉田、丰润、行唐、宁晋、平山、新乐、柏乡、赞皇、任邱、阜城二十一县。保安、左右神武三卫及梁城所本年分雹灾额赋。

顺治十二年，免直隶涿、冀、滦、三州。庆云、衡水、武邑、栾城、藁城、真定、新乐、隆平、行唐、灵寿、宝坻、元城、大名、玉田、任邱、故城、献魏、永清、保定、香河、新河、武强、抚宁、迁安、卢龙、钜鹿、平乡、滑任三十县。永平、山海、真定、三卫本年分雹、蝗、水、旱灾额赋。

——《顺治实录》

康熙二十六年，免宣化一镇本年额赋，又免直隶霸州、文安、保定、武清、宝坻、玉田、丰润等七州县水灾地亩钱粮十分之三，其已征银两准留抵。

——《畿辅通志》

康熙三十五年各项地丁钱粮，又免香河、宝坻二县宛平等处被灾地亩本年未完钱粮。又免……蓟州、丰润、高阳、玉田、东安等县被灾地亩本年未完钱粮。三十七年免遵化州秋旱被灾地钱粮十分之二，又免蓟州、丰润县被灾地亩钱粮十分之一。四十二年又免蓟州、丰润等州县被灾地亩额赋有差。

——《畿辅通志》

雍正三年，免……武清、宝坻、蓟州、玉田、丰润等州县厅所被水被雹地亩钱粮一十二万五千六百六十四两五钱二分二厘六毫零。五年免霸州、保定、文安、大城、永清、东安、香河、武清、宝坻、蓟州、梁城所、丰润、玉田等州县被水地亩钱粮一万六千五百九十六两四钱一分六厘零。十一年免文安、大城、东安、香河、顺义、平谷、通州、三河、武清、宝坻、蓟州、宁河、丰润、玉田等五十五州县卫被水地亩钱粮九万八千五百九十六两七钱九分六厘零。

——《畿辅通志》

免直隶通州、丰润等六州县、雍正十一年分水灾额赋有差。

——《雍正实录》

乾隆十年，户部议准、升任直隶总督高斌疏称：直属文安、河间、吴桥、东光、沧州、庆云、静海、盐山、青县、西宁、赤城、宛平、大兴、霸州、保定、大城、涿州、房山、良乡、固安、永清、香河、密云、通州、三河、武清、宝坻、苏州、宁河、滦州、卢龙、迁安、抚宁、临榆、清苑、满城、安肃、定兴、新城、唐县、博野、庆都、容城、完县、蠡县、雄县、祁州、束鹿、安州、高阳、新安、任邱、宁津、故城、天津、南皮、正定、邯郸、成安、曲周、清河、东明、延庆、宣化、万全、龙门、怀来、冀州、并所属之新河、武邑、衡水、赵州、并所属之柏乡、隆平、临城、宁晋、高邑、深州、并所属之涞水、广昌、遵化州、并所属之丰润、玉田、又延庆卫、热河、喀喇河屯等一百一十二州、县、卫、厅，因春夏雨泽愆期，二麦被旱歉收，兼有被雹伤损者，俱经酌借籽种口粮并令及时布种秋禾。其应否加赈蠲免，俟秋获时勘明分数办理。得旨。依议速行。

乾隆二十七年，加赈顺天直隶所属霸州、保定、文安、大城、涿州、良乡、固安、永清、东安、香河、宛平、大兴、昌平、顺义、三河、武清、宝坻、蓟州、宁河、滦州、昌黎、乐亭、清苑、安肃、新城、望都、雄县、安州、高阳、新安、河间、献县、阜城、肃宁、任邱、交河、景州、东光、天津、青县、静海、沧州、南皮、盐山、庆云、津军、成安、广平、大名、元城、宣化、万全、怀安、张家口、丰润、玉田、冀州、南宫、新河、武邑、衡水、隆平、宁晋等六十三州、县、厅、本年被水雹霜灾饥民。分别蠲缓应征额赋。

乾隆二十八年谕，去岁直隶各属雨水过多，其偏灾地方，已经加恩赈恤。并酌筹以工代赈，俾穷黎不致失所。但时届春月，例赈将停，麦秋尚远。正当青黄不接之际，农民口食未免拮据。深为轸念，著再加恩。将被灾较重之霸州、保定、文安、大城、永清东安、武清、宝坻、宁河、蓟州、定州、新安、天津、青县、静海、沧州、宁晋等、十七州县之极次贫户口，暨被灾稍轻之大兴、宛平、昌平、顺义、固安、涿州、新城、雄县、香河、丰润、玉田、栾州、昌黎、乐亭、清苑、望都、高阳、河间、任邱、交河、景州、东光、南皮、盐山、庆云、冀州、武邑、衡水等二十八州县之极贫户口。均于停赈之后，概予展赈一个月，以资接济。并于通仓所存乾隆二十四年以前稄米拨运十二万石，以充展赈之需。该督方观承其董率属员，实力奉行，务令贫民均沾实惠，副朕爱养黎元至意。该部遵谕速行。

乾隆三十一年，豁免直隶宛平、涿州、香河、滦州、昌黎、清苑、雄县、高阳、交河、景州、东光、南皮、盐山、丰润、玉田、冀州、武邑等十七州县乾隆二十三、四、五、六、年分带征未完额赋。

乾隆三十三年，户部议准，直隶总督杨廷璋疏称：直属本年被水雹等灾，请将最重之霸州、保定、安州、静海四州县，先给一月口粮。并摘赈文安、大城、永清、东安、正定、晋州、藁城、宁晋等八州县极贫民。其武清、宝坻、宁河、清苑、安肃、新城、博野、望都、蠡县、雄县、束鹿、高阳、新安、献县、肃宁、任邱、天津、青县、沧州、庆云、南和、平乡、任县、成安、曲周、广平、丰润、玉田、冀州、武邑、衡水、隆平、深州、武强等三十四州县，俟十一月起赈。贫士旗灶，俱一体办理。至涸出地亩，贷给籽种，应征钱粮米豆等项，并节年旧欠，分别缓带。得旨，依议速行。

乾隆三十八年，又谕：但念乾隆三十六年被灾最重者二十四州县。其宛平等十五州县积欠，已在经过普免之例。惟通州、宝坻、三河、香河、蓟州、宁河、丰润、玉田、宁晋等九州县，非銮辂经行所及，仅免三十五年以前。而其地多有与经过各州县界址毗连者，此征彼免，小民尚未免向隅。著再加恩，将此九州县三十六年份未完缓带地粮一万五千六百六十两三钱，本色豆、四百八十一石九斗九合，亦一并蠲免。俾前此积疲编户均沐恩膏，以昭省方行庆渥泽普覃至意，该部即遵谕行。

乾隆四十四年，是月，直隶总督杨景素奏：广平、大名、冀州、各府州属，于十月十三日得雪。蓟州、密云、三河、宝坻、遵化、玉田、天津、各州县，于十八、二十等日得雪。均有二三寸，至四五寸不等。得旨。惟近京至保定，尚未得雪。虽属可待，未免盼望。

乾隆四十五年，蠲免直隶霸州、保定、文安、大城、涿州、房山、良乡、固安、永清、东安、香河、宛平、大兴、昌平、顺义、怀柔、密云、平谷、通州、三河、武清、宝坻、蓟州、宁河、迁安、清苑、安肃、定兴、新城、望都、蠡县、雄县、安州、高阳、新安、河间、献县、肃宁、任邱、交河、天津、青县、静海、沧州、津军厅、南和、任县、永年、邯郸、成安、曲周、广平、鸡泽、磁州、延庆、保安、蔚州、怀来、独石口厅、丰润、玉田、易州、武强六十三州县本年被水灾田额赋。

乾隆五十年，豁免直隶霸州。保定。文安。大城。涿州、固安、东安、香河、宛平、大兴、昌平、顺义、怀柔、密云、通州、三河、武清、宝坻、蓟州、宁河、清苑、安肃、新城、蠡县、安州、高阳、新安、献县、肃宁、任邱、交河、天津、青县、静海、沧州、庆云、盐山、藁城、永年、成安、广平、东明、长垣、延庆、蔚州、丰润、玉田、赵州。宁晋四十九州县自乾隆四十一年起，至四十九年止，民欠因灾出借未完谷米豆麦十三万六千七百七十八石有奇。

乾隆五十五年，庚戌，七月，甲午谕军机大臣曰：梁肯堂奏委勘永平府城及天津、朝阳两县被水情形一摺。内称：滦州、乐亭、丰润、玉田等州县，并天津四乡及口外朝阳俱因六月下旬，阴雨连绵，河水陡发，洼地田禾间被淹浸，民房多有坍塌。现在饬委道员分往查勘等语。永平、天津等处，因夏雨稍多，河流涨发，民房庐舍，不无被淹坍塌，其低洼地亩亦间有损坏之处。自应详晰履勘，加意抚绥，即一隅偏灾，亦不可稍存讳饰。梁肯堂现在派委道员，分往查勘抚恤，俾灾黎均沾实惠，毋使一夫失所。至上年天津、青县、静海等处，亦因春夏雨水较多，以致田禾受淹。此次被灾情形，较上年轻重若何，究于秋成有无妨碍，并上年被水各歉收之处，一并详悉查明。据实速奏，以慰廑注。

乾隆五十六年，蠲免直隶霸州、保定、文安、大城、固安、永清、东安、大兴、通州、武清、宝坻、蓟州、香河、宁河、滦州、卢龙、昌黎、乐亭、清苑、新城、蠡县、博野、雄县、祁州、安州、高阳、新安、河间、献县、阜城、肃宁、任邱、交河、景州、故城、东光、宁津、天津、青县、静海、沧州、南皮、盐山、庆云、津军厅、南和、平乡、广宗、钜鹿、任县、永年、邯郸、成安、肥乡、曲周、广平、鸡泽、威县、清河、磁州、元城、丰润、玉田、冀州、南宫、新河、枣强、武邑、衡水等六十九厅州县上年水灾额赋有差。

——《乾隆实录》

嘉庆五年，辛酉，缓征直隶霸、文安、清苑、蠡、雄、安、新安、河闲、任邱、宁晋、隆平、定、十二州县旱灾新旧额赋。复缓征满城、新城、祁、高阳、阜平、望都、博野、正定、新乐、易、冀、饶阳、安平、涿、宝坻、唐、献、曲阳、丰润、通、三河、遵化、玉田二十三州县旱灾新旧额赋。免大兴、宛平、良乡、涿、通、三河、蓟、遵化八州县本年额赋。并缓征旗租银粮。

嘉庆六年，免直隶宁河、唐、东鹿、景、天津、静海、钜鹿、南和、鸡泽、大名、元城、玉田、丰润、柏乡、武强、沧、平乡、清河、昌平、阜平、藁城、无极、新乐、任、阜城、定、曲阳、蓟二十八州县水灾本年额赋。

嘉庆六年，免直隶沧、冀、衡水、交河、宁河、河闲、天津、静海、宝坻、武清、蓟、丰润、青、东光、十四州县被水灶地本年额赋有差。

嘉庆六年，加赈直隶大兴、宛平、通、武清、宝坻、香河、宁河、坝、保定、文安、大城、固安、永清、东安、涿、房山、良乡、顺义、清苑、安肃、新城、博野、雄、蠡、容城、束鹿、安、新安、河闲、献、肃宁、任邱、交河、景、东光、天津、青、静海、正定、藁城、无极、阜平、新乐、平山、丰润、玉田、冀、武邑、衡水、新河、赵、柏乡、隆平、宁晋、深、武强、饶阳、安平、定、深泽六十州县被水灾民。

嘉庆十年，免跸路经过之直隶大兴、宛平、通、三河、蓟、遵化、玉田、丰润、迁安、滦、卢龙、抚宁、临榆十三州县本年额赋十分之五。

嘉庆十七年，缓征直隶博野、蠡、祁、河闲、献、景、故城、吴桥、元氏、赞皇、邢台、沙河、南和、平乡、钜鹿、唐山、内邱、任、永年、邯郸、成安、肥乡、广平、鸡泽、磁、开、元城、大名、南乐、清丰、东明、冀、枣强、武邑、隆平、临城宁晋、深沧、盐山、丰润、新河、龙门、延庆四十四州县水灾、旱灾、雹灾本年额赋，并旗租仓谷有差。

嘉庆十八年，缓征直隶博野、蠡、祁、河闲、献、景、故城、吴桥、元氏、赞皇、邢台、沙河、南和、平乡、钜鹿、唐山、内邱、任、永年、邯郸、成安、肥乡、广平、鸡泽、磁、开、元城、大名、南乐、清丰、东明、冀、枣强、武邑、隆平、临城、宁晋、深、新河、广宗、曲周、威、清河、长垣、南宫、高邑、沧、盐山、丰润、龙门、延庆五十一州县水灾、旱灾、雹灾、节年额赋旗租仓谷。

嘉庆二十五年，蠲缓直隶宣化、宁晋、宁河、宝坻、文安、东安、涿、高阳、安、青、静海、沧、盐山、大名、南乐、长垣、保安、万全、怀安、西宁、怀来、新河、丰润二十三州县，并张家口厅被水、被旱、被雹各村庄新旧额赋及出借仓谷。

——《嘉庆实录》

道光元年，缓征直隶、宣化、宁晋、宝坻、宁河、文安、东安、涿、高阳、安青、静海、沧、盐山。大名、南乐、长垣、保安、万全、怀安、西宁、怀来、丰润、新河二十三州县及张家口厅上年灾歉村庄本年额赋。并展缓节年钱粮、旗租改折等项。

道光二年，赈直隶霸、保定、文安、大城、永清、望都、雄、安、新安、献、任邱、清苑、安肃、新城、博野、祁、高阳、河间、肃宁、无极、槁城、新乐、开、大名、元城、南乐、清丰、东明、长垣、冀、南宫、新河、武邑、衡水、赵、隆平、宁晋、深、武强、饶阳、安平、定、深泽四十三州县被水灾民。并蠲缓通、三河、宝坻、香河、大兴、宛平、房山、顺义、满城、定兴、容城、束鹿、蠡、景、东光、吴桥、宁津、沧、南皮、盐山、栾城、南和、平乡、广宗、永年、邯郸、曲周、广平、丰润、玉田、枣强、柏乡、高邑、武清、蓟、固安、宁河、东安、交河、天津、青、静海、正定、阜平、钜鹿、任、鸡泽、曲阳四十八州县新旧额赋。

道光三年，缓征开、元城、大名、南乐、清丰、东明、长垣、武清、蓟、固安、宁河、东安、交河、天津、青、静海、正定、阜平、钜鹿、任、鸡泽、曲阳、通、三河、宝坻、香河、大兴、宛平、房山、顺义、满城、定兴、容城、束鹿、蠡、景、东光、吴桥、宁津、沧、南皮、盐山、栾城、南和、平乡、广宗、永年、邯郸、曲周、广平、丰润、玉田、枣强、柏乡、高邑五十五州县歉收村庄本年额赋。

道光三年蠲缓三河、蓟、涿、昌黎、乐亭、安肃、定兴、博野、容城、蠡祁、阜城、肃宁、交河、景、故城、东光、沧、阜平、行唐、无极、藁城、新乐、南和、平乡、钜鹿、任、鸡泽、威、清河、大名、元城、南乐、清丰、丰润、玉田、冀、南宫、新河、武邑、衡水、赵、隆平、宁晋、武强、饶阳、安平、定、曲阳、深泽、滦、南皮、正定五十三州县本年及节年应征粮租银谷有差。

道光四年，展缓直隶武清、宝坻、香河、宁河、房山、昌平、顺义、密云、平谷、安肃、定兴、新城、博野、容城、新安、蠡、高阳、祁、束鹿、天津、庆云、静海、青、南皮、献、无极、新乐、灵寿、藁城、阜平、钜鹿、广宗、唐山、平乡、任、永年、邯郸、清河、鸡泽、广平、曲周、开、东明、长垣、卢龙、乐亭、宣化、龙门、遵化、丰润、涞水、南宫、赵、宁晋、隆平、高邑、临城、深、深泽、武强六十州县上年被灾应征节年出借籽种口粮。

道光五年，蠲缓直隶宁河、宝坻、东安、丰润、玉田、宁晋、南皮、广平、开、元城、大名、南乐、清丰、东明、长垣十五州县被水、被旱、被雹村庄新旧额赋有差。

道光六年，贷直隶宝坻、丰润、宁河、三县上年被水歉收灾民口粮有差。

道光七年，贷直隶宁河宝坻、丰润、玉田、开、元城、大名、南乐、清丰、广平十州县上年歉收农民口粮有差。

道光九年，缓征直隶宁河、沧、南皮、盐山、丰润、玉田、隆平、宁晋、安、静海、大名、长垣十二州县被水村庄新庄新旧额赋。

道光十年，丁卯。缓征直隶宁河、安、静海、沧、南皮、盐山、大名、长垣、丰润、玉田、隆平、宁晋十二州县被水被旱灾民新旧粮租。

道光十二年，展缓直隶大城、阜城、东光、沧、南皮、成安、保安、龙门、冀、南宫、新河、武邑、衡水、宁晋、武强、邯郸、磁、文安、高阳、任邱、枣强、交河、宝坻、香河、霸、东安、良乡、房山、涿、怀柔、密云、滦、迁安、抚宁、昌黎、乐亭、临榆、清苑、安肃、定兴、新城、博野、望都、容城、蠡、雄、祁、安、新安、河间、献、肃宁、景、故城、宁津、天津、青、静海、盐山、庆云、正定、获鹿、晋、无极、稿城、邢台、任、鸡泽、延庆、蔚、宣化、怀安、西宁、怀来、丰润、易、涞水、隆平、定、曲阳、深泽、独石口八十二厅州县被旱村庄旧欠额赋。

道光十二年，缓征直隶三河、蓟、宁河、东安、盐山、灵寿、蔚、宣化、龙门、怀来、涞水、遵化、玉田、定、大兴、宛平、武清、昌平、顺义、良乡、房山、宝坻、香河、定兴、丰润、卢龙、唐、容城、完、南皮、庆云、延庆、赤城、易、南宫、新河、安、河间、献、任邱、大名、赵、隆平宁晋、高阳、沧、钜鹿四十七州县被水、被旱、被霜村庄新旧额赋。

道光二十年，蠲缓直隶青、静海、沧、蓟、宁河、大城、盐山、三河、宝坻、霸、永清、东安、滦、乐亭、博野、雄安、高阳、河间、献、伏邱、东光、南皮、庆云、钜鹿、鸡泽、大名、南乐、丰润、玉田、新河、隆平、阜城三十三州县被水、被雹村庄新旧正杂额赋有差。

道光二十年十二月，缓征直隶天津、青、静海、沧、蓟、宁河、大城、盐山、三河、宝坻、霸、永清、东安、滦、乐亭、博野、雄、安、高阳、河间、献、任邱、东光、南皮、庆云、钜鹿、鸡泽、大名、南乐、丰润、玉田、新河、隆平、阜城三十四州县上年被水村庄新旧额赋。加给天津、青、静海、沧、四州县灾民一月口粮。

道光二十一年，缓征直隶天津、青、静海、沧、蓟、宁河、大城、盐山、三河、宝坻、霸、永清、东安、滦、乐亭、博野、雄、安、高阳、河间、献、任邱、东光、南皮、庆云、钜鹿、鸡泽、大名、南乐、丰润、玉田、新河、隆平、阜城三十四州县上年被水村庄新旧额赋。

道光二十五年，缓征直隶宝坻、宁河、保定、天津、蓟、霸、安肃、静海、丰润、玉田、三河、武清、东安、滦、乐亭、定兴、新城、容城、雄、安、青、沧、南皮、盐山、庆云、宁晋、邢台、南和、永年、邯郸、肥乡、鸡泽、磁、元城、南乐、清丰、新河、大名、成安、广平四十州县歉收村庄新旧额赋。

道光二十六年，缓征直隶宝坻、宁河、保定、天津、蓟、霸、安肃、静海、丰润、玉田、三河、武清、东安、滦、乐亭、定兴、新城、容城、雄、安、青、沧、南皮、盐山、庆云、宁晋、邢台、南和、永年、邯郸、肥乡、鸡泽、磁、元城、南乐、清丰、新河、大名、成安、广平、平乡四十一州县及津军厅上年被水、被旱、被雹、被虫村庄额赋。

道光二十八年，赈直隶通、武清、宝坻、香河、宁河、天津、静海、七州县灾民。蠲缓通、武清、宝坻、香河、宁河、天津、静海、博野、固安、临榆、定兴、故城、曲周、景、滦、阜城、元城、吴桥、宁晋、永年、三河、蓟、青、丰润、庆云、玉田、盐山、霸、文安、大城、东安、顺义、怀柔、密云、乐亭、安、雄、河间、献、任邱、沧、南皮、鸡泽、大名、南乐、清丰、新河、邯郸、成安、肥乡、广平、磁五十二州县被水、被雹村庄新旧额赋有差。

道光二十九年，加赈直隶通、武清、宝坻、香河、宁河、天津、静海、三河、蓟、青、盐山、庆云、丰润、玉田、十四州县灾民。并缓征道光二十九年额赋。

——《道光实录》

咸丰三年，蠲缓直隶保定、文安、固安、天津、宁河、永清、新城、雄、安、高阳、献、交河、吴桥、东光、青、静海、藁城、丰润、玉田、大城、霸、蓟、新城、武清、宝坻、滦、清苑、蠡、束鹿、河闲、阜城、沧、南皮、盐山、庆云、正定、无极、南和、鸡泽、元城、大名、南乐、清丰、武邑、深、深泽、博野、景、南宫、新河、宁晋、武强、容城五十三州县被水、被风村庄新旧额赋。并赈保定、文安、固安、天津、四县被水灾民。

咸丰四年，缓征直隶保定、文安、固安、天津、蓟宁河、霸、大城、永清、新城、雄、安、高阳吴桥、东光、青、丰润、玉田、武清、宝坻、东安、滦、清苑、安肃、博野、蠡、祁、束鹿、河间、阜城、任邱、南皮、盐山、庆云、正定、无极、南和、唐山、平乡、广宗、永年、邯郸、鸡泽、磁、元城、大名、南乐、清丰、武邑、衡水、深泽、完、景、平山、钜鹿、南宫、新河、宁晋、武强五十九州县被水村庄新旧额赋及津军厅苇渔课。

咸丰五年，蠲缓直隶开、东明、长垣、保定、吴桥、东光、宝坻、宁河、新城、雄安、高阳、天津、静海、丰润、玉田、武清、蓟、霸、文安、大城、永清、东安、安肃、蠡、束鹿、河间、献、任邱、景、青、沧、南皮、盐山、庆云、晋、南和、平乡、广宗、钜鹿、任、永年、邯郸、曲周、广平、鸡泽、磁、元城、大名、南乐、清丰、南宫、武邑、衡水、隆平、宁晋、深、武强五十八州县。被水、被雹村庄新旧额赋，并各项旗租有差。

咸丰六年，缓征直隶开、东明、长垣、保定、吴桥、东光、宝坻、宁河、新城、雄、安、高阳、天津、静海、丰润、玉田、武清、蓟、霸、文安、大城、永清、东安、安肃、蠡、束鹿、河闲、献、任邱、景、青、沧、南皮、盐山、庆云、晋南和、平乡、广宗、钜鹿、任、永年、邯郸、曲周、广平、鸡泽、磁、元城、大名、南乐、清丰、南宫、武邑、衡水、隆平、宁晋、深、武强五十八州县被水村庄、新旧额赋。展赈东明、长垣、吴桥、东光、保定、开六州县被水灾民一月口粮。

咸丰六年，蠲缓直隶通、武清、宝坻、宁河、顺义雄、安、高阳、东光、天津、广平、磁、玉田、三河、蓟香河、霸、文安、大城、滦、安肃、定兴、蠡、束鹿、献、肃甯、任邱、景、吴桥、青、静海、沧、南皮、盐山、庆云、正定、晋、南和、平乡、广宗、永年、邯郸、成安、肥乡、曲周、鸡泽、元城、大名、南乐、清丰、丰润、南宫、武邑、衡水、深、武强、定五十七州县被水、被旱、被蝗村庄本年额赋暨河淤、海防经费、摊征有差并减免差徭。

咸丰七年，缓征直隶宛平、保定、固安、永清、东安、开、东明、长垣、通、武清、宝坻、宁河、顺义、新城、雄、安、高阳、东光、天津、广平、磁、玉田、三河、蓟、香河、霸、文安、大城、滦、安肃、定兴、蠡、束鹿、献、肃甯、任邱、景、吴桥、青、静海、沧、南皮、盐山、庆云、正定、晋、南和、平乡、广宗、永年、邯郸、成安、肥乡、曲周、鸡泽、元城、大名、南乐、清丰、丰润、南宫、武邑、衡水、深、武强、定六十六州县被水、被旱、歉收村庄新旧额赋。给宛平、固安、永清、东明、长垣、保定、东安、开八州县旗民口粮有差。

咸丰七年，蠲缓直隶开磁、安、深、晋、蓟、景、沧、固安、东安、东明、长垣、永清、宁河、高阳、永年、成安、广平、新河、武清、博野、蠡雄、束鹿、河间、献、东光、天津、青、静海、南皮、盐山、赞皇、无极、邢台、唐山、平乡、广宗、钜鹿、内邱、任、邯郸、肥乡、曲周、鸡泽、元城、大名、南乐、清丰、丰润、玉田、南宫、枣强、武邑、衡水、柏乡、隆平、高邑、临城、宁晋、武强、饶阳、深泽六十三州县被水、被雹歉收地亩额赋。并给赈有差。

咸丰八年，缓征直隶武清、宁河、蠡、束鹿、安、高阳、天津、青、静海、沧、南皮、盐山、无极、元城、大名、南乐、清丰、永年、邯鄂、成安、肥乡、曲周、广平、鸡泽、丰润、南宫、新河、武邑、衡水、隆平、宁晋、深、武强、饶阳、深泽三十五州县被水、被旱、被雹地方旧欠粮租米石。加赏东明、长垣二县贫民口粮有差。

咸丰八年，缓征直隶固安、永清、东安、开、东明、长垣、宁河、安、高阳、永年、成安、广平、磁、新河、武清、蓟、博野、蠡、雄、束鹿、河间、献、景、东光、天津、青、静海、沧、南皮、盐山、赞皇、晋、无极、邢台、沙河、南和、唐山、平乡、广宗、钜鹿、内邱、任、邯郸、肥乡、曲周、鸡泽、元城、大名、南乐、清丰、丰润、玉田、南宫、枣强、武邑、衡水、柏乡、隆平、高邑、临城、宁晋、深、武强、饶阳、定、深泽六十六州县被水、被旱、被雹村庄新旧额赋。给固安、永清、东明、长垣、东安、开六州县被灾民旗口粮有差。

咸丰九年，蠲缓直隶武清、固安、永清、东安、卢龙、东鹿、安、天津、青、静海、沧、南皮、盐山、庆云、晋、稿城、邢台、唐山、平乡、广宗、钜鹿、内邱、任、永年、邯郸、肥乡、曲周、广平、鸡泽、磁、大名、南乐、清丰、丰润、玉田、南宫、新河、武邑、衡水、柏乡、隆平、临城、宁晋、深、武强、宁河、无极、沙河、南河、成安、赵、饶阳五十二州县、及津军厅被水、被旱村庄新旧额赋有差。赈固安、永清、东安三县灾民口粮，并给房屋修费。

咸丰十年，展缓直隶固安、永清、东安、武清、宁河、卢龙、東鹿、安、天津、青、静海、沧、南皮、盐山、庆云、晋、无极、稿城、邢台、沙河、南和、唐山、平乡、广宗、钜鹿、内邱、任、永年、邯鄂、成安、肥乡、曲周、广平、鸡泽、磁、大名、南乐、清丰、丰润、玉田、南宫、新河、武邑、衡水、赵、柏乡、隆平、临城、宁晋、深、武强、饶阳五十二州县被灾地方新旧额赋，给固安县贫民口粮有差。

——《咸丰实录》

光绪二年，蠲缓直隶博野。蠡、雄祁安、高阳、河闲、任邱、东光、南皮、庆云、定、深泽、通、宝坻、蓟、吴桥、景、天津、青、静海、沧、盐山、元城、大名、遵化、丰润、安平、武清、宁河、霸、文安、大成、滦、清苑、安肃、阜城、肃宁、交河、无极、藁城、南河、平乡、任、永年、邯郸、曲周、广平、鸡泽、清河、磁、南乐、怀安、玉田、武邑、武强、饶阳、香河五十八州县被旱、被水、被雹、被潮、被霜、被风地方新旧粮租，并减免差徭有差。

光绪二年，丙申，谕内阁：毓檷等奏直隶各州县欠交永济库租银请旨饬催等语。永济库支发款项全赖各州县征解租银接济。乃近来直隶、遵化、蓟州、丰润、三河、玉田、等州县欠解新旧租银，为数甚巨，并不依限解交，实属延玩。现在该处待放各项需款孔亟，著李鸿章即饬藩司，查明各该州县欠交数目，勒限严催，务令照数征解，以供支发。毓楠等片内抬写错误，实属疏忽。毓楠、溥芸、景瑞、均著交该衙门议处。

光绪三年，缓征直隶、通宝坻、蓟、博野、蠡雄、祁、安、高阳、河闲、任邱、景、吴桥、东光、天津、青、静海、沧、南皮、盐山、庆云、开、元城、大名、东明、长垣、遵化、丰润、安平、定、深泽三十一州县被灾地方春征新赋、正杂粮租。武清、香河、宁河、坝、文安、大城、滦、迁安、清苑、安肃、献、阜城、肃宁、交河、无极、藁城、南和、平乡、任、永年、邯郸、曲周、广平、鸡泽、清河、磁、南乐、怀安、玉田、武邑、武强、饶阳三十二州县歉收村庄上年粮赋租课，并民借仓谷。暨津军厅苇渔课有差。

光绪六年，蠲免直隶永平、宣化、遵化、张家口、顺天、保定、正定、河闲、天津、顺德、广平、大名、易、定十四府厅州属旧欠杂赋。

光绪六年，缓征直隶通、三河、武清、宝坻、蓟、香河、宁河、霸、保定、文安、大城、永清、东安、涿、滦、清苑、新城、雄、安、高阳、河闲、献、肃宁、任邱、天津、青、静海、盐山、庆云、新乐、开、东明、长垣、丰润、玉田、饶阳、安平、定、深泽、固安、乐亭、满城、安肃、博野、望都、容城、蠡祁、阜城、交河、景、故城、沧、无极、藁城、平乡、钜鹿、任、广平、磁、大名、元城、冀、新河、武邑、衡水、隆平、深六十八州县被灾地方新旧钱粮租课有差。

光绪七年，缓征直隶通、三河、武清、宝坻、蓟、香河、宁河、霸、保定、文安、大城、永清、东安、涿、滦、清苑、新城、雄、安、高阳、河闲、献、肃宁、任邱、天津、青、静海、盐山、庆云、新乐、开、东明、长垣、丰润、玉田、饶阳、安平、定、深泽、固安、乐亭、满城、安肃、博野、望都、容城、蠡祁、阜城、交河、景、故城、沧、无极、藁城、平乡、钜鹿、任、广平、磁、大名、元城、冀、新河、武邑、衡水、隆平、深六十八州县被灾地方新旧钱粮租课有差。

光绪八年，己丑，蠲缓直隶通宁河、文安、定兴、雄、天津、开、东明、长垣、遵化、丰润、安平、武清、宝坻、滦、清苑、蠡、安、献、任邱、青静、海沧、南皮、盐山、行唐、灵寿、邢台、南和、唐山、内邱、任、永年、广平、鸡泽、大名、南乐、怀安、枣强、隆平、深、饶阳、深泽、肃宁四十四州县被灾歉收地方租课。

光绪八年，蠲缓顺直文安雄献、任邱、高阳、安平、深泽、大城、通、蓟、宁河、滦、新城、安青、静海、盐山、无极、元城、大名、丰润、深、饶阳、曲阳、张家口、独石口、武清、保定、霸、固安、永清、清苑、安肃、唐、望都、蠡、河闲、沧、南皮、庆云、栾城、任、永年、广平、遵化、枣强、定四十七厅州县歉收地方粮租有差。

光绪九年，甲申，蠲缓直隶通、蓟、宁河、文安、大城、滦、新城、雄、安、高阳、献、任邱、青、静海、盐山、无极、开、元城、大名、东明、长垣、丰润、深、饶阳、安平、曲阳、深泽、张家口、独石口、武清、霸、保定、固安、永清、清苑、安肃、行唐、望都、蠡、河闲、沧、南皮、庆云、栾城、任、永平、广平、遵化、枣强、定等五十厅州县成灾村庄应纳本年春赋正杂钱粮有差。

光绪九年，豁免顺天直隶通、三河、武清、宝坻、蓟、香河、宁河、霸、保定、文安、大城、永清、大兴、宛平、涿、顺义、怀柔、迁安、卢龙、新城、博野、容城、蠡、雄、安、高阳、河闲、献、阜城、肃宁、任邱、吴桥、东光、天津、青、静海、南皮、盐山、新乐、清河、玉田、高邑、深、武强、饶阳、安平、定、深泽四十八州县、被水、被风、被雹、被虫灾重各村庄本年下忙额赋，并地租杂课有差。其灾歉较轻之固安、东安、良乡、房山、滦、乐亭、清苑、定兴、交河、沧、无极、沙河、广宗、元城、大名、南乐、清丰、丰润、冀、武邑、密云、昌黎、安肃、望都、完、祁、景、故城、庆云、正定、井陉、栾城、赞皇、晋、藁城、元氏、邢台、南和、唐山、平乡、钜鹿、内邱、任、永年、邯郸、肥乡、曲周、广平、鸡泽、威、磁、新河、衡水、赵、柏乡、隆平、枣强、临城、曲阳、满城、宁晋六十一州县暨开、东明、长垣、三州县滨河村庄钱粮，均分别蠲缓有差。

光绪十年，戊寅，展缓直隶通、三河、武清、宝坻、蓟、香河、宁河、霸、保定、文安、大城、固安、永清、东安、大兴、宛平、良乡、房山、涿、顺义、怀柔、滦、卢龙、迁安、乐平、清苑、定兴、新城、博野、容城、蠡、雄、安、高阳、河闲、献、阜城、肃宁、任邱、交河、吴桥、东光、天津、青、静海、沧、南皮、盐山、无极、新乐、沙河、广宗、清河、开、元城、大名、南乐、清丰、东明、长垣、丰润、玉田、冀、武邑、高邑、宁晋、深、武强、饶阳、安平、定、深泽七十二州县成灾地方本年租赋。

光绪十年，蠲缓顺天直隶、通、武清、宝坻、蓟、保定、宁河、文安、大城、东安、雄安、高阳、河闲、献、天津、青、静海、盐山、新乐、怀来、丰润、饶阳、安平、深泽、任邱、南皮、安肃、玉田、元城、大名、沧、保安、宣化、深三十四州县暨津军厅坐落地亩被水、被雹、被虫、被旱地方应征钱粮租课。

光绪十一年，蠲缓直隶通、武清、宝坻、蓟、宁河、霸、保定、文安、大城、东安、雄安、高阳、河闲献、天津、青、静海、盐山、新乐、开、东明、长垣、怀来、丰润、饶阳、安平、深泽、安肃、任邱、沧、南皮、元城、大名、保安、宣化、玉田、深三十八州县上年被灾地方新旧租课暨民借仓谷有差。

光绪十一年，蠲缓顺直武清、宝坻、蓟宁河、保定、文安、大城、雄、高阳、安、河闲、献、阜城、肃宁、任邱、交河、景、吴桥、东光、天津、青、静海、沧、南皮、盐山、庆云、沙河、南和、唐山、平乡、任、永年、肥乡、清河、丰润、玉田、冀、新河、安平、衡水、深、武强、饶阳、深泽、三河、安肃、蠡、故城、甯津、邢台、钜鹿、成安、曲周、鸡泽、威、磁、元城、大名、南乐、清丰、怀安、枣强、武邑、柏乡、隆平、宁晋、津军六十七厅州县被灾地方钱粮米谷租项杂课，出借仓谷籽种等项有差。并分别减免差徭。

光绪十二年，缓征直隶武清、宝坻、蓟、宁河、霸、保定、文安、大城、雄、高阳、安、河间、献、阜城、肃宁、任邱、交河、吴桥、东光、景、天津、青、静海、沧、南皮、盐山、庆云、沙河、南和、平乡、广宗、任、永年、肥乡、青河、开、东明、长垣、丰润、玉田、冀、新河、衡水、深邯郸、成安、曲周、广平、鸡泽、威、磁、元城、大名、南乐、清丰、怀安、枣强、武邑、柏乡、隆平、宁晋等七十四州县及津军厅上年被灾地方新旧额赋，并地租杂课有差。

光绪十二年，蠲缓顺直通、三河、武清、宝坻、蓟、香河、宁河、霸、保定、文安、大城、东安、顺义、怀柔、密云、滦、卢龙、迁安、昌黎、乐亭、蠡、雄、安、高阳、河闲、献、任邱、吴桥、天津、静海、丰润、玉田、安平、深泽、大兴、宛平、平谷、清苑、新城、容城、肃宁、青、沧、盐山、无极、饶阳、固安、水清、涿、安肃、博野、望都、南皮、晋、水年、大名、元城、深、定、开、东明、长垣六十二州县被水灾歉村庄本年地丁钱粮、新旧额赋、各项租课有差。

光绪十三年，缓征直隶霸、保安、吴桥、行唐、大城、永清、东光、天津、静海、阜平、青、雄、三河、蓟、宁河、东安、盐山、灵寿、宣化、蔚、龙门、怀来、遵化、玉田、涞水、定、通、安、沧、易、赵、隆平、宁晋、武清、宝坻、香河、固安、大兴、宛平、房山、良乡、昌平、顺义、怀柔、密云、平谷、卢龙、定兴、安肃、新城、唐、完、容城、高阳、河间、献、任邱、南皮、庆云、大名、延庆、赤城、丰润、南宫、新河六十五州县上年被旱、被水、被霜、被雹村庄额赋。

光绪十三年，蠲缓直隶通、三河、武清、宝坻、蓟、香河、宁河、霸、保定、文安、大城、东安、大兴、宛平、顺义、怀柔、密云、平谷、滦、卢龙、迁安、昌黎、乐亭、清苑、新城、容城、蠡、雄、安、高阳、河闲、献、肃宁、任邱、吴桥、天津、青、静海、沧、盐山、无极、开、东明、长垣、丰润、玉田、饶阳、安平、深泽、固安、永清、涿、安肃、博野、望都、南皮、晋、永年、元城、大名、深、定六十二州县被灾地方钱粮，并春赋旗租有差。

光绪十四年，蠲豁顺直秋禾被水灾重之通、三河、武清、宝坻、蓟、香河、宁河、霸、保定、文安、大城、永清、东安、顺义、滦、卢龙、迁安、抚宁、昌黎、乐亭、蠡、雄、高阳、河闲、献、任邱、天津、青、静海、丰润、玉田、安平、深泽三十三州县各地方粮租。其灾歉较轻之新城、景、盐山、元城、大名、饶阳、固安、涿、怀柔、密云、清苑、安肃、完、吴桥、沧、南皮、无极、邢台、深、武强二十州县，暨滨临黄河之开、东明、长垣三州县粮租。并分别蠲缓。

光绪十四年，甲寅，缓征顺直通、三河、武清、宝坻、蓟、香河、宁河、霸、保定、文安、大城、永清、东安、顺义、滦、卢龙、迁安、抚宁、昌黎、乐亭、新城、蠡、雄、安、高阳、河闲、献、任邱、景、天津、青、静海、盐山、开、元城、大名、东明、长垣、丰润、玉田、饶阳、安平、深泽四十三州县。暨固安、涿、怀柔、密云、清苑、安肃、完、吴桥、沧、南皮、无极、邢台、深、武强十四州县地丁钱粮旗租，并各项地租民借仓谷。

光绪十五年，蠲缓直隶开、武清、蓟、保定、文安、大城、献、景、吴桥、东光、天津、青、静海、盐山、任、玉田、宁河、霸、安肃、河闲、任邱、沧、南皮、庆云、沙河、南和、平乡、钜鹿、永年、邯郸、鸡泽、元城、大名、南乐、丰润、隆平三十七州县灾歉村庄钱粮租税有差。

光绪十七年，蠲缓直隶通、三河、武清、宝坻、蓟、香河、宁河、霸、保定、文安、大城、固安、永清、东安、大兴、宛平、良乡、房山、涿、顺义、怀柔、密云、滦、卢龙、迁安、昌黎、乐亭、清苑、安肃、新城、唐、博野、容城、蠡、雄、安、高阳、河闲、献、任邱、交河、吴桥、东光、天津、青、静海、沧、南皮、盐山、庆云、清河、丰润、玉田、武强、定、开、东明、长垣、平谷、定兴、望都、景、故城、无极、南乐、宁晋、深、饶阳、安平、曲阳、深泽、满城、完、祁、肃宁、藁城、新乐、邢台、沙河、南和、唐山、平乡、钜鹿、任、永年、邯郸、广平、鸡泽、威、元城、大名、清丰、易、涞水、枣强、武邑、衡水、隆平九十八州县被水村庄丁粮租课有差。

光绪十七年，缓征直隶通、三河、武清、宝坻、蓟、香河、宁河、霸、保定、文安、大城、固安、永清、东安、大兴、宛平、良乡、房山、涿、顺义、怀柔、密云、平谷、滦、卢龙、迁安、昌黎、乐亭、清苑、安肃、定兴、新城、唐、博野、望都、容城、蠡、雄安、高阳、河闲、献、任邱、交河、景、故城、吴桥、东光、天津、青、静海、沧、南皮、盐山、庆云、无极、清河、开、南乐、长垣、丰润、玉田、宁晋、深、武强、饶阳、安平、定、曲阳、深泽、满城、完祁、肃宁、藁城、新乐、邢台、沙河、南和、唐山、平乡、钜鹿、任、永年、邯郸、广平、鸡泽、威、元城、大名、清丰、东明、易、涞水、枣强、武邑、衡水、隆平九十八州县被灾村庄新旧额赋、杂课有差，并展缓原贷仓谷籽种。

光绪十八年，蠲免顺直两属通、三河、武清、宝坻、蓟、香河、宁河、霸、保定、文安、大城、固安、永清、东安、大兴、苑平、良乡、房山、涿、昌平、顺义、怀柔、密云、平谷、滦、卢龙、迁安、抚宁、乐亭、临榆、清苑、满城、安肃、新城、唐、博野、望都、完、蠡、雄、祁、束鹿、安、高阳、河闲、献、阜城、肃宁、任邱、交河、景、故城、吴桥、东光、甯津、天津、青、静海、沧、南皮、盐山、庆云、灵寿、赞皇、晋、无极、藁城、新乐、邢台、沙河、南和、唐山、平乡、广宗、钜鹿、内邱、任、永年、邯郸、成安、肥乡、广平、鸡泽、清河、磁、开、元城、大名、南乐、清丰、东明、长垣、延庆、保安、蔚、宣化、万全、怀安、西甯、怀来、丰润、玉田、涞水、冀、新河、枣强、武邑、衡水、赵、隆平、高邑、深、武强、饶阳、安平、定、曲阳、深泽、张家口一百十九厅州县民欠及缓征带征钱粮。

光绪十八年，蠲免直隶通、三河、武清、宝坻、蓟、香河、宁河、霸、保定、文安、大城、固安、永清、东安、大兴、宛平、涿、顺义、滦、清苑、安肃、新城、博野、蠡、雄安、高阳、献、任邱、交河、故城、天津、青、静海、清河、清丰、张家口、丰润、玉田、武强、饶阳四十一厅州县被水村庄本年粮租杂课有差，并展缓民备仓谷籽种。

光绪十八年，豁免直隶通、三河、武清、宝坻、蓟、香河、宁河、霸、保定、文安、大城、固安、永清、东安、大兴、宛平、良乡、房山、涿、昌平、顺义、怀柔、密云、平谷、滦、卢龙、迁安、乐亭、临榆、清苑、满城、安肃、定兴、新城、唐、博野、望都、容城、完、蠡、雄、安、高阳、河闲、献、肃宁、任邱、交河、故城、天津、青、静海、沧、南皮、延庆、保安、怀来、遵化、丰润、玉田、易、涞水、定六十三州县光绪九年暨十三年以前民欠，及缓带征钱粮。

光绪十九年，蠲缓顺天直隶通、三河、武清、宝坻、蓟、香河、宁河、霸、保定、文安、大城、固安、永清、东安、大兴、宛平、涿、顺义、滦、清苑、安肃、新城、博野、蠡、雄、安、高阳、河闲、献、肃宁、任邱、交河、景、故城、东光、天津、青、静海、沧、平乡、清河、开、清丰、东明、长垣、丰润、玉田、深、武强、饶阳、安平、张家口五十二厅州县水灾地方、地丁钱粮及各项租课有差。

光绪十九年，蠲免直隶通、三河、武清、宝坻、蓟、香河、宁河、霸、保定、大城、固安、永清、东安、大兴、宛平、良乡、房山、涿、顺义、怀柔、密云、滦、卢龙、安肃、安兴、新城、博野、蠡、雄、高阳、献、任邱、天津、青、静海、盐山、丰润、玉田、饶阳三十九州县灾重地方粮赋。其乐亭、清苑、容城、河闲、肃宁、吴桥、隆平、武强、安平、昌平、望都、完、沧、南皮、无极、邯鄂、鸡泽、开、东明、长垣二十州县被水村庄丁粮课租并缓征。

光绪二十年，缓征直隶通、三河、武清、宝坻、蓟、香河、宁河、霸、保定、文安、固安、永清、东安、大兴、宛平、良乡、房山、涿、顺义、怀柔、密云、滦、卢龙、乐亭、清苑、安肃、定兴、新城、博野、容城、蠡、雄、安、高阳、河闲、献、肃宁、任邱、吴桥、天津、青、静海、盐山、开、理明、长垣、丰润、玉田、隆平、深、武强、饶阳、安平五十四州县被水成灾村庄。暨昌平、满城、望都、完、祁、沧、南皮、无极、邯郸、鸡泽十州县歉收村庄本年春赋钱粮杂课有差。

光绪二十一年，减缓直隶武清、宝坻、宁河、霸、保定、文安、大城、东安八州县被水地方本年应征粮租。其灾歉较重之雄、安、高阳、迁安、河闲、献、阜城、任邱、景、吴桥、天津、青、静海、清河、丰润、玉田、宁晋、饶阳十八州县。灾歉较轻之清苑、故城、沧、盐山、永年、南乐、清丰、房山、满城、安平、博野、东光、南皮、无极、南和、唐山、平乡、钜鹿、任、曲周、广平、鸡泽、元城、大名、隆平二十五州县，暨濒临黄河之开、东明、长垣三州县应征粮租，并分别蠲缓。

光绪二十一年，蠲缓直隶通、三河、武清、宝坻、蓟、香河、宁河、霸、保定、文安、大城、永清、东安、大兴、宛平、良乡、涿、怀柔、密云、平谷、滦、卢龙、迁安、抚宁、昌黎、乐亭、清苑、安肃、新城、唐、博野、蠡、雄、安、高阳、河闲、献、阜城、任邱、景、故城、吴桥、东光、天津、青、静海、沧、盐山、南和、平乡、永年、肥乡、清河、开、清丰、东明、长垣、丰润、玉田、冀、新河、武邑、衡水、宁晋、深、武强、饶阳、安平、固安、房山、顺义、满城、定兴、望都、容城、完、祁、肃宁、交河、南皮、庆云、无极、邢台、沙河、唐山、钜鹿、任、邯郸、曲周、广平、鸡泽、威、磁、元城、大名、南乐、遵化、枣强、柏乡、隆平、高邑、深泽一百二厅州县上年被水地方应征粮赋旗租杂课。

光绪二十二年，壬辰。缓征直隶通、武清、宝坻、宁河、霸、保定、文安、大城、永清、东安、大兴、宛平、清苑、雄、安、高阳、河闲、献、阜城、东光、天津、静、静海、沧、南皮、开、东明、长垣、玉田、深、武强、饶阳、香河、安肃、任邱、交河、景、吴桥、盐山、庆云、无极、唐山、内邱、任、大名、丰润、武邑、安平四十八州县被水地方地丁钱粮暨各项杂课有差。

光绪二十三年，蠲缓直隶武清、宝坻、蓟、霸、文安、大城、东安、大兴、宛平、昌黎、安、高阳、献、天津、静海、饶阳、乐亭、清苑、永平、深、通、三河、香河、宁河、保定、顺义、滦、安肃、雄、任邱、青、沧、南皮、盐山、鸡泽、大名、蔚、龙门、玉田、武强四十州县被水灾歉地方粮租杂赋。其开、东明、长垣、滨河三州县被水村庄粮赋，并蠲缓。

——《光绪实录》

卷之五

学校

学宫

讲约

学训

仕进

学校

建国君民教学为先，苟视为粉饰太平之事。则黉序鞠为茂草学术，悉属筌蹄，而本实拨矣。丰邑自金迄今，有兴无替，其举坠修废之绩有可得而考者。若夫易垂蒙养之文礼，着成人之训作而行之，其亦父母斯民之责也。夫志学校附后以崇文诸善会。

——光绪《丰润县志》

县学

丰润县：

金大定二十七年（公元 1187 年）始建县学，地址在城内官学街文庙内。县学设教谕 1 人，掌经史大义；训导 1 人，掌骑、射、书、算、律五事。

县学生员额：廪膳生员 20 名，增廪生员 20 名，每岁科取儒童生 23 名，武童生 20 名。

——光绪《丰润县志》

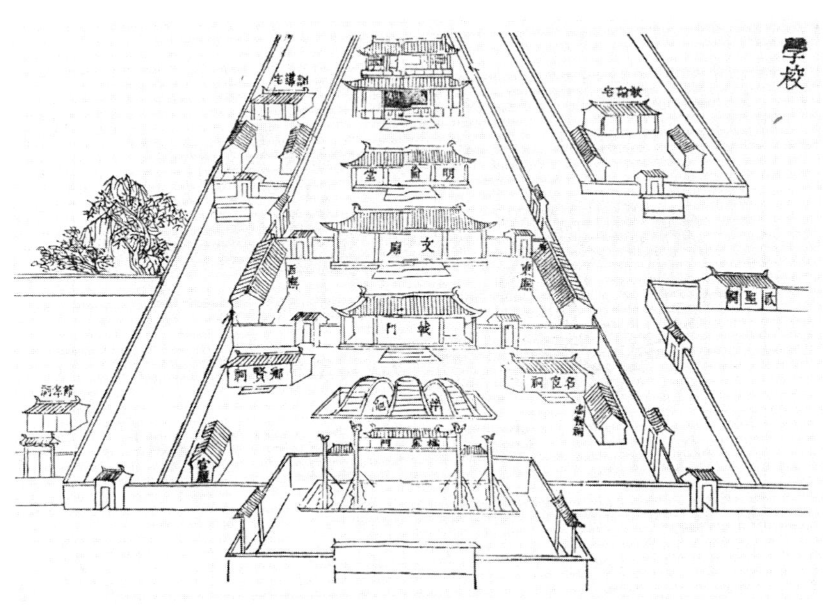

在县治东南，金大定二十七年建，元至元十二年修，明洪武初重建，永乐十二年知县邓文心，正统六年知县吴昌相继修葺。弘治十六年知县靳宣又拓而新之。

——《畿辅通志》

滦州：

在州治西，辽清宁五年建。元至正四年，知州孙明撤而新之。明洪武四年，知州李益谦重修，后知州刘政重修。永乐中知州谭辉、陶安，正统中知州刘弁，天顺中知州郑鼐，成化中知州杨鼐，弘治中知州吕镒、汪晓，嘉靖中知州陈溥、高堂、刘体元、张士俨、陈士元、通判陈大为，隆庆中推官陈训，万历中知州郑琉、张元、刘从仁、林养栋、李乔岳、周宇。

——《畿辅通志》

义学

丰润县：

一在城内西街，一在魁星楼旁。一在城西南丰台，一在城南老庄

已上俱康熙五十六年建。

——光绪《丰润县志》

滦州：

一在城西一百二十里稻地镇。于光绪三年，经本镇绅士，公同建置。捐资发商生息，以作永远经费，禀明立案。

一在王家河。以上各义学并九处，所设之地，均在城西百里，于光绪八年，俱由开平矿务局创设，奉督宪札行在案。

——光绪《滦州志》

——《永平府志》

社学

明洪武八年二月，诏天下府州县，每五十家建一社学，延秀才教诲军民子弟，生员考不中程者，罚充社学生，即青衣生也。

——光绪《滦州志》

学宫

丰润县：

在县治正南。金大定二十七年建，明洪武初重建。

大成殿，五间。

正中：

至圣先师孔子。

四配：

复圣颜子。

宗圣曾子。

述圣子思子。

亚圣孟子。

十二哲：

闵子损。冉子雍。端木广赐。仲子由。卜子商。有子若。冉子耕。宰子予。冉子求。言子偃。颛孙子师。朱子熹。

东西庑各五间，奉先贤。一东、一西，合七十九位：

蘧子瑗。公孙子侨。澹台子灭明。林子放。源子宪。宓子不齐。南宫子适。公冶子长。商子瞿。公皙子哀。漆雕子开。高子柴。司马子耕。樊子须。梁子鳣。商子泽。冉子孺。巫马子施。伯子虔。颜子辛。冉子季。曹子恤。漆雕子徒父。公孙子龙。漆雕子哆。秦子商。公西子赤。颜子高。任子不齐。

壤四子赤。公良子孺。石作子蜀。公肩子定。公夏子首。邬子单。后子楚。罕父子黑。奚容子蒧。荣子旗。颜子祖。左人子郢。句井子疆。郑子国。秦子祖。原子亢。县子成。廉子洁。公孙子句兹。叔仲子会。燕子伋。公西子舆如。乐子欬。邦子巽。狄子黑。陈子亢。孔子忠。秦子张。公西子蒧。步叔子乘。颜子之仆。秦子非。施子之常。颜子哙。申子枨。颜子何。左子邱明。县子亶。秦子冉。公明子仪。牧子皮。乐正子克。公都子。万子章。公孙子丑。周子敦颐。程子颢。邵子雍。张子载。程子颐。

两庑先儒，一东、一西，合六十八位：

公羊子高。谷梁子赤。伏子胜。高堂子生。毛子亨。孔子安国。董子仲舒。刘子德。毛子苌。后子苍。杜子子春。许子慎。郑子康成。范子宁。诸葛子亮。王子通。陆子贽。韩子愈。韩子琦。范子仲淹。欧阳子修。胡子瑗。司马子光。杨子时。尹子焞。谢子良佐。胡子安国。李子纲。罗子从彦。李子侗。陆子九渊。张子栻。吕子祖谦。袁子燮。黄子干。辅子广。陈子淳。蔡子沈。真子德秀。魏子了翁。何子基。王子柏。金子履祥。文子天祥。陆子秀夫。赵子复。陈子澔。许子谦。许子衡。吴子澄。方子孝儒。曹子端。胡子居仁。陈子献章。蔡子清。王子守仁。罗子钦顺。吕子楠。刘子宗周。黄子道周。孙子奇逢。陆子世仪。汤子斌。陆子陇其。张子履祥。张子伯行。

御制孔子赞曰：

清浊有气，刚柔有质。圣人参之，人极以立。行著习察，舍道莫由。惟皇建极，惟后绥猷。作君作师，垂统万古。曰惟尧舜，禹汤文武。五百余岁，至圣挺生。声金振玉，集嘅大成。序《书》删《诗》，定《礼》正《乐》。既穷象系，亦严笔削。上绍往绪，下示来型，道不终晦，秩然大经。百家纷纭，殊途异趣。日月无逾，羹墙可晤。孔子之道，惟中与庸。此心此理，千圣所同。孔子之德，仁义中正。秉彝之好，根本天性。庶几夙夜，勖哉令图。溯源洙泗，景躅唐虞。载历庭除，式观礼器。摛毫仰赞，心焉遐企。百世而上，以圣为归。百世而下，以圣为师。非师夫子，惟师于道。统天御世，惟道为宝。泰山岩岩，东海泱泱。墙高万仞，夫子之堂。孰窥其藩，孰窥其径？道不远人，克念作圣。

合下四配赞，俱康熙十二年颁。

御制颜子赞：

圣道早闻，天资独粹。约礼博文，不迁不贰。一善服膺，万德来萃。能化而齐，其乐一致。礼乐四代，治法兼备。用舍行藏，王佐之器。

御制曾子赞：

洙泗之传，鲁以得之。一贯曰唯，圣学在兹。明德新民，至善为期。格致诚正，均平以推。至德要道，百行所基。纂承统绪，修明训辞。

御制子思子赞：

于穆天命，道之大原。静养动察，庸德庸言。以育万物，以赞乾坤。九经三重，大法是存。笃恭慎独，成德之门。卷之藏密，扩之无垠。

御制孟子赞：

哲人既萎，杨墨昌炽。子舆辟之，曰仁曰义。性善独阐，知言养气。道称元舜，学屏功利。煌煌七篇，并垂六艺。孔学攸传，禹功作配。

棂星门三间。

泮池。

戟门三间。

东西牌坊两座，东曰：德配天地。西曰：道冠古今。照壁一座，在棂星门外，周遭墙垣一带。

崇圣祠三间，在大成殿东，原为启圣祠，雍正二年改今名。

正位：

肇圣王孔氏木金父。

裕圣王孔氏祈。

怡圣王孔氏防叔。

昌圣王孔氏伯夏。

启圣王孔氏叔梁纥。

配享：

先贤孔氏孟皮。

颜氏无繇。

孔氏鲤。

曾氏点。

孟孙氏激。

先贤周氏辅成。

程氏珦。

张氏迪。

朱氏松。

蔡氏元定。

明伦堂三间，在文庙后。

祭器

旧祭器残缺不全。乾隆八年奉旨动帑备办，今将部定一应祭器名目开列于后。

木帛篚，十八个。

白磁爵，四十一个只。

又小几二张。

红绫葵花补象服，八十九件。

火焰里贴赤金顶，八十九个。

绿绫带，八十九条。

舞杆并金龙首雉尾，三十六副。

琴，六张。

琴桌，六张。

瑟，六张。

瑟架，十二个。

箫，六枝，并描金龙。

笛，六枝，并金龙首尾。

笙，六攒。

凤箫，二排。

篪，二枝。埙，二个。

穿心大楹鼓，一面。槌二个。

绫鼓衣并金绣工料。

鼓架，一副。

大红金龙麾幡，二首，并工料金龙首竿。

幡架，二个。

柷，一座。并木槌。

敔，一座。并红座竹帚。

干，二百，并画彩。

搏拊，二面。

戚，二个。

戚架，二个。

节，二枝，并金龙首竿。

节架，二个。

磬，十六块，灵璧石并工料

钟磬鼓挂须，八挂。

箫笛笙篪、凤箫挂须，共二十二个。

钟磬架，二副。

铜登，一个，重十三斤。

铜铏，二十一个，重一百二十六斤。

铜簠，四十六个，重五百九十三斤。

铜簋，四十六个，重三百十一斤。

铜酒樽并勺，十副，重九十二斤。

铜爵，一百五十只，重一百八十七斤。

铜中香炉，五个，重三十六斤。

铜中烛台，五对，重四十二斤。

木牛牲俎，一座。

木豕羊牲俎，四十面。

木豆，一百八十六个。

竹笾，一百八十六个。

木祝板，二座。

铜花瓶，一对，重十二斤。

铜小香炉，十三个，重五十一斤。

铜小烛台，十三对，重九十六斤。

铜钟。十六，重二百六十九斤二两八钱，又槌一个。

以上历任俱未置备。

存学书籍

《圣谕广训》一本。

《易经》一部。

《上谕》五部。

《书经》一部。

《钦定吏部则例》五部。

《诗经》一部。

《平定青海碑文》。

《春秋传说》一部。

《康熙字典》一部。

《四书解义》一部。

《御批通鉴》一部。

《性理》一部。

《钦定明史》一部。

《朱子全书》一部。

《钦定明史纲目》一部。

《畿辅通志》一部。

《钦定四书文》一部。

《议注》一部。

《钦定乐章》一部。

以上殿、庑、祠、堂、阁，元至元十二年修。明永乐十二年知县邓正心、正统六年知县吴昌重修。弘治十六年知县靳宣又拓而新之。本朝康熙二十九年训导骆在中，雍正十一年知县周传昌、教谕马任、训导王壅相继重修。至修正殿则有康熙二年邑绅曹首望等，雍正十一年生员谷昂、王奕曾、唐允恭、谷瑛、刘玙垣等修。东西两庑则有拔贡生曹斗望、生员张光亨、唐居仁、谷际科，康熙二十九年训导李不伐修。戟门则有顺治六年知县吴执忠、岁贡生谷元隆、生员张奇重建。棂星门则有邑绅曹云望修。泮池则有邑绅曹永淳修。照墙周垣则有恩贡生曹重辉、生员鲁文龙修。崇圣祠则有康熙元年教谕蔡元宁、训导吴渠修。明伦堂则有康熙十二年知县尚大发、董事曹采并绅士其人焉道光初重修。

官厅二间，在戟门外西偏。

斋房各三间，在明伦堂前东西庑，旧为进德修业斋。久废。

号舍三十间，在文庙西。明弘治十六年知县靳宣建，隆庆三年知县王纳言重建。久废。

培英社三间，在文庙东。明洪武八年建，隆庆三年知县王纳言重建，匾曰：正蒙。次废。

养贤仓三间，在明伦堂西。嘉靖二十八年知县时凤建。岁收粮四百石，黑盐课银四十三两五钱，协济廪俸，今废，粮银俱莫可稽考。

学田，旧设九十五亩，滩去魏家庄八亩，今实存田各庄三十三亩，毛家坨五十五亩。

县学，额设廪膳生员二十名，增廪生员二十名，每岁科取进儒童二十三名，武童二十名。

古鼎一座，在文庙中。邑绅曹鼎望云：前志谓掘土得之，重五百斤。牛首三足，商建丑，遂疑为商鼎。《长安客话》《广舆记》所载盖本此。今考其制，鼎高一尺二寸二分，耳旁出，高五寸八分，连耳身共高一尺五寸六分，边宽一寸四分，连边径宽一尺六寸六分，腹深八寸八分，周围作云雷文，重五十五斤。所谓五百斤者，十讹百也。腹有铭曰“维甲午八月丙寅，帝若稽古肇作宋器，审厥象做牛鼎格于太室，从用享万宁神休惟帝时宝，万世其永赖”。凡四十一字，乃刘宋孝建元年八月二日作，以享太庙者。说出《埤海》《随隐漫录》。绘图如右，兼释厥铭。质之好古之士，或商或宋，必有能辨之者。

绍兴初，有献鼎于行都，上赐白金三千两、赐三茅。观高一尺三寸，有咫两耳旁出，三足与首皆类牛，腹外周纹如篆籀，腹内篆铭曰：维甲午八月丙寅，帝若稽（鼎铭是考字）古肇（鼎铭多一作字）作宋鼎（鼎铭是器字），审厥象做牛鼎盛格于太室，从用享亿万（鼎铭无万字）宁神休惟帝时宝，万世其永赖。乃宋孝武孝建元年八月二日肇作以享太室者。（《随隐漫录》）

丰润县治内古鼎一，弘治间，土人凿井得之，重五百斤。圆腹弇口，四足，足上为牛首，下为牛蹄，款识甚古，或以为商时物。（《长安客话》）

丰润县商鼎，弘治间掘土得之，约五百斤。三足，篆莫可辨。（《广舆记》）

按：建子建寅，原无鼠虎之称，安在器。传牛鼎即为商家旧物，况摩挲铭篆又非《古文漫录》所云，庶几近之，但不审何以遽定为刘宋间物耳。顾予于此更有说焉。古人制器尚象，象以成器，器以成礼，其间阅沧桑辱奴隶者，不知凡几。兹鼎历年千有余岁，乃出土壤，厕俎豆与礼乐文章之盛，何其幸欤。呜呼！骨重神寒，天庙器所以自成为鼎者，岂鼎为之哉。乾隆十九年十一月二十四日，知县吴慎记有诗，道光二十八年书院山长贺祥麟有歌，皆人文苑。

续增碑记

忠义孝悌等碑十通。

明伦堂卧碑一通。

又碑十一通。

又碑七通。

尊经阁碑二通。

名宦祠

在戟门东，康熙十八年知县陈恭锡修，乾隆十九年知县吴慎榜额曰：甘棠遗爱。勒姓名于石。

明前知县王定。

明前训导许聚。

明前训导王鉴。

明前主簿窦钦。

明前典史吕复。

明前知县张表。

明前知县靳宣。

明前教谕杜诰。

明前县丞王勋。

明前教谕薛壤。

明前知县罗绘。

明前教谕王祚。

明前教谕陈盘。

明前知县李文林。

明前知县黄良印。

明前知县陈如锦。

明前知县相大成。

国朝前知县赵登高。

国朝前知县李尔蕙。

国朝前直隶总督赵宏燮。

国朝前遵化巡抚宋权。

国朝前保定巡抚于成龙。

国朝前顺天府尹俞化鹏。

国朝前直隶巡道杨名时。

国朝前通永道白为机。

国朝前知县罗景泐。

国朝前知县王梦麟。

国朝前知县吕应夏。

国朝前知县陈恭锡。

乡贤祠

在戟门西。明嘉靖年间，知县冉崇儒建。康熙年间，贡生曹镳修。雍正十一年，邑绅曹永淳重修。乾隆十九年，知县吴慎榜额曰：湮水钟灵。勒姓名于石。

周无终子嘉父。

周无终大夫孟乐。

周王孙阳雍伯。

汉郎中徐乐。

汉幽州从事田畴。

吴荡寇将军程普。

晋平州别驾阳骛。

魏征虏将军阳藻。

魏辅国将军阳固。

魏吏部尚书阳休之。

隋洪州刺史荣建绪。

隋治书传御史荣毗。

金陕西按察转运使卢庸。

明礼科给事中马俊。

明户部主事石大用。

明浙江按察司佥事吴瑞。

明湖广华容县知县白整。

明山东陵县知县李时春。

国朝敕封奉政大夫谷旦。

国朝江西袁州府知府曹继参。

国朝江南苏州府知府曹首望。

国朝刑部云南司郎中曹鑛。

国朝湖广江陵县知县董钜。

国朝州司马曹云望。

国朝奉直大夫郑相侨。

忠义祠

在棂星门内左庑，雍正八年知县马尔栋奉文建。乾隆十九年，知县吴慎悬匾曰：碧血丹心。勒姓氏于石。

明兴前卫千户郭经。

明兴前卫舍人郭纶。

明兴前卫百户许骧。

明指挥佥事郭辅国。

明辽东副将徐于跃。

明邓州刺史刘振世。

明莒州州判李昌滋。

明曹州太守韩祥。

国朝兴县知县李昌汴。

国朝临蓝营参将殷壮猷。

节孝祠

在学宫西，雍正八年知县马尔栋奉文建。乾隆十九年，知县吴慎悬匾曰：饮冰茹蘖。勒姓氏于石。

金李伯通妻周氏。

明郭纶妻周氏。

明胡海妻王氏。

明董陛征妻曹氏。

明李昌滋妻何氏。

国朝殷壮猷妻李氏。

国朝董陛升妻佟氏。

国朝唐之演妻姚氏。

国朝吕孝义妻倪氏。

国朝孙善述妻梁氏。

国朝吴继贤妻魏氏。

国朝赵廷灿妻李氏。

国朝曹云望妻殷氏。

国朝孟国祥妻吉氏。

国朝董锦妻伦氏。

国朝曹鍠继妻谈氏。

国朝王振刚妻石氏。

国朝陈玉廷妻边氏。

国朝唐寿恺妻李氏。

国朝周郁文妻王氏。

国朝陈宝妻谷氏。

国朝陈时纪妻杨氏。

国朝韩苏妻谷氏。

国朝曹鍠继妻谷氏。

国朝董岱妻冯氏

国朝董蕙妻张氏

魏泽远妻唐氏。

儒士冯穆发妻孙氏。

儒士谷彭春妻刘氏。

李葳发妻朱氏。

儒童冯惠妻吴氏。

太学生谷鄘妻孙氏。

鲁澄继妻田氏。

从九品王临堂发妻包氏

登仕佐郎孙贤绂妻钱氏

儒士王辅公发妻孙氏。

庠生郑束继妻陈氏。

王家瑄妻赵氏。

儒士阮士秀妻吴氏

生员董锦妻伦氏。

王君佐妻张氏。

郑鹤年发妻董氏。

谷均妻钱氏。

董沆妻张氏。

董焜妻李氏。

庠生王治泰嫡妻谷氏。

邵明善发妻张氏。

吴璋发妻陈氏。

沈永恒发妻高氏。

谷时永发妻武氏。

张梅发妻魏氏。

赵文远继妻郭氏。

儒童艾长发发妻高氏。

太学生魏绍曾发妻吴氏。

儒童赵仲元妻杨氏。

儒童鲁兆祥妻张氏。

沈永申妻周氏。

刘祥麟发妻张氏。

王以塑侧室、节烈马氏，有传人文苑。

儒童刘光绪妻张氏。

陈时纪发妻杨氏。

陈玉廷继妻边氏。

陈宝发妻谷氏。

曹炳妻刘氏。

署正衔梁兰祥继妻王氏。

重修文庙附

按：文庙创自金大定二十七年，凡有修葺，必志其年份与官绅姓氏。所以裒既往而劝将来也。今接吴志，按次详载。并遗漏者悉补之。

明万历十八年知县陆楷，三十二年知县李为梁，本朝乾隆四十年知县潘应椿、教谕田营、生员曹孟林、谷廷茂等，倡首重修，事详碑记。至修明伦堂，则有乾隆三年知县杨大崑。修尊经阁，则有乾隆四十四年教谕田营统修，则有道光十五年知县刘遵海、董事冯广誉、沈世鉴等。光绪十五年，棂星门圮，购材重建，并砌垒泮池、花墙，而殿庑、祠厅暨照壁、各庙门悉加涂泽，少觉焕然一新焉。官绅姓氏详碑记。

——光绪《丰润县志》

滦州：

按：夫学宫之制尚矣。古代有学无庙，自汉明帝令郡县学校，皆祀周公孔子。是时不过祀孔于庠序而已。至唐贞观四年，罢周公，诏州县皆立孔子庙，为州县学校立庙之始。高宗即位，尊孔子为先师。及明永乐八年，改先师庙为文庙。清代沿之。

先师正殿。周方九楹，殿后崇圣祠五楹。正殿前东西庑各五楹。又前为戟门三楹，其旁左门曰：金声，右门曰：玉振。左门之东为名宦祠三楹，右门之西为乡贤祠三楹。戟门前为泮池，中有石桥，翼以石栏。其南则棂星门三楹，门外左右二坊，各有门，缭以周垣。南为甬壁，左右列下马碑各一。大成殿内旧悬逊清圣祖御书万世师表，世宗御书“生民未有”，高宗御书“与天地参”，仁宗御书“圣集大成”，宣宗御书“圣协时中”，文宗御书“德齐帱载”，穆宗御书“圣福天纵”，德宗御书“斯文在兹”等匾额。

谨按：学宫在州治西北隅，契丹道宗清宁五年始建。元至正四年，知州孙明重修。明洪武四年，知州李益谦重建。十一年，知州刘政重修。永乐正统天顺年间，知州谈辉、陶安、刘弁、郑鼐相继重修。成化十七年，知州杨鼐重修。弘治十年，知州吕镒重修。十六年知王晓东重修。正德十年，知州陈溥重修。十五年，知州高堂重修，并建号房，增置馔舍。嘉靖七年，知州赵业立石题名。十一年，知州刘体元重修，并建启圣词。十五年，署知州曾梦祺重修。二十三年，知州张士俨重修。二十五年，知州陈士元重修。隆庆间，推官陈训重修。万历八年，知州郑琉重修，并买学宫前民舍为通衢，榜曰：云路。十六年，知州张元庆重修。二十二年，知州刘从仁重修，移名宦乡贤二祠于戟门之两旁。三十七年，知州林养栋重修。三十九年，知州李乔岳重修。四十四年，知州周宇修明伦堂，及斋房，建魁星楼、聚奎堂，并文会房。天启七年，司理罗成功，知州段耀然重修。崇正二年，州绅高第，重修聚奎堂。清顺治间，知州朱伸，暨府同知刘日永，州同史在德，相继重修。康熙元年，训导张国猷，劝募重修。五年，学正王麟图，募修文庙两庑，启圣祠，魁星楼；七年又捐俸，继修文庙两庑；九年捐俸，继修魁星楼；十年捐俸，倡修文庙墙垣。十六年，知州马如龙重修启圣祠。自二十九年后，知州张勿执，学正白学曾，王子梃、训导韩文煜等，相继重修。乾隆元年，明经李宏勋重修。十六年，举人李士达重修。二十七年，知州王南珍重修。三十二年，知州顾学潮重修。三十八年，知州孔传瀛重修。嘉庆七年，知州莫謩重修。十五年，知州吴士鸿、学正廉至忠、训导黄步青、吏目黄珽，同州绅重修戟门、棂星门、照墙、东西坊，及魁星楼。道光六年，知州黄克昌，倡捐重修。光绪十二年，知州郭奇中倡捐重修。民国四年，县知事陈麟瑞，倡捐重修。

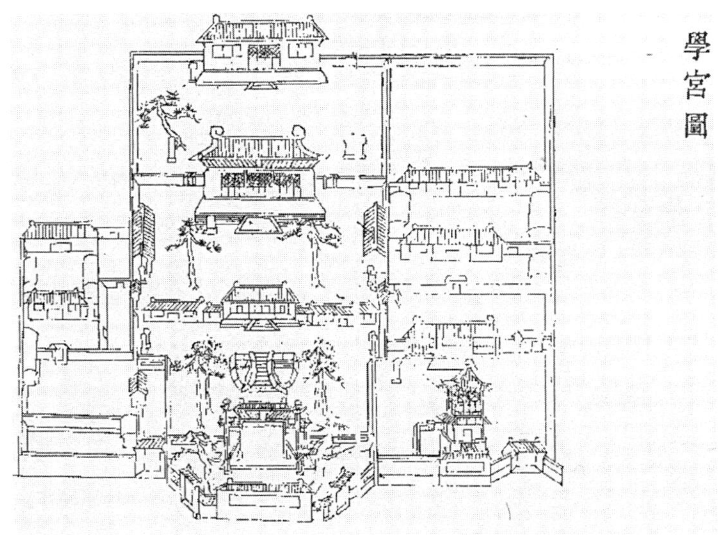
學宫圖

木主位次

位次明以前，皆用绘塑。嘉靖九年，改用木主。

先师木主，高二尺三寸七分，阔四寸，厚七分；座高四寸，阔七分，厚三寸；朱地金书。四配木主，高一尺五寸，阔三寸二分，厚五分；座高四寸，阔六寸，厚二寸八分；赤地墨书。

先贤木主，高一尺四寸，阔二寸六分，厚五分；座高二寸六分，阔四寸，厚二寸；赤地墨书。

先儒木主，高一尺三寸四分，阔二寸三分，厚四分；座高二寸三分，阔四寸，厚二寸；赤地墨书。

崇圣祠五代神位木主，高一尺七寸，广四寸五分，厚五分；赤地金书。

崇圣祠四配神位木主，高一尺四寸，广三寸五分，厚五分；赤地金书。

崇圣祠两庑从祀神位木主，高一尺三寸六分，广三寸五分，厚六分；赤地墨书。

正位

先圣先师孔子居中南向。按：周灵王二十一年，既鲁襄公二十二年，庚戌岁，冬十月庚子，即今之八月乙酉，二十七年庚子，甲申时，孔子生；敬王四十一年，即哀公十六年，四月十八日乙丑，即今二月十八日，孔子七十三岁卒。汉高帝十二年过鲁，以太牢祀孔子。平帝元始元年，追谥宣尼公。东汉明帝永平二年，命辟雍及郡县学校皆祀孔子。北魏孝文帝太和十六年，改谥文圣尼父。北齐定制，每岁春秋二仲释奠，每月旦朝。隋文帝时，谥先师尼父，诏国子寺，每岁四仲月上丁释奠；州县学，则以春秋仲月释奠。唐高祖武德二年，诏有司立孔子庙一所，四时致祭。太宗贞观四年，诏州县学皆作孔子庙。元宗开元二十七年，追谥文宣王。宋真宗大中祥符中，改谥至圣文宣王。元武宗即位，加号大成至圣文宣王。明太祖洪武初，定朔望行香礼。清顺治十四年，改称至圣先师孔子。

四配

复圣颜子，西向。

按：颜子鲁人。周敬王七年戊子，即鲁昭公二十九年冬，十一月十一日生；敬王三十八年，即鲁哀公十三年，秋八月二十三日，年三十二岁卒。汉永平十五年，祀七十二弟子，颜子位第一，后世因之。

宗圣曾子，东向。

按：曾子鲁南武城人。周敬王十五年，即鲁定公三年生；考王五年，即鲁悼公三十二年七十岁卒。宋咸淳三年，晋配飨位。

述圣子思子，西向。

按：子思子，伯鱼之子。伯鱼以周敬王三十七年，即鲁哀公十二年卒，是年生子伋，因字子思云；周威烈王二十二年，即鲁穆公六年，子思年八十岁卒于卫。宋咸淳三年，晋配飨位。

亚圣孟子，东向。

按：孟子鲁孟孙之后，世居于邹，故为邹人。周安王十七年，四月初二日，即今二月初二日，寅时生；周赧王二十六年，十一月十五日午时，年九十七岁卒。宋元丰七年，晋配飨位。

十二哲

先贤闵子，名损，字子骞，鲁人。

按：周景王八年，即鲁昭公五年，甲子，闵子生，少孔子十四岁。唐开元八年，从祀东哲第一位。

先贤冉子，名雍，字仲弓，鲁人。

按：周景王二十二年，即鲁昭公十九年，仲公冉子生，少孔子二十九岁。周敬王四十年，即鲁哀公十五年，仲弓年四十四岁卒。唐开元八年，从祀东哲第二位。

先贤端木子，名赐，字子贡，卫人。

按：周景王二十五年，即鲁昭公二十二年，端木子生，少孔子三十一岁。唐开元八年，从祀东哲第三位。

先贤仲子，名由，字子路，一字季路，卞人。

按：周景王三年，即鲁襄公三十一年已未，九月初七日，即今七月初七日，仲子生，少孔子九岁；敬王四十年，即哀公十五年，仲子六十三岁死于卫难。唐开元八年，从祀东哲第四位。

先贤卜子，名商，字子夏，卫人。

按：周敬王十三年，即鲁定公三年，卜子生，少孔子四十四岁。唐开元八年，从祀东哲第五位。

先贤有子，名若，字子若，鲁人。

按：周景王七年，即鲁定公四年，有子生，少孔子十三岁。国朝乾隆三年，升十二哲东哲第六位。

以上西向。

先贤冉子，名耕，字伯牛，鲁人。

按：周景王元年，伯牛冉子生于鲁之郓，少孔子七岁；周敬王四十年，即鲁哀公十五年，伯牛年六十五岁卒。唐开元八年，从祀西哲第一位。

先贤宰子，名予，字子我，鲁人。唐开元八年，从祀西哲第二位。

先贤冉子，名求，字子有，鲁人。

按：周景王二十二年，即鲁昭公十九年，子有冉子生，少孔子二十八岁。唐开元八年，从祀西哲第三位。

先贤言子，名偃，字子游，吴人。

按：周敬王十四年，即鲁定公四年，言子生，少孔子四十五岁。唐开元八年，从祀西哲第四位。

先贤颛孙子，名师，字子张，陈人。

按：周敬王十六年，即鲁定公六年，颛孙子生，少孔子四十八岁。宋咸淳三年，升十二哲西哲第五位。

先贤朱子，名熹，字元晦，徽州婺源人。按宋高宗建炎四年庚戌，九月十五日午时，朱子生；庆元六年，朱子年七十一岁，三月初九日午初刻卒。宋淳祐元年，从祀；清康熙五十一年，升十二哲，西哲第六位。

以上东向。

东庑从祀

先贤公孙侨，字子产，郑人。

按：《左传》鲁襄公八年始见，昭公八年卒。清咸丰七年从祀。原西庑，移东庑。

先贤林放，字子邱，鲁人。唐开元二十七年从祀，明嘉靖九年改祀于乡，清雍正二年复祀。原西庑，移东庑。

先贤原宪，字子思，宋人。唐开元二十七年从祀。

先贤南宫适，字子容。按：《家语》作南宫縚，史记作南宫适，鲁人。唐开元二十七年从祀。

先贤商瞿，字子木，鲁人。唐开元二十七年从祀。

先贤漆雕开，字子若。按：《史记》作子开，鲁人。唐开元二十七年从祀。

先贤司马耕，字子牛，鲁人。唐开元二十七年从祀。

先贤梁鳣，或作鲤，字叔鱼，齐人。开元二十七年从祀。

先贤冉孺，字子鱼，鲁人。

按：《史记》字子鲁。唐开元二十七年从祀。

先贤伯虔，字子楷，鲁人。

按：《史记》字子析。唐开元二十七年从祀。

先贤冉季。字子产，或作子达，鲁人。唐开元二十七年从祀。

先贤漆雕徒父，字子有。

按：《家语》作从，字子文，或作子反，杭碑作子期，鲁人。唐开元二十七年从祀。

先贤漆雕哆，字子敛，或作漆雕侈，或作漆雕敛，鲁人。唐开元二十七年从祀。

先贤公西赤，字子华，鲁人。唐开元二十七年从祀。

先贤任不齐，字子选，楚人。

按：《史记》字选，一作济宁州人，今金乡有任子故里。唐开元二十七年从祀。

先贤公良孺，字子正，陈人，或作公良儒。

按：或云公姓，良儒名，误。唐开元二十七年从祀。

先贤公肩定，字子中，鲁人。或作公坚，字子仲。

按：或云公姓，肩定名，误。唐开元二十七年从祀。

先贤鄡单，字子家，鲁人。

按：或作郻，家语作悬亶，字子象误。以悬亶亦从祀也。唐开元二十七年从祀。

先贤罕父黑，字子索，鲁人。

按：《家语》作宰父黑，字子黑。唐开元二十七年从祀。

先贤荣旂，字子旗，杭碑作子祺。

按：古本《家语》字子颜，鲁人，或作荣祈。唐开元二十七年从祀。

先贤左人郢，字子行，鲁人。

按：《史记》字行，家语作左郢。唐开元二十七年从祀。

先贤郑国，字子徒，鲁人。

按：《家语》作薛邦，字子从。唐开元二十七年从祀。

先贤原慷，字子籍。

按：《史记》作原亢籍，古本《家语》，作原慷，字籍，又作原桃，鲁人。唐开元二十七年从祀。

先贤廉洁，字子曹，卫人。

按：《史记》作字子庸。唐开元二十七年从祀。

先贤叔仲会，字子期，鲁人。唐开元二十七年从祀。

先贤公西舆如，字子上，鲁人。

按：《史记》作公西舆。唐开元二十七年从祀。

先贤邽巽，字子饮，鲁人。

按：命《家语》作邦巽，字子敛。唐开元二十七年从祀。

先贤陈亢，字子禽，陈人，唐开元二十七年从祀。

先贤琴张，又名牢，字子开，一字子张，卫人。唐开元二十七年从祀。

先贤步叔乘，字子车，齐人。或云步姓，叔乘名。唐开元二十七年从祀。

先贤秦非，字子之，鲁人。唐开元二十七年从祀。

先贤颜哙，字子声，鲁人。唐开元二十七年从祀。

先贤颜何，字冉。

按：古本《家语》，以字称，鲁人。唐开元二十七年从祀。明嘉靖九年罢，清雍正二年复祀。

先贤县亶，按索隐作县丰，广韵注作县亶父，字子象，鲁人。唐开元二十七年从祀。

先贤牧皮，清雍正二年从祀。原西庑，移东庑。

先贤乐正克，字子敖，鲁人。孟子弟子，清雍正二年从祀。

先贤万章，孟子弟子，清雍正二年从祀。

先贤周敦颐，字茂叔，湖南道州营道人。

按：宋真宗天禧元年丁巳生，熙宁六年癸丑，六月初七日，年五十七岁卒。淳祐元年从祀。

先贤程颢，字伯淳，河南洛阳人。

按：宋仁宗明道元年生，元丰八年卒，年五十四。淳祐元年从祀。

先贤邵雍，字子夫，河南人。

按：宋真宗大中祥符四年辛亥，十二月辛丑二十五日甲子甲戌时生，神宗熙宁十年四月初七日卒，年六十七岁。咸淳三年从祀。

先儒公羊高，齐人，子夏弟子。唐贞观二十一年从祀。

先儒伏胜，字子贱，济南人。伏羲之后，为秦博士。唐贞观二十一年从祀。

先儒毛享，年无考，受诗于荀卿，以授毛苌。

按：《史记》楚考烈王二十五年，荀卿废居兰陵，距汉兴三十二年，《太平御览》引毛诗正义云：荀卿授汉人鲁国毛亨，则是秦汉间人。清同治二年从祀。

先儒孔安国，汉武帝时为博士侍中。唐贞观二十一年从祀。原西庑，移东庑。

先儒后苍，字近君，东海剡人。汉宣帝时为博士，明嘉靖九年从祀。

先儒许慎，字叔重，汉东京人。清光绪二年从祀。

先儒郑康成，名玄，北海高密人。

按：汉顺帝永建二年丁卯，七月戊寅生，建安五年庚辰卒，年七十四岁。唐贞观二十一年从祀，明嘉靖九年改祀于乡，清雍正二年复祀。原西庑，移东庑。

先儒范宁，字武子，南阳顺阳人。

按：即今内乡人，晋咸康五年生，隆安五年卒，年六十三岁。唐贞观二十一年从祀，明嘉靖九年改祀于乡，清雍正二年复祀。原西庑，移东庑。

先儒陆贽，字敬舆，浙江嘉兴人。

按：唐元宗天宝十三年甲午，五月三十日辰时生，贞元二十一年乙酉卒，年五十二岁。清道光六年从祀。

先儒范仲淹，字希文，苏州吴县人。

按：宋太宗端拱二年乙丑，八月初二日丑时生，皇佑四年壬辰，五月二十日卒，年六十四岁。清康熙五十四年从祀。

先儒欧阳修，字永叔，卢陵人。

按：宋真宗四年六月二十一日寅时生，神宗五年壬子闰七月二十二日卒，年六十六岁。明嘉靖九年从祀。

先儒司马光，字君实，陕州夏县人。

按：宋天禧三年己未生，元祐元年丙寅卒，年六十八岁。度宗咸淳三年从祀，原西庑，移东庑。

先儒谢良佐，字显道，河南上蔡人，谥文肃。宋元丰八年进士，生卒年无考，与杨时同称程门四先生。清道光二十九年从祀。

先儒吕大临，字舆叔，陕西蓝田县人。清光绪二十一年从祀。

按：宋神宗熙宁五年壬子生，绍兴五年乙卯卒，年六十四岁。明万历四十二年从祀，原西庑，移东庑。

先儒罗从彦，字仲叔，剑南人。

先儒李纲，字伯纪，福建绍武府邵武县人，自其祖始居江苏无锡。

按：宋神宗元丰六年癸亥生，高宗绍兴十年庚申卒，年五十八岁。清咸丰元年从祀。原西庑，移东庑。

先儒张栻，字敬夫，四川绵竹人。

按：宋绍兴五年乙卯生，淳熙七年庚子二月卒，年四十八岁，景定二年从祀。原西庑，移东庑。

先儒陆九渊，字子静，抚州金溪人。

按：宋绍兴九年己未二月乙亥辰时生，绍熙三年壬子十二月十四日癸丑卒，年五十四岁。明嘉靖九年从祀。原西庑，移东庑。

按：宋绍兴二十三年癸酉生，嘉定十年丁丑卒，年六十五岁。清雍正二年从祀。

先儒陈淳，字安卿，漳州龙溪人。

按：宋淳熙五年戊戌九月十五日卯时生，端平二年乙未五月初十日午时卒，年五十八岁。明正统二年从祀。原西庑，移东庑。

先儒真德秀，字景元，号西山，浦城人。

按：宋淳熙十五年戊申十月己卯生，咸淳四年戊辰十二月乙未卒，年八十一岁。清雍正二年从祀。原西庑，移东庑。

先儒何基，字子恭，浙江婺州金华人。

先儒文天祥，字履善，又字宋瑞，号文山，吉州庐陵人。

按：宋理宗端平三年丙申五月初二日子时生，元世祖至元十九年壬午死节，年四十七岁。清道光二十三年从祀。原西庑，移东庑。

先儒赵复，字仁甫，德安人，生卒年无考。以宋端平二年至北庭，当列元儒之首，清雍正二年从祀。

先儒金履祥，字吉父，婺州兰谿人。

按：宋理宗五年壬辰三月丁酉生，元大德七年癸卯三月壬辰卒，年七十二岁。清雍正二从祀。原西庑，移东庑。

先儒陈澔，字可大，号云柱，江西都昌人。

按：宋景定二年生，元至正元年卒，年八十二岁。清雍正二年从祀。原西庑，移东庑。

先儒方孝孺，字希直，一字希古，宁海人。

按：元至正十七年生，明建文四年卒，年四十六岁。清同治二年从祀。

按：明洪武二十二年已已八月初十日子时生，天顺八年甲申六月十五日卒，年七十六岁。隆庆五年从祀。原西庑，移东庑。

先儒薛瑄，字德温，山西河津人。

先儒胡居仁，字淑心，江西余干人。

按：明宣德九年生，成化二十年三月十二日卒，年五十一岁。万历十二年从祀。

按：明成化元年乙酉十二月初八日生，嘉靖二十六年丁未四月二十日卒，年八十三岁。清雍正二年从祀。

先儒罗钦顺，字允升，号整庵，江西泰和人。

先儒吕柟，字仲木，陕西高陵人，别号泾野。

按：明成化十五年生，嘉靖二十一年七月朔日卒，年六十四岁。清同治二年从祀。原西庑，移东庑。

先儒刘宗周，字起东，浙江山阴人。

按：明万历六年戊寅正月二十六日卯时生，宏光六年，闰六月初八日戌刻死节。清道光二年从祀。原西庑，移东庑。

先儒孙奇逢，字启泰，一字钟元，直隶容城人。

按：明万历十三年生，清康熙十四年四月二十一日卒，年九十二岁。雍正二年从祀。原西庑，移东庑。

先儒张履祥，字考夫，一字念芝，浙江桐乡人，世称杨园先生。清康熙十三年卒，年六十四岁。同治十年从祀。

先儒陆陇其，字稼书，浙江平湖人。

按：明崇正三年庚子十月十八日生，清康熙三十一年壬申十二月二十七日卒，年六十三岁。雍正二年从祀。原西庑，移东庑。

先儒张伯行，字孝先，河南仪封人，清顺治八年生，雍正二年卒，年七十五岁。光绪四年从祀。

西庑从祀

先贤蘧瑗，字伯玉，卫人。按《左传》鲁襄公十四年始见，卒年无考。史记定公十四年孔子犹主蘧伯玉家，其卒后于公孙侨盖三十余年。唐开元二十七年从祀。明嘉靖九年改祀于乡，清雍正二年复祀。原东庑，移西庑。

先贤澹台灭明，字子羽，武城人。按周敬王七年，即鲁昭公二十九年生。唐开元二十七年从祀，原东庑，移西庑。

先贤宓不齐，字子贱，鲁人。

按：周敬王十八年，即鲁定公八年生。唐开元二十七年从祀。

先贤公冶长，字子长，鲁人。

按：《史记》作齐人。唐开元二十七年从祀。

先贤公晳哀，字季沈，鲁人。

按：《史记》作字季次，齐人。唐开元二十七年从祀。

先贤高柴，字子羔，齐大夫高傒十代孙。

按：《史记》作卫人，周景王二十四年生，少孔子三十岁。唐开元二十七年从祀。

先贤樊须，字子迟，齐人。

按：周敬王五年，即鲁昭公二十七年生，少孔子三十六岁。唐开元二十七年从祀。

先贤商泽，字子季，《家语》作字子秀，鲁人。唐开元二十七年从祀。

先贤巫马施，字子期，陈人，后侨寓内乡。

按：《史记》作字子旗，周景王二十四年，即鲁昭公二十一年生。唐开元二十七年从祀。

先贤颜辛，字子柳，鲁人。

按：《史记》作颜幸，周敬王十五年，即鲁定公五年生，少孔子四十六岁。唐开元二十七年从祀。

先贤曹恤，字子循，蔡人。

按：周敬王十九年，即鲁定公九年生。唐开元二十七年从祀。

先贤公孙龙，字子石，卫人。

按：周敬王二十二年，即鲁定公十二年生。唐开元二十七年从祀。

先贤秦商，字丕兹。

按：《史记》作字子丕，鲁人，郑康成曰楚人，周敬王九年生。唐开元二十七年从祀。

先贤颜高，

按《家语》作剋，史记作刻，索隐名产，字子骄，鲁人，周敬王十九年生。唐开元二十七年从祀。

先贤壤驷赤，字子从，秦人。

按：《史记》作字子徒，或云：壤驷姓，赤名。唐开元二十七年从祀。

先贤石作蜀，字子明，秦之成纪人，或作石之蜀。唐开元二十七年从祀。

先贤公夏首，字子乘，鲁人，或云名守，字乘。唐开元二十七年从祀。

先贤后处，字子里，齐人。

按：《家语》作石处，字里之，阙里志作虔。唐开元二十七年从祀。

先贤奚容蒧，字子晳。

按：《家语》作奚蒧，字子偕，一作子楷，鲁人，正义曰，卫人。或云奚容姓，蒧名。唐开元二十七年从祀。

先贤颜祖，字襄。

按：《家语》作颜相，又作租，字子襄，鲁人。唐开元二十七年从祀。

先贤句井疆，字子疆，卫人。

按：《家语》句作勾，字子界，正义作鉤井。唐开元二十七年从祀。

先贤秦祖，字子南，秦人。唐开元二十七年从祀。

先贤县成，字子横，鲁人。

按：《史记》记作字子棋，唐开元二十七年从祀。

先贤公祖句兹。

按：《家语》作公祖兹，字子之，鲁人。唐开元二十七年从祀。

先贤燕伋。

按：古本家语作级，字子思，鲁人，《史记》云子思秦人。唐开元二十七年从祀。

先贤乐欬，

按：《家语》作乐欣，字子声，鲁人。唐开元二十七年从祀。

先贤狄黑，字晳之，卫人。

按：一作子晳，史记云字晳，正义云鲁人。唐开元二十七年从祀。

先贤孔忠。

按：《家语》作弗，字子蔑，孔子兄，孟皮子。唐开元二十七年从祀。

先贤公西蒧，字子尚，鲁人。

按：《史记》作字子上。唐开元二十七年从祀。

先贤颜之仆，字子叔，鲁人。

按：《史记》字叔。唐开元二十七年从祀。

先贤施之常，字子常，鲁人。

按：《史记》作字子恒。唐开元二十七年从祀。

先贤申枨，字子周，鲁人。

按：《家语》作申绩，史记作申党。唐开元二十七年从祀。

先贤左丘明，鲁人。

按：《史记》云姓左邱，名明。唐贞观二十一年已经师从祀。

先贤秦冉，字开，蔡人。唐开元二十七年从祀，明嘉靖九年罢，清雍正二年复祀。

先贤公明仪，鲁人。清咸丰四年七月初六日从祀。原在东庑，移西庑。

先贤公都子，清雍正二年从祀。

先贤公孙丑，齐人。清雍正二年从祀。

先贤张载，字子厚，一字横渠，长安人。

按：宋真宗四年生，熙宁十年十二月卒，年五十八岁。淳祐元年从祀。

先贤程颐，字正叔，河南洛阳人。

按：宋仁宗明道二年癸酉生，大观元年卒，年七十五岁。淳祐元年从祀。

先儒谷梁赤，一名淑，字无始，鲁人，子夏弟子。唐贞观二十一年从祀。

先儒高堂生，字伯，鲁人，或云名隆，字生，齐人。唐贞观二十一年从祀。

先儒董仲舒，广川人，汉武帝初年封策为江都相。元至顺元年从祀。原东庑，移西庑。

先儒刘德，汉，孝景帝子，封河间献王，立二十六年薨。清光绪三年从祀。

先儒毛苌，字长公，赵人，称小毛公，汉河间献王博士。大唐贞观二十一年从祀。

先儒杜子春，河南缑氏人，汉永平初年，年九十。唐贞观二十一年从祀。原东庑，移西庑。

先儒诸葛亮，字孔明，琅琊阳都人。

按：汉灵帝元和四年生，建兴十二年甲寅八月卒于军，年五十四岁。清雍正二年从祀。原东庑，移西庑。

先儒王通，陈至德二年生，隋义宁二年卒，年三十五岁。一作开皇二年生，年三十七岁。明嘉靖九年从祀。

先儒韩愈，字退之，邓州南阳人。

按：唐代宗大历三年戊申生，长庆四年甲辰卒，年五十七岁。宋元丰七年从祀。

先儒胡瑗，字翼之，泰州如皋人。

按：宋太宗淳化四年癸巳生，嘉祐四年己亥六月卒，年六十七岁。明嘉靖九年从祀。

先儒韩琦，字稚圭，河南安阳人。

按：宋真宗大中祥符元年戊申，七月二日辰时生，神宗熙宁八年乙卯，六月二十四日卒，年六十八岁。清咸丰二年从祀。原东庑，移西庑。

先儒杨时，字中立，将乐人。

按：宋皇佑五年癸巳，十一月二十五日巳时生，绍兴五年乙卯，四月二十四日卒，年八十三岁。明弘治八年从祀。原东庑，移西庑。

先儒游酢，字定夫，建州建阳人。清光绪十八年始从祀。

先儒尹焞，字彦明，一字德充，洛人。

按：宋神宗四年辛亥生，绍兴十二年壬戌，十一月五日卒，年七十二岁。清雍正二年从祀。

先儒胡安国，字康侯，建宁崇安人。

按：宋神宗七年甲寅，九月二十二日生，绍兴八年戊午，四月十三日卒，年六十五岁。明正统二年从祀。

先儒李侗，字愿中，剑浦人。

按：宋绍圣元年甲戌生，隆兴元年癸未，十月十五日卒，年七十一岁。

明万历四十二年从祀。原东庑，移西庑。

先儒吕祖谦，字伯恭，浙江婺州人。

按：宋绍兴七年丁巳生，淳熙八年辛丑七月卒，年四十五岁。景定二年从祀。原东庑，移西庑。

先儒袁燮，字和叔，庆元府鄞县人。

按：宋嘉定十七年卒，年八十一岁。清同治七年从祀。

先儒黄干，字直卿，福建闽县人。

按：宋绍兴二十二年壬申生，嘉定十四年辛巳三月卒，年七十岁。清雍正二年从祀。

先儒辅广，字汉卿，号潜庵。清光绪六年从祀。

先儒蔡沈，字仲默，建阳人。

按：宋孝宗乾道三年丁亥生，理宗绍定三年庚寅，五月壬辰卒，年六十四岁。明正统二年从祀。原东庑，移西庑。

先儒魏了翁，字华父，邛州蒲江人，

按：宋□□年生，卒年六十岁。清雍正二年从祀。原东庑，移西庑。

先儒王柏，字会之，婺州金华人。

按：宋庆元三年丁巳，八月庚寅生，咸淳十年甲戌七月初九日卒，年七十八岁。清雍正二年从祀。原东庑，移西庑。

先儒陆秀夫，字君实，楚州盐城人。

按：宋端平三年十月八日生，祥兴二年，即元至元十六年，负少帝赴海死，年四十四岁。清咸丰九年从祀。

先儒许衡，字仲平，河南怀庆府河内人。

按：宋嘉定二年己巳生，元世祖十八年辛已卒，年七十三岁。元皇庆二年从祀。

先儒吴澄，字幼清，江西崇仁人。

按：宋淳祐七年丁未生，元元统元年癸酉卒，年八十五岁。明正统八年从祀，嘉靖九年罢，清乾隆二年复祀。原东庑，移西庑。

先儒许谦，字益之，金华县人。

按：宋咸淳八年生，元顺帝至元三年，十月二十三日卒，年六十八岁。清雍正二年从祀。原东庑，移西庑。

先儒曹端，字正夫，河南渑池人，永乐六年举人。

按：洪武九年生，宣德九年卒，年五十九岁。清咸丰十年从祀。原东庑，移西庑。

先儒陈献章，字公甫，广东新会人。

按：明宣德三年生，弘治十三年庚申，二月十日卒，年七十三岁。万历十二年从祀。

先儒蔡清，字介夫，号虚斋，福建晋江人。

按：明景泰五年甲戌生，正德三年戊辰十二月卒，年五十六岁。清雍正二年从祀。

先儒王守仁，字伯安，号阳明，浙江余姚人。

按：明成化八年壬辰九月三十日丁亥生，嘉靖七年戊子十一月二十九日卒，年五十七岁。万历十二年从祀。原东庑，移西庑。

先儒吕坤，字叔简，河南归德府宁陵人。

按：明嘉靖十五年丙申生，万历四十六年戊午卒，年八十三岁。清道光六年从祀。

先儒黄道周，字幼平，号石齐，福建漳浦人。

按：明万历十三年乙酉，二月初九日丑时生，隆武二年丙戌，三月初五日死节，年六十二岁。清道光五年从祀。原东庑，移西庑。

先儒陆世仪，字桴亭，江苏人。清光绪二年从祀。

先儒汤斌，字孔伯，号潜庵，河南睢州人。

按：明天启七年丁卯十月二十日巳时生，清康熙二十六年十月十一日卯时卒，年六十一岁。道光三年从祀。原东庑，移西庑。

先儒蔡元定，字季通，宋建阳（建阳县，属福建旧建宁府）人，先儒蔡子沈之父。尝登西山绝顶，忍饥啖荠读书。往师朱熹，熹称为老友。四方来学者，先令从元定质正。韩侂胄禁伪学，谪道州，从学者益众，尊之曰：西山先生。《宋史》列儒林传。

按：宋绍兴五年乙亥生，少朱子五岁，庆元四年八月初九日卒，年六十四岁。明嘉靖九年从祀启圣祠，民国十八年国府内政部，咨行各省，以蔡元定言行卓著，足资矜式，附列先儒，移入孔子庙。

谨按：东西庑从祀先贤先儒，在明嘉靖以前，俱称封爵。嘉靖九年，改称先贤某子，先儒某子，周称张邵五子。嘉靖时称先儒，崇祯十五年改称先贤，位在七十子之下，汉唐诸儒之上。清代两庑从祀者，称先贤先儒，不称子。清同治二年，礼部议请钦定文庙祀位云，谨按乾隆十八年，议定从祀位次。先贤首蘧瑗、林放，盖以文翁图列二人于七十二贤之内。而伯玉年先于孔子，故与林放俱列弟子之首。自澹台灭明至牧皮，悉仍旧次。则以《史记》《家语》，所记弟子之年，既不相合，所列弟子之序，亦不相同。且同为孔子弟子，不能定其先后也。孔子弟子之次为孟子弟子，又次为周张程邵五子。五子之中，邵子年最长；而列四子之下者，则以序齿之中，兼论道德也。张子在二程子之上者，则以二程父表弟，年亦长于二程也。至先儒在有时代之可凭，有年齿之可据，故皆案年序齿，载在乾隆年间《钦定会典》《通礼》诸书。今先贤中增祀公孙侨、公明仪二人，公孙侨年先于蘧瑗，应在蘧瑗之上，拟以公孙侨移于东庑第一位，蘧瑗移于西庑第一位。林放既与蘧瑗并称，拟移于东庑第二位，而移澹台灭明于西庑第二位。牧皮为孔子弟子，公明仪为曾子弟子，拟移牧皮于东庑第三十五位，移公明仪于西庑第三十五位，其余先贤之位悉仍其旧，以省东西移易。先儒增祀者凡十五人，其位次随时拟定，限于东西多寡之数，于时代不无参差。今合原定从祀，与续经增祀之儒，各就时代，案其生平，一东一西，以次排列。庶与乾隆年间谕旨相符，而无凌躐之弊。

崇圣祠五代圣王

俱正位南向

肇圣王木金父，名木，字金父，宋人，孔父嘉子，孔子五世祖。清雍正元年追封肇圣王，嘉庆十七年定崇祠则例，每岁春秋仲月上丁，释奠孔子之日，同日至祭。位正中南向。

裕圣王祈父，或作宰夷父，或作皋夷父，或云名皋字祈父。宋人，木金父子，孔子高祖。清雍正元年，追封裕圣王，祀崇圣祠。位在肇圣王之左南向。

诒圣王防叔，鲁防邑大夫，后世因号防叔，祈父子，孔子曾祖。清雍正元年追封诒圣王。位在肇圣王之右，南向。

昌圣王伯夏，防叔子，孔子祖。按清雍正元年，追封昌圣王，位祈父之左，南向。

启圣王叔梁纥，名纥，字叔梁，伯夏子，孔子父，鲁郰邑大夫，娶颜氏，生孔子。年三岁叔梁公卒，葬防山之阴。夫人颜氏卒，亦祔焉。

按：明嘉靖九年，令天下学校通建启圣祠，改称启圣公。清雍正元年，更启圣祠为崇圣祠，仍封启圣王。位在防叔之右，亦南向。

东配祀位

先贤孔氏孟皮，清咸丰七年配飨。

先贤颜氏，名无繇，字路，复圣颜子之父。唐开元二十七年从祀孔庙。明嘉靖九年，迁配启圣祠。

先贤孔氏，名鲤，字伯鱼，子思之父。

按：孔十九岁娶宋之幵官氏，二十岁而生鲤。是年周景王十三岁，即鲁昭公十年，周敬王二十七年，即鲁哀公十二年卒，年五十岁。宋咸淳三年从礼孔庙，明嘉靖九年迁配启圣祠。

西配祀位

先贤曾氏，名点，字晳，曾子之父。

按：鲁襄公二十八年生，哀公二十年卒，年七十一岁，四十一岁生曾子。唐开元二十七年从祀孔庙。明嘉靖九年迁配启圣祠。

先贤孟孙氏，名激，字公宜。娶仉氏，孟子之父。明嘉靖九年配飨启圣祠。

东庑祀位

先儒周氏，名辅成，先贤周敦颐之父。明万历二十三年从祀启圣祠。

先儒程氏，名珦，字伯温，先贤两程子之父。

按：宋景德三年丙辰正月二十三日生，元祐五年正月十三日卒，娶侯氏，年八十五岁。明嘉靖九年从祀启圣祠。

先儒蔡氏，名元定，字季通，福建建阳人。先儒蔡子沈之父。

按：宋绍兴五年乙卯生，少朱子五岁，庆元四年八月初九日卒，年六十四岁，学者称西山先生。明嘉靖九年从祀启圣祠。

西庑配位

先儒张氏，名迪，先贤张子载之父，仕宋仁宗朝，终知涪州事，卒于官。清雍正二年从祀崇圣祠。

先儒朱氏，名松，字乔年，号韦齐，配祝氏，徽州婺源县人，先贤朱子之父。宋绍圣四年闰二月戊申生，建炎四年（三十六岁）九月十五日午时生朱子，绍兴十三年三月二十四日辛亥卒，年四十七岁，祝氏后乔年卒，年七十一岁。明嘉靖九年从祀启圣祠。

名宦祠（部分）：

明岁进士高吉昌。

明进士高第，兵部尚书，太子太保。

明进士高辅臣，范县知县。

明举人高显臣，云南府知府殉难赠太仆寺正卿并祀忠烈祠。

——光绪《滦州志》

讲约

礼部则例，凡直省府州县乡村巨堡，设立讲约处所。拣选老成者一人以为约正，再择朴实谨守者三四人，以为值月。每月朔望齐集，老人等宣读圣谕广训及钦定律条。务令明白讲解，家喻户晓。该州县教官仍不时巡行倡导，如地方官奉行不力者，督抚查参。清顺治九年，颁行六谕于各直省。

一孝顺父母一尊敬长上一和睦乡里

一教训子孙一名安生理一毋作非为

十六年，议准设立乡约。申明六谕，原以开导愚民，从前屡行申饬，恐有司视为故事，应严行各直省地方牧民官，与父老子弟，实行讲究。其乡约正副，不应以土豪仆隶奸胥蠹役充数。应会合乡人，公举六十以上，行履无过，德业素着之生员统摄。若无生员，即以素有德望，六七十岁以上平民统摄。每遇朔望，申明六谕，并旌别善恶，实行登簿注册，使之共相鼓舞。康熙九年，颁发圣谕十六条。

一惇孝悌以重人伦一笃宗族以昭雍穆

一和乡党以息争讼一重农桑以足衣食

一尚节俭以足财用一隆学校以端士习

一黜异端以崇正学一读法律以儆愚顽

一明礼让以厚风俗一务本业以定民志

一训子弟以禁非为一息诬告以全善良

一戒窝逃以免株连一完钱粮以省催科

一联保甲以弭盗贼一解仇忿以重身命

清雍正二年，颁发圣谕训万言，吏部行文各省督抚，令教授正谕训导等官，遴选生员中有品行文学者，句诠字解，阐发宣讲，备兵民人等，入耳会心，翕然不变。毋得以乡约耆老辈，偶尔谈说，虚应故事。乾隆二十三年，议准备直省督抚，转饬所属州县，嗣后宣讲圣谕，必须实力奉行。除每月朔望二次宣讲外，或于听讼之余，以及公出之便，随时随事，加以提命。不妨以土音谚语，敬谨诠解，明白宣示，俾知奉公守法。倘仍有奸民敛钱赛会，私立淫祠等弊，即严行查拿，按律治罪。仪节，每月朔望清晨，于本城空阔处为讲所，上供圣谕牌，香案旁设讲案，正官率僚属绅衿里民，齐集讲所。老成生员宣讲，赞唱排班，跪叩如式；向案开讲，众官坐班，绅衿里民，俱恭肃听受。并颁发乡约全书于各乡堡，齐集居民，在约所逐条讲解并读律令。

——光绪《滦州志》

学训

雍正十一年，壬辰，谕内阁：各省学校之外，地方大吏每有设立书院，聚集生徒，讲诵肄业者。朕临御以来，时时以教育人材为念。但稔闻书院之设，实有裨益者少，浮慕虚名者多，是以未尝敕令各省通行。盖欲徐徐有待，而后颁降谕旨也。近见各省大吏，渐知崇尚实政，不事沽名钓誉之为。而读书应举者，亦颇能屏去浮嚣奔竞之习，则建立书院，择一省文行兼优之士，读书其中，使之朝夕讲诵，整躬通行，有所成就。俾远近士子，观感奋发，亦兴贤育材之一道也。督抚驻劄之所，为省会之地，著该督抚商酌举行，各赐帑金一千两。将来士子群聚读书，须豫为筹划，资其膏火，以垂永久。其不足者、在于存公银内支用。封疆大臣等，并有化导士子之职。各宜殚心奉行，黜浮崇实。以广国家菁莪棫朴之化。则书院之设，于士习文风，有裨益而无流弊。乃朕之所厚望也

——《雍正实录》

刊刻孝经、小学、清汉文告成。御制孝经序文曰：孝经者，圣人所以彰明彝训，觉悟生民，溯天地之性，则知人为万物之灵。叙家国之伦，则知孝为百行之始。人能孝于其亲，处称惇实之士，出成忠顺之臣，下以此为立身之要，上以此为立教之原，故谓之至德要道。自昔圣帝哲王，宰世经物，未有不以孝治为先务者也。恭惟圣祖仁皇帝，缵述世祖章皇帝遗绪，诏命儒臣，编辑孝经衍义一百卷，刊行海内，垂示永久。顾以篇帙繁多，虑读者未能周遍。朕乃命专译经文，以便诵习。夫孝经一书，词简义畅，可不烦注解而自明。诚使内外臣庶，父以教其子，师以教其徒，口讽其文，心知其理，身践其事。为士大夫者，能资孝作忠，扬名显亲。为庶人者，能谨身节用，竭力致养，家庭务敦于本行，闾里胥向于淳风。如此，则亲逊成化，和气熏蒸，跻比户可封之俗，是朕之所厚望也夫。御制小学序文曰：古者八岁而入小学，教之以洒扫应对进退之节，爱亲敬长之义。俾童而习之，以养其德性。其说散见经传，朱子采集为小学一书，所以示人教学之方，而有以为正心修身之

本。其言约，其理赅，盖六经四子性理诸书之阶梯也。皇考圣祖仁皇帝，尝特颁谕旨，令有司兼以命题课士，海内士子固已咸知诵法矣。又命尚书顾八代一人，繙译清文，日进呈览钦定，三年而后成。嘉惠后学之心，至深且厚，当日未经刊刻颁行。朕敬承皇考遗志，特命校对授梓，以资肄习。读者宜知纲常伦纪之当崇，视听言动之当谨。与夫嘉言懿行之当遵循慕效，修其职自在家庭日用之常经。而充其量可以成圣贤忠孝之大节。子弟之习，于是而淳；教化之原，于是而备。诗曰：成人有德，小子有造。朕盖深有望焉。

——《雍正实录》

御制《训饰士子文》行学宣讲

（乾隆十四年重刊）

国家建立学校，原以兴行教化，作育人材，典至渥也。朕临驭以来，隆重师儒，加意庠序，近复慎简学，使厘剔弊端，务期风教修明，贤才蔚起，庶几朴棫作人之意。乃比来士习未端，儒行罕著。虽因内外臣工奉行未能尽善，亦由诸生积锢已久，猝难改易之故也。兹特亲制训言，再加警饰，尔诸生其敬听之。

从来学者，先立品行，次及文学，学术事功，原委有序。尔诸生幼闻庭训，长列宫墙，朝夕诵读，宁无讲究？必也躬修实践，砥砺廉隅。敦孝顺以事亲，秉忠贞以立志。穷经考义，勿杂荒谬之谈；取友亲师，悉化骄盈之气。文章归于淳雅，毋事浮华；轨度式于规绳，最防荡拔。子衿佻达，自昔所讥，苟行止有亏，虽读书何益？若夫宅心弗淑，行己多愆；或蜚语流言，挟制官长；或隐粮包讼，出入公门；或唆掇奸猾，欺凌孤弱；或招呼朋类，结社要盟。乃如之人，名教不容，乡党弗齿，纵幸脱褫扑滥，窃章缝反之于衷能无愧乎？况乎乡会科名，乃抡才大典，关系尤钜。士子果有真才实学，何患困不逢年！顾乃标榜虚名，暗通声气，夤缘诡遇，罔顾身家。又或改窜乡贯，希图进取，嚣凌沸腾，罔利营私。种种弊端，深可痛恨。且夫士子出身之始，尤贵以正。若兹厥初拜献，便已作奸犯科，则异时败检逾闲，何所不至？又安望其秉公持正，为国家宣猷树绩，膺后先疏附之选哉？朕用加惠尔等，故不禁反复拳拳，颁兹训言。尔等务共体朕心，恪遵明训，一切痛加改省，争自濯磨，积行勤学，以图上进。国家三年登造，束帛弓旌，不特尔身有荣，即尔祖父亦增光宠矣。逢时得志，宁俟他求哉？若仍视为具文，玩愒弗儆，毁方跃冶，暴弃自甘，则是尔等冥顽无知，终不能率教也。既负栽培，复干咎戾，王章具在，朕不能为尔等宽矣。自兹以往，内而阁学，外而直省乡校，凡学臣师长，皆有司铎之责者，并宜传习诸生，多方董劝，以副朕怀。否则，职业弗修，咎亦难逭，弗谓朕言之不预也。尔多士尚敬听之哉！

乾隆五年奉上谕：

士为四民之首。而太学者教化所先，四方于是观型焉。比者，聚生徒而教育之，董以师儒，举古人之成法规条，亦既详备矣。独是科名声利之习，深入人心，积重难返。士子所为汲汲遑遑者，惟是之求，而未尝有志于圣贤之道。不知国家以经义取士，使多士由圣贤之言，体圣贤之心，正欲使之为圣贤之徒，而岂沾沾焉文艺之末哉！朱子同安县谕学者云：“学以为己。今之世，父所以教其子，兄所以勉其弟，师所以教其弟子，弟子之所以学，舍科举之业则无为也。使古人之学，止于如此，则凡可以得志于科举斯已。尔所以孜孜焉，爱日不倦，以至于死而后已者，果何为而然哉！今之士惟不知此，为苟足以应有司之求矣，则无事于汲极为也。是以至于惰游而不知返，终身不能有志于学。而君子以为非士之罪也。使教素明于上，而学素讲于下，则士者固将有以用其功，而岂有不勉之患哉。诸君苟能致思于科举之外，而知古人之所以为学，则将有欲罢不能者矣。”观朱子此言，洵古今通患，夫“为己”二字，乃入圣之门，知为己，则所读之书一一有益于身心，而日用事物之间，存养省察，黯然自修，世俗之纷华靡丽，无足动念，何患辞章声誉之能夺志哉？况即为科举，亦无碍于圣贤之学。朱子云：“非是科举累人，人累科举。若高见远识之士，读圣贤之书，据吾所见，为文以应之，得失置之度外，虽日日应举亦无累也。居今之世，虽孔子复生，也不免应举，然岂能累孔子也？”朱子此言，即是科举中为己之学。诚能为己，则四书五经皆圣贤之精蕴，体而行之，为圣贤而有余；不能为己，则虽举经义治事而督课之，亦糟粕陈言无裨实用，浮伪与时文等耳。故学者莫先于辩志。志于为己者，圣贤之徒也；志于科名者，世俗之陋也。国家养育人才，将欲以致君泽民、治国平天下，而囿于积习，不能奋然求至于圣贤，岂不谬哉！朕应君师之任，有厚望于诸生，适读朱子书，见其言切中士习流弊，故亲切为诸生言之。俾司教者知所以教，而学者知所以学。钦此！

——光绪《丰润县志》

乾隆五年，直隶总督高斌疏称、遵化州业改为直隶州。玉田、丰润二县拨归管辖。嗣后该州岁科两试，应照大学例，岁试取进文童十八名，武童十五名。内定文武童生各三名，于玉田、丰润二县拨入。科试文童照例。其玉田、丰润旧隶永平府，向拨府学文武童生六名，业归遵化，应照数裁减。从之。

——《乾隆实录》

光绪二十四年谕内阁：前经降旨开办京师大学堂，入堂肄业者，由中学小学以次而升，必有成效可者滮见。惟各省中学小学，尚未一律开办，总计各直省省会、暨府厅州县、无不各有书院，著各该督抚、督饬地方官，各将所属书院坐落处所，经费数目，限两个月，详查具奏。即将各省府厅州县，现有之大小书院，一律改为兼习中学西学之学校。至于学校等级，自应以省会之大书院为高等学，郡城之书院为中等学，州县之书院为小学。皆颁给京师大学堂章程，令其仿照办理。其地方自行捐办之义学社学等，亦令一律中西兼习，以广造就。至各书院需用经费，如上海电报局、招商局及广东闱姓规，闻颇有溢款。此外陋规滥费，当亦不少。著该督抚尽数提作各学堂经费。各省绅民，如能捐建学堂，或广为劝募，准各督抚按照筹捐数目，酌量奏请给奖。其有独力措捐巨款者，朕必予以破格之赏。所有中学小学应读之书，仍遵前谕，由官设书局，编译中外要书，颁发遵行。至如民闲祠庙，其有不在祀典者，即著由地方官晓谕居民，一律改为学堂，以节靡费，而隆教育。似此实力振兴，庶几风气彳滮扁开，人无不学，学无不实，用副朝廷爱养成材至意。将此通谕知之。

——《光绪实录》

卧碑文

（与洪武旧碑不同，顺治九年通行各学刊立）

朝廷建立学校，选取生员，免其丁粮，厚以廪膳，设学院、学道、学官以教之。各衙门以礼相待，全要养成贤才，以供朝廷之用。诸生皆当上报国恩，下立人品。所有教条开列于后：

——生员之家，父母贤智者，子当受教。父母愚鲁，或有非为者，子既读书明理，当再三恳告，使父母不陷于危亡。

——生员立志，当学为忠臣、清官。书史所载忠清事绩，务要互相讲究，凡利国爱民之事，便宜留心。

——生员居心忠厚正直，读书方有实用，出仕必作良吏。若心术邪恶，读书必无成就，为官必取祸患。行害人之事者，往往自杀其身。常宜思省。

——生员不可干求官长，交结势要，希图进身。若果心善德全，上天知之，必加以福。

——生员当爱身忍性，凡有司官衙门不可轻入。即有切己之事，止许家人代告。不许干预他人词讼，他人亦不许牵告生员作证。

——生员学当尊敬先生。若讲说须诚心听受。如有未明，从容再问，毋妄行辩难。为师长者，亦当尽心教训，勿致怠惰。

——军民一切利病，不许生员上书陈言。如有一言建白，以违制论，黜革治罪。

——生员不许纠党多人立盟结社，把持官府，武断乡曲。所作文字，不许妄行刊刻。违者提调官治罪。

——光绪《丰润县志》

仕进

选举

古者乡举里选，专以德行为本。隋唐以来，始设进士、明经，嗣是理学名臣，经济大儒，由制科而光史册者，代有其人。明初三途并用，中叶乃专重科举。

本朝因前代而广厉之科第外，又有博学宏词、山林隐逸、孝廉方正等征，吁俊旁求，规制大备，宜乎人才之辈出也。至武科例，仕椽例，既与参名级，亦得牵连而并焉，志选举。

——光绪《丰润县志》

按：三代取士之法，恒自学校。故夏有校，殷有序，周有庠，周末学校之制废，游说之风开。列国用人，多由荐辟。迄于汉晋六朝，沿用此法。至隋始设进士科，而考试遂为登庸之定制。唐以诗赋，宋以经义，明清以八比文。如唐之韩柳，宋之欧苏，明之王阳明，清之曾文正等，其文章勋业，炳耀千秋，非科举所取之士耶。今则科举久废，学校大兴，济济人才，应运而起，循途以进，吾国之富强，胥于是赖矣。

——《滦县志》

谨按《金史选举志》：辽起唐季，颇用唐进士法取人。然仕于其国者，考其致身之所自，进士才十之二三耳。金承辽后，凡事欲轶辽世，故进士科目，兼采唐宋之法，而增损之。其及第出身，视前代特重，而法亦密焉。

金设科，皆因辽宋制。有词赋、经义、策试、律科、经童之制。海陵天德三年，罢策试科。世宗大定十一年，创设女直进士科。初但试策，后增试论，所谓策论进士也。明昌初，又设制举宏词科，以待非常之士。故金取士之目有七焉。其试词赋经义策论中选者，谓之进士律科。经义中选者，曰举人。

凡诸进士举人，由乡至府，由府至省，及殿试，凡四试皆中选，则官之。至廷试五，被黜，则赐之第，谓之恩例。又有特命及第者，谓之特恩。恩例者，但考文之高下为第，而不复黜落。凡词赋进士，试赋诗策论各一道。经义进士，试所治一经义，策论各一道。其设也，始于太宗天会元年十一月。时以急欲得汉士，以抚辑新附。初无定数，亦无定期。故二年二月八月，凡再行焉。五年以河北河东初降，职员多阙，以辽宋之制不同，诏南北各因其素习之业取士，号为南北选。熙宗天眷元年五月，诏南北选，各以经义词赋两科取士。海陵庶人，天德二年，始增殿试之制，而更定试期。三年，并南北选为一，罢经义试策两科，专以词赋取士。贞元二年，定贡举程试条理格法。正隆元年，命以五经三史正文内出题，始定为三年一辟。大定四年，敕宰臣，进士文优则取，勿限人数。

凡乡试之期，以三月二十日府试之期。若论策进士，则以八月二十日试策，间三日试诗。词赋进士，则以二十五日试赋及诗，又间三日试策论。经义进士，又间词赋后三日试经义，又三日试策。次律科，次经童，每场皆间三日试之。会试则策论进士，以正月二十日试策，皆以次间三日同前。御试则以三月二十日，策论进士，试策。二十三日，试诗论。二十五日，词赋进士，试赋诗论。而经义进士，亦以是日试经义。二十七日乃试策论。若试日遇雨雪，则候晴日。御试唱名后试策，则禀奏宏词，则作二日程试。

谨按《元史选举志》，初太宗始得中原，辄用耶律楚材言，以科举选士。世祖既定天下，王鹗献计，许衡立法，事未果行。至仁宗延佑间，始酌旧制而行之。每三岁一次开试，举人从本贯官司，于诸邑户内推举。

乡试八月二十日，蒙古色目人，试经问五条；汉人南人，明经二，疑问二，经义一道。二十三日，蒙古色目人，试策一道；汉人南人，古赋、诏诰、章表、内科一道。二十六日，汉人南人，试策一道。

会试省部，依乡试例。于次年二月初一日，试第一场；初三日，第二场；初五日，第三场。

御试三月初七日，前期奏委考试官二员，监察御史二员，读卷官二员。于殿廷考试，每举子一名，集赛台一人看守。汉人南人，试策一道，限一千字以上成。蒙古色目人，时务策一道，限五百字以上成。

谨按明《会典》：洪武三年，诏设科取士。以今年八月为始，直隶府县贡额百人（按此谓南直隶）。北平四十人。永乐三年，令北直隶府州县，于顺天府乡试。洪武元年，定北京国子监，并北直隶，共五十名。景泰四年，南北直隶，各增三十五名。万历五年，准各房文字合式者，除正卷外，悉将备卷，付礼部填入副榜。洪武三年，诏礼部会试，额取举人百名。洪熙元年，奏准会试临期请旨，不过百名。正统五年，增额为百五十人。十三年以后，仍不拘额数。凡士之举于礼部者，以三月朔日，御殿而亲试之，谓之殿试。后率以三月十五日，间以他事更日。

洪武十六年，奏准天下府州县学，岁贡生员各一人。二十一年，令府学一年，州学二年，县学三年，各贡一人。必性资纯厚，学业有成，年二十以上者，方许。二十五年，令府学一年贡一人，州学三年贡二人，县学二年贡一人，遂为定例。

洪武十八年，令云南所属学校，生员有成材者，不拘常例，从便选贡（按此即拔贡之始）。

弘治八年，奏准自九年起，至十三年止，每年该贡一名者，许贡二名；三年该贡二名者，二年许贡三名；二年该贡一名者，每年各贡一名，以后仍照见行例。隆庆二年，题准将各府州县卫学廪膳生员，不拘食粮浅深，通行考试。务取文行兼优，年力精壮者。府学二人，州县卫学各一人，以充恩贡。俱限本年到部，听翰林院考校。

——《滦县志》

顺治元年十月甲子上御皇极门。颁即位诏于天下。……所有合行条例，胪列如左。……一、会试定于辰、戌、丑、未年，各直、省乡试定于子、午、卯、酉年。凡举人不系行止黜革者仍准会试，各处府、州、县儒学食廪生员仍准给廪，增附生员仍准在学肄业，俱照例优免。一、武举会试定于辰、戌、丑、未年，各直、省武乡试定于子、午、卯、酉年，俱照旧例。一、京卫武学官生遇子、午、卯、酉乡试年仍准开科，一体会试。一、京府并直、省各府、州、县学廪生贡额年份不等，今正贡准改恩贡，次贡准改正贡，每处贡二名，止行一年，后不为例。有才华出众、孝弟著闻者，不拘廪增附学，俱许提学官特荐试用。一、前朝文武进士、文武举人仍听该部核用。一品官有三母、三妻，照前朝覃恩事例，俱准封赠。一品官妻已受封，其次室亦准用本品冠帔、束带、礼服。一、直、省各学贫生听地方官核实申文，该提学官于所在学田内动支钱米酌量赈给。一、国子监积分监生已经考订者即与选授，拨出历事监生免历二个月。其各衙门办事官吏，自大军入京以来效有勤劳者，听该堂上官分别具奏，应上卯者准与上卯，应冠带者量给冠带。

——《顺治实录》

顺治十年，甲寅，谕礼部：国家崇儒重道，各地方设立学宫。令士子读书，各治一经，选为生员。岁试、科试、入学、肄业，朝廷复其身。有司接以礼培养教化，贡明经、举孝廉、成进士、何其重也。朕临御以来，各处提学官每令部院考试而后用之，诚重视此生员也。比闻各府州县生员，有不通文义，倡优隶卒本身及子弟，厕身学宫，甚者出入衙门，交结官府，霸占土地，武断乡曲。国家养贤之地，竟为此辈藏垢纳污之所。又提学官未出都门，在京各官开单嘱托，既到地方，提学官又访探乡绅子弟亲戚，曲意逢迎，甚至贿赂公行，照等定价，督学之门，竟同商贾。正案之外，另有续案；续案之外，又有寄学，并不报部入册。以致白丁豪富，冒滥衣巾。孤寒饱学，终身淹抑。以及混占优免，亏耗国课。种种积弊，深可痛恨。今后提学御史、提学道、俱宜更新惕厉，严察前项冒犯，尽行褫革。大小地方，人才不等，酌定名数，并查旧题额例，具奏定夺。至于岁考，除行检问革外，其文理荒谬不通者，须多置劣等，严为降黜。其儒童经由府县送试者，详具身家履历，廪生保结，方许入试。廪生亦不得借端保结，掯索儒童督学诸臣。如有仍蹈前弊，并自甘不肖，以试士为市者，许督抚巡按指实参奏。如督抚巡按徇情不参，听礼部都察院礼科纠劾，一并重处。其入学生员、提学御史、提学道，严谕府、州、县、卫各学教官，月加课程，不得旷废。亦不得假借督课，凌虐诸生。提学御史、提学道、即将岁考、科考场中原卷解部稽查，不许换卷誊改。礼部仍照旧例考定等第，以示劝惩，仍照解到各学廪。增附名数，细查在学若干名，黜退若干名，照报册出示，行各该府州县张挂。俾通知生员的确姓名，然后优免丁粮。至于河南山东等处，亦照旧例优免丁粮，不许滥免土地，摊累小民，违者究治。除已往外，今后各提学御史、提学道、诚能体朕教养储材之心，实力遵行。自使士风丕变，人才辈出。国家治平、实嘉赖之。朕不靳升赏。如仍沿袭陋规，苟图自利。宪典具在，决不宽宥。

——《顺治实录》

顺治十二年三月，壬子，谕礼部：朕惟帝王敷治，文教是先。臣子致君，经术为本。自明季扰乱，日寻干戈；学问之道，阙焉未讲。今天下渐定，朕将兴文教，崇经术，以开太平。尔部即传谕直、省学臣训督士子，凡经学、道德、经济、典故诸书务须研求淹贯，博古通今。明体则为真儒，达用则为良吏。果有此等实学，朕当不次简拔，重加任用。又念先贤之训，仕优则学，仍传谕内外大小各官，政事之暇，亦须留心学问，俾德业日修，识见益广，佐朕右文之治。

——《顺治实录》

雍正三年，增直隶省各学取进文童额数。文安、通州、宝坻、丰润、蠡县、高阳、河间、任邱、景州、冀州、定州、南宫、枣强、清丰、滑县、东明、开州、长垣十八州县，向系大学。照府学额，各取进二十三名。蓟州、卢龙、迁安、昌黎、乐亭、博野、祁州、安州、新安、献县、阜城、静海、宁津、天津卫、万全、蔚县、衡水、安平、鸡泽、成安、清河、魏县、南乐、内黄二十四州县卫。向系中学，升为大学。各取进十八名。香河、顺义、深泽、青县、西宁、灵寿、行唐、赞皇、新河、高邑、无极、新乐、曲阳、广宗、唐山、内邱十六县。向系小学，升为中学。各取进十五名。

——《雍正实录》

文科

谨按清《会典》，顺治元年，诏以二年秋八月，举行乡试；三年二月，举行会试；四月初一日，殿试。初五日传胪。顺天乡试，中式一百六十八名，内直隶生员字号一百五十名。北监生皿字号，四十八名。试卷文理优长，限于额数者，取作副榜，与正榜同发。康熙元年，停止副榜，十一年议准，每正榜中，额五名，设副榜中额一名。顺治三年，丙戌会试，奉旨首科人文宜广，准中四百名。四年中三百名。九年中四百名，分南北中卷。十五年题准，定额一百五十名（按此后增减不一，其各省数额多寡，临期请旨。）。雍正九年，会试改于三月举行，着为例。顺治元年，恩诏直省州县学，均以本年正贡改为恩贡。次贡改为正贡。又谕首举选贡，抡才盛典，先行岁考，补足廪生，以拔其优。顺天府特贡六人，每府学贡二人，州县学各贡一人。如有拔萃奇才，特疏荐举。康熙三十九年，议准选拔之年，以陪贡充，停止选拔。六十一年，选拔一次。雍正五年，谕拔贡旧历。十二年举行一次，嗣后六年，选拔一次。乾隆七年，以六年为期太近，仍复十二年之例。

顺治二年，定顺天乡试副榜五十五名增附准作贡监。廪生及恩拔岁贡贡监俱免其坐监，即与廷试，贡生廷试，以三月十五日，吏礼二部官，同翰林院官赴内院阅卷序次。三年题准。四月十五日廷试，又准府州县学，不拘廪增附生，将文行兼优者，大学起送二人，小学一人，入监读书，名为贡监（按此即优贡优监）。

康熙十三年，覆准直省岁贡，概免来京廷试。着各学政挨序考准，咨部补授训导。捐纳岁贡，亦听验看考选。

大比之年，先试期一月。正官择吉，启请应试诸生，届期公堂设宴，架彩桥于中门外。诸生至，正官出迎，揖让升堂。正官主席，学官及僚佐与焉。宴毕，诸生簪花披红，饯升彩桥，鼓乐送行。

——《滦县志》

进士

金

按金制，有词赋进士，试赋诗策论各一道。有经义进士，试所治一经义论策各一道，无定期，亦不限人。天德二年，始增殿试之制；三年，罢经义策试科，专以词赋取士。正隆元年始定为三年一癖。大定间，谕宰臣魁选，须操履端方授翰苑职，文理可取者，备县令之选。又复经义科廷试，词赋经义两科通试策，止选一状元，又进士举人，由乡府省殿廷凡四试中选，则官之。

明

试艺以经术为先，浮华过实皆所不取，此元仁宗皇庆三年之诏也。元制乡试，八月十二日试明经、经疑二问，经义一道；二十三日试古赋、诏、诰、章、表、内科一道；二十六日试策一道。会试则次年二月初一、初三、初五日。明仍其月而易其日，仿宋经义为八股文取士，亦以经术为先之遗意也。明初设科，初场试经义二道，四书义一道，二场论一道，三场策一道，榜发后十日，以骑、射、书、算、律五事试之。后颁定式如今制云。

——光绪《丰润县志》

万历进士：高第，安机寨人。

科分：十七年己丑

历任官职：兵部尚书，经略辽东，见仕绩。

——光绪《滦州志》

崇正进士：高辅辰

科分：十六年癸未

历任官职：第子，山东范县知县，见仁绩。

——光绪《滦州志》

周维新，崇祯戊辰科刘若宰榜进士，越支场人，官山东曹州知州，明亡死之。有传入文苑。

——《长芦盐法志》

附明进士：

董明通

——董各庄《丰润董氏家谱》

国朝

制悉仍明旧，康熙初年停八股文，以论试士，寻复之。雍正年间，进士殿试后复行朝考，试以诗论、奏疏各一道。乾隆年间，严怀挟例，宿弊一清，真才辈出。至计偕之士，筑馆遣官，而郊劳之闱中，各给袍衣，遣大臣视饮食，皆古所未闻也。

——光绪《丰润县志》

李子昌，字默一，康熙乙丑科陆肯堂榜进士，浙江寿昌县知县、湖南巴陵县知县。李公道庄人。

董怡，康熙乙丑科王应铨榜进士。董各庄人。

孙跃，康熙丁丑科李蟠榜进士，官郎中。越支场人。

王玉衡，辛酉科顾皋榜进士。官宣化府教授。小集镇人。

董齐光，（嘉庆）壬戌科吴廷琛榜进士，即用知县，改捐主事。入文学传。王家盘人。

郑家麟，乙巳科洪莹榜进士，翰林院庶吉士，历官编修、江南道监察御史、山东青州府知府、安徽凤颖兵备道、按察使司、光禄寺少卿。宋家营人。

董峋，己巳科洪莹榜进士，历官浙江诸暨县、余杭县知县。入文学传。董各庄人。

李廷楠，庚戌科陆增祥榜进士，官户部主事、员外郎。入文学传。柳树酄人，

董春卿，咸丰壬子科章鋆榜进士。官山东宁阳知县。董各庄人。

王槐三，癸亥科曾源榜进士。官浙江东阳县知县加同知衔。小集镇人。着有《醉经轩诗文集》待梓。

赵万年，旗籍，官山西省长子县知县，胥各庄镇魏庄人。著有《竹棠轩诗文集》。

——光绪《丰润县志》

附进士名录：

董谨度，乾隆甲戌科明通进士。

董瓒，乾隆壬戌科明通进士。

董承煊，乾隆辛巳科窦果榜进士。

——董各庄《丰润董氏家谱》

郑征，乾隆辛卯科进士。

郑东，光绪进士。

郑杲，光绪进士，刑部主事工部员外郎，主讲泺源书院。

——《郑氏家谱》

恩赐

董敬用，嘉庆庚申恩赐举人，辛卯恩赐京衔。

——光绪《丰润县志》

举人

明

高甲，万历壬午，第兄，甘肃巩昌府推官。安机寨人。

万历举人：高第，科分：戊子。安机寨人。

天启举人：高辅臣，科分：甲子。

崇正高翼臣，十五年壬午，第子，湖广参政。安机寨人。

——光绪《滦州志》

董开运，越支场人。崇正壬午举人，监利县知县。

——《长芦盐法志》

附：

董陛锡，副榜。

董开运，崇祯壬午科。

——董各庄《丰润董氏家谱》

国朝

明制非进士不与正选，举人往往官佐贰杂职。曹鼐以典史取状头，郑温驿丞而获隽科名，艳为盛事，顾其体亦未协矣。

国朝文教日隆，直省试歌鹿鸣者将百人，然掣选与进士分班异数也。又有中书舍人、国子学博，以及他途出身，致清华跻卿，贰者骈肩而起，畿东人文丰邑称最。有明三百载应乡荐者仅三十余人，今二百六十余簪笔者亦为之，志庆云。

——光绪《丰润县志》

佟谨思，乾隆甲午科举人，入政事传。大佟庄人。

董齐光，庚子科举人，入文学传。王家盘子人。

董岣，甲寅科举人。王家盘子人。

郑家麟，丁卯科举人。宋家营人。

董春卿，癸卯科举人。董各庄人。

卢金第，丁酉科举人，入忠义传。小集人。

李廷楠，己酉科举人。柳树酆人。

王槐三，辛亥科举人。小集人。（《咸丰元年顺天乡试同年齿录》：居丰润小集，后迁李家沙坨。王芸阁之父。）

王振名，辛亥恩科举人。官滦州学正。小集人。（《咸丰元年顺天乡试同年齿录》：王振名，王槐三族兄弟。）

张霁岚，辛亥恩科举人。（《咸丰元年顺天乡试同年齿录》：由稻地迁居宋家营）

孙赞元，癸酉科举人。由国史馆誊录议叙知县，归部铨选。新河庄人。

董铮，字谐六，康熙庚午科举人。董各庄人。

董怡，康熙甲午科举人。董各庄人。

董贞元，雍正壬子科举人。董各庄人。

董谨度，乾隆戊午科举人。官南和县教谕。董各庄人。

董瓒，乾隆癸酉科举人。董各庄人。

李自超，癸卯科举人。历官河南叶县知县，四川西昌、洪雅、崇宁等县知县。西葛庄人。入高行传。

董柯，（乾隆）丙子科举人。

郑锡绂，丙子科举。宋家营人。

董谨度，壬午科举人。

董载屋，（乾隆）己亥恩科举人。

董齐光，（乾隆）庚子科举人。王家盘子人。

董履坦，（乾隆）壬子科举人。

郑谦，壬午科举人。

董维垣，乾隆乙卯科举人，官交河县教谕。

董伟，庚午科举人，官辽阳州学正。

董鹏翚，道光辛巳科恩科举人。

董辉，（道光）辛巳恩科举人。

董峻封，道光辛亥恩科举人。（《咸丰元年顺天乡试同年齿录》：董峻封，世居越支。）

刘龙光，乙酉科举人。官山西吉州知州。（《道光五年顺天乡试同年齿录》：世居丰润倴子庄）

董煐，（同治）丁卯科举人。

高泰昌，丁卯科举人。黑沿子人。

李崧祐，光绪丁酉科举人。柳树鄌人。

郑锡绥，辛茂科举人。

郑之钟，乙亥恩科举人。

郑钰，辛亥恩科举人。历官良乡县教谕，奉天府教授，翰林院典簿。

张万春（或为张万青之误，据滦州志载：张万青，道光乙酉举人，任涞水训导。《道光五年顺天乡试同年齿录》：张霁岚族人）

赵万年，戊子科举人，旗籍。魏庄子人。

赵万全，乙未恩科举人，旗籍。魏庄子人。

赵保淳，乙亥恩科举人。入忠义传。魏庄子人。

王岩，己卯科举人，著有《入晋诗草》。黄各庄人。

卢云龙：甲午科举人。东尖坨人。

卢德邻，号荫桢，同治年间举人。东尖坨人。

高越，戊辰科举人。宣庄人。

高树桂：光绪戊子科举人。小集镇小高庄人。

高攀桂：光绪己丑科举人。小集镇小高庄人。

——光绪《丰润县志》

孟昭政，咸丰辛酉科拔贡，举人。大河各庄人。

孟昭言，同治壬戌科举人。大河各庄人。

孟昭旭，光绪己亥科举人。大河各庄人。

孟繁鸿，道光丙午举人。大河各庄人。

——《孟氏家谱》

舒展，字孝宽，乾隆科举，癸未年授湖北京山县知县，署宜城县知县、归州刺史、荆州别驾、武昌司马。庚寅湖北乡试同考官。

——《舒禄氏家谱》

附：

董第嶙，康熙壬子科。

董凖，康熙戊子科。

董携，康熙辛卯科。

董楼，乾隆乙酉科。

董棪，乾隆壬午科。

董广川，道光辛卯科。

董甡，光绪癸巳副榜。

董懋官，咸丰辛亥科副。

董昌达，光绪甲午科鄂闱中式。

董准，康熙戊子科举人，候补主事。

董携，康熙辛卯举人。

——董各庄《丰润董氏家谱》

董敬用，灶籍，越支场人，嘉庆庚申恩科，钦赐国子监学正。

——《长芦盐法志》

郑勋，举人，河南南阳县知县、历任户部主事、浙江处州府知府，诰封中宪大夫。

郑克俭，乾隆癸卯举人。

郑勃，丙子举人，云贵总兵官，授武信郎。

郑芃，道光举人。

郑珍，同治癸酉举人。

郑鸣冈，道光举人，山东即墨县知县。

郑福敏，咸丰辛亥举人，候选主政截取知县钦加七品衔。

郑天成，同治举人，入选清苑县教谕兼署保定府教授。

——《郑氏家谱》

郑光远，道光丁酉副榜，候补训导。

——《郑氏家谱》

贡生

恩贡

国朝恩贡

董嶒，嘉庆年贡。

董昣，乾隆年贡。

董高济，乾隆年贡。

附：

董梗

董楼

董棪

董照千

董槝

董果

董树

董栻

董占鳌

董柯

董权

董格

董宏宗

董思易

董谨度

董柁

董棣

董易

董养蒙

董翀

董振本

董曰明

董曰旦

董吉兆

董吉瑞

董东山

董迈伦

董利吉

董作庸

董扬

董葵

董邦翰

董增

董邦直

——董各庄《丰润董氏家谱》

选贡

明选贡：

嘉靖中，南北国学空虚，尽发下第人入监，然有不愿者，于是令提学行选贡法。每三五年一行，不分廪增，通行考试，务求学行兼优、年富力强、累试高等者充之。

嘉靖贡生：高吉昌，安机寨人。

——《滦县志》

国朝选贡：

制仍明朝，今定为十二年一选，其途极慎，其制愈矣。

董榕，十三年贡。历官河南济源县知县、郑州知州、浙江金华府、江西南昌府、九江知府、吉安赣宁兵备道、署理赣州钞关。入政事传。董各庄人。

董芳壎，四十二年贡，官江南徐州府通判。

国朝副贡

按《明史》：永乐中，令翰林院录会试副榜之优者入监，给予教谕之俸。宣德八年，亦选副榜举人。是明制会试亦有副榜也。以乡试副榜充贡，不知始于何年，今依旧志录之。

王槐三，丙午科贡。小集人。

董懋官，咸丰辛亥科贡。官四川大足、璧山等县知县。

高泰昌，壬子科贡。黑沿子人。

岁贡

明岁贡

《明史》：贡生入监由生员选择，命各学贡一人。洪武年间，以一、二、三年为差。正统中间，岁一人。弘治、嘉靖时，仍定为岁一人。遂为永远定制。提学岁试，必学行端庄、文理优长方与斯选。后以老成耆宿、食廪年深者充之，由学送年份挨次送院考试，报部送册，归教职班听候铨选。

国朝岁贡

制仍明旧，改为三年。廪生挨次出贡，旧志不载年月。副贡、例贡俱混入，今为厘正。世远年湮，无考者，不能改也。

董陛臣，康熙三十七年贡。

董晓，康熙三十七年贡。

董德温，康熙六十年，官蓟州训导。

董德良，雍正十年贡，官正定县训导，永平府训导。

么静夫，道光年贡。

董廉，乾隆十九年贡。

董嶒，嘉庆年贡。

——光绪《丰润县志》

董绳武，越支场人，岁贡，官東鹿县训导。

董时宪，越支场人，岁贡，官任丘县训导。

董时行，越支场人，岁贡，官高阳县训导。

董时瑞，越支场人，岁贡，官冀州学训导。

——《长芦盐法志》

附：

董陛锡

董陛征

董陛贞

董陛献

董启元

董启运

董之翰

董台吉

董钊

董鈊

董翰龙

董起龙

董珣

董鋡

董萲

董蘅

董九龄

董英

董艾

董蕙

董筌

董范

董鑑

董锳

董铮

董铨

董铎

董铣

董锟

董锯

董进仁

董宗璜

董宁求

董兆奇

董增

董诫

董霱

董时敏

董德春

董价藩

董秀昇

董超

董涌

董沆

董湛

董克浩

董克溥

董安时

董鼺

董澳

董瀛

董潪

董汤

董菈

董谦

董瓒

董麟

董集义

董行义

董世续

董六德

董锡禹

董友谅

董鲁璠

董鹤年

董谦益

董因培

董启任

董时霖

董增

董伊任

董念堂

董伟

董峋

董岸

董峙

董峄

董嶟

董澔

董徧

董从

董孟刚

董广晟

董人鹏

董人鸾

董人鶱

董人凤

董元泰

董复彤

董珶

董琡

董瑞

董瑅

董璹

董式

董嗣

董维垣

董如坒

董桂馨

董希渊

董渐盘

董振镛

董毓珍

董文璜

董庭瑞

董芸陆

董芳壎

董载垕

董守曾

董春卿

董履坦，书法冠时。

董瑞麟

董增培

董广川

董师中

董景仪

董霖

董埥

董苠

董天喜

董步蟾

董确

董顾

董宁方

董碤

董阁

董镛

董琪树

董亭

董达政

董春田

董晋

董成

董正

董崑玉

董磤川

董艺林

董玉雯

董懋官

董玉峯

董鑑平

董光宗

董治

董正

董峻封

董麟阁

董挹清

董荫禄

——董各庄《丰润董氏家谱》

附拔贡：

董时雍

董纯心，公颖异过人，有一日千里之誉。尝年游泮，选拔授州司马，其为拔贡无疑。

董铎，见邑志选举部，惟君分失考。

董铣，康熙十二年壬子科。

董鏻，康熙三十一年乙酉科。

董柯，乾隆十八年癸酉科。

董元泰，乾隆三十年乙酉科。

董芳壎，乾隆四十二年丁酉科。

董濬川，同治十二年癸酉科。

——董各庄《丰润董氏家谱》

附：捐纳

清制，入官重正途。自捐例开，官吏乃以资进。其始固以搜罗异途人才，补科目所不及。中叶而后，名器不尊，登进乃滥，仕途因之殽杂矣。捐例不外拯荒、河工、军需三者，曰暂行事例，期满或事竣即停，而现行事例则否。捐途文职小京官至郎中，未入流至道员;武职千、把总至参将。而职官并得捐升，改捐，降捐，捐选补各项班次、分发指省、翎衔、封典、加级、纪录。此外降革留任、离任，原衔、原资、原翎得捐复，坐补原缺。试俸、历俸、实授、保举、试用、离任引见、投供、验看、回避得捐免。平民得捐贡监、封典、职衔。大抵贡监、衔封、加级、纪录无关铨政者，属现行事例，馀属暂行事例。

文官捐始康熙十三年，以用兵三藩，军需孔亟，暂开事例。滇南收复，捐例停。嗣以西安、大同饥，又永定河工，复开事例。五十一年，增置通州仓廒，科臣有请开捐者，廷议如所请。侍郎王掞抗疏言：“乡里童呆，一旦捐资，俨然民上。或分一县之符，或拥一道之节，不惟滥伤名器，抑且为累地方。宜禁止，以塞侥幸之路，杜言利之门。”帝韪之，为饬九卿再议。青海用兵，馈饷不继，内大臣议停各途守选及迁补，专用捐资助饷者。刑部尚书张廷枢言;“惟捐纳所分员缺可用捐员，正途及迁补者宜仍旧。”从之。

雍正二年，开豫筹粮运例。先是俊秀准贡得输资为教职。已虑异途人员不胜训迪表率之责，康熙三十三年，令俊秀准贡捐学正、教谕者改县丞，训导改主簿。雍正元年，谕“捐纳教职，多不通文理少年，以之为学问优长、年高齿长者之师可乎？”诏改用如前例。

嘉庆三年，从户部侍郎蒋赐棨请，开川楚善后事例，帝虑正途因之壅滞，饬妥议条欵。寻议：“京官郎中、员外郎，外官道、府，有理事亲民之责，未便滥予登进。进士，举人，恩、拔、副、优、岁贡，始许捐纳。非正途候补、候选正印人员，亦得递捐。现任、应补、候选小京官、佐贰，止准以应升之项捐纳。”从之。十一年，定捐纳道、府，系曾任知府、同知、直隶州知州并州、县正印等官加捐，及现任京职，堪胜繁缺者，许以繁简各缺选用。

武职捐，雍正初惟纳千、把总。乾隆九年，直赈捐有纳卫守备者。三十九年，川运例，参、游、都、守始得递捐。但武生、监生捐止都司。捐例初开，虑其弊也，尝设为限制，往往不久而其法坏。

贡监捐清初已行。监捐沿明纳粟例。顺治十二年，开廪生捐银准贡例，从御史杨义请也。十七年，礼部以亢旱日久，请暂开准贡，令士民纳银赈济。允之。贡监例得考职，康熙六年，御史李棠言："进士、举人迟至十年始得一官，今例监考补中书，三年后即升部属，应停罢。"部覆如议。自是贡监考职，只以州同、州判、县丞、主簿、吏目用。初考职例行，各省监生或惮远道跋涉，或因文理不通，多请代顶冒者。世宗深知其弊，特遣大臣司考试。雍正五年，令与考者千一百余人悉引见，时以顶冒避匿者九百余人。帝于引见员中拣选七十余人，授内、外官有差。乾隆元年，停考职。三年，令捐纳贡监如岁贡例，分别等第，以主簿、吏目考取。捐监未满三年者不与。道光后，考职例罢。

此外尚有捐马百匹予纪录、运丁三年多交米三百石给顶戴之例。其乐善好施例内，凡捐资修葺文庙、城垣、书院、义学、考棚、义仓、桥梁、道路，或捐输谷米银两，分别议叙、顶戴、职衔、加级、纪录有差。余如各省盐商、士绅，捐输巨款，酌予奖叙。皆出自急公好义，与捐纳相似，而实不同也。

——《清史稿》

例贡

明

景泰元年，令天下纳粟米马入监读书，其后或岁荒边警，辄援例行之。

郑国俊，官广德州州判。

董永祉，历官工部屯田司郎中。

董永佑，官鸣赞，升署丞。

董用和，官州判。

董用极，官鸿胪寺右少卿。

董名贤，官通判。

董时熙，官鸿胪寺鸣赞。

董时盛，官鸿胪寺主簿。

——光绪《丰润县志》

董永禄

董名贤

董陛宾

董陛第

董时雍

——董各庄《丰润董氏家谱》

国朝

董纯心，字懋嘉，候选州同。

董纯嘏，字柔嘉，候补州同。

董镂，字子键，镶红旗教习，官四川大竹县知县。

董钜，字子骏，官庆都县教谕，升四川渠县、山西潞城县、湖北江陵县知县。

董锟，字子颖，官永清县教谕。

董昭，字德宣。

董英

董莅

董谦

董光熺

董柽，官江宁府督粮同知，山东滨乐分司运同，湖北德安府知府。

董业，官鸿胪寺序班。

董瀛，例贡。

郑源璹，历官户部主事、员外郎，浙江宁绍台道、福建汀漳龙道、河南按察使，广东、山西、河南、湖南等处布政使。署理山西、河南巡抚，代办河南庚子科武闱正考官，湖南戊子科文闱监临官，总办苗疆军务。

董溶，简发直隶河工，借补故城县县丞，署知县事。

董洪，官鸿胪寺鸣赞。

董光煦

陶誉相，官安徽安庆府照磨，署全椒县知县。入文学传。

郑鼐，字梅岸。官宁津县教谕，升江南五河县、湖广麻城县、盐城县知县。

郑松龄，字苍绪，官武威县知县，升凉州府知府。

以后补遗。

——光绪《丰润县志》

郑鼐，越支场人。由宁津县教谕，历任五河县、麻城、盐城县知县，皆有政声，士民怀之。

郑松龄，鼐长子。绥阳县知县。

——《长芦盐法志》

国朝例监

董光益，湖南湘乡县娄底市巡检。

郑嘻，投效文本候补同知。宋家营人。

郑锡润，安徽候补政使司经历。宋家营人。

郑锡攸，两淮候补监大使。宋家营人。

郑元奎，户部候补主事，兼云骑尉世职。宋家营人。

郑书翔，江宁候补县丞。宋家营人。

郑东，福建浯州场大使，广济库库使，平和县知县。

郑伟，湖北均州知州。

郑文翰，山东曲阜县典史。

郑兆麟，历官山东济南府经历，阳谷、莱阳等县县丞，邹平、长山、泰安、东阿、黄县、夏津等县典史。

——光绪《丰润县志》

补遗

郑僖，投效广西候补同知。宋家营人。

郑锡润，安徽候补布政使司经历。宋家营人。

郑锡攸，两淮候补盐大使。宋家营人。

郑元奎，户部候补主事，兼云骑尉世职。宋家营人。

郑书翔，江宁候补县丞。宋家营人。

——光绪《丰润县志》

武科

武科，自世祖初元下诏举行，子午卯酉年乡试，辰戌丑未年会试，如文科制。乡试以十月，直隶、奉天于顺天府，各省于布政司，中试者曰武举人。次年九月会试于京师，中试者曰武进士。凡乡、会试俱分试内、外三场。首场马射，二场步射、技勇，为外场。三场策二问、论一篇，为内场。外场考官，顺天及会闱以内大臣、大学士、都统四人为之。内场考官，顺天以翰林官二人，会闱以阁部、都察院、翰、詹堂官二人为之。同考官顺天以科甲出身京员四人，会闱以科甲出身阁、科、部员四人为之。会试知武举，兵部侍郎为之。各直省以总督、巡抚为监临、主考官，科甲出身同知、知县四人为同考官。外场佐以提、镇大员。其余提调、监射、监试、受卷、弥封、监门、巡绰、搜检、供给俱有定员，大率视文闱减杀。殿试简朝臣四人为读卷官，钦阅骑射技勇，乃试策文。临轩传唱状元、榜眼、探花之名，一如文科。

初制，一甲进士或授副将、参将、游击、都司。二、三甲进士授守备、署守备。其后一甲一名授一等侍卫，二、三名授二等侍卫，二、三甲进士授三等及蓝翎侍卫，营、卫守备有差。凡各省武生、绿营兵丁皆得应乡试，武举及现任营千、把总，门、卫、所千总，年满千总，通晓文义者，皆得应会试。惟年逾六十者，不许应试。其后武职会试，以武举出身者为限。康熙间，欲收文武兼备之材，尝许文生员应武乡试，文举人应武会试，颇滋场屋之弊。乾隆七年，以御史陈大玠言，停文武互试例。

考试初制，首场马箭射毡球，二场步箭射布侯，均发九矢。马射中二，步射中三为合式，再开弓、舞刀、掇石试技勇。顺治十七年，停试技勇，康熙十三年复之。更定马射树的距三十五步，中三矢为合式，不合式不得试二场。步射距八十步，中二矢为合式。再试以八力、十力、十二力之弓，八十斤、百斤、百二十斤之刀，二百斤、二百五十斤、三百斤之石。弓开满，刀舞花，掇石去地尺，三项能一、二者为合式，不合式不得试三场。合式者印记于颊，嗣改印小臂，以杜顶冒。三十二年，步射改树的距五十步中二矢为合式。乾隆间，复改三十步射六矢中二为合式。马射增地球，而弓、刀、石三项技勇，必有一项系头号、二号者，方准合式，遂为永制。

内场论题，向用武经七书。圣祖以其文义驳杂，诏增论语、孟子。于是改论题二，首题用论语、孟子，次题用孙子、吴子、司马法。

乡试中额，康熙二十六年制定，略视各省文闱之半。雍正间小有增减，惟陕、甘以人材壮健，弓马娴熟，自康熙讫乾隆，先后各增中额三十名。咸、同间，各省输饷广额如文闱例。

综计顺天中额百十，汉军四十，奉、锦三，江南八十一，福建六十三，浙江、四川各六十，陕西五十九，河南五十五，江西、广东、甘肃各五十四，山西五十，山东四十八，云南四十二，广西三十六，湖北三十五，湖南三十四，贵州二十五。会试中额多或三百名，少亦百名。康熙年间，内场分南、北卷，各中五十名。五十二年，始分省取中，临期以外场合式人数请旨裁定。

嘉庆六年，仁宗以科目文武并重，文闱条例甚严，防弊周密，武闱考官面定去取，尤易滋弊，命比照文闱磨勘例，乡试题名录将中式武生马步射、技勇一一详注进呈。各省交兵部，顺天另简磨勘官核对。滥中及浮报者惩不贷。覆试始乾隆时。初制从严，仅会闱行之。不符者罚停科，考官议处。三次覆试不合式，除名。道光十五年，始覆试顺天武举如会试例。

咸丰七年，覆试各省武举如顺天例，然稍从宽典矣。

初制，外场但有合式一格，其中弓马优劣，技勇强弱，无所轩轾。内场但凭文取中，致娴骑射、习场艺者或遭遗弃。康熙五十二年，令会试外场择马步射、技勇人材可观者，编“好”字号，密送内帘。内场试官先于“好”字卷内，择文理通晓者取中。不足，始于合式卷内选取。雍正二年，从侍郎史贻直言，各省乡试外场一体别编“好”字号，嗣于“好”字号再分“双好”“单好”。内场先中“双好”，次中“单好”。而合式卷往往千余人，仅中数人，因之内场枪冒顶替诸弊并作。乾隆二十四年，御史戈涛奏革其弊，于是外场严合式之格，内场罢四书论，文理但取粗通者，而文字渐轻。嘉庆十二年，乡、会试内场策论改默写武经百余字，无错误者为合式。罢同考官，遂专重骑射、技勇，内场为虚设矣。历代踵行，莫之或易。光绪二十四年，内外臣工请变更 武科旧制，废弓、矢、刀、石，试鎗砲，未许。二十七年，卒以 武科所习硬弓、刀、石、马步射无与兵事，废之。

满洲应武科始雍正元年，乡试中二十名，会试中四名。十二年，诏停，数十年无复行者。嘉庆十八年，复旧制。满、蒙乡试中十三名，各省驻防就该省应试，率十人中一，多者十名，少或一名。会试无定额。凡骁骑校，城门吏，蓝翎长，拜唐阿，恩骑尉，亲军前锋，护军，领催，马甲，巡捕营千总、把总及文员中书，七、八品笔帖式，荫生，俱准与武生同应乡试。乡、会试内、外场与汉军、汉人一例考试。

——《清史稿》

武进士

明

明朝初年，令天下文武官员举通晓兵法、谋勇出众者，兵部于帅府试之，然未有乡、会科也。成化、弘治间，始有六岁举行之典，后改为三年一试，崇祯初年，殿试、传胪悉仿文闱之式，从中允倪元璐之言也。本朝武勇独冠畿东，会试第一人者五，殿试第一者二，第二、三人者五。人为禁御之臣，出膺元戎之寄。於戏盛也。

董用威，万历丙午武举，丁未进士，官太原都司，擢河南游击、北楼参将、汉中副将，晋爵总兵，有传入武功。董各庄人。

董时乘，（用威子）号六龙，官浮图峪守备。董各庄人。

——光绪《丰润县志》

国朝

董果，丙子科武举，辛巳科进士，御前侍卫，任台湾挂印总兵，入武功传。董各庄人。

韩积善，嘉庆乙丑科进士，殿试一甲第二名，钦点榜眼，御前二等侍卫，任直隶宣化府游击，署张家口副将。御前二等侍卫：正四品。韩家博乐人。

将军：从一品。董玉龙，丁酉科武举，乙巳科进士，御前侍卫，湖北蕲州营都司，署兴国营参将，护理勋阳镇总兵。赏戴花翎，入武功传。董各庄人。

——光绪《丰润县志》

武举

明

洪武二十年，立武举，武臣子弟于各直省应试。正德年间，始定为子、午、卯、酉年乡试三场考试之法。嘉靖初，令各省应武举者，巡按御史于十月考试，两京武学于兵部选取，俱送兵部。本朝因之。

李茂先，官义院口守备。宣庄人。

国朝

董正斌，号铨臣。康熙丙午科武举，官河南守备。

董正邦，号鼎臣。康熙己酉科武举，官湖广守备。

董果，丙子科武举。

董玉龙，丁酉科武举。入武功传。

董葵，乾隆丙子科武举。官浙江宁坡卫督运千总。

董确，乾隆甲午科武举。官领运千总。

董威寰，道光甲辰科武举。

卢兆烈：丁酉科举，官长淮卫领运千总。东尖坨人。

——光绪《丰润县志》

孟宪时，孟昭伦之子，光绪丁酉科武举，榜名建侯。大河各庄人。

——《孟氏家谱》

舒试，行三，配董氏恭人，由武举初授千总，族迁守府，晋升广东安营都司，敕加轻车骑尉都尉。

舒谔，行四，配董氏安人，由武举人敕授领用千总，诰封武略骑尉。

舒诚，行五，乾隆丙辰年正月十九日生，嘉庆己卯年六月初六日卒。由武举人敕授杭严尉卫守府，诰封武德骑尉。

舒詠，行六，由武举人，擢用领用千总，诰授武略骑尉。

——《舒禄氏家谱》

清武职

田献章，开平武备学堂毕业，禁卫军第四标统带。稻地人。

——《滦县志》

卷之六

人物

忠义
政事
流寓
孝友
高行
武功
文学
艺术
淑德
烈女
节妇
族女
长寿
隐逸

忠义

忠义孰如田畴，畴非一乡之士也。其节苦，其行巽。天不祚刘，不护从卧龙共襄王业，读史有余悲焉。徐乐之敢言直谏，次之。唐、宋、金、元书缺有间矣。有明迄今，取义成仁者，骈肩而起。有为史之及载，有为史之不及载。以枣梨为俎豆，固珥笔之志也夫。志忠义。

——光绪《丰润县志》

按：论语云，士见危授命；又云，有杀身以成仁。夫值边疆多事之秋，社稷危亡之日，际此强敌压境，大难当前，执鞭弭以周旋于疆场之上。非抱铁石之贞心，具松筠之劲节。鲜有舍生取义，为国捐躯者。兹则马革裹尸，用酬壮志，英名大节，亘古常昭。书之邑乘，亦足以励薄俗也。

——《滦县志》

明

王之心，字鑑吾，州长春社人，官司礼监太监。博学精翰墨。监督蓟、永，力杜馈遗，免文吏庭谒。崇正甲申，都城陷，心同御马监太监王承恩待帝缢于煤山，一时称两中贵殉义。心弟之仁，任苏州总兵，顺治二年率所部兵入海，见事不成，复登岸，诣督师洪公请死曰：“某海中自裁，人未我知，特来求明白死耳。”从容就刑，可谓弟兄合节矣。

——嘉庆《滦州志》

董时乘，字六龙，武进士，由兴州前屯卫镇抚散官，任浮图峪守备，特授忠义显校尉，诰授昭武都尉，死国难。

按：六龙公职微势弱，因世授国恩，当鼎革之时，特抒忠愤附夏主之，一成戈难返日比田家之五百义士，不共天势，去而潜，赍志以没迨，清室褒扬。故明忠义族中，苦无旧迹，堪微惜哉。特录之以盼，邑志续采焉。传闻公实遁南方，留有苗裔，多为显官，只是无从征实，故阙如也，容俟再考。

——董各庄《丰润董氏家谱》

清

高显辰，字钦思，第子，顺治戊子举人。授德安令。有胆略，理繁治剧，措置裕如。以回避再补南宁郡丞，阶云南守。时吴藩跋扈，麾下倚势虐民，大吏莫敢谁何。显辰独移文该管讽刺之，途值则面折其过。上官同僚，俱为之惴惴，规以勿捋虎须。显辰怒曰："吾辈天子命吏，何可诡随异性王之账下儿耶？"卒以是得祸。当吴逆之变也，逼司府入，授以伪职。显辰拒词倔戆，吴命杖之于市，发永昌军安置。乃服毒死。音耗断绝，妻戈氏自经。女适滇臬李兴元子毓秀，亦同时受祸。事闻，赠显辰太仆寺卿，荫一子入监。

——清光绪《滦州志》

张铜，字铸勋，八区稻地镇人。保定武备学堂毕业，充云南陆军管带官，驻防腾越。辛亥事起，部下响应。张力持忠君爱国之说，遂遇害。

——《滦县志》

卢金第，字印桥，小集镇人。事亲以孝闻，善书画，有仪度。道光丁酉举于乡，甲辰大挑一等，签掣川省，在籍终养。巳酉服阕，赴蜀候补。咸丰元年，署垫江县，是年充乡试同考官。二年，奉上宪札委解饷广西。至全州，适发贼猖獗，全州戒严，金第将饷交州牧曹君燮培收讫。曹劝速行，第慨然曰："全亦吾君土地也，不与公协力共守，以涓埃答国恩，平日读书所学者何也？"于是分守东门，励士卒备矢石，惴惴焉，唯恐提防之稍懈，不异张真源代守睢阳也。讵贼氛方炽，守七昼夜（由四月初一日至初八日）而城陷，犹持刀巷战，毙三贼，力尽死之。从者止一仆某逃出，事闻，恩恤加道衔，世袭云骑尉，准全州建祠，与曹公并祀焉。

郑倬，宋家营人，平庆泾道郑锡敞之胞伯也，任安徽布政司经历。咸丰初，粤匪驰突，攻陷皖省城，倬死之，一门殉节，止遗一孙，恩恤世袭云骑尉，今寓居皖省。

赵保纯，号熙斋，汉军旗，魏庄子人。道光己亥科举人。咸丰初，官河南陈州府项城县令。项时为捻匪出没之区，纯倡修城垣，募壮勇，置军器，修筑甫竣，教匪遽勾结捻匪围城，两次不得志而去。六年，移署淮宁县，豫抚英公启防捻匪西窜，驻扎陈郡，檄纯募勇以助兵威。赴项五日，即募二千名。抚宪赐名保胜军，著纯带领，与副使张公维翰防守周家口。九月，捻匪扑陈郡，距城十数里，肆行焚掠。抚宪调纯回陈守城，乃将兵勇交游击马春华带领。从数骑至陈，缒城入守。值兵乏食，复设法从周家口运麦以济，贼攻城三昼夜，百计守御，始获保全。二十二日，抚宪议调乡团，委赴东南二乡催集团勇。纯轻骑减从，至城东八里之季庄，猝遇匪众，因马受伤坠地，与家人霍升、李太同遇害。事闻，赠知府衔，准于陈州地方建立专祠，并给二世云骑尉职，恩骑尉世袭罔替。子光壁，附生，现官云南大理府通判。

——光绪《丰润县志》

政事

明

董永祉，公性慷慨乐施予，凡族党中无论大小，有逋租徭及鹾课者，公每为之代输，不责所赏。不能葬娶者，辄助之。甲午岁饥，公收瘗饿殍无算，仍捐穀千余石，煮粥分赡，全活者甚众，其功德盖匪浅显者比也。见高行。

董用极，以明经任鸿胪寺序班，天启中，上郊圜丘冠緌偶脱，公随机赞勷，乃成礼，上大嘉奖，御史以失仪劾之不问。有奉使朝鲜，钦赐一品服色，屡擢至少卿，厥后卒于国难。

——董各庄《丰润董氏家谱》

高第，字登之，万历己丑进士。初令临颍，征赋银不折封，即以原柜解府，力绝羡耗。岁大歉，赈粥施医药，活数万人。转户曹，榷浒墅关。旧例，支河设绳，防货舟拦出。第曰，但鏁正关足矣，何渊察为？悉撤去。升大同守，捐俸赎补宗禄三千金。升湖广参政，奏撤税珰杜进忠。旋臬陕西，擢御史中丞、巡抚大同，费橐七千金，助给抚赏。晋兵部尚书，杨左被逮，榜掠甚惨，第经筵力陈："党锢宜释！"忠贤怒，激熹宗召对，切责之。会宁远警，出第经略蓟辽。时右屯大凌河城二，孙承宗已设戍。第至，以关外不可守，尽撤之。二城遂被毁。崔呈秀劾之，勒令间住。崇正初，诏复原官。因己巳郡城陷，复谪居无棣。己卯放还里，著有《太极良知等说》《抚云疏稿》《籁真》等集。年八十二卒，祀乡贤。本旧志，参录明史，及永平府志。

——《滦县志》

附一《明史·高第传》：高第，字登之，明滦州人。万历十七年进士，初由临颍县令转户曹，升大同守，历楚、秦藩臬，天启元年擢御史中丞，巡抚大同。寻升兵部尚书。天启五年至七年任蓟辽经略。关外之地尽失，被劾，勒令闲住。附二《明史·熹宗本纪》：天启五年冬十月己卯，兵部尚书高第经略辽、蓟、登、莱、天津军务。庚寅，孙承宗致仕。附三《崇祯实录》：崇祯三年十一月丙子朔。丁亥，逮前经略辽东兵部尚书高第。第，家滦州，以前闻边警，举家遁，滦人立溃也。

郑国俊，越支一图人，贡生，授广德判。时江寇黄敦作乱，国俊缚其首，境内获安。署建平篆，除火耗，革积弊，颂声大作，因擢县。以亲老辞归，士民勒碑志之。里居十余载，号竹斋居士，族人徭役悉代输。崇祯丁丑，邑饥，赈活万余人。

——光绪《丰润县志》

郑元吉，上林院署丞博士，敕封文林郎。

郑应澄，万历七年恩科进士，广西桂林府桂林县正堂，钦加七品衔，覃恩敕授文林郎。

——《郑氏家谱》

国朝

喻成龙，字武功。其祖父从龙定鼎，遂卜居滦州。弱君以恩荫任江南建德令，廉明仁爱，膺卓荐。值吴耿叛，时龙虽离任，抚军壮其才略，分兵协剿，亲冒矢石，所向披靡。获从逆姓氏簿，焚之，保全实多。士民不忘遗爱，勒石塑像，迄今兰台山犹尸祀焉。题授池州磨蘑，督军省，赶荆岳，劳绩茂著。题授本郡丞，当车兴旁午，督造战船，刻毋宁晃。犹加意民食，历属各建义仓积谷，民乐输．至数十万石，遇欠分给，民不苦饥。创建书院，置学田，积藏书，暇则与生童讲论。俾从事经济实学，池于江南为小郡，一时彬彬称盛。丁内艰去，补江右临江府。地瘠民贫，龙抚字噢咻，循声大振。擢山东鹾运，转察臬藩。连任山左，俱有治绩。适辽东歉收，议令抚军由海运粟济荒，优诏特委龙载粮百艘星发。海若效灵，不扬波者数月，活辽民万亿。一岁之内，晋冏卿、廷尉、少司空，三迁显秩。人皆以为荣，龙悚惕益。乙亥岁，北鄙跳梁，复奉优诏运粮。两经大漠，直穷西海，军食未尝少缺，叙功转少司马。奉上命看河，敷陈无不报可，因发帑修筑，同事九人，凡所建竖，多出公裁，漕运赖之。复命，顾问谆谆，条对悉当。简总督湖广，随驾南巡。恩旨赐华衮、扁对、诗章字帖甚多。甫莅任，会征红苗，剿除十余寨，抚绥五百余寨，恩威互施，楚地以宁。解组归，以读书吟咏自娱，有诗集行世。（编者注：父喻景柏葬于胡庄，故喻成龙及喻氏后人遂落户于稻地镇胡庄）

——嘉庆《滦州志》

董锯，由明经历任渠县令。时吴逆初平，余孽犹未靖，公屡请剿灭，势格于上不果行，贼遂猖獗，纠党攻县城。公请率民兵，昼夜捍御，寻诛渠魁，城得无恙。再任潞邑，未期年而丁内艰，千里奔丧号恸，几绝服阕。补江陵，首清逮户包纳荒粮之弊，免赔累者万余家。丙戌，楚属饥，流民就食江陵者不可胜计，公竭蹶图，维煮粥施药，全活甚众。丁亥，以病告归，适岁荐饥，家窘户困，公乃尽取旧藏诸，负券悉燔之曰：“毋为冯煖（暖）所笑箧义而不市也！”尝欲出己业数顷，一供祭祀，一瞻贫困，因病笃未果。当易箦时，犹谆谆嘱嗣子，毕其愿用心可谓挚矣。是以历仕则德在万民，居乡则惠敷乡党，及其殁也无分远迩，皆流涕而歌，思入乡贤而享世祀宜哉。（别详传）

董榕，字恒严，乾隆丙辰拔贡生，廷试第一。以知县用，任河南济邑令，有政声。继迁新野令，适雨灾，民乏食，鬻产捐赀，施粥数月，民赖以苏。移夏邑令，勘办水灾，蒙恩蠲赈，逐户计口，按月分给。恐不足，复捐俸买谷继之，全活甚众。戊辰，擢郑州牧。庚午，恭逢翠华中巡，承办三十七处大差，恩赐貂、缎、荷包等物，升许州直隶州。自郑之许，父老妇孺攀辕者塞路。值许有水决之患，巡行查勘，详细规划，恤患拯灾。辛未，晋金华府知府，婺俗多不举女，为严禁之，令生女者以闻，兴谷三石。继调九江，捐赀创修濂溪书院，复擢升吉南赣宁道。赣俗亦多溺女事，因刊《广生录》，禁簿俗事八条，谕示劝化，违者入莠民册，溺风顿易。所属上游县数十村被水冲没田庐，为之开河引水入江，居民安堵。后丁太夫人艰去官，士民感德，立祠肖像祀之。以下事迹见袁子才先生《新齐谐集》：公自丁艰后，哀毁过度，欲以身殉。扶榇返里。至滕王阁下，维舟受唁，大吏亲来抚慰，观者无不谓董公“真孝子！”次早方欲解缆，忽家童等惊觅观察不得，急报守土官沿江打捞，俱无踪迹。经一昼夜，尸竟逆流至丰城县沙岸，验视之，白衣麻带，面目如生，乃具殓送至舟中。月余，公旧仆某偶至上游县，见土人为公立庙，欣然至庙中拜瞻，神像俨然生时。询立像之日，与公坠水之夕吻合，噫，亦奇矣！著有《周子全书》《芝龛记》《庚洋集》《浭阳诗集》《繁露楼诗》等书。

附：董观察，名榕，官赣南道时，所属上犹县某村，素被山瀑冲没田庐。公为相度开河，引水入江，居民安堵。又改佛寺为濂溪书院，规模一新。亡何，丁太夫人忧。哀毁过度，欲以身殉。扶榇返里，至滕王阁下，维舟受唁。大吏亲来抚慰，观者无不谓董公真孝子、真好官。次早，方欲解缆，忽家仆等惊觅观察不得，急报守土官。沿江打捞，但无足迹。经一昼夜，尸竟逆流至丰城县沙岸上。验视之，犹白衣麻带，面目如生，乃具殓送至舟中。月余，公旧仆某偶至上犹，土人告从感公开河之恩，立庙祀公。仆欣然走至庙中，拜觇神像，则俨然公之而且。询立像时日，即公坠水夕也。（清·袁枚《子不语》）

董开运，号毅侯，淳厚沉潜，有文才。崇祯壬午举人，授国朝监利令，时方多故而邑又难治。开运下车甫数月，利兴弊革，治迹班班，至今芬人齿颊，卒于官。

董铎，字子宣号振菴，拔贡生，镶蓝旗教习，授山西黎城令。崇礼教，课农桑，屏耗羡，除杂税，次第举行康熙四十九年邑荒，捐赈捐粥，全活甚多，其无力输纳国课者，出己囊完纳五千余金，因病告归，士民立祠祀之。

——董各庄《丰润董氏家谱》

董钜，字子骏，贡生，初授庆都县教谕，勤于课业，士翕然归之。擢四川渠县令，改补山西潞城，阕起复湖北江陵令，其在三邑也，听讼明允多惠政，所至称慈父母焉，祀乡贤。

佟谨思，字诚莽，佟家庄人，性严正，有机略。乾隆甲午举于乡，宰山右灵石、徐沟，惠政及民。尝因亢旱，焚疏城隍庙，虔祷三昼夜，甘霖溥降，万民忭讼。以卓异进代州牧，有盗杀事主案，久未缉获，因祷于城隍庙，独宿其中。漏三下，忽大声震耳，呼从人询之，佥称梁响。乃拟梁响名，遣役密访于邻境，得之，并获脏，一鞫而服，时颂为神明。旋擢户部员外郎。绅民饯送者络绎于路。

郑源璹，字玉磎，宋家营人。任旧太仓监督，仓弊力为剔除。嗣任浙江宁绍台道，办理余姚、上虞两县界内夏盖湖一案，居民利赖，远近称扬。任福建汀漳道，下车清厘积案四百余起，并清械斗之源，政简刑轻，民心悦服。去任时，万民攀辕以送。任广东布政使，捐廉修贡院，添建号舍二十余间。任山西布政使，库款无亏，奉旨议叙。任河南布政使，与抚军办河工，详查利病，请旨将沿河三十二州县积欠全行豁免。任湖南布政使，苗瑶民不靖，留省办军需，尽心筹划。奏以动碾仓谷拨运，幸于民食无妨，闾间咸称颂焉。嗣军务完竣，蒙恩议叙，赏戴花翎。

附一《清史稿》：郑源涛，直隶丰润人。以贡生授户部主事，累迁湖南布政使。仁宗既诛和珅，有言源鹳（涛）贪黩状，下巡抚姜晟按治。源鹳具服收发库项，加扣平余，数逾八万；署内眷属几三百人，自蓄优伶，服官奢侈。上宣示源鹳罪状，因言："诸直省大吏宴会酒食，率以嘱首县，首县复敛于诸州县。率皆朘小民之脂膏，供大吏之娱乐，辗转苛派，受害仍在吾民。通谕诸直省，令悛改积习。"寻命斩源鹳。

附二《乾隆朝实录》：乾隆四十二年十二月，丙辰。以福建汀漳龙道郑源璹、为河南按察使。

李廷楠，号珠轩。柳树鄌人。道光壬寅冬，寓省垣。有难民鬻女，女啼泣，不忍别。楠询知其故，心恻然，为典衣质缗与难民。民感泣，求姓名，卒不告。越数年，己酉举于乡，庚戌联捷南宫，授农部云南司主政。咸丰间擢员外郎，监督宝泉局。时私铸禁严，缉捕者见艺工七人用当五十钱改铸什物，捕获之。比部按销毁制钱例欲抵罪，并无为之昭雪者。楠闻之曰："彼销毁者私钱耳，何罪之有？业奉谕将原铸当五十钱收回改铸，本部已于月杪收讫，彼销毁非私钱而何？”七人因是得免。有津门某，假呈开垦以渔利，纳贿于楠，力却之。主议斥驳，万户得脱然无累。后归告终养，奉亲教子，年七十余卒。

——光绪《丰润县志》

舒展，字孝宽，乾隆科举，癸未年授湖北京山县知县，署宜城县知县、归州刺史、荆州别驾、武昌司马。庚寅湖北乡试同考官。嘉庆丙辰年公年已七十矣，皇上重养老之典，而千叟开宴，先生进参与耄耋期颐之列，得沐夫牲劳酒醴之隆。褒以诗章，畀以鸠杖，又越十五年，而庚午□，又赴鹿鸣马以故，天颜有喜，以五品赐之，驰赠承德郎，诰封奉政大夫，原配董孺人、继配赖孺人，并赠宜人。葬唐山东墓。

——《舒禄氏家谱》

董开运，崇祯壬午乡荐知湖广监利县有惠政及卒，官囊橐萧然，妻张氏暨公弟弼运跋涉险阻，扶衬归葬，张矢节抚孤竟以寿终。

董锟，以明经司铎于永清，抚军李公以国士礼之檄委监修永定河，既节公私之费而事复立办，由是李公益重之。时濒海有马场，率多占民田为之当事，夤缘州县欲尽圈以畜马，抚军檄公同往堪视，公不避强御，力为区别，豁田无算，民至今德之。每学始至，爱公才品之优俱不以属礼遇，由是诸生有挂误，公得尽言，为之保全者甚众，及致仕归永清，诸生刻石颂德，志甘棠之思，盖师而父母者也。既家居尤敦睦宗族，启迪卑幼，虽年谕耳顺而风采如少年，诚精理明道之效也。

董铎，性仁孝慈爱笃友，于重婣睦，一切济人利物，无暇勉强。嗜读书，虽祁寒盛暑不辍。由镶蓝旗教习，任山西黎城令任事后，一尘不染，屏耗羡，除杂税，民有逮负，为之代输，且明治理，勤职事，虽案牍细琐必亲，是以政绩著闻，为上宪所器重，每欲乞休不允。摄黎篆十余载，士民爱之如慈父母焉。及归，黎人士思慕不置，为建长生禄位生祠，永垂不朽。公一生出处迢迢可表，洵属国之循良，家之楷模矣。

董鏻，敏悟好学，早年游泮，或劝之援例，则傲然不屑，矢志以科第自期，后以明经首拔选为四姓小侯师，时流敬慕之。壬辰之春，始任东川大竹令，甫下车即抑豪绅褫悍衿，安插楚民百余户，远迩悦服，居官仅五月以病告归，诣顺庆府君迟公觞别曰：“他人趁（逐也）而不去，君乃留之而不往，奈何？”时渠令吴（某）以贪闻而。

董甡，文登令，举人辉公孙，进士海宁令春卿子也。才情出众，家学源深，邑孝廉丁乙连曾许为赵箐杉后之一人，髫年游泮，补廪惟悭，于遇前因拨入州庠，不得与选拔试。嗣举孝友优行省试又未得志，后以副车授州司马分发山东改任文登令，又事临邑承审平反冤狱，敢为敢任，未几卒于临邑，仅剩两袖清风，灵柩眷属无计可还，赖族人大烈奔讣，各机关适遇因冤狱沐公恩者，极力提倡，集资若干，柩与眷始归。

——董各庄《丰润董氏家谱》

孔昭杰，任越支，以盐务兼理灶户讼事，民咸服焉。又兴文会、火会、打更诸善政，故有‘化恰’之颂，前此诸任所未有也。合场绅士送“化恰洹南”匾。

——《知非录》

羊廷机，字心元，号菊隐，雍正甲辰举人，拣发长芦，得越支场大使。越支（民风滑悍，丁粮多积欠，盐款多亏缺，私煎私贩之）弊不尽剔，廷机谆切晓喻，输将踊跃，查察儆严，陋弊悉捐，由是商灶乐业。廷机素有文誉，在越支设月课以集诸生，亲为讲解诗文，一经指画，皆有文采可观。后以引年乞归，卒时，七十有九。

——民国《海宁州志稿》

孔宪彝，字叙仲，号绣山，一号秀珊，山东曲阜人（幼年随父孔昭杰在宋家营）。道光十七年（一八三七）举人，官内阁中书。工诗、画、篆刻。著《对岳楼诗录》。

——《清画家诗史》

李永贵，字弘功，喜读书，天性敏捷，慷慨好交。于康熙年间游历京师，某亲贵器之。奉委治陡河分流于王兰庄，灌田种稻，并监修太来号南北营田。工竣得保，恩赐六品衔同知，赏戴花翎。

——《艾坨李氏族谱》

附

康熙

郑鼐，凤翔府五河县知县，职授文林郎。

郑克惠，候选教谕，钦加二品衔，敕封通奉大夫。

郑松龄，凉州府知府，钦加四品衔，敕封朝议大夫。编者注：郑鼐长子。

郑松岱，蓟州府州判，钦加六品衔，敕封儒林郎。

郑养原，收圣祖仁皇帝嵬苗飞失海青一头进，上恩赏黄马褂并金头玉棒。

郑贵纯，知州。

雍正

郑文瀚，江西乐平县右堂，钦加九品衔职，授登仕郎。

乾隆

郑见龙，候选儒学正堂，钦加六品衔，敕封承德郎，例赠奉学大夫，晋封通奉大夫。

郑济焘，广西柳州府知府，获理石江兵备道，特授江苏松江府知府，钦加三品衔。

郑佾，光禄寺署正候补员外郎，钦加五品衔，诰封奉直大夫。

郑俨，候选同知，钦加五品衔，诰封奉政大夫。

郑侃，候选通判、钦加六品衔，敕授承德郎。

郑僖，钦加五品衔，诰授奉政大夫。

郑伟，湖北均州府知府，钦加五品衔，诰封奉直大夫。

郑倬，安徽布政司经历，钦加六品衔，诰封承德郎。

郑佐，候选州同，西直隶州分州，钦加六品衔，诰授承德郎。

嘉庆

郑家麟，丁卯举人，己巳进士，国史馆编修、监察御史、兴化府知府、陛授光禄寺卿。

道光

郑光远，丁酉科副榜，候补训导。

咸丰

郑锡敞，甘肃平庆泾固化兵备道、工部郎中二品衔、诰封通奉大夫。

郑锡攸，清江监大使，七品衔封承德郎。

同治

郑守善，奉政大夫。

光绪

郑澍文，贡生，候补训导。

郑永才，户部主事。

宣统

郑守太，承修宫殿有功，赏赐六品顶戴。

郑守金，承修宫殿委员有功，奉旨奖给五品顶戴。

——《郑氏家谱》

流寓

萧然尘外，高揖人寰，士各有志，岂能相强，此鸿飞凤举之遐踪，地因之以增重者也。乃若千里命驾，有客信信魏晋之风流，所由独妙千古耳！其次，则借穷愁日月，作冷淡生涯，未能同同聊复尔尔，斯亦极乎迁客、羁人之致矣！各次其里居、姓氏，非徒借才望于他邦，亦以觇英贤之渊薮云尔。志流寓。

董象伟，原籍山东济南府历城县。父元卿，官驻防京口镇海将军，子七人，象伟居长。雍正时任江南提督，赐象齿折扇一柄，御笔题诗褒美；又赐白锻一副，墨书“节制整严”四字，解职后，落户爽坨枣园庄，其孙董乐山于乾隆二十三年出旌列县庠，永归丰润籍焉。

——光绪《丰润县志》

孝友

薄于所生，则其余可知。士君子勋业灿然，而门内多惭识者鄙之。若夫编甿童稚一节之奇，千百世犹低回欲绝焉。无他，诚能及远，相感以天也。丰邑如辛大汉之善养其母，聂捷远之抱颈迎刃，暨魏礼中、王有德以下诸人，皆足以增光简册。牵连录之，一以觇此邦风俗之厚，一以征国家教化之隆云尔。志孝友。

——光绪《丰润县志》

按：书云：惟孝友于兄弟，未闻能孝于亲，而不友于兄弟者，盖孝友本乎庸行。言之匪艰，而行之维艰。历观往世，其能以孝友名者，代有几人。此庸德之行，古今所由并重也。今日倡家庭革命之说，以致父不父，子不子。伦常乖舛，枭獍横行。大乱之阶，其以是乎。夫人谁无父母？谁无兄弟？孝父母，友兄弟，人之常情。在家庭能孝其父母，友于兄弟者，在社会亦必能忠于国家，亲其长上。古云：求忠臣于孝子之门。谅哉斯言！则孝友一门，又乌可略而不言也。

——《滦县志》

高向辰，字钦麟，第长子，廪生。事继母许夫人竭哀尽诚，扶梓步行百里。友爱诸弟，若不知为异母者。推诚任侠，助友至数百金不惜。亲礼寒士，有兰台聚韵事传于世。年四十二卒，里人罢舂，名士会葬者不远数百里而至。世家子弟称最贤而文者。

高应辰，字钦明，尚书第仲子。弱不胜衣，静渊泓蔚，不敢以贵介忤物。读书雅究其蕴，不务圭倪之术。以官生任户部照磨。督犒援兵，城下椎牛封羊，乾糇蒭茭，一手拮据，劳瘁骨立。丁父丧，痛躃奔赴。逮葬，呕血数升，卧箦三月卒。人称“伯鸾死孝”。

——嘉庆《滦州志》

徐献文，黄各庄人。幼而失恃父，敏树负贩辽东，久不归。文事祖母暨兄嫂，勤顺罔间，迨祖母与兄嫂相机殁，文尽产营葬毕，出关寻父，备尽艰辛，迎归奉养。年五十，以劳疾终。

贾子立，王兰庄镇人。家无立椎，日佣工市甘旨以奉母。嘉庆中，频年饥馑，立随众濒海贩盐，为巡者所获，嘱以诬陷富民，立曰："此伤天理之事，某所不为，且归家无以见母。"及堂讯，官怜而释之。管营田官缪公题其门曰："孝义可风。"乡里有"贫者孝母贾子立，富者孝母董天威"之语，天威，邑庠生，自有传。

董暄，字德华，增广生，宋家营人。性磊落，尤笃于孝。嘉庆癸酉，在某王府教读，得家报父扶干病亟。时值林清之变，京师戒严，九门俱闭，且府中不容他适。因在馆焚香，稽首，祈借己寿十年增父十日，期得相见。是夕起坐不安，焦灼终夜，次日须发尽白。及严解，三百里一昼夜抵家，侍汤药十日，乃翁卒。同邑光禄卿郑家麟为之传，且歌《白须行》以美之，歌入文苑。

李儒勇，王兰庄农人也，母萧氏，年八十犹强健，后得疾，昏迷不解人事，起卧需人。每便溺，勇躬自涤拭，顷刻不离，数年无怠色。母卒，哀异常，求善地葬之。

郑宣，邑诸生。有孝行。父患痰疾，常在床蓐，宣服勤左右，凡进饮食、涤秽溺等事，皆身任之。或遇戚友庆、吊，有不得不身往者，出必告、返必速，虑无人善事亲也。父病卧八年，夜夜伴宿，始终如一日。宋家营盐运分司某公嘉其孝，以匾额旌之曰：纯孝可风。

毕成银，邑之西河村农人也。少孤，母目双瞽。成银日为人佣工，得钱即备甘旨以奉母，自给不暇，屡至枵腹。母尝与人曰："我有是子，不觉贫也，并不觉目之瞽也。"成银年六十，母犹康健，数十年如一日。乡里感泣，以为仅见事。

赵友邻，小岭子庄农人。家极贫，而性孝悌。父病笃，焚香吁天，愿减己算增父寿。父既没，因兄有妻子，祖遗之物悉让与兄。后为人佣工，稍有积蓄，即为侄授室，以绵宗祀。终身不娶而终。

李哲，字福畴，爽坨人。幼家贫，而性甚孝友，四岁时即知怀橘让梨。及长，作小经纪，得旨甘必以奉母，后因服贾获利，家称小有，奉养益隆，母殁时，哲年五十四，尝至墓下哭奠，形销骨立，因此致疾，五十八岁卒。

监生董天威，字觐廷，王兰庄镇人。事寡母以孝闻，且恪遵母训，至其门者不闻謦咳声，盖一举足，一出言均不敢忘也。其母年高体胖，每食多茹荤，威尝婉劝之，母曰：“我素知医，岂不自防！颅内燥，非此无以滋津液，汝勿虑也。”后威亦以医名，盖得于母教也。

张怀仓，张六庄人。七岁失怙，母宋氏昼夜纺织以为生计，然性甚严厉，仓小有过辄鞭挞之，仓长跽待罪，必母颜霁而后起。母病，亲侍汤药，不解带者累月。母卒，葬如礼。书父母神主以奉之，朝夕哭奠，十余年如一日。至今乡人犹盛称“节母孝子”云。

孟青云，邑诸生，小河庄人。天性敦笃，蔼然孝弟，应童子试时，其母在家得暴疾，家人恐误其考试也，既卒，而后讣告之。云在旅邸寝不安席，急趋至家，哀恸迫切，死而复苏者再。且事兄如严师，偶有过，辄跽受谴责。兄寝疾，亲奉汤药，衣不解带者累月。兄卒，哀毁失形，饮食俱减，不数月相继而逝。

王熊飞，八品卫，胥各庄人也。自奉俭约而奉亲颇丰腆。亲没，尽典祖遗田产为殡葬资。后以居积致富，持家有道，子孙守其遗范，为邑南望族焉。

孙兆启，新河庄农人也。家酷贫，父早卒，启佣工以养母，母卒，又佣工以赡兄弟。年既衰，无以自养，族人有恤其乏者，则受之，无亦不乞贷，竟偃卧长饿以卒。

刘阁书，邑庠生，爽坨镇人。幼失怙，母朱氏教诲有方，每负笈从师，辄依母彷徨不忍去，读书至问孝诸章，必再三潜玩。甫游泮，母有疾，晨昏省视，至废寝食，如是八月，母卒。殡后一日，闻风雨声剧，至墓下痛极而卒。其妻李氏，守节至今，五十一岁。

赵从余，字礼耕，赵茂庄人。幼失恃，事父孝，事兄亦恭顺。父染沉疴，服药罔效，日哭奠于神，祈以身代。泪尽，继之以血。夜梦神授以良方，父服之，果愈。尝从兄驾舟至涧河，午潮初落，舟将随潮入海，兄自恃有力，下舟挽之，稍一失手，已灭顶矣。从余故不习水，以救兄情迫，一跃入水，挽兄登舟。兄谓人曰：“自今以往之年，皆弟赐也。”厥后，家道日裕。遇歉岁，施粥以济乡里。人有称贷，量力应之，数年不下万缗，悉焚其券。有孙二：福绥、福海，皆诸生，亦长厚可风，克承先绪焉。

么占元，字东圃，廪膳生。事父母孝敬无违。堂弟占嵉、占嵘，先世久以分居，元念其幼而靡依，收养之，教以读书，为之择婚授室。三十余年家业且平分焉。姊出适赵姓，孀苦无子，奉养终身。占元为人喜施与，戒争讼，乡里有事，必排解之后已。子思九，邑诸生，克继父志。董各庄至王兰庄陡河故道淤塞，思九出资修理，建闸、坝、桥梁，乡人德之。光绪十年，为送“慕义好仁”匾额。

董尚宾，国学生，年二十四岁，其父庠生正伦殁，尚宾哀号如不欲生，庐于墓侧三年，知县张公题匾旌之。

——光绪《丰润县志》

董尚宾，字允尚，德臣公三子，赋性纯孝，最嗜读书。欲减年益亲，知梦龄之非。训以浚源希圣何勤，学之足矜。父殁之时，丧祭恪遵古礼，既葬之后，庐墓仅守前贤，负土营坟三年，未尝见齿。望云泣墓，终日惟有思亲。服阕岂忍舍墓，而来回首，实难弃庐而返。至家奉事继母，尽孝尽诚，在庭友于兄弟，克亲克敬。行有余力，夙夜学文道岸，先登典坟富有，族党钦其文章德业，邑侯表其孝行可风。

董铮，公性至孝，好读书，虽有他事，拂逆于心。一对父母则愉色婉容，油然以解，盖天性也。会大暑，尝读书座庭树下，蚊蚋交集之不觉，即岁旦亦课诵不辍，为文卓绝一时，庚午叨乡荐，未及上春宫而卒，学者惜之。

董铣，公性至孝笃友，周恤族党，乐于施与，有干才，遇事果敢，决策如流。篮士翰凡，名公巨卿，无不钦其德业，文章一时名闻畿辅。庚午岁饥，公出藏粟数百石，减价发粜，阴活者甚众。丰邑向五图灶籍例办盐课役甚重，而主事者欲议加，图民皆仓皇无措，悉来求公商免，公毅然身任上之当事，力陈其疾苦，始得免。公殁之日，五图士民齐集公尊，感激流泣者数千人，盖公之盛德所致云。公以清著，故有是言也。

董鈊，公生而聪敏，早游泮宫，善草书，工词赋，本邑偶有杂派累民，公身任之赴会城而事立办，诚快士也。

董锦，性孝友，幼而颖异，乃公尝以古诗文试之，诵一二过辄记意不忘，及长益淬其锋，学日进文日高。学使按永郡，读其文击节称赏置第一。且持此技折桂，看花犹拾芥耳。吾其跂望之未几，报沉疴赍志而终，引年不永，惜哉！其遗孤（某）自奋力学，领戊子乡魁，前途方远，盖能竟其未竟之志云。

董怡，赋性端严，不苟言笑，好学能文，构思敏捷，居家勤俭，乐行善事，甲子获乡荐，戊戌成进士，诚一代名儒。将登仕版，卒于家，族党惜之。

董升寰，公性至孝友，于兄弟和睦，宗族处乡党然纳不苟，好善乐施，读书必求实践，不拘拘章句之末洵，不愧广川公之后裔欤。

董繻绅，邑庠生，业以早亡，无嗣，不祀久矣。其从子□，愿以己子鲁继其祀，盖体父志，存长房也，可谓一举而两得之矣。

董开弨，体貌轩昂，性辩而长于理，族党每有疑难事，久不能决者，得公片言便可迎刃而解。尤笃友谊，善诲子侄，乡井至今述以为法。

董弼运，深静简默，中正不阿，所行以孝悌为先。好读书，虽盛暑严寒，手不释卷。胞兄开运令监利卒于官，遗寡嫂孤儿，公协抚尽心，丧葬尽礼，故乡党称道弗置焉。

董纯心，颖异过人，有一日千里之誉，髫年既游泮，以选拔授州司马，辞不就职，家居事祖及继母尤孝，谨兄弟同心，起居不相离。公友于之笃诚，当世之所罕，而且济人之急，扶人之危，知无不能，盖能继先人之未逮，而仁人孝子之至者也。

董贞元，公性至孝，最喜读书。愉色婉容，形于夙夜，考古稽今，终日忘餐。壬子中试，庚午拣选，因家有萱亲不肯仕，居于家左近，生徒求教者不下百余人，无不尽心训诱，及母逝后，公亦寻卒，可谓始终一孝，乡党敬之。

——董各庄《丰润董氏家谱》

高行

我思古人，我爱古人，非震其名，服其行也。取千百世下之隐微，而挟与俱去，则安得不爱之重之。士自束受书以还，已了了于古今人物。源流而行，或不副祸福，怵之声色，货利又乱之耳。近圣人之居若此，其未远行彳亍清风台畔，奈之何不侧身修行，自附于青云之上也哉！志高行。

董永祉，号绥庵，越支场人，以国学生高等授光禄丞，文华殿中书，加授工部屯田司郎中。四奉皇华，两荷封典，国人荣之。性慷爽，好行其德，三党之戚，凡有租徭盐课不能完者，代偿之，人有急求，必应，屡求不厌也。不惜丰腆，聘时髦训其子孙。晚年高隐，喜与故旧相谈宴，或披鹤氅游于外。人望之，皆以为仙也。其心颇类安节先生，世人不察，以富而好礼之辈目之，岂知永祉哉。又同时有工部张尔志，守备唐之靖，其高行亦同，邑人至今称之。

李自超，字季伟，乾隆癸卯举人。博文嗜古，一言动无所苟。出仕崇宁县令，以病回籍，两袖清风而已。

耆民李廷良，爽坨人，道光庚寅冬，于街之东首僦屋数椽，权为旅舍。邻村人慕其忠厚，多就之。有肩挑贸易者，入窥案下有遗囊，将取焉，李知非其所有，呵止之。然究不识谁氏所遗也。午后有乐邑卖棉絮何立久者，向其伴刘姓索金，谓："吾固附汝求售，何得以百金自富？"彼此方争论不休，李出遗金往解之，一时服其高谊焉。

——光绪《丰润县志》

高吉昌，字介几，贡生，廷试第一。补县令病卒。吉昌少颖异，读书目数行下。喜骏马，善弹骑射猎之艺。重然诺，通缓急。尝遇岁荒，尽出累世之积，以赈乡党。后以子弟贵，赠资政大夫，兵部尚书，祀乡贤。（见文学）

——《滦县志》

武功

明设屯卫，貔熊林立，邑之谷、鲁、曹、陈诸巨族，各以军功起家。我朝泰运隆兴，兔罝之中，干城腹心出焉．资其才力，捍兹牧圉，固不仅以决拾称能也。循是而溯前微，盖亦赫乎？可纪俯仰上下，远者数百年，近者数十年，岂乏徐于跃、殷壮猷辈，或为正史之所及载，或为志乘之所不及载，传不传视其幸不幸，簪笔者且为之叹，奈何矣！志武功。

——光绪《丰润县志》

辽

韩昌，字延寿，官大都督。墓在邑之东南百里小集乡，马髡崇封，翁仲狞立，旁有丰碑，高二丈许，字画剥蚀，不可辨识，仅得其时代、姓名、官职。如左近小集有村落名韩家庄，居民数百户，其苗裔也。按《辽史·百官志》，并无大都督，惟南面京官有辽阳大都督府，太宗会同二年置，又云辽阳大都督。会同二年，都督曷鲁伯等关防辽阳，东都或即其官耶？又《辽史》：韩知古，蓟州玉田人。于时丰为玉田永济务，知古支派繁衍，抑或即其族党耶？世远年湮，传闻约略，固不能臆度也。

——嘉庆《滦州志》

金

王信，字思立，州人。乡试荐不第。天会三年，以户纪从元帅，屡战有功。皇统五年，授信武将军，累授振威、宣威、广威、镇国上将军，开国侯。大定十三年以疾卒。

——嘉庆《滦州志》

明

郑沾，一图民，在京义勇右卫官籍，隆庆年援例本卫镇抚。

——隆庆《丰润县志》

董用威，字明环，董各庄人。生于明代万历九年正月十五，卒于崇正十三年十一月初九。万历丙午年科考中武举，丁未年科考中进士，历任山西太原府都司守备、河南游击、北楼口参将、汉中府副将、校阅等职，晋爵总兵加一级，皇封镇国龙虎将军，加晋光禄大夫。

——光绪《丰润县志》

注：用威公号明寰，宁菴之子也，性纯孝而刚正不阿，时宁菴公，叩阍系狱，公年方十二，匍匐赴京，为父申雪，不惟得释而且大胜，于是请旨勒石，内载五图之民，系进御盐灶户一应杂徭永行捐免，至今数百年来得相安于无事者，皆公桥梓之遗泽也。事平之后即励志读书，举明万历丙午武科，

丁未联捷进士，初任大安口守备，历陞汉中府副将，以奉旨校阅，报最有百步穿杨妙手，一腔贯日忠心之疏，遂晋总兵加一级，诰奉龙虎将军，特进光禄寺大夫。盖吾族之家声振起者，自明寰公始。初丰润有上八里下五图之分，上八里者民籍也，素多富；下五图者灶籍也，素多贫。当明之末，政出权门，富者恒以贿赂夤缘祸于贫者，凡驿递草豆上下差徭，莫不派之五图八里之民，顾逍遥事外，于是鬻妻子而流亡，失业相望。公是时产业素丰，力犹能办，但目击乡里之涂炭，并恐遗子孙之劳，乃挺身出赍资斧，纠图民击登闻以讼冤，辄为权豪所中，罗致于狱几不救。幸公之子用威公，以垂髫之年匍匐叩阍，为父申雪，始得直奉旨勒石，永免差徭，五图之民始获安，乃相庆曰："吾辈今日得以高枕无忧者，赖有搬到天河董序班耳，至今数百年无鸡犬之警者，公之力也。"（见于《丰润董氏家谱》）

郑运昌，武略将军。

——《郑氏家谱》

国朝

郑宗龙，九世得秋之子，官名图龙，又名进忠。少游京师，投肃亲王有功，赐旗。随从肃亲王征西藏二年凯旋。蒙圣祖仁皇帝赏戴蓝翎，仍随军办理粮务。南方三藩作乱，又随肃亲王南征，屡建奇功。三孽既平，肃亲王以状奏闻仁皇帝，赏戴花翎黄马褂，以实秩阿达哈哈番加一级。后西藏复反，朝议昔日旧将孰职识道路地势乃可复反，钦命帅兵再往西藏，二年全藏心服回京陛见，擢授汉军都统，又升领侍内大臣（正一品）在京供职卒于官。

——《郑氏家谱》

董正邦，字鼎臣，号澹崖，明寰公曾孙，庠生疏九公之子也。顺治乙酉科武举，任湖广永州府右营守备时，吴逆初平之后，民物萧条。永俗刁悍，兵强民弱，州城内外所居者惟兵，商民则裹足不至。公到任后，与府君酌议招募，于是流亡毕至，近悦远来，遂成锯镇焉。戊辰夏，逢龙反武昌，全楚震动。永镇兵民皆有变意。是时中军游击池某者颇傲慢，总戎卢公疑其有异志，不敢授以兵权。又自谓年少恐不能弹压，乃戊夜召公入，卧内托以心膂，付以王令，凡三营偏裨将弁，悉属公号令，严明稽查，仅密反侧者不敢动。

民赖以安其全城之功，勒石于府署内之菊花庭，至今犹存。公在任十年，多着劳绩，第未展其雄略，而遽卒于官，为时惜尔。

——董各庄《丰润董氏家谱》

董果，字毅千，董各庄人。乾隆辛巳武进士，授三等侍卫。出为甘肃游府，剿巨盗马得鳌，微服至其巢，计擒之。录功，擢荆州参戎。旋随将军温福征小金川，攻克巴朗拉平之，晋郧阳副总戎。继随大将军阿桂征大金川索诺木，攻破罗博瓦山梁、色澎普诸寨，进据险要，直捣噶喇贼穴。前后七十余战，人以“杨无敌”比之。金川既平，擢建宁镇总戎。陛见，膺懋赏，调闽省漳州镇总戎。纯庙以台湾为闽重地，华夷杂居，非威望素著者不能绥柔而震慑之，特简果为台湾挂印总戎。果巡视四境，绘图指示将士，使明地势要害、战守机宜，海疆倚为长城，其图今尚存焉。

董玉龙，董各庄人，道光乙巳科武会魁，授蓝翎侍卫。出为湖北蕲州营都司。咸丰壬子，署兴国营参将。在通城县御贼有功。两湖制军张公命管带、提标、郧宜各营兵赴阳逻、团风一带截剿，豫省窜匪至鹅公颈，歼贼数百名，夺贼船十余艘，获器械马匹无算。制军张保举以游击用。嗣奉檄赴皖，驰抵怀宁、宿松，剿灭匪众，凯旋回楚。于田家镇、黄州府遇贼，克之。甲寅春夏间，又在三汉铺、黄坡县、应城县之裕洪团、陈家岭等处，迭著战功。玉龙临阵果毅，贼见之，每惊相告曰：“董大腰来矣。”乙卯，因积劳卒于军，归葬于董各庄之北原。子三人，长静轩，武庠生，次静伦，三静斋。

——光绪《丰润县志》

连步廷，汉军正蓝旗，滦县小齐庄人。道光二十一年任汉军正蓝旗印务笔帖式，道光二十四年任骁骑校，道光三十年任实录馆纂修官，咸丰元年任印务章京，咸丰二年任总校官，咸丰三年随本旗副都统伊勒东阿出征直隶，咸丰六年，任公中佐领（副参领兼），咸丰六年，任圣训校勘处总勘官，同治元年，任实录满汉纂修官，同治二年起，任印务参领、满总纂官，同治五年，署镶红旗汉军副都统，同治六年，任京口副都统。同治三年，赏加二品衔。咸丰五年，以副参领升用。咸丰六年，以参领升用。同治五年，记名以副都统简放。

另附：连步廷，正蓝旗汉军人，由笔帖式补骁骑校。咸丰三年，随副都统伊勒东阿出征直隶。初粤匪林凤祥纠党北窜，官军迭次迎击于河间、阜城等县，败之。贼复窜踞连镇。四年，官军围攻连镇，并东西两岸各垒，皆克之。生擒匪首林凤祥及伪检点、伪将军等，余党悉平。步廷均在事出力。五年，以副参领升用。次年，补副参领。同治二年，补印务参领。同治五年，记名以副都统。

——国立故宫博物院图书文献处《清国史馆传稿》

文学

按：经非文则无以畅其旨趣，文不本于六艺又乌足谓之文哉！语云：士不通经不足用，又云：先器识，后才艺，无本之文，其学荒矣。丰邑代产文人学士，炳炳麟麟。所谓质有其文者，非耶！读《阳尼传》为之慨焉兴叹。其他则又何说？各着于篇，以俟后之君子论定而抉择焉。志文学。

——光绪《丰润县志》

按：县志之列文学，即仿国史之文苑儒林两传也。我滦自明清以来，不乏通博之士。硕彦鸿才，后先接踵。或熏香摘艳，掞班马之鸿文；或含英咀华，继韩欧之遗韵。文献所在，国粹系焉。不朽盛业，所以尤重立言也。

——《滦县志》

高吉昌，字介几，州人。少负异颖，目下百行。试院中，见同号生运管，隔案数层瞰知其字，默识之。出场录送某生，一时惊愕，以为神人。生平喜骏马裼裘、方鄞射蹄之艺，皆绝技。赋诗得大历遗意。好急然诺，通缓急，赈凶荒。累世义施之余，尽公于乡族，俨文正公父子之风。廷蘑第一，铨天官补令，病卒。以子第贵，赠资政大夫兵部尚转。

——嘉庆《滦州志》

董峋，字霁岚，王家盘人，嘉庆己巳洪莹榜进士。少孤，事母至孝，赖叔父廪生靖候、进士晓峰教以成名，官诸暨县知县。夙夜精勤，告退后居乡，仍不失儒生本色。（按：昔人有句云："翰林百篇史不载，循吏一事民争传。"若峋公一行作吏可传之事颇多，乃邑志仅列之文学，仅如上所云或者挂漏，因搜辑行状一册，节录之，以备国史采取，并资族人观感焉。《丰润董氏家谱》）

赵大勋，字寅襄，四间房人，道光辛卯科副贡，隐居不仕，教授生徒，前后二百余人，一时知名士多出其门，著有《四书讲义》。

么静夫，字象山，贡生，胥各庄人。博闻强记，教授生徒，循循善诱，获售者前后不下百人。著有《忠义传》《善行闻见录》，年八十五卒，县尊谌公榜其门曰："重游泮宫"。

王玉衡，小集镇人，辛酉科顾皋榜进士，官宣化府教授。

董齐光，字撷华，嘉庆壬戌科进士。登第后不仕，设教于乡，从游者日众。晚年邃于五经史汉，著为集解，后进宗之。

郑家麟，宋家营人，己巳科洪莹榜进士，翰林院庶吉士，官编修江南道监察御史，山东青州府知府，安徽凤颍兵备道按察使，光禄寺少卿。

董春卿，董各庄人，咸丰壬子科章鋆榜进士，官山东宁阳县知县。

王槐三，小集镇人，癸亥科翁曾源榜进士，官浙江东阳县知县，加同知术，着有《醉经轩诗文集》。待梓。

陶誉相，字芗圃。先世会稽人，早孤，随母来丰之宋家营，依舅氏读书，遂籍焉。生而英敏，能文章，尤长于诗古。年十八应童子试，宗师吴稷堂器之，拔置前茅，嗣因家贫为掾，往来江浙豫诸省。虽风尘鞅掌，而咏歌不辍。朱树堂《苔岑诗略》称其为姚武功、孟溧水一流人，奈才丰运蹇，以州佐终。着有《芗圃诗草》八卷，朱滋年为之序。入文苑。

董馥彤，字清远，邑诸生，宋家营镇人。学问深邃，尤精书法，着有《四书存真集》行世。

郑俨，字望之，候选同知，绩学有素，著《过庭集》《余生草诗》藏于家。

——光绪《丰润县志》

董琪树，字玉林，丰润人，诸生。著《繁露楼》二卷，佟汉源序云：玉林先生博览群书，源亲炙数十年未能穷其衣蕴，生平著作甚富，半为同人所借钞，未能搜辑存者，仅得古文十九篇，古近体诗六十余首与《中庸说》《河图说》《先后天说》《孟子论文》若干条，皆乡前辈张繡江先生所评云。

——董各庄《丰润董氏家谱》

裴廷楹，字任卿。县属第七区，纪各庄人。幼年读书，刻苦自励。逊清光绪十六年，补博士弟子员。家本贫穷，恒以教读为业，假馆谷糊口。清末诏废科举，立学校。当是时风气未开，士林惶惑。廷楹独能应时务之所需，提倡新学，先在本村创设教师传习所，以期革新教育。宣统初年，廷楹游学天津，专攻小学单级教授之学。时国家厉行新政，民权萌芽，重选举，廷楹同时被选为顺直咨议局议员。值近畿荒馑，建议禁止酿酒糜谷，以维民食，得多数议员，同声赞许。牒大府实行，灾民得全活者无算。辛亥冬，滦州时未改县。王金铭、施从云革命军起。廷楹往来军中，陈说大义，冀脱桑梓之厄，遂为敌军谍者所瞩目。未几，王、施殉义，廷楹亦被执濒死。赖地方绅耆保释，复庆更生。所谓虎口余生也。廷楹出险，意气不少衰，由津旋里，即任县立单级师范讲习所所长，为诸生昕夕讲解，矻矻不休。小学老师，经廷楹指导，咸知以新法教授。县内教育，因之一振。民国元年，廷楹改任开平高等小学校长，苦心经营，人才辈出。在职十余年，声誉闻于远近。民国十二年辞校长职，远游吉林。吉林为边徼行省，学风朴塞。廷楹殷殷训迪，誓为荒徼疏瀹新知。旋因战乱无已，言归故里。家居又创建补习学社，继设男女民众学校。事务纷冗，经费艰窘。廷楹终日奔走，劬劳任事，代输款项，捐助图书，窘而不吝。至民国十九年秋，廷楹方瘏口哓音，筹议校务。骤得脑充血症，遽尔不起。志未酬而身已逝矣！廷楹生平，勤俭好学。对于国语文法，及国音字母等，颇有研究。与人至厚，扶贫济难，惟恐后人。虽居乡之日多，然受廷楹之惠者，实不仅限于乡党也。有子三，长作中，次全中，弱冠殂谢；三子文中，毕业于国立北京大学，研究地质学。廷楹殁后，海内知交及乡邻戚友，或念施予之德，或感教诲之功，集资建立纪念碑于墓次，以永清芬。噫！廷楹为不死矣！

朱之沣，字兰坡，十区榛子镇人。博闻强记，工诗古文辞。清光绪二年丙子，举于乡，以誊禄议叙，候选知县。主讲于丰润胥各庄王氏义塾。一时英俊，多出其门。嗣投效奉天，为裕寿山将军幕宾。以丁艰归。适遭庚子之乱，榛子镇附近各乡，本无拳匪。时俄军方驻唐山，天主教徒，强各村捐款，致民教相仇，酿成钜案。州牧李公振鹏，手谕之沣等，设法调解，捐募钜款，赔偿教民。而肇事者多北八庄人，素倔强，难屈伏。不得已，转向附近乡村富室，晓以外兵至，恐共遭池鱼殃。募经数月方足额，始得无事。斯役也，镇巡司姜公者谟，冒危难，往返唐山，与俄军交涉尤出力。事平，之沣为撰德政碑，以纪其事。其急公好义有如此者。光绪三十年，由部选赵州学正，在职数年。于教育方面，多所振兴。民国二年，挂冠回籍，优游林下三十余年。二十四年冬，无疾而终，年八十九。生平为文多腹稿，诗学昌黎，所著诗文草，因屡经兵燹，多散佚。

——《滦县志》

艺术

按：艺术一门，即向之所谓方伎也。旧志略而不载。夫十步之内，必有芳草；十室之邑，必有忠信。滦地虽处边鄙，而精于艺术者，未尝乏人。凡书画医药星卜，有一技可称者，皆兼收并录。况近日国家，提倡艺术，得此亦可为先河之导云尔。

明

李永仕，生平好道，通壬遁法。与世不较短长。且工于武术。年届八旬，其面如三十许人，寿高百龄，无疾而终。

李永学，精于武术，刀法绝伦，名冠一方。值寇乱临近，数十里内无敢犯境者。故桑梓称颂焉。

——《艾坨李氏族谱》

清

族中善书法衡山公勇林，淡园公履坦，当时钦为墨宝，惜傲佚殆尽。前见宣庄观音堂“佩恩赏燕”匾，齐光公书；董各庄药王庙“大德曰生”匾，凖公书。古奥神化，罕有伦比。因先人墨迹，顿增藐躬之羞，不胜后来之盼。

——董各庄《丰润董氏家谱》

民国

田仲琳，字子真，邑之稻地镇人。喜读书，不求仕进。工绘事，尤善擘窠大字，远近求书者踵相接。邑海阳书院，旧有观海堂匾额。笔势雄伟，现仍存县中学校内。

——《滦县志》

淑德

语有之：“士苟存心当世，于物必有所济。”又云：“匹夫慕义，何处不勉。”丰邑厉名节，尚义侠，而今不如古，岂习俗移人欤？胸无古今之富，或抱咫尺之义以终，而龌龊之辈，如螾蝂醯鸡转盻，复何有哉？历观旧籍载述，今闻虽一言之善、一节之奇，亦几于不休之传。铁中铮铮，固以标后来者之矜式也。志淑德。

——光绪《丰润县志》

明

董永禄，字宁庵，贡生，官上林院监丞，免灶民差徭。详用威传。按：公为灶民请免差徭，得准勒石。至今之乡民交庆曰：吾辈得高枕无忧者，赖有扳倒天河董序班耳。似此允宜书列简端，用光志乘。

——董各庄《丰润董氏家谱》

清

王国梓，越支场人。好善乐施。捐修文庙，施棺木，舍药饵，乡里之贫乏者周济无倦色。子于涵，国学生；于济，附学生，例选县丞。

——光绪《丰润县志》

续编

前明李大化，邑诸生，爽坨人。存心公正，乡里悉矜式之。岁庚午，大化以避兵故，薄暮至龙湾庄，遇盗将加害焉。问为谁，大化以名对，盗彼此相视，同声曰："善人也！"释之，且送至家。康熙十六年，滦郡生员郭增为文，勒石以志之。

史从仁，字景庵，爽坨镇雍正时人，好善乐施，乡里有求必应，人称长者。宅不数武外有药王庙，神殿暨僧房十三楹，乃其祖守科所修，年久倾欹。从仁出赀重修焉。乾隆三年，同里廪生姚炳为文，勒石志之。

郑见龙，宋家营镇人，字施溥，附贡生。乾隆二十一年宋家营灾民舍几尽，见龙独立出粟米赀财，按户周济所焚庐舍，悉为成作。邑令马公旌其闾额曰"造福无穷"。

孟暟，从九品，小何各庄人。家仅中赀而好善乐施，凡亲朋贫乏者，量力周恤，贫不能读者，助以膏火，有仆服役多年，贷主人者指不胜屈，暟临危焚其券而遣之，其种种善行，邻里称长厚焉。

田学文，太学生，小集镇人，为人急公好义。道光十七年奉邑侯刘公论，在小集镇东偏建修文庙，因捐赀不敷，自出赀，督工兴作三寒暑，庙告成，士林称盛举焉。子峻德，邑庠生，孙萼埙，廪膳生，为邑名士。

李廷辉，文生，大新庄人。品端行正，不与人争，尤好奖掖后进。尝自筑书舍，延宿儒教授生徒，数年不倦，为所成就者，至今犹思慕之。年七十二卒。

王鹭飞，胥各庄人，捐封众宪大夫。性质实而好文学，尝欲建立义塾，培养后进，以力有未逮为憾。属纩前遗命子廷弼成其志，弼志之弗敢忘。由是，撙节家中日用，铢积寸累数年。廷诸生董桂新，字一山，经理其事，设三正义塾于胥各庄。一曰宗正，以教童蒙；一曰经正，以教学为诗文者；一曰正心，以教生童之图上进者。各延名师立规条，严课程，如是者七年。岁费白金六百。且恐日后家道或衰，善举难继，于光绪九年，禀请前县尊牛公，谓：塾本以六千金为限，按年呈交本银一千，发商一分生息，至交足六千之数，岁可得利六百，为义塾永远经费。又施地八亩一分，缭以墙垣，盖房四层，层各九间。牛公义其举，转详题请，奉旨以"乐善好施"旌之。

韩常庆，字云卿，正蓝旗汉军，韩家博乐人，壬子科举人，世有隐德。同治二年，有儒童王式三者，妻纪氏，失爱于姑，大归已三年，氏父欲另嫁女，娶有日矣，女矢死靡他。时有诸生郭维城、李荣乔等为韩言及，韩曰："此易办也。"即接氏入署，焚其离书，认为义女，召式三至，以婿呼之，留夫妇住署中三日，备妆奁、衣饰送还之，且谕氏翁以大义，令规劝其妻，遂为姑媳如初。邑人士传为美谈，悬匾以颂之曰："维持风化"，曰："调燮纲常"，曰"化行俗美"。

李钺，字锐庵，王兰庄镇人，性豪爽。因海隅地势卑下，首出资劝捐富绅，修木石桥数座，垒道数十里，至今行旅便之。道光二十八年，雨潦海溢，田庐湮没，复粜谷二百石，视灾重者先行援救，并呈请何邑尊捐米赈济，是年议叙六品衔。

董铣，字子鉢，拔贡生，考授内阁中书舍人，候补主事。性至孝，爱读书，自幼至耄，终身不倦。庚午岁饥，出藏粟减价发粜，阴活者甚重。邑有五图皆灶户也。例办盐课有司欲议加额，铣出白于上，始得免。没之日，乡党哭者数百人。

董闾，邑庠生，拔贡，元泰子也。品端学邃，同曾祖兄弟多有贫乏者，不忍坐视，以己之田产强半让之，其它善事更难枚举，年登耄耋，犹伏案书小楷，子濯清亦列胶庠，有其父风焉。

董用中，号择寰，庠生，顺治癸巳大饥，捐钱二十万，梁一百五十石，赈济茕独事闻旌曰：济众仁人。后嗣开运举于乡。

附《董氏家谱》：用中公素性倜傥，好周人急。顺治癸巳大饥，捐钱二十万，粮一百五十石赈济，茕独事闻旌曰："济众仁人"。

——光绪《丰润县志》

董纯心，字懋嘉，生而聪慧，有一日千里之誉。髫年游泮，以贡生授州司马，缘父早没，遂不就任。事乃祖如事父，事继母无间所生。孝行之纯，世所罕睹，且济急扶危，悉继先人之未逮，近村民皆以为祖若父未亡云。

董纯嘏，字柔嘉，性嗜书，有文才。虽家席素封而以礼自持，磊落有致度。时值鼎革兵荒，相继近村几墟。纯嘏赒恤族党咸安堵焉。有奸民某因谋不遂，以飞语诬于上，族党株连数百人，纯嘏星夜赴都，按所诬事剖辨。鞫之得实，坐诬者以罪。后其叔遭巨寇仇攀系狱，众皆闭户，纯嘏破产为雪其冤。常读书盘山与程我生、万维岳、姚秦征诸人游，专明心性之学，以经学射策授州判不就，惟以延名师课子弟为事，子四人皆仕中外有声。

注：董纯暇，公性卓荦，有大度好义而嗜书。当明季之时，屡遭兵变，附近村落几成邱墟，公极力护持保全。既而有匪人索诈不遂，捏无影之词，陷公妄控，各宪将奏请收捕，举族惶骇无措，公单骑就道赴都，冒死剖陈，事始得白。其季父遭寇株连系狱，公破产救护，不遗余力，其冤亦雪。族党有赋税，不完婚，葬无力者，公辄助之。岁祲则煮粥济饥，率以为常。以经学射策，拟注别驾不就，惟以孝事王父继母为急务，且延名师课子弟，虽祁寒暑雨无间焉。公四子皆登仕版，诸孙咸举乡荐，历仕官者不一而足天之报，施善人其不爽信然欤！（董各庄《丰润董氏家谱》）

——光绪《丰润县志》

董开第，公有至性，髫年失怙，哀毁如成人。喜读书，长补博士弟子员。惜其有志棘闱而未遂也，兄弟八人雍穆友于终身无间，晚得子早入泮宫，迄今孙曾相继书香如昨，是善人之报云。

董纯行，公性通敏而明事机，乡党有谘之者直言无隐，众皆推服焉。且笃友谊而轻财，时人比之王彦方云。

董啟震，公幼失怙，性喜任侠，不拘小节。晚年乃幡然自饬，杜门课子，其礼师也，尤敬谨无与比，是以子皆著名黉序，亦人中之杰也。

董準，生而颖慧，读书纯笃，延名师教诲馆于古寺，足不窥园。戊子，中亚元，名震一时，未得联捷，四十二而卒，宗族哀之。

董擕，公赋质纯笃，恬淡寡欲，终日静坐读书，无稍辍。辛卯，领乡荐。居家授生徒，成就后学者甚众。持己以礼，接人以恭，惜未登仕籍以展所学而卒，远近学者悼之。

董琪树，公生之夜，家人闻风听庭树如琼玉摇曳，声铿锵，同时异香满室，出视之明星皎洁，别无所睹。未几，公出焉，故乳名香生。而名字，因公性孝友，十余龄，兄亭以捆故，痛加楚责，痛未定，既与嬉戏如常。父母询之，公与兄弟之间不藏怒焉，不宿怨焉，家人奇之。公读，顷刻数百行，记忆力尤健。因博猎群书，公设帐奉南，名流推重。所树之丰碑，至今犹矗立墓前，文载古迹内。公得暇，常设座于广庭，讲浅近，并切于实行之故事，听众蜂拥，莫不感服。嘉道间，湘赣饥，其民每结队来，奉丐公必给以私蓄，村人安焉。时远村有杨唐贵者，报内凶狠，常聚众作恶，伟人公以事被逮，意以难免，杨询知系公所生，释之。凡此皆公之声望与道德有以致之。

附：我族（董）琪树公，笃庸能文章，少与孝廉王严、迈伦、举人高越，游人称三才子。嗣因千里寻兄，寄籍奉省，懿行顾学，总是浭水钟灵，似宜附邑志孝友淑德之列。

董震，公孝友忠实，少嗜好，聪颖过人，性复喜读，故多浏览古籍。惟不事生产，亦不泥于小节，嗜饮，饮即醉。时共巨子谈故事，历历如数家珍，人多叹服，遇有问难未尝不知，知之未尝不谆谆以陈，时有书库之目。

董英，公幼伶俐，头角峥嵘，惟拙于读书，玉林公忧之，意其无能，绍箕裘也，乃授以医学，因精医术，稍长则授讲，则透彻入微，理解冠同，董字句方未成诵，于意义则了了，加以循循庭训卒成名，惟未能如父兄之涉猎群书耳。以精医术，故活人无数，善治恶疮，人所不能医者，公每以手术愈之，素不备药，以谋小利，亦不索酬，故时人德之。

董国荣，公孝友，倜傥喜读，数龄能文。善辞赋，工小楷，蜚声遐迩。嗣设帐授徒，学者趋之。馆资丰裕，自奉朴素，所得除奉初厘公外，悉以给昆季析家。时所应得之，动产及不动产。悉属大饥，公悉出私藏购粟数十石，分给族人及乡里不能自给者，济人颇众，并不索偿，亦无德色。咸丰丙辰春，以膺承德廪膳生事，赴奉寓东关三义庙院，一夕步郭，见矮屋门前数人竚立，作私语状，趋近之闻哀声凄惨，自屋内出一妇人，且泣且诉，杂以小儿泣声，男子泣声，公以故问，立者一老人曰："泣者于妇人也，适闻明晨将与其夫乐山生离，妇颇贞淑，不欲去又不得不去，故泣之悲也。"公求其详，老者答以乐山豪赌乏资，前者与赌众以约以妇作抵，赌五十金，三日为期，果负，明晨既其期也。乐山家本裕，七年前娶东乡农民李姓女，女归后翁没，乐山以母瞽辍学家里，遂嗜赌，家业以荡尽。李氏奉瞽姑及一子一女，茹苦含辛以度，今竟作呼卢喝雉之抵品，明早分散矣！公曰："以金偿赌债可否？"数人皆曰："可，但金何自来耶？"公嘱诸人，规乐山悛改，并多其善处，偿债事，遂偕诸人及乐山到寓取金，事竟谐。公平生事类此者正多，或较微，或不能忆，故不备。

董钟霖，公性敏慧，知机应变，排难解纷，公擅专长，故戚串邻里有雀角争常，赖其力以解。公善书，挟纸相丐，无不应日常积纸累累，不惮笔墨劳各偿其愿，时人德之。

董天恩，忠厚朴直，寡言笑少，机警。弱冠赴童子试，继染呕血症，兼家务待理，乃辍学。不亲操，却精于种植术，赖以度日。不尚交游，无嗜好，惟以孝见重于时，事元朗公，曲意承志，以取欢心。薄饮食，以备旨甘。元朗公暮年染痰疾，三年不起，亲奉汤药，日夜环伺，数年如一日。尤难者，时之中日战，乙未春，日兵且至，村人骇奔，里巷一空。公促家人曰："速避，我父疾剧，危在旦夕，左右不可无人，更不忍使奄奄者有避地之劳，少促其寿，我当奉之，安处家中，汝等勿念也。"后竟安全，里党奇之，至今传为佳话。

董建桀，诸暨令之孙公子也，仰承贻厥，早入黉宫。嗣因家政需人，遂弃举业。清德宗庙，变更学制，公为开通风气起见，捐不动产若干，在本村创立初小学堂，使长子彝源充任教员，颇著成效。政府奖给公父子五品顶戴，并旌其门。

董阁，公学名闿，拔贡，元泰公之子也。品端学邃，敦睦宗亲，同曾祖兄弟有贫乏者，不忍坐视，以己之田产强半让之，其他善事更难枚举。年登耄耋犹伏案书小楷，公之子孙均列名庠序，迄今曾元辈相继书香，是亦善行之报云。

董绰，候选训导，孝廉鹏翚之犹子也。幼嗜学，入泮食饩，家不裕，赖舌耕为业，所成就尽知名士。嗣又主持社会，月旦高风，里人翕服。族中木坊二在县城内，乃明清两朝赐建，年久失葺，颓圮不堪，并族谱百余年未续。公于斯二者细心筹划，商人族人募款兴修，遇昌亦与议焉，惜议少就绪，公归道山。今幸谱牒续成，而木枋未葺，竟公之志，仅一半耳，我同族尚希共勉焉。

董耀南，公英多颖异，识掌故，能文章。以第一人入邑庠，秋闱屡荐，仅以誊录挂名使馆，一生舌耕为业，成就后进极多，且深明医理，活人无算。八旬外鹤发童颜，品学容貌三者咸优，乡饮推祭酒焉。子矗青有父风，亦以冠军入泮，方期迈种之英，遽赴修文之诏士林，惜之！无所出，安氏妇二十余岁孀居，事亲尽节孝以终其年。

董呈祥，武生，光宗公子也，幼而岐嶷，善骑射，娴技勇，能开初号弓。弱冠应县试，与武童某争案元屡战屡胜，遂冠童子军，惜未及院试而亡。知县某因公下乡至其村，停舆问讯，里人告之，官为悼惜者久焉。

董继舒，承广文公家学，以第一人入邑庠，嗣以培桃李，衍箕裘为急务，长子梦庚以武职显，未尽其才，顿赴文诏，孙有父风，现以百夫长服务中州，前途当更远矣！

董桂新，公性孝友，嗜读书，崇俭去奢，与人为善。入黉门后赴秋闱，屡膺鹗荐，未步青云，乃安义命训子弟课生徒，襄助同邑王善士创建私塾。凡塾中一切规程皆公手订，兼阅试卷，评定甲乙，一时寒俊之士均被甄陶，岁科考获售者千百人，且间有登乙科者。遵化州尊恽为题额曰：“教思无穷”。公之胞四弟甫入胶庠，即食廪饩，子侄辈皆游泮水，长孙现在政界任差，继续书香，绵延勿替，赖公训诲之所致，亦公善德之所感也。

董承文，公性慈善，乐施与，喜读书，每与文士遇，倾谈终日不肯去。见贫不能娶葬者辄助之。光绪壬辰，村中遭三命案，举庄惊恐，罔知所措。公曰：“此事非和平解决，我庄无宁日矣！”时村人或有异议，公乃毅然为之，代众出钱千四百余缗，不责所赏，事遂得了。后庄人相庆曰：“吾辈得相安于无事者，赖文公一人之力也。”公生子三，伯仲皆入泮，兄弟同榜，孙辈肄业中学，书香正远，作善降祥，信不误欤。

董楠龄，公天性豪迈，且善治家，相邻重之，尤热心学务，多所成就。子能承父志，凡社校悉资襄助，公现年登耄耋，矍铄康强，将来定论当有过人者。

同治辛未，族中捷泮宫者四人，即董各庄柱良公、清庄湖桂芬公、楼庄子晋良公、杨家泊矗青公也。一时四杰见重士林，惜皆短命，未竟其才，惟桂芬公仅以廪膳终。

光绪二十年甲子岁大饥，贫民无生路，将谋为变。楼庄子乡耆董治官、董继宗、董鑑初、文生董醇修、从九董长兴、监生董汉儒，并遇昌七家捐钱四百吊，买麦子三十石，分散本村族中及异姓贫户。附近各村亦有仿行者，民心因之而靖。时拔贡生溶川公幕开滦矿务局恳之当道，急放官赈，并在宣庄、董各庄各处开厂施粥，南方慈善会义赈亦到贫民。得挨至来年麦秋逢稔而复原状，当极困之时银钱以一当百，治官诸公，此举虽是杯水车薪，而急救燃眉全活甚众。前一年楼庄子借县仓积穀贫民分食，到还时，遇昌一人出资偿之。事近淑德，故附于此。

——董各庄《丰润董氏家谱》

李廷刚，性温厚，喜读书，过目辄了。曾入商界，为宣庄酒店铺长。嗣因好义急公，经酒行公推为代表。诸务留心，铺事井然，为他人所不及，商界人有疑难多请教焉。

李逢春，学名桂清，字子硕。幼聪敏，过目辄成颂。泛爱众而亲正人。中年弃家子业，投效户部。遭母丧，归家守制不再往。精医术，病家延请则立至，贫富不计也。济人活世，远近称颂焉。素睦乡谊，有纷争立为排解。开滦矿务局督办唐道尹素我公，延请长开滦院事，临财不苟，廿余年如一日。

——《艾坨李氏族谱》

烈女

按：自刘中垒传列女，后之作史者则焉。《后汉书》云，贞女亮明白之节。盖女子一生，所最重者惟贞，所难能者惟节。守其贞，完其节，由难能而后知其可贵也。穷乡僻壤，弱息孤嫠耳，未闻闺范之言，目不识内则之典，一日遽遭变故，矢志不渝，其清洁之操，坚劲之心，虽古之贤人君子，忠臣义士，所行恐未必过之。况乎礼教素娴，壸仪不愿之淑媛闺秀耶？叔季之世，误讲自由，不循礼义，非真自由。伪言解放，不顾廉耻，非真解放。善交际者，呼为明星；美姿容者，尊为皇后。推崇实含嘲谑，恋爱等于淫奔，侮辱女权，莫此为甚。管子云：礼义廉耻，国之四维；四维不张，国乃灭亡。故周南之化，始于闺门；汉德之兴，由于女诫。欲端风化者，不可视为末务而忽之也。

——《滦县志》

陈氏，太仆卿王庭长女也，适庠生韩景昌，次女静英，字滦州高尚书之孙士凰。崇正庚午景昌死于兵，氏扶八旬祖姑，抱三岁孤遇春皆得免。时静英已长成，美慧独绝，乡绅白某罗氏欲为侄娶之，乃给太仆夫人云：“今朝廷将选民间秀女，盖使静英避余家。”至则罗谎言高已阖门被杀，强之议婚。静英大哭，夜提三诗于壁，簪高氏聘钗，以颔巾结吭死。诏建坊旌之，而陈氏抚孤子遇春后亦立为诸生。

——《永平府志》

董大兰，董各庄钧佩之女。钧佩为商于丰田，遂携家寄居牛庄。适马贼蜂起，于同治四年三月九日突至牛庄，闯入钧佩之室。时惟大兰独坐，见贼入，急握裁衣刺喉，贼夺剪挟女出，女大号呼，自抓其面。钧佩闻之，握短刀出与贼斗。女呼曰：“父速杀我。”恐被贼污也，钧佩力断女喉并及贼腕，女死，群贼遂伐钧佩及男女数口，惟一少子自后院逃出。孝廉孙赞元为传记之。

——光绪《丰润县志》

苗氏，其父苗甲，失其名，北柳河社，大苗家庄人。娶妻而丑，非精馔不下咽。甲日益贫，遂售其宅，不数年赀亦尽，遂以佣值养其妻。生女二而美，长已适人，次即烈妮，名翠，亦受聘矣。岁及腊，妻与女俱未着绵，甲固无策也。其妻倩媒保，改鬻其妮为他人妻，不使女知。一日晡时，有大车至门，二三男子负钱下掷于室内。累累然，甲妻欢笑迎之，即以所掷钱市酒脯，使女为炊。数人于室内，忽谈笑，忽细语。女觉有异，窃听之，盖订强娶日也，始约略得其情。而轹釜无声矣。少间母唤翠无应者，母曰：“殆矣！妮子夙有志，是必觅死也。”急遍寻之，果于大门外井中得其尸，面色如生。甲闻之，乃与妻绝，竟远出不归。其妻转嫁数夫，所至之家辄败。乃光绪间事。

——《滦县志》

节妇

立孤与死，孰易？慷慨与从容，孰难？孔子曰："中庸不可能也。"然而遭家不造殒失所天，非刚肠烈性，曷以全贞？又或不幸而遇强暴，罹兵燹，卒能至死不变，岂非巾帼中之烈丈夫乎！传之者，风之也，不独为妇人女子言之也。志贞洁，附孝烈。

按：贞洁有关风化，本撰者载从详。奈百三十年来，人数十倍于旧，而卷帙实觉难容，且节励冰霜事迹，大概相似流芳后世，只惟姓氏不每而已。今就采访为断，先报者从详，后报者从略，多寡使然，非有轻重于其间也。敢望识者谅之。

——光绪《丰润县志》

谨按史传列女，不惟节烈，凡奇才懿行，闺范母仪，皆可着也。昔滦人守无才为德之语，妇女从无读书者，无富贵贫贱，一以纺织女红为正务。惟夫亡能重廉耻，而不复改适，虽茆檐蓬荜，多有之。极之穷苦困顿，其志益坚，并不自诩为奇节也。其在有力之家，或文学之士，尤易表扬。而陋巷孤嫠，僻乡孀妇，虽遇褒扬之典，无以自通，有可深为太息者矣。

——《滦县志》

清

毕烈妇，西河庄人，毕氏克俭之女，年二十，适黑崖子村高姓，伯仲皆不才。逾二年，伯因饮博无赀，赫诱其夫售妇于本村田姓。妇知之，与伯忿相诟，伯执挺击妇仆，势将族田姓强娶之，妇出无奈，是夜投缳死。事闻邑，令谌题其楔曰："今生烈妇，来世夫人"。

郑倬长媳赵氏，生员锡绅之妻。次媳孙氏，天文生锡缙妻，三媳孙氏，四媳妇（姓氏无考），从九品福润妻，与夫随倬宦寓皖省。粤匪之变，攻陷皖城。倬及绅、缙、福润、侄孙迎恩同死王事，赵氏登闻变，及其家人仆妇皆死之，殆一门殉难，幼稚不遗云。

举人董开用妻张氏，年二十四岁夫卒。嗣犹子存诚为后。冰操苦节，历四十年如一日。

生员董陛孚辅妻边氏，年二十四而寡夫卒，家贫，子时秀方七岁。躬绩课读，秀补弟子员。媳王氏年二十六生子定业，四岁而秀卒。后业亦得游泮，越数年亦卒，孙媳刘氏生子尚幼。边氏六十九岁终。王氏及刘氏茕茕，姑嫂终不易操。一门三节，可谓女中壸范矣。

原任山西布政司布政使郑源璹侧室周氏，年逾二十夫卒守节，抚子成立，饮冰茹蘖，苦尽完贞，七十余岁病故。

原任山西布政司布政使郑元璹幼女，秉德贤淑，姆训夙娴，适乐亭县武举李万清为嫡妻，年未三十守孀，无子。奉亲以事孝，抚嗣子以慈。后因家业衰落，纺纴身先，勤俭以操内政，志坚冰孽，节劲松筠。

候选同知郑俨次女，幼习诗书，长适遵化州董恩贵，于归未几而夫故，年甫逾二十。寒苦孤孀，柏舟矢志，完贞全节，六十余岁卒。

——光绪《丰润县志》

李氏，桥北坨赵秉伦妻。于归甫一载，姑病殁。遗小叔三人，小者甫五岁；小姑一人，甫三岁。翁外出设帐他乡，氏不辞辛劳，加意抚养，以一身兼缝及纫井臼之职。小叔小姑，因以成立。翁娶继室，孝养尤为周备。虽身弱多病，历经艰苦，未尝面有愠色。以故乡党皆以孝称焉。

盐大使赵锦有女字梦楼，幼而失恃，读书娴姆教，事继母愉婉无违。女红之外，伏案写经，日诵于绣佛之前，祝父母康泰。父母小有不豫，即愁不自胜，焚香泣祷，祈减算以增亲寿。有为之媒者，辄却之曰："吾有足疾，岂堪作妇，苟得常依膝下，不愿嫁也。"女子光绪十二年，年三十以疾终。

孙氏，司一社贾克明妻，年二十九，生女而夫亡。翁娶再醮妇，有前女随之来。翁爱之，遂与氏仇。氏百计承顺，终弗解。凌虐使改嫁，不从。则设法强卖之。凡三卖，得三脱归。不得已避居女家。翁又欲卖其居室，使无所归。族人不平，共争之。始得留数椽焉。初翁之卖媳也，为马各庄冯姓。翁乘夜率人毁门入，强扶起，纳之车中，急鞭马驰去。氏极力呼号，以头撞车，血流蔽面。族人惊起，共追至冯姓家，以之归。继为丰润县黄米廒方姓。氏惩前事，常以刃自卫。时冬残，村中丁壮皆赶集。突有男子入其室，挽出登车，氏以刃连伤数人。车中先有健妇二，左右抱持之，驰车疾去。族人自集返，闻之大怒。持械追至半路，夺之归。而丰润县双井庄郑姓丧妇，翁又使人媒合之。时氏寓女家，翁使人以车来迎。绐之曰，翁病且殆，须急归。氏不暇问，登车夜发。竟送至郑家，氏瞋目谓之曰："汝无妇而欲妇吾，吾贾家妇也，终不再为人妇！"乃从衣底出短刃，指曰："倘相逼，当先吾死！"郑惧，婉谢之，送之归。盖氏自夫亡后，至六十岁，备尝艰险，已三十一年于兹矣。

——《滦县志》

王墀妻边氏，王家楼庄人，年十七，归墀逾年，夫亡无子，争嗣者几不使葬。氏挥泪执綍而前，族众也无如之何。既葬，为翁置妾，以绝众念。数年妾卒，遗一女，甫弥月，氏代为抚养如己出，见年五十。

——《永平府志》

——《滦县志》

李氏，貤封资政大夫，霍凤岐继室。氏丰润世家女。父廷槐，庠生。从父廷楠，咸丰庚戌科进士，任户部主事。氏年过摽梅，始归于岐。岐曾任安平县训导，以丁忧归，遂不复出。琴瑟甚笃，委氏以内政。时霍氏侈富，童仆数十，俱游手懈惰，诸事废弛。氏严以督之，恩以驭之，赏必当功，罚必当过，日费之浮滥以剔，氏能名大著。其抚前室子，量其所能训以程式，而后督课之。虽严而不苛，人益贤之。氏年二十九岁而夫亡，哀恸欲殉，家人环泣，以托孤遗属为请，氏无如何，乃节哀具敛，经理葬事，丰杀中礼。子绰能孝事如亲母，凡事秉而后行，不数年绰亦亡，遗子二，曰鸿逵、鸿藻，氏两氏抚孤，精力衰竭。长孙成立后，又以病死。氏所遇皆盘根错节，其茹苦含辛者至矣。前郡守游智开额其门曰"陶母遗风"。

戈氏，一作葛氏。知府高显臣妻，随夫任云南。遇吴逆之变，显臣仰药死，氏亦自经。

高氏，辉坨庄王瑞征妻。年二十三岁，夫亡守节。同治朝州牧旌以"贞心洁节"匾额。

赵氏，柳河庄梁攀桂妻。三十四岁，夫亡守节。光绪七年，郡守旌以"贞心苦节"匾额。

王氏，大纪各庄裴亮远妻。年十九岁，夫亡守节。光绪三十四年，州牧旌以“励节松筠”匾额。

高氏，石各庄胡岳妻。年二十岁，夫亡守节，宣统三年，州牧旌以“矢志靡他”匾额。

冯氏，李豪子庄陈明绍妻。年二十六岁，夫亡守节。光绪辛丑，州牧旌以匾额。

陆氏，林子庄王永成妻。年二十二岁，夫亡守节。光绪二十三年，州牧旌以“松柏坚贞”匾额。

史氏，史家庄赵大川妻。年二十五岁，夫亡守节。

赵氏，史家庄史祜妻。年二十九岁，夫亡守节四十一年。

王氏，史家庄史恭妻。年二十一岁，夫亡守节五十二年。

张氏，石各庄琚锡朋妻，年三十四岁，夫亡守节四十二年。

钱氏，大纪各庄裴亮祥妻。年二十六岁，夫亡守节四十五年。宣统元年，州牧旌以“节孝可风”匾额。

——《滦县志》

附董氏节孝：

张氏，适永寿公而孀居，流寇之乱，张藏神主衣笥中，匿他所贼搜出，意为重货及开笥则主也，置火中，张冒死突烟取主，贼感其义还之。至今廷玺公一下得传而不泯者，张之力也。

段氏，适俊儒公，早寡，遗孤启盛尚幼，且值兵乱，贫不能自给，众劝其改适不从，既而悲惋无聊而自缢。

陈氏归跻贤公，二十二而寡，姑亡，事舅克孝，抚幼子。值流寇之乱，备历艰苦卒，能教二子成立，保祖业以寿终。

韩氏，归立贤公，三十余而寡，四子孤且幼，训迪如严师。从子贫不能自振，韩割己田十六顷，房一座与之。后已业荡然，从子愿归前田，却之致之再三，仅授顷余以自给，苦节四十余年卒，寿八旬。

王氏，归柔嘉公，值流寇之变，遵父命避乱中州，虽播迁中不失如宾之敬。寇少平，尽散中州之产，遄归侍养。公捐馆后恭操家政，丸熊画荻，勤课诸子，是以皆成令名。

曹氏，适陛征公，时我兵入关，随夫携二子奔山东，皆遇害，曹冒锋，掘坎瘗三尸，识以石匍匐北还。会大雪饥寒，甚滨死者数途有问者，辄绐曰：我单中丞女也。单闻具车迎，乃告以实，复住所露尸处，号哭者三月。单哀之赠以金，始得归葬，失节终身。陛贞公妻张氏，陛献公妻张氏，俱年未三十而寡，备历患难，抚孤成立，矢节不移，各以善终。

崔氏，适纯仁公，年二十二夫亡，以栢舟自矢，素精女红，籍以佐衣食，盖节中之清者也。

张氏，归纯行公，先是纯行女亡，遗孤无托，行垂绝念之不置。张卒，承遗志抚育外孙，男女五人，至于成立。从孙超八岁失怙，张命子君吕理其田宅，教之力学，完其室家，使乃祖业张之惠敷姻族，可谓至矣！寿至八十一而卒。

杨氏，归纯忠公，纯雅多病，杨内供药饵，外综家计，未尝有秋毫废，且事姑孝，教二子严，故皆籍以成立。

李氏，适钊公，二年钊殁，时氏年十八岁，遗孤甫六月，欲殉之，因家人防守，仅不得死，既而幡然曰："有孤在，吾何为死？"乃茹苦守志，抚子成立，邑令旌其门曰："志矢靡他"，寿至六十余卒。

董氏，父时雍，用威公之孙女也。适庠生张瑜，早卒，董年廿余，子楷甫九龄，时且家徒壁立。董乃昼夜绩纺以给日，上奉孀姑，极尽甘旨；下抚幼子，至于成立。艰苦备尝，而矢志弥坚，亦巾帼之杰出也，年五十七而终。

董氏，捷公之长女也，十六岁适张，甫三载而张殁，幸遗一子。董矢志守节，上事翁姑以孝，下抚孤子以慈。及翁姑殁，尽哀尽礼。孤子成立，宜室宜家，董之事可谓终矣！不意未半百，子、媳相继而亡。又遗二孙，董之孤苦备尝，董之节操愈励，抚孙成立，使张之宗祀不致斩绝，董之力也。宜各宪相请，敕旌造坊，以垂不朽，年至八十六而终。

董氏，健公长女也，闺中素有贤声，及适庠生赵惇，一载夫亡。得遗腹子不育，因念为妇之道，从一而终，于是茹檗饮冰，跪请为夫过嗣，坚志自守。嗣既立，为之延名师，教以成名。终身不出户庭，有栢舟之遗风焉。雍正六年以学校公举膺旌建坊。今已七十余，健如少时，将来福寿兼隆，子孙衍庆，悉未可量，斯天之所以报善人也。

董氏，正邦公之女，适候选知县王朝彦，结缡甫三载，而朝彦以乃翁分巡黔省，随侍而去。生一子，仅两月，忽以病卒于黔。时董年仅二旬，矢志抚孤，迄今十有七年，接环脱珥，足不出户庭，惟以纺绩督子为事，是亦敬姜之遗风也。

董氏，济源公三女也，聘大兴庠生王需，王抱病就婚于河南，即旋归。不数月，王寻卒，董欲不自生，因念姑老无依，夫嗣未立，矢誓守节，忍耐饥寒，事奉孀姑，索堂侄为嗣，抚养成立，是亦杞姬之遗风也。

王氏，坦公之妻也，夫早亡，遗孤甫五岁，且家道艰窘，翁姑尚存，乃以养老抚幼理家为己任，旁观者视之非常困难，而氏处之晏如也。厥后二老送终，教子成立，而家计亦小康焉。吁！氏之功大矣！寿九十一而终，邻里敬之。

王氏，廪膳生桂芬之妻也，系出旧族。幼娴姆训，十九岁于归，二十九岁夫故，时翁早云亡，姑又衰迈，遗子女各二，皆幼稚，兼之家计维艰，男子当此且有伤哉之叹，况妇人乎？氏秉性惟贞，持家有道，以纺织佐耕耘，不辞辛苦，以饘粥为饮，不御旨甘。上事姑嫜，敬恭无怠，抚子女教养必周。厥后姑已送终，女皆出嫁，长子继长游泮水，补增广生，且有孙子孙女焉，境由逆以之顺转运，困而为亨，皆氏淑德之所致也。武案首呈祥公妻柳氏，武生光宗公之冢妇也。年廿二岁孀居，事翁姑，处妯娌，教儿子，无不各行其道，晚年家中落，处之怡然，寿九十一而终。子若孙未之请旌，恐遭淹没，此近族之感也，抑采风之责耶。

孟氏，适云程公，夫亡遗孤三，氏抚孤成立，艰苦备尝。未几长子出嗣，三媳孙氏娶年余而寡，次媳李氏相继双寡，复遗双孤。氏当斯时，上忆夫，中思子，下怜孙，心愈艰，命愈苦也。幸李氏慧，治家有胜须眉。孙氏贤，辅李不遗余力，且教子以严，孙抚侄以宽，并均事故以孝。迄今孙继次侄，夫嗣能存。孟逾八旬，精神犹健，两孙成立，且抱曾孙，家虽不丰有余庆焉。嗟乎！姑媳节坚，松柏形影，相依妯娌，志洁冰霜，贞良共励，两世三孀，一门三节，同矢靡他之志，宜标不朽之名。

高氏，玉林公之妻也。归来后家中落，粗粝衣食，操井臼不辞劳瘁。时继嗣，翁姑次第没，奉玉林公生身父母，曲意承欢，必进旨甘，不以出嗣少殊。御仆婢务宽，课子孙报严，苟有过不少宥，子辈之以次成名。因由玉林公庭训有方，亦氏之督饬所致，故玉林公无忧，竟复充裕。

王氏，惠人公之妻也。氏姑早没，事公维谨，抚小姑厚于己出，尝曰："伊幼失恃，亦苦命人所依者，惟余耳，使少忤何以对翁及其兄也。"终身待遇无懈，持杵臼，工针黹，操作不辍。族人困乏者，恒倾囊以助，甚或质钗典衣，亦不惜；邻里急难，亦必尽力维持。翁后染痰疾，卧床数载，氏助惠公日夜侍左右，不拘泥于翁媳间之小节。翁以沉疴卒，不感痛苦者居多，故有贤者之名。

张孺人，铣公之妻也。生而聪慧，幼极端重；女红之外，兼诵经书。及于归后，即易荆布修妇职，事孀姑，必敬必戒，务得姑之欢心而后安。及姑病逝，佐夫襄大事，尽哀尽礼，无少遗憾。夫中年缺嗣，劝夫纳侧室，多获生育，后氏亦连生四子，延名师修学塾教子，朝夕肄业，进见必询所学，如有生疏必见责惩。庚子岁饥，脱簪珥以济贫乏，奴婢若有过失训诫以礼，不肯督责。凡族中有丧葬婚娶大事，务竭力资助，毫无吝啬。子虽有嫡庶之分，悉视之皆如己出。待众侧室情谊相浃，无所妒忌。氏一生德行善事，炳炳可表，所以福寿兼隆，螽斯衍庆者，皆孺人淑慎所致也。

张宜人，铨公之妻也。公素病，一切家务弗克经理，父早殁，母在堂。宜人于归后，即代夫敬事霜姑，克尽妇道。饮食必亲调以进，虽祁寒溽暑罔敢懈，姑怜其劳而止之，宜人泣诉于姑："妇以夫病，弗克承欢，即井臼亲操犹恐不能补夫之缺，敢辞劳瘁以重夫咎乎？"于是事姑愈力，公以病未举子，宜人为公继侄承嗣，延名师以教之义方之训，无异己出。且善治家，待人以厚，自处以俭。凡亲族之贫不能娶，贫不能葬者，悉竭力以助之，无少难色。虽属巾帼，远胜须眉。今子孙名登仕版，非宜人之事姑无忝，相夫无缺，苦心积虑，何克膺封受诰，食报于无穷欤。

孺人陈氏，乃黎城令铎公之妻，封君陈公翼泰之女也。毓于明族，擅坤舆之秀，家礼内则之篇夙娴焉。笄而于归，妇仪壶范，岿然冠于乡国。其最著者，淑姿天成，事舅姑以孝闻，迨事继姑诚笃益至。饮馔衣履躬勤，姑疾累岁左右奉侍，顺意承志终始无怠色。柄家政庭除严肃，即绩纺羃浆等细务，靡不掰画，经营不惮勤劳。虽生平席丰履厚而沉默自持，总无矜容，是真德曜之遗徽，而桓君之令范者也。相夫子令黎数载，茹荼集蓼，时以名节廉惠相砥砺，不喋喋于苛事，以故政多慈仁，士民爱戴，悬鱼清风，声闻遐迩，在黎疾革之日，黎民巷哭如丧妣，内助之贤，迄今犹讴，思不置云。

郑氏，适锟公，事舅姑极孝，及姑居孀，定省之间尤加意曲承故得其欢心。锟兄弟五人同居既久，或谓欲分爨，郑以大义晓之，乃不复言，由是友于克谐，日以雍睦。其综理家政，十有余年，事无巨细，皆中礼节，故姻族多之。凡举九子皆不育，晚年犹力为夫子置妾，以祈嗣续，其贤可尚矣！夫告归后，一时名流络绎，宾至必留，张筵必沃，是以贤声籍甚，皆郑内助之功也。

陈孺人，适锯，性幽闲而最好善，凡三随夫任，每访囚狱中，衣食有缺者，即出资给赡。故所至之处，狱无瘦囚，夫子无考成，皆陈默全之也。初在楚日，有山右人者宋琦者，精岐黄术，延之修方药以济人，及归琦，没陈乃抚其孤幼，教养备至，此人所尤难者，其懿行种种不能殚述，他日自有其实录也。

张孺人，适鏻公，贤且才，其夫游泮，曰年尚幼，张力劝奋志淬磨。母预外事，凡事姑训子持家，无虑大小事，皆身任之，故夫得举明经登仕版，皆张成之也。其处妯娌尤善，雍穆于姑之左右焉，无如德有余而寿，不足为姻族所措云。

李氏，归钫公，舅亡夫病，佐办丧务，克尽其礼。未几，夫及女弟叔翁相继，既而姑与叔妪又亡，三年之内六亡毕举，且抚幼子操纺绩，勤苦备至，竟以劳卒，卒之岁仅三十耳。吁！是亦女中之杰，胜于石曼卿远矣！

伦氏，适锦公三年而夫得病痼疾不起，伦进汤药昼夜不懈。及夫殁，痛绝欲与身殉，其姑泣谕曰："汝殉夫似矣！但吾孙幼，其将谁恃耶？"由是，遵姑命，矢志抚孤。时与姑同居，凡饮馔，非亲调不敢进。姑悯其劳，遣婢代之，伦泣谢曰："妇夫不幸而早逝，未获承一日之欢，妇窃痛之，今虽日夕，躬操其役，犹恐不足以补夫之缺，又安敢偷安，以滋戾乎？”姑善其言而止。会姑病，伦焚香，吁天愿以身代，已而霍然，此孝感所致也。后姑以食指日繁，命析爨，如是者三十年而子成，名膺旌表，风厉宗党，光昭家乘，洵女中之丈夫，董氏之功臣云。

张氏，适宗文公，宗文早卒，家贫子幼，氏抚孤守节，不意中年子亦丧，氏昼夜悲涕，惟虑夫嗣斩绝，终继侄以存夫嗣，志节冰霜，始终无易。今八十余岁，心如金石，虽往古烈妇，何以加兹。

张氏，蕙公之妻也。十五于归，敬戒无违，致廿余而寡。上奉六旬之姑，下抚七龄之子，且家计艰难，索债者累累。氏躬勤纸坊，兼课农桑，不数年，宿逋悉偿，遗产未堕。后姑忽的心疾，居止失度，氏出入必偕寝处，与共小心迩切，六年间寒暑无间。姑卒，氏泣血骨立，丧祭尽礼，氏生子虽爱之，迩笃而教之甚切，尝训曰：“柔存刚败，汝形单影只，宜循笃，暴戾非所以持身涉世也。”故其子能成立，辉煌门楣，弘尤不让须眉，获灰画称贻谟，竟归巾帼。丙寅岁，敕旌节孝，建坊入祠，洵为宗族之壶范云。

梁氏，邑庠生汉之继室也。年廿余而寡，无子，舅姑怜其少，劝之改适，梁泣诉曰：“女无二适，况叔幼而舅姑无人，吾不忍舍之而去，愿留奉以待叔婚生子，遂取以为夫存嗣。是亦鲁义姑之流亚也。”

崔氏，璧之妻也。廿余孀居，冰坚自矢，心如铁石，勤劳绩纺，以给衣食，艰苦备尝，终无变志。事舅姑克尽孝道，育嗣子教以义方，洵可谓妇中之杰，故邑令旌其门曰：“冬柏长青”。

冯氏，岱之妻也。毓出名门，克娴姆训，笄而于归。家道贫寒，氏事姑以孝著，相夫以敬称，至廿余夫亡，遗孤子甚幼，氏哀痛废食，欲与身殉。姑恸曰：“吾子已死，妇不再生，吾老谁倚？孙幼谁依？”氏遂以奉姑抚孤为念，葬夫之后家道愈贫，艰苦备尝，姑惧其年青，时为忧虑。氏窥姑意，泣而进曰：“从一而终，妇道之常，况姑老子幼，妇责甚重，姑其勿忧。”由是上奉孀姑，下抚弱子，志弥坚而守弥固，虽终身如一日焉。待姑没时，尽哀尽礼，丧葬诸事，无敢追忽。至于教子读书，名列黉序，祖父家声，赖以不坠，皆氏之力也。各宪题旌，建坊入祠，永垂不朽。

卢氏，漕之妻也。年廿六而寡，家业萧条，氏子逋欠官帑不下千计。子病亡，氏以肝肠割裂之际，料理丧葬，无不合理。幸遗一孙，氏昼夜纺绩，抚孙度日，艰苦之状，莫可言喻。兼之索逋官金，急如星火，氏不得已将实在情形呈之，县主俱蒙详免。嗟乎！氏之所历较寻常之节，洵属艰难者也。

张宜人，沆公之妻也。生子甫襁褓而公逝，宜人欲殉节，姑舅戒之曰："汝殉夫义也，如吾老幼何？凡义有轻重，殉夫义之轻者也，事亲抚孤义之重者也，汝其择处之。"宜人顿谢曰："谨授命。"宜人事亲敬谨匪懈，以孝闻，教子（义已成爱）以慈闻。既而舅姑去世，宜人哀毁骨立，丧葬尽礼，举凡姻族莫不钦其孝慈焉。宜乎躬膺，旌表享祀千秋，以为节孝之报云。

刘氏，贾之妻，张，氏鲁之妻，王氏，万服之妻，皆未三十而孀也，张与王孀居时年幼，家寒兼以无子，乃矢志靡他嗣子，以成夫绪，勤劳克子，以至成立。至刘，几经困苦，抚孤成立，不意中年子亡，妇又嗣子而孀，两世孤苦而志弥笃。一门之内，妯娌冰洁，姑媳坚贞，盖亦世之所罕，觏世所堪悼者。

刘氏，德明之妻也。质本端庄，性成婉勉，不数年而夫殁，时家业凋零，生子尚幼，氏昼夜绩纺，奉姑克尽妇道。及姑殁，丧葬尽礼，教育幼子，悉能成业，家业且渐稍裕，迄今三十余载，如荼蓼以度日，艰苦备尝，指金石以盟心，纲常正气。

韩氏，适圣沾，年二十而寡。事姑舅以孝闻，家贫无子，荼苦百端，纺绩度日，冰操弥坚，索侄以继夫嗣，矢志终身焉。

裴氏，宁求之妻也。于归未及三年而寡，家道贫寒，啜菽茹霍。教子成名，栢舟自矢，虽终身如一日焉。学宪旌其门曰："丸熊著美"。

高氏，洪烈之妻也。自幼于归，廿余而寡。事奉姑舅尽孝尽诚，抚育遗孤，克慈克爱，能全夫妇人伦之本，诚尽节义风化之源。可比杞妇衔哀，霜操时标彤管媲美；共姜遗悼，冰心独映青边编。实全节孝，不朽芳名。

张氏，克浩之妻也。赋质坚贞，性复柔顺，年二十于归，不数年而夫亡。张栢舟自矢，志洁冰霜，敬事公姑，尽孝尽诚。抚育幼子，以养以教，诚巾帼之杰出者也。

舒氏，湿之妻也。年廿六而亡夫，遗孤在抱，氏矢志靡他，经理丧葬，无稍阙略。事姑以孝，妯娌以和，且勤俭持家，凡婚嫁诸事，悉识大体。虽家道稍裕，犹纺绩不辍，熊丸荻画，教子成名，洵巾帼之杰出，孀操中之炳柄者。

李氏，域之妻也。秉性端贞。于归后，容礼无闱，中盥克承，未数年而夫殁，呼天抢地，几不欲生。顾念姑虽逝而舅尚存，孰任晨昏之，秦夫虽丧，而孤尚幼，畴肩教育之责。于是以事舅抚孤为己任，虽家贫，氏昼夜绩纺女工以给。仰事俯畜，乡党妯娌之间莫不称善。嗟乎！节操同冰雪之矢靡他，匪石盟心曲女真不爽。古所称获影霜清，栢舟风励者，差堪媲美焉。

边氏，健之妻，李氏培之妻，年俱二十而寡，幸李氏遗一子，妯娌合力抚孤，以存宗祧，共守冰霜之操，同矢松筠之节。凡兹巾帼之贤，尽是香闺之则，彤管扬休壶范是式。

韩氏，长庆之妻。生子襁褓中夫殁，誓不欲生，亲族妯娌共相戒曰：“殉夫，义也，如幼子何？汝能教育孤子，使无坠前业，较之殉夫之义更大也。”氏抆泪谢教。于是亲操井臼，克勤克俭，母兼父道，孝慈惟则。兹见伊子亭亭玉立，器宇不凡，愈知天之报氏，正未有艾耳，呜呼！悯茹苦蓼之艰，彰玉冰清之操。

吴氏，嗣仲之妻也。年廿余而寡，生二子，舅早卒，其祖父母年逾古稀，时家业甚贫，昼夜绩纺，以为仰奉俯事之资。及祖父母殁，丧葬尽礼，族党皆以为孝称。迨后二子成立，家道稍裕，谓非氏贞孝之报欤！学宪旌其门曰：“婴鹄遗风”。

王氏，辂之妻也。年二十三而寡，姑舅在堂，孤子在抱，若持轻尘，弱草之见，难以自支。而氏松栢成性，金石盟心，事姑舅以妇职而代子职，生事死葬，致敬尽礼；抚孤子以慈母以兼严父，熊丸荻画，行立成名。其贞其功，迄今已三十余年，潜德流辉允矣。风励乡党，幽光丕著卓哉，家乘昭垂。

——董各庄《丰润董氏家谱》

朱太夫人，滦县稻地镇尚德庄朱姓之嫡女。河南护粮都司、武魁出身朱公友梅之胞姊。即今滦境稻地区绅朱阁臣先生之曾祖姑。六世祖员外郎葳公发妻。七世祖国学生尚忠之嗣母也。于归未满一载，葳公病殇，朱时年十九，柏舟自矢，孝事姑嫜。教嗣子成名。于乾隆五十二年旌表“龙章锡命”，奉旨建坊，迄今二百余年。石色如玉，玲珑不变，识者知为坚贞所感之。

——《滦县志》

高太夫人，万德公之发妻也。公素性刚直，每逢村中事不平者而调解，奋不顾身。值邻居一犬疯病，公恐村童妇老受害，持棍殴击，不但犬未得死，而已被噬伤。因是得疯病，百疗无效，不日而卒。太夫人年仅而立。幸遗一子，名榜所。苦家道赤贫，地无立锥。太夫人以扶孤承祧为念，竟誓不在醮。甘疾苦，餍秕糠，殊无怨色。而手拮据，昼夜不息，稍或蝇头，孤子赖以成立。族众称贤，乡里羡慕。于光绪年旌表“心坚金石”匾额，至今犹存。

董太夫人，荫公之继室，王兰庄董公之嫡女也。五十年藜藿自甘，受施必报。光绪年旌表“金石同贞”之匾额。至今犹在焉。

陈太夫人，鸿勋公之发妻也，娘家开平王庄子陈姓。务农为业，勤俭持家。太夫人过门二年，鸿勋公因母老家贫，出外游学谋生，数十年毫无音信，想已物化他乡久矣。太夫人孝事姑嫜，不辞劳怨，至姑去世，孑然一身，家徒四壁淡如也。苦读五十余年，心如铁石，乡里以节孝闻。

——《艾坨李氏族谱》

附西葛李氏节孝：

东五门治之妻尹氏，二十三岁守节。嫁时治已病惫，甫及四年而孀，无子女，孝慈性成，克勤克俭，得年八十五岁。

西二门兰馨之妻刘氏，三十岁守节，无子女，得年八十五岁。

东长门汉生之妻岳氏，三十岁守节，教子成名，得年八十二岁。

东五门贵达之妻董氏，三十余岁守节，家贫舅老，孝养弗衰，抚孤成立，得年五十一岁。

西长门辅仕之妻刘氏，二十六岁守节，矢志坚贞，力存夫，祀得年六十九岁。

西二门保泰之妻傅氏，三十余岁守节，得年七十七岁。

西二门英春之妻张氏，三十余岁守节，得年七十六岁。

西二门庆绪之妻杜氏，二十岁守节，无子女，孝事翁姑，自甘贫苦，现年五十四岁。光绪三十三年丰润县正堂马旌表：“节孝可风”。

东五门成宽之妻安氏，三十余岁守节，无子女，孝顺事亲，孤苦安命，得年七十余岁。

东三门魁年之妻赵氏，二十余岁矢志坚贞，教子成立，现年五十八岁。民国十年徐大总统题褒“节励松筠”并赐白绶银质褒章。

东长门茂云之妻张氏，三十余岁守节，贫苦自甘，力存夫祀，得年七十二岁。

东长门丰年之妻董氏，十八岁守节，义命自安，孝养无间，已载县志。现年七十八岁，光绪二十年丰润县正堂周旌表：“节孝可风”。

东五门士振之妻杨氏，三十余岁守节，得年四十九岁。

西二门广全之妻董氏，二十四岁守节，矢志靡他，孝慈弥笃，得年三十八岁。

西二门广君之妻董氏，三十一岁守节，贫窭自安，备尝辛苦，得年七十三岁。

东二门德贵之妻刘氏，三十岁守节，子成山，方九岁，贫困自甘，异常辛苦，得年五十九岁。

东长门文照之妻邵氏，三十余岁守节，富贵不矜，勤俭不易，得年八十七岁。

东长门士榜之妻王氏，三十余岁守节，得年八十二岁。

东长门会云之妻赵氏，三十二岁守节，孝养翁姑，冰霜自矢，得年五十一岁。

东长门魁云之妻孙氏，十九岁守节，孝养舅姑，坚贞永励，现年六十八岁。

西长门天讨妻郭氏，二十六岁守节，嗣子无状，困惫终身，得年七十余岁。

西长门辅敬妻刘氏，二十六岁守节，得年八十岁。

东五门士俨之妻史氏，稻地镇史瑞之妹，二十一岁守节。俨于道光二十四年十月即世，葬日，始生子，名为廓，瑞即以其女许配之，得年三十二岁。

西二门辅金之妻孙氏，二十四岁守节，子广德，年方六岁。克勤克俭，抚孤成立，教诲成名。得年六十九岁。

东二门庆云之妻王氏，二十五岁守节，无子女，矢志坚贞，力存夫祀，得年六十六岁。

乙亥九修详志节妇：

西二门萌生之妻刘氏，二十二岁守节，子女皆无，力存夫祀，现年六十二岁。

东长门振川之妻季氏，二十六岁守节，无子女，持家有道，俭朴堪钦。于民国十一年大总统题“褒节励松筠”并赐褒状。民国十二年本县县长给予“节孝可风”匾额，又南六镇公送“柏舟节义”匾额，现年六十岁。

东长门延龄之妻郑氏，二十七岁守节，克勤克俭，乃孝乃慈，现年五十一岁。

东五门荫桐之妻郑氏，三十岁守节，无子女，性惟慈惠，志本坚贞，现年六十八岁。

——西葛《畿东李氏家谱》

刘唐保刘氏节孝：

长门顺贵之妻赵氏，二十七岁守节，家贫无子女，矢志坚贞，力存夫祀，载在县志，得年七十七岁。

东二门城让之妻孟氏，爽坨镇大河各庄孟公云鹏之长女，附贡生孟卓峰之胞姊，附生孟润东，光绪丁酉科武举孟建侯之姑母，二十一岁守节，让于咸丰三年二月初八日即世，光绪二十三年三月中旬恭请旌表，蒙准先悬匾额，另有王锡三老夫子撰节孝序一篇，宛如平生。特录附前以志之焉。氏守节十一年，于同治二年七月十七日病故，得年三十一岁。

东二门开义之妻柳氏，二十八岁守节，抚子建万成立，勤俭持家，本县修志采访入焉，得年六十八岁。

东二门开贵之妻李氏，三十一岁守节，抚子建学成立，授室十余年无嗣。光绪十五年二月二十六日，坐火车遭劫而亡，与媳李氏苦守冰霜，现年七十岁。

东二门开辉之妻王氏，三十三岁守节，家贫姑老，孝养弗衰。抚三子成立，现年五十九岁。

东四门俊弼之妻董氏，二十九岁守节，抚子崇让成立，孝姑弗衰，持家有道，得年六十三岁。

东四门俊德之妻范氏，二十五岁守节，抚子崇儒成立，克勤克俭，家业日兴，本县修志采访入焉。现年八十六岁。

东二门建功之妻郑氏，二十一岁守节，亲老无子，上善事翁姑，下继荣鼎为子，抚如亲生，教养有道，勤俭多方，矢志靡他。现年四十八岁。

东二门建柏之妻孙氏，三十岁守节，家贫抚子广金成立，矢志坚贞，现年六十二岁。

东四门崇瑞之妻王氏三十一岁守节抚子广太成立贫苦自甘松筠贞节现年六十七岁

东四门崇严之妻郑氏，二十九岁守节，抚子广茂成立，勤俭持家，现年六十三岁。

东四门崇友之妻黄氏，二十七岁守节，抚子广耀方四岁，教养有术，辛苦异常，冰霜励操，现年七十三岁。

东四门崇贵之妻孙氏，二十九岁守节，无子，坚贞自矢，力存夫祀，勤俭持家，现年六十二岁。

东四门崇本之妻白氏，二十二岁守节，无子女。孝事翁姑，志坚金石，举请准蒙旌表。得年四十九岁。

六门廷伍之妻相氏，三十一岁守节，抚子贵金成立，家贫子幼，艰苦备尝，冰霜矢志。现年五十七岁。

南东门连举之妻曹氏，二十三岁守节，家贫无子，只遗一女，姑早殁，夫弟幼懦。佐翁经理家政，勤苦备尝，迨翁患痰疾卧床八年手足不能动转，一饮一食，皆氏手自奉之，八年如一日。于前清宣统元年二月恭请旌表蒙准，悬额建坊。得年七十七岁。

北东二门广居之妻李氏，三十一岁守节，抚子庆楷成立，志坚金石。现年五十八岁。

北东四门锡章之妻郑氏，三十二岁守节，上事祖姑，助守义衰翁，治理家务，井井有条，下抚子女，教养兼施，可谓节义，三世同堂。现年六十二岁。

南东门汝梅之妻董氏，二十二岁守节，无子只一女，勤苦自甘，志矢靡他，现年五十二岁。

——刘唐保《刘氏家谱》

族女

按：夸迈伦者动云：似舅谈宅相者，归美外家，血统传遗，覆与载原非二致，况古来圣贤母教者尤多，溯本追源，其来有存矣。我族女子宜室相夫，成名者多难尽录，惟或者恤纬分勤而工成画荻，或者含饴敷教而表列陈情，所成就者已炳耀于史书邑志，而族之人反知不能悉，闻不得详，至代远年湮，更难道其仿佛，呜呼！是谁之过欤？爰事据罗借光家乘。

武举陛献公女，适康熙丙午科广西主考苏州太守曹守望，生子国子学正锟，次钤，女适玉田桑宏人孙源洙。

邑志高行传，曹钤字孝符，苏州太守守望季子也。少随父之任，恂雅若成人。诵读之外，惟耽默坐，学业大进，其所撰述，老师皆叹不及。父卒，事母董太夫人，能曲尽欢养。中年摈弃语言文字之学，潜心四子六经注。疏参汉宋，折以己意，每多心得，又尝作箴铭以自警，未尝起一妄念。尝语其友曰：“君文笔殊妙，但日事此，恐慌却圣贤紧要关头也。”其所诣可知矣！先是父母各葬，钤力任合葬，有姻亲刘某，宦湖广，卒于官，助金归之。焦青黎，蒙师也，售田若干亩，焚其券，而还其田。其所与游，如长州何屺瞻、蠡吾李刚主、金陵龚孝水诸人，而于同邑唐寿朋（光绪《丰润县志·文苑》作者）尤切，故唐为作私传云：“予于曹子啬菴交最久，而相知独深。康熙壬辰秋，将之大名学博任，啬菴谓予曰：‘君与我俱五十，古人所谓闻道之年也，行矣免之。’予矍然。撒其言即别，思之不置。后十年人传啬菴死矣。予为哭之至失声，犹记庚子辛未间，啬菴始出与天下士接，一时名流，如何屺瞻、李刚主、龚孝水咸与周旋，而独与予为性命交。乃岁月几何！而何李死，龚死，啬菴又死，曹子桓追思曩游宛然在目，欧阳子以哲人不常在为可惜，可胜叹哉！不及父卒归里，屏弃语言文字，冥心四子思路断绝，则取先儒语录证之。其治参用汉疏，每多心得尝作箴铭自警外，暗室未尝起一妄念。尝与予曰：‘君文笔殊妙，但日事此，恐慌却圣贤紧要关头也。今已矣，谁与予索瘢针痏者乎？’追思畴昔，惘惘若失，而迟久不为立传，恐负良友于幽冥中也。先是太守暨董太夫人各窀穸，啬菴力任合葬之事；姻亲刘某官湖广卒，啬菴助金归其柩。焦青黎蒙师也，有田数项售他姓，酬其值而还之。人咸高啬菴之义，而予之重啬菴固在彼，而不在此也。子源洙字景尼，幼擅神童之誉，迨弱冠酷尝诗书，性豁达，有才干，锁中承奉使辽阳，邂逅席谈叹曰：‘子经济才行，当列荐牍与天下其见之。’源洙以亲老固辞其事，啬菴也病侍寝门五月不出，洎没，斋宿三年。居家慷慨好义，邑令方公罢职，假馆谋馔，终年不倦。张公亏仓三千石，竭力筹划补之，不受其值。京师苏都统先世曾赠以拨补雄县地若干顷，雄民抗不输租，立券与之，不受其值。再如李姓未娶，则赠以婢。章姓已故则恤其姑。其隐德尤难枚举也。皆以为啬菴不死云。”啬菴讳钤字孝符，贡生，候选训导，未任卒。又曹烈妇传在中撰，烈妇曹氏，丰润故太守首望女，适玉田桑学使之子，庠生宏人。事上接下，俱循礼法，内外贤之。辛酉春，宏人病且革，曹闭户自经，嫂觉之急救得不死，防闲杂，谨既而曰：“我之所为无子，故若为夫子立嗣，死何者？”姑舅从之，即以伯子入广嗣，扶柩归葬，葬毕，督家课子，处之坦然。人不复防矣，一日令嗣子往奠基，绐小婢出，卒以缢死，时年二十四岁，距其夫没仅百日，岂非从容就义者哉！时予署教谕于玉邑，邑人上其事，予为请于当路旌表，弗及，举国哀之。今承修志之役，虽属玉妇，实为丰女，例得併书以为两地风焉。

又邑志高行传，曹源洙字景尼，钤之子也，幼而英敏，尝诗书，善诗古文辞，然非所屑也。性豁达，有远略，锁中承某奉使辽阳闻名，请见邂逅席叹曰：“子经济才当为国家栋梁，行当荐之。”固辞乃免。其事亲克尽子职，父病侍寝门五月不倦，洎没，葬祭以礼，宗族称之为居家乐。为排难解纷之事，邑令公方罢职，后以事系假馆谋馔，终年不倦。又邑中遇有捐助，悉竭力倡办，时人称之。

庠生孟刚公女，适诰赠光禄大夫两广总督庠生张灼，生子印塘、印坦，孙知县泽仁，三品衔翰林院侍讲学生佩纶，芜湖道佩绪等。邑志政事传：张印塘字樵，齐家坨人，嘉庆己卯举于乡，道光乙未大挑以知县发浙江，历景宁、建德、海宁均有惠政。以桐庐知县署仁和。会英夷失抚，大军十万余驻江上，独持以镇静，民情安戢，不知有兵。荐擢知府置杭州府事，时嘉兴有倪锡林者，抗漕徙市据险，戕兵役。知府不能制，秀水县令密白巡抚吴公文镕曰："果张守至无烦兵矣。"吴公素器之，亦奇知县言，即委代守嘉兴。乃谕各乡父老，令吏勿间良民，倪锡林潜匿，暗待石门征漕，时胁众为变，廉知之令县如期征，果连艅入城，尽躯纳粮。小舟去而塘早密要归路，遂收倪置之法，且发州县浮征及知府所得漕规上之抚宪，尽太之漕敝。一清二十九年，嘉湖严绍道皆大水，自督四府灾赈，选用士人分董粥厂药局，老幼疾病妇女分居之，计日授食。嘉旧治也，士绅喜复至，不旬日输赀巨万，三郡富家闻风亦兢出金粟助施，市槊太平，全活者数十万。初吴公以卓异密荐入都，成皇帝召见便殿，询夷务事。合议已成，独极言时敝，奏对称旨，至是补温州。部复未至，即擢为安徽太广宁池兵备道，管芜湖关。地极腴沃，及至任，悉革其敝，税增而吏省，去官之日，琴书篚而已。及湖北，因请调军选将，储器筹饷，练勇扼隘，将公深嘉纳之。惜督臣刻，蒋公张皇，致谋议不行，而安徽亦随陷矣。旋调安徽按察使，抚臣与之兵，少幸有今大学士合肥李公乡兵相犄角，以遏贼冲。最后江公忠源来抚徽，乃昔守嘉兴时秀水令也，与之同心，协规谋未集而庐州遽陷，江公殉难。寻因与和春积忤，亦告疾解兵而归。道出徽州，贼大至，士民遮马首请留，不得已为城守逾月，贼解去，病亦笃，甲寅闰七月卒于徽州舟中。生平明经，术精史学，尤熟谙本朝掌故、国用源流、河槽利弊。其政守大体，而处事分明，以外宽内明，得吏民心，循良为东南最。卒因刚直不谐于庸暗，崎岖兵间志不得展，海内惜之。没后十余年，合肥相公督直问在丰，故居依然，茅屋不异秀才时也。尝谓人曰："如张公者，其天下之廉吏矣。"同治中，入祀浙江杭州府明宦祠。

又张印坦，字信斋，邑庠生。援例以知县发江苏，历署无锡、丹阳、丹徒。每下车必以拔强达隐为急。无锡地沃讼烦，距省会密迩，前效率姑息或十余年不决。坦日坐堂皇判事如流，宿案一清。东林书院学规久驰，乃进诸生谕曰："吾纵不堪为林宰，岂可使高顾教泽当盛世而中衰乎？"乃采龟山语录顾泾阳官辇毂，志不在君父官封疆，志不在民生上居水边村下，志不在世道上君子无取焉。数语手书榜斋舍，延明师定学规，悉以廉俸置书院，为寒酸膏火及乡举之资。士林称之。年余移丹徒邑，宿难治朱威肃公景山者，少为剧盗，与李凤林啸众数百人，劫行旅为江中害，江扬数郡，豪猾半为之耳目，兵役不敢捕，官吏匿讳之而已。坦曰："此乱萌也。"视事十余日，密奏请于两江总督怡公，良愿任捕缉。怡公离座执其手曰："君办此事乎？吾发兵为助耳。"对曰："不至不可得矣。"归而报盗者，阳不问而阴洩。诸豪猾谓："吾特治朱李二酋余党为我耳目，约旬日中缚以献矣。"于是景山、凤林自疑恒去，其曹与死党十余人行劫，一日潜入郡城，侦事廉知之，命健役曰："朱李二盗在某所，急絷之来！"至则径醉卧妓家焉，遂徒手而缚之。急明示城乡渠魁已擒，余党不问，督府盛兵已扼江口，敢助逆者死。无所余党骇，鸟兽散。急治朱景山等，尽得群盗名以次擒逮，数郡称神明。具狱未上，粤贼已陷，安庆薄金陵，隔江烽火相望，土贼蜂起，人心震撼，时已去官矣。白巡抚曰："此一朱景山可了之。"众狐疑，而独以八口任，乃奉檄至狱，释景山自効募北勇，一夜而集千人，郡城乃安。论者谓："非擒纵得宜，则江盗必举京，日应粤贼苏、常沦陷，岂尚待庚申耶？"后景山以副将剿捻阵亡，予谥李凤林亦官都司，信由能治之，而复激励之。出无锡滨太湖，京口滨大江，曾均创立救生船，以拯微弱。复以俸乏金于无锡，望湖门外修复圯桥。邑人名之曰："清名志惠也。"咸丰戊午年没于苏州。

宁波公女，适诰赠光禄大夫、两江总督江苏无锡、丹阳、丹徒等知县张印坦，早卒。春霆公女续弦，生子泽仁、镇，孙寿曾、人骏等。邑志政事传，张泽仁字古虞，贡生，同治间以江苏知县随军复常州，赏蓝翎。四年授松江府华亭县知县，署娄县，逾年就移华亭、华娄共治一城，邑夙繁。据前后任八年，治效大著。初娄以大兵之后，田半荒，户口无籍，吏因缘为奸。始下车即立清粮册，严杜私收飞洒，民大称便，且察豪健主名比牒逮治，奸民慑服。及莅华与民益相习。听讼时霁色温语，不轻下鞭。朴有涉家庭者，反复譬喻，率涕泣罢讼。松江毗连上海，五民杂居，而游兵散勇亦往往流于盗贼，意为治客盗，必先治土盗。乃募勇数十人，分夜巡缉，里巷肃然。复变通保甲之法，逆旅寺观出入皆有籍薄，以相稽查，诸盗贼无所匿迹。平湖杨氏妇盗薮也，能得贫人死力，其党编太湖左右，独饬健役越境获之，盗长悉就缚。嘉、湖、苏、松四郡盗风顿绝。濒海石塘岁久敝恶，建议修治，以役民夫数千人知其姓氏，役者咸奋。大府尝间行至工次，见泽露宿立河干，与役夫相劳苦，嗟叹而返。工竣，复以余力，疏附城及浦南亭林河道，流恶涤淤，民赖其力，叙劳以知府用赏花翎，督抚以治行尤异将密论荐。惜以风雪中督工感疾，癸丑九月遽卒于官。归榇之日，自县门至河干焚香夹道，自衣冠而送者，如归市焉。平时喜扶植士类，增书院膏火，立孝廉课经古课村社，生童以文就正必手自评定。每巡行乡，闾士来问业者依依，若子弟华娄两学止选拔贡一名，特请自癸丑两学分选奏上报。光绪丁丑，华亭朱赓阳以第三人及第，即县试案首及祭酒拔贡生也。华人以为佳话云。治华既久，政行化成，户口类加，民益富乐。社学、药局、义园毕具，视承平时为盛矣。由是抚臣以爱民尽职上闻，光绪九年入祀松花府名宦。著有：《法书续录》十卷，唐《张彦远法书要录》，自元和后至于国朝《历代名画后集》十卷，亦仿彦远其续《清河书画舫》十二卷，书画表一卷。则命其弟佩经，子寿曾等编辑者也。又文学传，张镇字式如，丹徒令，印坦中子，少婴足疾，绝意进取，从宦江浙，图籍自娱，宋元孤本及国朝乾嘉诸儒手校本所藏殆存十种，日事丹黄，学益精博，书法晋贤，画宗董巨，为艺林贵尚。旁及音律、医卜、诸家，尤邃于经。《义孝经郑氏注》久佚，知不足斋所刊乃日本伪书，臧庸、严可均皆有辑本，镇博搜精择，为孝经郑注补一卷。《易纬》多后人附托，又以《乾坤凿度》及《乾元序制记》得为伪书。乃据武英殿本旁微易疏及唐宋类书定伪，考逸依《后汉书》注序次定为稽览图一，乾凿度二，坤灵图三，通卦验四，是类谋五，辩终备六分卷，从殿本而以开元占经及古微书所引之，萌气枢附焉。其它精校秘册及所著丛稿甚富。咸丰庚申，粤贼扰苏州，颇妆失其存者尚有《风俗通校本》六卷，《拾遗》一卷，《傅子》定本四卷，《丙子杂记》八卷，《古方辑要》六卷。同治戊辰年卒于华亭。

又文学传，张寿曾字容舫，华亭令，泽仁长子，同治庚午举人，官内阁中书舍人，改江苏知县，光绪辛巳年卒。寿曾为人明敏安雅，庚午从叔佩纶同捷顺天，名满都下，辛未丁丑荐而未售，改官江南非所好也。少读父书，精鉴别书，学东坡诗，学渭南所居图，彝鼎辉映几案，徜徉山水间，茶灶药炉泊如也。为学不专一家，而于许书萧选，尤所笃嗜读书，有疑义辄繁征曲引，折中一是，病中手录成秩，未及编订而卒。弟人骏辑为《容舫随笔》十二卷，前五卷经史疑义，中二卷论小学，次二卷考订文选，末三卷则录及诗词书画，均能发前人所未发，识者称博赡。

——董各庄《丰润董氏家谱》

长寿

按：昔香山绘九老图，帝开千叟宴，值明盛之时，为耆英之会。后世每艳称之。然养老之礼，本于三代。尚齿之义，见于历朝。相沿至今，其道不废，是皆国家之人瑞，乡党之德辉。登诸简册，亦敬老之一端也。

——《滦县志》

薄玉琢，新河庄人，年八十八，五子十四孙，列胶庠者三，曾孙三十有六，元孙一。

五世同堂。

——光绪《丰润县志》

五世同堂：

张允升，咸丰元年，一百五岁，稻地镇人。

李勋，同治九年，一百二岁，大工庄人。

清年逾八十岁

侯超年，大福坨人。

毕继业，毕家庄人。

赵显臣，安机寨人。

高希士，安机寨人。

张秀复，稻地镇人。

尹玉，稻地镇人。

耿秀儒，稻地镇人。

李勋，大弓上人。

钱士柱，钱家辉坨人。

刘万杰，范家庄人。

王纯德，岭上庄人。

毕顺侯，鲁各庄人。

李明玖，李家岭坨人。

安福盛，安各庄人。

张沆，西八户庄人。

清年逾七十岁

耿大椿，稻地镇人。

耿乐山，稻地镇人。

张佩璿，稻地镇人。

魏哲，小营庄人。

魏磬上半下言。小营庄人。

刘慎思，北阳庄人。

刘玉，稻地镇人。

边辅龄，稻地镇人。

李凤，稻地镇人。

苗忠，稻地镇人。

苗顺功，大苗庄人。

苗顺荣，大苗庄人。

苗顺昌，大苗庄人。

桑顺德，边家庄人。

民国年逾七十岁

赵环，赵家庄人。

民国

孟氏，桥北坨赵怀政妻。即五世同堂，赵李氏之次子妇也。民国二十二年卒，年一百岁。

——《滦县志》

隐逸

高辅辰，字钦亮，州人，人称二亮先生，晚自号南村病人。登崇正癸未进士，初任安阳令，国朝催补范县。未几以病辞。两台藩臬固留分校西闱，三谢不赴。始奏回籍，旋以盐台刘顺、院傅两侍御特荐直抚都宪，疏抱病痊奉特旨行取到部，再辞假归。继丁内艰，屡征不起。偏游恒岱□楚，交识海内名宿，诗酒唱和优游，家食不问生产。所著存《熙堂稿》《纂集杂俎》若干卷。卒年七十有五。临终嘱子孙忠孝勤俭，奉公务行。沐浴就榻，含笑而逝。子士麟、士璥。麟以壬午试京兆，几售矣，房拣第三场以外帘释卷，查非堂贴。分考姜垓深惜，为之滴录所胥役云。后十举不中，以明经需用。有诗赋古文词名。尝预学史蒋公聘修郡志。

——嘉庆《滦州志》

张某（编者注：稻地人），矢其名，工部正郎鹏翼孙也。少颖异，弱冠游庠，遇甲申之变，自锢一室，命家人穴壁进饮食，如是者五十余载。虽骨肉莫能睹其面。又自写小照及心面止并题五律云：图形期自见，自见却伤神。已是梦中梦，更逢身外身。笔花凝幻质，墨彩聚空尘。堪笑吾兼尔，同为未了人。生平多所著述，昔不得其遗稿。寿七十余年。

——嘉庆《滦州志》

丰南志体古籍汇编

卷之七

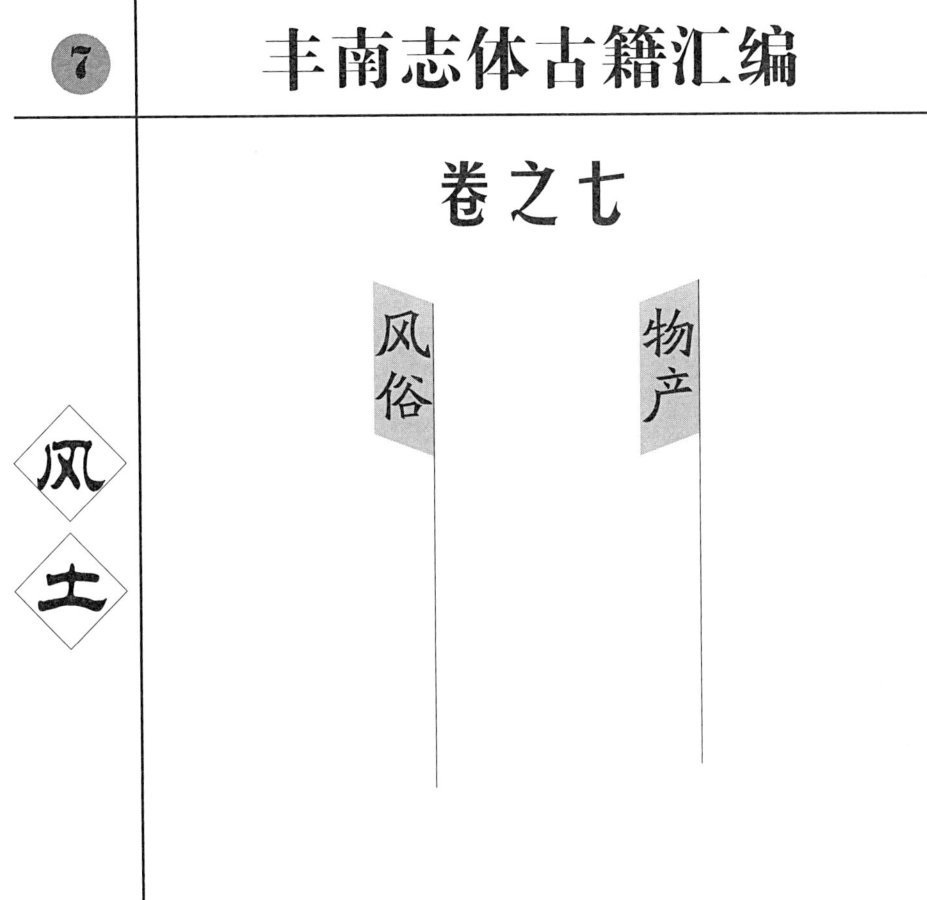

风俗

上行下效，谓之风；熏蒸渐渍，谓之俗。风化行而俗斯成焉。顾主持在人，变迁由时。执古例今有不可以一视者。记曰：礼从宜，使从俗。又曰：修其教，不渝其俗；齐其政，不渝其宜。为政之道，无以逾此矣。志风俗。

习性

《九州志》曰：民勤俭而务稼穑，淳朴无华，亲上好义，君子忠诚，小人质实，娴骑射，尚气节，人才辈出，文化昭彰。

《舆图备考》曰：士多文雅，人性宽舒，沉鸷多材，悲歌慷慨，自古号多杰士，蹈礼义而服声明。

《渔阳志》曰：风俗简朴，人尚节俭。

《范镇赋》曰：风俗朴茂，敦尚节义。

——光绪《丰润县志》

冠礼：前此士夫家犹有行之者，今则久阙不讲矣。

——光绪《丰润县志》

冠为古礼，晚世罕举行者。故阙为弗述。

——《滦县志》

婚礼：通媒妁，送婚启用币帛、钗钏、羊酒、茶果为定，世族间行亲迎礼，娶后三日庙见，婿女俱至岳家回门，亦有五六日者。

——光绪《丰润县志》

婚：邑俗喜襁褓论婚，矜甚者乃必俟诸痘后，然未有过十岁不论婚者。虽贫窭小家，间有俟男女成立，始两相订姻，然十只一二。土俗乏专司媒妁之役者。凡议婚，或男先女，或女先男，必烦亲友执柯，事谐，则男家以钗钏一二事付媒送女家，谓之定亲礼。有举媒酒礼，冰人觞两家主婚者以撮合之。有谢酒礼，男女两家各置酒以谢冰人。有过启礼，男女用红柬书攀亲套语，伴以细彩首饰，鸡鸭茶酒之类，舁送女家。女家亦有答礼，谓之曰回启。今则嫌其繁重，每男女定姻，只互换庚帖而已。有会亲礼，男家邀女家主婚者，盛筵以酬酢之。冰人先在，主人饰其子行跪拜礼，谓之谢姻。乡村谓此为换钟。言宾主酬酢，互饮其杯耳。有催妆礼，于婚嫁前一两月，由男家选期，签书男女行年，嫁娶日宜忌，置榼内并以枣栗饼饵茶果酒米鸡鸭鱼肉之类实之，送女家。然称家之有无，亦多有不备物者。女家回以饼饵觜骼木炭之属，取义鄙俚，无深意焉。及婚，州俗不亲迎，谓之等亲。预延男女戚眷，为取亲客。导以鼓吹，饰五彩肩舆随其后，率用辰巳午三时往迎女。女家亦请男妇偕来，谓之送亲客。所备妆奁什器，俱随新女彩舆之后。至门，主人肃客，入即阖其门，停彩舆于门侧。少时鼓吹大作，爆竹齐鸣。门开，用女傧二人出新女于彩舆，妇先以红帕幕首，莫能平视，至是递宝瓶于其手，瓶必双，内实五谷金银使执之。铺红氍毹，两女傧扶新妇行其上。后各执面罗罩其顶，谓之罩红沙，实即丝罗意也。堂上设香案，为天地神祇位，供以香烛酒筵。引新妇案前，立于右，婿拜于左。亦有男女齐拜者，称为拜天地。女傧扶新人入房，置宝瓶供于案，新人乃改妆。（俗谓上头）堂前众宾喧阗，为主人拜贺。主人各答礼，肃客饮宴。以女家送亲客为上宾。宴毕，女家男女客，必至新室相攸，主人另设几筵以飨客。客起辞，主人送客出。众宾始散。昏具晚膳，有子孙饽饽长寿面等名，男女始合卺焉。铺床后，婢媪即持烛去。俗以灭烛为忌，故屏烛耳。新妇入房，安坐三日，谓之坐福。庙见后，始拜翁姑，上下以次接见，谓之拜三。第四日，女家并其姻党具仪偕来，谓之作四日。午后迎女并婿归，谓之回门。明日婿拜岳父母，以次毕，仍携妇归于家，亦有流连三四日始归者。以上各礼俗，皆通行之。有稍异者，不过丰俭不齐而已。至郡志所称，女索重聘，男责厚奁云云。或有女家贫不能度，鬻婚以责厚资者，谓之财礼钱。如此甚寥寥。至男责厚奁则无闻焉。多有男女及时，未及婚嫁，遽遭丧故，中馈乏人，变礼而娶，谓之孝妇。或因聘定之女，幼弱无依，竟不娶先归，待年成礼，谓之童养媳。是皆非礼之礼。不以礼概之也可。俗重然诺，许婚后，虽未及行聘，或媒妁彤谢，恒及时嫁娶，从无悔婚。

谨按班孟坚云：婚姻之礼废，则夫妇之道苦。（见汉书礼乐志）斯言也，苦犀照千载下之流弊者。近世青年男女，误解自由。未见幸福，徒罹弊害。或离婚而讼累，或失恋而自杀。固缘当事执迷，良以防闲尽溃。非礼无义，尚可论乎贞操寡廉鲜耻，犹复文明自诩。未结婚而同居者，甫结婚而离异，甚者停彼糟糠，另结新爱，违法律，悖道德。滦非通都，亦染斯习。如火燎原，不可向氍毹迩。回思班氏之言，暨有感于今政府提倡礼义廉耻之说，不禁废书三叹也。

——《滦县志》

丧礼：初丧苦殓，三日成服，自小祥、大祥、禅服，祭葬俱合礼。惟竞作佛事以避俭亲之名。

——光绪《丰润县志》

丧：丧则亲始死，称家有无，务厚其衣衾，含敛毕，舁之于床。焚冥镪于盆，燃灯灶前，抚尸哀号躃踊，哭而奔诣五道庙。昏昼均以烛行，哭而来，复哭而返。凡三次，俱焚冥镪，谓之报庙。男女成服后，亲友始以信闻，谓之报丧。至二三日，亲友毕至，始盖棺。即小敛也。及昏行送路礼，略具刍车纸人秸马等物，燃灯于路，明于白昼。先用素帛，或纸裁缕而缚其本如帚形，俗谓之拖魂树，主者持之。亲友护送，群舁明器，鼓吹至庙。（居城则赴城隍庙，住乡各赴五道庙）于神前焚楮毕，主者以拖魂树绕地而祝，谓招魂也。另设位于庙侧，主者奉树安于位，供以酒茗果盒，以意为亡者栉沐毕。伏于侧，亲友以次叩拜，谓之饯行。饯讫，主者以袂藉树，出至歧路，乃置刍车中，并明器焚焉。泥首以谢送者，乃号哭返。自敛后，昼夜灵前燃灯，男妇昏旦哭临，每饭必祭。过七日始掩柩，即大敛也。其葬期或一月，或二三月，逾岁者恒少。（此指富有之家。贫者，死后三五日即葬矣。）选择时日，预邀亲友，代丧家主事，呼为总理，公司职事，谓之执客。以芦席为庭厦，陈设务极整齐。门内外备陈冥用之车马仆隶杯盏库厨等物，象形惟肖。其侧列灶为厨，鱼肉如林，珍错充牣，庖人数十，刀砧声闻于外。所费赀以千万计。有竭财罄产以为悦者。至受吊日，谓之开吊。悬幡于门左，主丧者荆杖梁冠，麻衣博袖。丧家男妇，及至戚，皆着白袍。亲友各具赙仪往吊。其迎客送客，引吊谢孝，让席劝酒等礼节，皆倚执客为傧相焉，称为落忙。稍侈者，又延僧道唪经拜忏，箫管钹铙，相间为梵乐，其声哀怨。有多至三昼夜者。日中而祭，祭必有文，敷陈死者盛德，并子孙哀慕状。凡三献，于初献后读之。另延名诸生襄礼为赞引，谓之大祭。是日或前一日，为木主供柩前，预聘耆绅题主，呼为点主官。以肩舆鼓吹迎至。用吉礼，惟主丧者不变服。此后又有安主祭，加祭，发引之前一夕又祭，谓之辞灵祭。丧家男妇，通夕伴灵，谓之坐夜。葬日，灵车既驾，主丧者摔盆，（即焚冥镪者也）执长幡招魂，哀泣望棺倒引。裂红缯为铭旌，金字大书亡者衔名年岁，在前先发。所用仪仗，称其流品。杂以幡伞，五色交错，凡饰葬之物，均执而随之。丧家妇女，巾车哭送在后。沿路亲友设几筵以祭，谓之路祭。至茔，悬棺而祭，乃焚冥资明器于茔侧。主者投冠杖衰麻于圹，铺铭旌于棺上，置食罐于棺前，乃窆焉。凡新茔则祀后土。延武职官主祭。既毕，率其卒伍，张弓挟矢，跃马绕茔三匝而去。有回灵祭，发引时并载木主而往，至是谓之回灵。以肩舆奉主，仍用仪仗鼓吹而归。归必有虞祭，谓之回灵祭。三日后子孙诣冢，培土增高，略陈牲醴，必焚冥镪，谓之圆坟。而丧事毕矣。

谨按近日风俗，多趋重丧礼，而不重婚礼。完婚者务求樽节，备礼而已。惟遇凶丧，往往矜侈斗艳，至割产而不惜。其费半消耗于酒食之间，均无当于哀戚。是不知礼之本也。清光绪中，州牧游公智开，禁革旧习，限以四盘五簋。士绅之家，皆阳奉阴违。毕竟狂澜莫挽。语云：礼失则求诸野，每见民间丧葬，虽不必尽合古制，而质朴仍存。侈靡者当以为鉴。

——《滦县志》

祭礼：

士大夫家建立祠堂，春秋祭祀，朔望率卑幼奠茶酒。庶人家庙，生忌、死忌俱设贡。

——光绪《丰润县志》

祭吉礼也。丧则有奠无祭。滦俗自初丧迄虞祭，均谓之祭，非古也。夫祭必于庙。今有宗祠者，每岁以清明为期。牲牢酒醴，品物庶馐惟备。族长率幼辈以祭，此士大夫家则然。其平民无庙者，清明日皆祭于墓，各冢培以土，挂纸钱于上。虽至贫贱，至日亦必只鸡麦饭，跪拜于墓前。中元节后诣墓，荐以酒果，新丧则谓之瓜祭，又曰麻谷。言谷既新升，麻又早熟，荐新也。十月朔再祭于墓，焚冥衣，谓之送寒衣。岁终或正月二三日，焚楮帛于墓。除夕必祭其先于家，品物较他时为丰备。盖岁有四祭焉。士人值祖父母父母忌辰，则祭。农商家亦有知此礼者。

——《滦县志》

庙会：古者年丰人乐，礼有报赛。滦俗于每岁举之，谓之庙会。其会各有定期。在城之会，城隍庙为大，五月十三日，十月一日，皆有会。在乡之会，寺为大，社必有寺，凡在社内大小村庄，共奉一寺之香火，俗谓之风光。董事人谓之会首。寺会多在四五月间，如四月初八、十八、二十八等日。五月初五、十三、十七等日。至期演杂剧，陈百货，男女杂沓，执香花诣庙求福。烟焰涨天，钟磬声不绝。各村又饰儿童为百戏，执戈扬盾，如傩状，导以幡幢，肃以仪仗，钲鼓喧阗。衣冠者一人，背黄袱而垂其两端若绥，盖神之画像，并进香者姓名榜文也。后拥大势，尾以金鼓钹铙，擂吹聒耳，挨村迂绕，跳舞讴歌。一一呈态毕，始诣庙鸣爆，读榜化像焚香。观者蜂拥蚁簇，妇女登巢车以望，举国若狂。左氏传云：公如齐观社，想即其遗意也。一社之会，一日之间，如是者或十数迄，糜费无算。此外又有各村所自主之庙神，各有诞期，多荒谬不经。其村或遇诞日演戏为会，藉以申明条约，如纵鸡豕牛羊伤稼，及妇女儿童窃禾等类，大书禁止。违则有罚。强半富庶村庄乃尔。亦不必按年举行，间有因旱蝗雨涝，入庙祈祷，竟不至成灾者，亦演剧以赛，无定期。（旧志）

谨按观庙会之盛衰，知农村之荣枯。滦于平榆间为重镇，河北关东，有军事行动，滦必受其害。年来兵燹迭遭，农村破产，一般乡民救死不赡。报赛之举，微特无其兴致。亦实乏其财力，间有举者，大异曩昔，从可知农村经济之衰落矣。（以上人民礼俗。）

——《滦县志》

俱舍礼：士大夫家建立祠堂，春秋祭祀，朔望率卑幼奠茶酒，庶人家庙生忌死忌俱设供。

——《滦县志》

习俗

正月

元旦，昧爽，拜天地神庙，祖先影像，亲友交拜为贺。

三日，祭墓。

元宵，男女出游，以散百病，前后张灯各三日。

二十五日，以炊糕填仓，祈谷有年。

二月

社日，祈年于社。取糠秕炭灰洒道入仓，谓之引龙。煎糕饼，熏床炕，谓之熏虫。

三月

清明节，三日前后祭墓，挂纸钱、除草培土。

二十八日，祀东岳庙及城隍庙。

四月

八日，佛诞，结浮屠会。

十八日进香碧霞元君庙。

二十八日，进香药王庙。

五月

端午，角黍酒果交相馈遗，悬符插艾，以菖蒲、雄黄酒涂耳鼻，小儿项各系长命线。

十三日，进香关帝庙。

六月

六日，造曲蘖，晒书籍、衣物。

七月

七日，女子祀织女乞巧。童子置喜蛛于盒乞文。

十五日，作盂兰会，采麻谷祀祖先，亦有祭墓者。

八月

中秋，亲友各以饼瓜馈遗。夜祀月。

九月

重阳，载酒登高，以花糕馈送亲属。

十月

朔日，祭墓，送寒衣。蒸炊饼以犒农工。

十一月

冬至，士大夫具笺交拜。

十二月

八日，食腊八粥。

二十三日，祀灶神。

除夕，易门神、桃符，帖春联、葫芦于户牖。悬祖先影像，长幼俱拜。聚坐食饮守岁。燃松柏木炭于庭，烟火达旦。

——光绪《丰润县志》

生活

按仓廪实，而民知礼仪。衣食足，而民知荣辱。此谋国者必以厚生为先务也。我滦素称富庶之区，民国肇兴，内讧迭起，赋税苛重。供亿浩繁。以致野无尽藏，户鲜储蓄。民生凋敝尽矣。犹幸比岁田谷稍登，未遭荒歉，吾民得以未转沟壑者，赖有此耳。关心民瘼者，其有以救济之。

衣：俗尚俭，民多衣布。布有两种。棉线织者，曰棉花线布；洋纱织者，曰洋线布。皆居民自制。旧志谓妇女少艳妆，皆衣布，多出自手织。女自胜衣后，即课以纺绩，稍长则学织，不尚绣工。比户机声轧轧，无饱食嬉戏者。此种美风，至今未泯。间有衣丝织品，或毛织品，则服务于机关，暨酬酢于庆吊者也。冠履亦尚质朴。夏戴草帽，尤以居民用席篾编者（俗呼凉帽，价最低廉。）为大宗。冬戴瓜皮帽，以布或缎制之。戴皮帽者无多。履多出自女工，购自市肆者十不二三。滦境气候颇适，夏无酷暑，冬无祁寒。无皮衣者，被绵均可御冬。故衣裘者率富家暨公务人员，普通乡民则罕见云。

——《滦县志》

食：俗饮食最俭。冬夏皆饮水，非世家商买无饮茶者。其食皆以粥，贫者粟不舂而碎之以煮，谓之破米粥。小康之家，思俭约者亦多效之。遇农作时，则易之以高粱米。煮半熟，冷水淘之，坚如石子，非此不下咽，谓之换饭。什令节乃丰其馔，下逮佣作，酒肉皆恣饮啖，无吝焉。性独嗜酒，虽穷乡僻壤，皆家藏酒以备不时之需。遇亲友过从，必酬酢以尽量为敬。（旧志）

——《滦县志》

住：住屋覆茅覆瓦之外，有以灰土代瓦，而平其屋顶者曰土平房。居城市者多瓦房，居乡村者多茅土房。均有墙有篱有院落，猪圈牛棚，错落安置。弟兄分家则异院。民多土著，人不杂处，故俗齐。（旧志）

——《滦县志》

行：陆行载重者，有铁瓦车俗曰大车，（周轮附以铁瓦，故名。）供农事暨运输商货之用。有轿车，俗曰小车子，供行旅及庆吊应酬之用。近车站处多土马路，故有人力车脚踏车之往来。此外有棚子车，即铁瓦车，上架席为棚，内悬围巾，用时则缚置车上。不用则解而悬之。农家多用以供庆吊之往来。车马之外，旅行多骑驴者，一鞭得得，日可百里程云。

——《滦县志》

岁时

按：国家要政，首重授时，故戴记着月令之篇。毛诗载豳风之什，自帝尧钦命义和，历代法之。东作西成，垂之令典。近代北京岁华录，帝京景物略各书，要皆本此而纪四时之令序。志一岁之初终，而郡县志乘，亦悉仿此而笔之于册，良有以也。民国纪元，改用阳历；冀东乡间，犹沿用旧腊。习俗之入人深矣。

——《滦县志》

春（以下月日，均按夏历便记旧俗也。）

元旦日，食必水饺。全境皆然。居乡者各具衣冠，携童稚，戚里互贺。俗曰拜年。除日家家诣墓行礼，焚纸钱，谓之上坟。十四、五、六日名元宵节。乡村多于是时作秋千戏。二十五日，俗曰老鼠会亲。家家于黎明为黍饭以祭，而填仓之名以起。凡女之新嫁者，恒于前数日由母家溲米为团，持送女归。意谓婿家仓廪。有为鼠所耗者，以此可填之使满也。其愚诞可笑如此。

二月初二日，谓之龙抬头日。言百虫启蛰也。以米豆粉为糊，油煎之而食，谓之煎虫。虫畏油也。妇女停剪线，惧穿龙头，祝科第也。先期俗必迎女归宁，谓之住春。月内桃杏无花，至清明始花。桃在杏后，农于是月种大麦小麦，（较秋种者晚熟十余日）接换花果树木。冻解冰开，河鲜海鲜，相继上市。

三月始闻雷声，俗谓头雷。计满百日，河水即当盛涨，蚕子闻雷即出。滦俗以清明日为寒食节，佣作辍功。男女各诣其祖墓祭扫。

——《滦县志》

夏

四月初八日，为浴佛会。妇女入寺烧香。十八日祀天仙圣母，（俗曰娘娘）二十八日祀药王。各就其附近之庙寺举行之。昔时视为盛典，今则不尽然矣。凡女之新嫁者，必于月杪迎归，俗谓躲端午。

五月茧丝鬻于市。初一日，比户剪红纸为葫芦形，遍贴户牖，并插桃符于其上，俗传可以避瘟。初五日，门窗插艾，饮雄黄酒，作角黍。戚友或相馈赠，佣作辍功。儿童率用碎缯，作小荷包，于初一日戴之，至是弃而投之河中。昔时端午节，各处庙会极盛。六月早禾已含秀。冒暑锄田，挥汗如雨，为农夫最苦时期。治田略暇，始与家人尝麦。麦于五月登场，至是始治面食，俗谓过麦收。月之下旬，早糜即有熟者，黍必交处暑始熟。田野坡坨之上，多童稚牧牛马者。盖是时草盛畜闲也。

——《滦县志》

秋

七月棉见朵，黍登场。农家必置酒食以饷佣作，谓之开镰。初七日俗传织女渡河。前清时代，女子设瓜果祀织女星以乞巧，今已不见。十五日为中元节，祭祖墓。过处暑十日，新谷即可登场。女之新嫁住母家者，率于是月送归夫家，俗谓送六月。

八月禾稼登场，农家忙迫。初一日为黍饭，以祀风神。祈簸扬得风力也。

十五日为中秋节，具酒食欢饮，备果品月饼赏月。比邻携酒相征逐，每至夜分乃罢。想见昔年升平景象。近则仅备食物而已。九月初九日，谓之重阳节。文人墨客，多携酒登高，赋诗畅饮以为乐。十七日，俗传为财神圣诞日。商贾咸置酒食以庆祝。祭神必牛羊肉，无用猪肉者。田功始毕。农家散其佣作，腌菹藏蔬，以御冬焉。近年产花生之区，每延至十月初始散佣作。

——《滦县志》

冬

十月初一日，为下元节。诣墓焚纸锞冥衣，谓之送寒衣。是月多嫁娶。

十一月，风霜凛冽，草木凋零。农乃作窟室，以桑条为筐筥，编蒿为箪、为帚。老稚篝灯，检棉而去其梗，以为田家急务，即于茅索绹意也。按旧志：农家劈茼碎硫为火具，亦在是月。近今火柴通行，不复为此。富有之家，每于冬至日作馄饨为食，取天开于子，混沌初分，人食之可益聪明意。

十二月初八日，以六谷杂枣栗煮粥，曰腊八粥。二十三日，谓之过小年。凡女之嫁者无新故，均于先期归夫家。二十四日，俗传是曰灶神。籍人功过，上闻到于玉皇大帝，先一夕于灶所为位，设醴焚香，以饴粘于灶口，谓胶之。即不言人善恶也，名曰祭灶。此礼至今犹存。田家粉糜黍蒸饼藏之，备正月间食用。亲戚亦相馈遗。各处俱扫室宇，糊窗壁。乡村尚多糊门神春联者，城中已不见。商贾一岁所逋者，至是乃尽追之，呼益急，至除夕夜分不始罢。除夕，人家通夜设灯烛，谓之照穷耗。并有揭灯于竿，其光远烛，谓之点天灯。男女通夜不寐，谓之守岁。布芝麻秸于路，人往来其上使有声，谓之踏碎。亲属相为礼，谓之辞岁。于鸡鸣时乃爇香烛，列鼎俎，供黍稷，实豆笾，以迓天神而虔祀焉。爆竹之声，比户相连不断，谓之接神。另布几筵，以祀祖先。然后诣各庙拈香，又有各就所居之方位，焚香道左，谓之迎喜神。除夕守岁供神祀祖。

——《滦县志》

方言

按：土俗言语，由积年习惯所成。始而读音流转，称谓殊异，久则通行一方，殊难矫正。或不详来由，但觉鄙俚而不雅驯，然在境内无虑也。有时离乡远出，无意中发出土音，听者或不解所谓，实为交际之障碍。近年乡村教育，特重国音，即防此弊。旧志谓方言之殊，域于风土四声。南人多入，北音只有平上去。盖入声短促，北人寻常言语，音高而长，故于入声不叶。然分之为四声，约之止二，曰平曰仄而已。滦俗读学若嚣，学本仄也，音作平。读而若尔，而本平也。音作仄，读止平仄两音，且颠倒互换。类此者不可殚述。案旧志所列举者，今仍通行。故录全文，并补充若干条，以备参考。

——《滦县志》

丰润土音

五读作无。

阁，读作稿。

若，读作饶。

笔，读作彼。

药，读作耀。

麦，读作卖。

略，读作料。

俗，读作须。

讹，读作挪。

鹤，读作豪。

福，读作府。

阜，读作富。

鞋，读作邪。

给，读作纪。

饭，读作泛。

霍，读作火。

墨，读作密。

锡，读作西。

雹，读作包。

郁，读作宇。

阔，读作渴。

瑞，读作睿。

所，读作灼（上声）。

硕，读作韶。

色，读作晒（上声）。

我，读作挪（上声）。

爱，读作乃（去声）。

落，读作劳（去声）。

窄，读作斋（上声）。

北，读作卑（上声）。

白，读作拜（平声）。

或、获，俱读作槐。

学、小，俱读作鸮。

觉、脚，俱读作绞。

摘、谪，俱读作斋。

耕、更，俱读作经。

国、郭，俱读作锅。

翟、宅，俱读作斋。

车，读入差之差。

善恶之恶，读作平声。

一、七、八、十等字，俱读作平声。木、牧、目、某、墓、慕、暮，俱敛口作鼻音。

此类不可悉举。

——光绪《丰润县志》

滦州土音：

祖曰爷爷，即耶字，祖母曰奶奶。

曾祖曰太爷，曾祖母曰太太。

叔父曰叔叔，叔读若收，叔母曰婶子。

伯父曰大爹，又大大，大伯。皆伯之称也。伯母又称大妈。

兄曰哥哥，兄之妻曰嫂子。

弟曰兄弟，弟之妻曰弟妹。

姊曰姐姐，妹曰妹子。

称女曰闺女，曰姑娘，曰丫头。女婢亦曰丫头。刘宾客寄赠小樊诗，前面丫头十二三。凡童稚乳名，无男女，字必双。下一字恒呼为头（亦有呼为子者。以上一字分别之）。

称妻父母，曰丈人、丈母。

妻之兄弟，曰大舅、小舅。

妻之姊妹，曰大姨、小姨。

妻兄弟之妇，曰大妗、小妗。

妻称夫之父母，不曰翁姑，曰爹妈。

夫之兄弟，亦称哥哥、兄弟。外称则谓之大伯子、小叔子。

姑舅亲，皆冠以表字。

两姨亲，则冠以连字。

两婿相见，大者呼小者，亦曰妹夫。小者呼大者，亦曰姐夫。

姊妹之子曰外甥，女之子曰外孙。

称母之父曰老爷，母之母曰老老。媪字之转音也。

妻称夫之伯叔，亦曰大大，（或大伯）叔叔，外称则谓之大伯公公，叔公公。

夫之伯母、叔母，亦曰大妈、婶子。外称则谓之大妈婆婆、婶婆婆。

称天曰老天爷。

称客曰且。（明史童谣云：委鬼当头坐，茄花满地生。后应于魏忠贤客氏，北方呼客为且，且茄音相近。或云陶潜归去来辞，悦亲戚之情话，且者戚之转音也。）

称叟曰老爷子，媪曰老娘子。

佣工曰打头的，又曰伙计。

孪生之子曰双棒郎。

内词曰咱们，曰我们。外词曰你们，曰他们。

詈人以小人，藐之曰崽子。（《水经注》：娶童草女，弱年崽子。）

称稳婆曰老娘。

贫无聊赖者，曰穷棒子。行不正者曰尬子。

恶语侵入曰得罪。（言侮人而已得罪也。）

不知而问曰厦（犹云甚么，亦云什么），作厦（犹云做什么），咱者（犹云怎么着）。

谓妄语曰吹，谓狡黠为奸，谓不慧曰傻，愚曰笨，游嬉曰玩，闲游曰逛，以时乞人财物曰打秋风，言语不通相诮曰咵。

不洁曰腌臜，不整曰邋遢。

醵钱作酒食，曰打平伙。

惊遽声曰嘆。（按《史记外戚世家》，褚先生云：武帝下车泣曰，嘆，大姊何藏之深也。）饰羽于钱，以足抛之为戏曰毽。（毽本音建，见帝京景物略。谣曰：杨柳青，放空钟。杨柳死，踢毽子。俗呼曰欠。）物不良曰尬骨。人不顺曰乖骨。言在恶在骨也。

棉曰棉花。蝗子曰蝻。

以手推人曰搡，击人曰打。打本音顶，与挺同义不同音。其义本为考击。故人相殴，皆谓之打。土音呼作挞，而字仍书作打。

补不足曰找。找本音华，与划同。正韵拨进船也，俗音爪。今作找，数找补等义俱音爪。

以羽毛布帛去尘曰担。音亶玉篇拂也。

物干枯而缩小曰瘪。音别。按七修类稿，张士诚在姑苏，专用黄敬夫、蔡彦文、叶得新三人。民间作十七字诗云，丞相作事业，专用黄蔡叶。一夜西风起，干瘪。今土俗困于事、困于财、困于文、统谓之干瘪。旧志。

名蟋蟀日趋趋。草虫曰聒聒。蝉曰吉了。蛙曰河蟆。蛇曰长虫。蜻蜓曰麻郎。螳螂曰刀郎。蝼蛄曰拉拉古。桑扈曰扈巴拉。蜥蜴曰蝎虎溜子，河豚曰蜡头棒子。

谓不知自爱者，曰没价钱。

才小而自炫者，曰半瓶醋，又曰满瓶不摇半瓶摇。

脑筋过敏者曰唧伶。

贪婪者，曰见钱眼开。

受人愚弄，曰上当。

愚弄人者，曰赚人。

无才而妄冀者曰妄想爬高。

无事自扰者曰找麻烦。

事须考虑者，曰犯嘀咕。

詈人轻狂，曰奸诈。

誉人忠厚曰老实。

事不可能曰不中。

物可人意曰不离。

儿童顽皮者曰柴。

爱曰稀罕。

甚词曰推。太之转音也。

拿物曰秋。上声。取之转音也。

无理而强为者曰混账。

讥人阔绰曰抖。

诮人出风头曰露，读如漏脸。

詈人失节操，曰丢脸。

称无行之人，曰下三乱。

无事而过往邻右者，曰闲串门。

出游邀伴侣曰打帮。

闲谈曰拉（上声）科。

语言无味曰扯淡。

谄媚人者曰流虚。

故暴人短者曰寒蠢人。

慕人势利曰巴结。

心术不端者，曰尬骨人。

心术光明者，曰正经人。

乘机进取者，曰出息人。

多人阴谋，曰编笆。

孤立无援，曰光杆。

理不当为，曰犯不上。

人不老成，曰不靠稍。

物不坚牢曰不结实。

人不爽利，曰不快当。

光棍曰耍人的。

土匪曰混星子。

土豪曰尬杂子。

运气不好曰倒灶。

举动不开展者，曰眠娗。读如缅忝。

谓物翻腾曰扑棱。

累赘曰逻迻。

物体由伸而缩，曰皺皺。

正午曰晌火。

私藏财物曰体已。梯或作体。

怂恿教唆曰撺掇。读若妥。

器破未离曰裂璺。

厌恶其人曰戈盈。

甚么事曰厦勾当。

怎读如咱，上声着，询问之意。不行着，犹言无妨也。这可咱着，犹言无可如何也。

此处曰这里，亦曰这疙瘩。彼处曰那里，亦曰那疙瘩。

夜儿个，昨日也。候上，晚上也。多趱，多少时候也。

突如其来曰冷不防。

是人言，曰可不。

修理曰整整。

——《滦县志》

谣谚

按：无章曲曰谣，语浅俗曰谚。谣词儿童喜歌之，好奇心使然也；谚语老人乐道之，阅历有得也。谣谚虽俚，实蕴至意。采风问俗者，胥重视之。

云彩往南，下雨没房檐；云彩往北，下雨发大水；云彩往东，下雨必要晴；云彩往西，下雨披蓑衣。

八月十五云遮月，正月十五雪打灯。先年中秋云遮月，次年元宵必落雪。

五月六月看老云，七月八月看巧云。夏云厚，故曰老；秋云薄，故曰巧。

早霞不出门，晚霞行千里。早霞必雨，晚霞多晴。

天河斜调角，家家忙小袄。初秋天河转向西南，气候渐凉，故妇女皆作御冬之准备。

东虹日头西虹雨。虹俗读若绛。虹东出则晴，西出则雨。

先下牛毛没有雨，后下牛毛没有晴。牛毛谓细雨也。

不怕初一下，就怕初二阴。初二阴天，则上半月多雨。

夏至东风摇，麦子水里捞。

冬走十里不亮，夏走十里不黑。冬夜长，天将明时，走十里不亮；夏日长，黄昏时，走十里不黑。

大旱不过五月十三。言至是时，可得透雨。

麦收三月雨。三月雨，最利于麦。

一九二九，人在冰上走；三九四九，冻的不伸手；五九六九，沿河看柳；七九河开，八九雁来，九九加一九，遍地黄牛走。

有钱难买五月旱，六月连阴吃饱饭。六月多雨，秋收必丰。

春见春，四蹄贵如金。凡一年两见立春，牲畜价必昂贵。

小雪封地，大雪封河。

四月以初旬雨，占麦丰歉。谚云：一二麦脚黄，三四落把穰，五六泥中割，七八麦上场。又以三四日占风雨。谚云：月儿张弓，少雨多风，月儿仰瓦，不求自下。

立秋十天懒过河。气候较寒，是时水凉，不便于涉。

荞麦开花热死牛。八月间，日午犹暑也。

榆钱落，燕鱼过。

麦收一晌，杏收一时。麦杏将成熟时，变化极速。

大暑找黍，处暑十天乱割谷。

春梭夏鲈，白眼割谷。

六月六，看谷秀。时谷已秀。

头伏萝卜二伏菜，三伏里头种荞麦。

一到芒种，不可强种。已逾耕期，虽强种，亦难成熟。

立秋不出头，割了喂老牛。梗子是时不秀，则无望矣。

七月十五张嘴，八月十五伸腿。指蚊言。

庄稼老，不可夸，就怕六月二十八。俗谓是日落雨，秋则歉收。

一场秋雨一场寒，十场秋雨便穿绵。

腊七腊八，冻死鸡鸭。为一岁最寒期。

长虫过道，大雨将落。蛇去则雨，落音同劳，去声。

不是一家人，不入一家门。家人性习，须大致相等。

家有千口，主事一人。谓一家之少长男妇，均须服从家长之命令。

为人不当家，不知柴米贵。为人不生子，不知父母恩。谓少不更事者，不知用度之艰难。未生子女者，不知亲子间之关系。

有柴有米好夫妻，无柴无米顶眼鸡。言富有则夫妻易和睦，贫穷则难免反目。

好儿不用多，一个顶十个。

一千吊钱不娶妻，一百吊钱不置衣。言只有此数，尚不能养家口置衣服也。

有钱不买当庄鸡，有钱不娶活人妻。鸡不出本村，必仍返旧窠；活人妻，多不贞洁。

家有贤妻，男儿不作横事。谓有贤妻劝导，丈夫不至惹祸。

不怕儿女晚，就怕寿命短。

小孩叫着长，窝瓜葫芦吊着长。

傍山吃山，靠海吃海。

十年河东，十年河西。

家有千棵树，无钱也算富。谓植树之利益。

养树不养花，养鸡不养鸭。花只供玩赏，鸭虽产卵而较少，故不如养树、养鸡之合乎经济原理也。

多年的老道熬成河，多年的媳妇熬成婆。

衙门口，向南开，要打官司拿钱来。可为好讼者戒。

只许州官放火，不许百姓张灯。谓专制时代，官吏欺压平民也。申言之，凡仗势欺人者皆然。

冤死不告状，穷死不做贼。打官司费用极繁，理或不伸。做贼终落法网。

大堂上没有种着高粱谷子。谓兴讼即须有钱。

糖瓜祭灶，家家媳妇都来到。今天不来，明天就不要。凡女之出嫁者，无新旧，均须于腊月二十三日前归男家。

青草没驴蹄，拜年亦不迟。谓距离较远之戚友，每届新岁，亦须临存，惟不拘时期之早晚。

一到九月九，萝卜白菜不离口，病从何处有。谓多食蔬类，则少疾病。

晚饭少吃一口，香甜一宿。临睡多食不易消化，故以少为适。

晚饭少吃一口，活到九十九。言能常常如是，则可延年。

睡觉不蒙首，活到九十九。睡不蒙首，免触被中污浊气，最合卫生之法。

早茶晚酒饭后烟。谓须用之得当。

春捂秋冻，一辈子不生病。春寒犹剧，棉衣不宜早脱。秋气虽凉，亦须渐次添衣。

小葱蘸酱，越吃越胖。谓蔬菜亦多滋养料。

高会好，高会好，先当裤子后当袄。俗谓押花会曰高会，高阁之转音也。花会之流毒，已详见本志风俗章，读此谣而益信。

抽大烟，穷的快。不是当当就是卖。

扎吗啡，一身光，披着麻包当衣裳。近日青年染此毒者甚众。每年死亡，不可胜计，亦浩劫也。

为人不作亏心事，哪怕半夜鬼敲门。

出头的椽子先烂。

各扫门前雪，不管他人瓦上霜。

管闲事，落不是。以上三则，均劝人安分守己，不可多事。

是非只为多开口，烦恼皆因强出头。上句戒人多言，下句戒人好事。

有虫子的枣儿先红，好取巧的人先穷。天地之间，物各有主。计取人之财物为己有者，理难久享。

天下老鸹一般黑，那家烟囱不冒烟。谓凡事皆然，家家如是。

吃不穷，穿不穷，打算不到才受穷。谓用财须预算。

家里打车，外头合辙。谓人做事，须顺应潮流环境。

穷是馋懒，富是勤俭。

庄稼老，生的怪，贱卖贵不卖。农产物待价而沽。每至不能再存留时，始肯出售。

衙门钱，一溜烟；买卖钱，六十年；庄稼钱，万万年。谓得之易者，失亦易；得之难者，失亦难。

老天不灭大傻瓜。天相朴实人。

倒风的灶火，不说理的老婆。谓无法制止不可理喻。

不怕慢，就怕站。无论行路做事，皆忌中辍。

大水冲了龙王庙，一家人不认一家人。斥同族而不互助者。

从小看大，三岁知老。看幼年之行动，即可断定将来之成就。

傍着勤的，没有懒的；傍着费的，没有俭的。环境习染，最有关系。

不经一头，不长一志。言人非受刺激，不能长志气。

不听老人言，吃亏在眼前。谓少不更事者，须听老成人之劝诫。

在家敬父母，何必远烧香。谓人当孝顺父母，不可迷信神佛。

在家不敬人，出外没有敬。

野鸟近宅，无事不来。俗以野鸟飞入人家为不祥。

有钱难买回头看。临行回视，可免去后之追悔。

半夜烧钱帖子，受穷等不到天亮。谓挥霍无度者，乃自速其穷困。

猴儿嘴里，吐不出酸枣来；染房里，退不出白布来。上句指钱物，已为贪婪者得去，即不能再返；下句谓事已成就，不能更易。可见用财做事，均须慎始。

人要三稳，口稳手稳脚稳。商界恒以此训练学徒。

官打民不羞，父打子不羞，先生打学生不羞。谓须服从尊长之命令。即因过受罚，亦不当视为耻羞。

好驴儿不吃回头草，好女不穿陪嫁衣。谓须自立，不可依赖。

丫头妈起来吧，场里谷子也该掐，地里棉花也该抓。农妇在秋间，须助男子收获，故有是谣。

日头没，红眼过。过给那，过给骡子马。儿童害目疾者，每歌是祝之使愈。

麻郎麻郎过河。东边打鼓，西边打锣来。夏秋雨过天晴，蜻蜓（俗谓之麻郎）飞翔空际，捕食蠓虫。儿童见之，则歌此以行乐。

狼来了，虎来了，小猫跳墙咬来了。哄着孩子睡觉了。催儿童眠睡时，则唱此歌。

东洋车，好买卖，大爷拉着大奶奶。人力车初入境时，儿童好唱此歌。

老扁老扁簸簸箕，簸了粳米簸糯米。俗以长身蚂蚱曰老扁。儿童捕获，执其长腿，形类簸扬，故作此歌。

——《滦县志》

物产

按：帝王御世，首重明农。故《尧典》授时历举作讹成易。《周书·无逸》先知稼穑艰难，诚以国以民为本，民以食为天，三时不害，百谷用成。上为教化之权舆，下为衣食所利赖也。左太冲《序赋三都》则云：鸟兽草木，验之方志。信乎志邑乘者，尤贵辨物居方，不可假称珍怪，以为润饰矣。邑称润泽丰美，物利饶多，而山则可官，海则可府，货财亦资生殖也。然朘之斯瘠，抚之斯腴，长民者利而导之，其必有道矣。为枚其凡，志物产。

——光绪《丰润县志》

农产

按：古人论政，足食为先。则五谷尚矣，而县民百万，什九为农，余九余三，百无一二。一岁不登，则饿殍相望。农政又乌可不修也？虽沙坨碱地，种树各有相宜之物。苟能度其性质，垦而植之，如小站之稻田，不难变斥卤而为膏腴。亦足为我县农产之一助也。至若春初早韭，秋末晚菘。凡野蔌园蔬，皆为农家需用之物。则试举各谷与各蔬之种类，与产量而覼缕以述之。

秋麦：为主要农产，皮薄粉多，食之宜人。陈者更良。丰年沃壤，每亩产二百六七十斤，平原每亩产一百五六十斤。按说文：麦金也，金旺而生，火旺而死。叶细长为平行脉，茎高二三尺，中空有节。夏开小花，花以昼，实有长芒。黑沙壤黄沙壤皆宜。每年秋分播种，次年夏至后收获。古人云：秋麦秋生冬长，春秀夏实，实具四时中和之气。故在五谷中为最贵。

火麦：一名春麦，花叶与秋麦同，春种夏收，皮厚粉暗，产量尤歉，虽富岁亦不足赖。

大麦：即诗所谓牟也，仁可作粥，芽可作饧。县境酿高粱酒者，多用大麦为曲粮。或以之饲骡马。产量与秋麦略同，亦春种秋收，茎叶与秋麦无异。但茎微粗，叶微大，壳与粒相粘不脱。不与秋麦同耳。因为用无多，故种者亦少。

荞麦：名麦，而形异于麦。县境皆产，丰年每亩产一百余斤。实三角形，长柄互生，叶茎赤，花小而白，列为圆锥花序，实有三棱，熟则色黑。每年立秋前后播种，寒露刈获。磨粉如麦，可作饼饵。按：荞麦非亢旱至立秋始雨者不种，亦有因水灾雹灾虫灾而后，五谷皆晚不得不种者，以产量不富，皮厚粉少故也。

以上麦类。

白高粱：叶狭长，为羽状脉；茎似竹，中不空；穗聚上，出粒似椒而小。性微畏水，每年谷雨及立夏为播种期，白露后为收获期。专备食用，销于本境。

红高粱：为主要农产。品质较白高粱微逊。丰年上田，每亩产二百二三十斤；中田，每亩产一百六七十斤；下田，每亩产一百斤，或三四十斤不等。形状与播种及收获期，与白高粱同。惟不畏水，高下皆宜。或备食用，或作肥马材料，或作酿酒材料。实销售最畅旺之物。

矮高粱：有红白二色。粒微圆而小，品质较逊。收获微富。下种及收获期，与红高粱同。但供酿酒及肥马材料，故人不多种。

黏高粱：性黏。有红白二色，红者微涩。茎叶穗及下种收获期，与白高粱同。但产量不富。

谷子：为主要农产，有黄白黑三色，黄色者佳。性温平。《周礼地官》注：谓窖地而藏，可数十年不坏，良然。丰年上田，每亩产一百七八十斤；中田，每亩产一百二三十斤；下田，每亩产七八十斤。叶似玉蜀黍而狭小，花小密集，为圆锥花序，穗之大小，芒之长短不一。去壳名小米。每年由清明至芒种为下种期，处暑后皆能熟，惟晚种者粒疏耳。为人民常食上品，销路在各地最畅旺。亦民食之要品也。

黏谷子：花叶与播种及收获期，与谷子同。惟性黏耳。

黍：去壳呼为小米。其性黏，为六谷中上品。丰年上田，每亩产一百余斤；中田，每亩产七八十斤；下田每亩产五六十斤。叶有平行脉，细长而尖，表里皆有细刺，穗如糁子，粒与粟同而微大，且光泽非常。每年芒种播种，处暑收获。可以酿酒，可以做饧饧，可以做糕。销路亦畅。

稷：俗名藦子，粒与黍无异，但性寒不黏。丰年上田产百余斤；中田，及下田，则有产四五十斤者。茎叶与黍同形。播种收获，与黍同时。所产无多。无出售于人者。

稗子：皮厚米小，故名稗，宜下地。味甘性寒。丰年每亩产二百余斤。茎叶似野芦，高三四尺，其末吐穗，粒如粟。每年清明下种，秋分收获。人家以为肥马材料，去壳可食，亦可作饧。

以上粟类。

稻子：水种曰稻，米色纯洁，味甘美。丰年每亩产一百四十五斤。叶细长为平行脉，茎微扁，高二三尺，其末吐穗。每年清明下种，立夏分秧，秋分后实始坚好，不同南方能早获也。

梗子：旱种曰粳，质量形状与稻同，而产量无几。每年清明下种，不分秧，秋分收获。

玉蜀黍：俗名包儿米，又名棒子，为北方主要农产。有黄白二种，黄色者佳。丰年上田，每亩产二百六七十斤；中田，产一百八九十斤；下田，亦产一百余斤。平行脉长叶，茎高五六尺，或六七尺，期末开花如秕状，节间有苞侧出，状似儿臂，其端有须，作淡红色，出自苞内粒末，迨须干则粒成矣。每年立夏前后下种，处暑收获。可为人类食品，可充肥马材料。且可作粉。销路亦颇畅旺，亦人民经济最依赖者。又有夏至后下种者，名麦后玉蜀黍。寒露后亦可熟，而为日甚短，稍不得时雨，便不能丰收。故播种者无多。

以上稻类。

黄豆：以皮色黄，故名黄豆，亦主要农产。有大粒小粒二种，大粒者佳。丰年上田产一百五六十斤，次则产七八十斤，再次则产三四十斤。叶以三小叶合成，花为蝶形，实为长荚，荚内两粒三粒不等。每年清明至夏至，皆为下种期，白露后收获。县人往往用作豆腐以佐食。

黑豆：以皮色得名，亦主要农产。有大小粒二种，小粒者佳。丰年上田每亩产一百六七十斤，次则百余斤，再次八九十斤。叶与花实与黄豆同。清明至夏至，皆为下种期，秋分收获。作养猪饲牛马之用。

水黄豆：皮色青黄，粒较黄豆微扁而且小。下地多种，产量与黄豆同。叶与花实及下种收获期，亦与黄豆同。用作豆腐。

青豆：皮与肉均青色，粒较黄豆微大。下地多种，产量较歉。叶与花实下种及获期，与黑豆同。

绿豆：为主要农产，以皮绿得名。粒圆而且光润者佳。性凉，能解百物之毒。丰年上田产一百余斤，次则产七八十斤，再次或四五十斤。茎软有蔓，叶以三小叶合成，花亦蝶形，实为细长荚，每荚七八粒或六七粒不等。每年夏至播种，秋分收获。

小豆：粒大于绿豆，有黧赤白三色，赤者亦名红小豆。与入药者有别。丰年上田，每亩产一百五六十斤，余处少逊。花叶与绿豆同，亦结细长荚，或七八粒不等。夏至下种，秋分收获。为粉条原料。

豇豆：此豆有数种。一名爬豆，一名白豆，一名豇豆。白豆佳，爬豆次之，豇豆又次之。县境皆产。丰年上田，爬豆、豇豆，每亩产一百余斤，次则七八十斤，再次则四五十斤。惟白豆宜沙壤，丰年砂田，每亩亦可产百余斤。蔓生羽状复叶，夏日开蝶形花，结实成荚，荚长数寸，一荚有至十粒者。每年谷雨至芒种为下种期，秋分收获。以之入饭，故又名饭豆。

豌豆：其苗柔弱婉转，故名豌豆。有黄白二色，白色者佳。先二麦登场。丰年上田，产一百五六十斤，中田百余斤，下田七八十斤，或四五十斤。羽状叶，茎作长蔓，蔓端有卷须，基部有托叶甚大，夏初开蝶形淡紫色花，结实成荚，荚内三四粒不等。每年清明前下种，夏至前收获。以之入饭，或用以造曲酿高粱酒。

以上豆类。

落花生：宜沙土。色白皮薄者佳。丰年每亩产二百余斤，次则百余斤，或八九十斤。羽状复叶，蔓延地上。近亦有矗立不倚，高至尺余者。秋夏之交，开黄色蝶形花，花后子房入地一二寸，结实成荚，皮有皱纹，仁则单双不等。夏初播种，寒露收采。国内外皆能销售，农家之纳赋纳税，实利赖之。按：花生有大粒小粒二种，小粒者皮尤薄，味尤美。除皱纹稍深外，花叶与大粒者同。但产量较逊，人多不种。

甘薯：一名番薯，俗呼为红薯。有红白二种，其味甘美，人多以之充糗粮。丰收每亩可得千余斤，次则七八百斤，或五六百斤不等。茎细长，蜿蜒地上，叶心脏状，作紫褐色，花似有牵牛而稍小，作淡红色。根块椭圆，两端钝尖，皮肉皆红色。又有皮色灰，肉色白者，为番薯之变种。每年清明炕莳根块，夏初分秧，霜降收采，窖藏戒风，次春可食。土人常蒸熟售于各市，近且用作粉条，淀粉极富，销路甚旺。（按甘薯出自交趾，吴川人林怀兰，由交趾得之以归，初莳于粤。电白县有林公祠，曰番薯林公之庙。）

马铃薯：形似马铃，由此得名。味甘如番薯，人或以之充糇粮。每亩可产七八百斤，或五六百斤不等。春初切片莳于野，舒羽状复叶，以大小二种合成；春暮茎开花，有白紫二色，地中生块，形圆如马铃，霜降开采。

苏子：茎方高二尺余，叶卵形，端尖有锯齿对生，背红紫色。夏日出花，茎开小唇形花，色白或淡红，为总状花序，实如芥子，茎叶皆入药，子榨油，产量无多。

胡麻：即芝麻，亦名芝麻。有四棱六棱八棱多种。四六棱者，房小而子少；八棱者，房大而子多。丰年上田每亩可产百斤，次则六七十斤，再次则四五十斤。茎方叶长，有羽状脉，开白花，节节结角，角内有两槽，籽粒密砌。谷雨下种，白露刈获。用以作油。

大麻子，上田每亩产一百余斤，次则七八十斤，再次五六十斤。叶掌状深裂，茎高六七尺，花雌雄异株。谷雨下种，立秋后便可捋采其实。实能制油，可为脂车然镫之用，及制印色。

棉花：古名吉贝，为主要农产。大抵色白而绒不甚长。上田每亩产五十余斤，次则三四十斤，或二三十斤不等。叶似牡丹，花似秋葵，实色青，微有三棱，累累如桃实，县人直呼棉花桃。桃裂绒见如鹅毛，名曰棉花。每年谷雨前播种，处暑拾花，运销各处。近日有所谓洋棉花者，美国所产种也，枝叶高大，花亦繁多，每亩有产二百余斤者。

烟：即烟叶，县境全有，惟叶薄味逊，产量不富。羽状圆叶，叶柄不显，而互生于茎，花石青色，成漏斗状。每年清明下种，夏初分秧，处暑劈叶，叶晒干，供人吸食。

麻：其皮可绩者，有苧麻、茼麻二种，用制绳索之用。

以上杂产。

菘：俗名白菜。其味甘美，肥而且大。一本有至十余斤者，为县境主要蔬菜。叶柄厚大白色，叶梢宽薄绿色。大暑下种，立秋后分秧，立冬刈获。运销境内，与酽作冬菜，分销各省。又有春初播种者，棵小味微苦，月余即老，不及晚菘远甚。

韭：即山韭也，味辛美，春初最佳。亦主要蔬菜。叶丛生，细长而扁，茎端开花，花亦可食。春初刈食，至秋不断，尽销本地。又一种似韭，而叶阔多白，名曰薤。

菠薐：俗呼为菠菜。味甘，亦农家主要蔬菜。叶互生，略如三角形而尖，茎高尺余，花小而黄。单性雌雄异株，根色赤。春初播种，可为春蔬，秋初播种，可备冬乏。并可为早春佐食之品。

葱：一名芤，以叶中空也。其味辛美，用佐烹饪。青干皆可食，有菜伯之称。叶成管形，中空，高二尺余，有平行脉，下部多在土中，作白色，号葱白。每年秋分播种，次年芒种分秧，霜降收采。运销各处。

伏葱：每年夏至后播种，次年春初可食。

蒜：本名山蒜，其味辛，诸物皆宜。叶似兰，茎似水仙，茎叶皆可食。每年清明莳夏至收采。

胡荽：一名芫荽，又名香菜，其味香，最宜膻。羽状复叶，细裂有锯齿，夏初开细花，族聚如伞，实圆无翅。春初下种，暮春采食，至冬不断。

莴苣：或名莴笋。以其茎如笋也，可腌作酱菜。有二种。叶由根生者尖阔，叶由茎生为心脏形，皆无柄抱茎，味微苦。每年清明下种，夏初即可采食。

芹：古名堇，又名楚葵，境内皆有。其味微臭，产量无多。羽状复叶，茎有棱中空。春初下种，秋初采为佐食之品。

藜：俗名扫帚菜，苗嫩可食，干老则束为帚，田家利之。子即地肤子，入药。

苦荬：俗名刺儿菜，读刺若七，音近祛，方言也。春初即生田野间，妇女挑之以佐馔。

以上叶类菜。

刀豆：俗呼为芸豆，亦名五月忙，嫩时可充蔬佐食。叶为复叶，夏日开蝶形花，色紫碧，实成长荚，扁平似刀。春初下种，夏至后，其实陆续能熟。籽有红黑白三色，老则皮厚粒硬，亦可入饭，但不若嫩食之为美也。

扁豆：俗呼沿篱豆，又呼蛾眉豆。李时珍曰：本作扁豆，以荚形扁也；又名沿篱，以其蔓蜿蜒篱上也；又名蛾眉，以其脊白象眉形也。三月下种，叶大如杯，团而有尖；花如小蛾，有翅尾形；荚十余样，或长或圆，或如龙爪虎爪，或如猪耳刀镰。种虽不同，皆累累成枝，白露后实更繁衍。嫩时可充蔬食。

菜豆：花叶荚皆似豇豆，但荚倍长于豇豆，用以充蔬。

挂豆：菜豆变种，花叶皆似菜豆，而荚如桐实，实不易老。

蚕豆：以豆荚似老蚕得名，又以蚕时始可食，因名蚕豆。二月下种，叶状如匙头，本圆末尖，面绿背白，一枝三叶，花如娥状，结角连缀如大豆，颇似蚕形。

花椒：丛生，其枝棘刺。嫩牙亦可食，不如川产者良。

以上实类菜。

莱菔：俗名萝卜，为农产最主要者，境内皆有。质脆味甘微辛。羽状分裂叶，根椭圆形，皮红肉白，每颗大有至二三斤者。每年大暑播种，霜降收采。尽销本地。

紫萝卜：皮绿肉紫，味甘质脆。叶状与播种收获期，与大萝卜同，惟产量较逊。仅零星出售本地。

绿萝卜：皮绿肉绿，味甘质脆。种收获期，与大萝卜同。亦以产量无多，仅销本地。

水萝卜：有红白二色。味质与大萝卜同。羽状分裂叶，根细长形，粗如儿臂，或如拇指。春初播种，立夏后可食，但不耐久。时日稍多，其中即空。

胡萝卜：味甘质脆。复叶分歧太多，有长柄，秋间开小白花，为复伞形，根细长，皮色黄赤，肉色与皮色同。亦春种秋收，零售于市。

擘蓝：一名芥蓝。叶似芥，根如萝卜，味甘质脆。叶圆形尖端，碧色光润。春初下种，因其叶亦可擘食，故名。为根菜佳品。

芥菜：味辛辣，亦主要农产。叶似油菜而有缺刻，但叶面皱缩粗糙，根似莱菔。秋初下种，立冬收采。腌作佐食之品。

芜菁：即蔓菁。形类芥而味甘可食。

山药：即薯蓣。唐代宗名预，避之改称薯菜。宋英宗名署，避之改称山药。蔓上结豆者名零余子，俗呼为山药豆。

以上根类菜。

白莲藕：产于莲花池河水中。其味甘美，其质松脆。每年清明莳藕秧，夏至开花，其色白，土人呼为白莲花。茎为藕，呼为白莲藕。秋初可以掘食。以产量不丰，不能运售他处。

胡瓜：俗呼黄瓜。为主要农产。味甘质嫩，为佐食佳品。叶掌状浅裂，蔓有卷须，触物纠缠。夏开黄色合瓣花，雌雄同株，瓜长尺余，或数寸，皮色青白不一，有蓓蕾如疣，子老则黄赤色。春初下种者，夏初可食瓜；仲夏下种者，暮秋仍可食瓜。按胡瓜，以汉张骞使西域得种而名。土人以瓜老色黄，故为黄瓜。或竟以王瓜为黄瓜误矣。

冬瓜：一名白瓜，一名水芝。味甘。清明播种，引蔓甚长，叶为掌状分裂，茎叶皆有细刺。夏月开黄花，实径尺余，长二三尺，皮坚厚。嫩时作浅绿色，有细刺；老则色苍，上浮白霜。为佐食佳品。但产数无多耳。

瓟瓜：一名越瓜，又名菜瓜，惟产数无多。春初下种，花叶与冬瓜同而稍小；初秋结实，形似黄瓜而微粗。生熟皆可食。

丝瓜：春初下种，花叶与冬瓜同。实如鳖颈，嫩可食，老则瓤内筋络如网，曝干可以拭物，可以荐履。

玉瓜：其味甘，清明下种。引蔓甚长，一蔓可延十余丈，节节有根，触地伸入，其茎中空，其叶掌状，其大如荷花，色黄，与西瓜同。瓜有长圆正圆两种，立秋前即可摘食。又一种名金瓜，比玉瓜稍小。

倭瓜：一名南瓜，其味甘。人家往往植于墙头篱角。引蔓甚长，动至数丈。叶掌状分裂，茎中空。夏月开大黄花，雌雄同株。实有长圆二种，大有至二十余斤者。煮食甚佳，能解鸦片烟毒，并汤火伤毒。

壶卢：味甘苦不一，产数无多。叶掌状浅裂有嫩毛，夏开白花，实长圆二种。春初播种，夏初分秧，秋深实老。可剖作用器。

西壶卢：苗蔓俱类倭瓜，但早熟。初夏可食。

苦瓜：一名君子菜，味甚苦。杂他物煮之，他物弗苦，不波及其他也。有君子之德焉，故名。又名棉荔支，亦名癞葡萄。实老自裂，土人谓之裂瓜。南人谓苦能解暑，故嗜之。

瓠子：一名扁蒲。味甘苦不一，甘者可食，苦者有毒。产量无多。花叶与壶卢同，实长头大。春初下种，初夏分秧，秋初可食。

番椒：俗名辣椒，味辛辣，产量无多。叶卵形端尖，长柄互生，夏开白花，梗甚长，实如羊角，其色红，味最辛辣。有如柿形者，肉厚辣杀。

茄子：有紫白二种，而无优劣。味甘微涩，产量无几。春初下种，夏初分秧。叶掌状，花紫色，常向下。小暑食茄，为佐食常品。

以上蓏类。

龙须菜：生海滨，长尺余，白色。可以拌醋食之。

黄花菜：一名金针菜，即萱花也。鲜者干者，均可为菜食。

苋：有红白二种，多野生，园圃罕有种者。又马齿苋，叶如马齿，忌与鳖同食。

以上杂菜。

——《滦县志》

畜牧

按：自游牧变而为耕稼，服田力穑，需用牛马，而豢刍之事以起。故僻陋之乡，数口之家，百亩之田，刍而畜者马牛羊，豢而畜者鸡犬豕。不有夫此，不足以为农；不备夫此，不足以为上农。盖马牛耕田，羊豕粪田，鸡之与犬，司晨守夜，各有专司。与畜之纯为副产者，盖有别也。滦民百万，十九为农，马牛之与驴骡，故在所必畜；羊豕之与鸡犬，亦几几全备。惟羊饲而兼牧，有畜有不畜耳。

——《滦县志》

马：能负重行远，头颈长而有鬣，蹄极坚壮，仅有一趾。其齿有乳齿有永久齿，形态随年龄而异，故相马者先相齿。大抵土产，为农家驮载之役。饲养干草十之八，红高粱十之二。管理厩中空气有流通，有不流通。清洁者十之一二。

骡：体极强健，能任力役。为奇蹄刍食畜兽，驴马相交而生。马牝驴牡者良，驴牝马牡者逊。头似驴而耳小，颈似马而无鬣，尾在驴马之间。大抵土产，任农家驾车之役，无运售他处者。

驴：雄者喜鸣，故名叫驴；雌者善食，故名草驴。性温驯，能负重。体小于马，耳颊皆长于马，背之中央有黑线，直达于尾，色与灰鼠相同，间有黑色者，口眼鼻腹，约皆白色。土产者良，任农家驮载之用，无运售他处者。以上兽类奇蹄。饲养干草十之八，红高粱十之二。管理厩中空气不必尽流通，清洁者十之一二。

牛：体极硕大，性驯力强。为反刍畜兽。牝牡皆有，两角终生不脱，多黄褐色，间亦有黑色者。农家多畜之，以助耕种运送等役，无运售他处者。必眼离角近，又眼大白脉贯瞳子。颈骨长大，后腿阔厚者行乃快。如毛疏不耐寒，毛拳曲，尾稍乱则命短。牛牸腹下毛白乳红，多子，乳疏黑无子。一夜下粪三堆者，一年生一子；一夜只一堆者，三年生一子。牛疫，以仓术烧栏中，得吸其香即止。牛噎，用皂角末吹入。饲养干草十之八，黑豆十之二。管理棚内空气不尽流通，亦未必清洁。

羊：有山羊绵羊两种。大抵土产。绵羊多白色，角向两旁拳曲，毛长而蜷，尾巨而厚，形似小扇，有重至四斤者，人以膋脂为假熊白。山羊较小，角向后弯曲，毛短而直，有黑白二色。县人养羊，以粪其田，而为佐食之品。间有运售他处者。饲养刍十之八，豆十之二。但雨雪时则然耳，若天气清和，牧于山野，则无须刍豆矣。管理畜舍，因羊数而定，大抵方丈之舍，能容羊二十只。由此类推，无甚出入。至畜舍之高矮，又因冬夏而异。冬则矮舍，取其气聚而暖；夏则高舍，取其气疏而达。盖寒热皆易生病，至春必发耳。其秽尤宜日一扫除，而防病蹄。其在山羊，性既活泼，质尤顽强，畜舍尚可迁就。若在绵羊，性极喜聚，无论冬夏休息之时，必万头攒集，炭气极浓，其处所稍不清洁，瘟疫辄侵。故管理饲养，尤关重要也。

猪：即豕也。又名彘。其鼻长，其体肥满，好辗转泥中。大抵土产。县人养之，以粪其田，且为佐食之要品。饲养常分三期。第一期为阉革时代，除食乳外，每食亦用糠十之二，用豆十之八，合水以饲。第二期为长养时代，每食用糠十之八，用豆十之二。第三为肥育时代，每食用糠十之六，豆十之四。管理牢舍，亦宜清洁，更不宜久闭一牢。盖多豕同牢，易作喧嚣，不能增其体重。宜于大圈之外，多作小圈，更番闭锢，俾其耳目常新，则嚣声不作矣。至肥育之时，尤宜禁其运动，法在使之少见日光，自能静养。故育肥猪以黑暗之牢为宜。

谨按人之畜猪、羊为肥田计。也非若通都大邑与夫西国之，人养猪专为食肉，养羊兼为食乳。其卫生与人无甚差异。消耗虽重，不敢吝惜，必以生活适宜为止。县人对于猪羊稍为肥大，则售于人，卖价与买价，自一猪一羊计之，常无甚出入。其盈余则所遗之肥料耳。故管理每不能十分合法。

以上兽类偶蹄。

鸡：雄者司晨，雌者产卵。雌雄皆有肉冠，食道之一部为嗉囊，其胃分前胃及砂囊二部，脚强翼短，不能高飞。春夏秋三季产卵，每年全境运出鸡卵，六十余万斤。用途甚多，不尽作食物也。饲养每以杂粮，任其自由啄食。管理任其自由栖止，然必有埘以栖之。

鸭：性质木钝，嘴扁而平，趾有连蹼，两翼甚小，拙于飞翔，善于泅水。春夏秋三季产卵，纯为佐食之品。饲养以杂粮或鱼虾，任其自由啄食。但宜时时纵令下水，游泳就食。管理必有圈栅，任其自由栖止。

鹅：性能守夜，有苍白二色。形似雁而大，颈长嘴扁，身躯肥满，而尾脚皆短，翼力弱不能飞，性与水近。

以上家禽。

猫：性温驯而能捕鼠，礼迎猫为其食田鼠也。面圆齿锐，舌有细刺甚多，跖附肉块，藏锐爪于内，随时伸缩，行则以肉块着地，足音甚轻。瞳孔大小，随光线强弱而变，昼间日光强烈，其细如丝，旦暮正圆，夜能视物，故能捕鼠。饲养不多饲厚，盖味厚则体肥，体肥则不捕鼠耳。管理任其自由行动。

狗：无悬蹄曰狗，有悬曰犬。有田犬、吠犬两种。田犬长喙善猎，吠犬短喙善守。又有一种矮小短毛，若狮子者，性尤警黠，俗名叭狗。大抵土产，人家养之，以为守夜田猎之用。饲养给予人之食余足矣。管理任其自由行动。

谨按数口之家，马牛羊鸡犬豕，皆为必有之物。而马牛羊须管理，而常出范围之外。惟鸡与犬，无须管理。犬尤无论果腹与否，永远拥护主人。主人虽挞之流血，其常态不变，盖最忠之畜类也。人家对于守户之犬，往往薄于其他各牲，而忘其守夜之功焉。此古人所以有狡兔死，走狗烹之叹也。

以上兽类裂足。

——《滦县志》

水产

按：沿海州县，皆产鱼虾。境内且有河有池，除鲤、鲫为特产外，海鱼海虾、河鱼河蟹，所产亦伙。特欲以此为生活，则尚须研究种养各法，能有进步而后可。

鲤鱼：体扁鳞大，口有触须二对。宜淡水，喜群居，每年春夏秋三季网取。运售各镇。

鲫鱼：味尤在鲤鱼之上。形似鲤而头口皆小，亦无触须。春夏秋三季网取。

鲦鱼：一名餐鱼，河塘皆有，味美多刺。形狭长，背淡黑微青，腹白鳞细，好群游水面，大者或盈尺。惟所产无多耳。

刀鱼：产于河塘中。口巨而尖，细鳞多骨。土人呼为岛子，刀之转音也。

鲶鱼：其味鲜美，体圆，头大，尾扁，多黏质。口有肉须数对，春夏秋网取。售诸各市。

鳢：俗呼为黑鱼，形长体圆，身有斑纹，其胆不苦。首左右有窍如七星，又名七星鱼。每年春夏秋三季网取。售诸各市，有宿疾人忌食。

鳝：产河流或水塘中。有青黄白三种，白者味最美，土人珍之。状似鳗而细长，头部下有腮孔二，内有领白，下有细鳞数片，食之杀人。腹中有肺，或谓之气囊。喜伏水土之下，性能补滋阴，患痰炎者食之最宜。又取鳝鱼者，夜间必照以火。在瓮或腾踔抢火，火辄灭，是乃喷火蛇也；照以火，则其全身浮于水面，颈下有白点者不可食。谚曰：鱼浮鳝沈，沈滋阴，虽则滋阴，其毒亦深，方言鳝与蛇难辨也。又一种泥鳅，长数寸，亦鳝之类。旧志。

——《滦县志》

鲤：鱼之君也，还乡河金色者为佳品。

少阳：俗呼几盖鱼。

鲋鱼：一名鲫鱼，形似鲤鱼，色稍黑，冬月肉厚，子多。

鲶鱼：说文作触，尔雅作夷，无鳞多肉，生流水者色青白，生止水者色青黄。

鲙鱼：俗呼壶卢鱼，又为面条鱼，即杜诗所赋白小也。

鳝鱼：有黄白二种，又一种称蛇变者名蛇鳝，有毒，夜以灯照项下，有白点遍身浮水不可食。

鳛鱼：俗呼为泥鳅鱼。

魛鱼：肉多细刺，煎炙皆美，子魛尤佳。

鲻鱼：其形似鲤，浙海佳品，邑海滨亦有之。

海鱼：俗名黄花鱼，肉作瓣，腹中有膘，海滨于四月捕之，可用盐腌食。

鳓鱼：俗名快鱼，形色似江南鲋鱼，邑海滨人四月捕之，可用盐腌食。

比目鱼：鱼各一目两相合，乃行说文尔雅泪谓之鲽，俗呼鞋底鱼，三都赋所谓月则王余也，邑海滨多有之，然别有一种两目微遍，亦名鞋底鱼，非比目鱼也。

黄鲴鱼：状如白鱼，长不径尺，关不逾寸，遍身细鳞，南人谓为黄姑鱼，北人谓为黄骨鱼。

鳟鱼：尔雅曰鮅，俗呼红眼鳟。

夸鱼：尔雅谓夸鳜，归性小鱼也，似鲋子而黑，俗呼为鱼婢，江东呼为妾鱼。

——光绪《丰润县志》

蟹：产于海者介宽有尖，产于河者介团而偏，其黄与白应月盈亏，霜前有微毒，霜后佳，冬之紫蟹味尤美。

蚌蛤：尔雅作舍奖，月令谓蜃，种类极多，长曰蚌，圆曰蛤，壳可为粉，大壳为方者可映月取水。

蠃蛳：大者如斗，小者如拳，邑海滨多产之，又泥河产曰螺蛤，可入药。

蛏：江南者独脚，邑所双脚，名女儿蛏。

蛤蜊：生海滨沙土中，白壳紫唇作酱。

蚶：尔雅作魁，陆本草作魁蛤，圆而厚壳有文，纵横如瓦屋，故又名瓦屋子，三月得者曰桃花蚶。

虾：邑河海兼有之，海产大小不等，去壳曰虾米，又有麻线虾，邑人心做酱，名卤虾，又合配曰对虾，河产曰草虾。

蛭：水母也，人得之，浸以石灰水，去其血汗。厚处曰蛭头，薄处曰蛭皮。

——光绪《丰润县志》

螺：丰润海出螺，大者如斗，其壳可以代瓯。小者如拳，壳可制杯，土人谓小者为蠃。

蚌：蛤，有海蛤文蛤

——《畿辅通志》

动物

按：县境西北多山，东南滨海。动物繁伙，生活适宜。虽无珍禽奇兽，而不狘不獝，与人相习者，问其名，瞠然莫对也。孔子曰：读诗多识鸟兽之名。非虚语也。今姑就县境所有，而知其名者略纪之。

——《滦县志》

鹊：一名喜鹊，性恶湿又知风，故又名干鹊。尾长六七寸，与身相等，背黑有紫绿之光泽，肩腹及翼之羽，皆白色，嘴脚皆黑。俗以其鸣声为吉祥，故名喜鹊。

雀：一名麻雀，又名瓦雀。羽毛斑褐，颔嘴皆黑，头如颗蒜，目如擘椒，尾长二寸许，爪趾黄白色，跃而不步。其视惊惧，其目夜盲，其卵有斑。八九月间，群飞田间。其体绝肥，背有脂如披绵，可以炙食。

乌：性慈孝，全体色黑，有绿色光泽，嘴大而坚，其端甚粗，有刚毛蔽鼻。喜晨鸣，食谷类腐肉等物，为农圃之害。

鸦：类乌而小，项有白毛，余与乌同。

鸤鸠：即布谷，又名郭公。似杜鹃而体较大，毛羽灰黄白黑色相间，腹白，亦有横行黑条，嘴尖，趾前后各二，鸣声如呼割麦插禾。好食毛虫，有益于森林。

斑鸠：羽灰色似鸽，作与鸤鸠同，而呼声不似。

莺：一名黄鹂，又名鸧鹒，俗呼栗留。背灰黄色，腹灰白色，尾有黑羽。雌雄常双飞，喜栖高柳，夏初始鸣，至秋乃去。

伯劳：俗名胡不喇，性猛。夏小正之伯鹩，《豳诗》之鵙，《左传》之博赵，《诗疏》之博劳。统此一物，而异名者也。体大于雀，背灰褐色，雄者翼有白点，嘴短而强，上嘴勾曲，端尖，侧缘有齿状缺刻。捕昆虫小鸟为食，好以食物贯于棘枝之上，而徐食之。

鸽：处处有，有灰白二色。灰色者，颈及胸有紫绿色之光泽，翼长善飞。人家畜者名家鸽，记忆必甚强，虽飞至远处，能识归途，可用以传递消息。

鹌鹑：处处有，性好斗。头小尾秃，嘴脚均短，背浓褐色，翼黄褐色，皆有黑斑，腹赤白色，目有怒脉，利喙短尾。霜后土人张网田中，诱之以媒，候鹑入网，发火惊之，尽数可捉。又能辨其雄雌，欲使斗者必蓄雄。出入握之，处于囊，以益其气；沃以水，使壮其神。及其斗也，诱以香栗，拂其顶毛，两两相逼，即愤怒而斗，斗各以喙。如遇其敌，虽飞毛洒血，拔舌决睛，而斗不息。人必以手隔之始罢，其败者即垂翅而逃。

啄木：处处皆有。头有凤毛，灰背红襟。每啄木丁丁有声，其虫自出，就食之。乳高树穴中，牧童以石塞其穴，能以喙画地为符，其石自落，复以翼灭迹，人不得见。

青燕：即鸠也。性极拙劣，每夺鹊巢而居。诗维鹊有巢，为鸠居之，即指此鸟也。

鸱鸺：妖鸟也。昼伏夜出，处处皆有。其大如鹰，其色黄黑。其头其目皆如猫，耳边有长毛似角。鸣则雌雄相唤，初若呼，后若笑，所至人以为不祥。庄子云：“鸱鸺夜舍，蚤察毫末，昼出而不见山邱。即此物也。”

鸮：鸮与鸱二物也，周公合而咏之，后人遂以鸱鸮为一鸟，误矣！鸮状如母鸡，有斑纹，头似鸜鹆，目如猫，其名自呼。喜食桑葚，诗所为咏怀我好音也。其鸟古多食之，故礼云：不食鸮胖。谓胁肉薄弱也。庄子云："见弹而思鸮炙。"既云可思，其味非恶可知。

——《滦县志》

以上野禽。

附

鹑：城北集以玉田、丰润、永平产者为佳，毛劲者如竹叶，软者如芙蓉。

——《畿辅通志》

雉：俗呼野鸡，山中产。形大如鸡，而斑色绣翼。雄者文采而尾长，雌者文暗而尾短。其性好斗，其交不再，其卵褐色。将卵时，雌避其雄而潜伏之，否则雄食其卵也。礼月令，季冬雉如雊，谓阳动雉鸣，而勾其颈也。

黄雀

柳叶儿

以上山禽。

鹤：有白有玄，有黄有苍。李时珍曰："鹤大于鹄。长三尺，高三尺余。喙长四寸，丹顶赤目，赤颊青脚，修颈凋尾，粗膝纤指，白羽黑翎，亦有灰色苍色者。常以夜半鸣，声唳云霄。雄鸣上风，雌鸣下风，声交而孕。"《相鹤经》云："鹤阳鸟也，而游于阴，行必依洲渚，止不集林木。二年落子毛，易黑点。三年产伏，又七年羽翮具，又七年飞薄云汉，又七年舞应节，又七年鸣中律，又七年大毛落，氄毛生，或白如雪，或黑如漆。百六十年，雌雄相视而孕。千六百年形始定，饮而不食，乃胎化也。"

鹭鸶：一名白鹭。羽纯白，颈脚颈长，脚青色，嘴长二三寸。顶有白毛颇长，肩背胸部，亦生长毛，毵毵如丝。栖息水边，捕食鱼类。西洋妇女，取其毛以为冠饰。

鸬鹚：俗名老鸦，一名鬼鸟。形似鸦而黑，喉裸出无毛，领下有小喉囊，嘴长，末端稍曲，善潜水取鱼。

鸳鸯：偶鸟也，雄曰鸳，雌曰鸯。体小于鸭，嘴扁平而短，趾有蹼。雄者羽毛美丽，头有紫褐色之羽冠。翼之上部，黄褐色，雌者全体苍褐色，胸腹灰白。栖息池沼之上，常偶居不离。古人取以喻夫妇之和睦。

鸥：近水处皆有。嘴钩曲而强，羽毛白色，翼灰白色，长过其尾，前三趾间有蹼。好集海上，捕食鱼介，喜随海舶飞翔。

鹡鸰：俗名哗郎棒，近水处皆有，有黑白黄三色。形似燕，飞时作波状，行则摇动其尾，栖息水边。食害虫，故为益鸟。

鹜：俗名野鸭。

天鹅：形如雁而小，羽毛白色如雪。

以上水禽。

燕：有三种，声多稍小者汉燕也，紫胸轻小者越燕也。胸斑声大者胡燕也。飞鸣常呼乙，故又名乙鸟；其色玄，故又名玄鸟。体小翼大，其颔紫色，其背黑色，其腹白色。喙短口阔，其尾甚长，分歧如剪。每年春分前后来，秋分后复去。其来也，巢于人家屋梁；其去也，蛰伏窟穴。有谓渡海者谬谈也。

雁：一名随阳，有黑白二种。状似鹅，嘴长微黄，背褐色，翼带青灰色，胸部有黑斑，鸣声嘹亮，飞时自成行列。秋去春来，年年不爽。

以上候禽。

鹰：鸷鸟也，来自辽东。其嘴自根及末为勾曲；两翼张度至二尺五寸，背暗褐色，腹白色，有褐色横纹；脚四趾，其三向外，其一能前后回转，皆有勾爪，劲而有力；眼甚锐敏，盘旋空中，无微不瞩。猎者畜之，以逐禽兔。

鹞：产辽东，处处有。似鹰而体小，长尺余，羽灰色，腹白有黄褐色，或赤白色之斑点，尾有淡色黑条。人养之以捕小鸟。

雕：一名鹫，产辽东，性狞猛。嘴强大，中央勾曲，大者之翼，平展至七八尺，其脚有羽毛覆之。常攫食鸡兔等动物，羽可制扇。土人媒取之。

海东青：似鹘，能攫天鹅。

鸢：羽茶褐色，状与鹰略同，惟嘴较短，尾稍长。飞翔时，翼不频动，若静悬空中，喜回旋作大环。尾常开展，或平或倾侧，以调节其势。有所搏击，则自空疾下，常攫取蛇鼠鸡雏等。俗名鸡鹰。

以上鸷禽。

狐：似犬而小，体瘦而头尾皆长，以跖行。性狡猾，穴居山野，盗食食物，又能祟人。

貛：有狗貛、猪貛两种。穴居原野，常坏堤防水岸。昼伏夜出。性疑，出必疾于奔马，奔里许，缓步归穴。知无警，始徐出觅食。最喜害瓜，园丁恶之。

兔：尾短耳长，上唇厚，中有裂缝，上达于鼻。前足短善走，毛多褐色，可以制笔。

猬：亦称猬鼠，与鼹鼠同类异种。穴土而居，昼伏夜出，体长尺许甚肥，头足皆小，全身有尖锐棘毛，由背筋作用，能攒起如矢，俗称刺猬。食田间害虫，于农家有益。

黄鼠：一名黄鼬，俗名黄鼠狼。性极狡猾，体长尺许，赤褐色，四肢短小，其行屈曲自由，出入隙穴如蛇类。善捕鼠，夜出盗食鸡鸭。被人追迫，则肛门腺道，放出恶臭，使人难耐，藉以兔脱，又善祟人。毛可制笔，谓之狼毫。

鼢鼠：一名鼹鼠。性属阴，体肥大为圆筒形，稍扁平。长五寸许，毛褐色，短而细柔，有光泽，头似圆锥，喙突出，眼极小，陷入肉内。常居土中，不见日光，故视觉丧失，前股变为畸形，掌骨极强，后肢有锐爪，皆便于掘土。嘴食昆虫蚯蚓，及雏鸟之属。故为哺乳类中食虫动物。

鼫：亦称硕鼠，又名雀鼠，俗呼家鼠。状与兔同，尾短而眼红，毛有黑白褐等色。每为稼穑之害。诗咏害已而去者，即此鼠也。

鼠：穴田野者，形小尾短；穴墙壁者，形大尾长。每夜出窃食，生殖力极大，生百日即能产子。每年四产，每产五头、或十头不等。各国因其为黑死病传染之媒介，且毁损器具，盗食仓谷，统计损失，为数甚巨，故常注意捕灭之。

以上裂足野兽。

蜂：蜂有数种，马蜂、土蜂、蜜蜂。

蚕：为农业副产。惟北方地寒，二三月始雷，幼虫乃生。稍长必脱皮数次，每次脱皮，则二三日不食不动，谓之蚕眠。经三四眠，始上蔟作茧。茧成八日即出蛾。雌雄相配，遗子纸上，其蛾即死。欲取丝者，常乘蛾未出茧时，煮之使死，既出则丝绪断绝，不能缫也。大茧四千，小茧六千，可获丝一斤。

蜾蠃：田野间到处有，即细腰小蜂也。能食稼穑害虫，体色黑，雌者尾端有毒针能刺人。常衔泥就树枝及墙壁，作球形之房，产卵其中，藏蜘蛛、螟蛉等小虫，以供幼虫之食。诗螟蛉有子，蜾蠃负之。《五杂俎》云：谓负他虫子为己子，故人以继子为螟蛉。此解相沿已久。然蜾蠃实有遗卵在窠中，而杀小虫以饲之，非取小虫为子也。陶隐居《尔雅》注云：蠮螉衔泥竹壁及器物，作房，生子如粟米，乃捕取划上蜘蛛满中，以饲其子为粮云云。确凿有据，足破千古之惑。且诗但言蜾蠃负之，未言所负者作己子也。后人皆为扬子云类我之说误之耳。

蚁：有赤蚁、黑蚁、山蚁，大小数种。体分头、胸、腹，每部皆有光泽，聚群而居。分女王蚁、雄蚁、职蚁三种，女王蚁、雄蚁主生殖。职蚁为不完全之雌体。一主营巢取食，谓之工蚁；一主战斗，谓之兵蚁。其组织尤胜于蜂，女王多数同居，亦不似蜂王之嫉妒专制。雌雄至交期生翅。职蚁多在地下营巢，藏食其中。

蚯蚓：处处有，体圆而细长，有环节甚多，紫黑色。近前端处，有红色肉带，平广无节，名曰环带。腹面列生小刺后向，防之退后，而助其前进。雌雄同体，常吞食泥土，穿地为穴，故能使空气流通，植物易于生长。有被蜂螫者，用井水调其粪泥，涂之即愈。

蜻蜓：有数种，一名蜻蛉。黄色、绿色者体稍大，红色者形较小。分头、胸、腹三部，头甚大，复眼甚巨，口器强壮，便于咀嚼。翅薄如纱，止时为水平形，腹部细长，尾有歧，善捕蝶、蛾、蚊、蝇等害虫，故于农业有益。胸部甚肥，飞翔能远，不甚停息。黄昏之际，常高飞以捕蝇类。产时卵以尾蘸水，使附着水草之茎。其幼虫谓之水虿。

蝉：有数种，曰蟪蛄，曰蜩，曰寒蝉，皆其类也。生于夏秋间。头短吻长，有复眼二，单眼三，四翅，膜质大都透明，前翅较大。雄者胸腹交界处，有发声器，有小皱膜，并有大筋肉接连之，收缩振动，以发高声。幼虫在土中，吸树根之汁液，蜕皮成蛹，出而登树，再蜕皮成蝉。为期约需二年，既为成虫。交尾即死，雌者产卵亦死。谷传蛣蜣化者非是。又蝉喙细如发，入树皮隙而吸其汁。古谓松不栖蝉，以其汁不吸也。世谓餐风饮露，殆不尽然。其所脱之皮名蝉蜕。入药。

螳螂：田野到处有。体颇长，腹部肥大，头为三角形，复眼高突。前胸延长如颈，前肢变形为镰，有棘刺，便于捕获他虫。秋季产卵，簇聚成房，包以麦麸状之物。坚着枝茎，谓之螵蛸。桑上者名桑螵蛸，入药。

蜘蛛：人家及郊野皆有，性残忍，同类亦相食。体分头、胸部、腹部，状如囊，口有颚二对，上颚二节，末节为钩，其尖端为毒腺之孔，胸部有脚四对，肛门有瘤状突起之物，由此抽丝制网，以捕昆虫而食之。大者多结网檐际，在野有土蜘蛛、草蜘蛛等种，在屋有花蜘蛛、扁蜘蛛、白蜘蛛等种，最小者每曳丝垂下，名蟢子。

蜣螂：田野到处有，无害于农业。背有坚甲，黑如漆，喜以人畜之粪推转成丸。即产卵其中。

促织：有数种，一名蟋蟀，俗名趋趋，即促字之转音也。人家田野皆有，产瓦砾及石隙中。长六七分，全体黑色，雄者前翅，左下右上相重叠，接连处有刚强之声器，末端有尾毛二，较雌者为长。雌者翅短，尾毛之间，并有产卵管一。秋夜鸣，声甚厉。雄者并强健善斗，畜者宝之。名类甚伙。

萤：长三分许，雄者体黄头黑，有复眼，翅鞘柔软，点腺密布，雌者无。尾端皆有发光器，呼吸时空气传入，生养化作用，发光颇美丽。夏间就水草产卵，亦发微光，十余日为成虫。成虫与其幼虫，皆食种种害虫，于农事有益。

蝙蝠：有翅有足，自前足至体之后端，有膜连之，故能飞翔空中，捕食蚊蝇。全体密生暗灰色软毛，口中有齿，后趾短有钩爪，息止以之钩物。夜飞昼伏，伏必倒悬。其阳精在脑，脑重故倒悬。其矢为夜明砂，入药。

蛙：有数种，一名田鸡，似虾蟆，背有青绿等色。谷雨前后必鸣，鸣声阁阁，捕食田间蚱蜢、蝗蛹等。

蝴蝶：系蛄蟖鸟蠋等相化而成，体小而四翅甚大，形色大小不一，喜飞翔于花间，遗黄色小卵于叶上茎，成蛹后始化为蝶。《尔雅》《诗经》皆不载，初见于庄子，殆蛾类也。

以上虫类益虫。

蚱蜢：又名阜螽，有数种，田野到处有，体长寸许，其色不一。头为三角形，前翅成革质，稍能飞翔，后脚腿节壮大，便于跳跃。好食禾苞，尤嗜稻叶，产卵成块，幼虫绿色，又名蝻子，长七八分，为害尤甚。

蝇：有数种，污秽之处愈多。体长三分许，灰黑色，头上有复眼一对甚大，褐色几掩其全体，口器伸为管状，前端稍凹，适于舔食。脚之末端，有肉质吸盘二，止时盘内真空空气压于外，故倒跂斜行而不坠。搬运污物，传布恶疾，甚为危险。产于污物之上，孵化为蛆，此外尚有苍蝇、青蝇、大麻蝇数种。

蚊：亦害虫，全体灰褐色，喙为细管，中含毒质，故啮人作痒。凡吸收人血者，皆为雌蚊，雄蚊则专吸草木之汁。种类甚多，有疟媒、豹脚等名。

蜗牛：到处有，外壳扁圆，内体柔软。平时全缩入壳中，行则伸出，头有触角四，其二较长，尖端有眼，头侧有小孔，内有肺囊，以通呼吸。腹部之两端伸展成足，分泄一种黏液，以便移动己体，干则成白膜，光泽如银。雌雄同体，常集于草丛树荫之湿处，蚀其绿叶。

聒聒：螽斯别称，俗名聒聒。雌雄异体，雄者长寸许，有绿色、褐色两种，前翅右下左上，相重叠，接合处成坚硬之发声器，故能做声。雌者长一寸五分许，翅短于雄。尾端有产卵器突出，以备伸入坚土产卵。

蛾：与蝶相类。体肥大，触角细长如丝，不为棍棒状，翅下面多美色，上面带灰白，无文采，止时形如水平，不迭合直立。常以夜出，不与蝶同。

虻，处处有，为畜类害虫，形似蝇而体较大，口有棘刺。雄四雌六，刺螫畜类，夏日最厉。种类甚多，最大者为牛虻。

蠓：处处有，最碍行路。形似蚋，头有絮毛，雨后群飞塞路。

蝼蛄：处处有，农产害虫，为患甚烈。体长寸余，褐色，有软毛甚短。前翅小，后翅较大，常迭于背，末端细长似尾，前股颇壮，利于掘地。能鸣而跳跃，昼穴居土中，夜出飞翔，喜就灯火，为稻麦初下种子之害。

蛴螬：一名金龟子。生于园圃之中，长寸许，首赤尾黑，脚长有微毛，以背滚行，其速逾脚。栖禾根，啮食之，及化为虫，仍食禾叶，旋产卵于叶鞘，幼虫仍为禾害，农家苦之。

蛷：俗呼钱串子，说文多足虫，《博物志》谓之蠼螋。虫溺人影，随所著生疮。卢氏曰：涂以鸡肠草，经日即愈。人家屋内多有之，从无溺影害人之事，亦不经语也。

鼠妇：到处有，俗名湿生虫。体青灰色，形扁而椭圆，长三四分，胸部分七节，有等长之脚。恒居湿地，瓮底砖缝最伙。

灶马：形类蟋蟀，入夜则鸣，冬夏皆有。

啮桑：一名蠰，又名桑牛。形似天牛，为桑之害虫。体色黑，有白点，触角微短于体，黑白相间，常蚀桑树外皮，及嫩芽，其幼虫即蝤蛴。

棒槌虫：声如时辰表，寻之不见。

水蛭：产于沟渠之淄水中，体黄褐色，有黑线形，略似蚯蚓，有轮纹甚多，口腔有缘似锯齿，好吸附人畜肌肤，而吮其血，水中被啮，必掌掴之乃落。性能破积血，医家不轻用也。

蛤蟆：即蟾蜍，居陂泽中，体暗褐，背有黑点，眉有酥，五月内取之，名蟾酥。

蛇：处处有，穴居土中，喜干燥之地。体为长圆筒状，修尾无足，以肋骨自由伸缩而行，全体有鳞纹透明之表皮，年年更蜕，谓之蛇蜕。舌分裂两歧，齿曲如钩，有乌稍、菜花等种。

蝎：人家皆有。石隙中亦生体长三寸许，青黑色，颚上有触须一对，如蟹螯。头胸部颇短，腹部环节十三，后端环节狭小，尾末有毒钩，临敌则向上弯曲，注射毒汁，生息于尘芥中，捕蜘蛛小虫等为食，并螫人。

蝎虎：即蝘蜓，一名壁虎，又名守宫，人家壁间多有。体扁平，色灰暗有四足，趾端平阔，善附着他物，游行墙壁等处，捕食小虫。惟人家蓄水器中，雌雄遇之立交，误饮者立毙。一种形瘦行疾，田野间多有之，土人呼为蛇医，骡马食之，可解烦热。谓之蜥蜴者非是。

蚰蜒：人家壁间多有，蜈蚣类也。体长八九分，暗黄绿色，有黑斑，脚细长，共十五对，最后一对尤长。夜出壁间，捕食小虫，行走极速，其贻害与蝎虎同。

斑螯：田野到处有。长七八分，背有甲作黄黑斑纹，乌腹尖喙。每当豆叶放大，盛集其上，而蚀其叶，有毒。入药品。其脚着人肌肤，即作毒疮。

蜥蜴，长三四寸，体扁平，有四脚似壁虎，俗名四脚蛇。雌者褐色，雄者黄绿色。舌短尾易断，断后复生。

——《滦县志》

蝗，一名螨。《洪范五行传》云：阳气所生，于春秋为螽，今谓之蝗，皆其类也。旱气动，象至矣。又旧说：食叶曰蟘（音特），蟘即蝗。乾隆十八年，丰邑蝗灾，漫山遍野，高可盈尺，飞则蔽天。官率夫役捕之，连车不尽，虽势有稍杀，然不能尽也。陈宫山一带，忽来异鸟千万，长喙，黑白色，猛如鹰隼，飞掠啄打，蝗纷坠如雨。王兰庄等处有巨蟆无算，跃而啗蝗，或鹽其脑，或裂其腑。其断足折翅者，皆抱木而死。越日，异鸟、巨蟆不见，死蝗坟积，洗然空矣。

以上虫类害虫。

——光绪《丰润县志》

植物

按：释草释木，《尔雅》列有专篇。草木之识名，今则易于古矣。然或此地有，而彼地无；彼地有，而此地无。执此问彼，不免瞠目直视；又或形状稍异，而实为一物。两两相较，未免滋疑。是宜参诸简编，证诸实物，执笔直书，以备考查，而免遗弃云。

桃：味甘而微酸。叶尖长有羽状脉，花粉红色，清明后开。夏末果熟，曰接桃；仲秋果熟，曰秋桃。皆售境内。

杏：味甘香。清明前开花，花落叶茁，卵状而尖，为网状脉，边有锯齿。有银杏金杏、八旦观音面、海棠红等名。

梨：味甘微酸。清明后开花，作纯白色，叶随花出，卵形网状脉，最为茂密。秋后果熟，售于本地。有卜梨、香水、雪梨等名。卜梨为最，香水雪梨次之，最下为庵罗，多肉少汁而酢。按《一统志》，庵罗乃梨之极品，今县产最下，想非土性所宜。

枣：有大小尖圆两种，味甘。谷雨开花，为互生卵形叶。仲秋果熟，售于境内。按县境所产之枣，曝干时，核大肉薄，不及他处所产者良。

柿：味甘美，卵形叶端尖，夏至开花，色微黄。实扁圆，径二寸许，暮秋实熟，汁可作漆，又可作柿饼。

樱桃：有朱樱紫樱蜡樱三种，味甘美，产量不多。高七八尺，叶椭圆而阔，缘有锯齿。春末开小白花，实如小球，至熟则红。性热，不宜多食。

李：有朱李黄李二种，味甘美，叶卵圆而长，花白色五出，实圆。春日开花，秋初果熟。

苹果：原名苹婆果，味甘质松，叶椭圆，有锯齿甚细。花为淡红色，甚美艳。实圆略扁平，径二寸许。暮春开花，秋初果熟，尽销本地。

海红：又名花红果，最小者谓之楸子，为海棠果之变种，较海棠果微大，味甘而微酸。叶椭圆，有锯齿甚细，开淡红花，实大如枣而圆，皮赤色。暮春开花，秋初果熟，销于本地。

葡萄：有紫绿二种，有鸡心马乳、羊眼鬼眼等名。又有玫瑰葡萄，以玫瑰花根所接者，深紫色，其味如玫瑰而尤甜。为灌木之变种，实味甘美。蔓延三四丈，有卷须叶，掌状分裂。夏初叶腑抽花穗，色黄绿为长圆锥花序。清明出窖上架，至秋实熟，皮紫绿色，极为适口。

楂：俗名山里红，其本不接者为榅桲实小，已接者实大。或呼红果。

文官果：叶如槐，花似芝麻，夏熟，果有房，绿如核桃，子排其内，色微白，味如莲子。

无花果：果生桠间，不花而实。叶粗大如梧桐，枝类胡桃，而干矮。果熟时色变紫，味甘。

白果：树有牝牡乃结实，独则傍水能自照影者，亦结实。一名银杏，即鸭脚也。

石榴：有红白二种，味甘。以子种者，则花小而结实，以枝分者，则花大而不结实。间有结实者，其味酸不可食。五月开花，八月子熟。

羊枣：有无核有核二种，霜后乃可食，土人呼为黑枣，其本可接柿。

桑葚：有黑白二种，白者味甘，少子。五月熟，诗曰：食我桑葚。

以上木类果。

西瓜：味甘多汁，一年生草，蓏类植物。清明播种，旬余始能发芽，叶三裂至七裂，类羽状复叶，蔓有卷须，花雌雄同株，实大有至十余斤者，皮或绿或黑，瓤有红黄白三色，子可炒食。出西域故名，五代时胡峤带入中原，为消暑上品。

香瓜：又名甜瓜，味甘美，有香气，一年生草，蓏类植物。茎细长，卷须相络，叶掌状浅裂，夏日开黄花，雌雄同株，实椭圆，有青黄白等色。

莲子：俗或莲蓬子，产莲池内。其子惟鲜者可食，无干者，所产亦无多。

菱：有红白二种，土产无红者。其花多白，随月转移，犹葵之向日也。两角者曰菱，三角四角者曰芰，芰名野菱，种菱者必去之，乃不败种。

芡：生水中，叶似荷多刺，而不出水，花开向日，至秋作房如鸡头。结实其中，圆白如珠，熟后土人采以代米，故呼曰鸡头米。煮粥常食，能开味益智，老人尤相宜。

地栗：即荸荠，产于南方则肥，味甘而松脆，产于北方者则瘦，味短而有渣。土人呼为地栗子。

兹菰：形似地栗，色白味劣，不堪食。

以上蓏类果。

杨：木质轻脆，枝硬上扬，有青白二种。白杨又名响杨，高者十余丈，径三四尺；青杨土人呼为菜杨，以立夏前叶可食也，高二三丈，径一二尺。白杨成林者少，每村三五株与十余株不等。每年植树节分秧，叶圆大，有网状脉，缘有钝锯齿，面背青白，叶柄较长，最易摇动。虽遇微风，亦萧萧有声。春初开穗状单性花，色深紫，雌雄异株，花落始叶，叶至深秋始黄，遇冻始落。其材多作梁栋之用。青杨皆有长林，每处三四百株，或百数十株不等。冬至压条，次年清明发芽，叶椭圆，端尖有网状脉，色深绿，春开穗状花，雌雄异株，叶至深秋始黄，遇冻始落。其材多作栋梁之用。青杨每处三四百株，或百十株不等。冬至压条，次年清明发芽，叶椭圆，端尖有网状脉，色深绿。春开穗状花，雌雄异株，夏初实成，白絮飞散，与柳絮同。经霜叶黄，遇风即落。其材多作农家用品。

柳：木质轻柔，枝弱下垂。每年冬至压条，次年发芽，叶狭长，有羽状脉，花成穗状，实熟则作絮，飞散如雪。霜降叶始黄落，其材用作农具。又有条长数尺，袅袅下垂，名垂柳。材与柳同。

榆：《尔雅》翼，北方株大榆，此种是也。境内皆株，木质坚实，而不成林。每年榆荚落地，即便自生。高者可至八九丈，皮褐色，有扁平之裂痕可剥脱，叶椭圆有锯齿，花淡紫色，花后结荚，其形扁圆，垂垂成串，俗呼为榆钱。荚与皮可皆食，材可作用器。

槐:有黄白二种,下者为朱实槐,古人植为取火之用。木质坚重,高二三丈,然不成林，每村多或一二百株，少或二三株不等。每年冬至分秧，次年夏初发芽，为羽状复叶，夏至开花如蝶形，色黄白，实为长荚，状如连珠，中有黑子，可以入药。其材可作器具。

洋槐：以种子得自西洋，其形似槐，故名洋槐。每年植树节播种，旬日斥甲，同年冬至分秧，次年立夏发芽，为羽状对叶，叶与花并出，花为蝶形，嗅有清香，实为扁长荚，霜降落叶，材可制器。

椿：土人呼为香椿，木质坚实，人家或植墙下，或植园中。植树节分秧，皮粗有裂痕，羽状复叶，色微红，嫩时可食，夏开白花，结蒴果，霜降落叶，材可制器。

樗：俗呼为臭椿，木质轻脆，高数丈，人家宅旁多植之。皮粗色似漆，羽状复叶，开小白花，实如小鱼，名凤眼草，入药。花实不同株，材亦可制器。

栎：俗呼为橡树，即乌臼也。按橡为栎实，呼为橡树，因实命名也。木质坚实，多植坟庙间。高二丈许，叶卵形，端尖，夏月开小花，黄白色，秋末实熟，可以制粉，壳可染皂，材可制器。

桑：境内皆有，枝干低丫，使丛生长条，编作筐筥农器。皮用制纸，每岁刈取，间有培养成材者。叶卵形肥大，嫩时以之饲蚕。雌雄花皆为穗状，淡黄绿色，实略似枣形，谓之葚，熟则紫黑，味甘可食。

松：宋王安石《字说云》：松为百木之长，犹公也，故字从公。境内有数种，马尾为多。余则古庙坟茔间植之，然求如杨柳之成林者实鲜。其叶如针，花单性，雌雄同株，雌花生于枝顶，下有多数黄色粉之雄花，丛结成球。果一年始熟，干耸直多节，皮粗厚，烈为龟甲状，亦有皮微光泽者。材用极繁。

柏：有扁柏、侧柏、刺柏、凤尾多种。刺柏，叶尖利若刺；侧柏，与扁柏相似；凤尾，亦取形似也。木质密致，余惟古庙坟茔间，或植数株，成材者尚少。叶小如鳞，与茎密接，花单性，雌雄同株，实为蒴果，形似胡桃而小，其子入药材。可做栋梁，制用器。

枌：即白榆。

柽：一名三川柳，一名西河柳，冀州谓之红荆，口外谓之红柳，六月开小粉红色花。

梓：叶似梧桐，实如豆荚，下垂。

杜：木纹理质坚而细，可以刊刻各种图记。结子如小梨，名曰杜梨。

皂荚：树多盘曲，不直生，老则心空，有荚无子。

以上木类。

枸杞：一名枸檵，味苦性寒无毒。高三尺余，椭圆互生叶，叶腋开小花，花冠淡紫色，实色红，形似卵而尖，名枸杞子。每年春发芽，秋落叶，实与根皆入药。按旧志云：枸杞春生苗，移植易活，子亦可种，叶狭长类柳，茎柔，六七月间开小紫花，秋后结实如珊瑚，苗实皆可食，能补益精髓。又一种大概相类，惟叶作长圆形，名枸棘，有毒，食之伤人。随处有之。土人概呼为枸杞者误。二说未知孰是。

地骨皮：即枸杞根，味苦性寒。

槐花：即槐树花。

槐角：即槐树子。

杏仁：见果类杏条。

桑白皮：即桑根之白皮，根东南行者良。

樗白皮：即樗根之白皮，根东南行者良。

侧柏叶。

以上木类药。

薄荷：一名菝闻，又名金钱薄荷。湿地自生，移植亦易活，味辛性温，无毒，县境到处皆有。叶卵形端尖，缘有锯齿，茎方色赤，秋月开淡紫花。花冠唇形，从生叶腋，茎与叶皆有香气，均入药，又可制薄荷油、薄荷脑。

半夏：生平泽中，小者名羊眼半夏，味辛苦性温，有毒，县境下地多有。以三小叶合成复叶，叶柄生有肉芽，单性花，肉穗花序，雌花在下，雄花在上，花序以大苞包之，花轴上部，伸长如线，突出苞外，地下块茎，皮黄肉白，入药。

车前子：一名当道，又名虾蟆衣，古名芣苢，味甘性寒，无毒。县境到处皆有，多生道旁。叶丛生，有五筋成卵形，微阔，叶柄甚长。夏日叶丛中央，抽出花茎，开淡紫色细花，花序球形，紫色入药。

蒲公英：一名黄花地丁，县境到处皆有。味甘性平，无毒。叶由根生，羽状分裂，锯齿下向，春初叶丛抽花茎，断之有白汁，顶上开黄花，花如小菊，子熟则成絮。嫩叶可食，有健胃之效，入药亦可解毒，疡科多用之。

栝楼：一名瓜蒌，味苦性寒，无毒。三四月生苗引藤，叶似甜瓜有义，花似壶卢微黄，结实花下，其大如拳，有扁子，大如丝瓜子。脂可食，入药。

菖蒲：味辛性温，无毒。叶有平行脉，开小黄花，为肉穗花序，长二三尺，气味香烈。人家往往益养，以供玩赏。根入药。

牵牛：即黑丑白丑，县境到处皆有。味苦性寒，有毒。叶三义互生，夏日开花，浅碧略红，花冠作漏斗状，侵晨花开，受日光而萎。实为球形，有蒂裹之，子圆而黑，俗称黑丑，又有白色者，称曰白丑。皆入药。

地黄：随处自生，味甘性寒，无毒。叶似车前而倍大，有皱纹而不光，高三四寸，花似芝麻，而红紫色，亦有黄色者。其实作房如连翘，中有子甚细，而沙褐色，又地黄初生塌地，俗呼其苗曰婆婆奶，叶如山白菜而毛涩。面深青色，背紫色，叶中抽茎，稍开小筒子花，红黄色。根长三四寸，粗如手指，形似羊蹄，晒干乃黑，是为生地，蒸熟曰熟地。

桔梗：多生道旁，味辛微温，有小毒。叶椭圆，有细锯齿，秋初开花五瓣，有紫碧二色，如牵牛，根黄白色如牛蒡，茎入药。

茵陈：以经冬不死，因陈苗而生，故名因陈。县境到处皆有，味苦性平微寒，无毒。叶似胡萝卜，有白毛密生，枝稍之叶，细裂如丝。春日抽茎二尺许，开小头状，花绿色，排列如穗，茎叶皆入药。

恶实子：即牛蒡子，到处皆有。一名曼陀罗花，又名鼠黏子，结实外壳多刺，鼠过之牵缀不可脱，故名。味辛性平无毒。茎二三尺，叶为大心脏形，有长柄，背生白毛。夏开管状花，花色紫，并有鳞片结成之总苞。实多细刺，故名恶实。实入药。

旋覆花：生湿地，味咸性温无毒。茎高二尺许，叶椭圆互生，夏开深黄花如菊，列为头状毛序。花入药。

枲耳：《尔雅》谓之苍耳，到处有。味甘性温，有小毒。叶卵形端尖，有缺刻及锯齿，夏日开绿花，雌雄同株。雄花在花轴之上，列为小头状花序，隐于囊状总苞之内。总苞满生小刺，钩着人衣。根茎实皆可入药。

菟丝子：到处有，味辛性平，无毒。夏生苗如细丝，倒地不能自起，得他草则缠绕而上，其根遂断。寄生草上，或云假气而生，信然。

大小蓟：谷名刺儿菜，原野多生。味甘性凉，无毒。茎高尺余，叶多刺，夏开浅紫花，为头状花序，茎叶皆入药。

萹蓄：多生道旁。味苦性平，无毒。茎高尺许，叶狭长而厚，略似竹叶，故亦名扁竹，夏月叶腋开淡红花甚细。叶可入药。

葶苈：原野自生，味辛性寒无毒。高七八寸，茎叶皆有细毛，叶长卵形，无柄互生。春日开花，色微黄，结小角子，扁小如黍粒，熟则裂开，子入药。礼月令，孟夏之月，靡草死，许慎、郑康成，皆在靡草为葶苈之属。

淡竹叶：田野自生，味甘性寒无毒。茎高二三尺，叶阔作箭镞形，端尖与竹叶相似，花如蛾形，两叶如翅，其色翠碧，成稀疏之长穗，叶入药。画工取之可作画。采其根苗，捣汁作曲，酿酒甚芳烈。入药利小便，有走无守。气壮者宜，如阴虚及妊妇忌用。

豨莶草：湿地自生，味辛性平，有小毒。高二三尺，圆叶对生端尖，秋开小黄花，有黏毛易着人衣，叶入药。按本草，楚人呼猪为豨，呼草之辛毒为莶，此草气臭如猪，而味莶螫，故名豨莶。

白蔹：多生道旁，味苦性平，无毒。为掌状复叶，春夏之交，开黄绿色小花，实圆多浆，根皮黑肉白，入药。

商陆：俗名章柳，有赤白二种，人家园圃及墙根多生。味辛性平，有毒。茎高三四尺，叶互生如牛舌，夏秋之交，开紫花，根如萝卜，入药。

知母：湿地自生，味苦性寒，无毒，叶细长丛生，茎高四尺许，顶上开淡紫花成穗。实为细荚，内有三棱黑子，根黄色，似菖蒲而柔润。

地榆：原野自生，味苦性微寒，茎高三四尺，数十叶自根丛生，为羽状复叶，秋起花茎，茎顶开花，或紫或红，列为穗状花序。根色内红外黑，入药。

黄粉：到处皆有，味甘性平无毒，茎高一二尺，叶似百合，夏初叶腋开花，下垂如铃，结实如豆。根为管状，色白而青。根茎皆入药。

酸浆：俗名红姑娘，又名灯笼锦，到处皆有。味苦性寒，无毒。茎高二三尺，叶卵状端尖。秋月开花，为白色合瓣花冠，花后其萼增大，包肉质之果实，熟则萼实皆红，根茎花实皆入药，能治喉痛及肿。

麦门冬：多生湿地，人家庭院亦植。味甘性平，无毒，常绿茎，高尺许，叶长二尺余，夏开稀疏之穗状花，花紫色，实黑色，根似连珠，入药。秦名羊韭，齐名爰韭，楚名马韭，越名羊蓍，叶似莎，根有须，旁连珠如扩麦。

紫花地丁：处处有，味苦辛，性寒无毒。高三四寸，叶长椭圆形，有长柄，丛生，春初叶丛出花茎，每茎一花，花五出。其色紫，大小不等。状类茵陈。

马蹄决明：即望江南，见花类，处处有。味咸性平，无毒。茎高二三尺，羽状复叶，蝶形花，色淡黄，列为穗状花序，实成荚，略似豇豆，长五六寸，子绿，形如马蹄，故称马蹄决明。一种花深黄，茎长寸许，子扁色褐，嫩叶茎及荚，皆可食，谓之茳芒决明，眼科良药。

王瓜：一名土瓜。礼月令：孟夏之月，王瓜生，即此。生篱院间，味苦性寒无毒。卷须常攀附他物，叶掌状浅裂，面背皆粗糙。花单性，雌雄异株，夏开白花，下为管状，上做五瓣，边缘分裂如丝，实椭圆而长似瓜。根入药。

怀香子：一名茴香，园圃多种，味辛性平无毒。高二三尺，叶细如丝，夏开小黄花，瓣内曲，实椭圆微扁。子如麦粒，黑褐色，入药。

麻黄：原野自生，味苦性微热，无毒。状类木贼，茎有节，节间有小叶如鳞片，并生小枝，夏开单性花。茎入药。

漏卢：原野自生，味咸性温无毒。茎似蓟无刺，叶厚大，长尺余，背白色。夏秋之交，叶间出花，茎开蓝紫色小花，攒簇成球。根入药。

细辛：到处有，味辛性温无毒。叶阔而尖，有长叶柄，直生于根茎，花三瓣，色紫黑。根入药。

荆芥：原野自生，园圃亦种植。味辛性温无毒。茎柔高尺许，叶为箭镞形，淡黄绿色，秋开小唇形花，色绿，为总状花序，略如紫苏，故又名假苏，实中有细子黄赤色。茎叶皆入药。

芡实：水塘多有，味甘性平涩，无毒，果类药用植物。花茎及叶皆刺，叶大而圆，平帖水面，面青背紫，夏日茎端开花，结实如栗球，裹实累累，说文谓之鸡头。入药。

蓖麻：即大麻，见谷类。但入药者其色赤。

火麻仁：即大麻仁。

马勃：生湿地，味辛性平无毒，菌类植物。初生似蘑菇，其色白，微老则变为紫色，其软如绵，状如狗肺，弹之粉出，其大有如斗者，入药。韩退之所谓牛溲马勃，俱收并畜者是也。

茅根：处处有。味甘性寒无毒。春生苗，布地如针，夏生白花，花上出作穗状，茸茸然似絮，至秋而枯。其根洁白，入药。

天茄子：一云即黑甜甜，茎叶极似辣椒，实如樱桃而黑。

老鹳筋：善活血，舒筋骨，通经络，能止十二经风痛。

蒺藜：多生道旁，味苦性温无毒。叶为偶数羽状复叶，夏日开五瓣小花，其色黄，实大三分许，入药。李时珍曰：蒺蒺也，藜利也，子有刺，伤人甚疾而利也。故去恶血，破症瘕。

大黄：一名土大黄，又名羊蹄大黄，人家墙阴多生。叶似商陆而狭尖，四月抽条吐穗，五七茎相合，花叶同色，实如荞麦。根入药。

莱菔子：即萝卜子。

罂粟：即米囊花。

艾：有二种，一水艾，梗叶肥大，一火艾，叶小味浓。五月五日采者良，功力与蕲产埒。

蓝：三月下种，六月叶熟，刈之栽入瓮中，用水沤叶成汁，浸以石灰，成靛，能染色，浮沫曝干，即青黛也。性寒凉。

蠡实：即马兰子。叶似薤长厚，三月开紫碧花，月令云荔挺是也。

夏枯：苗高尺余，叶似益母而小，方茎细节，开小白花，至夏至时即枯。故名。

葛根：苗引蔓长一二丈，紫色，叶似楸而深青，不及南方产者。

以上草类药。

牡丹：一名鼠姑，又名木芍药。人家庭院园圃植之。有重瓣单瓣之别，有紫、白、红三色。茎高二尺许，叶为复叶，分裂甚深，谷雨开花，径三四寸，在花中最为艳美。自古有花王之号。

迎春：人家多盆植，花最早，茎之上部纤细，延长如蔓，春初开六瓣黄花，花小而繁，先叶而发。

丁香：一名鸡舌香，人家园圃多植之。有紫白二色，高丈许，叶椭圆，春开四瓣花。子黑色，可为香料。

石榴花：多植庭院中，有粉红、大红、淡黄三色，高七八尺，叶长椭圆形，五月开花极艳。又石榴开花者必插枝，结实者必种子，结实者花小，不结实者花大。

玫瑰花：庭院园圃多植之，有紫、白、黄三色，高三四尺有刺，叶为羽状复叶，作椭圆形，类蔷薇。惟茎较短，花紫萼绿，亦有开白色花黄色花者，花托为台状，外生密刺，香气清烈，紫色者可以酿酒，及做饵食之用。

藤萝花：庭院多植，浓如紫雪。蔓生木本。茎缠绕于他物之上，叶为羽状复叶，春暮开蝶形花，为总状花序，长一二尺下垂，实成长荚，种之即生。北平以花和蜜作饼馅，甚佳。

忍冬藤：俗呼金银花，又名金银藤。人家园圃庭院皆植之，是花之有变态者。叶为椭圆形。初夏叶腋开白花，如喇叭状，一二日，则变黄色，黄白相映，最能耐观。香气馥郁，尤为他花所不及。

马缨花：一名合欢，俗名绒花，园圃中多植之。本似梧桐，叶似槐而对生，枝柔叶细，互相交结。五月开花，其瓣如丝，半红半白，极为美丽。结实成荚，长三四寸，子如扁豆而甚小，叶至暮即合，亦名夜合花。

紫荆花：人家庭院多植，以垂示兄弟友爱之意。春开紫花甚细碎，数朵一簇，或生木身，或生根上枝下，无花梗，花罢叶出，结子甚扁。其木颇似黄荆，一节瘤疽发背初起，单用其皮为末，或酒或姜汁涂之，肿即减小。并内服之，乃救贫良剂云。

海棠：多植庭院，有数种，皆红艳可爱。木有高丈余者，叶作长卵形，端尖，有锯齿，春日开淡红花，极艳丽者名西府海棠；紧着枝上者，其花大红，名贴梗海棠；花枝细长者，名垂丝海棠，皆不结实。结实者为西府海棠，实名海棠果。

长春：枝叶俱似迎春，而花差小，四时皆花。

月季花：人家盆植，有红、黄、白、紫数色。高二三尺，叶似杏而小白色者香清，黄色者香浓，红紫色无香。十二个月皆开花，故名月季。

四季海棠：山中产，花之有变态者。高一二尺，叶似李而粗厚，春夏秋皆花，花因时易色，故名四季。

碧桃：多植园圃，桃之别种。高一二丈，叶与桃叶同。暮春开花，两花一冠，或红或白，上下相压，亦有一冠而红白两色者，其实曰蟠桃。

夹竹桃：多盆植，妩媚娇艳，有红白二种，高四五尺，叶似柳而又似竹，花似桃，故名夹竹桃。自春徂秋，继续开花。

蔷薇：有粉红、黄二色，美艳多香，高四五尺，枝类忍冬而多刺，为羽状复叶，叶作椭圆形，花五瓣，春月盛开，一花瓣稍小者，名野蔷薇。

紫薇：俗谓之百日红，庭院多植之，为花之最久者。高丈余，树皮极滑泽，叶椭圆形对生，花红、白、紫三色，瓣多皱襞，夏日开花，秋季方罢。

木槿：一名舜英，人家多植之，花之可餐者。高五六尺，叶卵形，三裂互生，夏秋之交，开花五瓣，短柄酷似蜀葵，色红白紫皆备，有重瓣单瓣之别。一本日开数十朵，朝开暮落，至秋深不断。白色者并可为蔬，味极甘美。凡木槿深红者皆可以醋蒸食之。

绣球花：盆植喜阴，畏肥，用青矾水沃之良。高尺余，叶为卵圆形，如锯齿微皱，色深绿，春日开花五瓣，为头状花序，团圞成球，色多白，间有淡红者，有时变易为绿色。

八仙花：一名避麝，又名聚八仙。园亭多植，高四五尺，叶对生椭圆平滑，花大而艳，多数丛集如圆球，其萼能变数种颜色，俗又谓之洋绣球。

榆梅：原野园亭皆植，有红黄二色，皆美艳可观，叶似榆花似梅而瓣较多，春发花，花与叶并出。

探春：叶似榆，丛生，有红白二种。

金丝桃：花瓣似桃而大，色黄，蕊细如丝，故名。

芍药：人家庭院园圃多植，有红、白、黄、紫各色，白色尤香。高一二尺，叶为复叶，有极深之三裂，初夏开花，极为香艳，自古有花相之称。

石竹：山野俱生，人家庭院亦植，各色俱有，并有单瓣、重瓣之异。茎高尺许，叶细长而尖，花似瞿麦，惟花瓣上部，分裂甚浅，花下之包亦较长而尖，故易辨别。

蜀葵花：人家庭院多植之，有红、黄、白、紫、黑等色，茎高六七尺，叶略带心脏形，五裂至七裂，夏日开花颇大，土人呼为蜀菊。读蜀为收，单之转也。又名一丈红，口外人呼作长十八，其小者名锦葵，只紫、白二色，又大者名向日莲，葵之属也。

凤仙花：一名指甲花，随在可植，娇艳耐观。叶似桃多锯齿，桠间作花，有红、紫、白、粉各色，有重瓣、单瓣之异。又有红白相间，状如飞凤，头翅尾足皆具，更有梗如龙爪攫拏状，名龙爪凤仙。此花蜂蝶不采，惟妇女捣以染指甲。其子名急性子，可入药。

荷花：一名菡萏，有重台并蒂、锦边各种。植于浅水，娇艳无伦，叶大而圆，柄细长，夏日开花，或红或白，皆有出尘之慨。古人所以谓为花之君子也。

草茉莉：人家庭院多植之，亦花之具变态者也。茎一二尺，叶互生，花似茉莉而大，花蒂较茉莉微长，夏日日暮乃开，日出即敛。一枝之间，或红或黄或白，不一其色，且有一花数色者，夜间皆能放香。

六月菊：土人呼为羌斯喇，庭院多植之，亦菊之一种，种后阅月凡六即花，春种秋开，花叶茎皆类菊，其花红紫黄白蓝皆备。清人邹一桂，曾为之着谱。

菊：多植庭院间，红、黄、黑、白、紫、绿各色皆备，有百余种。茎尺余，叶有缺刻，花冠周围为舌状，中部为管状，列为头状花序。每年立夏分秧，秋深乃开。李时珍谓有九百品，陶弘景别为两种，茎紫气香而味甘者，为真菊；茎青而作蒿艾气，味苦不堪食者，名苦薏。即野菊也。

地涌金莲：俗名旱莲，人多盆植，茎蔓柔弱，以竹扶之，叶似荷而小，花红黄色，如漏斗状，或名鳢肠，然鳢肠叶对生，且粗厚有毛，秋日开小头状花，色白而细，与此有异，当是两种。

蓼：园圃多植，下地亦自生，有红白二种。高五六尺，略带红色，叶长大，托叶为鞘状，边缘无毛。夏月开花成穗，淡红色，一种高一二尺，叶为长椭圆形，端尖，叶缘有细毛甚长，花浅红。古称毛蓼，今谓之马蓼。

美人蕉：又名红蕉。庭院多植，娇艳多姿。叶似芭蕉，夏日由叶心发花，数十苞相鳞次，苞之尖端多为黄花，花深红经月不谢。

鸡冠花：有矮高两种，红、紫、黄、白不一色。叶为长椭圆形，端尖，互生花序，如鸡之冠，子黑细光滑。

鸡爪葵：本名秋葵，又名黄蜀葵。园圃多植，旧志谓叶形如鸡爪，故名。茎高三四尺，叶掌状分裂，夏开淡黄花，花五瓣，花瓣之下部色紫，颇似吉贝，带露摘取，入麻油内渍之，可疗火伤。

剪春萝：庭院多植，茎高尺余，叶对生抱茎，入夏开花，色深红，大如钱。凡六出四围如剪，鲜妍可爱。

茑萝松：蔓生，喜延离落间，茎细长，卷络于他物，叶短小，细如针，羽状分裂，裂片如丝。夏日开小深红花，花冠为长管状，边缘五裂，甚美丽。

望江南：即草决明，叶似槐，六七月开黄花，结实如豆，一名酒豆。

秋海棠：茎高尺余，花粉红，甚娇嫩。叶背有网状之红脉，畏日，必植墙阴等处。

蝴蝶花：有二种，大者叶宽而扁，花大；小者梗叶柔嫩，花小，俱青紫色。

罂粟花：即米囊花，有五色。其花繁碎鲜艳，如重楼牡丹者，俗呼莴苣莲；又一种单瓣者，其汁多，即鸦片膏也。

虞美人：花叶俱似罂粟，具体而微，有五色，开时花翩翩似蝶，一名蝴蝶满园春。

百合：叶直生梗间，花五瓣而卷，有紫斑点，须出花外，另结子在桠间，根可食，益肺。

滴滴金：花小似菊，夏月开。

金盏：花黄，入夏即开，至深秋不歇。

夜落金钱：花如金钱，昼开夜落。

缠枝莲：蔓生，花粉色。

鼓子花：俗称打碗花，蔓生，如白丑而小。

牵牛花：有红蓝二种，即白丑、黑丑，蔓生，七月间开，朝开午敛。

仙人掌：产于热带，盆植，叶龃龉不合，干扁阔有刺，色绿。夏日开花，实多毛刺。外有仙人拳、仙人鞭皆其类。

扒山虎：人家多植，叶似葡萄，蜿蜒墙壁间，蔓引数丈，经风雨不坠，薜荔属也。

胭脂草：状类苋。高二三尺，其叶初生色即紫，捣其汁能止血，一名血见愁。

雁来红：一名老少年，园庭多植。高二三尺，茎叶类鸡冠花，腋生多数小花，色微黄。至秋则与叶皆变为红黄色。

苜蓿：一名风光草，田间偶生。茎高尺余，叶为羽状复叶，似豌豆而小。开紫花，荚宛转弯曲，与茎叶均能肥马。

芦：下地自生，茎叶花并与苇同，但较微细耳。

萑：田中生，形似芦而中实，其坚似竹可以为箔。

黄白草：坟茔多生，茎叶似萑，实似大麦芒，作黑色粒，尾有细黄色，土人取其茎以苇屋。

荼：原野自生，其根即为茅根，可以入药。茎似芦而小，秋深穗作白絮。土人取以作帚。

黄蓿：产海滨，弥望无际，其子黑色可食，并可榨油。

蓬：原野多产，茎高尺余，叶如柳叶，有锯齿，花甚小，其色白，秋枯根拔风卷而飞，故云飞蓬。

青蒿：野生。初春叶布地丛生，羽状分裂，仲春抽茎高三四尺，稍叶细裂如丝，花黄绿色，为小头状花序，排列如穗。入药。

白蒿：一名艾蒿。野生，叶羽状分裂，略似青蒿而粗，叶背细生白毛。自初生以至于秋，则转青为白，故名白蒿，花为小头状花序，排列如穗，入药。

芄兰：篱落间皆生。茎中有白汁如乳，叶长卵形而尖，夏开紫花，实缀如长铃，霜后自裂，其中如絮。李时珍曰："其实嫩时有浆，裂时如瓢，故又名雀瓢。"

马绊草：生海滨。长梗疏节，倒地而生，长可十数步，相交如织。人出不意，足为所绊即倒，故名。土人于深秋取之，以供柴薪，有断其节，缚为帚，洗刷旧油漆能去垢。

马兰：花似兰无香，叶似韭而长，农家用以扎物。

以上卉类旱草。

蒲：一名香蒲。河渚池塘自生，可以为菹，谓之蒲蒻。高五六尺，叶细长而尖，有平行脉，花单性，花序如烛形，雌花在下，雄花在上，花蕊如金粉，谓之蒲黄。其叶可制席扇，及裹物之包，实可为引火之火绒，及装枕褥之用。

苇：一名葭，水塘自生，茎高丈许中空，叶细长而尖，有平行脉，秋开功花甚繁密，成大圆锥花序，茎可织席。

苹：又名因字草，生浅水中，叶四小叶合成，其柄甚长，茎细长入于地中，近根处有极坚之囊状物，大如豆，中生苞子。

萍：一名水萍，又名浮萍。叶扁平，而面背俱青，有一须根下垂，又有叶较大，而面青背紫，下垂多数须根者，为紫萍，俗又称紫背浮萍。

莎：近水多生，茎三角形，高尺余，叶细而硬，多由根出。夏日茎顶，别生三叶，开黄褐色小花成穗。叶可为笠及蓑衣。旧志谓，根名香附子，当是两种。

以上卉类水草。

烟草：一名淡巴菰，满洲语也。原出吕宋，一名相思草，吸之者谓可祛寒避瘴。县境产者无多，不及关东远甚。见农产烟。

——《滦县志》

货属

盐：邑南滨海盐有晒成者，煎成者。上可以度支，下可以利民用。

油：邑有胡麻油、蓖麻油、豆油，与它处无异，惟落花生油客商多运以舟车，邑人获利较厚。

靛：邑产槐蓝，吐穗后割之沤以水，投以石灰，用木把捣之成靛。秋时客商云集土人获利甚厚。吉贝也有草木二种色，产者惟草种。邑南大泊多苇，土人之织席转运四方。

麻：蓖麻实可榨油，子斑红者入药。暗红者俗名大麻子，线麻可为布，亦可做纸。苘麻一名顷麻，一作商麻，俗名白麻，皮可为绳索。邑西南客商转运舟车络绎不绝。

——光绪《丰润县志》

艺文（上）

卷之八

碑记

墓志

诗词

赋

碑记

丰润县碑记

元孙庆瑜

古蓟界曰：永济务左控孤竹国，右接无终县。溟海浮于前，醴泉镇于后。其民勤俭而功稼穑，有田广远而极膏腴。所出丝、枲、鱼、盐，所宜稻、粱、黍、稷。山明水秀，登高望远，临流赋诗，以助骚人胜士超逸不羁之兴。若夫事隙之际，秋风横空，浭水绀碧，放舟南下，浮流溶泄，纵其所往，紫蟹金鳞，随意而得，兴尽而返。虽大郡旌节之贵，轩冕之荣，未足多也。闻之父老云："在昔金大定间，始改务为县，在大安初避东海郡侯讳更名曰丰闰。"地方数百里，户不啻二万有奇，民物丰衍，赋入繁阜，为蓟郡诸县之最。承安中，以怀远大将军夹谷习捏来宰是县。我本朝开创以来，庚辰之岁改县为闰州，以李公充镇国上将军行节度使，因干往西京，舆病以归，乃不克抵任，遂以同知张公就充节度使，大豪昝公由县令升宣差燕京路越支盐使，时人号昝半州是也。厥后石抹公亦首任此县，后升宣差平滦路廉访盐榷使，蓟州达鲁花赤。盖爰昔迄今，来为守令者，非钜功耆德未易处此。至元初，大选天下官吏，黜陟有差，号令一出，制度章章，以远从近，省并诸司，移节官吏，人自为跻之于唐虞之世。将邑又并入玉田，未及周岁，邑人咸曰："丰闰实东西要衢，相去玉田，地里辽远。民有星火诉讼之急，奔走控告，大所不便。"有耆旧李君信之慨然首倡，怀牒诣省部陈理，遂蒙允可，县治得仍旧，于今积有年矣。前县尹张公、主簿牛公，世宦丰闰，县尹杨公自玉田来莅是邑，皆渊通物理，制裁平允，百姓信服，治绩有称。达鲁花赤脱出，蒙古人也，赋性醇谨，深达时事，主簿范公，阀阅相承，用荫历治真定、武强，所至为循良之吏。仆世业农桑，叨忝县宰，自惭鲁钝，不足此数，日以簿书为念，特爱其山川形胜，有稽阮登临之乐，课其风俗好恶，有龚黄布政之宜。故因修完厅事，落成之日，写之翠琰，庶几来者，尚有考于斯云。至于谋度经始之事，葺理兴造之劳，乃吏之常役，遂阙而不书。

——光绪《丰润县志》

丰润重修海神庙记

乾隆末年，丰润县志和各种盐法志均失载，原石也不知所在。作者邵晋涵，字与桐，又字二云，浙江余姚人。文中所言苏君、金君、刘君，以及邵氏所代者，均未考其为何人。

邵晋涵（代作）

丰润为畿辅剧县，土滋而气厚，弦诵相属，耘耔相属，蒸懋俗于善良，其县南并海沮洳斥卤之乡，资鱼盐之利，惇处乐业，承贶怀庥，爰建海神庙以申报侑，其来旧矣。乾隆五十八年秋，天津总镇苏公以饬治戎政过邑，谒庙，感其就圮，亟图缮治，即捐俸以为倡。维时蓟永分司金君、越支场盐课大使刘君，咸以为妥神佑黎期不可缓，遂偕都人士率事程功，经基度固，明年某月经始鸠工，某月蒇厥事，式廓前规，有焕其旧，属余记其事。余考魏收《地形志》，知幽州设盐廒，昉于后魏，唐及辽金其利益溥，元置提举司，特于丰润设管勾官以重其事，自后规利益备，海国之滋育，与时孳昌，以仰承圣朝纯洽融熙之盛，凡夫环海而居者，香盆斸茂，瀛澜底宁，胥纳厘于乐岁，是则神之有德于民者甚巨。因神庙之缉治，而知鹾业之敉安，并以知阖邑之康阜，斯又当事诸君修治之意也夫。

孔庙历代碑记

万历二十二年，郡绅高第重修碑记云：万历癸巳秋八月，刘侯下车，祇谒先师，见门垣殿庑，有荡然无存者，公喟然曰：是郡学宫若此，曷以副圣朝隆师育才之意乎？遂锐意修建，申请上宪。抚按各批准助工银二十两，公自捐廉，并撰鸠义薄，择义民张允和等董其事。工不择办于市廛，费不劝假于贫户，不疾而速，不劳而理。名宦乡贤，旧在西斋后，今移于戟门两旁。旧基改为神厨三间，南向之；西改为会馔所三间；又西为会厨三间，东向之；西为宰牲所；又西为射圃亭。凡公座公案，悉为建置，用图永久。工始于二月朔日，落成于十月望日。於戏！修学造士，太守之功大矣！训导武永清诸君，及弟子员王队等，征不佞作记。将以勒石，谨案太守号约所，字德宽，讳从仁，山西平阳府解州人，由恩贡初为真定元氏令，历擢泰安、鄜延守，今补吾郡。先是捐俸，买民人崔尚仁地三十亩，为学田，以食诸积学无资者。他如修废举坠，剔弊厘奸，绩懋龚黄，名高召杜，已详述于他碑中矣。而是役有合于作人之化，当不仅媲美文翁已也。谨序本末，并将同事姓氏载于兹碑之阴。

万历三十七年，知州林养栋重修碑记云：昔人有云：烟横尼山，苔侵鲁壁。断练光于曳马，迷宝气于连牛。斯言诚然乎哉！孔子于斯文为鼻祖，庙祀与天无穷。我明定鼎，诏天下郡县皆立学。滦近畿辅，渐摩为最，科名蔚起，代不乏人。迩年水旱洊臻，士民俱困，文庙渐就倾圮，傥亦剥者机也。语曰：“智者作法，愚者因焉。”余虽愚者，然俯仰榱桷几筵之际，能无恻然动乎？政余与诸广文擘画，未尝不慨然于学宫不饬，簠簋不备，而为守土者之责也。先是贤大夫有筹及此者，寻亦中罢，居材数章浸以朽蠹。余今捐俸百金，谨付诸佐君子，以庀材鸠工，少参润色，窍附于愚者善因焉。或诸君子不我摈乎，若谓挽回剥者之机，则吾岂敢。

——《滦县志》

天启元年郡绅高第捐田碑记

先王治天下之道，教与养兼举之。然必资于养，而教始成。书不云乎：既富方谷。况士为四民之首，储其材以待国家之用，则所以惠养而培植者，尤政之先务焉。太守项公，恒加意于学校，选英俊，课制艺，并时周贫乏，诸生涵濡于德泽深矣。项夫子嘉公，治行第一，晋秩宪司，备兵昌镇，行将脂车，因恻然曰：“平属八庠，士多寒素。吾去任后，又将何所仰给乎？吾不忍一日忘多士也。”遂大捐廉俸，广置学田，由郡及州县衙，每学合若干亩，编籍招佃，计岁收租，以备周恤之用。府庠而下，吾滦独厚其植。呜呼！公之为此举也，真盛典哉！贫士有资，自获优游庠序，诵习诗书，异日登甲第而陟岩廊，是太守大有造于多士也。州大夫林公，重公德意，征予为记。予素荷太守帡幪，勉记其略，庶令后之游泮水者，追思明德焉。项公讳良梓，庚戌进士，鄞县人；林公讳应聚，丙辰进士，漳浦人；署学正，举人富顺熊君，讳震，首多士而被公惠泽者也。例得并附于记。

——《滦县志》

干瘪和尚记

董　崐

县南富家庄药王庙西偏室，旧有干瘪遗骸一蜕。和尚名来秀，号涵宏，于康熙三十九年二月十八日圆寂，寺僧就其趺坐处置龛。逾二年余，烟火自发于口鼻中，光焰照彻殿宇。僧众惊救，烟火息而遗蜕完好如故。乃为位，奉其蜕于素所居之方丈朝夕事之如生，迄今二百年矣。村中父老犹有约略言之者，和尚为云贵人，不知其姓氏。或曰明末进士，直隶人，怀宗殉国，矢志不仕。至我朝顺治初，其同年友荐之，和尚避而远遁焉。又为州县所搜求，吏胥所讥访，遂脱发为僧，厥后其妻携子遍寻于山林间，举无所得。将至寺之前日，和尚预知之，戒其徒严闭寺门，不许一人出入。次日，妻与子至，将从前所服之衣履及薙发一束，命人从墙上掷与之。妻与子绕寺号泣三日始去。

呜呼！吾于和尚悲其志矣。使斯人出而仕也，必有可观之事业焉。不幸穷而在下，则传道授徒，阐孔孟程朱之绪，手着一书，寿之名山，传之无穷，使其言行为天下后世法。即不然，或耕于宽闲之野，钓于寂寞之滨。如韩昌黎所云，大丈夫不遇于时者之所为，泯泯以没其世焉。是亦斯人之不幸矣，而奈何弃乃常道，变乃形体，消声灭迹，逃其身于空虚寂寞之中？若不稍自爱惜焉，岂洁其身而不顾行者耶？何娇娇若是也？

崐于道光丁酉岁与翟子覯光读书于寺中，顾瞻遗像，见其洒然趺坐，眼绽青莲，荣辉满月，非宝相庄严金色微妙者乎？又时检其遗箧，有手著《法华》《涅槃》等经解及诗偈等稿，皆残毁不全。然于一言半偈之间，寻其理致，晶莹透彻，是能参最上之乘，传初祖之镫者矣。盖其心性高明，智慧坚定，任所向而皆可造极。设使寻常俗士当之，既能进士，必不能和尚；既能和尚，必不能圆成。识不真，守不固，斯声华夺之矣。有熊道士者，指一破鼓谓余曰："此涵宏和尚手制也。"鼓围丈余，有两孔，大者如盆，小者如拳。击之声隆隆闻数里外。

又二十年，余至寺中，熊道士已羽化矣。寺僧谓余曰："君犹记破鼓之孔乎？今已无矣。"余熟视之，旧革果暗相合而无迹可寻，抑何奇也。嗟夫，西山之薇蕨方荣，古寺之遗骸不朽，文章事业尽付菩提，日用彝伦变为衣钵，岂斯人之心哉？居今日缅想高风，惟存一蜕。得勿令人俯仰低回，再三叹息而不能自已也耶？噫！

——光绪《丰润县志》

创建魁星楼碑记云

郡绅高第

皇明广设学校，酌古取士，罢词赋而崇经义。三年大比，士由此进，是文之关于学校重矣！顾文运有循环，文风须培植。滦为畿辅名郡，横山亘其北，岩山峙于南，濡河由东北而来，襟带于左，别故河从乾地历城西转南而合流，山川拱抱，钟秀良多矣！且也披孤竹之遗风，淑横渠之余泽，贤才蔚起，固其宜也。迩来科第，视昔较稀，倘有待于司牧者之振发耶！西蜀周公，以名进士来守是邦，优礼学校，躬课诸生，已三年矣。而作人之意，有未已者。先是余奉玺书，旬宣荆郢，见荆郢之学宫风水固佳，而规制未备。余即建尊经阁于坎位，起魁星楼于巽方。郢都绅士，咸谓于文风有裨焉。叨移过里，偶谈及之，公慨然曰：滦郡学宫平阔，而巽方尤为吃紧，魁楼可独无乎？遂锐意创建。署教熊君，亦借箸而筹。公捐廉俸贰百金，两衙及司教诸君，各捐有差，荐绅乐助，士庶喜输。于是鸠工聚材，筑台高寻丈，特起重楼，嵯峨秀耸，俨如文笔插天，与奎壁相为辉映矣。内塑魁星神像，巍然焕然，洵为滦庠生色哉！又于台北建聚奎堂，南对魁楼，东西各建文会房三间，为诸生肄业之所。国家二百余年，规制至今大备，从此文脉益培，文风丕振，孰谓非太守之泽也哉？吾愿多士，崇淡泊宁静以澄心，戒荡逸纷华以力学，庶无负贤侯作新之化，与司铎孝育之功也。多士其勉之，谨记。

——《滦县志》

重修碑记云

天启七年郡绅高第

滦庠自我国初迄今，缮治者屡矣。其间不无颓毁，如启圣祠、敬一亭、乡贤名宦祠，岁久榱栋倾落，风雨飘摇，几无以妥神灵，而启圣祠尤甚。郡司理罗公，来摄州事，谒庙而慨然曰：垣宇若此，神其何栖？莅兹土者，能一日安于心哉？遂度材计工，议旦暮举而新之。无何州守段公踵至，罗首以兹事相属，二公实有同心也。各捐俸若干缗，州佐及庠官捐助有差，庀物鸠佣，则命庠士王克勤董焉，功始暮春，越季秋告成。圮者筑，缺者葺，焕然更新。启圣祠，则甍宇翚飞，而几筵霞丽也；敬一亭，则周墉巩固，而甓甋辉煌也；乡贤名宦祠，则又从尘拥苔侵中，而咸涂塈茨也。他如土主门闼，阶除枨楔之属，靡不烂乎改观。既竣事，司教施君辈，谒余为文以纪之。余义不可辞，乃言曰：二公之大有造于余郡者，此其一斑乎？罗公以市月之间，树百年之计，段公甫受事，辄力襄厥成，率属捐金而扰不及民，贲旧鼎新，釐然大备，可谓贤刺史矣！若夫二公之砥躬率属，硕德嘉猷，载在口碑，又奚俟余之覼缕为。罗公讳成功，高要人，癸卯举人；段公讳耀然，泾阳人，壬子举人；郭君讳联，蔚州人；潘君讳日章，山阴人；施君讳尧中，昆明人，戊午举人；分训李君讳翰才，新乐人；张君讳时化，需州人；薛君讳济，通州人，例得备书。

重修启圣祠碑记云

康熙十六年郡绅高辅辰

孔氏以神明之胄，衍玉筐瑶台之瑞，传锡姓三命之荣，邹大夫叔梁纥，诞生至圣，为万世师，明初封启圣公。配以颜会思孟之父，从以程朱诸儒之父，祔祀明礼。前守刘公体元，择宫东巽方，创建专祠，以隆蠲禧。岁月既遐，又经兵燹，鞠为茂草矣。春秋有事于俎豆，仅帛蕞蓬围已尔。闻之子虽齐圣，不先父食，况崇宫绮殿，恭奉先师。而顾瞻圣父，露栖不幕，岂所以宴娭冥孝，妥侑严灵乎？大夫马公，拜而兴叹：念时诎难以劳民，道捐俸缣，以倡绅士，而身任其费十之七。聚棼栌栱桷之材，坚甓蛎灰之具，罗于公庑，目综心计焉。梓匠佣值，垩黝应时，丹髹从质，旬月而厥功报成。博士弟子员，于落成之日，尊酒劳大夫曰：百年涸圮之宫，楹鸠僝鼎，建实创始，非因旧也。圣父寝成，新庙奕奕，先师陟降，有其左右。惠于宗宫，神罔时恫，大夫之功，作之屏之。当与奚斯閟宫之什，并声之管弦，而寿之金石，是不可以不记也。因属辅辰书之。

——光绪《滦州志》

修越支官署记

孔昭杰

越支场署旧在越支庄，今宋家营之官廨，盖分司署也。自分司改为运同，移驻天津，越支衙署倾圮，遂移于宋营分司署，时前明永乐二年也。年久失修，几无办公之所。余履任后，遵借廉修署之例，上请允可，于癸未年兴工，于次年工竣。初，余闻老灶户云：“大门、二门阶石均系旧碑，刘大使重修时，为仆隶所愚也。”余悉令启之，立为更易。又其水自南而北，南街之水悉奔赴署内，大雨时行，院宇房屋皆有水患。余于署后空院，凿一池，开通水道，全归池内。大雨之时，建瓴而下，声如瀑布。池之北，种树两行，建一游艺亭，以为退食习射之所。前有古槐一株，花厅南院有葡萄一架，上房南墙内有葡萄两株，浓荫如天棚，于却暑宜。由是，署以内有退食游息之乐，无岩墙折栋之虞，不但便于办公而已也。然余窃愿后之来者，时加修葺，使不至于颓废，以负兹役，则兹署幸矣。是为记。

孔宪彝母碣

阙里孔宪彝，其气儒者。手状乞铭其母之阡。按状：孙氏，浙产，归孔昭杰，生三子，宪彝仲也。逮事威姑，先所天卒，春秋三十。能刻缪篆施金石，组紃之事，丝竹、笔牍之艺，靡不通妙焉。铭曰：璇珠辉辉气质温，必有圆折钟厥源。吾郡葩华莫若孙，车来阙里高閈门；东鲁丧矣西湖媛，此有式者鲁后昆。（注：孔宪彝母即越支盐场大使孔昭杰之夫人）

——《龚自珍集》

重修二甲口石坝碑记

二甲口者，陡河分支也。陡河发源于迁安之馆山，至滦州西界与（板桥）、泉水、官渠诸河汇流，过稻地入县境。至董各庄向西，曲折而下，达涧河入于海。自雍正七年怒流奔驶，将二甲口古岸冲开，流入黄各庄之南散漫于泊，此二甲口之所由名也。奈水性就下，南流日狂，西流渐壅，而营田一带河水几同涸泽。

至乾隆二十五年，经丰台主簿江公讳志观查明营田缺水，具文通祥。蒙本州岛饬本县协同绅民董元普等劝捐修理。于是观地脉，相地址，非入分支无以杀湍流之势，必障归涧及能成润物之攻。于是相势定基，从二甲口横筑石坝一道。长八丈，高一丈，底宽三丈，面宽五尺五寸。于乾隆二十五年五月二十四日工竣。嗣于二十八年因续报坍塌，蒙州尊范饬修阅成迄今七十余年，上利营田，沿堤居民咸沾惠利。虽间有修筑，小补而已。至道光十六年石坝倾圮，陡河断流，不惟公田无灌溉之资，而乡人渴害不啻心害，因此皆欲重修，绍先泽于既往，体众志之相同。有乡耆高敷霖等具呈禀案，先顺河道，后筑石坝，至十七年五月十四日工峻。计长十丈，高九丈。所有一切公费，自董各庄、宣庄以至王兰庄、涧河，铺商按户捐资若干，园地按亩捐资若干，凡七阅月而告成。或曰一带麦厂永息狂澜，此老农之庆也；或曰两岸春畦咸沾德水，此老圃之休也。不知营田稻地非筑坝无以资灌溉，永济库产非筑坝无以免干旱，抑且涧河一带建署屯兵非筑坝无以或甘饮。此上关国计而下济民生者也。休哉水蓄水停流则同于汤池，公田私田润物应同夫惠泽。水利永沾于后，（丰功）追记于前。允宜刻碑勒石以记其盛。倘多历年所，将更有同斯志者踵而行之，庶如川之至莫不增云。

赐进士出身知丰润县事刘导海撰

廪膳生董初为书丹

董事人高敷霖等

李福勒石

越支场重立盐场记

徐世隆

海上之国盐为宝，盖天地之富藏，邦家之巨产，民之所常食，不可缺者也。昔夙沙氏，佐神农烹海水以食人，人始知味。厥后，帝王继作，因民所嗜，俾姿取之，而无笼榷之禁。逮管子相齐，乃请桓公煮渠展之盐，征而积之，粜之梁、赵、宋、卫诸国，获成金无算。权其轻重，以成霸业。由汉以来，废置不一。凡主国计者，必以《管子》致齐富强之书为言，时君多从之。岂非事之与古殊而度之倍百，与其加赋于民，孰若收山泽之利为便，盐之有官其以是欤？

幽州置盐，始见于后魏，历唐以迄辽金，地属京圻，生齿既繁，炊镬益众。尝设提举司于宝坻，秩视五品，以重其选。所辖诸场，越支课居其半，特除管勾一员以莅之。

国初草创，盐政未立，任土之贡一付京官。时土豪张进辈被府檄，鸠遗民数十户，集越支之宋家营以居，复事煎造。聚落未成，京使已旁午，令大偿巨价债缗，鞭笞逼急，田野为之骚然。未几，以盐司隶征收课税所，众稍息肩。自鬻课之令行，提领诸路者，既自诡增倍，熔山爨海，搜罗殆尽。其征输入官者须厚贿乃获归，且以所费取偿于其属。大抵用值十钱之物，尝估以当数十钱之属，而工本又稽时不给，给则克减，自是灶民困矣。

中统元年改分十道，宣抚为外台，悉革前弊，然禁甚严。下之估罔利者阴虐无告，民尤为病。至元二年，诏以大中大夫礼部侍郎倪德政为中都路转运使提领税司事，答木丁同知使事，宝坻盐使崔岩臣副之。倪公敦厚廉平，且综财谷，稔知民苦。计会同僚公议，凡场户入盐即给，仍纯支宝钞，不折诸物。其尤贫窭者，预贷工资以赒之，存恤百姓。于是富者起，逋者还，乏者足，惰者勤，担者车，步者骑，侨者籍，秤量平，牒诉息，狱犴空。倪公倡之，同僚和之，曾不三岁，盐课以盈，席袋山积，瓦庐相连，牛马蔽野，熙熙然如在春台和气中。咸曰：“自再立盐司以来，几五百年未有如今之安静无忧者也”。

耆老翟安仁暨士人数百，众口一词，愿树监司石以纪政绩。介故人曹君世杰来乞文。余谓人知监司之贤，不知相臣择监司之贤；人知相臣能择人之贤，又不知天子能择相臣之圣。上下惟各得其人，故能利人之病，富人之贫，乐人之乐，忧人之忧，使诸路监司皆能如倪公辈之心，将泽遍天下，又岂特越支一场而已哉！若是当有国家考绩之法，此不必喋喋。特采取廉平安宁与人称颂者为之书。

——光绪《丰润县志》

创建留养局碑记

吴　慎

尝考《周礼》《地官司徒》，遗人掌邦国都鄙田野乡邑之委积，以济艰厄而恤羁旅。命医师时其疾疫，而治疗之。道里有庐、有室、有宿、有候馆，饮食，以周乏困，盖先王之恤民隐计生全者，其综理微密，虽至纤细而未尝或遗。如此第法，久寝息鲜克，修举道路之间，无告者遂众矣！

我国家承平百余年，政成化浃，治具毕张。凡含生负气之伦，莫不得所。又令天下郡县设养济院，以周土著之疲癃残疾孤老无依者，亦犹遗人委积之法，而口厚则过周远甚。今制府复参伍法制，谓居者固处衽席之安，行者犹多漂泊之感。非所以宣布德泽而推广恩意也，故饬有司设局通要。以养行旅之贫且病者。慎于调丰之明年，捐俸五十金，为首倡，绅士、商民咸相感悦。共输八百余金，置局有四，其一为县南关，因废寺以葺治，凡屋九间。其次县西，沙流河建屋五间。次则县南、北宣家庄、左家坞，各建屋如沙流河，皆坚固完好，足蔽风雨。其厨灶床箦蓐食寝处之具，则视屋庐为多寡。费工九百七十，钱五万八千一百有奇，匝月而竣事。继虑随时补苴，经远必敝，乃以余银七百五十二两，置地三倾六十四亩于县东北之胡家庄。岁租粮四十九石五斗，为留养者衣食炊药饵棺殓之需。赢则附贮县仓，登记档案，以杜侵渔。且人交替，庶不流为虚名，乃能历久不废。是役也，不费公家，不取贫民，分富者之毫芒，济行道于急难，在我无损于彼甚益。则载宪德，以去者且千万里矣，岂直溱洧之乘与，而噢咻之鬴豆哉！况行路之难，千古同慨。当其山河阻绝，独旅难归，奔室家已弗及，复邦族而未，由风露浸淫乎肌肤。呻吟不闻于妻子，授趾无门，痌痒谁恤，呼吸之间，存亡莫保，黄沙漠漠，白骨未埋。一旦到局如家，因留得养沟中之瘠，且自此而起，将无一夫不得其所，无一人不被其泽矣。非甚盛举欤？局成勒石以纪善政之乐。并列捐者于碑阴，后之君子尚其遵守，而勿替焉。

——光绪《丰润县志》

重修浭阳书院碑记

沈赤然

书院之设，所以集境内俊，而督其专攻于举业者也。何言之？家有塾，党有庠，非不可口讲而指画也。然瑗瑗姝姝，人奉一先生，言守乎此，而失乎彼矣。胶乎古则戾乎今矣，安必其折中之皆当，而观风之尽善乎？书院之师一而已矣，有程式以一其风气，有友朋友以资其切磨，有甲乙以定其优劣，然后惰者勤，愚者勉，向往有方，而获效甚速，其所系不綦重哉？丰润书院之废久矣。余莅任之明年，乃与邑之贤士大夫各捐输焉，以为之劝修垣墙，葺庭宇，别厨溷，设几榻，规模已略具矣。笔墨之资，一饭之费，亦差足以给，则诸生之敬业乐群，其自兹之乎？虽然，名与实之不可不辨焉，有扃门关徒，以课期为故事，而于诗文终不一觏者，谓之名；有不畏风雨寒暑，必竭其一日之思，力争雄角胜而不屑居人后者，谓之实。吾愿诸生之务为其实，而勿徒存其名可矣。非然者程式不足以范之，友朋不足以助之，甲乙不足以励之，安见书院之设，必胜于塾与庠也。

——光绪《丰润县志》

改制浭阳书院碑文

知丰润知县事、河南滑县进士王仲槐

闰州左控孤竹，右接蓝田，枕燕山，环浭水，形势之壮，甲于畿东，而又蒙圣朝之文教，沐先哲之德辉；以故科第蝉联，人文蚁络。都人士每快谈之余，尝按群书，披县志，见自魏元以来，如杨景文之博通古籍，张孝卿之领袖斯文，谷霖苍之著作成编，曹和石之明经立教，皆期彰明较著者。至若名列乡贤，传入文苑，以孝友忠义光家乘而载国书者，笔不胜述。斯固灵秀之特钟，实赖栽培之有自。然则书院之设，其有裨于世教人心匪浅矣。

邑旧有浭阳书院，建立营守之旁，其创立不知几经年所，而雨蚀霜摧，倾圮殆尽，岂盛衰兴废之适然欤？抑或保护维持之不力欤？

余于丁亥岁来尹是邑，心尝惜之。夫士居草茅，潜修闭户，非不可奋志功名。然或有囿于一编，或拘于一格，师心自用，半近疏狂。至寒畯之儒，又或艰于资斧，未能负笈从师，以故聪明特达，不得博科名、登甲第者，盖十八九矣！且作养人材，建兴学校，有司事也。以畿辅之近，文物之乡，而令英姿沦落，俊秀不升，可乎？爰集合邑绅士，共勷义举，购谷氏旧宅而重整焉。地居县署之南，院设学宫之北，公事之暇，庶得与学师院长讲论其间，记日相观而善之，谓摩于诸生或不无小补云。惟是经营伊始，膏火无多，姑将首事乐捐诸人，先勒于石，以为将来者劝后之君子，踵事而增，不更蒸蒸日上哉！

虽然书院之设，非徒博令名循故事已也。鹅湖讲学，接往圣之心源；鹿洞传经，明人伦之要旨。近乃多尚浮词，不求实义，非以肄业开夤缘之渐，即以私交起标榜之嫌。而圣大公无我之怀，几于不讲。此流弊所以日生，儒林反致多伪也，曷思士习为民风所系，文章与品行相关？惟愿来兹学者，以孝悌忠信为本，以节廉礼让为先，勿以小害大，勿以私废公，勿以朋为党，勿因名誉而视已过高，勿鄙愚蒙而责人太刻，勿矜情于浮薄，勿役志于纷华，争自琢磨，互相劝勉，出为用之才，处为无瑕之品。上不愧国家养才育德之隆，下不负师长举善劝能之意。彬彬尔雅，务思媲美于前型，则余之所厚望于同志也夫！因为之记。

——光绪《丰润县志》

滦阳赵氏先茔碑铭

君子生际承平，位登贵显，克效勤劳，以著勋绩。复思光昭其祖考，垂裕于后昆，岂非忠孝兼全，仁爱两尽者乎？以予观于镇守宣府尚膳监右少监滦阳赵公琮，可谓无愧于斯矣。

赵氏其先中山人，当金泰和间，来居蓟州玉田县杨樊驿采青桥。至元末，有讳善者，实琮之大父。睹其族属蕃盛，地土狭隘，乃相邻壤丰润县胥家庄，沃衍夷旷，因徙居之。又迁其考兴福翁，洎妣张氏二丧，改葬于彼。善三子，曰恕忠、敬忠、守忠。生长子孙，分为三房。季世扰攘，逃难各之四方。国朝平定来归，恕忠、敬忠二房，仍居丰润县，守忠一房，又徙永平府滦州桥头社王胡庄，去胥家庄三里而近，守忠则琮之父也。

琮少俊伟聪慧，洪武辛巳，年甫弱冠，简为内臣。岁壬午，太宗文皇帝即位。明年癸未，改元永乐，进为长随；十四年，进奉御；十七年，擢尚膳监右监丞，日见亲幸；二十年夏五月，赐宅一区于都城之北。后扈跸出剿残虏，多效勤劳。宣德元年，蒙宣宗皇帝特恩，蠲免户下该征粮草、马匹、盐粮洎诸杂役。当年八月，随驾征克武定州，回京大被赏赉；九年九月，奉敕同恭顺侯出塞巡哨，至伯颜山、兴和诸处，擒获丑虏完者帖木儿还京；十年正月，今上皇帝继承大统；九月，衔命镇守宣府。于时，兵备未严，日与总兵官永宁伯谭广等筹议御寇保民之策。于是饬营垒、谨烽火、整戎伍、利甲兵，数年之间，寇闻远遁，边徼为之晏然。正统六年十月，有小丑潜伏塞下，奉敕率兵扑灭之。至闵安山北，擒获虏寇脱火赤等，俘献于廷。蒙恩升右少监，仍镇宣府。有白金、彩币之赐。斯皆异数也。

公追惟感荷列圣眷遇之隆，实由宗先积德所致，得禄欲养，亲皆弗逮。恒念自吾曾祖、祖父、二伯及考与诸妣，俱葬胥家庄，合为一茔，群从昆弟、若子侄与妇后先亡没者，亦祔于此。春秋修其礿祀兹焉，秋发种种。二兄亦耄，一旦恐先朝露，苟无文以纪于墓，来者亦孰辨其昭穆之序，以展其报本之诚哉？间谒予为文，揭于墓道。予出巡塞北，辱爱于公甚厚，不果以拙老辞。

按，《祭义》曰：霜露既降，君子履之，必有凄怆之心；雨露既濡，君子履之，而有怵惕之念者，斯皆孝子爱敬之诚，感时触物而动于中也。今赵公效忠于边，既尽为臣之职，而又不忘乎祖，以竭爱敬之诚，岂非仁至义尽而能若是乎？其视以官为家，致忘先垄之所在者，其贤否大相悬绝矣。为赵氏之后者，来登先垄，宜思先人体魄所藏，拜瞻奠献，必诚必敬，以期降格于幽灵，庶无负少监公今日训诫之心，而亦不失予作铭期望之意也。系以铭曰：

滦之赵氏，昔居杨樊。丰润再迁，经营孔艰。相彼胥庄，土沃衍夷。爰构居室，复创兆基。徙其二丧，改厝于彼。堂封有严，牛眠福地。自兹以降，没者祔焉。迄今数世，合为一阡。惟祖及宗，咸奠厥位。若昭与穆，各有伦次。山明水秀，神气所钟。庇于后人，庆泽无穷。有伟令孙，念之在兹。勒文置墓，用表孝思。贻尔子孙，不愆不忘。来陟斯丘，请视铭章。

——明代罗亨信著《觉非集十卷》

明故始祖李公讳柏同碑记

道光十年三月初八日合族人等奉祀

碑阴有文

盖闻李氏之脉，衍自山后人，丁之盛，畅于燕东。自明永乐二年，徙居于浭水之南爽坨镇，迄今已四百余年矣。自始祖柏同公稽于谱系，证诸宗派，实有可凭。然碑碣不竖，恐年深日久，昭穆无所考矣。故合族恭议建碑竖碣，以志不朽。求为文以记之，爰不揣固陋，欣然允诺。文云承先启后，期百世以馨香；派衍支蕃，祝千秋而俎豆。睦宗和族，情洽风淳，尊祖敬宗，理礼明情。达敦笃世，尚念一脉而更勉仁亲；忠厚相传，望祖宗而群思敬礼。庶休休详尽致，世泽同沾，斯碑碣垂于不朽，子孙庆其无疆。追龙冈之世系，法苏氏之宗坊。岂不后先继美，为李氏之望族也哉！

——爽坨《李氏家谱》

四贤祀记

高第（州人）

吾滦自有长牧以来，固多遗爱于民者，乃去见思，相与尸而祝之。惟四大夫所繇民情繫结，念不容释，自非然者，弗为矫举也。当嘉靖初，得商河卢公杰；癸亥，得茌平韩公应春；今上之戊戌，得博平李公鸣皋。在大夫皆廉而才，才而循，诸善政各有碑记，兹不具书。顾其先，独卢公一祠耳。迨我韩、李二公皆以次附，父老之意。盖曰：祀以类从，便于风劝，于是共模像于一堂，名三贤祠。岁时伏腊，缙绅暨诸父老子弟，无弗奔走瞻仰，一如任吾滦时坐堂，惶旅进而谒者翼如也。越十年，又得蕲水孙公。公，楚才之甲。岁丙午筮仕吾滦，期月政成。维时方迎太公于滦，怡以禄养，无何，太公至则寝疾捐馆，公遂以制归矣。民既痛公之去，又念公之为德于滦者，聚族而谋创生祠以识不朽。已，复相顾而言曰：“守土则同，报事则均，盍于前祠增其堂宇，并三贤而四之，庶后事者益有所鉴，而加惠吾民乎？”遂以属尚宝魏临宇公撰遗爱碑，第并请而得为之记。

重修榛镇旧署记

高辅辰

北平之西一百一十里，至榛子镇堡，系蓟辽孔道，旧有公廨，备冠盖使者行台焉。自明末兵燹，鞠为瓦砾，四壁仅存。蹔售民居数楹为星轺停骖之所，而形址仅隘，庖湢弗备，庭中仅容旋马。一遇怯薛重臣啣乘传，留梨径路之旅，騊駼骏骑动以千百嗷，计势须刍秣于市衢，不足壮皇华四牡之行色也。

太守常公以医闾异材，麟符竹郡，行部镇城，思维卜缮旧基，重修馆舍，敛塞墉诸，以肃门阑。谋之州大夫马公：不藉一民，不牒一物，出其俸缣，规度前后，作屋三间，用栖纪纲圉人之地。自西阤以及台门，鳞次栉立，涂茨维新，搆居停以避风雨，崇户垣以代梐枑。俾使星鸾轭之临，憩邮亭而安信宿，磬控骕骦之役，获居处而谨藩篱。非太守大夫减膳垂橐之经营，旧馆茂草之区不几废为瓯脱哉？倘继来州绶，慎葺宫墉，无忘补饬，则今日太守大夫缔造之劳庶几常垂不朽矣。是乌可不纪也？敬珇管而勒诸石云。

重修九华山化城寺碑记

喻成龙

盖闻须弥芥子，蕴山移海涌之仪。一笠三千，遍日轴风轮之界。是以微尘洒霰，摩宝刹于苍穹。半指惊雷，敞琳宫于碧落。载飏西土，厥有化城，天竺国部佛场也。匪曰幻区，实惟灵域。霄垂薝卜，香写妙金之楼。掌出莲花，蕊结丽琼之苑。炯然霞立，岂引墨之能趋。屹尔翚联，非填［金 + 俞］之可埒。九华化城寺，所为思承慈力，奕锡嘉名者也。寺始于晋隆安之五年，初名九华。唐建中初，郡守张岩，表请敕赐今额，天竺杯渡禅师所筑也。师谓忘言种觉，实绝累于后乘。寄像声形，可启机于前路。采基悬崿，响木流泉。甘露初开，法吼斯震。辨百非于双树，标四谛于鹿园，盖其胜也。莅郡三载，簿牒为勤，慕凭九子之峰，不异千华之海。顾以道凉教轶，耽委迷源。客侣缁俦，变山为市。悯兹沈惑，竭虑廓清。庶几不染之波，宛转白毫之照矣。乃饬巾车，聿登药地。岩峣蜷蹇，藉三休而始臻。窈窕虚骇，历朝宿而未竟。睇瞻崇宇，踯躅层阿。巘外坦中，旷同国部。注音蒙谷，旋光上枝。洵宾帝之三千，栖真之五会也。阅祀久远，以迄于今，藓碣蓁榱，丹零坚豁。愿濯镜水，淬以慧斤，建鼎作新，用晖庭陛。为忆灯明塔拥，多宝梦于方舟。天乐瑶幢，云罗团于芝盖。景祇林之盛事，扬狮座之芳风。是以临岩置墠，驾岳排棂。四柱轩廊，八袭丰殿。列陈绣壁，旁达玉厢。闲则虹霓，纵横旃罽。彤彤翼翼，有赫其容。若乃玫瑱居楹，银黄拂户，纷奇映彩，合沓交持。盘螭夭矫，势乍举而复还。威凤回翔，唠将鸣而更戢。雕甍腾钀，钿砌斜规。煜爚镮铺，玲珑绮槈。无飙自吟，不涤而净。息心圣所，迥不逾斯。至于沿窥泛滟，仰视上都。级亭盈而媚空，色青荧而偃覆。经声递续，天梵遥闻。荡浴星河，铿鍧岚巘。又湖陊炜相，瀛阏之极观也。经始春妍，告圭秋静。法华推轸，兜率延扉。敬愿诸佛弟子，同行禅师，抱珍飞锡，常住法门。以定慧为文质，以戒忍为刚柔。乳衡台之秘踪，传不二之精义。奖导群有，化起大千。圆韫三明，学升十地。巩皇图于永谧，戴佛日以长辉，猗欤盛哉。衣带骈珠，化国辟金绳之智觉。巑岏挂月，峰莲系宝筏之津梁。二尊分座，如对鹫山。千帙发题，若依鳌藏。聚沙合掌，颂祝无疆。铭曰：匪水在空，匪月在岑。昙披芝偃，熊熊化城。池开阿耨，会接罽宾。黄金布地，转大法楞。九十九峰，莲开八面。虎伏烟钟，狮吟雪涧。万行求珠，群魔革电。止火抽薪，摧锋淬剑。经声天语，禅喜来游。图澄驻笠，波什停钠。犍陀单闳，京洛罗浮。开宗阐教，风流十洲。日为车马，虹垂楼观。八神擎室，百灵绕梵。宸居星辅，扶舆幽赞。万春方茁，千龄始旦。

——《九华山志》

建九华甘露禅林记

喻成龙

江南九华，崖壑树石，奇秀甲天下。自闵让和施山，金地藏开山以来，缁流云集，精舍星罗。余久宦池上，数来山中，始得吾洞安。洞安居虎洞二十余年，默坐石窟，以虎自卫。老田吴氏多与游，最敬信者，唯吴翁尔俊焉。一日，玉林国师，云游九华，属洞安募蒲团地，建丛林，尔俊慨然以山业施之。是夜，满山松顶，降生甘露，神人应兆，此甘露之名所由始也。余念释子多不受戒律，两请登堂为之说戒，一时托钵披缁者，顿易旧习，今遂成净土焉。余尝访尔俊于洞安座上，风骨如岩松野鹤，雅与洞安相似。且闻尔俊至性孝友，幼失母，偕弟，从尊人华川君客西江。尊人疾不起，旅殡如礼。时年甫十三，弟九龄，归理旧业，复孑身负骸骨以归。弱弟相依，易衣让食。晚年好山水，喜浮屠，凡佛缘法会，皆赖总持。又兴祀典，睦乡邻，敦伦乐善，始终不倦，盖天性过人远也。昔子韶亲征山，学佛而后知真儒。鲁直从晦堂，闻樨而悟无隐。则余之与洞安尔俊游，岂徒然哉。更闻洞安，俟了大众事，仍归虎洞。尔俊长斋绣佛，日居化龙冈，课读督耕之。两人固足继金地藏，闵让和之迹，而堪与兹山兹林，永垂不朽也，是为记。

——《九华山志·卷五》

重修（稻地镇）观音庵碑记

明郡人魏可简

夫观音祠，古未闻也。汉魏后厥祠弥盛，乃业化人之术者，崇其神力，衍文献之传者，或薄其幻说，予谓崇之，不了其义，与夫薄之，不达其旨，犹之无益也。说者谓观世音盖妙庄王女，既证圆觉后，栖神于炎海之普陀岩，每以大法力护兹百千亿万劫众，此其刊梵藏中未可尽凭。试与谈观音之名蕴可乎，夫观非骋睫穷睇竭目力而观也，观其心也。观世又非彻视扩明遍照于百千万之之形也，以心观心也。而曰观音者何以故，盖尝蚤夜思议矣，百千亿万具，百千亿万心，如是者辟之音，然高者、下者、轻者、浊者、激而起者、响而应者、鸣其不平者、畅其所郁者，其又发之于秋底，杂之于烦嚣，而鼓之于声，实者或天籁、地籁、人籁钧倪之，和感应之触不可名状亿皆音也，皆流于心者也。尘世者，各自为心，即各自为音。而大士能会兹菩提，即能会万于一，又能通一于万。洪钟耶，有扣辄鸣。海潮也，其来莫御。空谷耶，其神不死。夫是以心无其心，且心有其心，心心相照，且心心相应，故曰观音则观心之谓也。高明者，回光返照，默观其心；愚昧者，去壅疏蔽，求观其心。则观音之心至今存矣，讵直清幽之境，闭恤之刹豁，世人尘俗见解已哉。长春社南旧有基址，岁月圮坏，居民张景、张大钧鸠众改卜于镇中，是有得于观心之奥，予缘其请，臆词以醒世之耳食者。

——《永平府志》

稻地新修铁桥记

赐进士出身三品衔候选道知滦州事前翰林院庶吉士吴县李振鹏谨撰

鸿胪寺序班夏名华敬书

稻地为海阳一巨镇，屋宇鳞比，沟塍交错，清流映带，林木翳然。时逢有秋，黄云被野，余每过此，驻骖移晷，以为有江南风景。旧有木桥，以如意名，咸丰某年易以石桥。日月绵历，风霜剥蚀，兼来往通津，车辚马踏，渐就颓圮，行客危之。绅士赵君新，雅号善士，乐揭义举，因商于余，思振坠兴废，利益行旅，余甚嘉之。爰为其时，醵集资欤。期于必成，以为木不如石，石不如铁，足料坚固，足支岁年。乃号召徒役，诹日经始，厥材孔刚，厥工孔良。斧者、凿者、熔者、锻者，杂然并举，各以技奏。远迩观览佥乐。厥成于某日蒇工，共縻金钱如千数。嘱余为纪。余自院下车数载，无功德于民，兹桥之成，亦赖群力举行者，免历揭之苦。登者靡危险之具惧，春秋佳日，乡之人士凭栏休息相与乐。年岁之丰茂，风物之宜人，履坦思劳，诸君子之功德当与此桥为不朽矣。余泚笔为记，以告后之官斯土者，名曰“铁如意桥”谁曰不宜！

监修人：冯祖培耿恩溥

光绪二十八年岁次壬寅秋月下浣

稻地镇出土石碑所铭

墓志

董观察虔南定岩君墓志铭

钱塘桑调元

君姓董讳榕，字念青，号定岩。北直丰润县人。曾祖讳纯心，祖讳铨；父名湧，官长洲令；妣杜太君俱封赠如例。君以宅太君忧哀毁昏迷，于乾隆二十有五年四月二十七日水死于南昌舟次，享年五十。详予所作哀辞中，君生而至孝仁厚，甫就傅行坐手书，谛观不辍。博闻强记，工书法，诗古文，下笔葩流，与江南北鸿生狎主齐盟。乾隆丁卯拔贡，廷试第一，遂绾授河南，未得书名，淡墨橐笔，石渠尝以之不足以怀，其实古豪俊初不系此。予每剧谈广君意，功业虽未竟，其才举炳烺可登汉简者已。泽被生民，祝绵畏垒，足不朽于人间世。况文采不可磨灭，作《九歌》，追步屈宋，诗文集等身；作《周易》，观象未毕，撰《芝龛记》，乐府行世，根源忠义；刻《周子全书》，搜采极博；及《圣学入门》，具阐摅实学；刻《体仁录荟萃》，《吕叔简刑》，戒先儒，恤刑格，言黄虞臣宧海慈航，录治谱在是矣。内行醇挚，封公归自浔阳，随至彭泽界，啼泣跪送，鹄首望帆影不见犹弗起。太君老病少睡，侍至四鼓。苦命之退犹迟徊，踰年无稍间。或理官事，即肃冠佩出，连昕夕不暇寐。抚爱弟，椭不殊同母。与人交，或加之非意委曲周旋，卒感激诵君德治。履始摄陈州，倅令于巩，历孟津、济源、新野，调繁夏邑，升陈州别驾兼郑州、陕州、许州。翠华中巡办大差三十有七，处置顿嵩阳三，赐宴并珍物便蕃，遂即真许州，升浙之金华，守迁江西南昌、九江。升虔南观察，迁擢俱膺。特诏其最著在孟津县，民与孟县民争黄河滩地，前以委勘者挟私，令东西分界，民咸苦之。君就商于孟令，议改津南孟北，孟令以成议格，各详报上官，重委勘，竟如君议。又虑莠民私毁界址，以沿河最敬龙神，立小庙十余。讫永定、新野水溢，捐粥赈饥，劝富商巨室协济，四越月至麦秋乃已。

上命三使韬省灾民，以实对，并嗟称董令真民之父母。夏邑毕溺，有乾隆四六七八九等年，逃户尾欠波累亲邻，爰竭赀贷尝之。郑州濒黄河多沙阜，三十六陂久湮，计疏于泽，当免水患成沃壤。公余精心相度绘图，启请抚军襄勤鄂公浚金水河，环城如带。入仆射陂开稻田三百余顷；濬贾鲁河由薛家冈入圃田，永除张桥沦没。功既成，鄂公名新河为庚午渠，余曰牧之功德，吾民永赖矣。黄河北岸口诀，奉檄查阳武、封丘、祥符、延津、新乡、滑县灾，手填印票，详分赈恤，遇沮洳驾艓子救灾民千数。出又以连日乏食垂毙，捐六百金均给之。奏闻谓有古名臣风。金华灾后，尚征捐赈未全纳之谷，立饬停止，具报上官悉免之。南昌檄赴星子县，勘开玉瑚陇，粮艘避险形势，知陇前之洲北则德安，河南则章江，入湖之水暴涨，冒过洲上，退即洲出。随浚随淤，难通舟楫，未由避险。况玉瑚陇为咽喉，蓼花洲为中腹，永利桥为尾闾，腹尾皆为易拥，凿陇且有伤民田，报弗便。时主者意颇锐，调君九江终细审，君言寝其役丰城水决垱入城，君驰往救护得宁。请更立修垱，规条属境有飞尖船，贼悉擒获。论如法，厉禁赣俗锢婢溺女，婢既得不衍期，更置广生簿，民生女俱小字广生录。南安、大庾囚苦心平反，颜鬓俱悴。所至彰瘅古今善恶，济源请庙祀明末邑尉李应选骂贼死，节旌万里寻亲孝子何兆祥。许州修颍考叔、蔡顺祠墓，汉前将军关公庙中退曹操像廊下，金华表吕何、王金许遗书并礼其后。尤以尊崇学校，兴起人文为己任，鼎新夏邑黉宫，各境内书院并修葺优礼，创濂溪书院于匡庐之阴，开睎贤路、架濯缨桥、拘太极庐、圣蕴殿，祠奉元公以二程子配列。光风、霁月、生意、洒襟、四亭于各峰之巅，中建云岭楼，筑师道堂，首延予为山长。造须有堂，奉劳余山先师诸生，至腊杪大雪犹灯火荧荧。赣亦有濂溪书院，院后笔锋属僧寺，买归之，轮换一新。故君殁，宁兼水利道摄赣关事，娶王氏，举人石柱公女，例封恭人，子二，光益、光端，女一。君从弟扬经纪其丧，予偕送双梓归君里，以某年月日附葬板桥新阡。封公率童孙，凶服稽颡求志铭，非调元谁当为君志铭者？君笃爱予诗，乃为诗以铭之。曰：予生慎契托，稀疎结配纕。况复远权势，慵亲绶与章。曩为大梁客，四友联文场。磊落马石莲，峩峩圖东张。通家惟沈氏，与君并徊翔。把麾金华去，怅望天一方。予从南岳返，延之升讲堂。寻恤篪儿天，远溯赣水长，欵洽书帷内，吟醉丰台旁。鸣呼君逝矣，送梓还滙阳。维彼三君子，路祭酾椒浆，申啥太公前，委命于穹苍。矢愿课藐孤，琢玉成珪璋。志铭落吾手，泚笔涕沾裳。素质垂令名，此外何所望。若斧是君室，千秋固且康，上从先灵游，下发昆来祥。他年天门上，云旗互飘扬。访君一晤语，俯世遗秕糠。

——《弢甫集八十卷》

清庠生董华卿墓志铭

邑人：岁贡生庞三升

先生讳琡，字华卿。丰润城南七十里董庄人也。始祖士冕公，明永乐二年由中山徙居丰润，数传至廷玺公，以孙贵赠光禄大夫，廷玺生大朝，嘉靖中庠生。大朝生永禄，官上林苑监丞，封修职郎。永禄生用威，万历中进士，总兵汉中，封镇国将军。用威生时雍，天启中拔贡。时雍生靖乾，国朝庠生，封明威将军。靖乾生正郃，即先生曾祖。正郃生恒，恒生师虞，俱国学生。师虞子六人，先生居第五，为嫡母李太君出。父卒兄弟皆幼，学多废。先生于就傅后，独刻励自强，弱冠列胶庠，益攻苦夜或不寐，体素羸疾甚。太君忧之，禁令废举业，但许流观书史，然好学性成，或时与子侄辈谈及经艺，辄神游目想，叠叠忘倦，以致饭进忘食，茶至忘饮，以故太君终戒之。先生少时，不迩声色，同学中有欲乱之者，日暮时偕其过妓所，诡言姻好，诱入室属意于妓而去之。妓有殊色，挽留备至，先生强归，夜行六七里，太君闻之，深喜先生之有守也。先生十余岁，兄弟析居，太君以先生少故，特依焉。太君有供养田数顷，及先生少，皆长劝给兄弟之贫者，而养生送死之费，惟竭己力为之。兄弟中丧葬嫁娶力不支者，复竭己力供之，以致家资零落，意欣然也。相邻有不肖者，诈索无端，旁观为之作色，而先生方且从容，开释勉给所无，曰："吾意素慕王彦方之为人，固不欲薄自待也。"教子弟循循善诱，尽其才而使之无所苦，长孙就傅二年，《四书》未能成诵，先生教之又二年，遂遍诵《六经》及《四书章句集注》。人询其故，曰："无他谬巧，甘苦与同，而工作辍耳。”故子弟之受学者，虽钝才亦多所成立。先生产既薄又好施，用度日窘，次君玉林先生乃就馆于临溟，以束脩供甘旨。会岁饥，族鄙多不能存立，先生慨然曰：“今货吾产可以赡吾宗，就吾子可以得所养，胡弗为？”于是，以东迁之意命之次君。次君定居于临溟之安家堡，而奉迎焉。时年六十有八，优游杖履，犹或时至书舍，谈经讲艺，虽以升之不敏，会与闻焉。居东二年而殁。先生生于乾隆十七年，卒于道光元年五月十七日子时。德配范氏，子二，长亭次琪树，俱庠生。生女二，长适郑，次适曹。孙二，长震于是年四月入承德县学，次英俱琪树出铭曰：

兹山之静，先生之性，兹水之莹，先生之情。惟先生之灵兮，其常在兹兮。

董华卿德太夫人墓志铭

邑人：岁贡生庞三升

太君范氏，父处士讳某，博学之隐，兄二人皆滦邑名宿。而次兄云亭公，尤博学，隐于诗，识者方其体于香山务观。太君生于儒家，故自幼娴于闺训。凡古节妇孝女，懿行嘉言，无不周知而熟志之。性恬静有决断，非理不动。于归后，长兄树楷公来省，归白父母曰：“吾妹事姑以婉，处妯娌以敬，御奴婢以宽，察其所以用心，盖深知妇道者，父母可以无忧矣！”华卿先生好学深思，冬月读书课子常至夜午，太君与之篝灯围火烹茗煎汤，必亲执劳苦，间亦相与讨论古今，抉摘可否，未尝一日倦。曰：“吾自乐此不知疲也。”家中有忧贫者，则慰藉曰：“所贵乎人家者，贵其有礼义耳！吾家祖孙父子，言法言服，法服秩秩，蔼蔼一堂，此清白之福也。晨钟一叩，万籁俱寂，吾子吾孙，声传金石。当此之时，万虑皆捐，不啻还诸沕穆且穷达命也！此无论厥后必有达人，即使不达，而所获亦多矣，何忧为？”及东迁，华卿先生虑太君或不能割爱于外家及二女。太君曰：“夫子制义，苟宗族获济，吾夫妇无失所迁也，妾何敢以私恩扰大义乎！”尝有疾危甚家人，惶恐无措，太君皆力阻曰：“无须尔。”其后果愈至，华卿先生殁，太君时方强健，谓家人曰：“夫妻偕老，人情所欣，有其倡之，而随者何能久也。”即命预备后事，一夕得疾，越翌日殁，居华卿先生卒仅二十七日。寿七十有四。铭曰：

先生之存，太君所仪。
先生之殁，太君所随。
安贫好学，守礼不移。
允以太君，闺壶之师。

——《海城县志》

明故神宫监太监赵公墓志铭

赐进士出身、奉议大夫、右春坊右庶子、同修国史、经筵官安成刘宣撰；
直仁智殿、征仕郎、中书舍人洮阳任杰书；
直南薰殿、征仕郎、中书舍人东吴杨杞篆。

成化三年八月十有七日，献陵神宫监太监赵公之卒于京师之私第。讣闻，上悼之，遣中贵治丧葬。以是年九月初八日，窆公于顺天府大兴县常兴坝之原。其从孙清，持公之状，谒予铭其墓。且予与公之从孙、锦衣卫指挥顺之交久。于公之铭，其固不可辞。按状：公讳琮，字廷器，姓赵氏。其先永平府滦州桥头社王禾庄人。曾大父□□，大父□□，父□□。公早以俊秀，于洪武间选入内府，侍太祖高皇帝，小心缜密，遂授以长随。尝同都督刘真往征辽东，滨海外至南京。复入内府，太宗文皇帝念其劳，命各还其家省视。仍赦免其家之徭役。复奉敕取回京，升奉御，专掌御酒房。未几，升尚膳监右监丞，随驾迤北，征进有功。宣德元年，复随车驾克武定州。还，升左监丞，掌神机营左哨兵。宣德三年，复随驾征迤北。命公前峰，从喜峰口至地名乱塔黄堐，遇贼甚众。当先杀败虏寇，获其贼首、马匹、牛羊无算。复追至宽河等处，获其马匹、军器，累立战功。宣德九年，复命与恭顺侯出征，至双海子，生擒贼首那孩等及百人，斩获首级甚众。回镇宣府，遂奉敕镇守宣府。公则夙夜抚捕，及会同总兵官都督谭广，整督官军，沿边巡狩，直抵大同，凡周及千里。公即尽心为国，挑堑垒垣。至是，胡虏远遁，不敢侵界。正统六年，都指挥陈友，闻胡掳掠去使臣马匹等物，奉敕至。公同都督黄真分兵击之，生擒贼首脱花赤等二十余人，夺回马匹。升右少监，复有白金、彩段之赐。景泰元年，奉敕取回。念边境之劳，进升太监，掌尚膳监事。复有蟒龙玉带之赐，仍兼理神机营。英庙复位，命掌神宫监，时公年已七十余。复蒙恩赐，于私第优老。于公可谓始终之恩遇隆矣，非他人之比也。

生于洪武甲子十一月之初九日，享年八十有四。从姪男三人：礼，任锦衣千户；次文聪，次聚，俱早卒。孙男五：长即顺；次清，授百户；次洪，次显，次颖。曾孙男九人：钦、铎、镛、锐、钺，余幼。曾孙女五人。呜呼！公器宇魁梧，天性忠诚，其可谓之铭。铭曰：

器宇之才，世不多有。有则显之，如星如斗。呜呼赵公，忠诚不乏。功名事济，宇宙之干。其何鉴焉，不朽者良。我作斯铭，千古其藏。

——《新中国出土墓志·北京·上》

滦阳秀士赵文聪墓志铭

镇守宣府尚膳监右少监滦阳赵公之犹子文聪，以正统丁卯十二月六日感中风疾，卒于宣城之官舍。公哭之极哀。越明日，自总戎而下官僚士庶以次来吊，咸曰：“惜哉，文聪少而遽亡也。”既而，文聪之子顺，跣侍奉状，跽予泣曰：“惟父茕然独立，奉养老祖于家，岁来省视叔祖，未尝敢废。奄兹不幸，上不能终事二尊，下不能育我孤子，抱此无涯之恨，痛也何如。兹归葬有日，惟大人先生矜而畀之铭，庶少慰乎冥寞也。”予出巡塞外，辱爱于少监公厚矣，奚容固辞？

按状：赵氏其先，中山人。后宦游蓟州，因家玉田县杨樊驿采青（亭）桥。当宋元时，族人凡数百，逮至正间，有讳善者，乃文聪之曾祖，睹其族伙地隘，因徙居邻邑丰润县胥家庄。善三子：恕忠、敬忠、守忠。生长子孙，分为三房。季世驿骚，逃难四方，国朝平定来归。恕忠、敬忠二房，仍居丰润县；守忠一房，又徙滦州桥头社王胡庄。守忠，则文聪之祖也。父曰兴。

文聪生而岐嶷，长而颖敏，状貌雄伟，膂力绝人。于凡武艺骑射，皆不学而自能。早丧生母刘，事嫡母周逾于所亲。叔父入为内侍，夙夜小心，罔敢自逸。宣德十年，扈从车驾出巡边塞，至会州等处，往还数千里，文聪从侍左右，多效勤劳。今年仲冬，念叔父初度日临，远自滦阳而来，拜庆礼毕，治装将归，忽感暴疾而卒。距所生永乐甲申十月十七日，享年四十有四。先娶姚氏，生一子，即顺；二女，长适刘海，次在室。继娶刘氏，生二子：显、颖；一女尚幼。卜以戊辰正月二十二日，迁故室姚氏丧，合葬胥家庄祖茔之次。

嗟乎，人之寓世，惟能显乎忠孝，庶几无忝。文聪生际承平，曾不沾一命以著臣节，父叔俱老，又弗及送终以尽子职，一旦溘然夭逝，岂不重可悲已乎？既为序次如右，复系以铭曰：

显显赵氏，滦之世家。代有闻人，奕业光华。文聪之生，亢宗伟器。天不憖遗，四十而逝。阖门失仰，诸幼遑遑。九京饮恨，曷日能忘。爰卜吉辰，归殡故里。体魄斯藏，后人永利。

——明代罗亨信著《觉非集十卷》

明处士李公讳学敬妣刘氏之墓志

祖号寅庵，兄弟五人，而雁行居四，德行纯备，勤俭和睦，其所以肇造厥家，昭兹来许者，实始于此。为陈其大略：栉风沐雨，昧旦鸡鸣，训子课农，焚膏继晷。此其勤可法也。粟红实朽，食无兼味，锦绣盈笥，衣无重帛，此其俭可法也。兄地隘，则割址让基庭；恐厌兄，则截柱撙恤。弟贫乏，则指囷赐粟；临终有嘱，则枕下遗金。此其和可法也。宗族有难必济，丁徭无出必周；人无颠，户无纷争，此其睦者可法也。孙等躬黉序，愧未能光大前徽，安敢掩厥祖德，使默默无闻也耶！爰寿之石以垂永远，使子子孙孙唔此碑而追溯前德，颂此碑而念旧风，即为孝子即为顺孙，复为之歌曰：兄及弟矣，式相好矣。无相尤矣，是为之记。

——爽坨《李氏家谱》

诗词

喻成龙诗九首

（一）五言律诗押尤韵

携筇来北郭，览胜正酣游。
山静情疑古，松声冷欲秋。
野花随地发，江水到门流。
雨歇荒原暮，平田起白鸥。

（二）七言律诗

闻笛

押庚韵

梦里悠扬横笛声，高天露下共凄清。
愁来江汉人何处，望里关山月倍明。
万里孤云随绝漠，十年羸马更长征。
谁知一曲终宵怨，霜雪无端两鬓生。

（三）古风

紫霞关

押语韵

苍翠落层岩，高原失炎暑。
郁纡望烟霞，盘旋无处所。
危巢迹樵踪，深林闻人语。
萧瑟吹山风，落花红寸许。

（四）李太白书堂

微雨散西林，群峰忽晴霁。
著屐蹋新泥，迢遥任所计。
泉石开心神，凉风吹松际。
青翠入荒祠，古砌衣薜荔。
残碑卧檐楹，白日门犹闭。
废兴固有时，我来阅千岁。
岂不深慷慨，聊与陈琐细。
君本谪仙人，自矜多才艺。
词赋凌沧洲，致身外科第。
空惭明主恩，遂使谗佞蔽。
丈夫感义气，忍被利名系。
脱身事五岳，宇宙同参契。
襄阳杜子美，爱君如兄弟。
从此下吴越，江山来休憩。
浩然怀英风，精魂随波逝。
歌君蜀道难，为君一掩袂。

——《九华山志》

（五）费拾遗书堂

少微高隐白云端，苫块围炉血泪干。
丹诏身荣全节易，孤臣心死报恩难。
空山日落猿啼急，古墓松深月到寒。
流水不关人代谢，秋生岩谷野花残。

——《九华山志》

（六）雪霁江上望九华

暮江拥寒浪，清旦林表霁。
冰翼映幽灵，苍茫坐迢递。
念昔登兹峰，倏焉已隔岁。
况经暄和时，怀人风景丽。
会当栖岩壑，投簪勿云滞。

——《九华山志》

（七）平天湖上

沙棠兰桨远水平，锦缆徐牵绕岸行。
一盏两盏月初上，东湖西湖风正清。
溪边塔影和烟立，渡口钟声隔树鸣。
凉露湿衣浑不觉，夜深始悟荷香生。

——《杏花村志》

（八）郭昆治太守重建翠微望江二亭

与客携壶从远观，榱题新架出层峦。
人行长陌烟横路，草浸半湖水到滩。
碑字扫苔仍剩绿，壁纱笼句若成丹。
公馀得侍山公宴，好共追踪继古欢。

——《齐山志》

（九）题五松山书屋

数峰当户牖，高卧在其间。
酒热人偏韵，林幽鸟亦闲。
夕阳残北郭，疏雨过南山。
晏起行吟好，柴扉夜不关。

蒲松龄诗四首

（一）

喻廉宪命题《梅花书屋图》

腊月梅花繁满枝，千朵万朵纷离披。
时杂书香抱书屋，横斜疏影白如簇。
庭院无风香自流，寒蕊堕地芳尘扑。
翘想屋内白雪人，品似梅花淡烟拂。
频倚画槛笑吟生，墨渖飞霞散珠玉。
崩雷裂石青天惊，直探骊龙握双角。
大雅真能起浮衰，宁止仁声遍空谷！
剡溪安道肖作图，千里云山满尺幅。
身入罗浮梦依稀，恍对旃檀闻清馥。
我分笔札忆梅开，如坐春风登春台。

（二）七言古诗

舆颂恭纪喻公大老宗师德政

秋宪堂上三尺霜，直将上天驱天狼。
冰壶皎月生寒光，关节不到阎罗王。
孝妇碧血成亢阳，谁者能雪廷尉张。
属车载酒吹春阳，化为甘霖洒青苍。
经纶独画保赤方，法良意美筹精详。
为立社宰平低昂，鼠雀不躁令尹堂。
弭盗且复念痍疮，令甲申重言恻怆。
羁縻勿教苦锒铛，民情倾吐无隐藏。
焦思务除败群羊，鹰眼化尽鬼蜮亡。
广平每疑石作肠，梅花赋成锦绣香。
秋怀粲发云汉章，遒逸欲过谪仙郎。
怜才辄流齿颊芳，骏骨不惜千金偿。
一顾能空冀北良，姓名无须曹邱扬。
弦歌雅化日舒长，贯索消沉澹不芒。
蒸作天和现祯祥，常调玉烛照农桑。
圣明图治追轩唐，宠眷未已今方将。
威风快作凌云翔，悬鱼行导青仪囊。
三槐应见明允昌，七叶金貂笏满床。

（三）《送喻方伯》

嘉树自有阴，良禽亦有媒。
细麻生蓬中，虽直固不才。
国士策高足，谁能终蒿莱？
卞和抱荆璞，献上章华台。
楚王愤不顾，弃之等尘埃。
生平寡亲和，至老同婴孩。
羞见城市人，口吃不能开。
枯萤照蓬窗，冷几研灶煤。
名贤莅东疆，伟抱倾琪瑰。
叨陪何逊后，给札赋官梅。
虚衷真爱士，暖律吹寒灰。
招此漂泊魂，入室罗春醅。
豁达见胸襟，爽气清九垓。
猥以菅蒯姿，越府备三才。
驽马遭孙阳，造物为忌猜。
扫轨方恨晚，除诏何迫催！
宇内有知己，万里犹庭阶。
祝愿在功勋，离别宁足哀。

（四）又闻喻方伯迁京尹

“折杨柳，送君行，征人一簇马鸣嘶。
飘摇鹤盖风飔飔，千人掩面攀锦鞿；
攀锦鞿，挽朱轮，行将天上自说陈。
虎豹卧当关，道绝苦无因。
我将携妻子，入燕门；
恨无双羽翼，资粮艰辛。
南亦王民，北亦王民，
留鞭截镫，北人怒嗔。
覆君衣被，恐君他移，
低头步念，此一何私？
但愿登凤楼，入黄阁，
黑头相公方年少，
身如明月无不照。”

妇德吟

——明董陛征妻曹氏

丰润知县吴慎

雷惊电掣，新鬼啾啾。
靡有孑遗，妇也白头。
智脱何巧，诚感何遒。
一抔之土，千里髑髅。

董昆诗词两首

（一）

干瘪上人赞

秋风黄叶寺，金粟老僧身。
根露胎难脱，丹烧骨不尘。
逃名留本面，举首望何人？
自问非遗臭，前修可转轮。

（二）

满江红·挽邑侯夏公

词序：夏公小笠，宰丰润多惠政，王兰庄居民为之树德政碑，后调正定府邢台县，卒于任。兰之民多哭于碑下。

报道先生，今去也，神惊气结。想当日，恩流稻浦，吏胥奸抉。惠德犹同浭水溢，仁风转播常山蘙。到如今，慈父颂黑髯，声无歇。

人心痛，思廉洁。天心酷，摧英哲。竟夺我使君，阳春脚折。堂上金萱悲白发，阶前玉树啼红血。叹羊昙，何日到西州，空酸咽。

注：董崑，王兰庄人。

过董总戎墓

（总戎名果，墓在邑南九十里莲花沽）

窦征榴

骠骑佳城此地开，芊芊今见没蒿莱。
茔封不作祁连象，姓字空留溟海隈。
树绩楼兰原自壮，谤兴薏苡亦堪哀。
功名刹那场中事，过客酸肠定几回。

清凉山埽叶楼寄怀

董　柽

斜阳明野色，相望几踌躇。
雁叫江云断，僧归山月初。
新凉凋旅鬓，落叶忆乡书。
底事西游久，终年钓艇虚。

镇海台观海

罗景沕

登台极目望，海气郁氤氲.
浪浴扶桑日，潮通碧汉云.
仙人寻鹤伴，渔父狎鸥群.
欲济求赢岛，风声不可闻.

观海

谷文张

高台车马驻，阴气郁难开。
饶有望洋兴，惭无作楫才。
放怀时琢句，举火夜分怀。
莫讶偏风雨，潮声送海来。

董观察榕

赵国华

西江明月照吟卮，宾从当年世所知。
儒雅风流足惆怅，夕阳下马董家祠。

渔村道中

王　岩

踏遍渔村廿里遥，短衣长策马蹄骄。
醉归犹识来时路，疏柳寒烟旧草桥。

宛在园

曹　杲

少志耽林泉，结伴向溪路。
一线跨危桥，神怯失安步。
窈窕宛在园，苍然媚云树。
千重杨柳风，万点桃花雨。
香气袭客裾，苔藓湿芒履。
尘嚣静不闻，禽鸟自来去。
清境不可得，相对豁襟素。

董榕诗文

（一）九日同张西园登拔云峰

好是登高节，来穿雾窟行。
云盘千磴仄，秋逼两峰清。
有寺藏莲萼，何人采菊英。
僧雏能解事，历数上方名。

（二）江都相宅怀古

经术匡靡俗，骄王重保衡。
试询丛桂艳，何以竹林清。
东阁贤空老，西京治未成。
至今宅畔柳，蝉噪恨难平。

（三）再宿真州

旧渡悲龙马，惊涛想佛狸。
江城三楚接，烟草六朝悲。
梵寺空今古，长亭管别离。
玉沙犹昨日，渔笛倍凄其。

（四）谒延陵季子祠

蛮乡谁可外，浊世尔偏超。
让国同周伯，博文迈郑侨。
蒲森疑挂剑，松韵类闻韶。
叹羡江阴墓，只需十字标。

（五）甘露寺

萧公题榜处，孙氏旧遗封。
事去留长院，人来策短筇。
禅心三岛月，诗思一楼钟。
怪我神游境，方于是日逢。

（六）朱仙镇谒岳忠武祠

叹息黄龙酒，空烦白马师。
地偏多北辙，天不护南枝。
臂刺山河痛，心倾日月悲。
玉津歌舞处，依旧汴流澌。

（七）哭鄂西林夫子二首

之一

送别江干听远鸿，瞬时绝域奏肤功。
正看纶阁归先席，谁料沙场作鬼雄。
殒渭星辰追汉相，凌烟毛发对褒公。
生平风义原千古，无那衔碑痛不穷。

之二

炎峤平蛮旧绩存，春宵走雪过巴坤。
已能灭食标铜柱，竟不生还入玉门。
种氏威名青涧晚，范家兵甲夏方尊。
犁庭后死知何恨，笑侍先生报五原。

（八）琵琶亭

达人亦复感天涯，兼济胸怀望阙遐、
方伏螭头陈谏草，忽随莺语泣江花。
神归兜率亭留渚，笔落蓬莱月印沙。
似诉平生公自语，何曾真个听琵琶。

（九）赠王逸庵

恍然江左见风流，千里中原纪壮游。
老笔纵横追序阁，高怀跌宕过登楼。
赏奇旧雨招新雨，制胜诗筹厌酒筹。
同碰故人欢赠答，草堂何必浣溪头。

（十）读金立我诗集有感

造物何心也忌才，遗编万首总堪哀。
空留慧骨埋燕陇，不返幽魂上越台。
招隐无词岩桂老，吟骚有泪泽兰开。
典型虽在人安往，惟向琅函奠一杯。

（十一）晋楸

典午年遥老树留，槎枒独立壮千秋。
散材不向华植林，阅世应无谢墅愁。
五柳可同称处士，三槐莫并傲王侯。
摩挲乔木歌休息，慨叹衣冠成古丘。

（十二）张华宅

故宅烟寒草色中，行人谁吊晋司空。
千秋博物名犹擅，一代怜才意独隆。
多少图书销劫火，萧条华表泣秋风。
犹疑剑气冲牛斗，浩浩桑干渡远鸿。

（十三）广陵杂感二首

之一

烟花佳丽绕邗沟，廿四桥边月自浮。
琼蒂依从隋苑老，笙歌犹恋杜亭秋。
六朝风雨吹乡梦，三楚云山宕别愁。
莫向芜城怀旧赋，凄凉明远倦登楼。

之二

栖灵钟鼓暮烟浮，今古繁华感逝沤。
寒荻一江迷旧垒，垂杨千缕映高楼。
空悲翠辇躬瑶瑟，漫把金樽吊玉钩。
独有欧苏吟赏地，平山逸兴足千秋。

（十四）笳骚——古柏堂乐府题词

旷世才留焦尾琴，胡笳哀怨有遗音。
新骚檃栝兴平叹，谱出当年续史心。

（十五）虞兮梦

不将成败屈英雄，舞草犹含盖世风。
一自龙门标纪后，千秋知己又陶公。

（十六）题扇头怪石老树图祝颖公老人

老树槎枒，怪石玲珑，
花开铁干风透空。
欲呼之为叟，拜之为兄。
竹孙猗猗，草子青青，
如如不动，色色皆空。
我闻如是，曰惟颖公。

（十七）读有怀堂集次用渔洋寄牧仲赣州韵

昭代重韩文，景陵曾视草。
煌煌大制作，斗柄指天晓。
顿驱蒙叟尘，清风映然扫。
六经入手明，至道会心早。
章疏秋阳辉，雅颂晴霞杲。
国初诸巨公，侨礼荣纻缟。
诗古文光前，讵独制义好。
五子研其精，二氏不能扰。
大法光九畴，峻卵回双鸟。
天池千叶莲，太华接仰眺。
故笏衍甘棠，渊源似君少。
遗我琳琅函，拜诵炉香袅。

（十八）上大中丞延韬甫先生主讲濂溪书院既得请

占志喜用《衡岳集》中迭昌黎韵舟次奉寄

理学通籍惟桑公，伊昔倡道梁园中。
钟鸣大将风雅振，鼎盛不仅科名雄。
健笔断蒿辟云牖，凌青问白真源穷。
四年远结蓬池梦，泠然万里俄成风。
书堂预题须友句，岂非数定神为通。
四亭方架四岳转，璆璆仙佩来高空。
把袖急索一编读，搔首天柱扪昭融。
心佳山水腕书写，宜居无极翁遗宫。
此地险翳六百载，陡见日出扶桑红。
讲易说诗若流水，诸生悦服俱由衷。
更忆辉煌天语重，践履以实行以躬。
上宰相书固无有，献大礼赋尤难同。
括五岳翠主庐岳，渊源伊洛宛始终。
非吾预识宁得此，要亦不敢贪天功。
款名师属此帮宰，中丞书报光幢幢。
春风绛帐漫思越，沧海即在东峰东。

（十九）柏尖山龙潭瀑布歌

柏尖龙潭神且灵，未至数里闻雷鸣。
缘溪渡彴抵祠下，再拜像设瞻精英。
盘绕祠后降绝磴，始见怪石与水争。
崡岈穿走竞镗鞳，忽现万叠琉璃屏。
伟哉神龙何狡狯，大铺壮观酬斸诚。
洞门深邃焕金碧，珠帘中挂真玲珑。
左矗盘蚪白玉柱，右垂舞凤青琳楹。
万斛玑琲洒咳唾，千匹雪练扬旗旌。
投壶飕飕银箭激，蹴鞠滚滚晶球升。
天浆不断倾羽觯，大白无算飞瑶觥。
鲸鱼铿钟代鼍鼓，云琥击磬敲皃钲。
阳侯下炽万钧冶，烹铸鼎沸煎瓶笙。
异响都兼成巨响，众声咸寂尊洪声。
更有余波散绮丽，银华倒喷星桥明。
玉屑阵阵因风起，拂面彻骨神明清。
方悟山水奇至此，结构何代开岩垧。
朱侯携樽畅相饮，恍若宴我钧天庭。
闻说遥年祈灵雨，膏流万亩获丰盈。
今年大有不待祷，兹游欢洽逾平生。
酒酣散步又纵目，大缶巨翁多盆罌。
毋乃山灵酿酒具，以醉游者不令醒。
眼前忽又溅飞瀑，处处吹洒若解酲。
洪泉清澈比君子，当其静处常渊渟。
一遇奇境动则变，盘错磊砢偏峥嵘。
繄余本抱泉石癖，徘徊不觉含痴情。
一筇遂此待山月，浮云世事忘归程。

（二十）九慷有序选四首

袁裒云：俗厚喜丰登，气侠存慷慨。时际升平村，多报赛偶听。乡人乐神之，词仿而衍之。未能免俗聊，志士风云尔。

陈　酆

陈酆：谨按高辛氏取陈酆氏女日庆都，生帝尧。今畿南有邑，仍尧母之名有庙焉，或曰丰润有陈宫山，疑陈酆故都其南有唐山云。

青鸖兮来鸣，时逢兮太平，日华兮云灿，日出沧海兮云自陈宫。大帝女兮三河东匹高辛氏，光祝融内佐兮康德，作歌兮六英，考鼓兮椎钟，击磬兮吹苓，天翟舞兮凤皇鸣，龙负图兮受天祐鸟，庭荷胜兮久而乳丰，上锐下兮好眉宇，黄收纯衣兮彤车白马。蓂荚生庭兮厨生箑，莆按时兮奉神母，酲进福兮上寿，年长丰兮露甘于酒，献粝粱兮藜羹葺，茨茅兮阶土，日丽壤兮耕以凿，云覆衢兮歌且舞，望伊祁兮乐康，颂唐山兮容与。

紫云仙

范阳女子边洞元，幼而高洁，仁慈好善。每霜雪凝冱，鸟雀饥栖，必求米谷喂之。性至孝，及笄。不嫁，奉父母旨甘大故后为道士。九之得大还丹服之，飞升楼上。太守即远近人皆礼谒焉。洞元告众曰：中元日可来相别。众乃致斋，七月十五日，天乐齐鸣，紫云萦绕，洞元升天而去，守具以闻，是日，唐明皇居便殿，忽闻异香纷郁，有青童四人导一女道士进曰：幽州所部驰奏符合。敕其观为“登仙楼”，曰紫云校书郎。王端为之碑以记之。今燕俗，妇女上元中元俱拜紫云仙云。

鸟何萃兮苹中，纷若绮兮翔风，群环拥兮紫鸾。有仙子兮高乘，仙子家兮范水阳，勤纺绩兮孝爷娘。感乌鸟兮反哺，益致谨兮椒浆。东邻姝兮请期，西邻子兮于归，媒徒劳兮不嫁，惟父母兮是依。何以娱亲兮广亲慈，饲庭雀兮悯其饥，岁月久兮百雀知，鸣以导兮舞以随。对此景兮亲心乐，愿群生兮同此雀，念万物兮皇天仁，是亦政兮不愿中郎爵。春劝酒兮提壶，夏布谷兮春锄，秋绕树兮衔芦，冬守巢兮毕逋。助承欢兮护花，伴侍疾兮捣药，终控驾兮为骖，复衔士兮覆椁。女力竭兮毁且瘠，遂绝粒兮羽白衣，动皇天兮念久，谪命召之兮华表客。化一叟兮诣女院，叟言女兮好行善，卖药丸兮大还丹，询丹值兮五十万。嗟女贫兮何致兹，叟太息兮无讶为，三十年兮饲禽鸟，即此足兮抵药资。开布囊兮令探取，先三丸兮易肠腹，更一合兮如钱，有金丹兮少许，如桃胶兮桃子香，汲井华兮调以尝，叟语终兮化鹤去，女从此兮骖鸾翔。青鸟导兮朝天子，表楼观兮紫云紫。迎婵媛兮万千纪，帝女巢成兮庆上元，凤辇来迎兮广盂兰，饰绘彩兮灵降坛，啾啾翠羽兮满庭喧。生日繁兮多口粮，日耗兮少有，谁推食兮群生，紫云仙兮真母。

景忠山神

谨按三屯营山有三忠庙，祀汉诸葛、忠武侯宋忠武王、文忠烈公。盖明戚南塘少保作镇时所建。因以景忠山又有女仙庙曰碧霞元君，或曰唐万岁通天元年，契丹攻平州，刺史邹保英妻奚氏率家童女丁乘城固守，一境获全，相传奚夫人得仙，民感其德祀之云。

昔有人兮镇三屯，养貔貅兮壮风云。计臣掣肘兮饷不颁，日蒿目兮心如焚，忽登山兮遇神明，谁与携兮葛岳文。问神于此地兮均无素，或逢西顾兮或南渡。望崖山兮惨又兼，身都将相兮无安处。炎兴建炎兮又景炎，神何为兮劳不悟。出师未捷兮陨大星，出师已捷兮风波亭。无师可出兮过伶仃，食少事繁兮绝林醒。绝食八日兮吞脑，复生神何为兮苦不宁。神驭停兮神弦喧，佐返旆兮宴中山。搴楼桑兮略扶桑，渡卑耳兮俞儿还。心相印兮同一丹，痛饮黄龙兮戴黄冠。背嵬军兮朱仙镇，俚鱼复兮森八阵。秉遗灵兮烧蓑城，博望焰兮乌林烬。出师表兮恢复，疏建阃章兮泪同拉。吟梁甫兮唱凭栏，歌正气兮声并酸。不见平州奚女仙，率女丁兮保城垣。神入云兮声在耳，南塘立庙兮山之盘。庙貌立兮士女集，施金钱兮无所惜。半修庙兮增巍峨，半养兵兮足战食。谈轶事兮故老传，补旧闻兮梦余忆。过百年兮太平年，靖遐方兮绝燧烟。沽湎兮鲫鱼泺，家家乐兮奉椿萱。买花香花取余闲，扶上山兮礼碧仙。

长生宗伯

谨按长春真人邱处机，元太祖召，表谢，拳拳以敬天勤民清心寡欲，止杀罢猎为对，又念两河流徙，则持牒招来，全活三万余人。今白云观其遗址也。正月十九日竞酹酒祠下为燕九节。

红云在霄，白云兮在野。扪旧牌兮龙儿年，寻故物兮少石马。今朝气兮燕九，相约兮城西。走谒真人兮礼白云，看古镜兮秋叶纽镜。镌御宝兮宣和，何美团香兮玉槎。照兴废兮连属，二百哉兮干戈。念恒沙兮血盈，师有心言兮好生。诣云山兮万里，苍生重兮身轻。陈天命兮止杀劫，申天道兮谏畋猎。河南北兮救戮俘，遣徒招兮持仙牒。为人奴兮复为良，将断脰兮得保肮。三万人兮濒阴府，师独力兮回之阳。从参透兮金丹理，信长生兮非生已。人果生兮即我生，绵生生兮忘己彼。长春子兮大宗师，逍遥游兮独取兮。悟由庚兮原大道，亦何恨兮亡其辞。筑琴台兮贮古琴，扶春雷兮奏玉振。真人来兮气如春，柳为带兮草为茵。高梁河兮日夜流，栗子园兮风飕飕。真人游兮春又周，酒幔青兮蔼遮楼。严清明兮上河图，真人戏兮皆方壶。醉春酒兮不用沽，不饵丹兮长含脯。

（二十一）题璜陂书院诗二首

之一

薄暮征骖此暂停，夕阳恋色画难形。
半空云现光明锦，四面峰围紫翠屏。
水碓塾书声共乱，渔灯夜绩影交萦。
淳风好景堪吟聆，听月楼前挂芯馨。

之二

路转璜陂秋气清，璜溪精舍育群英。
竭来岭峤炎方地，忽睹秦山楚泽名。
慢向符骚夸俊藻，须从溯鲁姬韶韵。
殷勤留语诸生记，濂水心通处处行。

（二十二）竹枝词五首

之一

瞿塘女子好春游，踏碛犹知忆武侯。

八阵图前寻小石，摇摇和风系钗头。

之二

蜀地佳人最可怜，文君酒映薛涛笺。

也曾解甲伤花蕊，不独淋玲泣玉钿。

之三

明妃村外草如茵，庞氏江边水似鳞。

最是汉家冯邈妇，清风压倒剑南春。

之四

鸣玉溪边接锦樯，清标如钩渭滨璜。

从今不道鱼凫小，千里岷江尽玉光。

之五

宛委山头一朵花，飞来无色碧霄分。

锦江此日留云影，蜀锦何如越锦雯。

（二十三）笳骚四首

之一

旷世才留焦尾琴，胡笳哀怨有遗音。

新骚枭栝兴平叹，谱出当年续史心。

之二

拂轸生传幼妇辞，外孙真见语兜离。

听歌共有沾襟痛，不待羊家堕泪碑。

之三

演到牵衣更断魂，也同属国有遗昆。
当年若侍宾庭事，好去看碑太学门。

之四

洛水铜盘露已零，多情金璧赎娉婷。
彩毫细谱千秋凋，永付骚坛作典型。

（二十四）虞兮梦

不将成败论英雄，舞草犹含盖世风。
一自龙门标纪后，千秋知己又陶公。

（二十五）晚过望云庵山径

蒙蒙云偏岭，昏黑盘旋上。
千松青似黛，钟磬声俱寂。
何处望云庵，灵空气象寒。
一水碧于兰，石头滑可参。

（二十六）游览济源枋口山题记

侍毂循荒峤，寻源溯叠溪。
峰攲岚翠拱，潮上洞褀低。
趋事群尖锸，欢声遍饷藜。
阳春随处到，仄壁耀金题。

（二十七）贺新凉·巧换缘题词

序：乾隆岁在阏逢阉茂大庆之月，庚溪董榕题于江州舒啸台次。

笔补娲天缺。似陶公、匠心广运，竹头木屑。茧巧文章那在远，野景化成仙阙。赤绳换、写来奇绝。更看蓬茅髽髻子，信心盟、井水标贞洁。墨化舞，喷秋雪。拈教珠玉双归箧。感无端、缘从此起，还从此结。不独论文兼说法，遗憾不留毫发。昨夜星河明月下，诵新词，湛湛星和月。江声似，广长舌。

（二十八）水龙吟·天缘债题辞

序：乾隆十九年（1754）岁在阏逢阉茂重阳前一日，丰台董榕题。

古来何债无还？多情况出常情表。盈寰假借，思量未有，簇新纻缟。事本街谈，词经宗匠，比柯山好。把荆州索取，蝙矶阻绝，兴亡恨、消多少！解道前缘定蚤，此生恩、更须偿了。不辞寻常，诗逋酒责，匆匆草草。慨叹人间，中山非乏，拈毫挥扫。羡使君，探尽秦风楚俗，作天星巧。

（二十九）念奴娇·女弹词题辞

序：乾隆十九年（1754）岁次甲戌中元前二日，渔山董榕题于浔防郡署紫烟楼下。

执耳骚坛，妙七襄在手题肖物．拈取陈鸿天宝事，不数偷聱宫壁。水碧山青，鸟啼花落，宫女头如雪。谱来宛合，帜新压倒词杰。眼底白傅遗踪，琵琶亭畔，正黄芦花发。刻羽遗商声泛处，流水夕阳明灭。一种风情，千秋霞契，并童颜鹤发，晚凉歌罢，莲衣还舞香月。

（三十）清忠谱正案题词

序：乾隆十九年（1754）岁次甲戌孟春月题于古江州之浭楼，渔山董榕题于浔防郡署紫烟楼下。

在昔赤伏尽钩党，腐□蠹政宗厨幽。
王甫猫解愍孟博，司隶终快来阳球。
异哉茛起独魏大，罗织忠亮恣虔刘。
陨江堕月割箕斗，惨虐哪管神人愁！
天下男子故吏部，愤叹远送吴江舟。
百叩御史媚姬指，李珰继劾行捕收。
缇骑至吴县令泣，云栖笑漉甘拘囚。
万人执香焉乞命，五人奋臂称同仇。
匿厕中丞飞告变，掌刑锻炼为首彪。

忠臣血嘤见高帝，羲士掌□归山丘。
未几人与国俱灭，百年事垒余沙鸥。
当时殊赏未快意，鸾枭同尽天悠悠。
吴阊社赛演歌舞，荣僇亦未传真诹。
徒令观者气填臆，酸鼻洒涕枯双眸。
琵琶亭主擅雄藻，等身著作皆阳秋。
静夜澄心通帝座，仿佛玉诏来琼楼。
忠介荪宜为民正，翠旍孔盖骖苍虬。
五人前驱作游奕，被犀抚彗操兵钩。
伍胥潮边看弭节，要离墓畔听鸣驺。
此方是非惟侯主，北司旧案先校雠。
唤起穷奇与梼杌，牢石累累均囊头。
穷治极勘莫辞瘁，职本帝命同爽鸠。
东华仙人语亭主，授君丹篆纪几周。
笔花开绽老愈横，秋霜铁钺寒光遒。
笙簧典籍阐心性，鼓吹史传宣鸿猷。
此事不以属郊岛，恐彼寒瘦思难抽。
君其体此作正案，以告万世为国谋。
亭主笑颔谱宫征，下笔神助灯花稠。
是皆实语非幻设，判坚山岳垂镌锼；
草罢授歌歌已遍，听观舞蹈谁能休！
贤者快心顽者惧，不觉忠孝生油油。
余埋案牍尘眼暗，对此开朗闻琅球。
《汉书党锢传》可删，几番浮白千番讴。
大江东去吴练白，惟闻风雨声飕飕。

（三十一）观星台口占

序：乾隆十五年庚午（1750）九日月下同张口口乔梓刘柱臣观星台即席台口占并书。

气肃天重九，山围地正中。
高台瞻皓月，古庙拜元公。
圭尺遗衡在，衣冠雅兴同。
携樽忻共醉，不数晋人风。

吊董榕

钱塘桑调元

予生慎契托，稀疎结配纕。
况复远权势，慵亲绥与章。
曩为大梁客，四友联文场。
磊落马石莲，峩峩圖东张。
通家惟沈氏，与君并徊翔。
把麾金华去，怅望天一方。
予从南岳返，延之升讲堂。
寻恤篪儿夭，远溯赣水长。
欵洽书帷内，吟醉丰台旁。
呜呼君逝矣，送梓还湮阳。
维彼三君子，路祭酾椒浆。
申啃太公前，委命于穹苍。
矢愿课藐孤，琢玉成珪璋。
志铭落吾手，泚笔涕沾裳。
所质垂令名，此外何所望。
若斧是君室，千秋固且康。

上从先灵游，下发昆来祥。
他年天门上，云旗互飘扬。
访君一晤语，俯世遗秕糠。

秋瑾

题《芝龛记》八首

（一）

今古争传女状头，红颜谁说不封侯。
马家妇共沈家女，曾有威名振九州岛。

（二）

搘撑乾坤女土司，将军才调绝尘姿。
靴刀帕首桃花马，不愧名称娘子师。

（三）

莫重男儿薄女儿，平台诗句赐蛾眉。
吾侪得此添生色，始信英雄亦有雌。

（四）

百万军中救父回，千群胡马一时灰。
而今浙水名犹在，想见将军昔日才。

（五）

谪来尘世耻为男，翠鬓荷戈上将坛。
忠孝而今归女子，千秋羞说左宁南。

（六）

忠孝声名播帝都，将军报国有良姝。
可怜不倩丹青笔，绘出娉婷两女图。

（七）

结束戎装貌出奇，个人如玉锦驼骑。
同心两女肩朝事，多少男儿首自低。

（八）

肉食朝臣尽素餐，精忠报国赖红颜。

装在奇女谈军事，鼎足当年花木兰。

蒋茗生太史题词

附：红豆树馆诗话，恒岩历守金华、南昌、九江诸府所在多惠政公余延礼名士，提倡风雅，时蒋心余太史尚未通籍，恒岩招以游宴，相契合，常取明女总兵官石砫土司秦良玉，游击将军沈云英，剿贼事，谱芝龛记乐府以明史，为经杂采诸家荟说纬之，蒋茗生太史题词云：

降旗猎猎走虫沙，不见宗爷与岳爷，

画取美人名马像，宝刀如雪滚桃花。

督师衮衮少长城，养贼宁南死负君，

可惜官家相见晚，中原谁及女将军。

岂有摩崖片石传，让人开国画凌烟。

红颜不具封侯骨，合向莲花政上仙。

滕王阁下骑如云，巾帼真宜赠领军。

曾向空江吊莲舫，怒涛呜咽不堪闻。

空劳词赋动江关，下第乃从塞雁还，

枨触平生忠孝泪，一声牙板一潺湲。

郑家麟诗二首

之一

白须行

同乡董某，设教都门，得家书知母病笃，欲驰归，适教匪林清之变，城门扃闭禁止出入，一夜焦急须尽变白，因作此以寄之。

浭阳董子人中豪，气似虹霓百丈高。
相逢奇事直惊绝，须边一夜飞来雪。
时值嘉庆癸酉年，寇来仓促如云烟。
时为贵邸座上客，仿佛武城避寇贤。
祸至伊谁恋华屋，公子叫天阿妇哭。
口禁目眵不敢前，风日凄凄天地肃。
阿娘老大胆较壮，苦挽先生作保障。
千斤重担一肩挑，蜂屯蚁附方相向。
知己相邀皆谢绝，慷慨仗义表奇节。
推守要害细论丘，咫尺休教营蚁穴。
禁叱合府莫生悲，伏旗息鼓示无为。
斗酒方肉赏健儿，谨防黄巾与赤眉。
黄巾赤眉势猖狂，弄兵先欲扰天潢。
三更粉字书壁去，何人敢与抗戎行。
是夜贼首真作恶，持刀攘臂登云阁。
暗施火器一炬红，逾墙遁去鼠胆破。
须臾杀气贯斗牛，人喊马嘶似水流。
自分先生毕此日，仗剑来登门上楼。
魁梧奇伟霹雳声，宛如石破撼天惊。
群贼遥望惊吓走，忠诚不战屈人兵。

困顿一夜白头见，兴嗣千字精心炼。
朝起捋须把青铜，果然顷刻容颜变。
当途方略固多有，抗敌乃出书生手。
烽烟顿息归故乡，剩有声名满人口。
元值还家为老亲，借寿十日见天真。
高才耻为击剑士，西席曾为捉刀人。
天上少微耀光彩，鲁连高风至今在。
壮心不与戎马驰，岁月已从沧桑改。
劝君且斟燕市酒，世事白云幻苍狗。
群须一白不复乌，英雄落拓无时无。

之二

题同邑孙笠山医学汇海

妙诀能参造化工，医宗学理本相通。
却教吐凤词人笔，补出神农济世功。

郑源璹诗八首

（一）登云罩寺浮屠

我是红尘下界来，不知身已到天台。
慈航苦海空回首，一啸松篁万壑哀。

（二）东竺寺

一带松峰未了青，幽幽阐室傍茅亭。
阶前众卉齐争秀，草木由来怡性灵。

（三）万松寺

白云深护几重重，踏破云根劳杖筇。
鸟道迂回八十曲，松阴半压两三峰。
谈空坐见归山鹤，煮茗时闻隔寺钟。
最是黄昏风动后，清音应起石潭龙。

（四）盘古寺

盘古传韩序，名同不待猜。
松阴绿径踪，怪石倩谁堆。
随处山堪赏，连朝云不开。
游寻情未已，跋马入崔巍。

（五）初至千佛寺游盘山二首

之一

御园花坞话山农，夹道松阴护客踪。
回首蓟城烟树里，匝车已入白云峰。

之二

花木当窗列锦屏，一亭高敞可藏形。
香台境寂尘凡隔，千像堂前云半扃。

（六）云罩寺

崔巍云罩寺，高峙万峰巅。
俯视应无地，平临只有天。
游疑云汉上，宿近斗牛边。
创建知何日，丰碑不计年。

（七）古中盘

振衣长啸上层巅，极目苍茫远接天。
出岫云多浑作雨，化龙松老欲栖仙。
轻尘不入萝屏里，香雾时来宝殿前。
却得山僧礼数简，任寻修竹问清泉。

塞上吟

郑济泰

乾隆三十七年壬辰，济泰以渝州卒从戎讨两金川，丙申二月，寇平，办善后于噶拉，依诗以志之。

才据雕鞍志已奇，龙泉知我一身随。
幸当太乙开锋白，喜见蚩尤授首时。
不惜穷边消岁月，矢将弩力效驰驱。
和期鞅掌风尘吏，也控天弧逐虎貔。

董琪树诗三十二首

董琪树，字玉林，诸生，丰润人，生卒不详。大约生活在清中期。他生平博览群书，著作颇丰，著有《繁露楼集》二卷。

（一）董狐

有笔藏之繁露楼，日星河岳并千秋。
魏家酒食陈家米，肯向人家贱价售。

（二）苏秦

揣摩世故股留痕，更喜同门舌尚存。
未负阿师称鬼谷，果然变态满乾坤。

（三）荀子

孟荀孔墨岂同途，八代文人半俚儒。
此语不闻南渡后，划开门户是程朱。

（四）荆卿

铁椎匕首誓歼秦，壮志何嫌拟未伦。
欲为荆卿求末减，也依阳武但书人。

（五）两生

坑儒自昔罪秦嬴，谁道真儒不受坑。
羡尔芳踪同四皓，翻嫌四皓有传名。

（六）杨雄

怪是臣雄献美新，唯将秦政拟频频。
青莲变作清平调，飞燕拈来颂太真。

（七）郅恽

骑虎应知下虎难，竟将图与篆重看。
亡新一片欺天胆，不待昆阳战已寒。

（八）荀悦

提要钩元识本超，千秋经济一言标。
井田而后均田好，诵过周官诵此条。

（九）徐元直

喜得连茹卜泰交，奈何君友一齐抛。
男儿事业缘天性，不做王陵与赵苞。

（十）王文献导

良友何心负九泉，灭亲大义说徒然。
谁将石碏方文献，祇合王敦比赵穿。

（十一）王右军

愿起当年聩与聋，同将虚诞洗余风。
永和三日兰亭咏，一片婆心一序中。

（十二）谢太傅

从容言笑慑权奸，百万秦兵只等闲。
不有奇功定江左，风流晋代可全删。

（十三）陶靖节

抚得幽琴不设弦，暮春铿尔思悠然。
却嫌沂上无传谱，为咏归来辞一篇。

（十四）谢康乐

嗟尔山居制赋才，四明五奥恣徘徊。
东篱亦有诗人在，何不同吟归来去。

（十五）梁武帝

指口荷荷绝可哀，谁将报施问莲台。
西天饶有杨枝露，不为君王解渴来。

（十六）唐孔氏

岂有篡兄哥绿竹，竟将邻国辨椒聊。
于今始悟传经意，不为千秋为本朝。

（十七）李邺侯

造命难将已命谋，力全骨肉泪交流。
神仙最有抽身计，免过留侯又邺侯。

（十八）狄梁公

拨得层云闪日辉，五龙潜使夹之飞。
回天早运擎天手，反觉娲皇补缀微。

（十九）冯道

臣投主贯推冯道，女嫁夫多数夏姬。
也为人间留对耦，谁翻欧史作传奇。

（二十）赵韩王

鲁论半卷治平开，自是天家佐命才。
未审陈桥谋翊戴，也从拣校几篇来。

（二十一）寇来公

劝驾澶渊国势张，欢呼哥虐厉鹰扬。
汴京此举分番汉，直定中原到靖康。

（二十二）陈少阳

二帝于今已北行，书生何敢惜余生。
臣身愿做登闻鼓，但望君聆击碎声。

（二十三）王阳明

摧枯拉朽树奇功，正在龙场兀座中。
为吐千秋儒者气，笑他儒者反相攻。

（二十四）康对山

谒刘未便嗤康海，吊让何尝损太邱。
夬夬独行占遇雨，两人可许与权不。

（二十五）杨升庵

君门一哭永投荒，忠孝家风大小杨。
赢得间深酣著作，祇应报国是文章。

（二十六）周延儒

宜兴传与严温列，迥异严温毒善良。
争奈受金援马阮，南朝始祸溯维扬。

（二十七）彭祖老彭

曾共重华为帝佐，讵偕仲傀作王臣。
请将谱系从头溯，戴记分明是两人。

（二十八）习凿齿

忘却葫芦依样看，竟将篡逆斥曹瞒。
攻人未便兼攻已，陈寿深知作史难。

（二十九）管公屯怀古

我问诸葛号卧龙，先主三顾起隆中。
又闻管公号龙尾，三友一龙世所美。

堪笑斯言何谬悠，公即龙尾歆非头。
我今与作探龙录，尾在辽东头西蜀。
西蜀辽东路万千，或潜或见一龙全。
若使神龙掉头尾，恐当易地则皆然。
君不见，锦江泸水去滔滔，兴云致雨龙吟高。
又不见，渤海连天起烟雾，龙幡之地无寻处。

（三十）遣病

造物有弄臣，二竖久无赖。
颠倒阴阳权，威福任狡狯。
忽漆伯牛身，使生豫让癞。
俄而柳在肘，支离已委蜕。
和缓愤其冤，愁焉悯凶害。
誓将君侧清，永使乾坤泰。
犄角戒衔枚，克期拟入塞。
膏肓忽疏守，转致夜郎大。
据防臧孙纥，召戎王子带。
蔓草犹难图，况乃宠弟最。
攻伐计已穷，和议出无奈。
华元下子反，冀回楚师旆。
留侯屈亚父，为脱鸿门会。
两人古豪者，情急甘要丐。
以我况昔贤，齐秦视曹郐。
焉能独倔疆，贻戚终狼狈。
史巫用纷若，齐明致一酹。
一酹亦何求，无为鳏寡盖。
果能帝谓通，永去形骸外。

（三十一）寄绣江二首

（1）

翩翩孤鹤，凌风东飞。

音流辽涓，影弄清辉。

清辉弄影，不胜依依。

在阴忽和，知是令威。

（2）

出谷黄鸟，学语成音。

既鸣灌木，旋啭深林。

自怜弱羽，敢惜苦吟。

双柑人至，或有会心。

郑氏诗六首

郑氏，女，丰润人，生卒不详。候选州同郑俨之女，候选训导孙岱之妻，其子孙孝先，道光五年己酉（1825）拔贡，后任顺天府训导。郑氏著有《懒云草堂诗稿》。

秋夕

豆花棚下候虫吟，移得藤床就绿荫。

残日漏云收雨脚，好风吹月到天心。

凉生庭竹惊秋早，香递池莲觉露深。

静夜哦诗不成寐，银河清残漏沈沈。

即景

疏帘半卷晚风微，红豆花哨淡夕晖。

一掬秋心无处著，闲看蠓蠛作团飞。

寄外二首

（一）

深秋微雨夜寒窗，客里风霜补被单。
为语飞鸿传好信，聊将一纸报平安。

（二）

久客关心露又霜，书斋竟日为人忙。
画眉窗下闲题句，坐对菱花细较量。

懒云草堂题壁二首

（一）

雨后芭蕉翠，风前药草香。
湿花粘蝶粉，暖树炙莺黄。
窗寂山屏静，堂虚砚几凉。
闲云真个懒，不似世情忙。

（二）

此间堪避俗，寂寞似山家。
峰叠玲珑石，亭栽红百花。
槿篱三尺短，苔径一条斜。
最好携凉簟，藤阴坐啜茶。

郑佐诗五首

答和孔绣山见赠之作

龌龊村居任性天，行沽费尽杖头钱。
清癯每羡松阴鹤，栖讬怜同叶底蝉。
锦句捎来云阁字，绳床唤起竹窗眠。
送君前路瀛洲近，应胜邯郸一梦缘。

春日书怀友人韵

立向空庭拥布袍，栏前春色绕周遭。
诗联旧雨多三益，鬓染轻霜叹二毛。
愁里倍怜花烂漫，闲中静听竹箫骚。
封侯自问雄心老，长铗青光任久韬。

题沈伟如采莲图小影

摩诃池上妙香凝，坐对莲花悟上乘。
料得四声歌水调，腰围瘦却沈吴兴。

题司马梦素女史百蝶图卷子

（一）

罗浮仙影逗年光，画向兰闺书正长。
安得百花同日放，招来一一好分香。

（二）

晶帘抵押绮窗疏，傅粉涂金伴著书。
怪底郎君文似锦，彩豪知借女相如。

偏凉虚阁

［明］州人高第

家里偏凉景，山环水曲流。
乾坤开胜地，今古侈奇游。
人倚空中阁，渔观岸下舟。
沿溪通棹远，别有洞天幽。

偏凉汀夕阳泛舟

［明］州人高第

扁舟乘夕照，万顷欲凌之。
水映天如动，波回岸自移。
探奇常载酒，蹑险更题诗。
逸兴归犹剧，江空觉月随。

文笔峰

［明］州人高第

文笔峰高秀插天，百年文运盛相连。
而今前喆无遗塔，滦水东流一慨然。

自茨榆坨至稻地

［清］知州顾学潮

沙平野旷午风便，万口欢声一路传。
可为惜贫常小蹇，须知藏拙在丰年。
山童脱帽收遗橡，村妇兜衣拾堕棉。
正是江南夸好景，橙黄橘绿早霜天。

长春古淀

［明］州人郝宗启

野淀悠悠接海滨，古人曾此谩怡神。
当年月榭风亭处，不见长春车马尘。

长春古淀

［清］州人李恩捷

长春古淀属滦州，大定名州几百秋。
一自当年老辟凿，却教后代任遨游。
草怜岸上采薇客，石认坡前射虎侯。
行殿巍楼何处是，苍茫唯见水长流。

长春古淀

（用刺史陈士元原韵）

［清］吏目黄珽

翠羽明珰拥画楼，当年淀水绕宫流。
落花片片何人扫，啼鸟声声空自愁。
菱荇一池新月上，松运满眼旧题留。
游人莫问春消息，剩有苍凉土一丘。

长春古淀

［清］长洲吴士潢

萧后纵游观，长春殿宇宽。
空修金箓醮，难祷寿星宫。
柳自迎风舞，花犹浸月团。
可怜歌管处，淀水独生寒。

长春古淀

［清］州人冯淦

貔貅十万罢南侵，复为君王起上林。
两世重游行殿敞，六宫竟舞暮云沉。
拼将歌管娱长日，忘却山河抵寸金。
淀水不知兴废事，春来依旧绿波深。

长春宫诗文

明知州陈士元诗云：
野淀空传红粉楼，淀边衰柳覆寒流。
建儿车马那经眼，异世松云尚带愁。
金屋谩迷沧岛阔，瑶台犹忆翠华留。
可怜萧氏能倾国，不及王嫱草一邱。

邑人王好言诗云：
春暮适单袷，淀水温可风。
马蹄踏沙去，山路披蒙茸。
云收溪练白，日出村疃红。
遗址翳丛薄，见说长春宫。
眼前走狐兔，金屋榛莽中。
春色年年镇长在，玉颜一去无遗踪。
君不见姑苏台，吴歌楚舞今尘埃。
往事分明在人耳，千秋亦复令人哀。

邑人高吉昌诗云：

故宫鸱瓦纪遗楼，野淀斜阳水尚流。

八部国残谁有恨，十香人艳自生愁。

佩环似听松声在，奁镜虚疑槛月留。

莫吧回心空暑院，玉环飞燕总荒丘。

清邑人汪鉴诗云：

盘马弯弓莅此州，边庭烽火几春秋。

至今遗址留行殿，伊昔长驱恣猎游。

帝业遂基耶律相，战功空纪冠军侯。

千年兴废归陈迹，淀水苍茫日夜流。

知州吴士鸿诗云：

山海西来第一州，嵯峨行殿几经秋。

锦衣花帽天魔舞，细犬苍鹰猎骑游。

元代楚村堪入相，汉家曲逆枉封侯。

独怜遗址长春社，极日苍茫淀水流。

陶誉相诗文

陶誉相，字觐尧，丰润宋家营人，生活在1811年左右。诸生，官安徽照磨（主管照刷卷宗，从八品），着有《芗圃诗草》（1811）二十卷。

（一）陈室未婚守志王贞女歌

序：王贞女，遵化州葛家屯人也，幼许丰邑七树村陈占魁为配，未婚夫亡，矢志不嫁，欲过陈门，而陈门翁姑因贫不纳，贞女即仰药求死，父母救苏，不得已，强送于陈守节甘贫，以纺绩奉翁姑，以逾二十年矣，戚族公请旌表，缘年未五旬，限于成例，邑令先给匾额曰：节孝可风矣。合例再为申请。相（作者）解组归里，谬赋五古一章聊应其命，实愧人微言轻，不足以志贞女之万一也。

——道光庚子

北山有孤竹，移栽傍七树。
上有孤宿鸾，悲鸣历朝暮。
岂无日月光，照单不照双。
岂无风雨露，生节不生根。
吁嗟王贞女，可怜陈仲举。
谁传埋玉文，竟梦拆钗股。
海竭恨难填，天倾哀莫补。
九死余一生，数语足千古。
父母不能留，翁姑不能阻。
心逾金石坚，操比冰霜苦。
无泪不成花，有裙可包土。
尽孝捧盘匜，食盆力砧杵。
金线厌年年，机丝鸣缕缕。
廿载甘贫寒，一灯耐风雨。
奇行难尽言，芳名振大府。
朝议虽待旌，乡评已如许。
蕴玉辉在山，怀珠媚在川。
光辉讵能掩，如云之丽天。
大节垂宇宙，岂止书彤编。
盛世有元音，终当被管弦。
以之励臣心，臣心皆忠贤。
以之助子识，子识克纯全。
我愧学蝉噪，万一曷能传。
唐生有高义，聊以塞责焉。

（二）太白墓

浪说骑鲸去，依然土一邱。
神仙原有骨，风月永当楼。
碧落开诗卷，青山当酒筹。
谁能呼使起，汗漫兴同游。

（三）题八儿荣画平山堂图

梅花香裹木兰舟，卅载平山几度游。
两岸名园都近水，二分明月恰当楼。
由来正气归松岭，别有春愁泥玉钩。
今日看儿临画本，白头指点说扬州。

（四）绩溪道中

四山风冷刺秋衣，路险蓝舆缓缓归。
红叶乱随人袖落，白云低逐马蹄飞。
悬崖古寺多无佛，隔水农家半掩扉。
好是日斜投宿处，一间松屋翠阴围。

（五）莫愁湖

六朝金粉总成尘，千载清流属玉人。
草色尚留裙带绿，山光依旧黛眉新。
花能写照朝临镜，月可销魂夜有神。
得意谁能歌乐府，郁金堂上景长春。

（六）胜棋楼

序：相传明太祖与徐中山弈棋，中山胜，太祖即以莫愁湖输与做汤沐地，故湖上至今犹徐氏业。李云松太守修圯成新，前檐悬莫愁小影，后楼供中山遗像，胜地重兴，游船云集题咏者满壁琳琅，率以英雄美人相提并论。然中山与莫愁时隔千秋，男女有别，作者似觉不伦，故分咏以辨之。

胜地君臣去渺茫，风流轶事似荒唐。
徐家竟有卢家地，男子平分女子香。
大将岂甘污粉黛，小姑端不嫁彭郎。
只缘一局留谈柄，儿女英雄话短长。

（七）刘艾堂词丈轻舟见访并索新诗

轻舟一叶小如韶，好送先生过板桥。
十载相思歌杕杜，片言风土识鸾枭。
山楼斜日低于首，麦陇黄云高过腰。
光景此乡真可乐，相逢应许酒盈瓢。

（八）题香雨清溪寻梦图

丁廉画本水漪漪，谁写温柔动客思。
一曲秦淮楼上月，千秋司马卷中诗。
梦从醒后寻原幻，胥到深时不觉痴。
我亦当年号薄幸，披图愁煞鬓新丝。

（九）听雪

苍茫万丈落琼瑛，听澈云和抚太清。
善舞瑶姬回袖远，步虚天女散花轻。
短檠对酒抛书卷，深巷关门静犬声。
入耳知音惊旧梦，廿年此调感离情。

（十）扫雪

冻梅深处着痕新，扫破天葩净夙因。
花下敢云开捷径，风前端不起纤尘。
折腰偶试披云手，俯首谁怜拥彗人。
莫畏凌寒筋骨尽，回身踏遍满园春。

（十一）雪珠

希世如何轻易投，随风咳唾宝光浮。
掷来遍地麻姑巧，遗向平皋汉女愁。
不许尘凡藏一粒，何妨声价冷千秋。
玉龙颔下谁先得，甲乙偏容满纸留。

（十二）雪影

点缀清光画不真，句云拓月莫寻根。
脱胎柳絮原无骨，写照梅花自有魂。
水镜空中寒作象，冰心物外淡留痕。
凭他醉眼模糊认，瞥过芦帘讵可扪。

（十三）雪花

万片琼英碾化工，定从琪树谪瑶宫。
不甘堕落开峰顶，别有精神抖月中。
妙笔也难传色相，春心无处不圆融。
东风傥送维摩室，佛手拈来一笑空。

（十四）雪径

破冻谁先踏几条，天涯踪迹指迢迢。
青山不见环西涧，流水无声过小桥。
一线江南村入画，半痕堤畔草初烧。
束薪煮石人何在，千载高情忆酒瓢。

（十五）卧雪

清光凝月掩书灯，阁笔西窗学枕肱。
覆帐一篝温被翠，寒天三尺冱檐冰。
抱琴客去眠初稳，送酒人来唤不应。
冻鹤几声惊睡觉，琼林好梦失红绫。

（十六）浣雪

攀花曾记到蟾宫，濯魄于今少热中。
过眼浮华消素手，立身清白是家风。
精神澡处天机活，尘垢消时色相空。
难得群仙共湔洗，定教毛发一齐融。

（十七）遣婢词

空贫婢老莫能依，义感朝云不忍归。
丸药侍亲勤病榻，纺棉为我换寒衣。
十年箕帚矜劳久，一笥荆钗馈赠微。
回首几番怜主幼，背人犹自泪频挥。

（十八）连理歌

序：吾乡有武士张生，不第愤死，其未婚妻董氏女闻讣亦缢，父母怜之，请于邑宰为合葬焉，有感而作。

黄鹄鸣兮声呜咽，乌鹊飞兮啼碧血；
伤哉古来节妇多，未闻生不同牢死同穴；
嗟彼董氏女，绝代有容光。
闺中早受聘，许嫁张家郎。
闻道张郎年十五，不读文章性好武。
马上能开十石弓，三箭已中园桥鼓。
归来帽插泮宫花，乘龙直入丈人家。
呵气成云容傅粉，清冰润玉人争夸。
阿翁霁颜兄弟乐，共道丝萝得所讬。
筵前鼓舞订婚期，相邀定入麒麟阁。
会有风云际玉京，辞亲奋武磨青萍。
谁知勇可冠军武，英雄难与数争衡。
既不能夺锦天门底，又不能执戟明月光里。
揽辔归来折宝弓，严亲一怒娇儿死。
阿翁闻信泣数行，佳人罢绣朱颜黄。
解我罗襦脱玉珰，着此荆钗麻布裳。
唤仆膏车拜父母，儿将矢死张家堂。
父母一见气先沮：非礼之行女何误？
大姊牵衣返故闺，小弟婉言息亲怒。
违亲既不肖，毁耳人皆笑。
反复对琵琶，羞煞弹别调。
气化寒云泪满壶，皮金香剪付阿奴。
生既不能付舅姑，死庶可以从吾夫。
今生不得结缡好，来生戎化交颈鸟。
今生不得伉俪欢，来生愿做相思草。
草色青青万古香，鸟名千载称鸳鸯。
伤心为作连理曲，此恨山高与水长。

（十九）披霞山冬眺

雪满寒峰冻接天，披霞一眺杳无边。
塞云低锁边城堠，晓日平开海市烟。
三座塔遥如在望，二龙山古讵无仙。
荒碑剥藓闲题句，惊起栖鸦半霎眠。

（二十）重补滁尉感怀二首

之一

无数青山似我招，风尘又许驻征轺。
廿年踪迹鸿留雪，百事思量鹿覆蕉。
失马塞翁嗤往日，下车冯妇愧今朝。
白头老役欢相语，笑我狂歌兴未消。

之二

学醉寻亭忆昔时，欧梅花下步迟迟。
腰因痛久愁难折，心为多情老益痴。
旧雨凋零悲硕果，春风摇曳有新枝。
莎厅再至无他事，当见平生数卷诗。

（二十一）哭先慈五首（作于十四岁）

之一

新安失怙五逾春，
白鹤今重吊母身。
泉路相逢无别语，
应先询我寄何人。

之二

寸断肝肠泪满衣，
几番昏绝哭声微。
行云也解怜孤意，
半驻中庭不忍飞。

之三

泪眼潸潸日断魂，

春晖百岁负慈恩。

破裳不忍轻抛弃，

针凿犹存手泽痕。

之四

最伤心是读书归，

尘满堂前未下帷。

饭罢无言含泪睡，

梦魂犹学舞斑衣。

之五

一生冷暖有谁知？

春露秋霜枉系思。

顾影相怜惟女弟，

未曾劝我却先悲。

（二十二）《灵璧查灾》

胥役如鬼蜮，保甲若蛇神。

报名有定费，造册须丁缗。

委吏下乡来，供成多膻荤。

尔粮岂易食，坐索声纷纭。

村翁叩头泣，老妇无完裙。

三日未得食，昨夜嚼草根。

若待给粮日，皮肉如何存？

愿言不食赈，请君勿上门。

里长置不顾，入室搜鸡豚。

（二十三）《逃荒行》

淮徐大水凤颍旱，千人万人争逃荒。
逃荒欲往何处去，闻道江南多富庶。
锁门担釜辞亲邻，全家都上黄泥路。
天明早起满身露，道遇行人过前渡。
报说江南逃荒多，斗米换儿人不顾。
闻言半晌泪欲吞，前途如此悉难存。
进固维艰退不易，全家环注天黄昏。

孙赞元诗二首

吊田畴

仗剑从戎志断金，幽州讨贼阵云深。
勤王自由宗臣辅，卖塞原非义士心。
应运几人龙斗野，全身大半鹤归林。
子文辞禄胥逃赏，持义差能契夙忱。

吊干瘪上人

思陵仙驾杳难追，不赴禅关却赴谁。
剩有法身存别院，忍将姓字着残碑。
平原枨触江淹恨，故国尤深宋玉悲。
数罢牟尼尸解去，斯人弗出果何为。

过高尚书白云楼遗址

惠景陶（州人）

胜地依然在，危楼何处寻。
徒余老树木，无复旧登临。
雪满山空白，舟横水自深。
依依斜日下，相对几沉吟。

《孤灯吟草》摘录

孔昭杰

（一）

数难预卜理难明，顷刻如何命便倾。
当日穷愁曾共我，他年荣显倍怜卿。
未留片语成长别，不信良缘只半生。
百事思量无一可，苦吟呜咽不成声。

（二）

平时深悔欠扶持，仓促灾生竟不支。
贤妇喜能当大事，严君今要抚遗儿。
知心谁是真知己，后会今难定后期。
未敢遽通黄耳报，乡关唯恐恸慈帷。

（三）

高堂时听说卿贤，承志常能在意先。
司有衣裳皆手制，事无巨细总身兼。
亲教幼子三千字，善抚螟蛉二十年。
检点青箱肠欲断，图章犹记是亲篆。

（四）

去年祝寿送期颐，尚见谦谦读我诗。
孤掌难鸣如失臂，大弦已断不齐眉。
持家从此虚中馈，侍养何人奉母慈。
巷议街谈犹悼叹，伤心岂独为情痴。

（五）

生前曾结来生约，未卜来生了此生。
三十年中犹梦境，一千里外动悲声。
照人短烛同垂泪，不寐长宵耐数更。
我欲忘情学庄叟，无如触目总伤情。

（六）

婉言药石善箴规，从此孤行少唱随。
恸哭堪怜无主婢，伤心怕看无娘儿。
连宵梦杳难寻觅，九转肠回只自知。
镇日悲凉谁可诉，书怀未有悼亡诗。

孔宪彝诗

渔家都在海池边，打起池鱼分外鲜。
荷叶摊开先一笑，几斤鱼是几斤钱。

往黑沿子

周　馥

往黑沿子中，路宿王庄，见灾民甚苦。
中秋碣石月无光，重九越支菊断觞。
寒雨晚村人闭户，冷烟孤店客求粮。
秋禾潮偃百千里，估舶时通三两航。
闻道长官膺上考，三年曾否莅荒庄？

周馥（1837—1920），字玉山，安徽建德人，清咸丰十一年（1861）任李鸿章文牍，为李器重。先后署永定河道、津海关道、渤海口编练民船团练。其先后协助李鸿章办理洋务达三十多年。1888 年任直隶按察使。中日甲午战争爆发，任前敌营务处，在前线调护诸将，收集散亡，转运军需。1899 年后先后任四川布政使、直隶布政使、山东巡抚、两江总督、闽浙总督、两广总督。这首诗是时任李鸿章文牍时，去往黑沿子（今丰南区黑沿子镇，亦为越支盐场所属）途中，住宿老王庄时，记下的作者的感受。

赋

长春宫赋

——乐亭赵建邦长春宫赋，以石城有长春行宫为韵云：

不见夫衰草长堤，夕阳古驿；树老烟皴，苔荒雨积；环兽抛金，瓦鸳埋碧。如许荒凉，几多追惜。乾元殿冷，空悲女直河山；艮岳图残，莫问宣和花石。客曰，此非长春宫之故址，而大金国之所经营者乎。余曰唯唯。想其拜天西苑，赏菊东明；草承凤辇，花拂霓旌；霞蒸虹栋，日丽云薨。于斯时也，已觉春融阆苑，春满蓬瀛。如入化人之国，如游不夜之城。况复选伎征歌，称觞上寿。教坊则色绢簪花，武士则雕弓射柳。鹧鸪曲里，如闻长乐钟声；鹓鹭班中，也有长杨赋手。于斯时也，亦足以快意管弦，怡情诗酒，乐也何如，得未曾有。然而狎则生厌，习焉若忘，谓游豫可为侯度，谓温柔别有仙乡。乃向离宫而驻跸，乃求倾国而专房。剧怜蓬岛瑶池，韶华骀荡；听到荷花桂子，逸兴飞扬。帐殿春浓，捧金杯兮手软；镜台春暖，斗翠黛兮眉长。又或球场日永，猎苑风驯，盘马而绿初薙草，呼鹰而红不惊尘。毡账悬来，共拜风流天子；月旗开处，应携自在夫人。豹子河避暑年年，不羡湾名消夏；雀儿庵从禽日日，何须阁结临春。无何紫薇宫圮，集庆宫倾，青磷夜照，碧草秋萦，而是宫也。亦复垣颓粉剥，础没莓生。三十六殿之楼台，惟堪惊马；百二十年之士女，尽化啼莺。明月自来，空照当年游幸；翠华一去，更看何日巡行。予怀渺渺，客意忡忡。行歌落日，凭吊临风。歌曰：春去春来雨蒙，长春宫外野花红。行人莫当闲花采，曾入金源御览中。高歌未已，客意难穷，倚歌而和，古调相同。客歌曰：舞榭歌台一曲终，繁华已逐晓云空。寒鸦毕竟多情甚，犹向斜阳觅故宫。

邑人张凤翔怀古诗云：辽金旷代已千秋，衰草荒烟共一邱。无复盛筵开诈马，那堪往事问闲鸥。翠华曾下云中阙，金粉难寻永上楼。一样前朝飞放泊，空余碧浪逐东流。

卷之八

诏喻

疏奏

诏谕

顺治六年

壬申，谕兵部：满洲汉人俱属吾民，原无二视之理。但迩来用兵亦出于不得已，岂可苦累良民。今后行军不论多寡，其领兵主将可严饬将士等，粮豆草束悉照部定之数支用，不得分外多取。其锅、席、鍘刀、马槽等物须委干员，亲自看验，酌量取用。牧马完日，令各旗章京亲验，照数发还，仍约束兵丁，民间之物，毋许秋毫侵犯。不时遣官稽查，如有抢夺害民者即时察出，治以重罪，该管者连坐。并严饬各牛录，各拨什库，转行所属，今后有抢汉人一物者，即行处斩。家奴有犯，罪及家长。其牛录章京拨什库及屯拨什库，若不严为晓谕，一并治罪。有带弓箭军器伙众劫夺者，不分首从，悉行处斩。尔部即通行远近地方城市乡村，遍张告示，晓谕通知。

顺治六年

癸未，谕兵部：迩来土贼横行，皆由该地方官怠忽疎玩，觉察不早。故乡村不良之徒，得以窝藏勾引。间有知情者，反惧贼势，不畏国法，不肯作速报官，遂致盗贼乘间作乱。自今以后，文武各官于该管地方，务须悉心严察举报巢捕，预为消弭之计。如仍前怠玩，致有盗贼窃发者，该地方各官俱治以重罪，其窝藏之家处斩，左右邻知情不举，及十家长不行举察者，概不姑宥。尔部传谕通知。

顺治十一年

丙辰，户部奏言。人丁地土，乃财赋根本。故明旧例，各直省人丁，或三年，或五年，查明造册，谓之编审。每十年，又将现在丁地，汇造黄册进呈。我朝定鼎以来，尚未举行。今议自顺治十二年为始，各省责成于布政使司，直隶责成于各道，凡故绝者开除。壮丁脱漏及幼丁长成者增补，其新旧流民，俱编入册。年久者，与土著一体当差。新来者，五年当差。至于各直省地土，凡办纳钱粮者为民地。不纳钱粮者，不分有主无主，俱为官地。各边镇俱应照例分别。其荒田旷土，招民开垦，一如兴屯之法。畿内满汉错杂之处，难以清查，如有隐地漏粮，讦人告发，从之。

顺治十一年

十一月十六日昧爽以前，凡官吏兵民人等犯罪，除谋反叛逆、子孙杀祖父母、父母、内乱、妻妾杀夫、告夫、奴仆杀家长、杀一家非死罪三人、采生、折割人、谋杀、故杀、蛊毒魇魅、毒药杀人、强盗、妖言十恶等真正死罪，及监守自盗、坏法受赃、侵盗漕粮不赦外。其余罪无大小、已发觉未发觉。已结正，未结正，咸赦除之。有以赦前事告讦者，有司不许理问，即以其罪罪之。隐匿满洲逃人，在颁诏之日以前，见在审理未结者，悉与赦免，赦后者仍照例处治。其内外文武官员，除贪酷害民及大计处分、城池失守不赦外。其余见在议革、议降、议罚者，各该衙门悉与奏明宽宥。於戏。恩不可恃，赦不可频。此赦之后、赦不轻颁。官民人等，体朕此意，速图省改。毋得视为泛常。再有犯者，一从宪典。布告中外，咸使闻知。

雍正元年

壬午，谕户部：恩赐老人，原为崇年尚齿。而地方赏老人者，每州县动支数千金。司、府、牧、令、上下通同侵扣，吏役复任意需索，老人十不得一。上负旷典，罪不容逭。今饬令督抚严查。务令有司亲自沿乡访察，据实造册给发，不许丝毫侵扣。倘仍蹈前弊，立即参处。如督抚奉行不谨，朕若访出，必加以失察之罪。再老人九十以上者，州县不时存问。其或鳏寡无子及子孙贫不能养赡者，督抚以至州县、公同设法恤养，或奏闻动用钱粮，务令得沾实惠。

谕礼部：致治之要、首在风化。移风易俗、莫先于鼓励良善。使人人知彝伦天则之为重，忠孝廉节之宜敦。古帝王劳来匡直，所以纳民于轨物者，舍是无由也。朝廷每遇覃恩，诏款内必有旌表孝义、贞节之条，实系钜典。迩来直省大吏，往往视为具文，并未广咨远访，祇凭郡县监司申详，即为题请建坊。而山村僻壤、贫寒耕织之人，或菽水养亲，天性笃孝，或柏舟矢志，之死靡他，乡邻嗟叹为可钦，而姓氏不传于城邑，幽光湮郁，潜德消沉者，何可胜数。尔部即行传谕督抚学政，嗣后务令各属，加意搜罗，虚公核询。确具本人乡评实迹，题奏旌奖，勿以匹夫匹妇而轻为沮抑，勿以富家巨族而滥为表扬，以副朕成俗化民、实心彰善至意。

谕礼部：国家抡才大典、首重试官。主考凭房考阅荐之文，定其去取。则一榜衡鉴之当否，系于分校诸臣之贤不肖，亦匪轻矣。近科以来，皇考慎重辟门吁俊之典，于顺天乡试及会试房考官，虑其人邪正不一，特命每房各用二人，同阅试卷，使之互相觉察，彼此钤制，用意良为周密。但法久弊生，一房两考官，岂皆遇秉公持正之人。设有一狡黠者掺杂其间，即为贤者之累。况两人或皆不肖，则朋比作奸，为弊更甚。嗣后仍著照原定科场条例，各房止用一人校阅，其责既专，其功罪亦难推诿。务俾锁闱清肃，悉拔真才，以仰继皇考旁求俊乂之志，尔部即遵谕行。

己亥。谕大学士等：孝经一书，与五经并重，盖孝为百行之首。我圣祖行皇帝钦定孝经衍义，以阐发至德要道，诚化民成俗之本也。乡会试二场，向以孝经为论题，后改用太极图说、通书、西铭、正蒙。夫宋儒之书，虽足羽翼经传，岂若圣言之广大悉备。今自雍正元年会试为始，二场论题，宜仍用孝经。庶士子咸知诵习，而民间亦敦本励行，即移孝作忠之道，胥由乎此。又闻各省乡试房考，凡州县官由科甲出身者，止许入闱一次。夫考官以秉公精鉴，识拔人才为主，何论曾否入闱，嗣后凡遇乡科，各省督抚、临场调齐科甲出身之员，不论已未分房，监临试以时艺一篇，其文理优长者，为内帘房考。荒疎者，供外场执事。则分校得人，而佳文尽拔矣。朕于雍正元年开科广额，总欲鼓励人才，兴起教化，著该部通行直省督抚，俾副朕崇教育才之意。

谕各省盐政官员：国家欲安黎庶，莫先于厚风俗。厚风俗，莫要于崇节俭。周礼一书，上下有等，财用有度，所以防僭越，禁骄奢也。孟子亦曰："食时用礼，菽粟足而民无不仁。"朕临御以来，躬行节俭，欲使海内之民，皆敦本尚实。庶康阜登而风俗醇，夫节俭之风，贵行于闾里。而奢靡之习，莫甚于商人。朕闻各省盐商，内实空虚，而外事奢侈；衣服屋宇，穷极华靡；饮食器具，备求工巧；俳优妓乐，恒舞酣歌；宴会嬉游，殆无虚日；金钱珠贝，视为泥沙。甚至悍仆豪奴，服食起居，同于仕宦。越礼犯分，罔知自检；骄奢淫逸，相习成风。各处盐商皆然，而淮阳为尤甚。使愚民尤而效之，其弊可胜言哉！尔等既司盐政，宜约束商人，严行禁止，出示晓谕，谆切劝诫，使其痛自改悔。庶循礼安分，不致蹈僭越之愆。而省一日之靡费，即可以裕数日之国课。且使小民皆知警惕，敦尚俭约，于民生亦有裨益，庶不负朕维风振俗之意。若仍前奢侈，不知悔改，或经朕访闻，或被督抚参劾，商人必从重究治。尔等亦不能辞徇纵之咎。

礼部遵上谕议奏，八旗直隶各省凡有孝行节义之人，例得请旌给银建坊。恭遇皇上彰善大典，即乡曲贫民勿令湮没。又以节妇年逾四十而身故者、守节已历十五载以上，亦应予旌。又酌设祠宇，入于祀典，诚激扬风化，敦率人伦之善政也。请敕下八旗直隶各省、督抚学臣，令所在有司遍加采访，凡有节义之人，从前无力上达者，悉行查报。其妇人守节十五载以上，年逾四十而身故者，亦详查报明，一体予旌。直省该督抚学臣核实，于岁终汇题。八旗该都统于岁终咨送臣部。臣部于次年二月汇题，请上上谕旌表，永为定例。其设立祠宇，应令顺天府、奉天府、直隶各省府州县卫、每处各建二祠。一为忠义孝悌之祠，建于学宫之内。祠门立石碑一通，刊刻姓氏于其上。已故者、设牌位于祠中。一为节孝妇女之祠，另择地营建。祠门外建大坊一座，亦标题姓氏于其上。已故者设牌位于祠中，其八旗分左右翼，择地各建二祠，每年春秋二次致祭。直省交与各府州县卫所官，两翼交与大宛二县。至于建坊银两，嗣后应行停给。如系有力之家，仍听其自行建造。得上。

雍正五年

谕八旗官员兵丁等：国用莫要于制钱。制钱充满，价值日平，始于众人生计有益。今钱局每年鼓铸，并未流通外省，乃钱不加多，而价值反觉昂贵。皆因不肖之徒，希图利息，销毁制钱，制造器皿，以至如此。朕洞悉此等情弊，爰降谕上上谕，禁用黄铜器皿，令给官价收纳。此特为尔等生计，周详筹划，理应欣然踊跃，各将家中所有黄铜器皿，速行交出。闻有经该管人员催促，不肯即行交纳者，又有迁移隐匿者，是诚何意？尔等有力之家，白铜、红铜、铅、锡、俱属可用。至中人之家，瓷器、木器、未尝不适于用。而所需价值，又复廉省。尔等将黄铜器皿交纳，既可照常得价，而制钱渐渐加多，充满足用，于尔等生计，亦大有裨益。今尔等隐匿家中，将来三年限满发觉之日，自干罪戾，何如早为交纳以得官价乎。是以朕复行降上上谕晓谕。再，满洲风俗，原以淳朴俭约为尚，今渐染汉人习俗，互相仿傚，以致诸凡用度，皆涉侈靡，不识撙节之道。因酌定品次，以禁服色勒限一年，令其各按品次著用。谕上上谕甚明。此特轸念八旗满洲官兵，如同保赤，关系尤切。故曲为筹划，或有无知之徒，于已禁之后，新制衣服，诳称禁前所制。若如此，则终无底止时矣。人之尊荣，不在衣服，惟在各人行止。盖富足之人少，而贫乏之人多。既已贫乏，而强相仿傚，则生计愈窘。尔等与其为衣服拮据仿傚，岂若安守本分，砥砺于技艺品行。如果能奋勉，得至官员大僚，即可服用矣。凡官员兵丁，所恃以谋生者，惟在俸饷，且各有应当之差，若因制一衣服，即耗费数月之钱粮，其日用尚能饶裕乎？夫俭约为持家根本，不能节省于衣服等项，焉能有益于生理？若能谨遵朕谕，俭约自持，不事奢靡滥用，驯至比户充盈，方感戴朕教养之深恩也。著交与八旗该管处，再行晓谕，务使咸知朕心，各图俭约，以副朕轸恤优待旗人之至意。

壬辰，谕户部：国家设立宝源宝泉二局，鼓铸制钱，原期充足流通，以便民用。乃鼓铸日增，而钱文不见其多，钱价不见其平，必有奸伪之徒，销毁制钱，造作器皿，以贾利害民者。向经九卿会议，凡黄铜器皿，除乐器镜面戥盘外，其余不准使用。悉令交官，给予价值。朕令先试行于直隶及各处省城，无非欲杜毁钱之弊，而清其源也。乃立法甚明，而玩法者尚众。昨步军统领阿齐图现于崇文门外，拏获销毁制钱之人。近在辇毂，尚有此辈，则乡邑偏僻之地可知矣。此弊不除，钱文何以得充？著直隶总督，严饬各地方官，密行缉拏，如有疎纵，将该地方官、照溺职例革职。至于铜器交官给价，先试行于直隶及各处省城，其余各府州县地方，一时难于通行，故尚准其使用。然既准其使用，又复任其打造货卖，则将来仍滋弊端，于事无益。著该督抚通行禁饬，嗣后各处铺户人等，不得制造黄铜新器，违者照例治罪。

谕各省督抚等：民生日用所需，制钱最为切要。朕特为便民起见，屡颁谕上上谕。严禁销毁制钱。并令京城及各省督抚驻劄之省城，不许铸造黄铜器皿。三品以下官员及兵民人等，不得私用。此朕欲期钱文丰裕，为小民易于资生，非朕有所需用也。已曾谆切详谕，不啻再三。京城现今奉行，钱价已觉稍平。乃近闻各处督抚驻劄之省城，铜器店内，仍用黄铜铸造者甚多。此明系各省督抚，不实力奉行，徒以告示晓谕，虚文掩饰而已。朕向因钱局鼓铸日增，而钱文日见短少，即知有销毁制钱，铸造铜器之弊。嗣于京城内，屡次拏获销毁制钱之奸民。而钦差官员至甘肃地方，亦见有毁钱为器者。省会乃督抚驻节之区，耳目最近，政令易行，非若远乡僻壤之难于稽查也。若果实心遵奉，甚属易事。朕为制钱筹划，宵旰焦劳，各省地方官，办运铜觔，亦甚费经营跋涉之苦。然后官局得以鼓铸钱文，以资百姓之用。夫以铸钱如此之难，而奸棍贪财射利，竟将已成之钱，复行销毁。故禁用黄铜者，所以杜毁钱之源也。今特再加训诫，各省督抚、务宜实力奉行。倘仍前疎忽，定将督抚严加处分。至从前曾斟酌三品以上，许用黄铜器皿。今觉滥用者多，嗣后惟一品官员之家，器皿许用黄铜，余著通行禁止。

雍正六年

辛未，谕刑部：为治莫要于安民，安民莫急于弭盗。朕夙夜孜孜，勤求治理，无时不以安辑万姓为念。岂忍沽宽大之虚名，姑息养奸，以贻害吾善良之赤子乎？迩者各省文武大吏，亦知仰体朕怀，严缉盗贼之踪迹，穷治盗贼之根株。如浙江、江南、数十年之大盗积贼，悉行拏获。而究问从前，则供出劫财害命之案，不可胜数。似此狡狯渠魁，尚不能逃于法网，则凡为盗贼之人，其可不知悔惧乎？朕念为盗贼者，前此之愚顽，皆自陷于死而不知。而今此之穷蹙，又将求其生而不得，辗转思维，深为不忍。因是特颁训谕，指示迷途，而望其自新悛改。凡为盗贼者，皆吾民也。乃不肯为国家爱养之良民，而甘为国家诛殛之匪类。岂非自作之孽，更复何所归咎乎？而为盗贼者，每借口于饥寒所迫，计出无聊，夫虑饥寒者，谋生之心也。而为盗贼者，取死之道也。以求生之心，而趋必死之路，虽在下愚，不应出此。凡能为盗贼之人，必非老弱残废之辈。有可用之膂力，有可用之心思，若务农耕种，负贩佣工，即可为糊口之计。或入营食粮，当差效力，且可为上进之阶。宇宙间谋生之人，百千万亿，而谋生之策，亦甚多端，奈何做此丧心昧理，违条犯法之事乎！盖由此辈，或游手好闲，或赌博纵饮，或好勇斗狠。一旦困乏穷苦，利欲熏心，遂生杀害劫夺之念。以为昏夜之间，无人识认，未必即被拘执而受刑戮也。不知一案败露，则众案皆难掩藏。一人被擒，则伙党皆难隐匿。往事具在，岂不闻之？盗贼若肯为善良，必不至于饥寒而死，以视身首异处，肆于市曹。桎梏囹圄，伤残肢体。父母妻子，迁徙流离，果何得而何失，孰危而孰安乎！朕心恶此辈之肆行不法，又深悯此辈之愚昧无知，示以自新之路。特施法外之仁，许其自首免罪。凡各省盗贼，未经缉获得官者，其中为首造意及伤害人命之犯，若自行陈首。朕酌其情稍可原者，量从宽减。若被人引诱迫胁，跟随为盗之犯，自行出首，则将伊应得之罪，予以宽宥。俾得改除旧恶，永为良民，受国家惠养之泽。若此旨既到之后，而为盗贼者，不行自首，其有已经自首免罪之后，而复为盗贼者，定行加重治罪。倘有不肖官员，因盗案不结，有碍考成，贿买无赖之人，冒认为盗，自行出首，以图销案者，一经查出，将贿买之官，及代认之人，俱即正法不贷。著在京在外地方大吏，通行所属，俾远乡僻壤之民，咸共知之。

雍正七年

戊申，谕内阁：直省各处富户，其为士民而殷实者，或由于祖父之积累，或由于己身之经营，操持俭约，然后能致此饶裕，此乃国家之良民也。其为乡绅而有余者，非由于先世之留遗，即由于己身之俸禄，制节谨度，始能成其家计，此乃国家之良吏也。是以绅衿士庶中之家道殷实者，实为国家之所爱养保护，则本身安可不思孜孜为善，以永保其身家乎？夫保家之道奢侈靡费，固非所以善守。而悭吝刻薄，亦非所以自全。《周礼》以乡三物教万民，有曰：孝友睦姻任恤，可知公财行惠，任恤之义，与孝友而并重也。盖凡穷乏之人，既游闲破耗，自困其生，又不知己过，转怀忌于温饱之家。若富户复以悭吝刻薄为心，朘削侵牟，与小民争利，在年谷顺成之时，固可相安。一遇歉荒，贫民肆行抢夺，先众人而受其害者，皆为富不仁之家也。逮富家被害之后，官法究拟，必将抢夺之贫民，置之重典。是富户以敛财而倾其家，贫民以贪利而丧其命，岂非两失之道，大可悯恻者乎！朕为此劝导各富户等，平时当以体恤贫民为念，凡邻里佃户中之穷乏者，或遇年谷歉收，或值青黄不接，皆宜平情通融，切勿坐视其困苦而不为之援手。如此，则居常能缓急相周，有事可守望相助。忮求之念既忘，亲睦之心必笃，岂非富户保家之善道乎？从来家国一理，若富户能自保其身家，贫民知共卫夫富户，一乡如此，则一乡永靖。一邑如此，则一邑长宁。是富户之自保其家，犹富户之宣力于国也。况积善之家，必有余庆。种福果于天地之间，子孙必常享丰厚，岂不美欤。著各省督抚，将朕此上上谕，通行该属之乡绅士民人等，共知之！

丁丑，谕内阁：游惰之民，自昔治天下者所深恶。若赌博之人，又不止于游惰而已。荒弃本业，荡废家赀，品行日即于卑污，心术日趋于贪诈。父习之，则无以训其子。主习之，则无以制其奴。斗殴由此而生，争讼由此而起，盗贼由此而多，匪类由此而聚。其为人心风俗之害，诚不可以悉数也。凡为不善之事者，虽干犯功令，犹可得微利于一时。独至赌博，则今日之所得，明日即未必能保。若合一年数月而计之，胜者与负者同归于尽，此人所共知者。无如邪僻之人，一入其中，迷而不悟。数年以来，屡次降上上谕严禁，而此风尚未止息者。以尚有制造赌具之人，而有司之禁约未尽力也。百工技艺之事，可以获利营生者，何事不可为？而乃违禁犯法，制此坏风俗，惑人心之具，其罪尚可言乎？尝思赌博之风所以盛行者，父兄为之，子弟在旁见而傚之。家主为之，奴仆在旁见而傚之。甚至妇人女子，亦沉溺其中而不以为怪。总因习此者多，故从风而靡者众也。假若严行禁止使人不敢再犯，则日积月累，此风自然止息，无俟条教号令之烦也。凡地方大吏有司，均有化民成俗之责。而乃悠悠忽忽，视为泛常，安辞溺职之咎。今特定本地官员劝惩之法，以清其源，嗣后拏获赌博之人，必穷究赌具之所由来，其制造赌具之家。果审明确有证据，出于某县，将该县知县，照溺职例革职。知府、革职留任，督抚司道等官、各降一级留任。如本地有私造赌具之家，而该县能缉拏惩治者，知县、著加二级。知府、著加一级。督抚司道等官、著纪录二次。将此劝惩之法，永著为例。于雍正庚戌年为始，著该督抚通行晓谕，使城邑乡村，及远陬僻壤，咸各闻知。

道光十七年

直隶总督琦善等奏，查禁畿辅私藏鸟枪章程四条。一、发价收买。每杆给银二两。令民间按限缴呈。一、严禁私造。查明制造几家。令匠人出具甘结。一、编列字号。以便稽查。直隶环山滨海，或所必需，惟每户止许一杆。

报官呈验，錾刻姓名，编号立册。一、明定功过，以昭劝惩。州县收缴鸟枪，以多寡定功过。限内收存三十杆以上者，记功一次。不及十杆者，记过二次。得旨、著照所议办理遵行，琦善等仍当督饬所属认真妥办，不可日久视为具文。尤当严禁胥役藉端扰累，总期弊端渐除，地方安谧，默化凶徒强悍之气，潜消愚民玩法之心。至口北道所属之张家口等三厅，多系蒙古，著毋庸查禁。其民间削木镶铁，藉图防暴，并非浑铁铸成，亦著毋庸查缴，以免滋扰而靖闾阎。

道光十六年

谕内阁：前因御史王藻奏，请将沿海汊港村庄，设法编查履勘，当降旨令直隶等省各督抚妥议章程具奏。兹据琦善奏称，查明直隶滨海十二州县内，丰润等八处，虽滨海而不能通海。其口港通海者，惟天津、宁河、临榆、乐亭四处。天津海口，夹岸有炮台两座。大沽北塘两处，俱设有营汛等语。该省海口，密迩京师，稽查最宜周密。其稽查之要，固当严诘外盗之乘机入口，尤须访拏内奸之违禁出洋。嗣后著责成天津镇总兵，于夏秋潮大之际，严饬该驻劄之都司守备等，督率兵丁，实力巡防，按月查报。其各本地商捕船只所雇水手人等，并饬该地方官确切查明，实系土著良民，取具船户连环保结，方准充当。有犯连船户并究。仍令海口营汛，并宁河县之芦台巡检，天津县之葛沽巡检。于出口时逐细详查，如有私藏货物，并夹带人口，即行扣留送县究办。各该处捕鱼小船，并令查明如确系土著民人，即取具地邻保结，由县发给腰牌，以凭查验。如有更替渔丁，及新造船只，俱随时报明，换给新牌，每年编审一次。其近海村庄，无论户口多少，俱饬该府州县编查保甲，以杜奸萌。自此次明定章程之后，该督务当严饬所属认真检查，实力奉行。毋得日久生懈，视为具文。

道光十九年六月

壬寅，谕内阁：前据琦善奏，直隶白马冈西头开边洋面海船被劫。当降旨令该署督勘明内洋外洋，照例办理。兹据御史重豫奏、请整顿各省海疆等语，直隶海船被劫。据船户张庭芝等供称盗船伙匪，系南方及山东口音。可见各省匪徒，尚未绝迹。其洋盗劫掠之案，亦当不止直隶一处。著广东、福建、江苏、浙江、山东、奉天各将军督抚，严饬所属，认真巡缉，务期海洋肃清。不得以现在安静，稍存玩泄，将此通谕知之。

——《清实录》

疏奏

琦善奏筹防各海口情形折簧

（公元一八四〇年八月六日发）

道光二十一年，大学士直隶总督琦善奏：

前因英吉利逆夷占据定海县城，奉旨敕令先事豫筹，当经臣将饬防情形，附片奏明在案。一面复分析文武委员将渔船逐一编号，以便纠稽，断其勾引。并饬将各海口，除天津、宁河二处较大外，其余小口，凡有可堵塞者，签钉暗桩堵塞。即实系向有渔商小船，在本境往来通市未便遽断贸易者，亦令其迂回钉桩，只留一船出入之路，俾易防闲。又因鸟枪一项，火攻尚近，其余各械，更不及火器之威猛得力。天津虽曾遗有从前水师营炮位，维系存贮多年，不堪应用，当即专弁前赴宣化镇标，札调大炮，运送天津存备。然此皆不过为备豫不虞之计。

昨于本月初七日，续准廷寄，钦奉上谕：据林则徐等奏，英夷兵船，传言有往天津之说，如系恳求贸易，恳恩优礼等语。夷情叵测，诡计多端，倘驶至天津，求通贸易，如果情词恭顺，该督当告以天朝制度，向在广东互市，天津从无办过成案，此处不准通夷，断不能据情转奏，以杜其觊觎之私。倘有桀骜情形，即统帅弁兵，相机剿办等因，钦此。伏查英夷诡诈百出，如专为求通贸易，该逆夷岂不知圣上天下一家，只需在粤恳商，何必远来天津？如欲吁恳恩施，何以胆敢在浙江占据城池？是其显怀异志，明有汉奸引导，不可不严兵戒备。

臣现已行抵天津，距海口尚有一百余里，即日驰赴海口，亲督筹备。惟天津存兵共止八百余名，除看守仓库、监狱、城池暨各项差使外，约止六百余名。其余沿海之葛沽、大沽海口等三营，葛沽止额设兵一百余名，余二营均止数十名不等，兵力较单。况现值空重漕船，往来络绎，防范稽查，在在需人。既未便将各兵拨赴海口，且海洋风信靡定，夷纵迟速，殊难逆料。臣故不揣冒昧，已豫调督标兵一千名，正定镇标兵八百名，河间协兵二百名，候到齐后，均令驻扎海口，于堵绝该夷上岸，较为得力，且免临时调拨迟缓之虑。

至该夷如果前来，自必经至天津，然此外尚有附近天津之宁河县北塘海口，臣前调到张家口协副将石生玉，并添派务有关路参将郝永泰、东路同知何耿绳等，前往驻扎会办，今其督饬兵丁、民壮与村民之勇敢者，一体操演防堵。并饬将应用器械、锅帐等项，现行密速运赴北塘海口存贮，其兵丁亦先行拨定，俾得一呼既至。且使各该民只需单身前往，行走便捷，可期迅速。至永平府并丰润县等处海口，臣已谆饬委员清河道朱壬林，开州协副将向荣、山永协副将兴泰，亦照宁河筹备之法，一体妥办。

朱批：所办尚属周妥，严密防范，切不可令其逞欲。

廷寄答琦善折

谕军机大臣等：据琦善奏，驰赴天津海口，亲督筹备，并豫调兵丁驻集防堵，其宁河等处海口，亦一体防御等语。所办尚属周妥。着该督督饬所属严密防范，临时仍相机办理，如该夷船驶至海口，果无桀骜情形，不必遽行开枪开炮。倘有投递禀帖情事，无论夷字汉字，即将原禀进呈。

丙寅大学士直隶总督琦善奏

窃臣自英吉利夷船起碇他往后，随饬各处探访。旋于七月二十九日，据派往防堵宁河、北塘海口副将石生玉等，探得分隶丰润、玉田等县所属之涧河、黑洋河两处，各有夷船在彼游奕。并据查得相距黑洋河海面二十余里之黑沿子庄地方，并无口门，近岸向皆淤泥，从无船只驶入。现因大雨连绵，存有漫水，深一二尺。该夷于七月二十三、二十七等日，两次浮驶杉板，持械上岸进村，购备牛羊鸡豚等食物，偿以番钱，并散给夷书数本，与前次进呈者无异。其村民中有畏怯躲避者，该夷即将其牲畜自行攫取各等情。臣以该夷在彼惊扰，当派千总白含章，乘坐海船迎往告知。业经奉到谕旨，促令速回听宣。随于本月初二日，据各该夷船仍复回至天津拦江沙外。臣以行文宣示，未能详尽，而体制攸关，臣又断不能前赴彼船。随约令该领事义律，前来听候面谕，并令其不必随带兵船。乃始则懿律亦愿同来，旋仍托病不行。仅据义律于初四日，随带十余人乘坐杉板进口。该夷性质粗豪强悍，兼以言语不通，专赖通事传述，与言殊不易易，随经臣多方驾驭，钦遵谕旨，谕以大皇帝统驭寰瀛，薄海内外，无不一视同仁。凡外藩之来贸易者，稍有冤抑，立即查明惩办。上年钦差大臣等，查禁烟土，未能仰体大皇帝大公至正之意，以致受人欺蒙，措置失当。现已仰蒙恩准钦差大臣驰至广东，逐细查明，重治其罪，定能代申冤抑。该统帅等应即近棹南还，听候办理等因。而该夷坚执前递公文所呈各条，唯求遂其所请，并据呈阅该夷所谓全权。其式图而上有斑文，近似印录，此外复投递字据二纸。内称欲臣于该夷所请各条下，为其批允，否则似欲请与开仗。又据将该国王示谕该夷等，先将各处海口插立木牌，沮止商船出入之条，送臣阅看。臣默思天威所在，且现已准备，固不难于用武。而天津切近京畿，凡盐漕铜船皆由此来，最为咽喉重地。设使边衅一开，该夷狡焉思逞，频相滋扰，致我劳师糜饷，所关匪细。且海道处处可通，如黑沿子庄并无口门之所，该夷尚能乘坐小船，设法上岸。又安得有如许弁兵，旷日持久，无时无处不加堵御？诚恐防不胜防。惟此时适值海口内外，尚有闽广商船，臣随谕以此等船只所载，皆苏木沙糖，本不愿其出入。现因该夷等前来，是以海口有船来往。寻常仅有陆路可行，何必航海冒险。该夷遂不复提插立木牌，阻止商船之言。臣又谕以伊等此来，据称雪冤、乞恩两大端，今所诉之冤，已奉旨准为昭雪；至于乞恩之处，试问一经接仗，岂尚能仰邀旷典，准与贸易，利将安在？该夷复求割让海岛，其始意欲占据定海。臣随遵旨谕，以天朝与各国通商，本系格外施恩，但能恭顺，概不拒绝。前因严禁鸦片，该国不肯具结，是以不与通市。该夷既欲照常贸易，自宜倍加恭顺，何得转思占据？姑无论理不应让，该夷亦势不能占。且如奉谕敕禁各处海道，商贾概行停止，无人前往购觅，又将从何消售？该夷似以为然。随又恳于广东澳门，西洋人现住处所，分与一席之地，俾其携眷寄居，仍归天朝统辖，不敢割据。臣覆以向未到过粤省，询其从前贸易时，如何存身？据称前此系赁西洋人房屋居住。因西洋人时与该夷争斗，是以有此请。臣答以西洋夷人，住居已久，历年恭顺，不能抽分。该夷又称粤省沿海地方，无人之地居多，不拘何处，请假一隅，俾资栖止。臣询其所称无人之处，是否属隶州县。据称均有州县管辖，并据带到该国条款，送臣阅看。内称该国官员来粤，均须尊敬，文移俱用平行。臣谕以从前贸易多年，自有旧章，况通商者亦有不止该国一处。据称该夷前在粤省贸易，所来本止夷商，与各国无异。是以呈递公文，均用禀帖，凡发给夷商者，均像谕帖。嗣缘该国商人四散，该国王即派令官员前来，而公文体制尚循其旧，且向由洋行商人接递，故往往被其把持。据请此后文檄俱用平行，并径自往还，不由洋行经手。臣先谕以官员亦有大小，岂能无分差等。复据该夷声称官职差等，系就我朝而言。今既来自该国，同为客官等语。臣又谕以彼此通市，原系商与商通。该国即派员前来，然既为贸易而设，亦只需与商人交涉。天朝官员，可不过问，本无所用其文檄。该夷因闻臣有官员可不过问之说，是以于其前呈公文内，所称洋行倒歇拖欠银两之处，并未言及。惟于烟价一层，狡执最甚。经臣遵旨，谕以当日呈缴之烟，本系违禁之件，早经烧毁。至如该夷所称凌辱、逼勒呈缴之处，皆钦差大臣等所为。譬之该夷经该国王使令前来，办事错误，又岂有着落该国王赔偿之理？并又将定海时事，为之反复取譬，如该处被害之官员兵丁，该夷又岂能起死者而使之复生？而该义律坚持不回，据称前缴之烟，并非由商呈缴，实缘义律等被断淡水食物，困饿无以自存，遂动用该国王银两，买烟呈案。今义律等须缴还原动用银两等语，臣以此皆尚止义律之言，随又将以上各情，发给懿律文书。俾该夷等义再自行详商。系即于初四日派员持往，兹于初七日，甫据该夷具文登覆，交去员带回。合将取到该夷回文暨所呈字据，恭呈御览。伏候训示遵行。

朱批：所办俱好。可恶在烟价一条，甚费周章也。

琦善又奏：再此次英吉利夷船，起碇他往后，所有望见该夷船踪迹者，虽止丰润、玉田之涧河、黑洋河两处。而据委员私相探询，据称山海关等处，亦曾去过。带备工于绘图之人，随处绘图，即天津炮台一带情形，亦经绘有图说，并给委员阅看，是其诡诈之情，已可概见。

上谕：本日，据琦善由驿驰奏，英夷全行起碇南旋一折，已明奏请旨。派琦善驰驿前往广东，查办事件。琦善接奉此旨，着即迅速来京请训，一面悉心筹划，将应留应撤各兵，分别覆办。仍饬令该将弁等，加意防范，毋稍松懈等因。钦此。伏查英夷现已钦遵谕旨，全数起碇南旋。惟夷情反复无常。现尚未经准到山东抚臣咨会，望见夷船南下确信，海防不敢稍疏。且本年一切筹防事宜，均悉仓促取办。所有各处兵丁，臣已遵旨，酌量应留应撤，分别覆办。除将原调正定镇标兵五百名，霸州、静海、四党口等营兵四百名，务关、宝坻、武清等营兵五百名，首先来至海口之替标兵六百名，宣化镇标炮手四十名，均先撤回归伍；又永平一带所调提标三屯等营兵一千四百余名，已行知各该委员，将派防小口者，先行裁撤；又前奏调防黑洋河、涧河等处之遵化营兵二百名，甫到八十四名，已饬今一并旋回外；其余尚有督标兵九百名，正定兵三百名，河间兵二百名，并天津镇标兵弁，又永平一带派防大海口之各兵丁，统俟准到山东咨会。望见夷船南下后，并即一并撤退。所有各处炮位，火药铅弹钱子等项，其在天津者，即交中军游击存贮；其在海口者，即分交葛沽大沽海口等营存贮；其在宁河海口者，即交北塘汛存贮；其在永平一带海口者，即饬各处附近营汛存贮。均不任短少潮湿，以资储备。至各路新筑炮台，虽不敌从容造筑者之坚固，然亦饬令附近营兵，常川看守，勿任损坏。臣俟料理清楚，并准山东省咨会到日，即迅速趋诣阙廷，跪聆圣训。

江南道监察御史黎光奏折

丙申，江南道监察御史黎光曙奏：窃闻攻海寇者，以御炮为先，御炮以沙墩土垒为要。去年福建之厦门，浙江之乍浦，用之业有成效。沙墩之法，用麻布口袋盛沙，一兵负一袋，千兵则负千袋，顷刻可堆成大墩，两墩对立，中置炮位，又横安一墩，为品字形，以防彼炮之冲击，兵勇躲在墩后，万无一失。臣闻夷船拢近厦门时，施放大炮，其炮子洞入沙墩，二尺有奇。至乍浦放炮，其炮子洞入沙墩，一尺有奇，而墩俱巍然无恙。俟彼炮放过，我即可以乘隙攻彼也。土垒之法，掘土上堆，则下自然成濠，兵勇藏身濠中，其布置亦略如沙墩，务须令土常湿，则炮子遇之而陷。是二法者，皆以柔克刚之义，简易可行。而兵勇胆气，由此而长。若专恃炮台，而我无御炮之法，倘彼攻破炮台，兵众立溃，彼将乘势直入矣。逆夷之逼广东虎门者，未必不因乎此。去年夷船驶入天津，窥我虚实，窃恐东南风发，彼将复至，不可不赶紧预备。若更堵御少疏，其鸱张复何所底止。臣查天津县属之大沽河口，宁河县属之北塘口，大船乘潮可至，两处为最要口岸，宜克期备御。至滦州、乐亭、昌黎、抚宁、临榆、丰润等州县，所属之各海口，亦宜布置周密，以备不虞。臣闻署直隶督臣讷尔经额，有添建炮台，修筑土坝之请，固已事先预防。顾其土坝，止以护台，非以御炮，御炮无资，则人情恇怯。且炮台不过数处，孰若于沿海之口，并置墩垒之为周备乎？合无仰恳皇上，饬下该署督兼用沙墩土垒，趁早办妥，以重防守而安人心。抑臣更有请者，筹海全资炮力，而炮位必须多设，始足抵御。臣闻厦门一隅，设炮至三百一十五尊之多，天津则视厦门为尤重。闻去年厦门攻击夷船，络绎施放，击中者只四炮，彼即退避不遑，可见仓促之际，惟炮多则可望其命中，若少则难必其得手。顷皇上遣员运炮赴津，仰见圣虑周详。而臣未知天津旧存之炮，可用者究有若干？如其尚不敷用，更恳饬运多尊，以期有盈无绌。虽闻该署督，现拟添铸炮位，而铸成必在数月之后，诚恐缓不济急。惟早为多备，则防堵有资，而畿辅永固矣。

道光二十一年正月，谕军机大臣等：御史黎光曙奏、速筹天津海防一折。攻寇之法，御炮为先。其法用麻布口袋盛沙，每兵各负一袋，堆成两墩，横安一墩，成品字形，兵勇躲在墩后。土垒之法，布置亦略如沙墩，务须令土常湿，炮子遇之而陷。闻上年厦门、乍浦二役，用之业有成效。该夷施放大炮，炮子洞入沙墩，仅止一二尺有奇。果如所奏，是沙墩土垒，实为御炮良法。但使堆筑得宜，厚至四五尺，便可捍卫兵勇，令人胆壮。俟该夷势穷力竭，再令我军施放大炮，彼必披靡逃溃。着该署督督率兵勇，照式堆砌。即于试炮之时，详加体察，如何变通得力，即如何办理。前奏称拟铸铜炮二十位，谅已兴工赶办。惟天津所属海口，紧要之处甚多，即如滦州、乐亭、昌黎、抚宁、临榆、丰润等州县所属之各海口，亦宜先事预防，炮位愈多愈好。如可添置铁炮，即迅速督匠兴造，各按隘口布置周密，以资防御而壮军威。该御史折，着钞给阅看。

廷寄答琦善折

上谕：本日，据琦善驰奏，该夷不候回文，直扑虎门开炮，我兵回攻，无分胜负等语。沿海各省地方，必应加意防范。着各该将军督抚等，谨遵前旨遴选弁兵，防守要隘。如有夷船闯入，即行相机剿办，不可稍行畏葸，致误事机等因。钦此钦遵。臣惟有殚精竭虑，严密布置，以期慎固封守。查英夷之四出滋扰，全赖与沿海奸商，交通贸易，于是米谷牲畜，不虞缺乏，必先断其接济，绝其淡水，使之水米无资，容身无地，攻剿自易为力。兹查天津大沽海口，南北两岸，现计前存后调各营官兵，共八百三十六名，拟于南岸驻兵五百名，派天津镇陈金绶、督同葛沽营游击经文岱、守备常善及千把总等守御，北岸驻兵三百三十六名，派署务关路参将罗应鳌、督同署大沽营守备李文治及千把总等守御，宁河之北塘海口，先后调天津镇标兵三百五十名，派宣化镇石生玉、督同芦台营都司林策勋、宝坻营都司管德声及千把总等守御，并逐日演放炮位，务期一律精熟。其自大沽海口迤南，至山东海丰县交界止，内沧州之初口，沧州盐山连界之赵家沟，盐山之狼坨子，与山东海丰县接壤之各港汊，潮涨之时，或宽二十三丈，或宽八九十丈，该夷三板小船，尽可径达，且易于登岸，亟应设防。拟于初口、赵家沟、狼坨子三处，各派天津镇标兵一百名，拣派备弁，分带鸟枪抬炮，并发去五百斤神威无敌炮六位，暗伏严防。该夷或敢进口登岸，即令迎击兜捡。仍于各处添设马拔，以便往来驰报，得以声息相通。又自北塘海口迤北，至永平丰润县属止，内黑沿子港汊较宽，该夷上年曾驾三板船登岸，屡次买食，暨黑洋河、涧河等处，皆属滨海港汊，现在调派遵化营兵各一百名，由马兰镇游击管带。黑洋河、涧河二处，各派丰润、玉田、营兵五十名，由丰润玉田都司分带，驻守巡防。仍于各处安设马拔，以通文报。至永平府临榆县属之石河口，暨秦王岛两处海口，附近山海关，最为紧要，已安驻山永、三屯、两协兵五百名，严行防守。其余抚宁县属之洋河，昌黎县属之狼窝，乐亭县属之臭水沟、清河口，滦州所属之刘家河等五处海口，即将前调提标兵八百名，均匀派驻，以资守备。其沿海可以登岸路径，实有若干处，已饬委保定府同知张起鹓、开州协副将向荣，前往详细查明，酌量筹办。如应添兵巡守，再行酌量调遣。至该夷航海而来，道远人多，淡水食物，必资内地接济，而奸商贪利，恣其取扰，事所不免。查大沽海口出入船只，有本地之商捕船，江浙之沙船，闽广之洋船，沙船洋船来直，皆在夏秋之间，商捕船则自开河以后，即行出口。每年奉省米豆，攸关正赋，历系畿派该船户往运，即直隶民食，亦赖其贩运接济，势难遽行禁绝。但英夷横扰海上，若不设法防范，即使该船户等不肯通夷，岂能保该夷之不行抢劫□拟于探无夷从之恃，仍听出入，稍有信息，该船未出口者，严禁出口，在奉省者截留奉省，现在出示划？切晓谕，并分咨所到省份，查看情形，随时截留，庶不致转济寇粮。若本地网船，大半捕鱼穷民，水米偷运，尤所宜防，已饬沿海州县严密稽查，如有夷船北来消息，概不准其出口。查有与该夷淡水一勺，食物一合者，以从逆论。至火攻之具，毒流之药，凡可以制其命者，均当设法广为置备，以待临时施行，万不敢稍有玩忽。

上谕：扎拉芬泰奏：续有夷船四只，或停泊，或游奕等语。逆夷船只，来去无定，山海关至天津一带海口，防堵均关紧要。昨有旨，着该署督迅派兵丁，拨给火药，交哈哴阿等调遣，计已遵奉妥办。着迅速由驿送往，俾资捍卫。天津为畿辅咽喉，如前调兵力，不敷堵御，着准其相度机宜，续行征调。该逆夷踪迹诡秘，关口要隘，固宜妥为防护。至各处无名各海口，更恐该逆夷出我不意，登岸滋扰。着该署督密为布置，并派拨员弁，随时侦探，严密防守，勿稍疏虞等因。钦此。臣酌量情形，已续调大名、正定，二镇兵各五百名，约计正月杪二月初间，均可到齐。彼时距开河不远，添拨防范，足可得力。至各镇营旧存铁炮，自去秋几番查调，其一千斤以上者，均已调取，而大半刷膛锈损，多不堪用。现查宣化镇属，尚有存营神功神威等铜炮二十四尊，大者一千斤，小者五百斤，已行镇拣其膛口光圆炮位，即拨运十尊，运赴海口添设。余应留于各营贮备。统计天津南北两岸，现共安设六千六百斤、至七千斤大炮二位；四千数百斤大炮三位；二千斤、至二千数百斤大炮十七位；一千数百斤大炮二十位；一千斤大炮十位；五百斤小炮八位。宁河北塘海口，安设二千斤、至三千斤大炮六位；一千斤、至一千数百斤大炮十位；五百斤，至七百斤小炮四位。一面严饬委员，督匠赶铸，计二月内，可得五千斤大炮十位。至永平府属之临榆海口，附近山海关，与天津情形并重。臣已由此处，酌拨二千斤铁炮一位，一千五百斤铁炮二位，一千斤铁炮二位，六百五十斤铁炮三位，星夜解往，听候哈哴阿分派安设。又匀拨一百余斤劈山炮三十五位，解赴滦州等四州县，分布各海口。其驻守兵数，前据山永协副将兴泰具禀，将前调设提标，及山永，三屯，二协兵，一千三百三十名。遵照提督指示，滦州刘家河海口，派拨提标兵二百六十七名；乐亭县清河口，派三屯协兵一百二十四名；臭水沟，派三屯山永二协兵一百十九名；昌黎县浪窝口，派拨标兵二百六十六名；抚宁县洋河口，派山永协兵一百六十四名；临榆县秦王岛，派山永协兵一百二十三名；石河口，派提标兵二百六十七名。臣悬心筹计，除山海关临榆海口，已奉旨添派兵八百名，毋庸再行议添外，其余五处海口，滦州、昌黎，两处大口，应各驻兵三百名，其乐亭、抚宁两处小口，各驻兵二百名。并查明昌黎县境内，淤闭之蒲河海口，其中号船只，可以傍崖登岸，应添防兵二百名，以昭缜密。至各海口相距，均有数十里之遥，必须彼此关会协防，庶可声势联络。臣前虽分饬各州县，添安马拨，驰报信息，窃恐无人照料，难期得力。臣现派本标干练兵一百名，派委妥员带往，随同马拨，每日传递，上下巡查通信，并将访明可以登岸之处，督夫间段挖坑设伏，使彼随步阻陷，俾我兵攻击得力。至丰润之涧河、黑沿子二处海口，计原派续派遵化、玉田，两营兵，各添足二百名。其南至山东交界小海口四处，共派天津镇兵三百名，分防驻守，均足抵御。

朱批：所办俱好。留心防守，设遇逆船驶至，相机痛剿，以扬国威。

钦差理藩院尚书赛尚阿奏折

钦差理藩院尚书赛尚阿奏：窃奴才会同讷尔经额，查办天津海口炮台。于（光绪二十年）正月二十四日具奏后，复赴各处查勘。查得宁河县，北塘海口，南北两岸，旧有炮台基址两座。上年七月，因防御英逆，在南岸旧址，筑土炮台一座。台之南北，各筑土垒一座，共安设大炮二十一位。其北岸炮台，尚未兴修。现据承办工员、东路同知何耿绳禀称：拟将南北两炮台，用大砖石重行补筑，周围增筑炮墙，墙上每垛口迎面，酌留炮眼。台前各筑营墙一道，墙外各筑拦潮坝一道，拟办颇为周密。惟砖石炮台，虽较土筑坚固，然抵御炮子，则惟土台为宜。现在南岸已有土炮台，只需加宽培厚，毋庸更易砖石。至北炮台形势，较南岸吃紧。缘夷船倘驶入海口，南岸开炮，彼由东面北绕，尚可避过。北炮台适当其冲，发炮堵御，该夷船断不能入。是北炮台亦宜赶紧用土修筑，一切俱照南岸办理，于守御似为得力。又查得丰润县有海口二处，一在涧河，一在黑沿子。涧河海口，不甚宽深，居民稀少，似属不甚显要。现有土炮台二座，共安设大小炮十位，只宜加宽培厚，迎面各安土垛炮洞。台之左右，各筑土埂。台前各筑拦潮坝，坝外各挖深壕，加意防堵，似可无虞。至黑沿子海口较宽，人烟亦众。上年英夷曾驾三板船上岸，购买食物，不可不严为防范。该处现有大土炮台一座，小土炮台二座，共安设大小炮九位，惟台势过小，亦宜培厚加宽，其垛墙、炮洞、土埂、土坝、深壕，均照涧河办理，再能添炮数位，自臻严密。其涧河，拟添砖炮台二座，黑沿子，拟添砖炮台一座，或规模迫狭，或距岸太远，均难得力，似可毋庸建造。又查得滦州刘家河，即大庄窠有砖炮台一座，安设中炮四位，台顶宽止丈余，不便兵丁装放。且距海口遥远，殊不适用。应相度地势，另建大土炮台一座，两旁筑土埂一道，上列土墩，作品字形，以安炮位。台面筑垛墙炮洞，台前筑坝挖濠。该处现有大小炮十一位，即可分别安设。其现在之砖炮台，留备瞭望，拟筑之砖炮台，似可毋庸兴办。又查得乐亭县有海口二处：一名清河口，一名臭水沟。二处各有砖炮台一座，台顶均狭，仅容中炮一位。清河口炮台，南有土垒一座，上安大炮二位，小土垒七座，各安中炮一位；臭水沟炮台，南有土墩九个，各安中炮一位，然均低小，不能得力。现据乐亭县知县陆为棣禀称：拟将清河口台南大小土垒，加高增厚，挑成雁翅，迎面俱堆沙墩，中留炮眼，后筑大墩，安炮于前，以便兵丁装放。垒前添筑土坝，坝外更挖深壕。其臭水沟亦照此办理，似为合法。清河口，现有大小炮台十四位；臭水沟，虽有大小炮十五位，内堪用者只八位。至二处各拟添建之砖炮台，似可毋庸兴筑。又查得昌黎县浪窝海口，有砖炮台一座，上安大炮一位，两旁各为大土垒一座，均安大炮一位。土垒东西，各留土埂一道，每边安席屯土垒七座，每土垒中间，安炮一位，两边共安中小炮十四位。炮台前为深壕一道，尚属得势。惟砖炮台迎面宜筑垛墙，安炮洞。各土垒土埂，均宜加宽培厚，濠前再筑拦潮坝一道，始为周妥。已令该县曾世仪赶紧增修。至该县之蒲河海口，向无炮台，因距昌黎县城仅二十五里，业经直隶总督拨兵防守。奴才顺道查看，该处南北两岸，各有沙埂一道，高一丈数尺，可以瞭望，并可御炮伏兵，似亦毋庸另建炮台。其运到大小炮，计堪用者七位，已令该县赶办沙墩土垒，如法安设，足资守卫。又查得抚宁县洋河海口，有砖炮台一座，上安中炮一位，另有大小炮十四位，均无土垒安设，应令该县，将原设炮台，周围用土加筑，每面各宽四丈，迎面增筑垛墙，并安炮洞。台之左右，各筑土垒土埂，其上均列沙墩，墩间安设炮位。台前更为拦潮坝一道，深壕一道，庶为合式。又查得临榆县有海口二处，一曰秦王岛，一曰石河口。石河口东北，澄海楼前面，即曰老龙头。秦王岛有砖炮台一座，台面不宽，仅安中炮一位。奴才相度形势，该处有二山嘴，屹立海口，一向西南，一向正南，均高数丈，天然险要，拟将砖炮台拆去，就二山嘴，各筑土垒，高七八尺，宽三四丈，上堆土垛，以安炮位。该处现有绿营大炮三位，可安设正南山嘴，又有旗营红衣等炮六位，拟移设西南山嘴。其港汊西岸，更令深沟高垒，伏兵防御，似为相宜。至石河口，东西两岸，各有砖炮台一座，势高而小，孤悬沙嘴，无地屯兵，徒为夷船明树标的，拟均拆去。于东岸稍北，多筑土垒土垛，并将西北角土炮台一座，增高加宽，以安炮位，其西岸迤北，亦拟添筑土炮台一座，并筑土埂、土垒，分兵防守。至炮位数目，另行筹议增设。以上各海口，或应增筑炮台，或应添设土垒，或应停办砖石，或应拆去旧台，均经奴才与随带司员，及该地方官防守将弁，相度机宜，虚衷商酌，意见相同，应请饬下直隶总督，分别檄饬承办工员，赶紧如法修筑。其山永协副将兴泰、遵化营游击刘正，均系随同查看。经奴才亲为指示，请交直隶总督，即派该员等，并拣派地方官一员，同赴各海口往来指拨督办，以期工归实济。至演放各处炮位，尚堪适用。其抬炮鸟枪，亦经试放，俱各有准。惟自涧河一带，炮位多无炮车，均用木架，不便运转。奴才逐一指示，令于木架安放铁轮，以便发炮后拉回装放，不致张皇。此奴才查办北塘至山海关一带，炮台之实在情形也。伏思炮台用土，取以柔克刚之义，费轻工省，即有坍塌，亦易培修，故坚筑砖石，不如沙墩土垒为得用。台之迎面，筑垛墙，安炮洞，可以护兵，亦便瞭望。台前筑土坝，挖深壕，既以御炮拦潮，亦以伏兵陷贼，作炮台之法，不外乎此。至于用炮，须连环施放，声势联络，使夷船无可抵御，自不敢驶入海口。若临时审机，出奇制胜，又在将弁之得力，不仅专恃炮台。现在查看各处营伍，虽属整饬，惟炮手枪兵，尚宜精熟，应令该管营弁，以时训练，其兵数之多寡，视海口之夷险为准，现经督臣酌拨防守，自无贻误。

谕军机大臣等：本日，据赛尚阿奏，查办北塘至山海关一带炮台事宜一折。据查宁河北塘，及丰润、滦州、乐亭、昌黎、抚宁、临榆等各州县海口，或应增筑炮台，或应添设土垒，或应停办砖石，或应拆去旧台，均经该尚书、督同该地方文武各员，相度机宜，虚衷商定。着讷尔经额，迅速檄饬承办工员，分别赶办，山永协副将兴泰，遵化营游击刘正，均系随同赛尚阿、周历查看。着该督即派该二员，并拣派地方官一员，同赴海口，往来指拨督办，以期工归实济。至安设沙墩土垒，并于炮台前筑坝挖濠，既足御炮拦潮，亦堪伏兵陷贼。惟炮手枪兵，尚宜精熟，着讷尔经额，督饬该管营弁，勤加训练，以期得力。余着照所议办理，原折钞给阅看。

直隶总督讷尔经额奏折

直隶总督讷尔经额奏，据藩司陆费瑔详称：直隶于上年七月间，奏调官兵四千九百余名，分赴天津、宁河、丰润等县，并永平府属各海口防堵，应需盐菜口粮，并运送军装器械火药炮子车价，以及杂支等项，共动用过银六万八千六百余两；又上年十二月，并本年正月，先后奏调官兵六千七百余员名，分拨天津、永平、二府属，暨宁河、丰润等县，各海口防堵，应支盘费、马干、盐菜、口粮，并铸造铜铁炮位、炮子及杂支各项，共支发过银三十万五百余两，以上通共支发过银三十六万九千余两。伏查司库，上年秋拨实存银五十八万六千七百余两，其额征地粮，除留支外，实共起运银一百八十余万两。因上年直属被水，州县较广，应征地粮，奏蒙恩旨蠲缓，本年兵饷不敷，经户部奏请协拨银三十万两，以供支放在案。其余库贮银两，均有岁需经费，专款支拨之用。如各营武职养廉红白赏公费，并支给买补马价，世职俸银，各驻防孤寡养赡钱粮，以及各州县廪粮车价雇夫等项，每年约需银数十万两。现在海防紧要，需用甚巨，应请协拨邻省银五十万两，以备支用，具详请奏前来。臣查直隶各海口，调往官兵，正在防守吃紧之际，所有盐菜口粮，并备办一切，必须随时支发，而需费浩繁，司库既形支绌，亟应豫为筹备。惟现值国家在需用之时，自应先行酌拨，俾得各资应手，合无仰恳圣恩，俯准敕部协拨河南、山西等省银五十万两，就近委员解交直隶藩库，专款存贮，以资海防经费。统俟事竣，敕实造册报部。

谕内阁：讷尔经额奏，筹备海防经费，请饬部协拨河南、山西等省银五十万两一折，着户部速议具奏。

直隶总督讷尔经额奏

窃臣承准军机大臣字寄，道光二十一年六月十一日，奉上谕，现在广东夷船，奕山等迭次焚击，业已退出虎门。粤省所调各路官兵，现已陆续撤回归伍。所有各省调防官兵，着该将军督抚体察情形，如可酌量裁撤，迅速奏闻请旨等因，钦此。

臣查英夷在沿海滋扰，业近年余。现经粤省迭次焚击，该夷已受惩创，退出虎门，不敢抗拒，实足以快人心！当即转行天津镇道等，熟筹妥议禀办去后，兹据核明原调兵数，分别酌留酌撤，会禀请奏前来，臣覆加酌核，并通计全省沿海情形。如天津大沽海口，并北塘海口，共计新旧大炮台七座，中炮台七座，小炮台十三座，驻兵三千五百名，现拟于大沽海口酌留熟习枪炮兵丁一千名。北塘海口酌留五百名，并同新募之兵五百名，分拨大小各炮台，派员管带，驻守巡防。其余兵丁二千名，即行裁撤。又丰润县所属涧河、黑沿子二处海口，驻兵四百名，该县桂超万已团练乡勇二百余名，可以协防。现拟每处酌留兵丁一百名，专管炮台，其余二百名，即行裁撤。又永平府属临榆县之秦王岛、石河口二处，现驻兵一千一百九十名。该处为海关要隘，应请酌留兵丁八百名，其余三百九十名，即行裁撤。又滦州之刘家河，现驻兵三百名，乐亭县之清河口、臭水沟，抚宁县之洋河口，现各驻兵二百名，各该处海口浅隘，驶船维艰，但应防其登岸。前已挖坑设伏，现拟每处备留兵一百名，计共留兵四百名，专管炮台，其余五百名，即行裁撤。又昌黎县之浪窝口，驻兵三百名，蒲河口，驻兵二百名，现据该县曾世仪，已团练乡勇八百名，足可分防。应请每处留兵五十名，专管炮台，其余四百名，即行裁撤。此外天津大沽海口以南之狼坨子、徐家沟、赵家沟、祈口四处海口，分驻兵三百名，该处与山东接壤，应请照数留防，以期消息相通，声势联络。以上大沽、北塘及永平所属等处各海口，前共调兵六千七百九十名，现拟留兵三千三百名，撤兵三千四百九十名，以后仍随时体察情形，再行奏明，量为减撤。所留兵丁，其大沽、北塘两处，照旧令天津镇陈金绶、宣化镇石生玉、督饬管带，开州协副将向荣亦仍驻山海关协同防守。其涧河等处海口，视留兵之多寡，酌留将备带领，至湖北提臣刘允孝系简派来津，应否仍驻大沽，督同防范，抑应即回本任之处，候旨遵行。

直隶总督讷尔经额奏

窃臣于七月二十九日辰刻，承准军机大臣字寄，道光二十一年七月二十八日奉上谕，本日据颜伯焘等由驿传奏，英夷兵船，突至福建，厦门失守，退保同安各情形。逆夷贪得无厌，肆其猖狂，殊堪痛恨，现已占据厦门，难保不乘风北驶，扰及沿海各省，天津附近京师，尤为紧要。前经降旨，着该总督严密防范，谅已各口均有准备，如有应添防兵，着酌量情形，一面奏闻，一面飞调，现在已调吉林兵一千名前赴盛京，交耆英派拨防守，又调黑龙江兵一千名，暂留盛京，如直隶兵力较单，即可调拨应用。讷尔经额着即驰赴天津，相机筹办。至逆夷习于水战，向来议者，以彼登陆后，即无能为患。乃今占据厦门，逆焰仍然凶恶，是陆路亦能用兵，不可不加防备。万一夷船驶至，不可迎面攻击，或于要口设伏，或两路夹攻，方能取胜。所有北塘一带，及各处沿海居民，务须剀切晓谕，夷人初到，始以购买食物为辞，继且抢掠奸污，无所不至。莫如各自团练，保护人身。众志成城，自然勇气百倍，切勿受其诓骗，以至身家受害。或另有良策，保卫乡民，必须筹度万全。是为至要。颜伯焘原折着钞给阅看。钦此。

臣跪读上谕，仰见皇上先机指示。慎重周详，曷胜钦服。臣查大沽至山海关，沿海一带地方，先共留兵三千三百名，前又于臣标内密派兵丁五百名，赴大沽备防，现已陆续到津，计共三千八百名。此时酌量情形，所有前次裁撤归伍之各营兵丁，仍应量为酌调，方可以资守御。惟各营分距海口，远近不一，兹就其稍近者酌调臣标兵五百名，天津镇标兵一千名，正定镇标兵一千名，均归于天津，大沽，南北两岸，及宁河北塘，暨丰润黑沿子等处，分拨防守。又酌调提标兵一千三百名，以四百名派赴山海关，以九百名分拨滦州、乐亭、昌黎、抚宁等四州县海口协防。统计沿海一带，前存后调，共兵七千六百名，兵力已不为单。惟山海关系属要隘，所派防兵一千二百名，以之防海，可敷应用。以之防陆，尚觉稍单。应遵旨将饬备之黑龙江官兵一千名，即行调赴山海关，以备该夷登陆，上下策应。查永平一带海口，均系通永道所属，现在山海关既有多兵，设立粮台，必须大员经理弹压。现已飞檄通永道高树勋，前往照料一切。并督饬各地方官，认真团练，严密协防。其北塘地方，现派保定府同知张起鹓，东路同知何耿绳，随同宣化镇兵石生玉，防范照料。至于要口设伏，两路夹攻，以及陆路防堵，臣前于制胜八条内奏明后，随时备办，现在俱已停妥。臣于拜折后，即日启程，驰赴天津海口筹办。

直隶总督纳尔经额奏

直隶总督纳尔经额奏，窃臣前奉谕旨，敕赴天津筹备防守。遵即奏明起程后，旋于行次承准军机大臣字寄，道光二十一年七月二十九日，奉上谕该夷凶狠异常，着讷尔经额严加堵御等因；此又奉廷寄，道光二十一年八月初二日，奉上谕昨已降旨令富呢扬阿，挑选陕西兵等因，钦此。兹臣于八月初三日，驰抵海口，钦派大臣玉明，亦于初四日辰刻到此，仰蒙皇上传谕一切。圣虑周详，臣跪聆之下，莫名钦服。当即遵旨传集总兵以下官员，面告训示机宜，应如何设兵应接，如何设伏兜剿，悉心筹酌商办。咸谓英夷既有伪称陆路提督名目，是陆路防守应接，尤为紧要。必须厚集兵力，层层设伏，庶几可战可守。现在沿海一带，统计前存后调之兵力，共七千六百名。今又奉旨敕调陕西兵二千名，兵力实已不单。第陆路之防，宽于水路，此时无论大小海口，及但凡可以登岸吃紧之处，皆须酌量添兵。窃计陕西之兵，到防尚须时日，该逆来去固无定时，惟刻下天气尚不甚寒，且时有南风，防守尤为吃重。臣已添调大名镇标兵八百名，宣化镇标兵八百名，三屯协兵四百名，计月半前均可到齐，即可及早分布防守。候陕西兵到时，再行察看情形，酌量裁撤，一转移间可期应手。其山海关地方，前已遵旨行调黑龙江兵一千名协防，并转饬地方官预备车辆，不致迟误。俟兵到之日，应如何分拨，听候钦差都统哈良阿到后调度。至带兵将领，现有副将善禄，尚荣，兴泰，胜魁，台斐音泰，五员，参游十余员，都守十余员，俱系本标将领。管带本标兵弁，兵识将意，将知士心，呼应较灵，此时可敷调遣，似不必另为添调。又海口旧设炮位，及新铸大炮，皆系按期演试。昨与臣玉明，看演连环炮位，兵弁等俱能得心应手。臣于初七日，仍会同玉明，前赴北塘观看情形，演放炮位，再回大沽驻守。伏思英夷若至，现在兵力即厚，正利其上岸，我兵方有见长之地。所有大沽炮台左右暨后路一带，均已层层设伏，互相策应。共预备抬枪三百余杆，鸟枪二千余杆，刀矛、藤牌、钓竿、火箭、火弹等项器具，亦俱备齐，即英夷蜂拥而来，在船则用多炮连攻，在岸则用多枪排打，静以制之，整以击之，断不至容其得手。宁河北塘设防情形，与此间大略相同，有无应行变通之处，容臣明日到后，再行斟酌敲定。其丰润黑沿子海口至抚宁一带海口道路绵长，现已量为添兵，严饬各地方官，剀切劝谕附近百姓，凡其可以登陆之处，同心协力，再行添挖陷坑，相机设伏务使该夷上岸，处处遇陷，俾兵勇攻击得力。仍令间四五里设一窝铺，分置兵勇，随处瞭望，一有夷船进口登岸，连接鸣锣传号，可使一时远近皆知，联络攻打，互为应援，并逐处添委文武员弁，会同防范。再奸夷诡计环生，或以天津非其往来熟习之地，内无汉奸接应或挈带闽粤汉奸，巧作客商僧道之流，于沿海偏僻村庄散处藏匿，窥伺虚实，猝集要隘，以为内应，亦不可不防。臣已密饬各该地方官，派委轮役，四出密查，如有形迹可疑之人，即行盘诘究办，以防隐患。

朱批览：卿奏一切防守，均属妥密，朕心稍慰。该逆不犯则已，设若豕突而来，料卿必扬国威而歼丑类，伫膺懋赏，勉之慎之。

谕军机大臣等：本日据讷尔经额奉，预筹防堵情形一折，据奏天津海口，添调大名镇兵八百名，宣化镇兵八百名，三屯协兵四百名，先行分布防守，俟陕西兵到，察看酌撤。山海关遵调黑龙江兵一千名协防，并将新旧各炮，按期演试，各处层层设伏，互相策应。其丰润一带海口，添挖陷坑，分置兵勇，随处瞭望，及严防汉奸内应等情，所议尚属周妥，即着照议办理。惟所调黑龙江兵一千名，一时未能即到，山海关兵力尚单，恐其不敷调遣，着讷尔经额，体察情形，如有应调官兵，先行分布防守之处，一面奏闻，一百派拨，毋误事机。

直隶总督讷尔经额奏

窃臣于本月二十三日，承准军机大臣字寄，道光二十一年九月二十二日，奉上谕，讷尔经额屡次奏天津设兵防堵情形，知已布置周密，足以御敌，惟北塘一带，甚为廑念等因，钦此。臣叠奉圣谕，稔知逆英沿海滋扰，狡猾百出，历将天津之大沽，宁河之北塘，以及沧州、盐山、丰润、乐亭等州县，凡滨海之处，筹办防堵事宜，随时奉请训示，无论大小海口，均不敢稍有疏虞。兹蒙谕北塘一带，甚为廑念。尤见宵旰勤劳，靡有遗虑。臣等深悚惕，无以仰副圣谕。

钦差御前大臣僧格林沁、尚书赛尚阿、护军统领巴清德奏

窃奴才等于本月初一日拜折后，即折回天津，由浮桥过河，于初三日行抵大沽北岸。随查得大沽北岸，原有旧设炮台一座，距海口较远，于防堵难期得力，其新炮台紧贴河身，建筑正当扼要，奴才等复试演枪炮连环，并阅看远战阵，声势甚属联络，与南岸三炮台，守望可通。其对台海口，水沙丈尺，暨台外土坝土垫，均与奴才等前奏南岸情形相同。其现驻将弁员名，兵炮数目，已于前折归并声明在案。

自此向东北递进，为宁河县、丰润县、滦州、乐亭县、昌黎县、抚宁县，临榆县各界，即抵山海关口。

奴才查得宁河县境内，南岸沿海长四十余里，其北塘海口，距县城九十里，为蓟河入海水道。距海口三十余里，中有拦江沙，土名盖子，横亘水中，由沙线向外，水势以次渐深而入海，向内水势以次渐深而入河。现值冬令，沙上平时水深二三尺，潮小加至五六尺，潮大加至七八尺，询之土人，据称过夏秋水旺之时，潮可一丈，加以东南东北大风，潮可二丈，其中或值大潮而遇顶风，小潮而遇顺风，则大潮可小，小潮可大，所争不过三二尺之间。此海口向有本地商船，乘潮行走，即上年逆夷登岸，前赴黑沿子地方，乞买食物，乘来之板船，亦由此闯入。他如丰润县属，以至临榆县属各海口，水势情形，大率相仿。岸上自大沽一带，惟北塘村落，逼近河身，居民稠密。其余或间段盐碱，或一片淤泥，并无烟户。向北一带，界连丰润，有村庄四处，户口无多，均以捕鱼为业，此外并无洲岛居民。现于北塘南岸，紧对海口东向，

驻扎大营，营前设炮台一座，毗连而南为教场，前设炮台一，北岸斜对海口，驻扎营盘，设炮台一，两岸三炮台，地居中权，重资控御。其南两炮台之左右翼，各扎营盘一，保障南岸大营。北岸炮台之北，扎有营盘一，接应北岸大营，且外淀海水盐滩，相连处所，合两岸三炮台之东北东南两角，各领扎有埋伏营盘一，以备上岸兜剿。南路环卫大营，由东而西，迤逦扎有小营，以防剿急分窜。又于北塘庄西南之塘儿沽、新河，东北之蛏头沽、避风嘴、营城、董台等处，各安马拨，以备有警急通丈报，以上营各有炮，炮各随兵，共设大小铜铁炮一百三十七座，防堵官弁八十五员，兵二千四百八十四名。此奴才等查得宁河县境内海口兵炮之大略也。

过此即丰润县界，该县境内沿海长六十余里，有海口二处，距县城各一百八十里，其一涧河，为陡河入海水道；其一黑沿子，并无河口，以东为黑洋河入海故道，久已淤塞不通，其地距海口四十余里，中有拦江沙，土名白马岗，其沙线水势，以及风汛顺逆，潮水长落情形，均与宁河县海口略同。惟涧河、黑沿子两处，又各有不同者，缘涧河口较宽，约略四丈；黑沿子濒临海岸，并无河口，询据附近居民，佥称除本地渔船外，从无商船到此。岸上除黑沿子庄外，只有三处村庄，大率倚海为生，余皆盐碱荒滩，泥水草淀，别无洲岛居民。现于涧河以西，紧贴河身，斜对海口，驻扎营盘，设炮台一，共大小炮三十九座，防堵官弁八员，兵二百五十名。黑沿子正对海岸，驻扎营盘，设炮台一，共大小炮三十八座，防堵官弁八员，兵二百五十名。又于正北之黑沿子庄西北之高家庄，安设马拨。此奴才等查得丰润县境内海口兵炮之大略也。

过此即滦州界，该州境内，沿海长一百数十里。有刘家河海口一处，距州城一百三十里。近海处水势散漫，平时浅不盈尺，潮来深不盈丈，其拦江沙河口以西，有河坨一区。以南有河岗一道，平时均高出水面，潮来水深一二三四尺不等。坨岗以西断截处，有沟槽一道，以东断截处有沟槽一道，各宽二十余丈，平时水深四五尺，潮来水深一丈五六尺。本地装载数十石粮船只，可以乘潮由沟出入。其装载数百石粮较大船只，不能到口。岸上有大庄窠等四村庄，其村舍寥落，居民贫苦情形，与宁河等县相同。现于刘家河以西，紧贴河身，斜对海口，驻扎营盘，设炮台一，共大小炮四十五座，防堵官弁九员，兵三百名。又于大营以西之边家庄，长坨庄，常家窝，圈里庄等处，各安设马拨。此奴才等查得滦州境内海口兵炮之大略也。

过此即乐亭县界。该县境内，沿海长一百二十余里，有海口二处，距县城各五六十里。其一清河口，为本河入海水道，距海二十余里，即干涸无水；其一臭水沟口，为滦州河支流入海水道，潮水长落，河身宽深，均与宁河等县海口以内情形不甚悬殊。口外各有拦江沙三道。清河口之第一道，距河十里内外，第二道二十余里以外，第三道四十余里以外。臭水沟口之第一道，距河口四里内外。第二道七八里以外，第三道十余里以外，平时水浅，不能行船。潮涨水深一丈三四尺，本地轻载船只，可以乘潮过沙。重载船只，不能到口。岸上清河口西，有村庄九处。臭水沟口东，有村庄三处。其村舍寥落，居民贫苦情形，均与宁河等县相似。其余村庄，距海较远。此外附近艾家庄，有祥云岛一处，并无居民，余均河坨荒滩，别无洲岛。现于清河口以东，紧贴河身，斜对海口，驻扎营盘。设炮台一，共大小炮三十六座，防堵官弁七员，兵二百名。臭水沟西紧贴河身，斜对海口，驻扎营盘，设炮台一，大小炮三十五座，防堵官弁六员，兵二百名，又于两营相距，并上下界相距适中之古柯庄、郭家庄、祥云岛、刘头港、戴家铺、苏家海等处，安设马拨。此奴才等查得乐亭县境内海口兵炮之大略也。

过此即昌黎县界，该县境内沿海长一百余里，有海口二处。其一浪窝海口，为滦河入海水道，距县城九十里；其一蒲河海口，为本河入海水道，距县城二十五里，潮水长落，河身宽深，均与宁河等县，海口以内情形不甚悬殊。口外之拦江沙三道，相距道里，亦与乐亭县海口沙线无异。沙脉迤逦相连。本地轻载船只可以乘潮过沙，重载不能到口。岸上浪窝口西，有村庄三处；狼窝口东，蒲河口西，有村庄十一处；蒲河口东，有村庄五处，居民较多，亦各网捕为业。此外皆畸零不成村落，余均沙岗漫野，并无洲岛居民。惟蒲河口之西北，周家庄之东南，另有七里海一处，其水直通海河，然形势中流虽甚宽阔，出入两口逼窄，不能容船。且周围重叠沙岗，界断大海，情形亦不十分险要，现于浪窝口以东河湾内，正对海口，驻扎营盘，设炮台一，共大小炮三十座，防堵官弁九员，兵三百名。蒲河口以东，紧贴河身，斜对海口，驻扎营盘，设炮台一，共大小炮二十六座，防堵官五员，兵二百名。又距两营适中之北河岸，团林庄、高坨村等处，安设马拨。此奴才等查得昌黎县境内海口兵炮之大略也。

过此即抚宁县界，该县境内，沿海长二十余里，有洋河海口一处，为东河入海水道。距县城四十五里，潮水长落，河身宽深，均与宁河等县海口以内情形略同。口外之拦沙三道，西北相距道里，东西相连脉络，亦与昌黎等县无异。重载船只，不能到口，即轻载亦时形浅阻，岸上河口迤西，有村庄七处，河口以东，有村庄二处，此外皆畸零不成村落，余皆沙岗绵亘，并无洲岛居民。现于洋河口河湾内，正对海口，驻扎营盘，设炮台一，共大小炮二十一座，防堵官弁六员，兵二百名。又于营盘迤西之圈里庄、苏家村等处，安设马拨。此奴才等查得抚宁县海口兵炮之大略也。以上东路，除临榆外，沿海州县六，海口九，营盘二十，共管带将弁一百四十三员，防堵兵丁四千三百八十四名，大小铜铁炮四百七座，抬枪、鸟枪、刀矛咸备，内炮数有随时酌移者，有甫经解到者，总数稍有不符。兵数现经督臣奏准，通撤三分之一。所有现存兵丁，宁河之北塘口一带，宣化镇总兵官石生玉统之；丰润之涧河口、黑沿子一带，署督标后营游击刘正统之；滦州至抚宁之刘家河口、清河口、臭水沟口、浪窝口、蒲河口、洋河口等路，山永协副将兴泰统之；其余河口以东之秦王岛、石河口、二处，属临榆县，归山海关大营统辖。所有该二处海口地势，兵炮机宜，容奴才等另折声明。以清汛界而便圣鉴。统计奴才等查过天津以东海口，自以宁河之北塘口，烟户最多，昌黎之蒲河口，抚宁县之洋河口，村落虽少，而距海甚近，较为险要，然或以江沙拦阻，或以口岸逼隘，且覆之各处潮涨水势，总在二丈以内，逆夷大船，似难驶入。即使其多用小船，由沙线沟口，乘潮驶入内河，计潮涨潮落，仅历三个时辰，其顺流而易于进者，必搁浅而难于退。且时居隆冬，漫滩冰冻，所有沿海现驻防兵，请暂仍其旧，统俟明春，体察事机，应减应添，再由督臣核实奏明，请旨办理。其各营兵炮，奴才等挨营抽查试演，如刀矛之步伐正齐，均甚可观。即抬枪鸟枪，亦属便捷，惟施放大炮，虽间有远而准者，其中靶分数较少。推原其故，凡分置小营，皆斤量较轻炮座，且绿营兵丁，平日习于枪而不习于炮，瞻顾炮身之或有失闪，往往装药分量不足，实药工夫不到，药子轻重不符，遂不足以摧坚致远。奴才等因于各口阅毕，逐一如法指示，并严饬该将备，时加训练，俾各精娴。请旨敕下直隶督臣讷尔经额，通饬沿海各该将备，督率兵丁，留心演习，依法施放，其食药务足分量，装药务臻结实，烘药务灵，苗头务准，总期无发不中，有敌皆摧，庶几有备无患。上慰我皇上廑念海防之意。

讷尔经额奏折

讷尔经额又奏：窃臣入都展觐，准军机大臣面奉谕旨，发交上年钦差大臣僧格林沁等，具奏北塘以东，沿海各口，分设防兵，拟归并各营，俾厚兵力，并移营向里以便攻击一折，敕即查明办理等因。臣因正定镇向荣，在山海关防堵，相距各海口不远，当即饬委该镇，会督通州协副将台斐音泰，山永协副将兴泰，河间府知府张起鹓，并各地方官周历确切妥议去后，兹据禀称，查原奏内称北塘海口折而东向，共有涧河口、黑沿子、刘家河、清河口、臭水沟、浪窝口、蒲河口、洋河口、秦王岛、石河口等十处，分隶丰润、滦州、乐亭、昌黎、抚宁、临榆等州县。其自丰润县之涧河口，至抚宁县之洋河口八处，各处建筑炮台，设兵二三百名不等。酌以相距较近之涧河口黑沿子二处官兵，并为一营；刘家河、清河口二处官兵，并为一营；臭水沟、浪窝口二处官兵，并为一营；其原分为两处之蒲河口、洋河口二处，毋庸归并，仍分为二营。并蒲河口营盘，亦毋庸更动。洋河口弁兵，应移营向里。归并各营，亦俱向里安设，庶兵力既厚，声势亦联等语，查丰润至抚宁各小海口，原设炮台处所，其海口外有沙缦，内多浅滩，使该逆以小船乘潮驶入，在水则易于胶漫，上岸则一片淤泥，难以驻足。且沿海一带，陷坑重叠，该逆遇坑即陷，我兵乘势攻剿，易于得力。若将各营归并移后，恐该逆驶近海岸，四顾无人，随意内窥，淤泥陷坑，皆可从容漫越，迨至高燥平衍之地，分投滋扰，则兵力无多，攻剿较难措手。所有各海口原设兵二百名，应请仍循其旧，惟兵力较单，应请就钦差移营归并之议，量为变通，于各海口后路，择其要隘，酌量添兵，作为接应，似更周密。臣与镇将等悉心筹议，八海口情形，如丰润之黑沿子、涧河口两处，则以新富庄为后路要隘，安兵三百名，可为两路接应；乐亭之清河口，臭水沟两处，则以钟家庄为后路要隘，安兵三百名，可为两路接应；昌黎之蒲河口，抚宁之洋河口两处，则以苏家村为后路要隘，安兵三百名，可为两路接应；其滦州之刘家河，昌黎之浪窝口，现因原设营盘，较为卑湿，已量为移后数里高燥之地，惟两处海岸绵长，均无两路适中要隘，自须各就本处情形，添设接应。查滦州，团练乡勇二百余名，又上年招募新兵二百名，现在派员营带，勤加操演，即可并作刘家河之接应。昌黎县，沿海招募乡勇八百余名，系升任保定府同知曾世仪，上年团练，新自教演，现仍派令曾世仪，择其胆壮技强者，自行管带，即作为浪窝口之接应，均可得力。至丰润之涧河口，黑沿子，乐亭之清河口，臭水沟，昌黎之蒲河口、抚宁之洋河口，各后路应添之兵，即在上年奏准山海关一带沿海添设新兵二千名内，酌量调拨。沿海各营，相距不远，临时调用，可以克期而至。此时但须派定地方，仍令在营操练，不必遽行微调，以节经费。至原奏内，大沽北塘海口原钉木桩，距岸较远，为枪炮所不能及，该逆易于抽拔，应改钉向内一节。臣查海口钉椿之处，乃系头层设伏，是以距炮台稍远。夷船设若驶入拦江沙内，甫过浅处，将至深水，即使其不能畅行，炮台上之炮位，固不能概行击及。而中间有设伏之木排，其是排列炮位，暗伏水勇，木排不虑其炮打，水勇于排后可以藏身，相机施炮，夷船在木桩之外，足可轰击。即有多贼下船拔椿，并预备窝蜂炮子趁势排打，尤为得力，似可无虑。臣职司守土，责任极重，断不敢稍有疏虞，以期上纾宸廑。

谕军机大臣等：讷尔经额等奏，遵议大沽北塘屯营安兵情形一折。据奏大沽南岸各炮台，并迎面拦潮坝上，安设炮位兵丁，派副将胜魁等管带，陈金绥。即在台后东沽地方带兵驻扎。周悦胜在于葛沽地方接应。北岸炮台，派游击罗应龙等防护。其北塘各炮台，派副将台斐音泰等驻守，石生玉驻扎村后接应。胡超驻扎新河庄地方，距北岸炮台十里余，距北塘十五六里，为两处后路扼要。北岸炮台，即归胡超照管。由葛沽至天津都城，沿河村庄，均已团练埋伏。讷尔经额驻扎郡城，相机接应等语，所办甚属周密，着即照议办理。又另折奏，各处海口后路，择要添兵安营一折，据奏丰润、乐亭、昌黎、抚宁均有后路接应，惟滦州之刘家河、昌黎之浪窝口，均无两路适中要隘，现已团练乡勇，招募新兵，派员管事，操演接应，均可得力，其海口钉椿之处，亦无虑该逆抽拔等语，览奏均悉，仍着该督等缜密防范，期于确有把握，毋任稍留罅隙，以致临时周章，是为至要。

钦差大臣僧格林沁等具奏

北塘以东，沿海各口，分设防兵，拟归并各营，俾厚兵力，并移营向里以便攻击一折，敕即查明办理等因。

臣因正定镇向荣，在山海关防堵，相距各海口不远，当即饬委该镇，会督通州协副将台斐音泰、山永协副将兴泰、河间府知府张起鹓，并各地方官周历确切妥议去后。兹据禀称，查原奏内称北塘海口折而东向，共有涧河、黑沿子、刘家河、清河口、臭水沟、浪窝口、蒲河口、洋河口、秦王岛、石河口等十处，分隶丰润、滦州、乐亭、昌黎、抚宁、临榆等州县。其自丰润县之涧河口，至抚宁县之洋河口八处，各处建筑炮台，设兵二三百名不等，酌以相距较近之涧河口黑沿子二处官兵，并为一营，刘家河、清河口二处官兵，并为一营，臭水沟、浪窝口二处官兵，并为一营。其原分为两处之蒲河口、洋河口弁兵，应移营向里，归并各营，亦俱向里安设，庶兵力既厚，声势亦联等语。查丰润至抚宁各小海口，原设炮台处所，其海口外有沙缦，内多浅滩，使该逆以小船乘潮驶入，在水则易于胶漫，上岸则一片淤泥，难以驻足。且沿海一带，陷坑重叠，该逆遇坑即陷，我兵乘势攻缴，易于得力。若将各营归并移后，恐该逆驶近海岸，四顾无人，随意内窥，淤泥陷坑，皆可从容漫越，迨至高燥平衍之地，分投滋扰，则兵力无多，攻剿较难措手。所有各海口原设兵二百名，应请仍循其旧，惟兵力较单，应请就钦差移营归并之议，量为变通，于各海口后路，择其要隘，酌量添兵，作为接应，似更周密。臣与镇将等悉心筹议，八海口情形，如丰润之黑沿子、涧河口两处，则以新富庄为后路要隘，安兵三百名，可为两路接应，乐亭之清河口，臭水沟两处，则以钟家庄为后路要隘，安兵三百名，可为两路接应。昌黎之蒲河口，抚宁之洋河口两处，则以苏家村为后路要隘，安兵三百名，可为两路接应。其滦州之刘家河，昌黎之浪窝口，现因原设营盘，较为卑湿，已量为移后数里高燥之地，惟两处海岸绵长，均无两路适中要隘，自须各就本处情形，添设接应。查滦州团练乡勇二百余名，又上年招募新兵二百名，现在派员管带，勤加操演，即可并作刘家河之接应。昌黎县沿海招募乡勇八百余名，系升任保定府同知曾世仪，上年团练，新自教演，现仍派令曾世仪，择其胆壮技强者，自行管带，即作为浪窝口之接应，均可得力。至丰润之涧河口，黑沿子，乐亭之清河口，臭水沟，昌黎之蒲河口、抚宁之洋河口，各后路应添之兵，即在上年奏准山海关一带沿海添设新兵二千名内，酌量调拨。沿海各营，相距不远，临时调用，可以克期而至，此时但须派定地方，仍令在营操练，不必遽行征调，以节经费。至原奏内，大沽北塘海口原钉木桩，距岸较远，为枪炮所不能及，该逆易于抽拔，应改钉向内一节。臣查海口钉椿之处，乃系头层设伏，是以距炮台稍远，夷船设若驶入拦江沙内，甫过浅处，将至深水，即使其不能畅行，炮台上之炮位，固不能概行击及，而中间有设伏之木排，其是排列炮位，暗伏水勇，木排不虑其炮打，水勇于排后可以藏身，相机施炮，夷船在木桩之外，足可奸击。即有多贼下船拔椿，并预备窝蜂炮子趁势排打，尤为得力，似可无虑。臣职司守土，责任极重，断不敢稍有疏虞，以期上纾宸廑。

谕军机大臣等，讷尔经额等奏，遵议大沽北塘屯营安兵情形一折，据奏大沽南岸各炮台，并迎面拦潮坝上，安设炮位兵丁，派副将胜魁、管带陈金绶，即在台后东沽地方带兵驻扎，周悦胜，在于葛沽地方接应。北岸炮台，派游击罗应龙等防护，其北塘各炮台，派副将台斐音泰等驻守，石生玉，驻扎村后接应。胡超，驻扎新河庄地方，距北岸炮台十里余，距北塘十五六里，为两处后路扼要。北岸炮台，即归胡超照管。由葛沽至天津都城，沿河村庄，均已团练埋伏。又另折奏，各处海口后路，择要添兵安营一折，据奏丰润、乐亭、昌黎、抚宁均有后路接应，惟滦州之刘家河、昌黎之浪窝口，均无两路适中要隘，现已团练乡勇，招募新兵，派员管事，操演接应，均可得力，其海口钉椿之处，亦无虑该逆抽拔等语，览奏均悉，仍着该督等缜密防范，期于确有把握，毋任稍留罅隙，以致临时周章，是为至要。

僧格林沁等奏查阅天津大沽海口驻兵设炮形势折

钦差御前大臣僧格林沁、工部尚书赛尚阿、护军统领巴清德、陕西提督胡超奏：

窃于道光二十一年十月初八日，钦奉谕旨：派令奴才僧格林沁、赛尚阿、巴清德前赴天津一带，查阅海口。奴才等跪聆圣训后，当于月之十一日，带同司员章京等启程，于十四日，行抵距海口四十里之葛沽地方，接晤固原提督胡超，随同查阅事宜，大略商榷，次早会同校阅固原兵丁，人各精健，技亦娴熟，阅毕一同前进。即于是日驰赴大沽海口，与督臣讷尔经额会晤。

先是奴才等未经会晤以前，于十三日在天津府城途次，接奉廷寄，内开：道光二十一年十月十三日，奉上谕：着僧格林沁等于查阅海口之便，就近将新铸大炮抽查十分之一二，于空旷处所，装放炮子试演，能击远近若干里？并用废船装载柴苇各件，其高低仿照夷船尺寸，从上流放下，行至标杆之处，我兵觑准，用炮轰击，果否发无不中，或微有参差？即与讷尔经额会商妥办，据实具奏等因。钦此。

又于十五日，大沽海口差次，接奉廷寄，内开：道光二十一年十月十四日，奉上谕：内核实演验炮位一条。昨降旨令僧格林沁等抽查炮位十分之一二，犹恐试演过少，不能信心，着僧格林沁等即于各海口炮台之上，额外多试数尊，务期适用等因。钦此。奴才等当与督臣讷尔经额并提镇各臣公同捧阅，仰见皇上圣虑周详。整访核实之至意。

奴才等窃维欲严设兵防，必先筹地利，连日与督臣提臣面行榷商，复历次接见该镇道，旁求博采，略悉大概情形。随会同亲诣大沽海口南岸周历履勘，看得该处口岸，迎面临河，除附近之北塘暨南至山东，东至山海关各小口外，别无大船可以绕越进口歧途。对海遥望，海口约在二三十里以外，外接深洋，内系海口，海口以内，有拦江沙一道，横亘无涯，水面隐约可见。询之该镇道将弁，以至土着乡耆，佥称此沙南抵山东，东抵山海关，横阻海河，早晚潮汐两至，长落之际，水过沙停，渐积渐多，愈多愈实，坚硬如铁。现在沙埂积宽，约三四里不等，潮涨水深一二丈，潮落水仅尺余，中间另有沟槽，约宽三十丈，深亦不及三尺。再进有浅沙一道，约宽十余里，潮落水深二尺四五寸。再进为河身，约宽一百丈开外，夏秋水深，冬春水浅，遇有东南东北风作，水势较深，亦不过长至一丈四五尺而止。现复经督臣督同镇道，于拦江沙内十里许，水中暗排木桩。再进二里许，暗沉石船，上堆铁锚，旁加木桩。再进一里许，河身转湾处，连设铁链一道，铁蒺藜一道。再进一里许，设木筏一道，逐层防护。再进为河滩，一片泥淖，不容立足。沿海渔人过滩网捕，据称须两脚捆缚二尺许长木段，始得躧浅而过。奴才等因委员乘坐小船，携带竹杆绳索，前往丈量测试，旋呈丈尺，与前说微有参差，大致复核无异。现在河水渐冻，所有水中设伏铁具，亦均暂捞置土坝内安放。以备来春（道光二十二年）听用。此大沽海口形势之实在情形也。

唯形势即审万全，控制尤须得法，查大沽南岸海口，近岸设有瞭望楼一座，高可六丈，四面通明，派有兵丁，昼夜轮流守望。楼以北连设炮台三座，内新筑二座，各宽十二丈，进深八尺，高一丈六尺。旧设一座，宽九尺，进深六尺，高一丈五尺。河北一座，规模相埒。其中最高一座，紧向河湾，中一座紧对河心，北一座紧控河门，河北一座，紧贴河身，建筑均为扼要。台前各护以土，高与台齐，上锐下丰，籍柔炮势。距台约十丈内外不等，筑有拦潮坝一层，距坝约五七尺不等，筑有土垫一层；垫外挖有壕沟一道，约宽深各一丈内外。炮台惟河北一座相距较远，余三座相距均不过里许，大炮台空处，间段筑有土炮台十二座。其炮位自一千斤至万斤者，分设三炮台并河北炮台，自三百斤至八百近者，分设各土垫，共计炮一百四十四门。因地定数，各炮台分设六门至九门十余门二十余门不等，以备击远。南岸土垫，另设有小铁炮二百门，以备攻近。安炮处所，左右各按城垛口式，以麻袋盛土，纵横高堆，积为土垒，以为放炮兵丁遮护。其河北炮台办法，与南岸相同。

现以河冰初结，须流澌冰，船不得渡，奴才等未及亲往查阅，应俟奴才等南路回旋，彼时计冰冻坚实，再行前往查阅。至其建筑形势，南岸一望可及，可期声势联络，呼应相通。此大沽海口防堵机宜之实在情形也。

至抬枪鸟枪，奴才等抽查校阅，均极精娴，兵丁年岁汉仗，亦各强健，尚无老弱残疾，滥行充数。惟查现驻天津防兵，除固原兵二千名，虽合计有四千余名之多，而除去南路要口防兵九百名，西沽、新城防兵六百名，计南北炮台仅存防兵二千五百余名，似稍形单弱。况果至有事，后路更不可不亟为预筹，而又未便再从大队分拨。奴才等与督臣提臣再三详酌，现在固原官兵已到，大沽有督臣督同镇道将弁驻扎弹压，葛沽有提臣管带，已成掎角之势，足资声援。所有西沽、新城驻扎原备后路之官兵六百名，应请调归大队，俾厚兵力，且得操练而免旷闲。其西沽、新城尚驻有直隶练勇五百名，固原陕勇五百名，亦敷防守。应请责成提督胡超、总兵陈金绶分派将弁，不时操演，期收实用。至于后路，即拟以奴才胡超管带之固原兵二千名，留备策应。刻下海河结冻，请仍驻葛沽，来岁春融，再移至距海口五六里之海神庙驻扎，无论何时，一闻海上有警，奴才胡超即带兵驰抵距炮台里许听候。如我兵大队得势，既足以藉壮军威，且防分窜；倘稍不得势，奴才胡超即带兵直抵炮台，接应攻剿，期操全胜。倘将来忧虑兵力不足，奴才等沿路留心，查看得距天津较近之贺家口一带，水陆交通，地势宽展，尚可屯兵备拨，应俟用时再行踏勘。

再前此屡奉恩旨，以天气渐冷，轸念防兵，敕谕加意抚恤。查驻津防兵，现经督臣督同镇道支给棉衣银两，盖有兵房，御寒有具。内惟守护炮台兵丁一项，滨海久处，尤切严寒，现经督臣酌拟，除一律放给棉衣银两外，候河冻后，每台酌留兵四百名，分作两班，每班五日为期，循环轮换。值班者，炮台下搭有窝棚栖止，下班者分住近村兵房，仍由该镇道随时体查抚恤，务令恩遍推衣，人知挟纩，以冀仰释圣怀于万一。

讷尔经额奏遵旨筹议海防机宜折

窃臣本月十九日，接准军机大臣字寄，五月十八日，奉上谕：前因牛鉴奏，宝山接仗情形。当经降旨，着讷尔经额等豫筹堵御。兹发去筹议防剿机宜各条，并着讷尔经额悉心核办等因。钦此。

臣查前于本月十四日，接奉密谕，并钞寄牛鉴原奏一折。细审宝山接仗情形，海塘近滨大海，该逆排列大船桅炮，对面交锋，后路限于地势，无可接应，以致失利。此间各处炮台，俱在内河两岸，距拦江沙二三十里不等，该逆大船桅炮势不能及，与南省海上争锋情形迥异，地利实有可恃，正合皇上指示机宜。当经遵旨，将一切筹备情形，分析密奏在案。兹复详阅饬发筹备防剿机宜各条，谨将核办缘由，并于各条内参以己见之处，敬为皇上陈之：

一、大沽北岸至北塘南岸，又大沽南岸至山东连界之狼坨子一带，后路接应均用察哈尔马队两条。又北塘北岸至洋河口一带，后路接应用吉林马队一条。又山海关、秦皇岛后路接应用黑龙江马队一条。查沿海地势洼下，马队安营须择高阜之区，又必声势相连，遇有缓急，随时可到，方资应援。大沽迤南至狼坨子，计程二百余里，若马队一处安营，即在适中之地，相距亦有百里之遥，此后大雨时行，荒滩泥淖，绕路驰驱，更数纡远，诚恐缓不济急。似应分为两起，各择就近之地安营，以期接应得力。查狼坨子后路之齐家庄，上年（道光二十一年）曾经钦差奏请安兵三百名，以备接应。距该庄六七里之羊儿庄，地形高燥宽平，以马队五百名于此处安营，则迤南至狼坨子，迤东至赵家沟、徐家沟、张叵河等处地面，仅止三四十里至五六十里不等，均可接应。又商各林地方，亦属高燥宽平，以马队五百名于此处安营，则迤南至驴驹河、唐巨河、马棚口、祁口，迤东至葛沽、大沽等处地面，亦五六十里至六七十里不等，均可接应。臣筹议如此，仍埃钦差大臣赛尚阿来津，再行商定。至大沽北岸至北塘一带，涧河至洋河口一带，暨山海关、秦皇岛三处，地面远近不同，接应马队应于何处安营，使处处均资得力，已分别咨商钦差都统哈哏阿、提臣胡超、正定镇向荣、宣化镇石生玉，各就地察看形势，再行妥善会议具奏。

一、北塘北岸后路，尚须接应，拟由胡超酌拨陕兵一条。已函商提臣胡超酌拨数百名，以备临时拣派妥员，带领前往。

一、天津城内少井，向吸取汲外河，总督临时似应移驻城外之贺家口一带屯兵扎营，弹压商船粮船一条。查天津府城至大沽一百余里，臣奉旨驻扎郡城，设逆夷有警，处处皆须照料。即如前奉谕旨，防递夷书一节。臣届时自须前赴海口，相度机宜，遵旨办理。至郡城之内，现在团练义勇，团结人心，布置均已严密，设临时专驻城外，又恐人心惶惑，防范疏懈。臣思各路扼要，皆有大员带兵防堵，臣拟临时酌量情形，往来策应，不必专驻郡城，（朱批：必得郡城无意外之虞方好。）变动不居，似为合宜。至商船经由海河，节节有弁兵稽查，臣驻扎郡城，近在咫尺，上下往来，亦均在海河一带，足可镇驭。粮船则并不经由海河，另有派出员弁，专司弹压催趱。至城内少井，因地俱斥卤，有水皆咸，是以取汲河水，窃恐逆夷逼近城垣，城中乏水，此万有一然，不可不虑。而城西即系运河，不虑无水可汲，臣惟虑该逆诡诈万端，临时或携带毒物，乘潮涨之时投放河内，河虽宽大，而毒流易染，不可不防。臣拟临时出示，晓谕兵民，汲水务在潮退之后，潮涨不准取水。以防奸计。

一、逆夷船载马匹，似不专为上岸乘骑而设，且又多置竹人，或系水龙经所载真马假人烧营之法，于上岸时发机冲突一条。查养马必资水草，闻夷船行走海洋，淡水甚艰，供人之外，谅不能再以供马。（朱批：朕亦如此料及，然既有此说，不可不究。）且海浪颠摇，载越重洋亦非易事，即使属实，恐亦为数无多。臣沿海一带所挖陷坑，当可制此。缘马既无人控制，不知趋避，必致全行堕入坎窖。设用人牵马从容蓦越，我兵枪炮齐发，马必惊逸反奔。且各营俱有藤牌兵丁，或不尽堕于坑，竟有越过马匹，我兵即用藤牌滚刀，伏砍马足，亦能致其死命，可无虞冲突烧营。如在于荒僻处所潜行登岸，沿海有新建墩台营房瞭望之兵，有往来传报巡签之兵，处处声息想通。一经了见，即用马拨分头驰报附近营盘，或用后路伏兵，或用后路马队，就近驰往，相度贼之来路地势，或从旁路夹攻，或于要路掩击，足资抵御。

一、大沽，北塘南北坡陀高下处所，宜多设疑兵一条。查疑兵之计，必须随机应变，使该逆不测虚实。臣前与镇道筹议，于大沽南岸浅滩之上，故张旗鼓，使逆夷望见奔赴，必可搁浅，我兵即相机攻剿。（朱批：果能如此，好极！）至大沽、北塘南北两岸，均系平旷，并无坡陀，惟产有芦苇之处，可以择地支搭敝旧账房，虚张旗帜以为疑兵。容与钦差大臣赛尚阿会同商定。

一、自涧河以东至山海关各海口并沙岸渔户，先期密遣人与之杂处，倘夷匪于空僻处登岸，劫令引导。即可诱人一条。臣已密饬地方官暨带兵将领，先期于兵勇渔户之中，选择实在亲信有胆之人，临时予以重赏，杂扮商渔，分布引诱，仍密属加意提防，勿致为夷所饵。（朱批：极好。）

一、大沽、北塘拦江沙外，夷船炮力，不能及我炮台，必用杉板多只驶入，以火箭火弹焚击台上之兵，应设渔网棉被御其火箭枪丸一条。臣查御炮无过土袋土垒，前以武成、永固试击土袋九层，百步之外，止透七层。故避炮之法，必以土垒为先，再以棉絮渔网分懈其力，足资抵御。前又奏明，于各炮台上，饬堆土垒，横直两层，前一层用直，在各炮之两旁，后一层用横，在各炮之后身，可以避其迎面之炮。而于后层土垒之上，又横以木梁，覆盖土垒，联络成棚，外实中空，旁有走路，我兵装药装子，皆有遮护，可以避其高落之炮子与其火弹火箭。所有土垒等物，临时俱用水浸湿，该逆火器自不能伤及我兵。

一、杉板驶入内河，或水底暗伏水勇，用计凿沉船只，又于岸上多设枪炮夹攻，或用火球火弹焚烧其船一条。查烧船一节，臣已奏明，预备网船百只，装载苇草，洒以硝磺桐油，选备精壮有胆弁兵，拟夤夜带领水勇，绕至夷船后面，乘风纵水，相机焚烧，可期得力。至杉板驶入攻剿之法，前折已经奏蒙圣鉴。惟暗伏水勇凿沉船只一节。逆夷狡黠，未必任我凿船，毫无知觉。（朱批：原属不易之举。）且凿船亦非一时可穿，此间虽有素识水性之人，亦不能潜伏水底经久不出。臣前奏明，满河沉铺渔网，入水五六尺，渔网柔轻牵缠之物，可以缴轮，可以挂柁。至于浅滩之上，则用木桩鹿角杈刺其小船，使该逆纵有知觉，无可如何，我兵用枪炮乘势攻剿，足可制胜。

一、大沽海口防御严密，该逆不肯径进，必于闲旷处所，用小船载人，分起运送上岸。或佯于此处进兵，诱令我兵用全力堵御，实则于他处复用船运送炮位，上岸滋扰。甚至夷兵登岸，绕至后路截杀，则前面之炮均不得力，总须先事豫筹一条。查该逆诡谲多端，声东击西，是其惯技，不可不加意严防。是以臣前奏，涧河口一带，即用北路之兵接应。祁口一带，即用南路之兵接应。大沽、北塘两处大营，屹然不动，决不可舍此顾彼，以致该逆乘虚而入。至虑该逆用船运炮上岸一节。窃计该逆滋扰南省，非止一处，但闻其大船大炮得手，未言载炮上岸得手。昨奉廷寄，敕发扬威将军奕经等所奏防剿事宜五条。内称逆夷登岸，总以五人鱼贯一排，腰插手枪，背插火箭，又该逆最畏抬炮等语。是该逆火枪火箭，不及我之抬炮，已有证明。且沿海潮涨潮落，近岸数里，泥淖难行，运一炮亦须费数十人之力，该逆当不为此迟钝之事。即使奸谋难料，要不过炸炮等类，在空旷无人之地既无所施，使其深入，则离船已远，盛暑之时，又无水可以取饮，我兵自可相机攻击。惟绕至后路截杀，则前面之炮均不得力一层，最关紧要。查大沽、北塘等处，均系一面临河，附近并无可以绕至后身之路，而炮台各后路，层层安兵，既为炮台接应，即以防其抄袭。且查各失事地方，所称绕至后路一节，皆系汉奸接应，此地无汉奸接应，尚可自信。再我以两轮四轮小车装载炮位，为各路兵丁前锋，更以抬炮、竹炮继之，该逆即从后绕来，我开炮轰击，彼之手中火器未能及我，而我之炮火早已及彼，必不能冒死前进。是其绕至后路者，我之接应之兵，攻剿其前面之船，正可用炮台上各炮轰击，令彼水陆不能兼顾，攻打更见得力。（朱批：果能如是，何虑之有？然必须确有把握方好。）总之，前面有兵有炮，后路有兵有炮，在后者，知炮台之防守结实，无虑其攻犯，一意防其绕越上岸，正可乘其抄袭，并力剿擒，在前者，知后路防袭严密，无虑其绕越夹攻，一意轰击驶入之船，心定力坚，断无不得手。此攻守之实在情形也。至逆夷于偏僻海边运送炮位上岸，我兵迎面直击，势必撄其凶焰，应于岸上设伏抄袭，并距村庄较近处所，择地设伏一条。所论情形，与此条及逆夷用船载马一条，大略相同。查沿海一带，潮滩宽窄不一，非处处有岸可登，且该逆以船为巢穴，上岸滋扰，必思退步，决不于距营辽远村落俱无之处奔去窜越。设竟于偏僻处所登岸，我之墩台及传签兵丁一经了见，即用马拨分头驰报，后路马队及接应之兵，均各就近驰往，该逆在海岸荒滩之上，泥淖难行，又有陷坑阻遏，我兵即用抬炮、竹炮鸟枪，趁势轰击，方见得力。其就近村庄，臣亦已密饬各处带兵将领，择地设伏，以备夹击兜擒。

朱批：细参所议诸条，朕颇放心，即稍有斟酌之处，亦皆易易。

廷寄答讷尔经额折

谕军机大臣等：讷尔经额奏，遵旨筹议防剿机宜十三条。朕详加批阅，所议均属周妥，间有应行斟酌之处。已将原折交赛尚阿带赴天津，着该督侯赛尚阿等到津后，再行会同参酌，务臻尽善。

直隶总督讷尔经额奏、遵旨筹议防剿事宜：

一、大沽南岸至山东连界之狼坨子。后路应用察哈尔马队接应。请于羊儿庄、商各林两处各安插马队五百名。迤南迤东，均可接应。

一、大沽北岸至北塘一带。涧河口至洋河口一带，暨山海关秦王岛。三处地面远近不同。接应马队应于何处安营。俟咨商都统哈哏阿等筹议。

一、北塘北岸。后路沿须接应。已函商提督胡超，酌拨陕兵数百名，以备临时拣员带往。

一、天津城内少井，取汲外河。虑该逆携带毒物，乘潮涨时投入。拟示谕兵民，潮退再行汲水。至郡城布置严密，各路扼要，皆有大员防堵。拟临时往来策应，不必专驻郡城，亦不必专驻他处。

一、逆夷船载马匹，多置竹人，恐用真马假人烧营之法。沿海所挖陷坑，当可制也。又各营俱有藤牌兵，或其马不尽堕坑，即用藤牌滚刀伏斫马足，无虞冲突。

一、大沽南岸浅滩，多张旗帜，使其望见奔赴，必可搁浅。其大沽北塘一带，于产有芦苇之处，支搭敝旧账房，虚张旗帜，以为疑兵。

一、自涧河至山海关。于兵勇渔户内择亲信有胆者，临时杂扮商渔分布，引诱夷船搁浅，仍加意堤防，勿致为夷所饵。

一、大沽北塘拦江沙外。夷船炮力不能及我炮台。恐用三板船驶入，以火箭火弹焚击台上之兵。请于台上饬堆土垒，横直两层，用水浸湿。前一层用直，在各炮之两旁。后一层用横，在各炮之后身。而于后层上横以木梁，覆盖土叠，联络成棚，外实中空，旁有走路。装药时皆有遮护，该逆火器，有不能伤及我兵。

一、三板驶入内河。较易攻击。拟于满河沈铺渔网，入水五六尺，柔软牵缠，可以缴轮挂舵。浅滩之上，用木桩鹿角杈，刺其小船，使虽知觉，无可如何。再用枪炮乘势攻剿，足可制胜。

一、恐其于闲旷处用小船载人，分起运送上岸，或声东击西，绕至后路。应请于涧河口一带，即用北路之兵接应。祁口一带，即用南路之兵接应。大沽北塘两处大营，屹然不动。决不可舍此顾彼，后路层层安兵。既为接应炮台，即以防其抄袭，前后攻击，更见得力。

一、恐其于偏僻海边运炮上岸，应于岸上设伏抄击。设竟登岸，即分报后路马队及接应之兵，均各就近驰往，趁势轰击。得旨所议均属周妥。间有应行斟酌之处。已将原摺交赛尚阿带赴天津。着该督偕赛尚阿到津后。再行会同参酌。务臻尽善。

直隶总督讷尔经额奏折

窃臣本月十四日，承准军机大臣字寄，钦奉上谕，臣跪读数四，不啻面命耳提，仰见圣明洞察，惟恐夷情诡诈，思虑稍有不到，即坠奸计，指示周详，莫名钦服。窃臣任事直隶，将及两载，统计在洋筹防，已阅年余之久。于此间天时地利人事，均属目击，无不周咨博访，悉心体察，折衷定计，以操万全。即逆夷无警，而兴文武员弁，两三提升，时时如有贼至，不敢稍有疏虞。现在江浙等省，警报迭闻，屡奉寄谕，臣与在事各员，见逆夷之猖狂，莫不同深愤恨。兹蒙圣谕，各处如何布置，临时如何策应，并该逆呈递字件，必主见豫定，勿令军民观望，士气不扬。仰见宸算卓越，早破奸谋，臣谨将筹办事宜，分析各条，敬为我皇上密陈之。

一、该逆如敢北驶，其大船万不能进口。诚如圣谕，必将大船停泊沙外，另用小船驶入。查刻下潮势微弱，至大不及一丈，且夷情狡狯，初到之时，不敢即行深入，必用大轮船、杉板船，先行尝试。闻在南省大率如此。臣已与镇将等严约，该船如果驶进，务须以静待动，以逸待劳，度我炮可及波船，然后连环施放，以重子击其船，以窝蜂子击其人，决不可一见船影，一闻炮声，即行开炮，以致敌船逼近，转有炮热难施之虑。又南北两岸，除河身中流外，均属浅滩，北滩长有苇草，该逆诡谲多疑，虑有埋伏，必不驶往。南滩一片空旷，潮来水漫，浅深不辨。拟于滩上安设小木桩铁鹿角杖，另于岸上故张旌帜，作为疑兵。令彼扬帆奔赴，遇椿遇杖，皆可刺破其船。而火轮兵船，并可搁浅。是时炮击火攻，两俱得力。此预备逆夷小船驶进抵御之策也。

一、大沽而北炮台，天津郡门户，最为紧要。且多炮罗列，若使炮台被占，则我炮转为彼用，诚如圣谕，断不可不加意严防。臣与镇遗熟记，炮之猛烈，惟土可削。前经演试得力，众将众兵之所共见，因于各炮台上，勤堆土垒，横直两层，前一层用直，在各炮之两旁，后一层用横，在各炮之后身，可以避其迎面之炮。而于后层土垒之上，又横以木排，覆盖土垒，联络成棚，外实中空，旁有走路，我兵装载炮子，皆有庇护，可以避其高落之炮子，与其火弹火药不计众兵，皆知敌炮万不能伤，更觉心定气奋。北塘南北两岸炮台，亦照此一律办妥，查该逆所至披猖，总因炮如雨下，弁兵受伤溃散之故，今如此安置，则兵不畏炮，台自可守，此各处布置避炮守台之策也。

一、台能既守，则前路先锋，可以相机取胜，而后路接应，自然益加奋勇。前奏大沽北塘两处炮台，后路接应，皆系镇臣在前，提臣在后。两提臣营盘，与两镇臣营盘，相去不下二十里。臣与该提镇等议定，设有夷船北驶信息，两提臣各酌留兵数百名守营，一面带兵赴援，与镇臣相距均不过二三里之遥。一则前路之兵，知接应之不远，必能奋力进攻。一则后路之兵，视贼势之如何，可图相机制胜。并于各营分设铜铁炮位，共计五百斤至千余斤者，四十余尊，又一二百斤者，三百余尊，并制有四轮两轮炮车，可以装载推挽，随处接应。又每营分拨竹炮二百尊，是后路层层有炮，均已足数应用。至炮台所设炮位，大小相间，大者击其河心之船，小者击其傍岸之船，弁兵演练既熟，先后次第，皆有一定章程。且移炮撤后，明示其意，恐转起畏惧之心，不言其故，又恐妄生疑虑，应请仍循其旧，可保无虞。此临时预备后路接应之策也。

一、大沽北塘两处，地势相同，设夷船驶入，我兵抵御之具，其明用者，炮位为先，而以抬枪、火箭、火弹、竹炮、弩箭助之，并于河心木筏之上安设二三千斤炮位，遣水勇随身点放，足以攻其船底。其暗用者，以大鱼网多张，沈水五六尺，满河皆有，使其兵船遇之而呈□柁，轮船遇之而缴轮，则彼船进退皆难迅疾，势必张皇失措。我兵攻剿，益见得力。又备有网船百余只，堆积苇草，洒以硝磺桐油，已拣备精细胆壮之人，拟夤夜带领水勇，由海河左右通海之盐沟，绕至夷船后面，相风施放，以为焚烧之计，此处预备攻剿之策也。

一、该逆诡谲多端，各处猖獗，皆系乘虚而入。兼且散布谣言，声东击西，更易误坠术中。臣与在事文武熟商，此间以大沽、北塘为最要，其余各小海口次之。设令该逆窥见大沽、北塘两处，防范严密，无可得手，另用小船，滋扰别处，俟我分兵往应，辄用大帮驶进，此亦不可不防。现已议定狼坨子、祁口一带有警，则用两路之兵勇接应；涧河、黑沿子一带有警，则用北路之兵勇接应。大沽北塘，屹如山立，不准一兵动移。缘各处小海口，惟三板船可以行走，且多系乘潮方可出入，攻扑较易，万不可舍此顾彼，致涉张皇。并于大沽迤南道沟子之高桥地方盐沟埋伏乡勇五百名，北塘以南滩上之盐沟埋伏陕兵五百名，以备出奇制胜，此临时持重，并设接应之策也。

以上各条，臣俱悉心筹议，严益加严，且天津郡城，尚存新旧兵二千余名，乡勇一千名，现又蒙饬调山西兵一千名来津，饬令太原镇总后善禄管事，统计兵数，郡城足备防守，且可临时相度情形，分拨接应。所有郡城至葛沽一带，沿河两岸，扼要之区，亦俱勘定设伏处所，拟每处安设竹炮数十尊，铁炮十余尊，分伏兵勇于河道曲折有所障蔽之处。设该逆竟用小船内驶，皆可相机轰击，以为万有一然之防。至逆夷进口先行呈递字件一节，诚如圣谕，该逆若再北驶，与前岁赴津情形，迥不相同，其要求既非情理，则收受即为犹豫，诚恐隳我士气，关系匪浅。如系遣一二人驾杉板船投递，谨拟遵旨撤退，亦不伤害其人；倘用火轮船前来投递，则该逆叵测之心，业已显露，自应伺其动静，准备轰击；若用被胁商渔代递，即遵旨将字件密行呈奏，扣留人船，勿许放回。并拟探有夷船信息，即先出示封港，无论本地与外来商船，俱禁止出入，免其诱胁柁水作为引导。臣万不敢稍涉迟疑，有误事机。抑臣观该逆伎俩，总以汉奸为爪牙，失事各处，均有汉奸内应。臣督饬地方文武严定章程，编列保甲，城市乡村，俱委员逐日轮查，务使外来奸匪，无可容足。郡城五方杂处，良莠不齐，并恐海口有事，本地土匪，因风吹火，藉端劫掠，摇动人心。特谕令各绅者于关厢内外，分为二十局，各自团练，作为载民，俱列名注册，使之守望相助。平时即随同各委员分段稽查汉奸，如有查获，立予重赏。现在城厢内外各色人等，悉为官用，人心固结之至，断不致为奸猾之徒，摇撼诱胁，该逆纵诡计百出，若无汉奸内应，自亦无从得手。臣满洲世仆受恩深重，从不敢于君父之前，稍做过量之语。惟兵弁振作，士民安堵，确有可信，用敢据实敷陈，以期仰慰宸怀。

讷尔经额又奏：正在缮折间，接奉廷寄，道光二十二年五月十五日，奉上谕，昨据牛鉴奏，宝山失守情形。天津地势，处处有拦江沙，逆夷不识路径，可期剿杀净尽等因，钦此。臣跪读之下，深恨逆贼披猖，至于此极，仰蒙圣主俯察天津地势，处处有拦江沙，与滨海立城者情形不同。饬令先事密筹，期于众志镇定，不可因宝山失挫，致懈士心。臣敬领训示，深切着明，无任钦服。查大沽北塘等处，均像海河，该逆大船不能驶进，其一切布置，以及安设兵炮，逐层埋伏，逐层接应之处，已于正折内明晰声叙。伏念贼势如此猖狂，尤在持以镇静，庶士气益奋，人心益固，且该逆桅上放炮，原系以多取中，非有一定准头。臣所筹办各事宜，总以先避其炮为主，令我兵站立得住，无虑溃散。设彼竟敢百死登岸，则彼船在后，必虑自击前面之人，不肯开炮，而我后路之枪炮火箭，大有可用，或从后抄击，或分翼截杀，必当恪遵谕旨，相机取胜。其涧河、黑沿子等处，海口炮台并安营之处，多系依傍村庄，缘无村庄之处，即无水可取，且附近村庄，团练乡勇，近则可以随营操练，同兵协防，远则离家不便，现在兵勇同处日久，均已联为一气。至各炮台原设炮位二三十尊不等，臣前又分拨竹炮每处五十尊，炮台不能容纳，因一律排设于营前土垒之上，使该逆舍舟登岸，炮台前面，一片淤泥，重叠刨挖陷坑，势难驻足，我兵乘势施放枪炮，足可得力。所有前次奏明各处后路接应，臣现已预备竹炮五百尊，分拨应用，以资攻守。至山海关一带营盘，早经移扎在后，临海炮位，亦俱酌移后路，臣前又解去竹炮二百尊，新造抬枪一百杆，火箭二千枝，交镇将存营备用。钦差都统哈良阿查照在案。

谕现在驻关之吉林兵一千名，着哈良阿留五百名，在关防守，其余五百名，着派往洋河口至黑沿子一带驻扎。又前驻高桥之黑龙江兵一千名，着即飞调来关留五百名其余五百名亦着派往洋河口至黑沿子一带驻扎。并着于巴雅尔、倭克精额、乌凌额，德龄阿、富勒洪额五人内，公同商酌三人，管带前往，择要驻扎，以资防御。

谕军机大臣等，据奕经奏，防剿事宜五条，可备采择。该先抄录原奏，发交讷尔经额阅看。着俟赛尚阿到后，会同相度情形，酌量布置，以臻周密。本日已派赛尚阿为钦差大臣，会同讷尔经额办理防剿事务，并派侍卫巴清德、郡桑阿等，随同前往矣。现在直隶兵丁，尚须添派，着该督于所属各营，挑选步队兵丁一二千名，前赴天津，以资防堵，更为周密。现已调察哈尔官兵二千名赴津，又调吉林黑龙江兵一千名，派往洋河口至黑沿子一带，择要驻扎，以壮声威，所调山西官兵，着于河南一带，迅速迎提。

钦差大臣赛尚阿、直隶总督讷尔经额奏折

钦差大臣赛尚阿、直隶总督讷尔经额奏：天津防堵事宜，目下最要机宜，首在预筹后路。而前奉谕旨，饬调备充后路之察哈尔马队官兵二千名，头起已于五月二十九日起程，计日内陆续可到。天津郡城内外，地窄人稠，且值遍地青苗，未便屯驻，必须预筹屯驻处所，方期兵民相安。兹查有距郡城七十里之新城地方，地势宽阔，水草丰肥，足资游牧。即拟先在该处，暂行安插，俾资休息，一面踏勘地方，分营屯扎。所有屯扎处所，先经臣讷尔经额勘得大沽以南，至狼坨子一带之羊二庄、商格林二处可以分驻。前臣赛尚阿到津后，复彼此商榷，觉分驻两处，相距道里较长，拟分五营或六营，庶益觉呼吸可通，声势联络。现委理藩院员外邱明麟，带同熟悉员弁，前往南路原设营盘后路一带踏勘，一俟勘得宽阔高燥地方，或五处，或六处，即于新调之察哈尔官兵中，拨兵一千五百名，分营驻扎，以作大沽以南南路后劲，其余兵五百名，拟于大沽北峰，分驻二百五十名，北塘北岸，分驻二百五十名，亦均在现设营盘之后，以为前敌声援。前敌得手，即奋力上冲，以资接应。至北塘北岸迤东之黑沿子，至洋河口一带，地势较南路尤为遥阔，业已

奉旨，饬于吉林兵一千名，黑龙江兵一千名，各酌拨兵五百名，择要驻扎。臣等公同酌议，拨于丰润属之李八廒，滦州属之柏各庄，乐亭县属之马头营及汤家河，昌黎县属之周家营五处屯扎。臣等因此路犹闻紧要，现商令奕纪，会同那桑阿，前往各该处，逐加履勘，间段分拨，以资策应。

谕军机大臣等：赛尚阿等奏，预筹沿海后路分驻官兵一折，据奏察哈尔马队官兵到津，拟分五六营，拨兵一千五百名，作为大沽以南南路后劲，余兵五百名于大沽北岸，分驻二百五十名，北塘北岸，分驻二百五十名，均在现设营盘之后；吉林黑龙江兵二千名内，名酌拨兵五百名，即于丰润县属之李八廒等处屯驻，均着照所议办理。惟现当炎暑，本省兵丁，尚皆习惯，具满洲蒙古兵丁，朕甚轸念，卿等务须妥为安置，勿致有损方妊，慎毋率忽。另片奏沿海泥淖，无可行车。因思自海丰县至山海关，道里绵长，岂处处尽属泥淖？倘该逆用小船装载炮车，从偏僻地面，陆续上岸，亦未可定。断不可以泥淖难行，炮车笨重，迟信为无从登陆，稍存大意。又讷尔经额奏，稽查到口商船一折，现在并无夷船北驶，各处到津商船，既经验系良民，自应准其进口。但俱系闽粤江浙客民，时常来津贸易，路径均素熟习，万一为贼所用，借以指引路径，即与汉奸无异。总须于该商船进口卸货后，不准一人逗留在津，其牙行贸易人等，亦不准一人附载南回，庶奸匪无从泅迹。昨据耆英等奏，逆船折回江苏一折，又耆英、伊里布奏，接据逆夷后书一折，已有旨谕令寻意攻剿，毋虑再事羁縻。昨降谕旨，及耆英等原折，着钞赛尚阿、讷尔经额阅看，逆夷出没无定，此时虽已折回，难保不乘风北驶。仍着赛尚阿等，缜密防范，不可将折内情形，稍有泄漏，致懈军心，是为至要。

吉林副都统巴雅尔倭克精额，黑龙江副都统乌凌额奏

辛已，吉林副都统巴雅尔倭克精额，黑龙江副都统乌凌额奏：窃奴才等由高桥带领官兵起程，于六月初一日抵关。公同商酌，奴才巴雅尔带领吉林兵二百五十名，黑龙江兵二百五十名，驰赴抚宁县洋河口一带驻扎；奴才富勒洪额、德凌阿带领黑龙江兵二百五十名，吉林兵二百五十名，驰赴丰润县

黑沿子一带驻扎。此一千兵，作为四起，于六月初三日，自山海关分起前进。现当青苗遍野之时，一路车马驰骋，恐遭践踏。奴才等惟有严加约束，督令按依正道行走，不许拥挤搀越，务期纪律明而闾阎静。到防以后，设遇逆夷登岸，立即首尾夹攻，互相援应，尽歼仇类，以快人心，断不敢稍留余力。奴才倭克精额，乌凌额等，现仍分带吉林、黑龙江，各兵五百名，在关加意防堵，俟续调吉林黑龙江官兵到关之日，奴才倭克精额、乌凌额等遵奉谕旨，即行带兵，迅速前赴天津。

谕军机大臣等：巴雅尔等奏，领兵赴防启程日期一折，据称巴雅尔带领吉林、黑龙江兵各二百五十名赴洋河口，富勒洪额、德凌阿，带领黑龙江、吉林兵各二百五十名，赴黑沿子驻扎。在关之吉林、黑龙江兵各五百名，俟续调官兵到关时，倭克精额、乌凌额带赴天津等语。带领官兵前赴天津，已有巴雅尔等三人，足资管带。惟山海关地方紧要，关内关外，防堵应援，在需人。着哈良阿，即将倭克精舍额乌凌额二人，酌留一人，带兵在关，一人带兵，驻扎高桥。

谕军机大臣等：前有旨，将先调之吉林、黑龙江兵共二千名，令哈良阿留兵一千名，在关防守，其余一千名派往洋河口至黑沿子一带驻扎，其续调之吉林兵一千名，派往锦州高桥驻扎，黑龙江兵一千名，派往盛京驻扎，谅已遵旨办理矣。现已派赛尚阿为钦差大臣，驰赴天津，会同讷尔经额办理防剿事宜。着哈良阿将前谕留关之吉林黑龙江兵各五百名，饬赴天津，听候调遣。并着禧恩于续调派令驻扎盛京锦州之吉林兵一千名，黑龙江兵一千名内，各分兵五百名，饬赴山海关，交哈良阿差遣。该都统俟此项官兵到关后，再将前次留关之吉林兵五百名、黑龙江兵五百名，饬令赴津，倘逆船驶至盛京，距山海关不远，即着哈良阿派副都统一员，酌带弁兵，前往接应。

钦差都统哈良阿奏

钦差都统哈良阿奏，本年五月二十一日，接奉上谕，现在驻关之吉林官兵一千名，着哈良阿留五百名，在关防守。其余五百名，着派往洋河口至黑沿子带驻扎。又前驻高桥之黑龙江兵一千名，着即飞调来关，留五百名，其余五百名，亦着派往洋河口至黑沿子一带驻扎等因，钦此。

赛尚阿、讷尔经额奏

赛尚阿、讷尔经额又奏：再前准军机大臣字寄，道光二十二年，五月二十日，奉上谕，现在直隶兵丁，尚须添派。着该督于所属各营，挑选步队兵丁一二千名，前赴天津，以资防堵，更为周密。现已调察哈尔官兵二千名赴津，又调吉林、黑龙江兵一千名，派往洋河口至黑沿子一带，择要驻扎，以壮声威。所调山西官兵，着于河南一带，迅速迎提等因，钦此。臣讷尔经额当即遵旨添调提标，正定镇标兵，大名镇标兵各四百名，宣化镇标兵八百名，天津镇标兵四百名，来津分拨防堵。其山西兵一千名，已由太原镇总兵善禄，迎提管带到津，所有察哈尔、吉林、黑龙江、山西各该兵丁口粮，均照本省奏准成案，每名每日折给银一钱五分，官员盐粮照例支食。至察哈尔蒙古兵，并吉林、黑龙江兵丁，例应每兵给马三匹，所需储养，如愿全折马干者，依上年钦差都统哈良阿奏案，每名给干银一钱五分，不愿折干者，按实马一匹，照例日给料豆三仓升，十斤重草一束，例马二匹，仍给折色。

又谕赛尚阿等奏，遵旨筹办情形一折，奏涧河以东，至山海关一带，先期遣人密与渔户杂处，如逆夷于空僻处所登岸，便导引诱入，或该逆主使汉奸，混入探道，即可将计就计。其陆路自良乡县起，至山东交界之景州，已委朱士林督饬侦察行旅，不令汉奸潜藏等语，览奏均悉。其火药现饬各营加工碾造，可资接济。马匹一项，已令巴里善管带来津矣。所奏天津浮桥，准其照旧安设，仍派员弁驻守查察，毋稍大意。另片奏铅丸及翼长等事，已另降谕旨，照所请行矣。赛尚阿奏，请于直省调到新旧各兵内，酌拨二千名之处，着讷尔经额照数拨发，以资差遣。另片奏，沿江剿办机宜，已谕知亦经、耆英、麟庆，酌量办理。本日齐慎奏到镇江剿击溃散情形，着钞给赛尚阿、讷尔经额阅看。

钦差都统哈良阿奏

钦差都统哈良阿奏，承准军机大臣字寄，道光二十二年六月初四日，奉上谕，巴雅尔等奏领兵赴防启程日期一折，带领官兵前赴天津，已有巴雅尔等三人，足资管带。惟山海关地方紧要，关内关外，防堵应援，在在需人。着哈良阿即将倭克精额，乌凌额二各酌留一人带兵在关，一人带兵驻扎高桥等因。钦此。查前调驻扎黑沿子、洋河口之吉林、黑龙江官兵各五百名，陆续全数进关之处，业经奏闻在案，嗣准钦差大臣赛尚阿来咨，已奏明将洋河口、黑沿子驻扎之吉林、黑龙江兵各五百名，改拟于丰润县属之李八廒、滦州属之柏各庄、乐亭县属之马头营，及汤家河，昌黎县属之周家营等处屯扎等情，当经奴才咨知带兵副都统营总等，遵照勘定地址，已分拨驻扎讫。至续调吉林黑龙江兵各五百名，已于五月二十七日起，至六月十八日止，前后分起进关。

直隶总督讷尔经额奏

窃臣前奉上谕，所有天津及各海口一带善后事宜，即着讷尔经额督同天津道陆建瀛，及文康体察地方情形，悉心筹度，妥行办理等因，钦此。窃维天津密迩京师，其海防倍重于东南，而与东南各省情形，亦迥不相同。盖山东之庙岛，奉天之旅顺口，遥遥相对，宛若门户。自狼坨子至山海关，袤延千余里，均在门户内，较天津水面稍窄，故俗称为海袖，中间并无岛峡，仅有近山海关之清风岛，金山嘴，亦系小岛。至于大沽以南之祁口河，北塘以北之涧河口等处，稍可寄碇避风，无甚障蔽。不似东南洋面，岛峡重叠港汊分歧，可以设伏藏舟。而各大小口门，又俱有拦江沙为之钤束。船只吃水稍深者，出入即不灵捷，是以从前水师屡裁。臣莅任后，历派文武员弁出海查勘，窃见北洋形势，不宜水战，而近畿重地，更不可轻于一试。想以贼不敢来，来不能入为上策。故于守则严防口岸，虽尺寸不敢疏虞。于战则兼练水兵，与马步相为表里。自天津郡城，以及沿海一带，先后奏添新兵六千五百名，以资防守而省征调。并于沿海添设墩台营房，烽堠相望，声息相通，而且查商船以杜外奸之泅入。编保甲以绝内匪之萌生。次第经营，已非一日。资于筹防之时，即备善后之事，但就其中酌加损益，妥定章程，俾能简要易行，经久足恃。则视无贼如有贼，各海口固于金汤矣。兹谨析为御外者八条，清内者七条，经费一条，敬为我皇上陈之。

一、练兵必兼水陆也。向来天津原有水师，业经两次裁撤，此时若议复设，则须增添总兵以下官员，并建造衙署等事，无论经资浩繁，其究竟能否得力，尚不可知。臣愚以为所贵于水师者，以其能出入海洋，于水中取胜也。现在沿海各营兵丁，生长水滨，大半皆习水性，若择其善于凫水者，在海河之内，勤加教练，使之由浅而深，由暂而久；其不能者，亦以所制水带，系之腰间，令其演习，久之善者多，即可编为水队。盖御贼于水中，辟力不如辟智，既有熟娴水艺之兵，或扮商渔以诱之，或乘昏夜以扰之，皆可出奇制胜，其船上柁工诸色人等，均以水兵选充，如此则不必有水师之名，而已收水师之用，斯水陆兼防之道也。

一、备船务在通用也。南北省海岸口门，深浅不同。即以大沽海口而论，拦江沙上，大潮水深丈余，小潮水深仅止数尺。如长十余丈，宽二三丈高深二丈以外之船，吃水一丈五六尺者，即不能出入。兹就北洋情形，度其最灵，而北人便于操驾者，莫如本地之商船。查商船乃系自造，工料一切倍加慎重，较之官船，尤为坚实可用。前署闽浙督臣长龄，因战船笨重，奏准照商船改造，取其灵捷，是即明设。盖水上决胜，但宜以小制大，以多制少，以暗制明，较为得力。今拟用商船，惟取其木料坚厚，驾驶灵便，令彼自洋面见之，仍与寻常商船无异，则我可以施其机谋，以操胜算。

一、巡哨必须覆实也。查每年自开河起，至封河止，分为上下两班巡哨。每班分月轮转，以均劳逋远，总以一月一出入为限。南至山东，北到山海关，奉天等处，其船只大小各编字号，出哨回哨日期，俱报天津镇道查敷，随时会衔具详。兵丁在洋，准具打网捕鱼，以资调剂。如有洋匪窃发，该兵丁等或能擒捕，或击破贼船，分别鼓励。倘泊船靠近洋，不能遣探，一经查出，官弁照例严议，兵丁责革。至奉天，山东两省，原有会哨之例，若直隶一并会哨，则三省连为一气，更形周密。

一、侦探不可稍疏也。查上年筹办防堵，曾于大沽设有望楼，沿海各设墩台，安置马拨，以备瞭望，而通声息。惟大沽望楼，高至六丈有余，风雨剥蚀，绳亦松朽，拟每年易绳一次，勿令倾毁。其沿海墩台，相去均不过数里，责成附近营汛，以时瞭望，如侦有贼船，昼则放炮为号，夜则施火为号，一处发觉，处处传警，百里之间，呼吸可通，庶足以济哨船之穷。

一、防兵须练马队也。骑兵冲突，本北人之长技，用于海防，备贼登岸，以为后路兜剿，洵足制胜。惟征调需时，且海滨水土较湿，满蒙官兵，多有不惯，其势可暂而不可久。况沿海一带，夏秋之间，平旷正道，率多泥淖，车马必须绕路而行，所调客兵，路径不熟，尚难得力。若以本地新兵之骁健者，兼练马队，则其道路之曲折险易，既所熟习，远近抄袭，随处可用。兹拟于新兵六千五百名内，挑选二千名，专练马队，使之专习马上鸟枪，俾得悉成劲旅，沿海之声势既壮，即本省附近有警，皆可征调，并省外调之繁。

一、炮兵必有专责也。查两年防堵各处炮台，大小炮位，每炮定三班，一班五兵，使之演放，设标打准，其精熟者已不乏人。现虽撤防，而前功未可弃，虑将熟谙施放取准之弁兵，编为一班，令其分司各处炮位，每月定期演练一次，仍设立标准，每发必中者有赏。庶已能者既可益精，而未能者亦可学习。所有炮车，炮架等项器具，俱随各炮，责成该弁兵收管，如有损坏，该管将官查办，徇炮者一并处分。

一、防兵之轮班宜定也。查直隶各海口，每年无论节气早晚，约于二月十五前后开河，十月十五前后封河。计自三月起，至九月止，共七个月。若以沿海新旧兵丁，全数巡防，未免涉于张皇，而经费亦难筹划。应即于各营内分起轮流，酌以七百名为一班，每月以一班到防，周而复始，即于操练水陆技艺之中，责以巡防之事。查各海口，以大沽、北塘、山海关三处为最要，而大沽尤为闽广等省船只出入之所，自应加倍严密。兹拟于大沽海口，添拨兵三百名，北塘添拨兵一百名，山海关添拨兵一百名，其余各小口墩台营房，共添拨兵二百名，均令按班轮防，无分昼夜，以资守望。惟海滨痛苦之区，所支名粮，不敷日用，其在防者，除支食名粮外，拟每人每日，津贴制钱七十文，以每月七百人计之，一月需制钱一千四百七十串，计七个月，共需制钱一万零二百九十串。其在汛者，仍止支食名粮。如此则巡守严，劳逸均，而费用亦节矣。

一、设伏之器具宜存也。自军兴以来，陆续置备军器、火器，建筑炮台、土埝，并设伏之铁锁、铁蒺藜、铁鹿角、木筏、杉条、树株、铁锚、石块、滑杠、绳缆、水缸，渔网、桐油、苇草等项，皆系两载经营，始能齐备。若已撤防，除炮台土埝各项，另筹岁修，军火器械，另行分处存贮，其余零星物件，酌量变价外，如铁锁、铁蒺藜、铁鹿角、铁锚、木筏、渔网之类，或非顷刻可办，或亦不能变价。拟于炮台前后，交营员择地收存。木筏为用最利，纵横平底，风不可翻，水不可沈，上安木架置炮，照贼来路施放，船无不损，海河内之所必需。但扎缚非旦夕可成，而海水碱涩，绳缆易败，封河后又不能不解散另置，拟将原筏通盘改厚，并百余筏为数十筏，每年开河之后，扎缚置水，以备缓急。其封河之先，仍旧解散存贮，交营收管。以上各条，皆所以御外，古人筹海之方，必谓哨贼于远洋，而不常厥居，则彼之趋避无准，击贼于内洋，而不使近岸，则我之藩篱自固。兹拟水陆兼暮防，实用其意，再查洋筑之严，有宜防于外者，有宜防于内者，而外奸由内伏，内伏不除，则根株不清，谨拟数条于左。

一、本地商渔船只，不准偷越外洋也。查天津、宁河等处商船，向例只准赴奉贩运粮石，由天津道于臣衙门请领粮照，填给收执，回棹呈缴，不准乘机多贩，私越外洋。其渔船领有渔票，亦不准远越重洋。试以畿辅海疆，较之东南各省，更宜严密，嗣后天津、宁河商船，拟天津县遵照定例，查明该商是否殷实土着，及柁水人等，有无匪徒等情，出结报查。其所领赴奉贩粮执照，只准赴奉贩运，如查有私越外洋者，罪其船主。应即咨明江浙各省，如来年开河以后，彼处口岸，有天津、宁河船只，前往贸易者，令该地方查明，执照不符，即禀请移咨本省，除将该船主重治外，以后即不准该船再行出洋贸易，以杜流弊。仍饬天津道督同两县海船户长，于商船归坞后，谕令各船主，将其船只一体编列字号，开具花名清册，送道备查，各船尾标写某字某号，以为识认，渔船无论大小，一律照办。仍取具船主船邻，并无奸匪、偷漏、夹带等情切结，俟开河之时，天津道赴海口新查，以昭核实。

一、闽广商船停泊处所，宜酌量变通也。查自大沽至天津郡城，陆程约一百余里，水程约二百余里，其间曲折迂回，暮之风，潮不常。闽广船大载重，往往从大沽入口，半月方能抵郡。及至郡城停泊，连樯排比，以每船五十人计之，柁水人等约在一万上下。令夷务甫平，一切宜筹善后，虽该商船并无不法情事，前后奏定章程，已在在严密，而防微杜渐，不厌周详。拟于该船到口，照旧收取炮械，查对票照，封舱放行后，即令在葛沽一带停泊，听候盐政，及天津道查验。货物即由该商自雇小船，拨运到津，投行贸易，本船不必抵郡。如船主客商，有与津郡字号交易事件者，准其赴郡。如此变通办理，则该商船不致以风潮不顺，稽赶出入，而郡城肃清，于生计亦无窒碍。即令风鹤有警，外用大沽之兵，内用郡城之兵，势成夹攻，确有把握。再查向来闽广商船到津，天津镇道，会同查验，有无违禁货物，并各委员舟带同兵役弹压。将来移泊葛沽，该处仅有巡检一员，千总一员，不足以资弹压，应仍由臣并镇道妥派员弁，带同兵役梭巡，镇道不时稽查。

一、上海宁波等处商船，宜酌定稽查章程也。查天津所有南货，均由上海宁波载运。该船柁水，每船不过十余人，且非大帮并济，与闽广商船，六七月同时麇至者有间。但该二处，已准英夷通商，则稽查亦应酌定章程，以昭慎重。拟嗣后上海、崇明、宁波等处沙船，贩货赴天津者，虑于向例，请领票照时，由地方官取具该船领事，显无夹带奸匪甘结，即于票照内给即处所，用一已取领事甘结字样印载，以便抵津入口时，查验放行。如查有夹带奸匪甘结，即于票照内钤印处所，用一已取领事甘结字样印戳，以便抵津入口时，查验启行。如查有夹带奸匪等情，一面提究领事，一面飞咨该省，查办船主。盖船主均系殷实之家，其领事又系一船舵水信服之人，责成船主领事，是为要领。

一、夏秋之间，总兵应仍驻大沽也。查夏间南风司令，海潮日长，侦探巡哨，务宜严密。现议一切船只，只准停泊葛沽，彼处离郡城较远，必资大员弹压。拟自五月始，至八月止。令天津镇总兵驻扎大沽，督饬将备，巡哨侦探，弹压稽查，以恪慎重。

一、城乡义勇各属，宜仍其旧以资保卫也。查天津郡城，五方杂处，良莠不齐。其沿海村庄，亦切近水滨，舟楫四通八达，人心无定。两年防堵以来，经臣严切指饬，派委妥员，编查保甲，以清内奸。即于编查之时，遴选各处绅耆，作为董事，晓以自围藩篱，众忠成城大义。计郡城关厢内外，原分二十堡，每堡设一义勇局，每局或三四十人，五六十人不等，均系各卫各堡，不供差使，不支口食，以董事领之，每月官为点验一次。甲堡之人，不得混入乙堡，避免淆乱。其自海河南北两岸，至于大沽海口，共立六十局，章程亦如之。是以军营络绎，兵马交□，而汉奸无从混迹，民间安堵如常，现虽撤防，此项义局，不费官钱，不妨民业，行之既久，且可以化顽暴而靖闾阎。拟仍循其旧，以符守望相助之义。

一、场灶盐民，宜做保甲之法，仍旧编查之。查沿海盐滩向为灶户造盐之处，用夫孔多，大半四方佣趁无业之人，藏奸最易。两年以来，经臣与盐臣，督饬运司委员编查年貌细册，各场具臻安静，著有成效。拟请嗣后仍饬运司督同委员编查，定为永远章程。庶奸匪不能涸迹，于海防实有裨益。

一、大沽地方宜设海防同知一员，以资弹压也。向来大沽海口，设有海防同知，嗣因裁撤水师，一并裁汰。今拟照旧设立海防同知一员，作为题缺，专司稽查出入口船只，查验票照，并有无夹带违禁货物等弊，准理兵民客商词讼。照海疆三年俸满本例升转，惟官有定额，未便议增应于本省简僻同道内，酌裁一缺，其应建衙署，应设吏胥等件，另议。

一、经费必应予筹也。查购备商船，大小总需二十支以上外，每年修船身，整理桅舵，添设绳缆等物，并津贴弁兵赏需，以及修补炮台、土埝、木筏、望楼等项，种种需费，拟请于芦网加价银内，酌补二十五万两。以五万两作为目前购备船只，建造衙署等项之用。以二十万两发商生息，按月一分计之，每年可得息银二万四千两。约以八千两陆续归本，以一万六千两作为岁赏，撙节支用。如有盈余，统于年终报查，尽数存储天津道库，归入交代，岁积月增，经费渐充。设遇征调，附近营分兵丁口粮，即可于此内拨给，不致动需正款。再天津、永平等处，官荒地亩甚多，拟分饬各府州县，妥为清查，招垦纳租，所收租银，亦可作为津贴防费。

以上十六条，如蒙俞允，责成天津镇道，及候补道文康，次第遵办。此外如尚有未尽之处，仍随时增补。至于水陆兼防，惟在训练之精；内奸不萌，惟在稽查妥密；有治法尤贵有治人。若奉行不实，则纸上空言，虽切何补？臣惟有竭尽愚诚，督同镇道，选将，练士，察吏，养民，务期层层核实，事事认真，行之一年，必使有一年之效。庶畿辅重地，战备修明，以仰副皇上委任之至意。

朱批，军机大臣等，详细妥议具奏。

钦差大臣赛尚阿、直隶总督讷尔经额、巴清德、那桑阿奏折

钦差大臣赛尚阿，直隶总督讷尔经额，巴清德，那桑阿奏：窃臣等接准军机大臣字寄，八月二十日，奉上谕，前往天津防堵之察哈尔兵丁，着巴清德、那桑阿等，分起管带陆续撤回等因，钦此。查察哈尔兵丁，共二千名，调赴天津时，系分四起行走，臣等公同酌议，仍分四起撤回，每起五百名。臣巴清德管带头起官兵；乾清门侍卫巴里善，管带二起官兵；总管达什法里克，管带三起官兵；臣那桑阿管带四起官兵；臣赛尚阿，自后督饬前行，以资弹压。头起官兵，于本月二十四日，自防所起程。以后各起，间一日行走。俟抵京后，交带兵各该总管，带回察哈尔归伍。其一路经过地方，由臣讷尔经额，严饬各该地方官，妥为照料，毋许沿途稍有滋扰。所有随带文武各员，亦遵旨分起，带同回京。又臣赛尚阿，由京带赴天津之炮位，弓箭等件，除神机神枢炮二百位，仍由臣赛尚阿，派员解回，交还该局外，其余火箭二百枝，弓一千五百张，梅针箭二万枝，火药五千斤，铅丸一万五千斤，内有分拨各营应用之件，一时未能收回，现已一并移知臣讷尔经额，分饬各营缴回，妥为存贮。

谕军机大臣等：赛尚阿等奉，管带官兵陆续撤回一折，览奏已悉，所有由京带赴天津之炮位，弓箭等件，除神机枢炮二百位，即由赛尚阿派员解回。其余火箭、弓箭、火药、铅丸，即着讷尔经额分饬各营，按数缴回，于天津

道库，安为存贮，毋任感受潮湿，致有损坏。

辛丑，谕军机大臣等：昨据赛尚阿等奏，察哈尔官兵，业已遵旨分起撤回，因思吉林、黑龙江官兵调赴各处备防，自应一体撤回，以节劳役。着赛尚阿、讷尔经额、禧恩、哈良阿，将调赴天津兵一千名，调赴山海关兵一千名，驻扎洋河口一带兵一千名，留驻高桥兵五百名，留驻盛京兵五百名，陆续分起撤回，沿途妥速行走，毋任扰累地方。该官兵等戍役劳苦，朕心廑念，自应分别给赏，以示轸恤。所有第一次调拨之官兵二千名，着赏给佐领以下官，每员各银五两，骁骑校以下，每员各银三两，兵丁每名各银二两；具第二次调拨官兵二千名，着赏给佐领以下官，每员各银四两。此项赏银，在天津山海关者，由讷尔经额照数实给，在盛京者，即由禧恩任给。务令赏息均沾，俾各随行归伍，以慰朕心。

——《筹办夷务始末》

附：

道光实录

道光二十一年正月：

丙申，谕军机大臣等，寄谕署直隶总督讷尔经额：御史黎光曙奏速筹天津海防一折。攻寇之法，御炮为先。其法用麻布口袋盛，每兵各负一袋，堆成两墩，横安一墩，成品字形，兵勇躲在墩后。土垒之法，布置亦略如沙墩。务须令土常湿，炮子遇之而陷。闻上年厦门乍浦二役，用之业有成效。该夷施放大炮，炮子洞入沙墩，仅止一二尺有奇。果如所奏，是沙墩土垒，实为御炮良法。但使堆筑得宜，厚至四五尺。便可捍卫兵勇，令人胆壮。俟该夷势穷力竭，再令我军施放大炮，彼必披靡逃溃。着该署督督率兵勇，照式堆砌。即于试炮之时，详加体察，如何变通得力，即如何办理。前奏称拟铸铜炮二十位，谅已兴工赶办。惟天津所属海口，紧要之处甚多。即如滦州、乐亭、昌黎、抚宁、临榆、丰润等州县所属之各海口，亦宜先事预防，炮位愈多愈好。如何添置铁炮。即迅速督匠兴造，各按隘口布置周密，以资防御而壮军威。该御史折着钞给阅看，将此谕令知之。

道光二十一年二月：

谕军机大臣等：本日据实尚阿奏、查办北塘至山海关一带炮台事宜一折。据查宁河北塘及丰润、滦州、乐亭、昌黎、抚宁、临榆等各州县海口，或应增筑炮台，或应添设土垒，或应停办砖石，或应拆去旧台，均经该尚书督同该地方文武各员相度机宜，虚衷商定。着讷尔经额迅速檄饬承办工员，分别赶办。山永协副将兴泰、遵化营游击刘正，均系随同赛尚阿周历查看，着该督即派该二员，并拣派地方官一员，同赴海口，往来指拨督办，以期工归实济。至安设沙墩土垒，并于炮台前筑坝挖濠，既足御炮拦潮，亦堪伏兵陷贼。惟炮手枪兵尚欠精熟，着讷尔经额督饬该管营弁，勤加训练。以期得力。原折着钞给阅看，将此谕令知之。

道光二十一年八月：

谕军机大臣等：据讷尔经额奏豫筹防堵情形一折。据奏天津海口添调大名镇兵八百名，宣化镇兵八百名，三屯协兵四百名，先分布防守。俟陕西兵到，察看酌撤。山海关遵调黑龙江兵一千名协防，并将新旧各炮，按期演试。各处层层设伏，互相策应。其丰润一带海口，添挖陷坑，分置兵勇，随处瞭望及严防汉奸内应等情，所说尚属周妥，即着照议办理。惟所调黑龙江兵一千名，一时未即能到。山海关兵力尚单，恐不敷调遣。着讷尔经额体察情形，如有应调官兵，先行分布防守之处。一面奏闻，一面派拨，毋误事机。将此谕令知之。

道光二十一年九月：

癸酉，谕军机大臣等：寄谕盛京将军耆英、直隶总督讷尔经额、两江总督牛鉴、江苏巡抚梁章钜、闽浙总督颜伯焘、福建巡抚刘鸿翱、两广总督祁贡、署广东巡抚梁宝常、浙江巡刘韵珂、山东巡抚托浑布。前因讷尔经额奏、天津等处海口，酌筹添驻官兵，并建盖墩台、营房，以资经久。当降旨令军机大臣会同该部议准，即在直隶各营内抽拔三千二百名，外省简僻营分抽裁二千八百名，饬令讷尔经额分布坊堵，以资经久。因思沿海各省兵额无多，逆夷去来无定，欲为经久之计，必先筹屯兵之方。计七省大小口岸险要处所，应行添兵防守，与直隶情形相同，自应一律筹添。着该将军督抚等将该省险要各海口，查明共若干处，何处应添兵若干名，即于本省各营内，或量为裁拨，或分年换防，逐一详细查明。妥议具奏请旨，庶额饷不至增添，而客兵亦可省征调。至夷匪沿海滋扰，民间防守，莫善于团练。而拒炮之法，惟土堡最为得力。前据调尔经额奏，麻袋贮土，堆垒九层，百步之外，试以大炮，穿至七层而止，将弁得以避其飞炮火弹，人心安定。又贼扑浙江定海时，先向土城开放大炮，不能损伤兵卒。是土堡之能御炮，历有明征。着将军督抚等谕令沿海居民，处处仿此办理。以古人坚壁清野之法，变通而为清海之法。其村居团聚，地势宽平者，四面圜筑土堡。此外畸零村落，亦可相度地形，于傍海一面，用沙墩土迭，自为障蔽。唯以土堡御炮，尤须以人力守堡。大村团练数百人，小村百人或数十人互相联络，置墩瞭望，鸣锣相闻。一有警急，团练之民风靡至，而附近防兵，亦可闻声应援。由各村推之各县，众志成城，海滨自可安堵。着将军督抚等遴选有守有为，素得民心之州县，广为劝谕，饬令筑堡自卫，一切用项章程，听民间自行捐办，地方官随时与之讲论筹划。严禁胥役等干预其事，不时访查，俾在官人等咸知自敛，无可染指。倘该员果能如此实力办理，卓有成效，据实保奏，从优甄叙。及此官民共愤之日，并力举行，一半年间，沿海各省，均可有备无患。切勿奉行故事，视为具文。至各海疆省份绅士商民，果有捐资助饷，修建城堡及雇募义勇，造船铸炮有益军需者，其急公好义，即与出力将士无异。若仍照捐轮常例议叙，不足以示鼓励。着核实保奏，候朕破格施恩。此外各省士民，如有赴各海疆捐资助饷者，亦着一体请奖，无阻其向善之志。凡此团练乡勇，建筑土堡，行之于民，则自卫其生。劝之于官，则化行倍速。如能认真经理，日久不懈，靖夷氛而收实效，朕有厚望焉。将此各谕令知之。

又谕：讷尔经额奏筹议海口情形一折，据奏北塘南北两岸业已因地设险，居民可无迁避，后路亦有接应，官兵皆有障蔽，并经胡超带同陈金绶前往察看，知石生玉防守严密等情。布置尚为周妥，朕心甚慰。现届北风司令，逆船未必即来，一切防守事宜，正须先时筹办，免致临事周章。仍着讷尔经额相度形势，缜密防堵。如有夷船驶进口岸，即照所画机宜，痛加剿洗，务有以致其死命。倘该夷竟敢纷纷登岸，又将作何准备？仍当先事豫筹，不可稍存大意。是为至要，将引谕令知之。

道光二十一年十一月：

丙辰，谕军机大臣等：现在天气严寒，河冰冻结，天津防堵事宜，迭据奏报情形，布置已属周妥。约计封印以前，省城应办事件，当必不可少，着讷尔经额酌量情形，奏明暂行回省。俟明年二月初间，再赴津门督办。先期请旨来京陛见，在防官兵着该督与胡超等悉心体察，妥为安顿。总期体恤防范，事事妥协，方为有备无患，将此谕令知之。寻奏大沽北塘两处，除将兵房土房分匀居住外，其余弁兵，同陕兵二千各，拟将账房数架连为一处，外用秫秸编织成帘，四面遮护，涂以厚泥，足蔽风雪。丰润等处，亦俱照此办理。并量予薪炭，以为向暖之需。炮台等处，仍令轮班驻守。得旨，着照所议妥办。

道光二十二年三月：

谕军机大臣等：讷尔经额等奏，遵义大沽、北塘屯营安兵情形一折。据奏大沽南岸各炮台，并迎面拦潮坝上，安设炮位兵丁，派副将胜魁等管带。陈金绶即在台后东沽地方，带兵驻扎，周悦胜在于葛沽地方接应。北岸炮台，派游击罗应鳌等带兵防护。其北塘各炮台，派副将台斐音泰等驻守，石生玉驻扎村后接应。胡超驻扎新河庄地方，距北岸炮台十里余，距北塘十五六里，为两处后路扼要。北岸炮台，即归胡超照管。由葛沽至天津郡城，沿河村庄均已团练埋伏，讷尔经额驻扎郡城相机接应等语，所办甚属周密，着加照议办理。又讷尔经额另折奏，各处海口后路，择要添兵安营一折。据奏丰润、乐亭、昌黎、抚宁、均有后路接应，惟滦州之刘家河、昌黎之浪窝口、均无两路适中要隘，现在团练乡勇，招募新兵，派员管带，操演接应，均可得力。其海河钉桩之处，亦无虑该逆抽拔等语。览奏均悉。仍着该督等缜密防范，期于确有把握，毋任稍留罅隙，以致临事周章，是为至要。将此各谕令知之。

五月：

乙丑，谕军机大臣等：前经屡次降旨，谕令沿海各将军督抚等夷船驶入，不得与之海上争锋，致难得力。计惟诱之登陆，我兵分路横击，或从背后抄截，自枷致其死命。逆夷两次侵犯台湾，达洪阿等遵奉前旨，诱令深入，然后剿击，是以得手。本日据牛鉴奏宝山接仗情形，恨不全力拒守东沟等语。是沿海堵御，不能决胜，后路拒守，实关紧要。已可概见。现据奕经等奏，夷船多只驶过浙洋，并有北赴天津之谣。难保不乘风北驶，着讷尔经额、禧恩、哈哴阿、托浑布相度地势，先事豫筹，务将前路兵炮移置后层，待其舍舟登陆，厚集兵力，聚而歼旃，当可大获胜仗。断不可沿海迎战，再蹈覆辙，是为至要。牛鉴原片，着钞给阅看。至大沽以东至山海关一带，既难处处添增兵炮，设使该逆于海岸空阔处所，以小船装载逆夷炮位，分路登岸，肆行滋扰，又将何以御之？并着讷尔经额等先事备防，勿留罅隙，将此各谕令知之。

辛巳。谕军机大臣等：巴雅尔等奏领兵赴防启程日期一折。据称巴雅尔带领吉林黑龙江兵各二百五十名，赴洋河口。富勒洪额、德凌阿带领黑龙江吉林名各二百五十名，赴黑沿子驻扎。在关之吉林黑龙江兵各五百名，俟续调官兵到关时。倭克精额、乌凌额带赴天津等语。官兵前赴天津，已有巴雅尔等三人，足资管带。惟山海关地方紧要，关内关外，防堵应援，在需人。着哈哴阿即倭克精额、乌凌额二人酌留一人带兵在关，一人带兵驻扎高桥。将此谕令知之。

又谕：赛尚阿等奏续商防堵事宜。及密奏设伏情形遵议防剿五条各一折。据奏察哈尔官兵，已于本月初九日埽数到津，拟拨大沽北塘五百名，其一千五百名，仍在新城一带驻牧，暂缓迁移，以资休养。该处距各海口不远，一经调遣，呼吸相通，巴清德移驻新城照料等语，览奏已悉。其逆夷黑夜潜来，亦经安设马拨五十余处，昼夜传签，足资守望。又添马队会哨梭巡，稽查益密。至沿海各处深浅不等，实皆泥淖，如果乘间上岸，现有传签会哨兵丁，分投驰报，可期兜击夹攻等情，均着照议办理。仍当严饬管带员弁认真巡哨，毋任有名无实。至吉林黑龙江官兵，前奏分驻李八廒等五处，尚未周密。准其酌拨黑龙江兵二百名，在商中之洋河口地方后路屯扎。牛鉴所奏英逆欲以马车马炮运往天津肆扰，早经该督挖掘陷坑。不任驰驱，览奏甚属放心。所奏窝蜂炮子击人之法及沿海十一处埋伏，并北塘迤南盐沟埋伏陕兵各情形，所议俱属妥当，即着照议办理。另片奏北塘北岸防兵，于南岸拨兵凑足一千名之数，仍于添调宣化兵内拨兵防守南岸，所办甚好。其奕经前奏防剿五条，现据查明天津货船不能直抵关门，如有逆船北驶消息，即着严禁出入，以杜漏泄军情，并免抢夺船只。抬炮现已演习，均能及远有准。大沽北塘各处，并无绕至营后路后。该逆亦不能以大队攻扑，所议均属周妥。惟逆夷惯用炸炮，我兵宜以散队进攻，着俟临阵时相机布置，毋堕奸夷诡计。前谕添派兵丁赴津防御，现已调取得标及正定、大名、宣化、天津各镇标兵来津，分拨防堵。前后马步队实不为少，其察哈尔吉林黑龙江山西各兵，援案折给口粮盐粮，并马匹分别给予头料折色之处，均照所议办理。将此谕令知之。

六月：

谕军机大臣等：赛尚阿等奏遵旨筹办情形一折。据奏涧河以东至山海关一带，先期遣人密与渔户杂处，如逆夷于空僻处所登岸，以便导引诱入。或该逆主使汉奸混入探道，即可将计就计。其陆路自良乡县起，至山东交界之景州，已委朱壬林督饬侦察行旅，不令汉奸潜窜等语。览奏均悉。其火药现饬各营加工碾造，可资接济。马匹一项，已令巴里善管带来津矣。所奏天津浮桥，准其照旧安设。仍派员弁驻守查察，毋稍大意。赛尚阿奏请于直省调到新旧各兵内酌拨二千名之处。着讷尔经额照数拨发，以资差操。另片奏沿江剿办机宜，已谕知奕经、耆英、麟庆、酌量办理，本日齐慎奏到。镇江剿击溃散情形，着钞给赛尚阿、讷尔经额阅看。将此谕令知之。

咸丰实录

咸丰九年二月：

谕军机大臣等：庆祺奏遵旨传知提镇大员，查看沿海情形、绘图贴说呈览一摺。除大沽河地方，谕令崇恩酌度设防外，所有由天津至山海关一带海口内，如北塘、芦台，近接大沽，最关紧要。炮台一切，急宜安置。其涧河口等处，炮台土垒，均被水冲刷。蒲河口炮台，为沙土屯掩。秦王岛炮台，墙垛损坏。石河口炮台，须加宽加高。安筑营垒，自应亟为兴修。该督现派候补道春保，前往督办。即着僧格林沁、庆祺、责成该道，会同各该地方官，迅速修葺，务期一律整齐，毋许有名无实。至海口地方较多，所有防海各军，应如何择要布置，以期严密。并各海口炮位，恐因安设年久，未能得力，应如何量加整理，随时演放，俾得适用之处。并着僧格林沁、庆祺、悉心筹划，妥为办理，将此由五百里谕令知之。

咸丰九年，又谕：僧格林沁奏夷船在沿海口岸窥伺一摺。据称夷船三只，一月以来，历至老龙头、秦王岛、老母沟、清河口、涧河口等处。用小船探水，并查看地势。复驶至大沽迤南之祁口、刘家河停泊，用千里镜打看等语。英佛各船，前已驶回上海。现在夷船，恐系俄夷多方窥伺，已于摺内详细批示矣。该大臣现在调派成保等，带领马队，分劄各处，防范尚为周密。该夷如敢登岸滋扰，或在船上先行开炮，著即遵前旨，奋力轰击，勿受彼欺，致落后著。如仅试探水势，及上岸寻觅食物，自不必先开衅端，致彼有所借口。至前获英夷一名，现既物故，即为棺殓，或即交沙船带回上海，交何桂清转交该夷，以为转圜地步。或暂存海口，俟该夷就抚后，再为交还。即著僧格林沁等斟酌办理，将此谕令知之。

卷之八

艺文（下）

煤河

杂录

杂文

煤河

唐廷枢向李鸿章禀勘察开平煤铁情形之文

（清光绪二年九月二十九日）

光绪二年九月十八日，奉李伯相谕委勘察开平煤铁矿务并呈条陈情形节略。窃职道廷枢荷承伯中堂面谕，驰赴开平查看煤铁矿情形。当于月之十九日乘坐小轮船，由大沽而至北塘口进发，其河道湾阔深浅与大沽河相仿。二十日辰刻抵芦台。即由陆路东北五十里至王兰庄歇宿。

该庄之东有河名曰陡河，由该庄直南入涧河而出海，计路程约六十里，水程约一百八十里。查陡河发源在开平之北四十里榛子镇，其河水尚深，惜乎弯曲窄狭，桥梁甚多，以致小船未便往来。二十一早由王兰庄向东北行八十里，是晚抵开平，即古之县城也。现在东属滦州，西属丰润。二十二、二十三、二十四连日在开平一带，东三十里至古冶，西南十五里至唐山，北二十里至风山，逐日将煤窑、铁石细看，似有把握。除将煤块、铁石采回倾试成色，另行详报外，谨将大略情形禀候察夺。

光绪二年九月二十九日禀

唐廷枢向李鸿章禀拟开河运煤及章程之文

（清光绪六年九月初七日）

光绪六年九月初七日禀

直督爵阁部堂李禀拟开河运煤并呈章程由，敬禀者：窃职道自创办工平矿局三年以来，工程太巨，经费浩繁，机器脚价一端尤为不赀之款，总连建造、开井已需四十万余两之多。所幸明年正月即可见煤，虽赀本甚重，而嗣后事半功倍，成本尚轻。但有陆路百里之遥，若加车运成本必重，此时不得不预筹运道，以备明春出煤之路，是挑河之所以不容缓者也。谨将应挑河道路径及拟定章程为爵中堂详晰陈之。伏以原议，拟由陡河而入丰润之涧河口出海，旋因躬自勘查，察得河口太浅，斥卤沙淤，若勉强开浚，不但费巨犹恐咸水涌浸民田，未收其利，先滋其害。故拟从沿陡河各庄绅士之请，由王兰庄迤西挖迭道旧迹水沟以达芦台大河。遂率人用量地平水镜尺将五十里迭道逐段丈量，验得芦台大河潮讯，东南风有四尺八寸，西北风有三尺七寸，风静有四尺零。而王兰庄之地仅高于芦台四尺，是芦台之潮实足以抵王兰庄。唯该庄东陡河之水平时高于芦台，大河满潮四尺，落潮竟有八尺势，必须于沟河接口设西法之双套水闸，使启闸时陡河之水不泄于沟河，此议甫出，即有涧河南庄绅士李云峰等在丰润县禀称：陡河之水一经西流，实有关于沿河各庄民食等语。嗣经职道晤该县徐令庆铨面告，以开河之路尚未决定，即如上游二十六庄绅士之请，亦必同时兼顾南庄。挑道沟以通陡河无非为行船起见，沟河有大河之水，毋庸借资于陡河。陡水高于沟，若令西流必至干涸，船只亦无可往来等情详细言明，嘱徐令谕知李云峰等。去后伏思陡河之水涨落无常，雨多则涨，雨少则竭，疏之涨时不至泛滥，但竭时仍无水可增。本年夏间雨泽稀少，其由唐山至稻地一带水不满尺，即使挑而复挑，尚恐终难持久。适前月由丰润县城回唐山，时值大雨，却见山东之水流归陡河，惟西南之水不归陡河。因此溯流尾之至该县属之胥各庄下杨家泊而散漫于平地，又细看该地比王兰庄之地尤洼，故仍顺水性向西南跟寻，果至宁河属之麦子沽而归大河。且该路比王兰庄、稻地之大路近十八里。当即带同局友携带量地平水镜、尺，沿途照量，验得芦河之潮汛实可直抵胥各庄之东北。其由胥各庄东北至煤厂渐渐而高，必须筑路车运至河头下船。幸相隔只有十余里，除厂外自有小路五六里，尚须添筑八九里。复查胥各庄至麦子沽正西南七十里，至芦台偏南一度有七十六里。论挑河之费从麦子沽起可省六里，但麦子沽系在芦台正北，陆路十八里，水路三十六里，以省六里之挑费，多走三十六里之大河不甚合算。似应如芦台绅士坚请，仍向芦台东边挑起为宜，且该处一带已于去冬经职道购定其地作河口之需，其高粱地每亩东钱二十千，荒地不算价。除河口之地至煤厂，综计水陆必需之地长约八十里。分毫未经议购，转瞬明年二月运煤，现今秋收之后，正好趁民间无事开办。如能赶紧，克朝九、十两月或能蒇事。即使所差十数里，待来年二月与桥梁一同收工亦不费力。若待来年清明前后开办，不但耽延半年，且恐春霖密布，洼地又成泽国，更无从下手。据乡人云："现在所定河道，十年以来见涸出陆地者只有一二次，大半系淹水居多。寻常雨水有一二尺深，若山水涨发，常有五六尺不等。"以天时地势参稽，不能不立即开挖，亦万不能先购地而后开办也。查芦台至胥各庄，尽属高粱洼地，其间荒地甚多，间于庄之前后。挑高种菜者亦有此等洼地，□无论多遭水患，少有收成。即收亦系一种一收，非胥各庄北边高地可比。应请宪台准职局将开河所用地亩按照去冬所买之地价值，高粱地每亩发价东钱二十千，菜园地每亩发价东钱四十千，其胥各庄北之高地凡种高粱、小米、棉花者每亩发价东钱八十千，其庄前后菜园每亩发价东钱一百六十千，凡属荒地免发地价，以昭画一不欺。□而杜居奇挠阻，虽属开河为运煤之路，而水有所归不致泛滥，实于民田耕种大有裨益。凡沿河殷户见识及此，竟有自愿不取地价者。但保无另有劣绅，故意把持牟利，不得不彻底剀陈。仰请恩施札饬宁河、丰润两县即日出示，谕令各乡田园业户，遵照至荒地国家未收钱粮，田主亦作废产，开河用地无几，两岸变成膏沃，是所失者小，所得者大。议不发价一层亦系至公，如蒙俯允可否遴派公正能员一人，或饬宁、丰两县令派人，会同职道并芦台各庄绅士，查勘地亩，分别办理，俾可即日开工，不胜感激之至。谨将拟议章程六则，一并呈请核览。在此系职道躬诣各乡周行踏勘实在情形，津海关郑道未曾亲历，是以由职道主稿并未列衔合并声明，专肃禀叩勋，绥恭候批示，只遵职道廷枢谨禀。

敬再禀者：计开七十里，河道约估需地六千五百亩。内约一千五百亩荒地不议价外，应作高粱地五千亩，核地价一万两，计十五里。车运筑路约估需地五百亩，作一百亩菜园，四百亩棉花，高粱地价五千两，其挖河挑土方工价约需银七万五千两。筑路十里，工料约需银二万两，做水闸、造桥、泄水、暗洞、沿堤种树约需银三万余两，共计十四万两有零。旁论佥以此等大工，上有益于国计，下有益于商农，理合由地方官劝导沿河殷户田业捐办，众擎易举。无如值此多事之秋，帑项支绌，职道何敢启齿！该处又地荒户少，人烟未稠，劝捐亦无大济。惟有独肩艰巨，另行措款兴工，第经费浩繁应筹弥补既无公款，又属购地自挑，虽不禁民船之往来，似宜于民之中寓津贴之意。查光绪三年冬，宁河县因范庄、坻头两闸淤浅，十余里船不堪行，曾由县商同绅商筹垫款费万余串，次年按槽船每走一次，收捐东钱二千文。西河单船每走一次，收捐东钱四千文，合作制钱三百及六百余文不等，不经此河者不捐。虽无成案，恰有旧章可援。应俟工竣时，仰乞宪台俯准职局自挑之河按船收捐，稍事补苴，伏念矿局只招股本三十万两，现已多用十万两有零，此时再筹垫十四万两挑河，实为心力不逮。可否吁恳爵中堂终始成全，于机器、海防支应两局酌拨银五万两暂资工需急用。于本年职局所交之烟煤、焦炭及船捐三项抵销。如有不敷，亦统于光绪八年年底无论何项一律缴清，不致宕延。公款除奉发外，其余巨项由职道极力设法挪移。想职道苦心经理，于兹三年招股及筹垫至四十余万之多。来春即可旺出，煤层若不急筹运道，讵不功亏一篑，致令大局难支。夙荷宪恩优厚，力挑浮议予以维持，始得至有今日，浮屠合尖之候，谅荷俯察愚诚，准如所请，如蒙批允，再具钤领上呈，曷胜感激悚惶之至。专再禀叩，勋祺伏乞。

垂鉴职道廷枢谨又禀：计呈清折一，扣谨将挑河拟议章程六条开呈钧夺计开。

一议开河一道，取名煤河。由芦台向东北，直抵丰润属之胥各庄，再由该庄之东北筑快车路一条，直抵煤厂。其河底阔一丈五尺，河面阔六丈，深一丈，诚恐太狭则易坍，两岸离河沿三丈，然后堆土，以免浮土复陷于河，且山水发涨又易消纳。堤高四尺阔五丈，河边载小柳枝以竖河岸，离堤四丈种树以作煤河之界，且将来煤槽亦得此项木植以作工程。其车路一条，阔三丈，中间筑硬路以免车辆陷入松土内，两旁仍种树，俾来往工人得以遮蔽。

一议沿河七十里内，所有往来大路备造大桥，以利往来车马，小路驾小桥，以便行人。每五里另设石暗洞，与两岸田亩相平，以泄地上积水入河，以免田地受淹。

一议全河归矿务局派人管理，只准民间挑水，不准两岸田家佃户将河沿挖破引水，以图自己省力致坏工程。亦不准拦河下网捕鱼阻碍行船，若附近村庄有欲引水一道入庄，亦可向矿局商量，如查过地不甚洼，无碍于煤河准可照办。

一议河沿系船夫纤道，只准人行走，所有大小车辆仍走旧日车路，不得于河沿往来以免损伤暗洞及阻碍纤夫。

一议将来河底淤塞，由矿局派人挑浚，即将淤土放于坝外所备四丈空地之上，若遇山水发涨冲崩高堤仍归矿局修理，即在所备四丈空地之上取土，以免挖破两岸民田。

一议现在开河工程甚巨，将来修浚之费亦颇多。既为转运起见，可省脚价不轻。□仍不能不向转运上，筹还经费以使垫项有着，拟在芦台河口设一卡房，所有由唐山各处装运煤石、石灰、缸砖、窑器等，每船酌捐大钱四百文，矿局之船一体输捐；粮食、青靛、杂货每船酌捐大钱三百文，瓜果、菜蔬每船酌捐大钱三百文，以示区别，而昭定制。空船及客船免捐，俟开河经费收足即行停止。即使每日进船百号，年终收捐纵多不满万串，但能涓涓挹注，不致十分亏累，亦为得寸则寸之，计是否有当，统求训示遵行。

李鸿章对筹办开挖运煤河的批示之文

（清光绪六年九月初八日）

注：此批示摘自唐廷枢向李鸿章呈报开矿情况并请减轻煤税之文

九月初八日，奉直督爵阁部堂李批禀，悉现在中国各项轮船及制造等局日益增多，需煤极巨，迭经钦奉谕旨，饬令设法开采，以应军国要需。开平矿务经该道创办数年已有端倪，明春即可见煤，必须预筹运道，庶几成本较轻，俾获余利可期持久。据称拟由芦台东北直抵丰润县属之胥各庄开河一道，计程七十里，所占地亩除荒地毋庸给价外，凡民间熟地按其高下、肥瘠分别给价。该处本系常年被淹洼地，今开河道不特为运煤之路，而水有所归，于两旁民田亦均有益，民尚乐从。其间酌建桥座，以通往来。又自胥各庄以上至煤厂，另筑平路以期运行迅速，并拟呈挑河章程六条均甚妥，协应准照办，候分札宁河、丰润两县迅速出示，晓谕各乡田园、业户一体遵照，勿任地棍、劣董稍有阻挠。仍由本大臣饬委候补同知郑焕随同该道前往，先将查地给价事宜会商。该两县及各庄公正绅董妥细勘办分晰具报，务昭允协。此次河工约需十四万有奇，先由该道垫办，拟工竣酌仿宁河修闸旧章，按船收捐，藉资弥补。俟收足停止事属可行，届时酌照现拟章程办理。禀报所请借银五万两，刻值经费支绌，碍难多拨，姑由机器局借给银二万两，支应局于海防协饷内借给银一万两，其机器局银即在来年所交该局烟煤焦炭内核扣作抵；支应局银即在来年所交津防炮船兵船应用煤炭内扣作抵，责今该局员等随时查核明晰汇报清款，仰即具领分别遵办，勿违缴折存。

唐廷枢向李鸿章呈报开矿情况并请减轻煤税之文

（清光绪七年二月三十日）

光绪七年二月三十日禀直督爵阁部堂李，禀开平煤矿情形，恳乞奏请援照台湾之例减轻出口税由，敬禀者：窃开平矿务自三年禀奉宪台批准，会同历任津海关道设局督办，由职道招商专主其事，旋勘得距开平西南十八里之唐山亦系滦州所属，山南旧煤穴甚多，土人开井百数口，深十余丈，只取去浮面之煤，因无法取水故而中止。即就旧井口左近，拾得旧煤小块，化验成色颇佳。料其精华皆蕴于下，愈深愈美，故于四年钻地探试，深六十丈，得有高烟煤六层，第一层厚十八寸，第二层二尺，第三层七尺，第四层三尺，第五层六尺，第六层八尺，其第六层之下似尚有一二层，但计得之煤已足供六十年之用，似毋庸深探。旋于五年即购办机器，按西法开二井，一提煤，一贯风、抽水、提煤井拟开深六十丈。贯风、抽水井拟开三十丈。地下开横径三道：一在提煤井，二十丈，开洞门留作旋风之用；一在三十丈，一在五十六丈，两边均系取煤之用。所有地下之横径直道均与两井相通，其第一条横径南开四大，得见第一层煤质略松，且煤层过薄，预备不采。北开八丈，得见第二、第三层煤，两层相隔只有一尺，其煤质坚硬色亮，燃烧耐久，而性烈得蒸气甚易，烧尽之灰亦少。曾将煤样呈送宪辕验试在案，照现在二十丈深之煤论之，可较东洋头号烟煤相仿。即将来深下，尤胜于东洋已无疑义矣。惟唐山至芦台陆路百里，非黄沙即黑土，车运却不容易，盖晴时轮陷于沙，雨时车泞于泥，每日只能走四五十里。以现在运法，每车用牲口四匹，只可拉二千斤重，运费已合每斤制线二文。若当夏秋山水涨发，大道节节不通，纵使将道筑填，将来每日出煤百万斤，恐百里所有车马亦不足以供运之役。筹思至再势，必广求水利，故六年九月内禀明宪台，批准于芦台镇东起至胥各庄东止，挑河一道约计七十里，为运煤之路。又由河头筑硬路十五里直抵矿，工共需银十余万两，统归矿局自筹，未领公款分文。非但转运流通，且沮洳之区水有所归，亦属使民有益。所需田亩皆用价购买，经已兴工挑挖，本年四月可期一律挑成。将来中国官商、轮船、机器制造各局用煤不致买于洋商，既免漏卮，又消垄断。设逢外侮，内有所备，无虞仰荷。筹划宏规，饬令创办导利源于百世，臻蕃庶于九州岛。风气既开，推行日广，富强之术，未有过于此也。伏维矿本三年来，置用机器，延订洋匠、工司及买地亩，并筑路、挑河经费，共享成本七十余万两。成本既重，煤价亦因之而昂。若再加现有之关税，即恐难敌外洋之煤。既难敌外洋之煤，即不能畅销，关税定必有名无实，与其税重无输，曷不减轻以期实惠。查中国通商以来，我国家怀柔远人，凡税则俯如所请，而洋商逞其私臆，以致华洋商人弗获一体定章，华商之屈抑多年不堪言累，是以市情凋敝，难与洋商颉颃。第海外各国，于外来进口货税，无一不重于本国。出口货税，无一不轻。所以征外人之利，而获本国之商，驭驾有方，实有深见。乃自入中国以来，返其道以行，使外国进口之货税轻，中国出口之货税重，仍属抑华商而护西商之意。惜中国未经详察，堕其术中，陡困我黎民，而滋长彼族。此通商后，四十余年之流弊，暗受厥累而不知。即以煤斤论之，洋煤税每吨五分，土煤税每担四分，以一吨较之，已有六钱七分二厘。若加复进口半税，已合每吨一两有零，其盈绌竟至二十倍之多。前两江制宪沈于台湾基隆开煤矿时，奏请土煤每吨征税一钱，较洋煤业经三倍，虽奉俞允，仍有不得援以为例之谕。嗣后湖北用机器开采，亦奉奏准照台湾之税则，但明奏谕旨有直隶等省不得援以为例。窃思部议严定章程者，揆其意旨因都城用煤甚多，恐煤税减轻，则土煤出口必多，内地地煤价必长，却不如土人采煤只能售于本地。若从陡路车运出口，脚价太重合算不来。况其所采浮面之煤，多有不足以供轮船制造等用。今开平之煤用西法采取，一两年后地道开宽，每日可出五六百吨之多。除运出口供各局之用，尚可兼顾内地。税则减轻，脚价又省，煤之售价亦轻，乃一定之理。而售于各公局，不致用洋商之贵煤，其有裨于公私之处不少，合无、仰恳宫太傅爵中堂俯赐查核，专案奏明援照台湾、湖北之例，开平出口煤斤每吨征收税银一钱，以恤华商，而敌洋煤，实于国计亦有关系。是否有当，理合禀请。

批示祇遵伏乞

钧鉴恭叩

勋绥职道廷枢谨禀：敬再禀者，详查自同治十年起至光绪六年，止外国煤进口有八万一千五百六十一吨之多。而土煤进口只五千五百四十九吨，相去悬殊，诚由于税则厚薄不一。若不变通设法更定章程，土煤决难畅销，徒饱洋商之贪壑，似非统筹理财之大计。谨将历年津海关征收洋煤土煤进口税开缮清折呈鉴，其由天津出口土煤向所未有合并，声明再叩。

钧绥职道廷枢谨又禀：

计呈：

清折一扣。

计开：

同治十年，外国煤进口八百五十五吨，土煤进口三百六十一吨，共一千二百十六吨。

十一年，外国煤进口一千八百九十四吨，土煤进口二百九十七吨，共二千一百九十一吨。

十二年，外国煤进口一千三百八十八吨，土煤进口三百八十三吨，共一千七百七十一吨。

十三年，外国煤进口一千八百九十六吨，土煤进口二百吨，共二千零九十六吨。

光绪元年，外国煤进口九千零七十七吨，土煤进口五百五十吨，共一万零零二十七吨。

二年，外国煤进口九千九百六十三吨，土煤进口六百二十吨，共一万零五百八十三吨。

三年，外国煤进口一万二千五百五十八吨，土煤进口六百六十九吨，共一万三千二百二十七吨。

四年，外国煤进口一万四千九百九十九吨，土煤进口一千零四十五吨，共一万六千零四十四吨。

五年，外国煤进口九千五百二十二吨，土煤进口六百十吨，共一万零一百三十二吨。

六年，外国煤进口一万九千四百零九吨，土煤进口四百十四吨，共一万九千八百二十三吨。

以上十年共进口外国煤八万一千五百六十一吨，土煤五千五百四十九吨，共八万七千一百十吨。以每吨价银七两计之，合六十万两有零。

李鸿章向皇太后、皇帝呈报开平矿务开办情况之文

（清光绪七年四月二十三日）

奏：为直境招商购器，仿用洋法开办矿务，疏通运道，渐有成效。恭折仰祈圣鉴事：窃维天地自然之利，乃民生日用之资。泰、西各国以矿学为本，图遂能争雄竞胜。英之立国在海中，三岛物产非甚丰盈，而岁出煤铁甚旺，富强遂甲天下。中国金、银、煤、铁各矿胜于西洋各国，只以风气未开，菁华闷而不发，利源之涸，日甚一日。复岁出钜款购他国煤铁，实为漏卮之一大宗。从前江西之乐平及山西、湖南等省皆以土法开采煤铁等，矿工力较繁而所得较微，无裨大局。近来如台湾之基隆、湖北之荆门、安徽之池州，经营煤矿渐用洋法，然或因创办伊始，或因经费未敷，尚难骤得大效。臣于光绪元年四月间，钦奉寄谕，着照所请，先在磁州试办，派员妥为经理等因。钦此仰见朝廷恢拓远图至意，旋经屡次委员往查，磁州煤铁运道艰远，又订购英商熔铁机器不全，未能成交，因而中止。旋闻滦州所属之开平镇煤铁矿产颇旺，臣饬招商局员候选道唐廷枢驰往察勘，携回煤块、铁石，分寄英国化学师熔化。成色虽高低不齐，可与该国上中等矿产相仿，采办稍有把握。

三年八月，臣檄派前任天津道丁寿昌、津海关黎兆棠会同唐廷枢熟筹妥办，旋据酌拟设局招商章程十二条批令刊刻施行。迨丁寿昌、黎兆堂先后离津，现任津海关道郑藻如复会办局务，查初定章程，拟招商股银八十万两，开采煤铁并建生熟铁炉厂就近熔化。继因招股骤难足额，熔铁炉厂成本过巨，非精于铁工者不能位置合宜，遂先专力煤矿采煤，既有成效，则炼铁必可续筹也。唐廷枢奉檄设局后，勘得滦州所属距开平南十八里之唐山，山南旧煤穴甚多，土人开井百余口，只取浮面之煤，因无法取水而止。光绪四年钻地探试，深六十丈得有高烟煤六层：第一层厚十八寸，第二层二尺，第三层七尺，第四层三尺，第五层六尺，第六层八尺，其第六层之下尚有一二层，但计所得之煤已足供六十年之用，因是不复深探。旋于五年购办机器，按西法开二井，一提煤，一贯风抽水。其提煤井开深六十丈，贯风抽水井开三十丈，地下开横径三道，一在提煤井，二十丈，开洞门作旋风之用。一在三十丈，一在五十六丈两道，系取煤之用。所有地下横径直道均与两井相通。其第一条横径南开四丈，得见第一层煤质略松，煤层过薄，预备不用。北开八丈，得见第二、第三层煤，两层相隔只有一尺，其质坚色亮，燃烧耐入，性烈而蒸气易腾，烧尽之灰亦少。就目下二十丈深之煤，论之可与东洋头号烟煤相较，将来愈深愈美，尤胜东洋。唯煤产出海销路较广，由唐山至天津必经芦台陆路，转运维艰，若夏秋山水涨发，节节阻滞，车马亦不足供用。因于六年九月，议定兴修水利，由芦台镇东起至胥各庄，止挑河一道约计七十里，为运煤之路。又由河头接筑马路十五里直抵矿，所共需银十数万两，统归矿局筹捐。非但他日运送煤铁诸臻便利，抑且洼地水有所归，无虞积涝。而本地所出盐货可以畅销，是一举而商旅、农民皆受其益。所占地亩均照民价购买，本年二月兴工挑挖，五六月可一律靠葳。从此中国兵商、轮船及机器制造各局用煤不致远购于外洋，一旦有事，庶不为敌人所把持，亦可免利源之外泄，富强之基此为嚆矢。据总办开平矿务局员唐廷枢将大略情形具禀前来，臣查唐廷枢熟精洋学，于开采机宜，商情市价，详稽博考，胸有成竹，经理数年规模粗备。当夫筹办之始，臣因事端宏大难遽就绪，未经具奏，今则成效确有可观，转瞬运煤销售，实足与轮船招商机器制造各局相为表里。开煤既旺则炼铁，可以渐图开平局务振兴，则他省人才亦必闻风兴起，似与大局关系匪浅，所有直境招商购器开办矿务疏通运道，缘由理合。恭折具陈伏乞

皇太后

皇上圣鉴谨奏

李鸿章转达皇帝批准开平矿减煤税之文

（清光绪七年四月二十八日）

五月初十日奉直督爵阁部堂李为恭录咨行事为照：本大臣于光绪七年四月二十三日在天津行馆，专差附奏开平出口煤税请缓台湾湖北成例，每吨征银一钱一张，当经抄片咨行在案，兹于四月二十八日差弁赍回原片，后开军机大臣奉旨著照所请，该衙门知道，钦此合行恭录札，饬札到该局即便钦遵此札。

袁世凯令天津官银号招股筹办北洋滦州煤矿的札文

（清光绪三十二年十一月初二日）

钦差大臣太子少保直隶总督部堂袁，为札饬事：据关内外铁路总局详称，窃照职局于本年九月初四日奉宪台札。据工艺总局禀称，中国煤矿惟开平为最著，查前准造币分厂移送石佛寺地契，该处矿苗甚旺，曾派矿师往勘数次，其南北二三十里如无水庄、白道子、马家沟、半壁店等处苗线相连，随在皆是。若就该处一带择地开采，确有把握。如蒙允准，由职局主持筹办，拟一面派员会同滦州添买地亩，一面从前开平所用华矿师妥拟办法，至成本银两约需百万。若先尽开平现有之华股东附入，人必乐从。此外再由官商合筹，尚不甚难理。合禀请示遵等情到本大臣，据此除批，据禀已悉。前据矿政调查局来禀，以煤为日用必需，近年商旅日增，用煤益巨，来源稀少，购觅为难，洵非多开煤矿不足以资民用。拟请由关内外铁路局迅派矿师，在于铁路附近滦州、丰润等处逐加查勘，择其煤脉最佳之矿，即速筹示开办，用济煤

荒。业经饬据铁路局详复，拟俟秋后再行查勘，并经批准。如拟办理各在案据禀前情，仰仍商同关内外铁路局周道呈道，迅即查勘开办，以挽利权，而维工业。并候札行该局，查照缴挂发外合行，饬局查勘开办具报等因，奉此并准工艺总局移同前因，当经职局饬知矿师摩拉赶紧前往查勘，去后兹据禀复，将查勘开平一带煤苗情形，并酌拟开挖煤井所需款项及预算出煤获利各数目分别开摺，绘图呈送前来。职道等复查无异，理合录摺并绘图说，具文详请查核，俯赐酌夺示遵，实为公便等情，到本大臣，据此除批据详，并图摺均悉。该局前已勘定新邱煤矿，将来可供铁路之用，此次查勘之矿，应作为北洋滦州煤矿，即由天津官银号招集商股，妥订章程，觅选熟谙矿工程员司，迅即筹办。并候分行遵照，缴挂发外，合行札饬，札到该号即便遵照筹办，具复此札。

计抄摺并发图一纸仍缴

光绪三十二年十一月初二日

创办开平煤矿总略

煤矿在治西开平镇南十八里唐山南麓。光绪四年招商局员候补道唐廷枢（字景星，广东人）禀直隶总督李鸿章奏准创办，八月开工钻地穿井，置器建房并自唐山至丰润属之胥各庄造铁路二十里，又由胥各庄至宁河属之芦台镇开运煤河七十余里。阅三年各工告成，共招聚股本一百二十万两，于八年见煤，又造一二三甲各号船十余艘。带船小轮船八艘，以自转运。十二年，经津海关道周馥会同廷枢详情奏准开办津沽铁路，遂将矿煤归火车转运。十三年，矿股派分利以招集时之先后分厘有差。是年冬，复在唐山东五十里林西地方又开一矿，以备唐山之不继。十四年加集股本二十五万余两。以办林西矿工并因运送北洋水师军煤以及南省官商各煤，添造轮船四艘。曰北平，曰富平，曰承平，曰永平。十七年，禀准运销粤省官用煤斤（十六十七两年，并先后禀准接办承平银矿式办热河建平金矿）。前以矿务日繁禀奉直督奉调广西候补知府吴炽昌（字南皋，广东人）又札委浙江试用道徐润（字雨之，广东人）江苏补用道张翼（字燕谋，直隶人）先后来局会办。十八年秋，廷枢卒，全局事务归张翼督办，又经禀请熟谙洋务之候补道陈善言（字霭庭，广东人）在局襄办，现在每日出煤一千余吨，每吨计一千六百八十斤。

——光绪二十四年《滦州志》

杂录

《清类天文分野之书》曰：丰润、玉田、蓟州、保定，尾五度。此与旧志所载丰润在尾六、七度异矣。考之舆图，丰润与保定县中间悬隔固安、东安、武清、宝坻等县，何以俱尾五度耶？何以又云：武清、通州、三河，俱尾二度耶？夫其国在此，而星则在彼，昔人已言之矣，特邑于星土不过杪忽之微，而分隶若此，此正朱子之所谓殊不可解也。

邑近边关，故武勇之习相沿不变。家畜斗鸡，时或合阵，胜者大咍乐，负者恧然无地为容。明日复出所有相角，不胜不止也。鹌鹑善斗者，价兼金百两有奇，或为他人所得，懊惋弥日。世族巨室，尤好射猎，每于秋尽草枯，腰箙插矢，臂鹰走狗，顾盼伟如也。所得狐兔獐鹿之类，列俎陈肴，置酒高会，以夸豪举。邑产慷爽之人，而跅弛之风，时或不免。予谓射猎诸戏，犹贤于呼卢枭博之，一掷千钱也。武科先甲骈肩而起，职是之故，此风俗之无可厚非者也。

丰人习武事者，率性命以之。每从师习骑射技勇，不惮千百里之远，或三五年不返家园。其学以远色绝欲为本，习劳炼气之法，父兄师友渊源可溯，志有必得。有颓然疲役者，同辈皆嗤笑之，故大科先甲亦与昌黎相埒，坚心锐气，深可畏爱。秀才师此，志以读书，何二酉五车之不可尽哉！此旧志云，然自道、咸来，人多尚文，武风较昔少杀，然较他邑犹差胜云。

——光绪《丰润县志》

按：县志之有杂录，亦犹野史之有外传也。言虽近于荒唐，事不嫌其猥琐。齐东野语，非尽子虚；池北偶谈，亦关掌故。如干宝之搜神，齐谐之志怪，凡为各门所不能收入者，悉归是编，则人方视为侯鲭之可珍。又岂忍为鸡肋之抛弃耶？

——《滦县志》

明郭建初《碣石丛谈》：辽景宗乾亨二年三月，如南京赏牡丹，遂西幸。

圣宗统和五年三月，癸亥朔，幸长春宫，赏花钓鱼，以牡丹遍赐近臣，则牡丹在长春宫，宫在南京矣。

又金世宗大定十八年，正月壬戌，如春水。二月丙寅朔，次管庄，丙子次花港，己丑还宫；丁未以春水诘石城令，不称职。此长春淀也，按金之春水，沿辽捺钵，盖必地坦夷，四方二三十里，木多榆柳。时出较猎讲武，兼受南宋及诸国礼贡。国主牙账，以枪为硬寨，用毛绳连系。每枪下黑毡伞一，以庇卫士风霜。枪外小毡账一层，每账五人，各执兵伏为禁围。南有省方殿。北约二里，曰寿宁殿。皆木柱竹镶毡为盖，彩绘韬柱，锦为壁衣，加绯绣额。黄布绣龙为地障，窗格皆毡，傅以黄油绢。基高尺余，两厢廊庑，亦毡盖，无门户。省方殿北，有鹿皮账。次北有八方公用殿、寿宁殿。北有长春账，卫以硬寨。宫用契丹兵四千人，每日轮番千人，祗直禁围外，卓枪为砦，夜则拔枪，移卓御寝账。周围拒马，外设铺傅铃宿卫。春而捺钵，正月上旬，起牙账，约六旬，主方至，天鹅未至。设毡账河上，密掩其门，凿冰窍，举火，鱼尽凑之，即垂纶罕失也。冰泮，刳木为舟，长可八尺，如梭船，施一浆，以捕渡，广则方舟，或二三焉。冰泮，乃从鹰鹘捕鹅雁，必择鹅鹜聚处晨出暮归，从事弋猎。其侍御卫士，皆服黑绿衣，备连锤鹰食器、刺鹅锥，各一具，于泺周相去各五七步排立。主冠巾衣时服，系玉束带，于上风望有鹅处举旗。探骑驰报，远泊鸣鼓，鹅惊稍腾水面，左右围骑举帜麾之。五坊擎进海东青鹘，拜授于主放之。鹘擒鹅坠，势力不加。排立近者，举锥刺鹅，急取脑饲鹘。救鹘人例赏银绢。主得头鹅荐庙，群臣各献酒果举乐，各酬酢致贺语，皆插鹅毛于首以为乐。赐从人酒，遍散其毛，弋猎网钓，春尽乃还。世宗既殂后，主如春水，改都南行宫为建春，又改遂城行宫为光春，而长春不书矣。至宣宗南迁，而都入于元焉。

编者注：元史至元五年，曾省石城地入乐亭，长春淀旧隶石城，故乐亭县志载有长春宫旧事。

——《滦县志》

——清乾隆二十年《乐亭县志》

又辽金元国俗，以游猎为乐，且以习武事，故辽史有游幸表。余并金元作燕幸编，于年月日纪之，亦可因行期而知地里所在。但多在口外，如千里松林之类。其在境内者，如滦河石岭诸区，而滦志有长春废淀，在州西百二十里，旧石城废县地，即今稻地集西。旧有长春行宫，乃辽萧太后所建。凿渠通唐溪以游观，昔有月榭风亭，莲池柳岸，今剥落飘零久矣。又名大定淀，金世宗时改名，至今居民，犹以宫上名云。余考辽长春宫在南京之郊，其有长春河，则在辽水之川。而此者乃金行宫也。《新川志》编年，辽幸者三，金幸者四。如果辽之宫，则幸不惟三。金改大定为长春，非改长春为大定也。

——《滦县志》

大定二十一年三月，上初闻蓟、平、滦等州民缺粮，命有司出粜粟米，贫不能籴者，给贷款。有司以贷贫民恐不能偿还，只贷有户籍者，世宗于长春宫（今丰南稻地）闻知，便派遣官员查阅实情，给予赈贷。并给以前所派赈贷官员以处分。

——《乐亭县志》

大定十八年，（正月）己巳，如春水。丙子，幸石城县行宫。丁丑，以玉田县行宫之地偏林为御林，大定泺为长春淀。

大定十八年丁未，金主谓宰执曰："县令之职最为亲民，当得贤才用之。比在春水，见石城、玉田两县令，皆年老，苟禄而已。畿甸尚尔，远县可知。"平章政事石琚言："良乡令焦旭、庆都令李伯达皆能吏。"金主曰："如卿言，当擢用之。"

——《续资治通鉴》

二十年正月甲寅朔，宋、高丽、夏遣使来贺。戊午，定试令史格。壬戌，命岁以钱五千贯造随朝百官节酒及冰、烛、药、炭，视品秩给之。己巳，如春水。丙子，幸石城县行宫。丁丑，以玉田县行宫之地偏林为御林，大淀泺为长春淀。

三月丁未朔，万春节，宋、高丽、夏遣使来贺。上初闻蓟、平、滦等州民乏食，命有司发粟粜之，贫不能籴或贷之。有司以贷贫民恐不能偿，止贷有户籍者。上至长春宫，闻之，更遣人阅实，赈贷。以监察御史石抹元礼、郑达卿不纠举，各笞四十，前所遣官皆论罪。

大定二十一年二月，上如春水，次长春宫。戊子，妃以疾薨。诏允成、允蹈、允济、允德皆服衰绖居丧。乙丑，皇太子及扈从臣僚，奉慰于芳明殿。辛卯，留守官平章政事唐括安礼、曹王允功等上表奉慰。御史中丞张九思提控殡事，少府监左光庆、大兴少尹王翛典领卤簿仪仗，宫籍监别治殡所，还殡京师。

大定二十一年二月戊戌，太白昼见。庚子，还都。壬寅，以河南尹张景仁为御史大夫。乙巳，以元妃李氏之丧，致祭兴德宫，过市肆不闻乐声，谓宰臣曰："岂以妃故禁之耶？细民日作而食，若禁之是废其生计也，其勿禁。朕前将诣兴德宫，有司请由蓟门，朕恐妨市民生业，特从他道。顾见街衢门肆，或有毁撤，障以帘箔，何必尔也。自今勿复毁撤。"

——《金史》

城西南百里柳河庄，西南里许，有地名青草湾，相传为明副将常遇春墓地。此必因庄名柳河，偶与柳河川合。又遇春卒后，封开平王，地与开平镇相近，故附会之。不知遇春所次之柳河川，在宣化县，非柳河庄也。且归葬龙江，明见史书，与青草湾何涉？况当时滦州尚无开平之名，其讹固不待辩也。

——《滦县志》

丰邑河水皆归于海。然白露以前，海口有物横担，名为拦江，水皆倒立。或曰龙为之，或曰别有物为之也。

《燕山杂录》曰：丰润海出螺。大者如斗，其壳可以代瓻；小者如拳，壳可以制杯。询之土人云：每到遵化、景忠山庙会，沿海人辇以赴集，绘以文采，盈千累百，遍地皆是。数十钱可得一具也。

《物产志》曰：鲻鱼，头扁，骨软肉腴，味美。三四五六斤不等，浙海之佳品也。丰润亦有之，又有海虾海蛏、蛤蜊等物。每当冬春之交，不觉食指频骚动也。

太原之胰，闺阁珍为奇品，然色差亚，而除垢亦未净，未若丰胰之腻白滑泽，所向砉然也。他估伪制全不肖，不知其所擅场，乃在邑所产之桃花碱，色香俱绝，又适于用此今日之玉龙骨也。

麦茎结笠，南北皆然。丰润麦笠有粗细两种。其细者兼金一、二两有奇，士、夫而山林者，出入常御之。

高粱粥，须煮之极熟，加白糖少许，甘美作芡实味。久服，神气清爽，益寿延年。此蓝村主人之言也。然丰人率喜半熟食之。

丰人贵稻，然也不厌黍与高粱。有余之家多食稻，早膳必与黍与高粱食之，其家贫者食稻或转不习此，与齐鲁之人嗜麦面无异也。

蝗，一名螪，一名蟓。《洪范五行传》云：阳气所生，春秋为螽，今谓之蝗，皆其类也。旱气动，象至矣。又旧说：食叶曰蟘即蝗，乾隆十八年卜邑蝗灾，漫山塞野，高可盈尺，飞则蔽天，官率夫役捕之．连车不尽也。虽势稍杀，然不能尽也。陈宫山一带．忽来异鸟千万，长喙，黑白色，猛如鹰隼，飞掠啄打，蝗纷堕如雨。王兰庄等处有巨蟆无算，跃而啖蝗，或齸其脑，或裂其腹其断足折翘者，皆抱草木死。越日，异鸟巨蝮不见，死蝗坟积，洗然空矣。

宋家营在县南百里，相传唐太宗征辽建营于此，南设煅炉制造兵甲皆送于此营收贮，故名送甲营，今名宋家营者误也。

——光绪《丰润县志》

道光癸未秋，董维岳赴田观刈。将近陡河侧，闻东南天际有风发水涌声，急视之，黑云蔽天，中有数龙，任顷已至面前。风雨交加，身不能起立，因盘足于树根，交手抱之。其时，户丁吴景山已被风卷去，高四、五丈，嗒然一声，坠于河，幸水浅不死。顷之，黑云翻转，龙尾下垂，其数七，赤、白、青、黄不一色。俄一白龙欲坠，群龙舒爪拿攫而上，一龙掉尾近所抱树，树为之拔。维岳随树而仆，及起而视之，龙去已远矣。

钱家营旧称前营，系国初屯军之所。近村皆滦属，惟中街系丰润地。街西古庙东殿角下有石柱二，止露半面，高不及三尺，周方尺许，八面篆刻，字迹残缺难识。至乾隆二十四年，石柱倾倒，僧海量一夜见有光自石柱发，上烛霄汉，乡人亦有见之者，皆异而不解。未几，有客来，特言望气而至，抚石柱而语僧曰：宝柱传来久矣，体皆八面，一曰像风，一曰法卦，以此柱镇不祥，一方无水火兵革之患，宜修之。言讫不见。僧神之，遂募诸善士重修，依客言，置柱仍旧。今人见之，犹珍重焉。

煤河，在胥各庄南二里许，光绪七年，开平矿务局挑浚，为运煤计也。东自胥各庄起，西至宁河县之芦台止，长七十余里，宽十数丈，引芦河之水，随潮汐上下，设闸储蓄，波平浪静，四时不涸。商艘客船樯密如林，来往洋轮疾于奔马。而起浚之处，名曰河头，方圆数十亩波水澄清，两岸洋楼花坞目不暇接。稍西桥旁，列肆鳞比，人烟凑集，居然一水陆埠头也。

电线，一在胥各庄南，东北至唐山，西至宁河县之芦台，光绪八年开平矿务局设。一在宣庄，东南逾县境至山海关，西逾县境至天津县，光绪十年阁爵李督设。

铁路在胥各庄南二里许，西自胥各庄起，东北至唐山止，长约十六、七里。引火轮车运煤，其疾如风。光绪八年，为开矿务局而设，今更续修至天津，二百余里一日可往返矣。

——光绪《丰润县志》

御稻米

丰泽园中有水田数区，布玉田穀种。岁至九月，始刈获登场。一日循行阡陌时，方六月下旬。穀穗方颖，忽见一科高出众稻之上，实已坚好，因收藏其种待来年验其成熟之早否。明岁六月时，此种果先熟，从此生生不已。岁取千百，四十余年以来内膳所进皆此米也。其米色微红，而粒长，气香而味腴，以其生自苑田，故名御稻米。一岁两种亦能成两熟，口外种稻至白露以后数天不能成熟，唯此种可以白露前收割，故山庄稻田所收，每岁避暑用之尚有盈余。曾颁给其种与江浙督抚织造，令民间种之，闻两省颇有此米，惜未广也。南方气暖，其熟必早于北地。当夏秋之交，麦禾不接得此早稻，利民非小。若更一岁两种，则亩有倍石之收，将来盖藏渐可充实矣。昔宋仁宗闻占城有早熟稻，遣使由福建而往，以珍物易，其禾种给江淮两浙，即今南方所谓黑穀米也，粒细而性硬，又结实甚稀，故种者绝少，今御稻不待远求，生于禁苑，与古之雀衔天雨者无异，朕每饭时尝愿与天下群黎共此嘉穀也。

——《畿辅通志》

幽燕之分，列郡有四，蓟门为上，地方千里，藉冠百城，红稻香耕，实鱼盐之沃壤。

——辽圣宗统和五年《盘山千像佑唐寺创建讲堂碑》

浙闽总督范公时崇随驾热河，每赐御用食馔，内有朱红色大米饭一坛，传旨云：‘此本无种，其先特产上苑，只一两根苗，穗迥异他禾，及登剖子，粒如朱砂，遂收其种，种于御园。今兹广获其米，一岁两熟，只供御膳。

——刘廷玑《在园杂志》

康熙二十年前，圣祖于丰泽园稻田中，偶见一穗，与众穗迥异，次年命择膏壤以布此种。其米作微红色。嗣后四十余年，悉炊此米作御膳，外间不可得也。其后种植渐广，内仓存积始多。世宗时河东总督田文镜病初愈，尝以此米赐之，作粥最佳也。

——吴振棫《养吉斋丛录》

北方土瘠，河多漏沙，水田较少，州境惟沙河铺等村有之。所产水稻煮粥、炊饭香软胜于常稻。玉田、丰润怡贤亲王所创营田皆产水稻，有名红莲稻者极佳。产于丰润王兰庄者又名桃花稻，岁获贡为陵寝祭品。米色红润，味香而性坚，炊饭至三熟犹如新者。以他种植其田，则亦变为红，以其种植他田则仍白，亦可见水土之异也。

——光绪十二年《遵化通志》

王兰庄有营田两处 南围菱角泊，水田，共地捌顷伍拾壹亩壹分，播种稻谷。此围三角淀，旱田，共地叁拾玖顷肆拾玖亩，播种杂粮。此项营田系工部侍郎王钧捐置。于雍正十三年奏将营成地亩开除粮额，乾隆元年二月内归公，招地方官招佣承种，官肆佃陆分收。乾隆十二年，委营田官经理，其官肆。谷石照二谷一米碾成糙米，运解蓟仓，以充陵寝官俸饷之需，粮米变价解司。

——光绪《丰润县志》

杂文

曹节妇传

太仓陈瑚

曹氏，丰润安丘少尹士直之女也。幼沉静有才智，适文学董陛征。娴于礼法，内外称之。生二子，曰瑄，曰瑾。崇祯壬午冬，大清兵入关，董族大且饶，陛征从其族尽室南走，行次山东即墨止焉。其明年正月，兵又至山东，陛征挈家人奔崂山。兵及之，陛征及二子皆遇害。曹大呼求死曰：此吾毕命日也！有营长者询之，知为丰润董氏，利其富不杀而置于别帐，令二女子侍。曹绐之曰："吾白头一老妇将焉用之？而礼吾如是，若不为利吾财耳，倘得夫与子之尸掩之，家中有悉与若。"营长喜，遣数卒尾之，求得尸，拭去血，裹以布，掘地为坎藁葬之。垒土石识其处，当是时两手拮据，水浆不入口者六日矣。兵行驱之北，曹大呼曰：死则死耳！将焉往！挟上马投而下，如是者数。营长怒鞭之。曹疲苶不能言，以手指颈做索刃状，乃舍去。会天雪，曹取乱刍覆其身，伏地卧绝而复苏，乃匍匐浃昼夜达高密之村舍，一老尼惊问："何自？"曹知单中丞失女，因曰："我单女也。"尼闻于单，具车来迎，曹告以实。时祭酒若鲁方为孝廉，以其母夫人命迎入城。辞曰："夫与子暴骨中野，未亡人何敢即安？幸徼大惠，假金以殓，得归故乡足矣！"适其仆董贵夫妇亦自逃难至，命之覆苫而居，呼天号哭者三月。单哀之，复假之金，遂扶柩归里。择宗人子为后，而主其丧以葬焉。其弟之子太史鼎望纪其本末，如此。后三十有三年，太仓陈瑚读而叹曰："呜呼！人当患难流离之际，怵于生死，在男子或有失其素履者矣，况妇人乎？"曹氏以智脱，以诚感，百死不回，卒归夫若子之骨于数千里外，妥其灵而续其嗣，虽古烈丈夫何以加焉！余闻安丘孝义有家风，唯独其子孙才且贤，即其女亦有大过人者，余故录而存之。

——光绪《丰润县志》

（刘）成让原配孟氏节孝叙

附贡生国史馆誊录任山东长清县县丞王锡三撰

节妇刘孟氏，系予受业生刘成让之原配也。父老伯孟公云鹏，母老伯母氏王，有女二人，节妇其长女也。弟亦予受业生，附贡名卓峰者请序于予，予辞以谫陋，恐贻笑大方。固请之不获已，因即夙所闻者志之。节妇年十七适刘，寡言笑，勤针黹，善承舅姑之欢，不失娣姒之睦。而且琴瑟静好，相敬如宾，三更络纬，常伴书声；五夜鸣机，并分灯火，黾勉同心，宜赓偕老矣！及甫及五年，而刘以疾殁，上有姑舅，中有娣姒，而下无子女。斯时之血泪迸流，肝胆揉断，有莫可言喻者矣。厥后，舅若姑痛子情切，恒郁郁不乐。节妇见而劝之曰："死生有命，过痛奚为，宜置亡人于度外，倘因痛成疾，非惟亡人获罪于地下，适未亡人获罪于堂上者殊多也。"情词柔婉，慰多方务得欢心而后止。迨处邸嫂娣妇之间，有事同作则争先，有食同食则让长，蔼蔼怡怡如亲姊妹。兄子开宇，年甫数岁，尚未承祧，而节妇独钟爱之。归宁则携之往母家，处室则抚之如己子，冀其成立而后嗣焉。乃守节十一年，未得送舅姑之终，垂嗣男之训，竟以病故也。天命也，无可如何也！松柏其心，逾时不改冰霜其操。历久弥严，数年之节可卜百年之贞焉。非谀也，即谀之而于节妇亦无补也。仰惟熙朝襄崇节孝建坊入祠，庶慰贞魂于九泉，云是为序。

时

光绪癸卯年三月上浣

——刘唐保《刘氏家谱》

董峋传

公讳峋，字霁岚，号樵云，祖居丰润县之董各庄。至太高祖邑庠生讳瑞昌始，迁居王家盘。生而颖异，髫年不为童游，稍长即知孝友。七岁入塾，从三叔祖学，聪明特达，器宇不凡，而性又嗜读书，夜功苦未尝或倦，诸叔祖无不钟爱之。三叔每与四叔祖谈古今人物及历代史记，府君必侍立静听，虽一日之久亦无惰容。三叔祖尝谓诸兄弟曰："吾家世代书香，而绍述颇难其人，求能光前裕后，不坠祖业者必此子也。"十一岁而先大父去世，府君终夜号呼，勺饮不入口者累日。诸叔再三劝慰，始稍进饘粥。下葬后，每逢节及忌日，犹啼泣不止。十六岁，先曾祖妣田安人又去世，府君以嫡孙承重，尽礼尽哀，丧葬维谨。服阕后应童子试，试辄冠军。十九岁入邑庠，犹从三叔祖读。是年，前嫡妣张孺人来归，张孺人系同邑太学生讳锦公次女，未归之前即患疯疾，不省人事，外祖不欲府君娶，府君曰："下聘时并无此疾，今而如此，乃我之命也，我而不娶，将置此女于何地？况聘书已定，是即与我有缘者。"卒娶之。娶之后痰气益甚，百方医治，终不见效，不数年而卒。府君胞姊出嫁，甫七月而孀，苦节茕茕，家无担石。府君上事老母，下恤孀姊，终日忧劳，几无一刻安逸。每语人曰："人生遭际，至我而极，若读书无成，几无立足之地矣！"于是，鸡鸣而起，夜分而寐，即饮食亦所不遑。二十四岁春，科试考取第一，食廪饩秋，即膺乡荐，时乃甲寅恩科也。是年，继妣李孺人来归。李孺人系同邑太学生讳应和公嫡孙女，讳圣脉公长女。自继嫡妣归后，家政有所托付，而府君始得专心。从四叔祖学，凡五经之书，无不手自批评。每一艺出，四叔祖必极力赞赏。尝曰："观汝所作之文，终非久居人下者，只争迟早耳。"壬戌会试，先大母患病尚未痊愈，四叔祖极力催府君会试。府君曰："人之所以为人者，孝也。况吾少孤，已不得及吾父，而尽人子之道。犹冀可补于吾母，若会试而吾母万有不测，将何颜立于人世之间。如吾母病愈，即终身不中，亦所甘心。"卒不会试，亲侍汤药，衣不解带者半年。而先大母之病寻愈。

三十九岁己巳恩科，府君成进士。引见以知县即用，签掣浙江，告近改掣山东。回家辞墓，亲友咸贺。府君曰："初登仕版，诸多未谙。稍有疏虞，则一方必受其祸，何以对祖宗于地下，示子孙于将来也。此正吾人忧惧之时，何贺焉？"是年秋，即携先大母及继嫡妣李孺人赴山东省次候补，次年委署泰安县。泰安有一役头，专以讹诈乡愚，包庇娼妇，城之内外悉受其害。吏役等受其滋润，故俱为容隐，无有敢言其恶者，虽官长知之，亦莫可如何。府君访闻已确，即遣皂役往传，伊竟敢抗不到案，凶横已极。府君立标火签，即刻将伊锁至署中，板责革役枷号示众。数十年之蠹役，一朝而除。百姓莫不称快，并将历年积压之案一月之中悉为审结。于是，士民怀德畏威，送衣伞及匾额者纷纷而至。府君力却之，且谕之曰："兴利除害，教士劝农，皆吾应为之事。汝等若能相劝于善，则我为民牧已觉有颜，不胜于送此耶？"乃禁阻再三，而民心终不释然。复于岱庙立碑以志其感，故至今岱庙西道院有府君之德政碑云。继又委署平阴、禹城等县，萧然囊橐清苦之状，仅赡菽水，甚至衣服俱典质一空。每稍得甘旨，辄以奉之先大母，先大母曰："吾平生食淡泊，衣布素已习以为常，汝能安之，吾亦安之，何必以吾累汝廉也？"以后无复尔。

四十六岁丙子，补城武。人言城武讼案繁多，最为难治。府君曰："人孰无良心，施之以不忍，而教之以不能，则民自有感化之时，何独城武不然耶？"到任之后，谨理民事，不遑朝夕。家人或劝节劳逸，府君曰："吾晚食一刻，百姓即少受几日拖累，吾无他，唯将勤以补拙耳。"故讼案随到随结，曾无一日之停。每月初旬，集诸生，课其学行，厘其甲乙，录其优者，捐廉以奖励之。始则四五十人，继且百有五六十人，循循请业如教学然，无一语及公事。先大母喜曰："士习如此，何患城武不治耶？"时当滑县教匪滋事之后，各处皆有余党，无辜株连者亦复不少，府君周历乡村，严行查访，丽其教者，悉为捕灭。非其教者，曲为昭雪，繇是全活甚众。城武向设十八柜书，收纳钱粮往往通同作弊，将民间所入之钱粮分肥，官如催征，则以民间无力完纳为词。迨年月既久，即作为官之亏空，愈积愈多，所欠已两万有余。府君到任后，查知此弊，即行禀办。已将伊等提省监追，限满无完，即行就地按律正法。府君既虑钱粮归于无著，又虑伊等性命莫保，谆谆请之上宪，令伊等在县监追，以便就近完纳。府君归署，即为伊等挪垫数千，并开诚晓谕，令其竭力完征，以图免罪。伊等感激，踊跃争先，数月之内，已完过半，府君悉为开脱。是年，府君置侧室王氏，即不孝生母也。

四十七岁秋，祖妣陈太孺人弃世，府君哀毁骨立，几不欲生。交代既清，即扶柩还里。士民自备舆马杠夫，抬送出城，不约而会者数百人。城武境界所过之庄，尽设灵棚沿途致祭，哭泣而送之。以城武数十里之遥，五日始行出境，出境后，府君谕之使归。士民曰："自太爷到此，吾民始得安堵乐业，小民感激，无可报效。唯将太夫人灵柩送至家中，庶可稍尽此心耳。吾等资斧人夫已经自备，虽阻之亦不能禁也。"至家，府君赐之盘费，俱不受曰："吾等受惠已多，区区之劳，分所宜然，安敢再领赏也？"欢呼而去。营葬既毕，庐墓受制三年，至五十一岁服阕后，即赴浙候补。路过城武，士民攀辕载道，馈饷不绝，府君概辞不受。士民阻之，不得去，并谋请之上宪，留府君复任城武，府君晓谕数四始息。此议留之月余，方得携眷出城武界至浙。上宪闻府君听断明审，即留之省城审案，数月之内，委审案件无数，府君悉为清理，一无留滞。上宪每谓僚佐曰："如董公者，可谓勤于民事者矣。"

五十二岁壬午秋，题补余杭县，未到任，即充浙江乡试同考官，得士徐金镜等若干名。撤闱后，赴余杭任。余杭有廪生董九龄者，窝赌已五世矣，继董而为害者，又有监生朱廷松，武生鲍某，引诱良家子弟，日夜聚赌，破产丧家者，不计其数，内外士民畏其凶暴，无可如何。县中亦时有风闻，奈伊等鬼蜮计深，弥缝无计。即遣人拿赌，而伊等所居之室，尽属曲径，一入其中，即迷东西，故前任俱无法可处。府君到任，严行晓谕，到处粘贴禁赌，告示原因。伊等俱系衣冠之流，不忍遽尔坏其名节，冀其知所畏惧，早自改悔。乃怙恶不悛，聚赌如常，有一童子陈某者，乡村之富室子也，被伊等设法诱赌，数月之间，已将家业破其大半。经其叔到官出首，始行破案，府君即带丁役亲自搜捕将朱廷松、鲍某并聚赌之人及赌具全行拿获，惟董九龄闻信逃走无踪，府君即将伊等功名斥革，严审详办，境内为之肃清，故终余杭之任并无一件赌博之案。余杭素多盗，初到任盗案纷繁，府君比捕追拿，并严立保甲，使五甲互保，每月结报一次。凡有窝盗之区，悉行抄除，时或带役自行访拿，以故盗贼不敢入境。府君尝曰："赌不去，则风俗不厚；盗不去，则人民不安；为政固在仁，若一味姑息，未有不养奸者。盖君子可以德感，小人不得不以威禁之也。"于是境内绅士皆赴署感谢曰："余杭一县被董九龄、朱廷松、鲍某害者十之七八。被盗贼害者十之二三。二害既除。则自今以后。吾辈之安居乐业。不至饥饿以死者，皆父台之所赐也。”癸未秋，余杭大水，被淹者数十村庄。府君即欲详报请赈，书吏曰：“向来报灾不过一二分，及三四分而止，若全行报上宪必驳。”府君曰：“吾职司民社，小民皆吾之赤子。焉有赤子啼饥号寒，而父母莫之救者？若粉饰太平，讳歉为丰，此欺罔之事，吾所不为。”遂亲身入省，禀见上宪，面陈灾苦。上宪悯焉，因准开仓赈济。府君于是亲为查放，不假吏胥，以防侵渔。数月之内，奔走劳碌，迄无少暇。穷民所赖以生全者近万人。乙酉，再充浙江乡试同考官，得士蔡树勋等若干人。是年，不孝尚未生，府君已五十五岁，无子又置侧室方氏。丙戌夏，又置侧室朱氏，至九月，而二叔祖在家弃世。府君闻信涕泣不能自禁曰：“吾少孤，幸赖二叔抚养，三叔四叔教训，始行成立，以至今日，三叔四叔早世不获，少尽此心抱恨已深。犹冀二叔常健，可以迎养署中，以乐天年，何意竟舍我去也。已矣，此生无补报之期矣。”食不下咽者数月，即遣人斋葬资回家致祭。

是年，府君调补诸暨县，诸暨民稠地广，而生监架讼者所在多有。彼处有陋规，凡知县到任，则敛钱以送，名曰“填屋”。受其钱者，无不被其挟制。府君概行禁止，不与来往，一切情面毫无所徇。又有助漕之说，府君亦一例捐除。如访有架讼者，即详革惩办。故刁劣绅士全无所施其伎俩。其无头命案，数年未经审结者，府君必细心详究，确得真情。有青石寺者离城百余里，在乱山之中，僧人甚多。内有一僧名瑞储，讹人架讼，无所不为。诸僧皆恶之，不能容已远去矣，数年无归宿处。复回寺中，诸僧畏其强，潜欲害之。乃以酒灌醉，用刀刺死，将尸坠石沉于半山之无底洞中。数月之后，府君访闻此事，即欲究办。第不知尸首掷于何处，将寺内僧人拿到审讯，俱不承认，并云：“杀人必有凭据，既无尸首，何以谓伊等杀人？”狡诈无比，府君熬审数月，始知将尸沉于无底洞。洞内俱是黑水，以绳坠石，沉数十丈尚不至底。且俗传此洞蛇蝎最毒，触之伤人，无有敢下去者。府君命将墨黑水，全行起出，设百金之赏于洞口，始有人循绳坠下。洞中忽大忽小，坠数十丈，果有死尸掷于洞旁坡上。出而集众人审之，果瑞储也。诸僧始闭口无言，而案乃定。如此类者不可胜数。至顶凶一事，彼处最盛。府君伤之，每案必设法研审，务得正凶而后止。使死者不至含冤地下，生者不得幸逃法网。期年之后，此风渐息。故诸暨县有孙青天、董铁面之谣。府君为治首，以端士习为要务，尝谓：“士者，民之表率。士不端，则民之尤而效者，必将日趋于邪。为政不在更张，在识其端，而先理之则自不患于不治矣。”故凡县试，必严行扃试，既以杜幸进之门，又以奋志士之气。其公事之余，则入书院为诸生讲究读书之道，及立身之本，诸生赖府君成就者无数。戊子乡试，诸暨有百数十人，府君每名与卷价银四两，以励其志。

府君在诸暨二年，讼狱繁多，案牍劳形，甚至日不暇给，终夜不寐，心力疲顿已极，因有退归之志。又以二叔祖去世，家中无人照管，遂于是冬告休。僚友绅士以诗送之者甚众，府君时已五十八岁矣。次年乙丑，府君携眷归里，行李萧条，家无室庐，暂赁居滦邑之稻地。平居手不释卷，诗书之外无他嗜好。闭户静养，非至亲厚友不相往来。每言：“吾人读书当以立品为先，立品以明圣贤之道为要，科名其后，焉者也？无科名不害为君子，无品行则流入于小人。况能明理立品，则科名亦自有可得之理。”因手抄汉书古文，并名臣言行录数百篇，及时艺数十篇，以教诸侄辈读。丁亥，府君六十正寿，不孝始生，亲友毕集。府君曰：“吾年六十，始得此子，尚未知其成人与否。即使成人，而吾已衰迈，恐不能见此子成立也。”因泣数行下。府君以故土难移，壬辰营室于王家盘之南偏，癸巳春，遂迁居焉。设立学馆，教授生徒常十余人。虽才质极钝者，一经府君指示，无不涣然冰释。尝集诸侄及生徒等而告之曰：“作文须先明书理，书理明则得其指归，始不惑于他；歧次讲布局，局既布，则胸有成竹，前后自不错乱；次讲行气，气不流走则郁，而不畅气，不深厚则淡而无味；次讲措辞，词不雅则粗，而不精词，不孤则弱而无力文。虽未技其中，亦有至理，非用切实功，焉能制胜。若徒尚空腔滑调，以猎取功名，吾不取也，尔等须详记之。”所著书有诗、书、易、礼、左传、周礼诸详解各一部，史记、网鉴择要各一部，《云间斋文集》一部。

府君身体素健，从无疾病，不意于乙未年六月十三日，忽得痰疾。调治数月，虽步履尚可，而半身终觉不遂。是年不孝方六岁，次年春，即为不孝延师教读。府君虽得不孝晚，毫不姑息，每自塾归，必令背诵一日之书。偶有遗忘，即令跪读床头，课毕教之曰："乃祖乃父，俱以青毡为业，吾今只生汝一人，汝若自甘废弃，徒事嬉游，吾死亦不瞑目，是生汝犹之乎无生也。"但尔今日亦未能记忆，因回首谓嫡母李孺人曰："吾病如是，恐不及教此子，后当以我语告之。"数年来府君虽身抱疾病，犹手不停披，往往积书满案时，或与戚友弟侄辈谈及史汉，并诸子百家之书，原原本本，讲究备至，虽夜分亦不暇寐。或以节劳为劝，则曰："吾与圣贤对谈，可以养心；吾与戚友对谈，可心广益，何劳也？"讵料精神日损，气血日亏，百方医治，终不见痊。于是执不孝手而教之曰："吾今病势已重，大约不久人世。吾于汝亦无奢望，但愿汝不坠书香足矣。"延至五月十一日寅时，不孝遂抱终天之恨，可哀也夫！

府君性端凝，正襟危坐，从无跛倚，容子侄辈皆敬畏之。又极俭朴，不嗜酒，蔬食水饭淡如也。家常衣布素，一衣必屡浣而后易。每日："俭非止痒廉，亦所以养心。心不外驰，则自不暇于奢，故一切浮靡之物，悉屏弗御。"并戒不孝，勿得衣丝绵，曰："幼时不知撙节，则稍长将不知伊于胡底矣！"事先祖妣最孝，任城武时，先祖妣病危，热甚欲食瓜，而时当九月，天气渐寒无瓜可买，竟不得食而殁。府君痛之，至老总不食瓜，每对人言及辄涕泣不止。平生好施予，稍有盈余，即赡给亲族之贫者。凡丧葬婚娶，无不竭力资助。不孝之姑母早寡而贫，府君待之极厚。出仕后即接至城武署中，继又接至余杭署中事之。维谨从无怨言，即姑母偶有谴责，亦只倾耳听受。姑母在家则四时馈饷不绝，临危时犹曰："汝姑，吾之胞姊也。苦节堪悯，我死后，汝善事之，勿忘也。"

府君历任十余年，疾恶如仇，爱民如子，不贪不虐，矢慎矢劝。归家后对子侄辈曰："吾居官亦无他长，惟不敢玩视民瘼，民事如己事而已。至于贪民财以为肥家之计，媚当途以为升转之阶，此巧智者所行，吾不欲为也。"冬月，赐囚棉衣，必令先为制样，长大且厚，然后依样给发。捕获各犯，悯其穷饿，除赏给口粮外，复令煮粥济之。每下乡验伤，必轻骑简从，先行出告示一张，手标判贴，至所去之乡，以防书吏需索，亦不令预备公馆，居住庙中，饮食用度，一切自备。书役每名每与盘费制钱一百，不准取之民间。其或差役传人，必按道路远近，限以时刻传到。即便销差不许少延，如逾限不到，或已到而私押班房迁延不禀到，定将该役严行责打。若查有勒索之弊，立即斥革惩办，断不宽贷。尝语人曰：“为官不治蠹役，而欲使政平讼理，其势不能。盖蠹役之心，日以营利害人为事，一票到手，即视为奇货，百端讹诈，必饱其欲而后止。甚至私压班房，冬则与以至寒之地，夏则与以至热之区，或用匪刑，或用暗毒，轻则破其室家，重则酿成命案，其害有不可胜言者。吾幼时即知其弊，出仕后严行禁止，或差亲丁细访，或于原被告到案时面加询问，并戒吏胥勿得传呈。准小民随时喊冤，以杜代书讹索之弊。故历任书役，尚不敢公然为非。”又曰：“吾每做一事，审一案，夜必静叩诸心，惬于心则安然而卧，否则终夜不眠。数十年来亦复如是，此意将与吾俱终矣！”呜呼！府君之立身行事皆可为后世法。

府君生于乾隆三十六年五月初十日亥时，卒于道光十九年五月十一日寅时，享寿六十，有九子，一即不孝玉璋，生母王氏出，已聘定乐亭县己巳恩科进士翰林院编修、前任福建道监察李公名广滋孙女，戊子科举人、前任满城县教谕、保举知县、分发山东试用名清泰公第三女。府君有女四，长适滦州辛丑科进士山西冀宁道赵公讳槐符第四孙候补通判讳义安第四子讳方权；次适获鹿县附贡生诰封奉直大夫张公讳曾文长子辛卯壬辰连捷进士现任礼部主政名廷瑞，皆继嫡妣李孺人出；三适宝坻县戊申科举人王公讳绍歧次子名曾怡；四许字同邑太学生文林郎名钾第六子庚子科翰林院庶吉士名廷溥，胞弟名廷准皆生母王氏出。

赐进士出身诰授奉直大夫工部都水司主事加一级，姻愚侄宁曾纶顿首拜填讳

王太夫人传

按：果公得力母教，多立事功，奉椋归乡，制终不起。乃以薏苡微嫌，几遭不便可惜也。太夫人行述，系大司寇胡季堂手笔，于贞淑忠孝齐家报国序之綦详，怵于谱例不载行述，曾属为之后者宝存，勿替以备采访。而资观感，继乃不忍割爱，略加芟汰，附斯集中，族门慈孝得露一班。

太夫人姓王氏，滦州太学生讳银公之女。因外祖母早逝，养于姑，时姑

已归舒，无出，钟爱特甚。因向外祖乞归，遂抚于姑。而为滦州舒文林郎，讳登相，字建伯公之继女。太夫人幼而端庄，归先府君，府君讳灏。奉先王父庭训，以勤俭克家。太夫人綦缟相庄，并承先志。先王父早捐馆，先王母习于礼法，动合内则顾而色喜，谓："先府君得贤助云。"先府君兄弟九人，先王母出者四人。先府君则生祖母赵太君出，先府君生最后，而太夫人之归我先府君也。又最早奉先王母与赵太君，无阙礼。

癸丑年，不孝果生，甫数月而先府君没。太夫人过哀，几不能生。阅二年，先王母又辞世，三年之内两遭大故。坑坛已极然，犹勉强襄事，同诸伯母经纪亲丧，尽哀礼至。主持家政，克俭克勤，遇亲族婚丧大事，虽夙乏厚藏，恒倾囊资助无吝容，亦无德色。课两姊以女红至夜分不寐，戒勿苟言笑，衣饰悉从缟素。独笃于事，先遇祭，必丰必洁。事赵太君，晨夕定省，数十年无间，一如事先王母。处诸姒以和，女党相遇，优柔乐易，未尝与人为忤，犹子辈进谒，殷勤告语，首严匪僻之戒，课不孝常严延名师教读，不令不孝预外事，驭臧获明而有恩。凡内外诸政，皆太夫人一人主之，尝谕不孝曰："汝父早年去世，倘读书稍有进益，得遂蓬弧之志，方可慰汝父之灵于地下。"丁卯岁，为不孝娶赵辉公女，甫入门，即举先王母一生淑德，与太夫人半世勤苦相勖。日则率新妇躬亲操作，摒当家计，夜恒令人绩纺，身先为率，曰："以此习劳，庶有以成家也。"因不孝读书未成，不能副太夫人意，心虽悄然，而绝口不言。既乃幡然改图，遂愿习武。太夫人壮之，于是延抚宁武孝廉武先生，习弓矢，娴骑马。是岁游左泮，丙子科举于庠，辛已科成进士，陟三等侍卫。扈从銮舆数月，后请假归里，祭告祖墓。是岁，迎请太夫人就养京师，太夫人谓不孝曰："余家非素封，长安居又不易，室宇数楹已足，勿因我而故大其居，汝宜勤劳，警跸家以内。"吾身任之时，因宦橐萧然，太夫人脱簪珥尽付质库，以给薪水，往来厨灶间，煤米悉亲加检点。孙男女衣袜，犹手自缝纫不辍。癸未岁，不孝由侍卫俭发陕甘，假补游击，太夫人率男女辈旋乡里。乙酉补授陕甘督标后营游击，差人迎请，到任到之日即戒不孝曰："人以显晦异操，荣枯改节，必非大成之器。汝生本寒微，又以弓马出身，今一旦荣贵，宜恪恭勤，慎勿以少年而生骄态，勿以始进而长傲心，吾之望也。”因跪而受教。适匪徒马得鳌聚伙数百人窝盘盐茶亭之徐帽儿庄，踪迹四出，事发江南。不孝奉牌捉拿，只身前往，直捣其穴，擒首从十三人解省，余党陆续全获。今大司寇胡公时守庆阳，同巩秦观察蔡公会鞫得实，一一置之于法事。

闻果得奉旨引见交部，以参将用，己丑岁补湖北荆州府城守营参将，于引见时复荷纶音垂询，赏给白金一千六百两。辛卯岁，因卓异来京回任后金川，逆酋猖獗，不孝奉派出师。太夫人欣然谓曰：“吾儿报称正在今日，吾抚孤一生，幸蒙恩遇非常，膺此重任，当何以报国家？”儿曰：“努力疆场，不忘御侮，儿之夙愿。”太夫人喜曰：“行矣勉之，吾无忧矣！”嗣于赴川途次，接部文升授郧阳副将。太夫人随赴郧阳任所，为孙儿娶同邑见任福建延平协都阃谷廷栋公之女，成婚后，因素有痨瘵，数月而没。谓男妇曰：“吾数年在外，久阙拜扫，汝夫出师远征，不可贻内顾忧，盍往归乎？”是岁旋里，为孙儿娶宁邑杜公女，甲午岁九月初，不孝从今巴里坤都统时，为副将军明公今湖广制军时为参赞舒公偏师，由北路直进，十月大破宜喜山梁一处，获其军资器械无算。复从达尔图甲索日傍等处分兵进取，贼负山为营，俯临我师，相持岁就不下。不孝奋力直上，贼从暗处举枪，被创三处，将军奏请在营调理，太夫人由邸报中闻信十分惊扰，谓：“尽力杀敌，全赖微躯，今若此，何以报国？”每焚香祝告神明。适特恩简补福建建宁镇总兵官，太夫人闻之感且泣下，率阖门遥拜谢恩，谓以残喘余生，屡蒙宠荣，不知吾儿何以报称也。乙未岁，仍带奋勇官兵，由独松进取，攻月余直抵噶拉依贼巢，生擒逆酋，金川悉平。丙申岁奏凯还师，特恩优叙于陛，见时，并蒙恩赐孔雀翎，调漳州。因太夫人年逾七旬，有陈情意，天语慰劳曰：“第迎养一也！”遂不敢请，亟回家请太夫人暂赴建宁任。恭遇覃恩，屡加封典，晋封夫人，跪接之下，欢欣感激之情每称述不敢忘。

丁酉岁，抵漳州，随调台湾镇。因海潮湍急，请太夫人暂住省邸，以时省视。太夫人不肯，遂同渡海赴台任。虽寒暑不时，风土稍殊内地，幸禀气夙厚，一无恙，同官皆相庆曰：“太夫人动履康宁，所谓厚德载福者也。”三年秩满，奉调海坛镇时，太夫人偶食麦饵，腹内烦闷，随延医胗视，稍稍得痊。可赴海坛日，登舟西渡，海风正作，太夫人因心悸增感，转成呕吐，抵厦门复医治得愈。

辛丑岁三月二十一日始抵海坛任，太夫人尚履步如初，及至四月望后，病势增，稍愈，旋发。又延医胗视，时北关会哨舟次，心悬至闰五月，事竣回署，是岁奏请陛见，仰蒙恩准。方欲入京，不孝时时默祷，若得彼苍眷佑，假数年颐养得遂，乌乃大幸也，孰意束装未就，至八月初一日遂成大故。于九月二十七日自海坛扶榇渡海，由省城回籍，于壬寅岁四月二十二日抵家。凡途次所经大僚小吏，吊唁者无不悼叹吾母懿德于弗。

——董各庄《丰润董氏家谱》

董观察虔南定岩哀辞并序

钱塘桑调元

董观察虔南董君定岩以至性居母丧，予赴吊君持泣曰：“不孝必死，君来或幸生。”予见君朝夕一溢米，绝盐蔬，哭无时，面深墨毁瘠，据经规切仍悲不自持。将举殡伏泣，竟夜濒行昏仆地。予急以参纳君口。良久乃甦，一长号下咽，续进米汤，喘定以白布缠胸背，夹健厮掖。匍匐出，语官民衢祭，望丹旐即酹酒母触之哀，抵舟五里许。周道数千人肃然无声候过。纷雨泣与隶咸呼：“孝子！孝子！”舟行益病且哀，予危言强谏。君稽颡前谓：“不孝一旦从吾母泉下，求君撰吾母志铭。”呜呜不成声。

长途溽暑，度不能及丰润，拟驰请封公临素舟庶一见，得节哀。先是封公长洲以代偿仓谷稽滞累年。君年十八乞省父，弗之许，苦思成狂痴，乃令往即愈。嗣宦中州未得，遂迎养，疾发如初。径投劾归上官，惜其才，留调理。二亲至，遂霍然。至是既执母丧，又以父家居笃念，疾三发，至南昌薄晚医。私语予曰：“五脏坏，六脉散，治无及矣。”予犹就唁数千言，君颔之。诘朝黎明因自启船篷，无栏槛，误坠水，江涨流急，遂殁，乾隆庚辰四月二十有七日也，享年五十。呜呼哀哉！予送双梓归君里，撰太君志铭，焚君繐帷前。予惟君以过哀成疾，昏迷水死，虽情踰于礼，然视世之居丧，靦然食肉饮酒，居内如平常，仅受吊时，缞麻在身，即知哀戚移时已懈。求其齐疏饘粥百不得一焉。若君之惨痛迫切，一往不返，又笃念老父，夙疾复乘，竟不脱缞绖，奄逝颀艳。老稚闻之，莫不流涕。讵不足风世砥俗哉！予为文以哀之，其辞曰：

君胡溘逝兮！会不少留残魄东昇兮。斜汉西流麾白鼍兮，驾素虬导天吴兮。卫阳侯溯澎湖之浩浩兮，通汨罗之悠悠。嗟夫君兮！独往随灵均兮。偕游炳死忠与死孝兮，洵终古之匹俦。夫谁以礼轲绳兮，遂至性其何尤翩翻袅兮。丹旐溶滴棹兮，素舟望旧乡兮。缱绻临枉渚兮，夷犹眷怀归兮。幽燕浩杨灵兮，浦潋返城郭兮。游魂遶庭闱兮，省父激阴雪兮，林柯飒悲风兮。牖户倏而去兮。忽而来出不辞兮。入不语倚蘅皋兮，迟徊依贝阙兮。延伫歔大去兮，超遥放小招兮。愁苦供之兮，药房要之兮。椒糈心钦兮，思君目渺渺兮。愁予文鱼兮，纷縢蜿虹兮。下垂江妃歌兮，海童舞薜荔幔兮。芙蓉旗奉母氏兮，安坐侍下女兮。宴娭浴澶廻兮，丛薄汎窈冥兮。游澌蹑清氛兮，神灵雨例如麻兮。瑶之圃荡皃艓兮，芦之碕竦云冠兮。郢士迎玉楼兮，吾儿（君最契赏亡儿绳篪）共吟啸兮。无斁从翱翔兮，奚辞缅章源之渺渺兮，作新庙之翼翼，君肇禋兮，聂都神居歆兮。血食砉骑鲸兮，洪涛应肹蚃兮。泽国腾众语兮，喧阗曰君灵兮。降陟类柳子之罗池兮，标昌黎之碑刻讵握管兮。聘虚辞殆传芭兮，感遗德矧儒雅兮。风流信聪明兮，正直繇天帝兮。分符统波臣兮，効职肃惟馨兮。虔南远归藏兮，蓟北续些只兮，临风滋涕泗兮，沾臆。（昌黎文人已訾其不实，子岂知而蹈此姑以妄塞悲故及之）

——《弢甫集二十四卷》

募置乡会试公产引

郑澄

丰邑近在畿辅，沐圣朝文教，蒙先达余泽，家崇弦诵，历年于兹。以故试京兆、贡礼部，获售甲他邑。顾士多寒峻，随牒入都，往往艰于资斧，得第后旅寓京华，尤形支绌。夫以攻苦多年，一击不中，遂窘于再试。即中矣，而囊空羞涩，将伯莫呼，此绩学之儒所以废然而叹也！

澄尝怵然，深念人之敦尚梓谊谁不如我？其子弟好修向上又谁不如我？顾令俊彦厄于计偕，焉忍漠视。是宜急图所以维持保护，规诸久远者，以为将来劝。爰不揣固陋，谬献一筹，窃欲广诸同人尚德之心，仿古先贤义庄之制，捐置公产，收岁租以资诸寒士。乡试人给二金，会试人给三金。其中式者，各照恩赐旗匾之数分给。倘山川效灵，有作状头者，将全产交付。以后，另议续捐置办，悉如前约。兹举经营伊始，约计需费三千金。同邑宦外任者，飞书相咨，咸踊跃从事，各登捐数如左。更望林下诸君子协力同心，各联所知因亲以及友。十丈之裘，伫成于集腋，于以遍覆寒素。俾文士各得从容献艺，彬彬济济，凤起鸿骞，鼓舞奋兴。庶几，更逾于今日。由是父勉其子，兄勉其弟，谓吾邑人文之盛，自某科始，自某某乡前辈作兴始，任恤之心油然，而旁推孝友之行，蒸然而日上，则又不徒夸耀科名已也。

河间戈芥舟少仆闻之曰："伟哉斯举！允宜踵此而笃行之，吾辈拭目以竢，乐观其有成也。"然则吾邑首事者，又乌可不勉哉？敬具小引，祈列台衔。

——光绪《丰润县志》

七月捕蝗记

孔昭杰

捕蝗以为民也，而民不乐从者，何哉？盖蝗之来也，有不食而过者，亦有地相毗连，或食或不食，即食，亦不能尽食也。一经捕蝗，则蝗未食而蹂躏殆尽矣。丙戌之秋，蝗蝻大作，丰润傅明府，以宋家营灶户居多，捕蝗之役托之于余。其时，秋禾已刈，可无蹂躏之患，余令各庄灶户，挑长壕二十余里，蝗蝻自南而北，悉入壕中，四乡用车装运煮之，以喂鸡鸭及豕，去其十分四。其余六分，用土埋于壕中。其间有生翼者，夜柴燃火，令自投火中，旬日（十天）而毕。嗟呼，捕蝗非民所乐，纵然亦视捕之者何如耳？若禾稼未登，舍肯为此哉？是为记。

——清咸丰刻本《知非录》

学道爱人篇

孔昭杰

南海开宴，苏子瞻联交翰墨；东山命屐，谢安石结社林泉，是盖藉文酒之欢，即以订明簪之雅。惭无彩笔，敢效前人，谨缀芜言，愿伸素志。辰家居泗水，系出尼山，枉称诗礼传家，愧乏文章报国。杏林春远，未修刘氏之经；芦水秋深，遂捧毛公之檄；津沽风雨，六载驰驱渤海，烟霞三年，啸咏自悯风尘，渐俗敢言仕学兼优。兹乃幸慰私衷，获居斯土，人非热客，波岂时熬官是问，曹书堪补读，况越支北平故郡，文献新邦，商鼎留铭，千年龙篆，华山毓秀，一代人文。登翡翠之山，欲以�篮满贮，入珊瑚之海，能教铁纲空回？为此，洁治白堕之尊，敬迓青帷之士，韩潮素擅，阖摽吐凤之才，蒋径宏开，欲奏迁莺之什，仆非言偃焉，能学道爱人，邑有嶦台，切莫非公不至，损篡虽仅，占用二益友，当不止秋三敬肃花签，敢老玉趾。

——清咸丰刻本《知非录》

心香书院议

赵国华

日前枉过，数领教言，幸甚社议，诚为美事，此近人不经见之举。吾党僻居村塾，限于方隅，各守其一塾之说，积而相沿，得此以振拔之，不但士习有所宗，亦厚风俗之羽翼也。

前言未能曲罄其说，积一日夜思之，凡事造端不得不力，为行远计，确然有以见于后。此事规模尤宜正大，务使士林有所景仰，争自勉励，而后教可行也。古人最重师道，其初遇即不可苟，是以大学始教皮弁祭菜，揆古人之意，非以其文也。为之师者不敢毅然自据于师，而奉其先师以临之也。

今诸君所言，社必有长，理固信然。而属意于不肖如国华者，肺肝自顾，何以当此？窃又不敢自外筹之，至再而乃得一法焉。夫乡先生死而祭于社，古也兹之社，乡社也。社不可以无名，拟名之曰：心香书院。历取吾乡国初以来迄今于咸同，其没世系人望，且文章与志行相符者，即社为位。于朋集之时，习礼其中，瞻瞩徘徊，即资感发，而社之长亦在是矣。

曩国华在京师见国史文苑传，吾乡谷霖苍先生是为第一人。盖史多用年例，先生举乡在顺治二年，寔出诸老之先。虽大江南北名人辈出，有不能夺此席者。拟首祀先生，配以曹澹斋鼎望、魏矄菴元枢、刘永菴所说、鲁叔和克宽、周尤廷士拔、郑秋浦瀓、董恒岩榕、杨怡青友云、刘云岩熥、董晓峰齐光、张雨樵印塘、张羽丰燕翼、郑月州濂、郑竹筠长龄、郁鍊之镕、芮曙楼永照、吴仁波廷溥诸先生，使诸生登其堂而穆然遐思，不但讲肄所以，为文有所秉承，而往来砥砺先正之侧，百年耆旧如在一堂，斯亦人生之所大荣矣。既不忘率先达，亦有以风来者，则斯社之师岂乏人哉！至点定同人课艺，国华已承教竭其心目，不获辞用，敢覼述一切，其有未协未备之处，祈平酌而详议焉。是在当事诸君子矣。

——光绪《丰润县志》

祈雨文

康熙十一年六月至七月大旱不雨，田苗枯槁，井泽枯竭。万姓皇皇，呼天莫应。本府知府唐敬一念切民艰。恭诣城隍庙设坛，每日三次，频率僚属，免冠路拜，仍三致告文以达神听。至十三日子夜，大沛甘霖，三日方止。遍野欢呼，草木回青，山川增色，复为文以谢之。记告庙文四通：

初八日告庙文

唐敬一

维大清康熙十一年，岁在壬子，七月甲辰朔，越祷日辛女，直隶永平府知府唐敬一等，谨蠲白乃心，敢昭告于本府城隍感应之神曰：呜呼！旱魃之灾，帝天非无因而降。凡我僚属，奉天子命，牧养斯民，未能实心抚子，致此失业遗黎，类多饥寒失所。其或溢怒淫威，刑罚失中。再或吮民膏血，寄我饱温。有一于此，皆足以上干天和，下积人怨。太守顽置不察，诸司怙遇弗悛，灾及己身，固其宜也。民何罪之与有？而罹兹凶鞠耶！惟神血食北平，职司幽赞与太守表里斯民，若太守无德，不能格天尊神，犹将显震英威，谴太守以回天怒。若太守苟可告无罪于百姓，则今兹不雨，万炧立见烟寒，当亦非神之所安坐而嘿嘿也，神其度之。谨告。

初十日再告文

唐敬一

敢再告于本府城隍感应之神曰：呜呼！惟神以帝天喉舌之司，造下土一方之命。今此下民所为，岁时伏腊，焄蒿凄怆，而恐后者，凡以为今日也。北平财尽民穷，所恃以延如线之生者，惟有秋是赖。目今禾黍垂成，而骄阳不雨。万姓携妻挈子，头抢地，声震天，太守惴惴，悔过是用，率兹僚属，匍伏祷求告庙前言，尊神亦既闻之矣。朔九午刻，仰是阴云满布，霡霂氛霏，意微尊神回应之灵不至此，其如肤泽。未几屯膏如昨，岂太守之呼吁，有胸无心，神不我格乎！抑亦神将吐我，而帝天之视听，果高远而不见不闻乎！非是则天道好生，当僻不忍纵旱魃之播雪此一方民，若是其甚也。太守，父母此一方者也。尊神，御灾捍患，血食此一方者也。百姓不敢呼天而呼父母。太守不能问天而问尊神。若三日不雨则苗槁，五日不雨则土膏竭，十日不雨千里其赭矣。嗟此孑遗，弱者转壑，强者揭竿挺走，流离将不旋踵，则太守与尊神必有分任其咎者矣。神其鉴而裁之。谨告。

十二日三告文

唐敬一

谨免冠匍伏，大声疾呼，三致告于本府隍感应之神曰：嗟呼！此方之民，何不幸而罹此旱虐耶！北平古称瘠城国，其民刀耕火种，其地水立沙飞，产无百亩之遗，家无担石之储。所恃上天降康，时和岁穗。顾此遗黎，尚得与畿辅七郡之民，承丁负版，以上报天子者，饥馑不臻，而不忍轻去其乡也。嗟乎！今何不幸而罹此旱虐耶！下官敬一奉天子命来守兹土，未敢登堂受事，先入庙而谒尊神。循朔望跪拜之仪，尽人神祈格之礼，岂有他哉！良以地方久遭兵燹，小民鹄面鸠形，兼之弱肉无几，不堪强食是用，简刑息讼，驯暴惩刀，片纸蠲供，一钱不罚，期与仅存二三赤子，休息相安，以尽太守心所欲为，力所能为之事，庶几假此，可以告无罪于天子也。至于捍大灾，御大患，人谋所绌，则太守有所不能者，而神实能之。此有皇上帝所以特简聪明正直之仙班，敕为保障城隍之显爵。俾尊神理幽赞阳，奠丽此一方民，以辅佑天子，于以享此一方之血食而无愧也。此其义与下官之奉天子命而抚摩兹土者，将无不同。今下民罹兹旱虐，虽或天运使然，在尊神亦有不能自主。然而天子者天之子也，所以代天而子民也。尊神则天之吏，而太守又天子之吏也，无非为此民也。譬如父母不慈，孝子未有听其违道，而不迎几以谏者；人主有失，忠臣未有徒畏膏斧，而不折槛以争者。况乎帝天仁爱，养育万物，是其本心。而大兵大荒，不过数十年而一见。古之人主，六事自责，舍腹吞蝗，要亦一言之善，遂可回天，此又人事之彰彰者矣。若必欲尽此一方民，而饥之馑之，使之流离转徙，而不恻然念者，斯又必无之理矣。今者阳日以骄，禾日以槁，万姓呼天抢地，声彻重霄。太守匍伏悔过，叩头流血，一告不已至于再。再告不已，至于三。凡若此者非敢为渎也，诚欲尊神大彰捍御之能，以兹下情上告天帝，亦如孝子之谏其亲，忠臣之谏其君，挽回天怒，为民诸命而已。若三告而神不应，是必尊神之刍狗生灵，而虚拥天爵也。尚不能与人世之敦伦闻道者比，其亦何神之与有。语云：虽有恶人，斋成沐浴，则可以祀上帝，诚为之通也。今太守之夙与跪祷，而咄咄不休，可谓至矣。而神不我听，则旱其不可药矣，民其无如何矣。眼见千里如焚，穷檐熄爨，折骸易子，盗贼繁兴，行且震惊城社，绝灭蒸尝，势所必至。太守既无面目见此北平父老，即尊神亦岂能腼焉血食。对万姓而无惴此乎！太守之死不择音，泣尽而继之血也，谓神不听，当不其然。神如有灵，其疾告帝天，立驱旱魃，以造万民之命。再三日不雨，则太守不职，尊神不灵，不职不灵，法当黜太守其囚服继颈。迁尊神之行主于日中，以受天罚、必大雨，乃止谨告。

七月十四日谢雨降文

唐敬一

谨以牲牢鲁酒，致祭于本府城隍感应之神曰；于赫唯神，至正至灵，有祷必应，理幽赞明。降此时雨，粒我蒸民，捍灾御患，振古英名。回天有力，记过无心，于容赣服，其量于麾。魅敬其能，民其苏矣，永奠北平。太守暗昧，陈词失伦，譬彼育子，妄溯高深。今日之奠，悔罪负荆，神不我吐，惠然来歆。尚飨。

——《永平府志》

西北水利议

徐贞明

当今经国吁谟，其大且急，孰有过于西北水利者乎。虽然，而行之则效远而难臻。骤而行之则事骇而未信，盖西北皆可行也。盖先之于畿辅，畿辅诸郡皆可行也。盖先之于京东永平之地，京东永平之地皆可行也。盖先之于近山濒海之地，近山濒海之地皆可行也。盖先之数井以示可行之端，则效近而易臻，事狎而人信。

予所属二三解事者，盖遍历山海之境，阅两月而返，披图出示如指诸掌也。上人谓之□泉，彼中随地可得寻觅，但大小异耳。为言诸州邑泉，从地涌一决而通，水与田平，一引而至，比比皆然。姑摘其土膏腴而人旷弃，即可修举以兆其端者。

自西历东，如密云县之燕乐庄、平峪县之水峪寺及龙家务庄、三河县之唐会庄、顺庆屯地皆其著者。蓟州城北，则有黄崖营；城西，则有白马泉、镇国庄；城东则有马伸桥夹林河而下。城南，则有别山铺及夹阴流河而下。至于阴流淀疏渠皆田也。遵化西南平安城，夹运河而下。及沙河铺地方，又铁厂涌珠湖以下。至韭菜沟，上素河下素河，百余里夹河，皆可成田。迁安县北，徐流营山下涌出，五泉合流，入桃林河。又三里桥涌泉流出滦河，迁安萩桑甚盛，故宜有蚕姑庙耶，然闻其人萩桑者，皆剥皮造纸，恐是昔曾治蚕，而后来中废耳。又蚕姑庙涌泉成河，与滦河相接，夹河皆可田之地。卢龙县燕河营涌泉成河，及营东五泉，涌漫四出至张家庄、抚宁县西台头营。河流亦自燕河营涌泉而来，皆可田。

自西以东，如丰润县，怀柔县之髽髻山下可作水田百顷，南则大寨及刺榆坨、史家河、大王庄之地。东则榛子镇，西则鸦洪桥，夹河五十余里，皆可田。玉田县清庄坞导河可田，后湖庄疏湖可田，三里屯及大泉、小泉，引泉可田。其间有民所不业之地，有屯地，有牧马草地，屯草之地属于官。官为辟其芜，而收其利，不难也。至于民不业者，召民业之，官为助其力，何至连阡以弃，鞠为茂草乎。至于濒海可田，则自水道沽关黑崖子墩起，此田成则东南一大郡也。宝坻、静海皆如是，至开平卫南宋家营之地，东西度之百余里，南北度之百八十里，皆隶丰润，其地与吴越濒海之沃区相等。静海之葛沽高地今已田，双江稍下巳田，余可作者甚多，今蒲苇弥望，而系名于势族。然苇之利微，即势族亦无厚入于其间也，若如吴越人田而耕之，则利十倍于苇。即捐其一，以与势族，使不失其旧入，势家亦何憾焉！

昔虞文靖公之议，东极辽海，南滨青徐，濒海皆可田之地，何处不可先徐公偶得此耳。今丰润实其中境，欲举其议而行之，兹非其先当致力者乎。盖先之京东数处以兆其端，而京东之地皆可渐而行也，先之京东以兆其端，而畿内而列郡皆可渐而行也。先之畿内列郡，而西北之地皆可渐而行也。在边陲则先之蓟镇，而诸镇皆可渐而行也。至于濒海，则先之丰润。而辽海以东，青徐以南，皆可渐而行也。

夫事有小用则宜，大则局而不通。大用则宜，小则窘而难布。兹其试之一井，究之天下无不利者。事有旦夕计功，而远猷不存。积久考成，而近效难睹。兹其暂之岁收，久之永赖。无不利者。特端之于京东数处，因而推之西北，一岁开其始，十年究其成，而万世席其利矣。

——清乾隆二十年《乐亭县志》

京东水利疏

怡贤亲王

窃河道有经有纬，而纬常多于经，所以资节宣利挹注也。臣等历看京东之水，若白河，若蓟，若滹，以及永平之滦河皆经流之。最大者白河，为漕运要津。农田之蓄泄不与，焉然河西旷野，平原数十里内只有凤河一道，自南苑流出，涓涓一带蜿蜒而东，至武清之堠上村，断流而河身淤为平陆，此外别无行水之沟，亦无潴水之泽。一有雨潦，不但田庐弥漫，即运河堤岸，亦宛在水中矣。查凉水河，源自京城西南，由南苑出伍仁桥，至张家湾入运，请于高各庄开河分流，至堠上，循凤河故道，疏浚由大河头入，仍于分流之处各建一闸，以时启闭，庶积潦有归且可灌溉田畴。而于运道亦无碍也。运河之东则香河，其下为宝坻，沿河堤岸坍颓，屡为二邑之灾。应饬河官及时修筑高厚。并于牛牧屯以上，斜筑长堤一道以障上流之东溢，则香河、宝坻无运河之患矣。再通州烟郊以南之水，皆汇于窝头。分为二股，一股南入运河，一股东流经香河县之吴村，汇于百家湾入七里屯，达于宝坻，查七里屯以上大半淤塞，地皆沙卤，难以开凿，若将南流一股疏通深畅，则窝头经流归于运河，分入香河之吴村者无多，稍加浚导则亦可免冲溢矣。又夏店之箭杆河，经香河东北入宝坻之沟头河，漫流入淀。应从沟头疏浚导流于宝坻城南，会七里屯之水东入八门城达于大河。庶水有攸归不致漫溢为害。且潮水自八门城逆流入河，于农田亦有利焉。宝坻之西北壤接蓟州，蓟州运河自三台营，诸山之水东南至宝邑，白龙港又南经玉田、丰润合滹水达于海。河身深阔，源远流长，所谓弃之则害，用之则利者也。臣等愚见，请先筑河堤，务须高厚，永保无虞。然后于下仓以南建石桥一座，桥空下闸壅水而升之，注于两岸以资灌溉，多开沟浍自近而远，纵横贯注用之不乏矣。滹水又名还乡河，发源迁安之泉庄。喷薄汹涌，悬壁而下，既入平地则委折蛇行。土人有三湾九曲之称。自康熙四十二年决运河头，夺流而西至，雍正元年始塞决口，挑引旧河。然河道狭而堤堰卑，东决则淹丰润，西决则淹玉田，二邑士民请展狭为广改曲为直，其说近是然，以建瓴之势奔放直泻，恐下流益滋冲溃之患。似应酌量。于甚曲之处，如刘钦庄，王木匠庄各开直河一道，其旧流亦无令壅塞，俾得两处分泻。堤堰之偪近河身者，拓而广之，更加高厚，可无冲决之患。至沿河一带建闸开渠，数十里内无非沃壤。土人动言滰水湍急为患，不知败稼之洪涛即长稼之膏泽。凡溃而为害者，皆分而为利者也。现在近河居民引流种菜，千畦百陇，在在皆然。曾未见利于圃而有不利于农者也。玉田本属稻乡，蓝泉河出蓝山，西南流入蓟运夹河，潴水为湖，伏秋山水暴发，河与湖平，一望弥漫。应将河身疏通深广，束以堤防，西北另开小河一道，引山涧污漫之水入河下流，使湖无泛滥而河得安澜。仍于曲河头建闸开沟，引水　东湖，而南湖内外田地均沾灌溉。仍于湖心最下之处圩为水柜，以济泉水之不足，其利可以万全。又泉河发源小泉，山东流□孟家泉，暖泉达于蓟运河。现在引流种稻，所当搜涤泉源多方宣播以广水利者也。

丰润负山带水，涌地成泉，疏流导河，随取而足。志乘所谓润泽丰美，邑之得名非虚也。臣等历勘所至，如城东之天宫寺、牛鹿山、铁城坎以及沿河沮洳之处，或疏泉、或引河，可种稻田数百亩，多至千余亩而止。惟县南接连大泊一带，平畴万顷，土膏滋润，内有王家河、汊河、龙堂湾、泥河共四道，皆混混源泉，春夏不涸。王家河、汊河流入大泊，龙堂湾，泥河西入蓟运河。而田畴不沾勺水之利，为可惜也。应请涤其源，疏其流，坝以壅之，堤以蓄之。东北引陡河为大渠，横贯四河，而中间多开沟洫，度陌历阡，潆洄宣布，数十里内取之，左右皆逢其源。涝则田水达于沟，沟达于渠，渠会于河，河归于大泊。大泊广八里长，方十余里，若于东南穿河导入陡河，以达于海，而泊内可耕之田多矣。陡河即馆水，源自滦州之馆山东，流绕县境而南，旁河村庄曰上稻地、下稻地。南曰官渠，盖昔年圩田种稻之处，沟塍遗址尚有存者。宣各庄以下至今稻田数百顷，村农以此多至饶裕，若推而广之，沿河坚筑堤防，多设坝闸，以时蓄，疆理一循旧迹，不劳区画，而两岸良田不可数计。至板桥、狼窝铺等处，东连榛子镇一带，流泉大概入滦州境矣。滦州为永平属邑，永平之水滦河为大，其源远所从来者高，汹涌滂沛，推壅砂石，既不可束以堤防，亦难以资灌溉。然各属支流藉以汇归，故少涨溢之患，而涓□皆农田之资。如滦州近城之别故河，淤塞漫流数十年，于兹若照旧疏通，不惟城闉不受浸啮，而西南负郭之田皆收浸润之利。城南则有龙溪出五子山，东大泉腾沸流至五官营，伏入地中至阎家庄，复见即清河之源也。城西则有沂河，经芹菜山南流折而东，又转而南，二河之间，地势平衍，土冈环之，东南一望，无际皆可播，流而溉也。西南则游观庄之靳家黄坨河，引泉可田，南则稻河，吴家龙堂等处引河可田。西北则自沙河驿之东榛子镇之西，龙溪黄崖暖泉于牤牛河，经双桥而围山瀑水，入之流清而驶，地平而润。沿岸一带，建坝开沟，无处非水耕火耨之地矣。滦州之北为迁安城北徐流营，涌出五泉合流入桃林河，又三里桥，涌泉流出滦河蚕姑庙，泉河与滦河相接龙王庙之泉头，流为三里河，经十里桥而南，夹河皆可田。黄山之麓一泓湛然，浮沫如珠西漾，入石渠渠岸，清泉喷涌，即还乡河自出也。自泉庄至新集五六里，两岸地与水平，播之可种稻由百余顷，且可分还乡河上流之势。滦河经府治之西青龙河会焉，青龙河即卢水县，以此得名。境内冈峦起伏，地高水深，难以汲引。惟县北之燕河营涌泉成河，及营东五泉漫溢四出，至张家庄一带皆可挹取，为树艺之利。他如抚宁、昌黎、乐亭以及遵化、三河等州县，臣等未及偏歷，然按图考志大抵水泽之利居多伏念。

京东土壤膏腴甲于天下，祇缘积俗怠玩苟因循，人有遗力，地多遗利。我皇上轸念民瘼宵旰勤求无刻，或释臣等奉命查勘所至，宣扬圣德，明白晓谕，一时民情踊跃，欢声雷动。今春融冻解正动工修筑之时，臣等分遣效力人员，逐一确估，请□兴工，惟是工程浩大，地方辽阔，臣等钦遵圣谕，殚心筹划，所勘情形大概如此。至高下广狭，随宜随量，容有变通之处，抑或委员经理，未必尽合机宜。圩田之多寡，奏效之迟速，统俟工完彙齐送册，将勘过情形绘图恭呈御览，伏乞皇上睿鉴施行。

怡贤亲王

——清乾隆二十年《乐亭县志》

附和硕怡亲王等陈奏、直隶水利营田事宜三款。一、白卫淀池等河情形，并绘图进呈。一、请于滦蓟文霸等处，各设营田。一、请拣选河员。得旨，直隶地方，向来旱涝无备。皆因水患未除。水利未兴所致。朕宵旰轸念。莫释于怀。特命怡亲王及大学士朱轼前往查勘。今据查明绘图陈奏，所议甚为明晰，且于一月之内，冲寒往返，而能历勘周详，区划悉当，以从来未有之工程，照此措置，似乎可收实效。具见为国计民生，尽心经画，甚属可嘉。著九卿速议具奏，至于工程应用人员，若交与九卿拣选，恐有掣肘，即令怡亲王及朱轼拣选请旨。其从前差往修城修堤之员，俱著于水利工程处，一同办理。

工部议覆，怡亲王允祥等摺奏京东水利情形。一、河西数十里内，只有凤河一道。即桑乾河之分流，自卢沟河，经南苑，至漷县西南，流入武清县南，河流本畅。自武清之堠上村，淤为平陆。偶遇水潦，田庐弥漫，应循故道疏浚。仍于分流处，各建闸一座，以时启闭。一、香河、宝坻二邑，沿河堤岸，坍塌甚多，应及时修筑。再于牛牧屯以上，斜筑长堤一道，以障上流，俾运河无东溢之患。一、通州烟郊以南之水，汇于窝头。分为二支，南流入运河。东流经香河之吴村、达于宝坻。吴村以下，大半淤塞，难于开浚。应将南流一支疏通，畅入运河。其由香河入宝坻之沟头河，亦加疏浚，导之自宝坻城南，达于大河，不令漫溢。一、宝坻与蓟州接壤。蓟运河自三台营会诸水，至宝坻之白龙港，又南经玉田、丰润、合浭水以达于海，应先修筑河堤，再于蓟州下仓镇以南，建桥下闸，壅水注于两岸，以资灌溉。一、浭水出迁安之泉庄，至崖儿口，东决，则淹丰润，西决，则淹玉田，应开直河二道，与旧流分泻。其近河堤堰，更加高广，建闸开渠，庶令洼湿之区，皆为膏壤。一、玉田之蓝泉，流入蓟运河，河外潴水为湖。山水暴涨，河与湖平。应将河身疏通深广，束以堤防。湖之西北，另开小河，引山涧诸水入河下流，使湖不泛溢。仍于湖心最深处，储为水柜，以济泉水之不足。其泉河一带，仍多方疏导，以广水利。一、丰润之王家河、汊河、龙堂湾、泥河四道，或流入大泊，或流入蓟运河，田畴不蒙其利。应涤源疏流，筑堤建坝，于东北引陡河为大渠。横贯四河之中，广开沟洫，以备旱涝。一、永平所属，若卢龙之燕河营，及营东五泉、滦州之别故河、龙溪、沂河、靳家河、黄坨河、陷河、龙堂、牤牛河。迁安之徐流营、泉河、三里河。皆应随地制宜。开沟引流。于水利营田。大有裨益。以上八条。俱应如所请。得上谕。依议速行。

总理水利营田事怡亲王等疏报：现值秋成，所营京东滦州、丰润、蓟州、平谷、宝坻、玉田等六州县，稻田三百三十五顷。京西庆都、唐县、新安、涞水、房山、涿州、安州、安肃等八州县。稻田七百六十顷七十二亩。天津、静海、武清等三州县，稻田六百二十三顷八十七亩。京南正定、平山、定州、邢台、沙河、南和、平乡、任县、永年、磁州等十州县，稻田一千五百六十七顷七十八亩。其民间自营己田，如文安一县三千余顷。安州、新安、任邱等三州县，二千余顷。据各处呈报新营水田、俱禾稻茂密，高可四五尺，每亩可收谷五六七石不等。至正定府之平山县及直隶天津州，呈送新开水田所产瑞稻，或一茎三穗，或一茎双穗。谨呈御览，下部知之。

雍正十二年，戊戌，工部议覆直隶总督李卫遵上谕议奏，丰润营田观察使陈仪，条奏整理营田，及蓟运等河加修堤岸各款：

——濒河沮洳之场。如玉田丰润等处围田。悉为澍雨淹冒。请查明残缺之处。动帑修补。

——蓟运河左瞰玉田，右俯蓟州，堤工最为紧要，请加高培厚。

——小河为鸿桥蓝泉二河之会流。马营一带汇受蓝泉之水，旧有民埝一道。请加修筑，并疏浚鸿桥，无使淤垫。

——泃河源出塞外，东流与蓟运会合。南北两岸，并居险要。请设岁修银两，预备桩埽，以为抢堵之用。

——潮河东岸，乃玉田民埝，阖邑倚为保障，请加培防护。

——还乡河凭高下注，性驶流曲。丰玉二邑堤埝，多被漫决。请设岁修银两，每年如葺保固。

——陡河即馆水。由滦州入丰润，其流始盛。至拾家沽以下，河窄流纡，两埝卑薄，请悉行展挖。即以所挖之土，增筑两堤。以上各项。即于通永道库存贮银两内，酌量拨给。至丰润等县民埝，向系民自加修。今年秋，被偏灾民力不支，除所用物料动帑备办外，请令地方官各酌给米粮，以工代赈，后不为例，均应如所请。从之。

陶誉相诗序

芗圃先生少含英气，绰有父风。仳离任昉之孤，密迩渭阳之舅。母勤荻画，儿警机丝。当终贾之年，擅王杨之技。而乃方痛手泽，又嗟杯棬弁。孺肠摧皋鱼骨，立根本至性，发言为诗，自写心声，真闻天籁，得毋情能生文，几望哀无过礼欤。观夫冰清卫玠，玉观潘安，黄绢词新，碧纱句好。北平应试，受知于学使吴稷堂先生，空北野之群，重南金之目。千人谓俊，一军皆惊。其补博士弟子员，已冠冕多士矣。今夫道务及时，身先有用，少年捧檄，才子之官。辞燕市之箫声，讯江城之梅信，眺烟岚于皖口。雁汉横秋，纷轮一毂于舒州；龙山放晓，甫瞻节钺旋荷。光尘望蔡，易衣中郎。倒屣聋丞醉尉，彼何人哉？智锷才锋，试可乃已。于是马蹄南北，鸿爪东西。楚山峨峨，淮水浩浩。蒲奏筝笛，蜂鸣凤凰。驿问红心，城登金斗。桥霜店月，帽影鞭丝。吟成原隰，皇华唱遍晓风杨柳。古锦囊于以富焉，行秘书于以繁焉。有若人上天都，山从面起。九九莲花拔地，六六玉笋参天。触石云兴，浮天海立。蛟宫贝阙，珊瑚木难。长鱼穹鳌，顷刻万状，掷笔天外，异想飞来。嗟乎！竹马歌喧，予小子前尘安在；甘棠影密，先大夫手泽犹新。不禁过故府而伤怀，仰崇碑而陨涕焉。已尔，乃一行作史，环滁皆山，客集如云，门喧若市，咄嗟而办，条理秩然。时则姬调宝瑟，妾织流黄。春山笑多，嫩月眉小。立鹤则佳儿阿绍，折花则娇女平阳。且也笏支拜石之庭，瓶汲浇花之井。芳草扶屐，远峰揖人。青萝挂衣，古云流席。松花吹而锦鞍卸，竹露净而茗碗香。山鸟喧而翠□飞，银荷张而铜钵击。侧理腾藻，陶泓溢辉。盖已极嵇、吕之盛游，嗣欧、苏之遗韵矣。若夫二分明月，六代烟华，三蒿桃叶之波，一觉扬州之梦。绿摇画舫，红压珠帘。什赠鸳鸯，杯倾鹦鹉。舞裙歌扇，檀板银笙。香霑杏子之衫，墨染梅花之袖。则又画壁下双鬟之拜，朱弦传三叠之声也。盛矣哉。笔由天授，诗杂仙心。履綦雅南鼓吹骚，选长袖善舞振采，欲飞更上强台。蔚为大观，乌能测其所至耶。臣今老矣，文何以为？桐尾已焦，佛头恐污。虽壮心未已，犹顾盼于新息之鞍。而大敌谁当，已退避乎夹泜之舍。

——光绪《丰润县志》

宦游纪略

桂超万

道光二十一年辛丑闰三月二十三日卸栾城县事，二十六日起行赴调任，二十八日过保定，省改调署丰润县。以丰有两海口，重防堵也。谒讷制军（名尔经额，号近堂）云：已访知栾城德政，奖励久之。

四月十三日接丰润篆。谒庙焚疏，防范大道，出示禁娼、赌、招、摇等事，如任栾城时。其拏讼师示稿犹存。照得：

好讼乃闾阎之害，息争为风化之原。近来案牍纷烦，总由讼师教导，黠者奉为师表，愚者堕其术中。或称贷不行，架空际之楼台而造衅；或朋谋为害，假旁边之羽翼以证明；或气已平，而激之使争；或事本小，而化之使大。直作魑魅百怪，暗含蜮射之沙；岂知肝胆千邪，悉照龙盘之镜。本县仕苏二载，清理积案无穷。治栾五年，查拏棍徒殆尽。兹邑素称淳朴，各乡亦有刁顽。果闻风而革面洗心，收帆最稳；倘怙恶而挺身试法，漏网无由。兹值下车之初，未忍不教而杀。除密访查拏外，合行晓谕。为此，仰合邑军民人等知悉，嗣后各安本分，无逞强梁。忍得几分，过后何等自在，劝息一事，积来无数阴功。利薮不让丝毫，讵成讼用金如土，翻教破产破家，砚田堪糊饘粥；何杀人以笔为刀，忍致灭门灭族。须种子孙之福，常怀官府之刑，言出法随，毋鲐后悔。

前任以病积案三百余件，余到任一月结完。每日结十余案，其讯法如任栾时。而丰邑民情较淳，一经诘问，辄实供不狡自尽，命案亦在厂讯结，不带两造。入城接篆三日，有委员提瞽民京控弟妇与邻人私，勒毙二侄谋害亲夫一案，及传讯，三命现，存奸无影响，因请免解发回，原告究办，大府从之，治如律。有光棍索欠逼命一案，经前任讯详，欠逼属实，兹复讯，系凭空讹诈，并究出路截生妻强占一案，置之大辟。

丰邑旗地，民地犬牙相错。有奸民争占民地不得，辄献之宗室八旗，谓昔系庄佃，今被隐瞒，旗人遂呈户部，咨查似此类者甚多，往往久不能结。

余任丰八月，遗有四案，传讯毫无凭据，皆系子虚，究出献地之人，重惩之。向例详直达部，余亲为叙详，细剖其诬，重言其累。并云：外间最尊部件，最畏宗室旗人。一经查讯，不敢草草断结。动累月经年，小康之家，荡尽产业；食贫之户，鬻及妻孥。如果地实隐瞒，罪所应得，否则徒堕仇人之计，莫伸覆盆之冤。应请自后旗人递呈大部，察其有历年租簿及佃约等项，实据方准咨查。万勿再听捕风捉影之语，纷纷查办，滋扰闾阎，功德无量。后晤部友曰：夫子教我矣。

下车五日，即往黑沿子、涧河两海口查看情形。比劝募黑沿子村乡勇百人，涧河近村乡勇百人，皆雇教师，在村教以鸟枪、长矛、短刀各艺。令其早晚学习，以助军威，以保村落。不妨本业，不给工食，只免杂差而已。每旬日往阅，学有模样者，每名赏一二百钱。时广东与夷和，未经奉文练勇，余先事办理于报，到任内禀知。上台五月后，奉团练上谕大府，即以入告。至七月后，闻英夷败盟，厦门失守，海口戒严，乡勇每名给工食百钱，终日亲督训练，并入营学演阵法。又奉文挑挖沿海陷坑，丰境计七十余里。余言："明见为坑，贼安肯陷？须用秫秸盖上，有沙之地堆沙，有蚌壳之地堆蚌壳，有土之地堆土，并遍地挖新土，使贼不知何处是地，何处是坑，方能陷贼。坑内安放竹签，方能戕贼。"大府以为然，饬各州县，海上陷坑以此为式，又募打野鸭抬枪四十余杆，以为乡勇。

初，营兵借居民屋。虽卡房造就，仍不肯移。余言于副将胜魁、游击刘正，谓：营规宜肃，滋事宜防，耗财宜虑，乃婿入卡。又言："兵不闲乃无佚志，兵必精乃有勇气。今清晨例操以后，便无一事，非计也。盍于饭后加工，使习矛者兼刀，习刀者兼矛，习鸟枪者或兼刀矛乎。胜、刘二将以为然，于是训练竟日，余亦时以牛羊犒之。次年事平归伍，刘游府语：兵日武艺学就，饷银留余，父母妻孥见之欢悦，皆桂君之赐也。"

制军札乡勇归营调度防守。余禀："所募沿海乡勇皆穷民，捕鱼为生。初募时，卑县雇教师准其早晚学习，不妨本业。又谕以各保村庄，永不外调。并免差徭，是以不给饭食，而人皆劝。自七月后，海防紧急。近者日给百钱，终日训练，三八会营，教以阵法；远者移营派弁教习，许其自保，言明不调入营，以致该村空虚。今胜，副将奉札调勇同守炮台，超谓昼调练技则可，夜调守炮则不可。炮台兵有专责，若调勇同守，则兵将委之于勇，自此人有惧心，他村亦难招募。何以使人自为战、家自为守也？凡事顺乎人情，则众志成城。违乎人情，则众心离德。”

八月二十六日夜，海水放光，众疑寇至。黑沿子乡勇踊跃前驱，并合庄老少，俱持草刀奋往，颇见人和之验。今若施以不欲，强以难，堪能保其不解体耶？且乡勇若请钱粮，既虞难继牧令，捐给亦不可常。以后海疆无事，似仍应乘暇团练，合古时农隙讲武之义。今拟夜轮乡勇二人，在营探听，有警鸣锣集众，免其驻营看守炮台，俾弁兵责无旁贷。敬献刍荛求赐札饬，从之。

是年五月二十二日，奉上谕：直省道府厅州县人员，平日立品、居心、官声、舆论，各督抚见闻所及，随时察看，自必知之最悉。着于所属道府厅州县中，择其洁巳爱民、诚心任事，确有实据者，出具切实考语，秉公具折，酌保数员，候朕简用。该督抚务当各矢公忠，据实保举，毋稍瞻徇冒滥用，负朕立贤无方至意，钦此。

七月，讷制军具折明保知县三人，超万与焉。考语云：持躬廉谨，悃愊无华，尽心民事，不避艰辛，惠政及人，舆情爱戴。

是月二十一日特授务关同知。（外保二人：一为清苑县罗遵殿；一为昌黎县曾世仪）

十一月星使僧王等查阅海口，重赏丰润乡勇，称团练为各海口第一。

是冬，上《平夷八策》于讷制军，请寄各省当路采用。一曰：以鬼攻鬼，谓募能潜行之水鬼以焚贼舟也；二曰：以贼攻贼，谓诱回汉奸招降海盗及水贼也；三曰：以民兵攻贼兵，谓重用粤东曾经胜贼之乡勇头目也；四曰：以小舟破大舟，谓仿交趾之轧船也；五曰：以土器破火器，谓营中多盛土囊以御炮也；六曰：以异术破异类，谓招揽精通奇门之异人也；七曰：以诈攻诈，谓诱之陆地埋伏地雷也；八曰：以夷攻夷，谓联给通商之群夷也。其稿载入文集。

十二月六日卸丰润篆，十二日接务关同知篆。道光二十二年壬寅二月初七引见，初九召见，奏对，幸无陨。

越十六回任，即委在滦州、丰润、乐亭三海口间。劝勇建营，自备资斧，不吝犒赏，不受馈遗。初接任，未十日，招地方生童，课文以务。为由津入都咽喉，诚要害重地，同知不管辖，地方意欲藉此联络士民，团练义勇，以揆文为奋武之谋。后防海，久役在外，未果行。撤防回署，亲课生童，讲习经义，及迁去，多士依依不忍别。

《郭嵩焘日记》摘抄

咸丰九年二月：初十日：李云舫漕台来坐久谈，言所著平夷二十策、练兵纪要、南征北征各日记，约并一检视。史公亮约晚饭，所邀客六七人，无一至者，惟予及孙琴泉相就一谈。察哈尔马队一千，归西将军凌阿统带，驻北塘，分兵五百驻丰润县之涧河口。吉林、黑龙江马队二千，归格都统绷额统带，驻山海关乐亭县之清河口。老母沟分驻五百，乐亭县之浪窝口、蒲河口分驻五百。山海关界之白塔岭、秦王岛分驻五百，小河口五百。兵力亦以分而见单矣。

奏报查阅营伍（番社）地方情形及出巡回署日期折

福建台湾镇总兵官奴才董果谨奏：为恭报查阅营伍地方情形暨出巡回署日期。

仰祈睿鉴：事窃照台湾海外民番杂莀，南北两路均为紧要，兹届冬成之候，正巡察之期。奴才先于本年十月初八日，轻骑灭从，自台湾府城起行，由城守营右军前往北路诸罗、彰化、竹堑、上淡水地方遍历巡查，于十一月初一日回署。复于初六日，前往南路凤山、下淡水、山猪毛所辖营汛，遍加巡察，随由城守营左军之岗山一带，于十一月初九日巡回。考阅南北各协营，操演阵势俱皆合式，其官兵技艺内有纯熟者，奴才当场分别奖赏，以示鼓励；间有一二生涑者，亦即责惩，以昭劝诫。至军装、器械逐一点验，俱皆鲜利无缺。奴才仰蒙圣恩，谆切诲，感激无地，惟有勉竭驽骀，实力整饬。伏思枪炮一项，为军中之利用，奴才于上年抵任后，即严饬水师陆路各营将备督率弁兵勤加训练，务使一律精纯。嗣承督臣杨景素飞檄训饬，又蒙部行钦奉谕旨，严饬弁兵演习准头，奴才益加严切，时饬练习。今考阅奴才标下中、左、右三营、城守营及南北两路水师各营弁兵打靶，皆有六七分不等，仍饬将备加意教导，务期十分，俾海疆稍有裨益，以仰报我皇上高厚于万一。至所到各处民番乐业，地方敉宁，各社通事、土目、番黎以及读书番童，照例分赏银牌、烟布、纸笔等物无不欢乐。合将奴才考阅营伍弁兵巡查地方情形及出巡回署日期恭折奏闻。伏乞

皇上睿鉴谨奏。

乾隆皇帝御批：知道了

乾隆肆拾三年拾一月初拾日

谱籍

卷之九

郑氏
李氏
孙氏
赵氏
董氏
孟氏
高氏
卢氏
于氏
崔氏
马氏
舒穆禄氏
安氏
冯氏
刘氏
王氏
佟氏

郑氏家族

郑氏谱序

且万物本乎天，人本乎祖，故尊祖敬宗。人有同心，然相同者心，不相同者势也。即以家谱一事言之。簪缨之族，刻印成牒，以传后世，千百载下，本宗支庶，秩秩然也；诗礼之家，誊写成本，即上溯数世，亦在在可考。唯有氓庶，世乏读书人，或读书目仅识丁，当时忽略，后将前辈之绝者不知谁嗣，迁者不知何往。待有读书人，起上溯无由，遂将近代高曾数世一纸，亦名家谱，此乃势使之然也。

我郑氏世愈达而人愈众，人众则散处之地方，或近或远，或他州县，到处有之。一问家谱，各处皆有。或刻印成牒，或誊写成本，亦有数世一纸者，等等不齐。然皆止叙本支，从未汇而为一。今春，族人相商，将各支各派之谱，寻流溯源，汇而为一，叙为总谱。众口一词，齐心合力，四五百年之缺事，一旦修明之，有志者事竟成，洵光前裕后之盛举也。经事伊始，祖人嘱我作序。

我想我始祖讳唐兴，前明永乐二年，由定州中山野雀窝，迁于丰润县城东南百余里之郑家坨，立茔在二郎庙东北，遂永为土著。

所谓自定州迁者，非定州之迁民也。前明永乐帝，靖难兵起，有北京至山东一路，城郭尽皆屠城，定州孑遗，尚能有几，犹可外拨乎？盖彼时奉旨拨民，设立总局，派官管理，定州立一总局，四外分发，而受拨之民，皆外省远来之民耳。

我始祖相传系山西原籍，考丰润县志《郑相侨传》，郑氏其先聚于中州新郑，分支于四川丰都、江南之桃源、山西之文水三大支也。我始祖相传系山西原籍，则为文水人无疑。我想我祖在丰邑巨族也，亦分三大支。我支为一大支，其先若宗龙公，在清初建功，官至汉军都统，领侍卫内大臣，此武职之极品也；文职若勋公，官处州府知府；若功勋公，官肃宁州知州；其他，郎中、主事更不乏人。科甲若东与杲，同胞具成进士；若蕙与梵，同胞皆领乡荐；若谦，道光壬午举人；若珍，为同治癸酉举人；若光远，为道光丁酉副榜。科第连绵，职官显耀，此一大支也。

宋家营郑氏始祖，讳有成，相传与我始祖为叔侄，同时迁此，其后裔若家麟公，嘉庆己巳翰林；若之钟公，道光乙巳进士；若钰，咸丰辛亥举人。由仕官而显者，若源涛公，官由布政使，升山西巡抚；若锡敞公，官山西道。以外州县府道，更有多人，此又一大支也。

县城西大郑各庄，始祖讳相侨，又为一大支。相侨次子恂，康熙乙丑进士；长子愉与子兆业，侄兆鲲，康熙辛卯，父子叔侄同榜举人；次科癸巳，愉之侄兆龙、兆鲸，又同榜举人；愉之季子兆球，乾隆戊戌会试，恩赐翰林；愉之元孙征，乾隆辛卯进士，创修本县状元。会科第之盛，名冠京东此又为一大支。

此三大支继中州，分支三大支，可谓后先媲美，又可称南北齐芳，丰邑中鼎耳。我郑氏三大支，鼎峙当中，显臣高科，代不乏人，虽曹谷大姓，恐不能夺其巨擘，洵足为一邑之巨族也。以科甲论，称丰邑为小江南，在畿东为第一邑，我祖为一邑巨族，不又畿东望族乎？

今我族倡修总谱，事将告成，以修谱论三支，又让我支为独步。民国以后，科第勿论，其由经济而显者，来世必多。迈迹之人，有厚望焉。

时民国五年阴历丙辰十一月吉日十五世孙贡生澎文谨序。

郑氏合族总谱序

尝思木之有本，水之有源，以是知木水尚有本源，何况乎人？人苟不知其本，不将贴数典忘祖之讥乎？故曾子有慎终追远之句，毛诗有缵戎祖考之章，皆其所以示人，不可知其本也。然欲知其本者，何莫如修家谱一事？家谱以修，则上至鼻祖，下至耳孙，名字无一不传，支派无一不续，岂非一族之盛举哉？

况我郑氏，自周厉王封郑为郑桓公，后至幽王，子孙播迁于陈王汉，宗族繁多，杰士迭出，其人虽无殆圣人之称，亦有兴宗之号。试观郑度智虑过人，曾为益州从事；郑球攻略盖世，屡迁成都尚书，此其甚著者也。迨于晋，郑羲官至少保；郑冲由太保而封寿光侯。其余官爵厚禄者，犹不可枚举。他如南北朝郑邹、郑灼、郑修、郑元礼之流；唐之郑显、郑良、郑放、郑德本之辈，宋之郑升、郑世翼、郑建中、郑伯玉、郑景平之传，皆为皇家名臣，悉有令政可考。由是言之，则我郑氏之宗，岂不可谓之盛哉？

况我始祖唐兴公，自前明永乐二年，奉旨由山东迁居丰润县东南郑家坨，迄今二十余世，五百年矣。瓜罗绵迭，人数众多，桐亦生枝，支纷繁益，群居散处，各住一乡，不下数十余处。而且，秀士多多益善，泮水屡有生香，学士济济繁然，林院之人不乏。虽不如孔孟之高族，亦可比杨氏清白之门，往往龙孙无惭燕翼。苟不修谱，后人其谁知之？苟不修一总谱，不犹贻同室如秦越之讥？若之何，其可哉？

我族筹之熟矣，故于民国五年，族中共议倡修总谱。此一举也，不但有益于先祖，并且有益于当时，而且可垂裕于复昆也。居庄虽异，则谱可合而为一；分支纵多，则谱可续成一部。纵代远年湮，时迁岁移，有此总谱，则追祖有传，近世可续亲疏，皆别遐迩，周知其有关于伦常风教也，岂浅显哉？公等知其然，非有修之不可也。故今者恢其式廓，缺者补之，略者增之，添填写写仍旧惯，书书录录再重修，俾后人时陈祖德，每颂先劳也，不亦美哉？

时民国六年岁次丁巳望日，十七世孙树榛谨序

郑氏合谱序

尝谓天下大势，合则必分，分则必合，此乃国家鼎革隆替之机，似与连属宗支无所涉。然家之有谱，谱之当续，则又由合而分，由分而合之事也。统观古今天下之人之生，谁不由始祖一人肇造一处奠居？彼一时，生息未繁，门户未广，譬诸水有源流犹未长，木有本枝犹未茂，无所谓合，亦无所谓分。厥后，支分派别，生生不息。本支百世，瓜迭绵绵。既分而为数十百世，即分为数十百处。且分而数亿万人，而又不可穷极之数，将见日分日远，远则难追；日分日多，多则难考。此分不可不合，而谱之不可不修也。

因念我祖伯友始封荥阳，启宇三代以降，代有闻人；四海之遥，复多望族。然代远年湮，实难详举。唯我始祖唐兴公，自明朝永乐二年，以定州中山野雀窝，迁居丰邑城东南百余里之郑家坨，始造其基，而为一世祖焉。但

由明历清，复由清至民国，前后有五六百年，散处数亿万户。河东河西，子孙纪振振之盛，关里关外，云仍征缉缉之详。纵使人各有祖，祖与祖行辈难详；家各有谱，谱与谱宗支难考。无乃由合而分，既分而不易复合乎？然使不易复合而遂不来复合，势必至谱不合则祖不合，祖不合则性情恩谊不合。一切晋接交涉不合乎情，亦不合乎理。觌面相逢，同姓有如异姓；比肩而立，祖人无异路人。既不辨谁尊孰卑，孰远孰近，又何怪乎相凌相诈、相侵相夺，不敦骨肉之情，辄犯伦常之理耶？试思鲁论二十篇，其开章立意，时习而复之孝悌，孝悌为仁之本。而合族睦宗，即为孝悌之本。果能由始祖及今将数百年间，姓散处者，一一联属之，厘定之，又安有不孝不悌，残骨肉、背伦理之事哉？

今我族中有鉴于此，约同族党倡首合议。凡由郑家坨祖茔迁于异乡，复由异乡迁于异域者，皆使按户详核，分为支谱。随将某庄支谱，合为统谱。使知某为某子，某为某孙，某为某兄弟叔侄，既了如其指掌；某与某为近派，某与某为远派，某与某地接而人疏，某与某地远而人近，又厘然其各当。

自今以后，天涯地角，情谊不啻同堂；日往月来，递传皆原一脉。合谱以前，睹面无亲，何殊秦越视肥瘠？合谱之后，同心相印，俨如父子聚家族，信乎？先合而复分，既分而又合，为我郑氏一大盛事也，懿欤休哉。

时民国五年旧历十二月下浣十八世孙庠生振邦谨序。

郑氏谱序

尝考氏族志，周厉王少子友封郑，为我祖得姓之始，地在盛林，即今华州是也。我郑在列国，本皇王胄，系分封世系之，编载在内史。及韩灭郑，化国为家，内史不载。后来之事，然搜诸家乘，我族之出处，实信而有征。祖籍中州新郑县，后分三支于三省，本支分到山西文水县，永为土著之民。经秦汉，历宋元，其间朝代更迭，我族不乏道学名儒、达官显宦、忠孝节廉，南中多称我郑为望族，良有以夫。

及至明世祖拨民，我祖唐兴公到山东定州后，分拨直隶，注籍遵化州丰润县，封丁越支场，居住丰邑城东南二郎庙西北，遂为北省始迁祖焉。厥后，子孙繁衍，至四世，分为十三门。由始迁祖迄今五百有余年，我族之蔓延京津重地。山南海北，于无处不有。前因总谱未修，有谱者亦系支谱，到处多不知本源。始自何人，支派分从某世，情谊不属，同族相逢如秦越。休戚荣辱之事，多有漠不关心者，非我族一大憾事耶？今我族中皆为此惧。修订总谱，搜罗参考，共费经营，源本既已详明，支派又复考证，谱牒炳如日星。凡我族人，庶几一观此谱，皆知尊祖敬宗之义，长敦亲睦族人之风，念功德于先人，俱无忝于祖，考是，则予所厚望也夫。

时民国六年旧历丁巳二月十八世彦斌谨序。

郑氏谱序

谱也者，备载祖宗名讳也，寔以支分派别，昭穆详明，隐寓教孝教悌之意，则谱之所系至重也。日久不修，或即已修之，而又等诸弁髦，皆为不敬。

自我郑氏有感于此，举凡本宗支庶，由郑家坨迁居异域，复由异域迁居远方，东西朔南，处处皆有，而关外尤多，向无总谱以联合之。每与同族之人，言念及此，莫不深为浩叹。今则木思有本，水思有源，追远之念，遐迩悉兴，共议会集，同族倡修总谱，诚一时之特举也。前此亦多少名公，并修补辑，殚精竭虑，卒之半就无成，终未能汇而为一者。兹则汇而为一矣。自去岁及今一年有余，谱事告成，族中能者，咸为之序，以贺我族五百年始有盛事也。然非其学问文章才识并具，何克为此不观谱端诸序乎？贡生澎文公，历表我支仕宦之多，科甲之盛，勋名赫耀，炳砾寰区，如云灿星辉，光华夺人耳目；庠生樵风公，上溯我族得姓之由，洵为有周令裔后世子孙，忠厚传家，敦亲睦族，瓜瓞绵绵，自来之闻望，永与山河之并寿；暨郡庠生振邦、邑庠生彦斌，一言我族始以合而分，后由分而合，螽斯是咏，纵异地不啻同堂；一言我族初分支文水，后移徙浭阳，四世分门至万疏约归一本。若庠生赞清公，虽未出嘉章鳞次序内，修谱盛举，折中谱式，特为首倡。则诸公于家谱中事，既详且尽，其序皆雄词宏辩，迥非宿儒所能及。况余赋性愚昧，粗读诗书，不达公、彦斌公，以及学宏公，各有谱序一篇，我想使合族之人，自亲其亲，各长其长，且知某支于某支系近派，某支与某支系远支；某公有何功名，某公有何官职，了如指掌。古人称，达孝者善继善述，孰有过于修谱之事哉？而诸公之序，落落大方，尽善尽美，似毋庸添赘疣于后矣。不知冠裳之下无履写，不显冠裳华美，华岳之旁少丘陵，谁知华岳崇高？佛头既不敢于秽骥尾且愿为追随，是以勉为序，以列诸公之序后。噫，修谱一事，今人之追述古人也，尤望后人追述今人，虽未知后之追述者为何许人，可预知后之追述者必有人也。

时民国五年丙辰子月吉日十八世孙恩溥谨序。

郑氏谱序

尝考贤王圣帝，世系必纪于史官。而尊祖敬宗，家乘必修于复嗣。粤稽我郑氏，其始在周，本姬姓。至宣王封其弟友于郑，在西都畿内成林之地。后待虢桧之地，又名新郑。古者因圃以为姓，我郑氏由是而兴，其诚帝王之贵族乎？藉宗□□德泽卜孙子之灵长，历秦汉宋元诸先朝代，生英杰则或经学师儒，则或辅国将相，令裔哲嗣高第显官，考献征文确有可据。

迨明永乐二年，我始祖唐兴公，或云山西文水，或云由定州中山野雀窝庄，始迁于直北，注民籍于丰润县，封丁课于越支场，安土著则在郑家坨，立祖茔则近庄窝（高）庄东。户族繁盛，科第绵连，不胜枚举。然徒夸官秩功名，嘉言懿行而不许其支派，不有负睦族之心、留忘族之憾乎？今当民国建元六年，合族公议，倡修总谱，使各支谱互相研究。或关东河西，海南山北，以及距祖茔临近各村，无不一一序明，俾四次谱图如日月夫。

自明至前清，又到中华民国，五六百年之久，或名字相同，而行辈迥异；或居址稍近，而直派甚疏者，不可胜数。今当总谱修成，注明某庄某人某与某派，庶几一阅，心目了然；祖孙叔伯，辈数不致紊淆；子侄弟兄称呼，无烦疑问，且以骨肉相亲，不致秦越相视也。

凡我宗谱之人，既序总谱，以后各知族谊，少勿凌长，强勿欺弱。处家庭各敦雁序之风，御外侮同尽鸰原之义。上至鼻祖，下至耳孙，时代隔而血脉相通，雍雍然和睦成风。其所以上敬祖宗，下定姓辈。先可承乎千百世，后可启乎万亿年，孝子贤孙，绵延相继。犹望后之序今，亦犹今之序昔，不致数典而忘祖也。懿砾哉，何其盛欤？

中华民国六年旧历三月吉日十六世孙樵风谨序。

郑氏分支记

我郑氏三大支，鼎峙于浭阳，前序已详述职。然县西大郑各庄一支，始祖与我族始祖迁不同时，支派本不相联属，故置不论。惟宋家营一支，始祖与我支始祖，相传系亲叔侄，同时迁北。叔土著于小集郑家坨，侄土著于宋家营，至今后世子孙或长或晚，行辈不差，想见有亲亲之谊。

考我支始祖墓前石碣，系清初时立碑，阴刻后人名号，大多有宋家营显达人数名，各以彼之子孙，刻名于此。始祖之碑，是彼此视始祖无疑，则始祖亲为之叔侄无疑也。且彼之始祖，与我支二世祖名讳皆以“有”字相排，则始祖之为亲叔侄更无疑也。每逢我支祖茔演戏致祭，宋家营来多人，衣冠楚楚，墓前陪祭；彼支墓前演戏致祭，我支十数村，每村亦择一二人，齐集墓前，相陪拜跪，是后世子孙亦视彼此始祖为无异。

今日之修总谱，本宜两大支合二为一，奈族大人，多皆以总序为不易，彼此相商，彼支又欲稍有所待，是以我支先而之倡，止修一支总谱，告成石印，以待支日复修谱再合而为一，以见本源之无别，以笃后裔之相亲，则又合族之厚望也，是为记。

民国六年阴历十月吉日十五世孙岁贡生澎文谨记。

沧州郑庄子郑氏家谱初序

余先世原籍山西洪洞县郑家枝科人氏，自明永乐二年随驾迁来叔伯兄弟七人在渤海一带分别各占一方居落矣。

先祖荣俨公带领二世祖兄弟四人居落沧州东北李村西郑家庄，占产务农为业朴质成风，数载兄弟分爨居长三四门，分占李村观音堂南庙以南；二门分占观音堂以北粮食市鸭子庙台龙岗地北阁一带。余二世先祖履咸自永乐二十年迁至梁口庄居住，将本份地产舍于北阁庙为山主。

始祖与二世伯祖履亨，叔祖履贞、履成居住郑家庄以后分为四门析而居之，延及于今世万历四十一年，余元旦去郑家庄先茔祭祖，有六世族伯肃因世代寝久，支属曼延，于先人之名讳多不复记忆，即命余等杰、光前兄弟二人将先人讳者余重惜之，因暇访求族中长者于先代近代虽不及备载而，但以所知者详之而珍藏之以待后世之能光祖者。

先祖学禄公居住郑家口先祖荣恒、继恒居郑龙洼。

四世先祖思孟居住仁村

五世祖邦杰公后人迁丰南市宋家营（原写滦州丰润县宋家营）

六世祖克温公字左居津南芦北口。

明万历四十一年桃月望日七世孙杰光、前仝谨志。

宋家营郑氏重修家谱序

宋狄青既贵，有献梁公画者，谓为青之远祖。夫梁公狄姓，青亦狄姓，或者确谓为青之远祖，殆不可乎？而青竟祀之，以为祖者，谱之不存故也。由是观之，家谱一书不可以不修，修之亦不可以不继修。想我郑氏，本古荥阳之望族也。不知于何代徙居中山定州之枣林庄，有明永乐二年，我始祖有成公，应诏迁燕遵海滨，而斩荆棘于湮阳，择宋营而定宅，迄今五百有间。吾祖之后裔，赖吾祖在天之灵，耕读缨继，世思拔选，授仕途官游者历历可指。是故，我七世祖克惠公，感祖宗之厚德，尽追远之必诚，设家祠修家谱，启迪后世子孙，千古克承厥志，永知遵祖敬宗。柱窃谓祖庙之设，预守祖德之事也。所家谱一修，正为收族人之道也。盖祖庙无资财，而可以不修。而家谱有人力，即可以置。果如始无谱，我今将何以知祖人？若终无谱，后之人亦将何以知祖？我今幸有谱，吾祖之遗迹俱存，柱恐年湮代远，支派日益，众丁口日益繁，倘族众之志怠，而谱乌容不失修焉。柱虽不敏，刻志重修，窃因旧谱规格虽明，而系几世多有不载，况旧谱只有谱图，而无谱世，而谱图只按各支，直书三世而未详明，合五门之五世同宗。今者柱肿不才，改先人之旧迹，考古制而重修。按历世而详载，便后世之查阅。旧谱未书历几世者，柱按世而书之；旧谱按各支三世直书者，柱将五门四支自五门始祖璋公按世详考，续成一大支，仍按五世同宗而直书之；旧谱本无谱世，柱今按旧谱考妣而详订之。旧谱所载其人之品级官衔、迁移住址以及妣之姓氏，今俱详载于谱世本名之下。柱伏几丹黄一月而告竣，谱成一部二本。先列谱图，后详谱世，其有远适他乡，寄居异国，而考妣尝时不及备载者，暂空其中，以俟后之承志者再为增辑可也。是为序。

时在

光绪辛卯九月暨望裔孙郑良柱字柱桥熏沐敬书。

李氏家族

滭阳李氏家谱序

从来门祚兴衰，固视家政之废举；宗族繁庶，尤贵伦纪之修明。审是，则谱尚矣。况明宗辨支，承先启后，咸赖于谱，谱诚人伦之首务也。特念我祖出自伯益，发源宏昌，始自陇西，流泽绵远。第日深年久，难以详考。迨复初公与侄贡公，于前朝永乐二年，自定州中山，迁居丰润李家沙坨，始得闻其所由来。自复初公而下，散居异地，各肇其基。

有讳温，配孙氏者，为李鄂（公）道庄之世祖。康熙乙丑科陆肯堂榜进士，浙江寿昌县知县，湖南巴陵县知县，讳子昌，字默一，恩赐八品顶戴，懋明皆其七世孙也；

有讳自泉公，为安子、薄庄子一世祖。后恩赐登仕郎，讳美基公，乃其七世孙；

又有讳宗元，配王氏者，为李家沙坨之一世祖，后七世孙，则名悦下字惟是；

有居西李家庄一支，始祖讳宗德，而六世孙则为彦文；始祖讳宗时，配赵氏，而七世即文作焉；

有居河南、河北李家庄者一支，始祖守谦，而六世孙则名大富焉；一支始祖讳世聪，而八世孙则为士甡焉；一支始祖讳仕杰，则左庠生世萱焉；

有居西新庄者一支，始祖讳平登，而七世孙，则恩赐登仕郎鳞成焉；一支始祖讳平举，而七世孙则德成等焉；

有居北新庄者一支，始祖讳仲元，配王氏，后岁进士，候选司训，名嘉树，字宜亭；又，乾隆乙酉科，任唐县教谕，名继鲁，字绳其，皆其云礽也。

及至万历初年，我祖自良公生子七人，又天各一方：文学公、文义公，迁居占子井；文勤公迁居四间房；文章公迁居黄米廒；文举公迁居李八廒；文进公迁居小裴家庄；文才公迁居玉官庄。当是时也，耕田而食，凿井而饮，无不各得其所。

然由今追忆，年逾三百世，历十五子孙，孙蓰无算。使无谱以载之，则宗支涣散，亲疏不能分，尊卑无由辨，将见一本九族之亲等于路人。吾人读圣贤书，所学何事？岂于本之地漫不经心，致令彝伦弗叙，不有愧于名教纲常乎？《记》曰："亲亲故尊祖，尊祖故敬宗，敬宗故睦族"。欲睦族而敬宗，而尊祖而亲亲，非修谱不为功。

予也，年阅古稀，老之将至。虽有繁衍，散处异地者甚多，而欲一人之见闻理论，亦无若之何。亦幸有关外广界杨家屯，谱名朝元，学名清源，暨关里李八廒、占子井之名流，与予协心，不惮竭蹷，关里关外，凡附近同宗派者，按户清查，逐支细序。不知名者，姑阙；知其名者，悉书。由本及末，大宗各分小宗，炳如星罗；因流溯源，小宗统归大宗，洞若棋布。一旬余，缮写成编。

夫余等之修是谱，非为家乘之光，惟是祖孙、父子、叔侄、兄弟，名行四次，班班可考，不至泯没无传，如此而已矣。

回思文学等公，占据此土，筚路蓝缕，世系未暇昭明。今统承先人汇集全谱，岂不光大前徽也哉？倘后之人有贤且贵者，睹斯谱而兴睦之，思踵而行接续，是又余等之所厚望也夫。

时光绪元年岁次乙亥甲申月上浣九世孙士海敬撰。

十一世孙炳春熏沐敬书。

泾阳李氏家谱（次序原文）

敬宗睦族，守先待后，以称扬祖宗功德，永之法者，莫如谱。吾宗旧有挂谱一轴，惟列死者之讳及配某氏而已，至于何祖为何某所出，生某年卒某月，高寿行几，葬某，原与夫嘉言懿行之可法者，皆缺而未备。每当岁时，合祭，悬之北堂，子姓兄弟，咸在堂。指而问之曰："何祖出于何祖，若知之乎？"盖有不识其曾祖者矣，而况其远乎？而况其嘉言懿行之可法者乎？夫对越不详其世系，不知生卒之年月，使其后世子孙致憾。于祖功宗德之无闻者，则谱不作之故也。或曰，谱之编固也，而必别其亲疏远迩，毋乃示以疏远，而非睦族之道欤？余曰：此其所以睦族也，且谓不知所出者睦乎？抑知所出者睦乎？《记》曰："尊祖故敬宗，敬宗故收族。"唯知其所出，则族之疏且远者，尤有以收之。倘其不知，则数世以后，吾惧其至于途人焉。盖不能不分亲疏远迩者，势也。势，吾无如之何。而尚幸其不至视如途人焉，若之何？讳其亲疏远迩，而使之至于途人哉。子孙不肖，不能跻身青云。使先人名昭史册，而祖宗之潜德幽光，足以为后人法者，子孙又莫之述焉，是谁之责欤？是以乎，写一编俾后世有所承守，即遇乱离亦便携持。后倘有与余同志者，嗣而修之，尤余所深望也夫。

十一世孙明谦谨序。

李氏八世二祖迁居岫岩志

进德祖以家道困乏，贸易于岫岩城南洋河东龙王庙，效劳于太兴馆。既而家益困，乃与进修祖谋，遂自丰邑（润）故里，徙居于岫岩城南洋河东，时是盖乾隆二十八年也。当其迁也，士福公方七岁，士禄公方四岁。溥笨车一辆，历地几二千，不知若何艰辛，始得胥宇于今所居扬名山，以生以食。迨至士福公而长，家始小康，盖距今百余年矣。吾族之所以食旧德而服先畴者，皆二祖有以启之也。是用志之，以昭来兹。

大清同治元年中和月上浣曾孙明谦谨志。

李氏家谱考辨

始祖：复初公

相传复初公与侄贡，于前明永乐二年，自定州中山，迁居丰邑李家沙坨。后嗣繁衍，散处异地，支派数世无考，其可略举，士海公《序》与《凡例》中，言之已详，但其谱只于《序》与《凡例》言之，另冠于简端，似觉未按，兹于序七至之首，先列其名，似为始祖。

世祖：自良，配孙氏，子七：文学、文义、文勤、文章、文举、文进、文才。

据士海祖序，谓之自良祖始有确据，于万历初年，生文学等七祖，散居占子井、李八廒等处。第万历初年，距国朝定鼎燕都，已六七十年。文学等祖，入国朝盐籍，七名并列谓七祖。递生于万历末年及启、祯年间，则可谓皆生于万历初年，计其寿，皆 50 ～ 70 岁，恐入籍未必如此周全，或前明已入盐籍，国朝仍其旧，与是皆为可知也。又，自良公即为世祖，第于文学祖一支序之，亦似不合。兹于复初公后，另序于左，以冠七支。

增良，据扬名山旧悬谱，自良公并列尚有增良公一名，似此为兄，而彼为弟者。据关里明厚颜，伊族已自修谱，故不书，但《记》曰：“有其举之莫敢废也”，故并书，以为和谱之据。

浭阳李氏家谱凡例

先世原籍中山，远莫考矣。第以徙居丰邑为始祖，然复初公以下，传闻数世无考，兹亦不敢妄赘。至自良公方有显据，故于序之首冠以复初公，而谱世中则自良公始，斯亦尊祖而阙疑传信之道也。

入谱皆书名，所谓临文不讳，用以传久也。若夫其名未命名则俟查明其子孙。有偶同祖讳者，亟命改正。音同意不同者不拘，二名同一字者不避。

四次定矣，书年庚明长有也；书婚娶谨嫡庶也；书子嗣重宗祀也；女书所适，别婚姻也；书生书卒，慎始终也。

族人有居远方者，即注某处于其下，使子孙易晓，不路人视之；若有客于外，及幼而迷失亡归者，并书其名行生卒，使谱有可稽。非吾族人，概不得影射妄入也。

入谱支派分明，防紊乱也；父子相继，防遗失也；继嗣之子孙，于所继之下，而所生之下仍存其名下，不忘本也。

同族有为僧道者不书，斥异端也。至于出继异姓或从异姓为嗣，俱不书明，非族也。

谱中之人凡有顶戴者，无论举监、生员，悉注其人之名下，为其光前裕后也。

妾无子女则不书，无所承也；妇人被逐出或改嫁不书，义绝也

本族之女虽出嫁而亦书者，录贤也。贤而有书，春秋之法也。

先人坟墓与祀先人祭言而亦录者，以先世行谊确不可泯，采而辑之，昭祖德也。

谱中或耳目未周，偶有遗错者，愿同宗能事其人，互相查改，以匡不逮，则裨益多矣。

修谱相因则易，作始则难。今所修之谱，或有颠倒错乱，愿后人重修之时，斟酌更正可也。

九世孙士海撰。

文宗得养（思），一天进士朝明殿（国）。

学体可全，百福从龙佐大廷。

士海撰。

李公道庄李氏家谱序

闻之万物本乎天，人本乎祖。是无人不有祖，无祖不当尊也。第人欲尊祖，必祖确然有据，始可列之谱中，以动水源木本之思，讵容率胸臆以成完耶。吾始祖复初公，于前明永乐二年，自定州中山府山后刘武州，迁居于丰

邑之左李家沙坨庄。自复初公而下，散处异地，各肇其基。

有讳仲臣，配孙氏者，为大新庄南街之一世祖；

有讳自良，配孙氏者，为李八厫之一世祖；

有讳自泉者，为安子庄、薄家庄之一世祖；

有讳宗元，配王氏者，为李家沙坨之一世祖；

有居西老李家庄一支，始祖讳宗德者；又有一支，始祖讳宗时，配赵氏者；

有居河北、河南李家庄，始祖讳守谦者；又有一支，始祖讳世聪者；又有一支，始祖讳世杰者；

有居西小新庄者一支，始祖讳平登者；又有一支讳平举者；

有居北新庄者，始祖讳仲元，配王氏者。

凡此各庄始祖，固皆复初公之裔，然当筚路蓝缕之秋，未遑修乘，所以后世无传，亦不能昭明其序次。及至吾庄始祖温公而后，四次乃班班可考也。虽先辈名流，继起俊秀，挺生进士、附监，亦尝有所纂修，然代远年湮，失者弥多，存者尚少。当此生齿日繁，散处益众，使不即今合而谱之，其不至孙犯祖讳，弟重兄名者几稀矣。

余所以久蓄修谱之志，第以读书有年，不可不日图上进。无如天生不才，小试三次，一芥功名未获能就。迨后舌耕之暇，每欲籍堂叔公向年公宏通之才，书法之秀，相与共襄此事，不意公于光绪二十四年八月下浣，偶得一疾，不逾一月，奄忽即世，余因此束手无策，蹉跎以至于今也。但赞襄虽已少佐，善事不可不成，倘于此而仍因循玩愒，将无族之涣也，不能收情之乘也，不能睦，不几枉蓄修谱之志哉？顾修谱之志，固宜弥坚。而修谱之事，实非容易，是今春，汇集我族人，执修谱之事，举以相商者，犹恐规模之大，资财之多，未必如愿以偿也。孰意人之欲善无不如我，齐心努力之下，皆语助余一臂。余因之欢欣鼓舞，勉成此举者，非敢自矜才智，亦以效尊祖敬宗收族之一端云尔。

大清光绪二十七年新正月十三世孙泰征识。

爽坨李氏家谱序

粤稽我族自始祖柏公于前明永乐二年由山后枣林庄迁于丰邑之爽坨，积德修行，躬勤耕稼，传至二世伯仲叔季脉，分四支。我则季祖苍公之后裔也。苍公生而聪颖，夙敦孝悌之行，长历事为尤，悉经权之义至。三世祖文友、文朝公又济美一堂，克绍前业，家业所以日隆也。嗣后忠厚相传，世昭令德而积善既久，福报亦隆。如四世祖自润公五子，承欢用肇，家庭之盛；六世祖培栋公七人，同父蔚为秋杜之光，以至厚德相沿；在校庠者，有若大化公之交，修言行，虽仓促而客仰其名。世泽所承绍前徽者，有若腾蛟公之不吝恩施，历鼎新而资。祖德所留，固愈积而愈厚也。宗支之盛，亦弥衍蕃也。迄今子子孙孙，承承继继，服先畴者，瓜绵椒衍，既蒙佑启之恩；徙异地者，棋布星罗，亦多云仍之侣。不有谱以记之，则孰为大宗，孰为小宗，恐以年深莫辨也。且子女几人，配如何氏，恐以日久无稽也。壬戌之秋，族人为余亟议修谱之事，奈以世代久远，恐有未详，后于各家采录所存本支谱帙，又于闲时查看祖茔碑记相证无讹，乃幸前代之手泽，翼以有成也。因备录之，以成此举，非敢云明宗辨族也，盖祖功宗德积累深长，属在后裔，自难恝置，况乎教孝教悌。圣天子日饬彝伦，我辈躬逢其盛，乃尊卑之莫辨，长幼之弗明也，亦足愧矣。兹谱之修虽难，谨序季祖苍公之后。然伯仲叔三祖之脉，远及数辈，已附入谱存。迨参考既详，再为谱序，庶几可以无憾矣。

时同治四年十一月十五体敬书。

李荫墀薰浴谨序。

同治十三年十一月十五日敬谨录。

西葛李氏谱序

从来莫为之前，虽美而弗彰；莫为之后，虽盛而弗传。盖文献足征，谟猷不著，其咎固在前贤。然龙光志美，祖述不振，悔尤应推后进。是二者，末始总须相因而相承也。谱系之传，固深赖有继起之人矣。伏思我李氏，肇自前明永乐二年，烈祖奉迁徙之诏，来自定州，居于丰润。止基乃理相宅定居，迄今五百有一年。本固枝荣，其源源远矣。村西有祖墓，稽之墓碣，始迁祖讳景绅公，昭然可接，再传无考。其三世祖昆季三，传二绝一。我本门始祖实公，葬于村北乾位，子六别门五，与景祖孙世相伯仲，并列七门，班班如也。仰赖祖宗遗俗流风，治家善政，子孙贤才不一，举贡生员，恩拔选授，代有其人。迨国朝盛德，滋培支流曼羡，于道光己丑，余之从堂仲祖越东公，恐源远未分，而失其本。爰商诸当代先生，留心采访，汇成李氏家谱。尔时，知书阙疑，详审精密，水源木本，了若指掌，事属难矣，功实伟焉。是役也，曩者越东公、矢公矢慎，原计十年一条，但自光绪庚辰，经余再从堂伯赓扬公，倡族人六修，后于今二十有四年。谱本昭然，续工阙焉。斯时也，宗族之谱，支派瓜瓞绵延，更为蕃盛，族人咸谓宜谱而重。嘱其事于余，余不揣固陋，锐志修明，非敢谓媲越东公之曾孙华如先生之美，盖欲尽我尊祖收族之心也。爰请命于族，高高祖际春公，并族祖仕仪、仕斌、德秋、德满，族伯维宇、族叔维村、成威、成智而议之，佥言推其数则过，考其时则可。于是族叔维纠，竭力协办，祈西长门族祖仕宠、仕旺，东五门族叔维忠、维朋，东三门族祖仕勋，长门族弟朝尹，行四乡询访名字行，咨配氏以及祖考之官衔，妇之贞节，考索精详，汇成谱系，使无绝潢断港之虞。且欲族人各怀孝弟之心，谱吾族而教之相亲相敬也。其所系岂浅显哉。凡我族人，亦莫不鼓舞欢欣，共襄盛举，以乐成此续修之美。一族亲逊之风，已于此可卜。继自今更笃雍睦。以此上敬祖宗，下协子姓，有厚望焉。抑又思之，我李氏之初，由明而来，派分西二、东五，各详世系。实公为我东门祖，与景祖叔侄同宗，应属一脉。使合七门尊崇景祖为同谱，以敦宗谊，岂不尽善？无如派别支分易舛易乱，前人已竟难之矣，后人何敢任之。惟期我七门人等，后多孝子、慈孙。于余修明者，再为重修之缉熙敬止树之深幸也夫！是为序。

时在光绪癸卯闰五月，朔长门第十四世孙校名树勋熏沐敬撰。

创修家谱序

道光九年岁次己丑廪膳生员，壬午岁进士、候选儒学副堂树之先曾祖蔚川公撰文。

余祖世处定州中山府者也。自前明永乐二年迁于丰润送甲营镇之西葛各庄，迄于今四百二十有六年。支派繁庶，谱本阙然，余念之有年矣。己丑夏，堂侄邦杰创为谱稿，意谓后之视今，犹今之视昔，我不知有祖；后之祖我者，亦谁复知有我哉！因竭力询访，编辑成书。先列谱图，后详谱世，凡族之亲疏远近者，无不了如指掌。较若列眉犹疑其阙略而不足以传后也。余曰："古之为书者，往往阙疑于前，传信于后，兹之所见所闻虽未尽详，然及今不录，舟延岁月，并今之所见闻者，而亦失之矣。"第就所见闻者，笔之于书，其所未见未闻者，姑阙之以俟补辑可也。是为序。

光绪癸卯端阳前三日长门十四世孙校名树勋熏沐敬书。

创修家谱序

道光九年岁次己丑邑庠生员树之从堂伯祖静岑公撰文

族之有谱也，尊祖之道出其中，敬宗之道出其中，而收族之道亦出其中。周礼以九两系邦国之民，五曰宗以族得民，盖谓人本乎祖，同宗者聚族而居，亲其亲，长其长，天下平治之象具焉。方今圣天子孝治天下，薄海乡风，百姓亲睦。吾族尤近在畿辅，固无不知尊亲之义与孝悌之理也。然不为之谱，则宗派失坠，有以一人之子孙，而五世亲尽之。余庆不贺，忧不吊，至若视为途人者。先大人新圃公念此恻然，曾手录一卷传后，惜只及近支嗣，因享寿不永，而欲修未果。后自己已游庠，后衣奔食走，笔墨就荒，亦有志未逮也。戊子仲弟邦杰举于乡，念我生之有自世系之一统，既然以修谱为己任，爰竭力助之，考索补所未详，书成，属笔于俊，俊思昔之欲谋修谱者吾父，今之果能修谱者，吾弟也。吾为父庆，且为族庆，惟冀吾族之人，长幼和睦，耕读传家，观谱而知子孙千万人之身，皆祖宗一人之身。疴痒相关，呼吸相通也。尊祖敬宗，收族之道。胥于是乎在，嗣是而设家庙，置祭田，陆续措办，将吾族之人共晓然。于尊亲孝弟之义也，猗与休哉！是为序。

时在

光绪癸卯端阳前三日长门十四世孙校名树勋熏沐敬书。

宣庄李氏家谱

以天地为心者，无不爱之民物也。祖宗为心者，无不爱之族人。家谱之编，固待以序，昭穆辨世此，而于志分派别之中，寓木本水源之至意。吾家始祖自中山迁居此土数百年来，族大丁繁，多方散处，至于不闻名，不识面者，固其势则。然而更若情性悬殊，贫富相耀，共高曾而情同秦越，一父母而戾等参商，丧不弗，喜不贺，而视若途人者。犹显见之迹即或问与周旋，而肺肠难问方之。途人殆有甚焉！呜呼！今之视若途人者，其初则一人之身哉！我毓淳叔年弱冠而忠厚，悱恻之意，根于天性。家谱之叙，所由来也。览斯谱者，孝悌之心有不油然而兴乎！且忠厚流于既溢，而劝惩自有难，已列是谱者，某也孝，某也悌，某也方正自闲，某也廉耻自励，某也兄弟怡怡，宗族忻忻，而殆父母以令名，某也博取功名而为乡闾所景慕，某也多行不韪，而为宗族所不忍言。见见闻闻之下，亦大彰明较著者焉，斯则淳叔立谱之意也。若谓夸耀繁盛，则失之远矣。

时

乾隆三十三年五月中浣之吉，十一世孙刚熏沐谨识。

旧序

谱也者，所以尊祖之道也。尊祖故敬宗，敬宗故收族，收族则敦睦相亲。庶免骨肉途人之弊。我李氏潇五公，自明永乐二年由中山迁居丰润之宣庄，人文蔚起，食指日繁，迄今数百余年，枝愈远而流愈长，散处四方者不可胜计。渐有觌面不识为谁何，询名不知其行辈者，倘不萃其涣而特聚之，虽有水源木本之思，恐散失难稽，茫然莫辨，徒付诸无可如何而已。毓淳叔孝悌成性，成亟叙斯谱致尊祖之念，尽敬宗之义，全收族之责，秋霜春露百世不替，继起者其共勉之。

时

乾隆三十三年六月朔十一世孙泬濬谨识。

旧序

今夫木有本而水有源，矧为人子孙可望身之本源哉！我李氏者，原籍中山人也，自得姓后，瓜瓞绵绵远不可考，追始祖宵五公于明永乐二年蒙遣管理越支盐场事，因迁于丰宅宣庄镇数百年来，族姓日繁，我先辈唯恐支派失序，爰修谱系以示后人，第以日久年深未免遗缺，故今亟为重修。前以缵祖父创垂之绪，后以启子孙继述之基，俾代远年湮，支派无紊，继起者其各勖诸。

时

咸丰三年岁次癸丑三秋二十二日，十四世孙顺合。

越支李氏家谱序

窃闻水源木本，物诚有之，人亦宜然。数典不忘，我后人独无报本追源之思乎？上溯陇西郡伯益子有功于帝，赐姓李。以迄汉传李广之将，宋开延平之学，其余断简残篇荒略难稽矣。绵绵延延后数百余年，而生我后人焉。子生也晚，得闻知于八世伯讳振字殿臣，年逾九旬口授相传之谱序。原先籍中山郡枣林庄民人。自大明永乐二年随龙迁居北京手帕胡同，数传至成化元年，又移居浭阳越支场为灶入籍。封差现有游单信票可证。先占庄东碱场一处荒地埋葬坟墓，故作李氏族谱，立碑于一世祖讳芳莹墓之前而刻石焉。既而告知曰："凡在此者，死必赴冠，娶妻必告；少而孤则老者字之；贫而无归，则富者收之。愿族人笃骨肉之恩，敦孝悌之行，讲礼仪之节，明嫡庶之别，整闺门之政，开廉耻之路，世世子孙，勿替印之云尔。”

乾隆三十八年吉月。

九世孙扬谨序。

重订族谱赘言

李氏之有族谱由来旧矣，然但有谱图而无谱世。故于先代之字号头衔生卒年月多略而未备。且所绘之图又左右歧出而长幼之次亦未能一见了然。其立法未为尽善也。小子少孤抱痛闭门读礼之余，批阅族谱，欲将先父之生卒年月详注于上，苦无隙地可容，为怅然者久之。厥后阅他族谱，得其大概，因禀命伯父欲为增订，伯父面奖之曰：“是汝小子所当为也！”及退，而参酌成稿。迟之又久，未暇誊清。去岁归家，窃窥伯父须发白体渐衰矣，再阅数年，未知伯父尚健在否？爰于教读之暇，急为成之。以冀偶有讹误，犹得就伯父而正之也。至原序二篇，一仍其旧，不敢增易一字。庶使后人观之，知先代之手泽，犹有存焉者耳。

光绪八年三月上浣。

十一世孙濬灵手敬书。

艾坨李氏家族

序一

粤自分姓授氏以来，宗派昭昭，世代井井。水源木本丝毫不紊者惟有谱为然。苟为无谱则数传以后，子姓蠡斯，户口藩衍，一家人遂有不相识者。矧其历世弥远耶。追维我祖，自大明相国擅长于洪武二十三年被难，潜移至山东济宁州东关。居住数世，又于嘉靖年间迁居宁河。迨万历元年，始迁丰润。有明以来迄今五百余年。前者流离迁徙，旧谱失坠，支派虽繁，概不可靠。自到丰润而后家室安康，始存谱志。于今计之，秩然可考者现有两支。顾未经修理者，又数十载。倘不再为叙之，将年深日久，后世子孙不又有致概于考据无由者乎。唯我族中尊长公同计议，令子侄辈急为重修，以志宗派，以序昭穆。则虽前者追溯无由，后者尤可垂统有序，使千百世后，宗派昭昭，世代井井，水源木本庶有当于不忘其所自出之礼焉耳。

序二

常思水有源，木有本，人有祖，是祖乃本源之所在。固无论世代之久暂，居处之离合，概不可瞬息相忘者也。虽然纪事编年，朝廷之庶务，恒有资于史笔而承先启后。家风之严整实有赖于文人。苟习文识字者无以考之，于前历历而叙之，后世子孙虽欲知名识氏，即在博学之士，有心于尊祖而敬宗者，亦无所据。矧其目不识丁者乎。以故访诸族中之父老子弟，支支而辨之，一一而叙之，使尊卑长幼之分，亲疏远近之别，秩然而不紊。倘族人俱有所感发，将敬本支之先祖并别支之先祖而亦敬之，爱本支之子孙并旁支之子孙而亦爱之。则兹谱之修，讵非教孝教弟之道也哉。况创业垂统，诒谟燕翼，祖德宗功，实通天地。千百世之下，子子孙孙苟念及身所由生，其忍恝置勿论也耶。于是乎修谱俾先世之灵香烟有所继。荒冢之遗坏土有所加。禴祠蒸尝报本追源之礼。久而不替，则先灵庶于是乎安于地下焉岁在。

序三

万物本乎天。人本乎祖。此孝子仁人隆尊祖敬宗之。文而报本返始。所以必溯其所由生也。岂得以世远年湮，遂忽于春露秋霜之感，而忘于水源木本之思哉。然远者人所易忘，若非有谱焉以志之，将一传再传之下，必至泯没无闻。其何以令世代云初常晓然于伦叙之不淆，共昭然于支派之不紊乎。故我祖自山东迁居丰润以来，于今八九世，而某支某门昭昭，可考者正以有谱在也。方今宗族日繁，年代愈远，谱之未叙已数十年。如不有以修之，恐后世之人虽志切举修，必有以无征而概从删消者矣。谓可乎哉。堂叔焕章慨然有志，爰命予作叙，以志重修之意。

咸丰九年季春既望九世孙翠峰熏沐撰。

孙氏家族

丰阳孙氏谱序

明永乐二年，迁民实直北，我孙氏自定州居于丰阳。汉世徙民五陵及边，皆豪富。明纪有徙民之文，无选富之文。父老传说故事，前明奉迁皆丁户，蕃盛者中选。然则，吾孙氏之瓜瓞绵延，自定州始而已然矣。孙家庄西有遗冢，系孙氏始迁祖讳得云，表以墓碣，当不讹。再传，无考。我本支祖圯公，葬柳林，寅位。子二，别门十三。出嗣一，绝一，实十一门，班班如也。

仰赖祖宗厚德，滋培支流。曼羡裔太学生孙五章，恐源远未分而失其本，爰与裔孙时雍为谱之谟，先试可与我本门，蕖成十一门，父兄子弟，佥欢以为一门，可谱十一门，何不同谱而敦属其事？于章始而欣然以为此。我祖宗启佑后人，使各怀孝悌之心，愿谱吾族而教之睦也。既而难之质鲁者至，莫志其高曾远移者，莫辨其源；派大支易了，细节难详，举万漏一，终为谱缺久而决焉。向唯无谱，故不免绝潢断港之虞，已往者不可咎矣，继自今不行收合，庸知当前可谱者之不亦散乎？而其弊可忍言乎？爰鸠族人而谱之，俾各家列其世次，以汇成一支，乃统十一支，以归一本。再任十一世孙三俊、十二世孙宪文，行关外采访寄族，阅期年而谱。稿成至今未刊，慎之也。

我孙氏之初，本三门，圯公为我长门祖，二门无谱，三门旧有谱。议者或欲合成三门全谱沉思久之，繁重难举，不如分行之清厘也。谱世遥遥数百年中，历事变断，而不可复续者有之。此谱也成，但求可叙者之不失叙。非敢谓前世无，不得已而别与谱外者之非我族也。且谱族之意，期于睦族。圯公我近族也，得云公我远也。谱之所及，圯公裔孙也。谱之所未及，同与我为得云公裔孙也。凡我族人，各守本业，少毋陵长，强毋欺弱，雍雍然有睦风。其所以上敬祖宗，下协子姓者，岂有涯哉？谱成于乾隆丁未，距今二十二年。将敬刊而家藏之，以为将来续修之藉，而章与雍凛凛之意，不敢不白于族人也。是为序。

嘉庆丙寅仲秋上浣之吉十一代孙五章，熏沐谨序。

孙氏谱序

莫为之前总盛弗传，莫为之后总善弗彰。谱序之传固深，赖有继起之人也。我孙氏，自前明永乐二年奉迁徙之诏，来自定州，居于丰阳，其源派远矣。孙家庄西，有孙氏老茔，稽之墓碣，始迁祖讳得云公，昭然可接，再传无考。我本支圯公，葬柳林寅位，子二，别门十三，出嗣一，绝一，实十一门，班班如也。

仰赖祖宗厚德，滋培支流。曼羡裔孙太学生五章公，恐源远未分失其本，爰与裔孙雍公、三俊公、宪文公留心采访，汇十一门为同谱。尔时详审精密，水木本，了若指掌，事亦难矣，功实伟焉！但嘉庆丙寅，迄今六十余年，瓜瓞绵延，更为蕃盛，使重修无人，何以承先而启后？今者裔孙汝相，锐志修明，鸠族人而议之。再任五章公裔孙霁晖、十一世太学生赞功、十二世孙禄、十三世孙榆、万粮、十四孙德伦、玉珉、庆云、六品、庆成，俾十一门户，头行外关，各列其世次名字，汇成谱系，使无绝潢断港之虞。且欲族人，各怀孝悌之心，谱吾族而教之，相亲相敬也，其所系岂浅显哉？凡我族人，鼓舞欢欣，共襄盛举，以乐成续修之美意！一族亲逊之风，已于此可卜继，自今更笃雍睦，以上敬祖宗，下协子孙有望焉。抑又思之，我孙氏之初本三门，圯公为我长门祖，二门、三门但属一脉，使合三门为谱，以敦宗谊，岂不慎善？无如丁户繁衍，前人已竟难之，后人何敢任之？但期后有孝子贤孙，于已经修明者，再为重修之，是则相兴辉之深幸也。是为序。

同治戊辰仲秋上浣之吉十四世裔孙玉龙熏沐谨序。

孙氏谱序

古者官有版牒以记人数，而辩民之盛衰；家有版牒以别亲疏，而系俗之离合。故史迁世表五帝之相承，三王之相继，无非黄帝之后，亦以谱牒详而文献之传，有足证也。此修谱之所由来也。

溯我孙氏家谱，十一世孙五章公、时雍公创修于前清乾隆丁未，后六十年裔孙汝相续修于同治戊辰。今我后人开卷，分明昭穆历历。某先人之坵垄得知墓某处，某支孙之住址，亦悉移某乡。异日拜扫荒丘，流连村落，墓碑问姓，不至以一气之人，视同秦越。尊祖睦宗之心，油然而生者何？莫非吾先人创修续修之，功德饷我后人者，深且远也。虽然，先人已贻厥孙谋，而后人不能绳其祖武，则家乘失传，数典忘祖，我后人难辞其咎矣！于是鸠我族人，磋商数次，询谋佥同。踵前人之旧迹，再为重修。又从十一世以下编拟四十字，嗣后缘字命名，问名即知某祖辈也。某父辈也，某子孙辈也，毋庸寻绎，而辈次井然矣。较前之终日晤谈，殷勤晋接，亦知同姓同谱，至问其辈次支派，而瞠乎其无知。不几于尊卑长幼之节，不至倒行而逆施乎！然而难之。大抵无论何事，非款不举。

忆昔我孙氏老茔，饶有盈余，故创修续修措之裕。如今则子孙繁衍，较前倍之，金钱奇绌，较前亦倍之。幸我后人团体团结一致进行，或尽财力之义务，或尽能力之义务，不达到目的不止。爰推任裔孙大鲲、其广、金儒、宝科、九霄，旅行关外，采访寄族，务期穷幽极渺，不止举万漏一，使在谱之后裔，有遗于谱外者，非我族之隐憾也。

乃人心叵测，事有难之，甫至关外，即分行采访，至此处曰：有人续过，至彼处亦曰：有人续过。谱之续如此之繁，其中显有疑窦。不特薄待之情，不可言状，直以诓骗诈财，目之且曰：吾与关里，亦非同族，续谱何为？赝者真之，真者赝之，亦关外我族人之细不加察耳。之五人者，不得已，空耗资斧，徒费奔驰，恼丧旋里。

噫，以举万不甘漏一之初衷，竟成举一漏万之结果，此谱之续，进退维谷。欲不续，已组织半年，诸般就绪；欲续成之而脱略实多，亦属千古之遗憾。今谱也成，关外吾族人，遗于谱外者甚伙。日后回籍而睹此谱，或晤我关里族人，谈及此谱之不完全，亦当知咎有攸归也。然此事又有可惧者二焉：后世人情不古，世系不清，别派旁支，往往争流。而摇干异姓抱养，亦尝冒籍而乱宗，此皆世谱不明，宗法不正，阶之厉也，此一惧也，吾族人不可不慎重者也；我孙氏之初本三门，玘公我长门祖也，二门无谱，三门有谱未合议者，欲三门合一谱，嗣因繁重难举，以此中止。夫我长门丁口繁盛，二、三门想亦如之。虽非同谱，而源远流长，一脉相传。固同是我鼻祖之苗裔也。倘少年无知，以不同谱故而即分畛域，必至强凌弱、众暴寡，上不能敬祖宗，下不能协子姓，所谓饮水思源，缘木思本者，乌在耶？此又一惧也，吾族人应一视同仁也。今与我族人约需各知，我族人续谱之意，为辨亲疏、序长幼、明嗣续、敦亲睦，患难相恤，义气相泯。至于婚冠丧祭，务各以时而修睦祖之礼，懿欤休哉，庶不负我门续谱之深意也夫！是为序。

民国丙辰孟冬上浣十五世孙东序熏沐谨序。

赵氏家族

滦阳赵氏族谱序

古者，井田之法行民，皆比闾而处，老不出乡。吉凶庆吊，少长咸集。祖考识其孙曾，群从知其伯叔，谱可无述也。逮乎世远代更，迁徙靡常，苟非谱以载之。一再传后，则有视至亲如途人之失，仁人君子未尝不为之兴感者。此滦阳赵氏之谱所由作也。

赵氏其先中山人，不知何代来居右北平之蓟州玉田县杨樊驿采亭桥。当元盛际，族人凡数百，擢科跻仕者，代有其人焉。于时世谱具存，先茔纪载甚备。至正间，有曰善者，睹其族日伙地隘，不足以容，乃相邻壤丰润县胥家庄土沃夷旷，因徙居之。又迁其考兴福翁，洎妣之丧改葬兹土。善三子，曰恕忠、敬忠、守忠。生长子孙，分为三房。季世扰攘，逃难各之四方，国朝平定来归。恕忠、敬忠二房，仍居丰润县；守忠一房，又徙永平府滦州桥头社王胡庄，去胥家庄三里而近。丧葬合焉一茔，春秋礿祭，无不毕至，怡然为一善族。今镇守宣府尚膳监右少监赵公琮，乃善之嫡孙。自少简为内臣，祗事列圣，小心缜密，由长随、奉御历至今官。出镇塞北二十余年，边鄙晏安，兵民咸得其所。盖公秉性慈仁，存心忠孝，诚无忝乎？文献之裔，既酌古礼，立兄子礼为嗣。复慨谱牒失传，世次不可复考，所知者惟曾祖兴福翁，以下七世，因别立小宗，一依欧阳文忠公谱例，列图析派，创修《滦阳赵氏族谱》一通，以藏于家，庶俾后人少知水木本源之义，而不昧其所自出也。间持以示予，请序首简。嗟乎！谱者，谱其实也。世有不知其祖，乃冒他人而祖之，反自取辱耳，尚奚足论哉。昔杜正伦欲附城南之谱，郭崇韬拜泣汾阳之墓，皆不免君子之诮。今观其谱，不书位，不书爵，质而不诬，近而可信，盖无妄冒之谬。得乎凭据之真，诚足传于后世矣。为其子孙者，尚思祖宗积累之勤，少监继述之力，必孜孜为善。进德修业，以兴昭于祖考，是谱传之益远而益荣矣。若徒以世望自矜而不克勉，则不惟有负作谱之意，亦岂予之所望哉。是为序。

——明代罗亨信《觉非集十卷》

滦阳赵氏东门谱序

赐进士出身即左春坊左赞善吏部侍郎待选庚午科乡贡进士天台林春书并篆

神宫监太监赵公琮，以其父处士没世已久，欲表墓上之石，以图不朽，而谓予曰："琮自幼入侍掖庭，忝列貂珰，荷列圣知遇，轸念微劳，累进今官，得优老于家，为幸大矣！是皆吾父善庆所遗也。顾琮无嗣，既不能显吾父于生前，而又使其德隐于死后，不重不孝之罪哉！敢以托于足下！"予固辞不敏而不获，谨据状书之曰：处士讳守忠，字本义，其先定州人，金泰和间徙蓟州玉田县之杨樊驿彩亭桥，再徙丰润县之胥各庄，由丰润县徙永平府滦州桥头社王禾庄。则自处士始，父讳善，母陈氏、郝氏、所生丈夫子三，长恕忠、次敬忠、又次即处士也。恕忠敬忠之子孙仍家居丰润，以守先陇。岁时展祭，少长毕集，蔚然为乡之巨族。处士身长玉立，膂力过人，乐善尚义，蚤以勤俭起家，后虽殷盛，不少变其素履。每遇歉岁，周急恤匮，唯恐或后。乡人依为安。至有争讼曲直者，往往诣处士以求分解。当元季兵起，或劝之立军功，以取富贵。处士谢曰："乘时以徼大利，吾不忍为也！"竟隐去，待时平而归。人高其恬退。宣德丙午夏四月，处士忽搆疾，太监乞归，侍汤药，未及，端坐而终。是月二十一日也，距其生于元至正丁亥五月二十日春秋八十，葬胥家庄先茔之次，寻有诏令太监持服百日仍还莅职。处士配刘氏、李氏，俱有淑行。子男三，曰贵、兴、琮。贵赠武德将军，锦衣卫正千户，琮即太监公也。女二，长嫁乡人陈让，次嫁济阳卫千户刘兴。孙男三，礼、文、聪、聚，礼以军功任锦衣中所正千户，文聪赠明威将军，指挥佥事。孙女六，俱适明阀。曾孙男九，曰喜、德、宣、显、顺、颖、洪、清、源，累官锦衣卫、指挥佥事。颖习举子业。曾孙女六，玄孙七，予观处士，虽隐终其身，而后世多贵显。盖其积德厚而有子如太监公以承之也。太监公于洪武辛巳岁被选入内，永乐初年长随、奉御、迁尚膳监右监丞，赐甲第一区于都城金台坊。癸亥，监军宁夏，擒虏首也先土干。甲辰，从车驾北征虎鲁蛮城，还赐彩緞褚币。宣德初，诏免其家租役徭税。明年八月，命同安远侯刘昇、太监马定管督神机，从平武、定州回，有金币家人之赉。戊申，讨贼喜峰口，俘获甚众。甲寅秋，偕恭顺侯吴克忠往巡北颜山、兴和诸处，生擒完者帖木儿等。乙卯，奉敕出镇宣府，适虏众入寇，公出兵闵安侦之，俘获火脱赤诸酋，论功陞右少监。正统甲子，赐五经五论诸书。己巳秋，驾出大同，公为前驱，至栲栳山，适与虏遇，夺还被掳人畜什物。贼薄宣府城，公出奇兵逆战，擒获猛秃儿等及被掳人口、头畜、器械无算。功，上赐彩帛表里各四百、金五千两，升太监。景泰庚午，诏还，掌膳监事兼总理神机军马。又尝归祭先陇。天顺元年，皇上复位，首赐蟒龙文绮，且不欲劳勤公。命守献陵，掌神宫监印。辛巳春，复闵其年老去，俾得休息，而月俸时赐仍旧。前后所赐玉带、蟒龙紵丝纱罗之衣，动以数十刃。玺书褒谕之词，多不及载。皆稀阔之数也。若此者，固由太监公忠孝明达之所致。推厥本原，孰不谓由于处士积累培植之深且厚也。爰诸表诸墓石以垂示来裔于无穷云。

大明宣德。

岁在辛巳二月既望立。

滦阳赵氏东门统谱

前北京师范大学教授、现天津工业学院讲席：李鹤鸣先生赠序

木必有本，水必有源。本之固者，枝必荣；源之远者，流必长。唯人亦然，必有其所自始，不忘其始，而追溯之，然后族之大者，分别支派，方能知其始而得其详。虽子孙繁衍，散居四方者，亦莫不各得其系统。犹木之于本，水之于源也。故族谱尚焉。三代之时，最重氏族，且设官以掌之。故黄、农、虞、夏之裔流别，数千年之纪，可得而知也。自秦汉以后，王侯将相出于草泽，皆不能纪其先世，而谱牒寝以不详。晋重门第，唐贵氏族，而谱学复兴。然自五代以迄，宋元外族侵入，履遭兵燹，遂无复有千年之家谱者矣。岂关夫世俗风尚之盛衰，抑由于世族之兴替存亡耳。迨及今世人心弗古，宗法沦亡，则子孙有不能推明其祖者，又何谱至贵乎？今（滦阳溗阳）赵氏望族也，其子孙不忘其本，而独重谱牒，不虑与世违，诚难而可贵矣。考赵氏之谱，始于清乾隆时至光绪三年而再修，今又续修。较前益详，惟冀后之族人继续而替，如古之数千年之谱牒，虽支裔流别，散居四方，有亵而不相识者，而一展谱则统系了然。苏明允所谓相亲如途人者，其初皆兄弟也。兄弟其初，一人之身也。有不油然而生孝弟者乎？今赵氏十九世孙东昇请序于余，余不获辞，惟愿以斯义勗其族人，保其旧俗之美，而不忘其本也。是为序。

中华民国二十一年十二月

滦阳赵氏续修族谱记

考我赵氏之谱，始修于清乾隆十二年，再修于光绪三年。今又续修者，非仅续修，近世族人之支派，以冀后世族人之了然。以上两次修谱之不清，亦因此而修正矣。盖上两次所修之谱，于始祖一世祖及二世祖未能细细续清，故吾族人有以胥镇坟茔之首墓为一世祖善者，又有以为二世祖守忠者，各执一词，莫衷一是。十八世云路叔甚以为忧。故会同二十世广聚，十九世兴武，

二十世同等重修碑楼诵续碑文始悉为二世祖守忠之墓，再按次考查，辈辈无悮，久不能解决之问题今已明矣。余肄业天津工业学院暑假归家，适逢修谱得闻云路四叔之口述，故志其事。

十九世东昇谨志。

赵氏增修家谱跋

西韩庄清庄湖

盖闻祖德功，千秋不替，水源木本，百世维昌。我赵氏肇自成周，显于唐宋。元明以来，世称名族。厥复一再迁徙，于丰润县南之胥各庄。前清中叶，十三世祖（讳）时忠，次（讳）时龙，三（讳）时发，兄弟三人，由胥各庄移居韩城镇之西韩庄，历今七世，子孙绵绵，书香仅继。而自十二世祖以上之故墓犹在老茔，时勤祭扫，牲体不忘。

壬申冬重修旧谱于以广集族众补其遗失，匡其缺漏，庶于报本追源之谊，归敦厚焉。

民国二十一年岁次，壬申十二月吉日。

十六世孙庶蓍同本支侄春林敬书。

魏家庄赵氏族谱序

家之有乘，犹国之有史，邑之有志也。然史则褒贬互见，春秋之义也；志则记地、记人、记言、记事、搜罗古迹，葩经正风、正雅之义也；家乘则表彰先世祖德宗功三颂之义也。此乘与史志之异点也。赵氏系出天水，世居奉天辽阳。其先世虎臣公以豫亲王府头等护卫入关，迁居丰润县之南魏家庄，迄今阅三百余年矣。瓜瓞绵延，子孙繁衍，士食旧德，农服先畴。文武才俊之士，后先继起；闺阁妇女，守节义而娴礼教，盖故家遗俗流风，犹自存者。其旧谱因明清鼎革，迁居失守，故自始迁祖上追二世以民信公为第一世，不忘所自出也。吾观近世修谱者，每多铺张粉饰，以炫异于世。赵氏之谱牒，体例简约，记录翔实，上自远祖，下至疏族。联而谱之，不相混淆。昭明伦纪，渊源可溯，为有家者法也。兹新谱告成，将付剞劂。乞余为之序，余不敏，亦不获辞，爰述其缘起，而为之序。

中华民国廿六年孟春。

清庠生董识长谨序。

董氏家族

浭阳董氏家谱旧序

唐序

古者，国有史，家有乘，而谱系为尤重，昔司马公溯其先始，自班孟坚述其世出于斗彀，而唐之刘知几又别作谱，考其按据明审为当世所矜式，诚可谓返本复出，彝伦攸叙之首务也。迨夫后世，世衰道微薄于同气，抑且分支流派属远谊疏，甚至有尊卑尔汝不识其名号者，良由谱之未明，系之无统，遂至视犹秦越而不觉耳。《记》曰亲亲故尊祖，尊祖故敬宗，敬宗故睦族。然欲睦族而敬宗尊祖而亲亲，要非谱系之修明则不可。第修谱明系之一道，则又有难言者，尚使族非旧，则世代浅似不必修；人非众，则支派少，亦不必修；即不然或降在编氓，则礼仪之风薄，亦不必修；或徒事华侈，而诗书之泽微，更不必修。以是四者视之，则谱系之举，顾为不急之务矣。惟吾邑董氏裔出河间，散居燕赵，世植令德，而瓜瓞绵延明清之间，其科目簪缨蝉联不绝，特虑其子姓之日繁而难籍也，长幼之或紊而莫辩也。于是乎上自远祖，下暨疏属辑而谱之。既草创而属余修饰之余，特喜仁孝之盛举，不敢以不敏辞，爰操铅椠纪事实，数月而竣斯役。其为谱，则有图焉，胪而列之，所以联脉络也；有统焉，自本而支以大宗领小宗，所以析条理也；有世焉，自一世逮十数世循序而下，所以衍无疆也。旁注其名号、配偶、官职、子女及生卒葬地，所以明终始也。至于男妇诸贤之行事，取其最有关于名教裨于伦化者，撮而书之，附于谱后，严而弗滥，所以存信也。信斯美，美斯传矣。余之览是谱者，将深木本水源之思，溯祖德宗功之自，扩胞民与物之量大，承前启后之模，贤者其必勉，诸不及者其必企。诸得无如老泉所云："仁孝之心油然而生者哉。"诗曰："无念尔祖，聿修厥德。"后之君子诚能正谊明道而尊尊亲亲，则汉室醇儒之苗裔，正未有艾尔，余且操券以待之矣。

时康熙五十二年岁次癸巳之吉。

庚午举人直隶大名县儒学教谕同邑后学唐寿朋顿首拜撰。

泂阳董氏家谱旧序

金序

夫木之有枝者，发于本也；水之有流者，出于源也。故源远则流长，本大则枝茂，此不易之道也。董氏出自飂淑安至董父始得姓，于帝舜而受封鬷川。本非不大，而源非不远也。传数千百载，氏族徧于天下，地以人得名者二，孝感、慈溪，枝非不茂而流非不远也。然而时有盛衰，人有迁徙。亦犹木之荣于春而瘁于秋；水之盈于西而趋于东也。康熙辛卯之冬，泂阳董明府子健分符大竹滥处，余于幕中与之偕还而度岁，而后赴任，始得与令兄冶翁遇，观其童颜鹤发，襟期潇洒，洵当今有道之君子也。余于接谈之日，即以族谱见属，第是时行期既逼，而又自顾空虚不敢承命而去，今春明府自蜀告归，余亦随之而返，复晤冶翁于泂阳，贵族之谱业已告成矣。冶翁犹不能自信，乃复虚怀下询，出其谱以质于余，并嘱余叙之。余虽不敏，特感其谦而其且诚，故不敢辞。仅按，董氏之先在夏为豢龙氏，在商为豕韦氏，在周则有晋之狐，赵之安于，在秦楚之际，则有遮说汉王三老、董公、有鹤、王翳；在两汉则有永、有仲舒、有宣、有允，在唐则有晋，在宋则有黯，斯数公者，皆一代之良也。虽时异产殊，然均发于一本，出于一源者也。今泂阳董氏之始祖曰士冕公者，为江都相之苗裔，世居中山，于明永乐初始迁丰邑，数传而生廷玺公，自公而后则簪缨奕叶，诗礼传芳于兹，又数世焉，其克繁衍于兹邑，而济美于前贤者，良由本之大，源之远，故其分枝也滋茂，而流派也愈长矣。吾知冶翁昆季相继，拂袖而赋归来，共置功名富贵于度外，而优游泉石之间。惟上述祖德，下贻孙谋，而纂是谱，先志克承矣。而后起诸君子，森然玉立，或汪如千顷之陂，或矗如十丈之松，正木荣于春，而水趋于东之候也，於戏，豢龙氏之后其又可端倪也哉。

时康熙五十二年岁在癸巳季秋之上浣会籍。

后学金粟立我氏拜手敬题于溴阳寓舍。

重修董氏族谱序

申序

董之得姓，自良史董狐氏始，至汉董仲舒以理学名儒，绍孔孟真传，为斯文大宗师。沿及唐宋金元明，其苗裔散在列邦者，并称望族。丰润董氏分支于河间郡，世居南乡之董各庄，派别繁衍，人文蔚起，虽所称谷、鲁、曹、陈诸家末之，或先盖邑之虽然巨室也。甲戌之冬，予奉命来直省。乙亥春，以本衔摄令事，而董氏适有重修董氏族谱之举，董君远浦乞序于予。予考董氏谱修于康熙五十二年，此一役也，亦踵前事行之，而予特取其昭明伦纪，渊源可溯，为有家者法也。诗有之，高山仰止，景行行止，虽不能至，心窃向往之，则承乏兹土者，实嘉赖焉。是为序。

时乾隆二十年岁次乙亥仲夏之吉穰筐。

赐进士出身奉直大夫署丰润县事年家眷弟申澍顿首拜撰。

重修董氏家谱序

胡序

今之人莫不欲修族谱，往往谦让未遑，曰以俟子孙贤且贵者，贤者用其才，贵者资其力也。然子孙贤五世十世不一出焉。幸而有贵者既贵矣，或仕于朝廷，或使于四方政事役其，身爵禄婴其虑，至于族谱多不暇以为，问则曰吾国而忘家，固如是矣。余窃思先人冈垄时，亲拜扫所遗祠庙，典礼攸关祭祀，阙则蔑弃祖宗，视族姓如路人，甚至有里巷相遇不视面目者矣，岁时相问不记名号者矣，又何暇序其昭穆寻其支派哉。呜呼！是可叹也。丰润董氏之修族谱则有异焉，计董氏自明始迁于丰，廷玺公而后图系与世次始得胪列分明，班班可考，传至数世子若孙，尽职于内，宣力于外，迄今历三百年余，继继相承，簪缨科第，联络不绝，考其谱，初修于康熙五十二年，六世孙子宣、生湄、子颖、子发诸公序于前；再修于乾隆二十七年，七世孙远浦公跋于后，伦纪昭然，渊源可溯，洵为有家者发也。然读书学道得亲亲之义。《记》曰："亲亲故尊祖，尊祖故敬宗，敬宗故收族。"于是首严宗庙之礼，告于当世，两修族谱，而后重整董氏家祠，清明致祭，而以四大支二世祖佩焉，榱桷新笾豆备矣。次考坟墓之制，支派繁衍自四世一下，度阡越陌，个立先茔，注明葬地于谱端，亡者兴之，废者补之，松楸拱碑碣存矣。自乙亥重纂是谱，逮今癸卯又越二十九载，传至十二世八世孙毅千寅兄，以协镇奋勇金川，奉特恩总镇闽海，念厥贻谋继志未逮，聚族而谋为三修之举，殆经营一载而续修始成。然后董氏十二世之人，若聚一堂之上呼之或出也，世之贤且贵者可以劝愚，不肖者可以愧矣。余与寅兄丁亥岁曾共事于西秦，契阔有素，知之甚详。兹自闽归籍，乞序于余，故述其本末随笔书之，俾览者有所矜式焉。

时乾隆四十八年岁次癸卯仲秋之吉。

诰授光禄大夫刑部尚书兼管顺天府府尹事务加四级年家眷弟胡季堂顿首拜撰。

注：

胡季堂（1729—1800），胡季堂，字升夫，号云坡，光山人。系胡煦之幼子，7 岁丧母，由长嫂甘氏抚养长大。荫生，授顺天通判，官至直隶总督，加太子太保。赠太子太傅，谥庄敏。有《培荫轩诗集》。

董氏续修族谱序

梁序

族之有谱所以明世系，别宗支，表著先代之懿徽，开启后人之景慕，而孝亲敬祖，敦宗睦族之义所由生也。故阀阅大家，缙绅巨族，莫不赖谱牒之修明，以维系其家族。抑余闻之，集家族而成乡里，集乡里而成郡邑；一家族之孝敬，敦睦推而广之，可以化及乡里；更推而广之，则一邑一郡可以感通。然则谱牒之修，虽属一家一族之范风，董氏此举盖实获我心夷。按董氏之在丰数百年望族也，由明末迄清初或以武功著，或以文学显，炳炳煌煌，昭垂志乘者，代不乏人，洎乎戊戌变法，辛亥共和，而族中服务于政学军警各界者实多，其侣率皆克自树立无忝先型懿欤盛夷，乃派别分支，谊不忘本，旁搜远绍，启后承先，群起而为。谱牒之修，以维系其家族，彼或于破除家族之邪说，而倡言家庭革命者闻董氏之风其亦知所愧夷，且董氏之谱，创修于康熙五十二年，重修于乾隆二十年，继修于乾隆四十八年，由是而降嘉道以迄于今，凡百四十余年记载缺焉，未之或补。夫岁久则难征族繁，则易紊于此，而从事续修，虽强有力者亦难为役，乃毅然为之，不惮艰巨，互相考核，互相调查，合举族之力，而卒底于成，是岂不为而为之哉！殆孝亲敬祖，敦宗睦族之忱，郁结为衷而发于不容已者乎？是举也，余嘉其行谊之纯良，宗族之雍穆，且与国家化民俗之意，相辅助焉。因勉循椵忱之请而为之序。

时

中华民国十五年岁次丙寅荷月中浣。

五等嘉禾章五等文虎章内务部一等三级警察奖章。

镇威第三、四方面联合军团司令部。

军法官梁禹襄敬序。

署理丰润县知事。

董氏族谱序

张序

昔桐城姚姬传有言：三代重姓族，而系世详；晋、宋、六朝尚门第，而谱牒之学亦贵。独中间秦汉之世，公卿大夫崛兴草野，而当时之谱系随蔑之征余尝痛之，以为亲亲尊祖人所自至，乃至谱牒之详略亦视时俗之好尚为转移，是可叹也！虽然谱牒之作不难于创，而难于继。韩子曰：“人有五子不为多，子又有五子，大父未死而有二十五孙。”盖百年之内，一人势可分而至于数百人。少则易详，广则难用，惧其难周，往往徘徊却顾，而不敢轻有所作，亦其势然也。董氏之先当明永乐徙丰润，数世后显达者日众，继继绳绳，至于今益盛。其族谱创修康熙之世，乾隆间续修者再焉，今又百余年。其族人云卿、茂才复修垂成，属序于余，呜呼！今之时，视秦世之乱尤亟矣。举夫亲亲尊尊，先王所以经世大道，摧灭之唯恐不尽，而故家子弟随风而糜，或且于家人相处之际，倡为怪奇，悠谬之谈者，比比然也。云卿身处举世狂澜之时，独毅然以继先人之续业为己任，上下百余载，历次数千人之生卒岁月及行事颠末，著之谱书，而不辞其劳，不畏其难，果谁为而为之哉！无乃有难已之情而发于不自觉者乎？吁可谓贤矣。张氏曩者之迁丰润，与董氏略相先后，两家又世为婚姻，情谊尤厚，兹谱之成，固余所乐睹也，遂为序。其缘起如此。

赐进士出身。

诰授光禄大夫太子少保协办大学士前南洋大臣两江总督张人骏敬撰。

皇宫少保张人骏印。

中华丙寅季夏谷旦。

——董各庄《丰润董氏家谱》

董氏家谱

谱跋

我董氏自明成祖定鼎燕京，从龙北上，聿来胥宇，占籍于丰荒作之，初数传失考。迨明寰将军树绩汉中，兼之绥庵正郎蜚声药省，家声不振，上溯第一世以下世系昭然，从此瓜瓞绵延，人文蔚起。康熙五十二年创修家谱，乾隆二十年续之，四十八年又续之，迄今百四十年无董斯役者。非略也，先人盖有深意存焉。凡事精益求精，尤贵进而益上，况志乘史流谱亦其类，总期得太史秉笔于谱有光焉。明清之际二百年中，我族膺选拔登贤书捷南宫者原不乏人，惟庶常一阶，迄未得进。继此至今百四十年中，如晓峰、齐光、樵云、峋、兰溪、春卿三进士。养源濬川、少溪甡、子余绰三明经以及小试三元之宗遇，秀才寄居外省之玉林、茂才、琪树、筱厚，孝廉昌达俱是才能造凤，品符玉堂。先人所期原不为过，乃或者一行作吏，或者早赴修文，仍无参太史之列者。功名之事固难言也，今者先正凋谢，寄外之才又苦于无从就正，加以时势变迁，尚不知流于胡底河清。难俟一发千钧。族人惧焉，急谋续斯谱也。询众佥同责遇昌等任笔墨事，遇昌之才之遇远不及先人，惟上观下观，恐今日之视，后尚不如昔之视。今因不以不敏辞，即于癸亥清明日开始。甲子小阳告成。两阅葛裘，慎而又慎，略陈经过情形，自再续之后，族人散居数十村间，有寄外县外省者，况又传之八九世，相距百十里，相隔百余年，纵使杞宋犹存，献渺文残，奚从征实，除荒远难稽者暂付阙如外，直使分流别派涓滴归源，编辑之苦心当亦为合族所共谅。遇昌恪诚将事，甚至挑灯夜坐，挥汗濡毫，力求进步，以期少错误而成善本。只是才力不逮，莫如之何？想同事诸父兄弟，其辛勤尚有倍于余者。谱事之不易，盖若斯也。今谱之成也，不敢自信，敢云："垂式后昆，惟愿族中明达示我，周行后起之英，重事续谱，匡我不逮！非独不肖之幸，当亦诸父兄弟所同幸也。"于是乎跋。

中华甲子十月谷旦日十五世孙遇昌云卿氏敬撰。

宣庄董氏家谱

谱序

夫族之有谱，犹木之有本，水之有源也。上溯董氏出自飘淑安，至董父始得姓，于虞舜在夏，为豢龙氏；在商，为豕韦氏；在周，则有晋之狐，赵之安于；在秦楚之际，有遮说；汉王之三老，董公曰鹤、王翳；两汉之间则有永、有宣、有允、有仲舒；在唐，则有晋；在宋，则有黯斯数公者，皆当代之良。虽时隔数千年，而其始实发于一本，其后，生齿日繁，散处列邦。是以族遍天下，余祖大元时，占籍山西太原府，兄弟四人，曰江、曰河、曰湖、曰海，慈州建筑家祠。余始祖海公者，分支于山西。至明迁徙溟阳，居城南之宣庄。于今又数百年矣，祖茔占地数十亩，坟墓数百座，子孙散处各村数十家。若不修谱以联之，不惟祖德无由明，宗支亦无由定。将一本之亲，几成陌路，甚至以卑忤尊，以少凌长，以疏间亲之事在所不免。是我族之谱不可不修也明矣。然而谱之创修实属不易。余垂髫时，侍叔父国庆公于其侧，尝闻与永平公互相嗟叹曰："我祖世居于此，数百年子孙振兴，人文蔚起，虽不敢称望族，亦非流民所可比，何得无谱？”只缘尔时二公家事殷繁未暇，及此不数载相继而亡，遂有志而未逮。今幸有户头志山，每祭扫聚集我族诸父昆季，共商此举，俱皆称善，嘱余创修一并为序。奈余年逾耳顺，学浅才疏，未敢膺此重任。继思此役亦子若孙之职，何得辞劳？是以策杖奋勉，竭力尽诚，按户搜查，恐有遗失。上追远祖，下暨疏属，辑而谱之，使后世子子孙孙须知如木之有本，水之有源也。至我谱告成，庶后启者开卷分明，虽传百世而不紊，先人虽没，当亦大快于九泉矣。

时

民国十年仲夏月之吉十三代孙秦熏沐叩撰。

附序

吾始祖海公者，原籍山西太原府人也。至明迁徙洏阳，居城南宣庄。盖因数世褴褛，文献不足，世次亦因之而失。数传而下，至吉庆公生五子，分为五支，始有世次，显然可据。今时修谱，虽知始自海公，数代未详，不敢妄赘。可以吉庆公为尊始，亦阙疑传信之道也。

孟氏家族

孟子世家流寓直隶滦州丰润县
续修支谱序

窃维家之有谱，犹国之有史也。国不可一代无史，家岂容一世无谱？且谱者普也、编也，谓举一本同气之谊，合书一谱。普编靡遗如木有本，水有源，使人展卷兴孝弟之思也。则家谱之修顾不重欤。尝考古太史之官，掌司姓氏之辨，秦汉以后此制不行，士大夫于是家有谱牒。降及六朝，亦越三唐，经籍艺文炳然史部，而有宋以来，庐陵眉山二谱，尤为后世所取法。盖尊祖者必敬宗，爱亲者必收族。所以笃一本联同气也。夫士大夫知礼义者，犹不敢忘族系之考，况我孟氏发祥轩辕，迨至亚圣，明的昭乎日月，勋业庇及子孙，顾可无谱以志之哉！

自始祖以至于今，年越二千，生齿亦繁矣。或以宦游或以兵徙吴、晋、燕、齐，门帜几遍。既不可负书担簦来应儒籍之试，复不能度越险阻，时观春秋之光，间处四方喜不庆，忧不慰，甚如涂人，何以为亲耶？余猥以大宗忝膺，主鬯敦本睦族之思，常切于怀。甲子冬先大人鉴定邹族大谱，告葳之后，接次续修流寓各支谱，已百十余支。兹有海阳、泾阳族人宪天、令桂等，携其支谱，恳为纂修。余即饬谱馆监修，挨查据禀核封大谱，实系同宗，余复详加磨对。

按其始迁祖讳宏锡、宏铎系亚圣孟子六十一代裔孙由邹县始迁滦州丰润县，其后人因之相家焉。迄今繁衍世系井井，实为我家寓派之支。爰付谱馆为之编次，越月而告葳。余取而观之，自始迁以迄元，仍釐然各正，统计续修八代。通共新丁三百零三人，井然无阙，是可绵世泽，垂后昆矣。至若谱中记传，或德行，或政事，或文学，以及烈女节妇，茹孽吞水，无不发其潜，而阐其幽。守斯谱者，其庶几敦一本睦九族，亲亲长长，以恪循先圣祖之懿训乎？其庶几事诗书，勤农桑，处为孝子，出为良臣，以对扬圣天子之耿光乎。是尤余之所厚望也。

光绪六年，岁次庚辰夏五月上浣。

敕授文林郎世袭翰林院五经博士加二级亚圣七十一代主鬯孙昭铨敬序。

高氏家族

安机寨家族谱序

尝思木本水源，人心攸系。而承先启后，族谱是凭也者。乃笃伦睦族，明宗办支最要者也。自大元以来，高氏之始，原居湖广德安府安陵县之乡，至大明永乐二年，播至滦州城西安机寨庄居住，坟墓亦立庄东。原有谱以记之，被火灾残缺失次，因念后日族繁丁众，不有谱以记名麾，齿久而远之，将至亲面不相识，卑侮尊，少凌长，出同姓之亲，竟似陌路，血胤之族，视如秦越。故援笔而还，书先传后，是以尊祖而阙疑传信，自此以后，笃伦睦族，明宗辨支，有不探水源木本之思，大承先启后之烈者乎？惟如是，庶可慰先人于九泉，而更无复致慨于后人。抑正有深望于后人耳。后起者各勉旃。

高氏重修谱序

族之有谱，所以明世系，别宗支，表著先代之懿征，开启后人之景慕，而孝亲敬祖，敦宗睦族之义所由生也。故阀阅大家、缙绅巨族莫不赖谱牒之修明，以维系其家族。我高氏，自明永乐二年播至滦州城西安机寨庄居住，迄今数百余年，族繁人众，散处于四方者实多，其人及道途相遇，以同姓之亲，竟以陌路，血胤之族，视若秦越，又何暇序其昭穆，寻其支派？哉呜乎！是可叹也。计我高氏，自明始迁于滦邑，三世文公所生六子，分为六门，原有谱牒，迨火灾残缺，宗脉失次。乾隆六十年，蒙州尊张公自五月十三日传去明宗辨支，又蒙恩赠世袭，然有世袭固绵祖宗之香烟，无谱序亦紊子孙之支派，至今一百九十余年，有谁知木本水源一脉相传也哉？今春清明上坟祭祖，家人鸿逵馆不忘本，倡率续谱之事，合族人人赞成。咸知此事是为盛举，大家又举予撰序。予存是心已久，敢不尽心竭力，稍尽后人之职哉！自兹而后，用望我高氏子孙绳绳继继，不忘孝亲敬祖、敦宗睦族，无负先人在天之灵也。

中华民国十八年岁次己巳清明节谷旦。

滦县参事会议员十六世孙法政学校毕业廷弼熏沐敬撰。

卢氏家族

东尖坨卢氏谱序

盖闻瓜瓞绵延，虽关运数，宗支清理，尤在人为。溯自余始祖治平公之由定州而来溭阳也，栉风沐雨，斩荆披棘，置百顷之田，立不跋之业，凡以为子孙百世计耳，凡以为久垂不敝计耳。

嗟！我子孙宜如何承阙先志耶？然而家庙宜立也，家谱则宜修也。溯本穷源，五百年来，宗嗣赖以不堕者，仅存疏札。长此不敕，宗嗣几何而不失其绪也？予忝在士林，仰承先泽于笃亲敬祖之事中，心藏之，又何日忘之哉？爰于本年夏，集合族父老妥为研究，无不欲饬本敦伦，欢欣鼓舞。近族人宝仁、宝铨尤为一往情深，极端赞许。思维再四，责无旁贷。然千百年之事，亿万人之多，予以固陋之材，恐任之而不胜其任者，所以欲修之而不敢言修也。奈族人谆谆再四，义不容己，乃搜集之、考查之，殚精竭虑，几费踌躇，历三月谱功告竣。自此，水源木本，缕晰务分，谓同气连枝者，皆有条不紊焉。

庶乎！蔓衍云征人足，家给无叹无鸠，共欣有豸何？莫非我祖宗之德泽渊远而流长所致也夫！

时在

光绪丁亥桂月中瀚之吉十四世孙恩绶敬书。

于氏家族

张六庄于氏谱序

谱序之一

族之有谱，以别尊卑、分长幼、联情谊、笃亲爱也。然作谱之事不难于辞藻之富丽，而难于次序之分明；不难于财力之捐输，而难于宗族之提倡。兹于世氏合族创修谱牒乞序于予，予与于世谊属姻亲，义不容辞。况文斋予妹倩也，同道同术而又同性，殷殷付托讵可膜外视之？今开卷披览，其先世则由山东济南府青城县北迁宁河县之俵口，继而始祖则由俵口迁丰润县之张六庄，至今十一世矣。由本庄迁居异地者远近不等，是非广为采访、细为探寻，何以支派无遗漏、行辈无错乱乎？及观此谱，因知绘图之精详、世系之明晰。妇道则节孝者有之，淑德者有之；男儿则乐善者有之，多才者有之。盖前人之创垂者远，则后人之继承者大也，将子子孙孙绳绳继继，十世百世后嗣克昌，大宗小宗支庶不紊。予虽不获赞助其事，幸得观其编纂之详尽，凡例之精严，因喜而为之序也，于是乎书。

民国二十三年榴月上浣榖旦岁贡生杜宝田字鹤亭鞠躬敬题。

谱序之二

族谱、国史、地方志三者相异而实同、实同而体异、相辅相证以为用者也。三代下讲谱牒之学者，莫若欧阳子。《新唐书》《五代史》之修，其帝王公卿世系，类多曲引旁通，源流秩然。纪唐代也，则上溯神尧；纪沙院也，则亦远证至秦汉之世传；长孙、房、杜也亦追其祖，若父或仕南陈、或官北魏。呜呼！非族谱无以辅地方志，非地方志更无以补国史之阙。是族者乃国家之起源，而谱者又史志之发轫也。湘乡曾公至称族谱为国史之母，信矣哉。于系姬周氏以国，成王之异母弟武之穆也。东迁而降，诸侯互噬，于寖先弱，嬴秦兼并罢而郡县之。周之子孙亦黎氓，遂去邑而邗氏曰于，盖以志隐痛而昭先德也。汉丞相曰定国者，勋业灿然，颉颃丙魏；唐翰林学士有曰志宁者，风流大雅，名齐房魏，文皇帝每呼为内相，散处各地，代钟名德。然以沧桑之变，其某也为某之昭，某也为某之穆，阙有间矣。执其裔而询之，恐亦未能详也，而渊源所自，则固姬周之支派，而武之穆也。丰润于君静波，始参戎幕，既经芦监，寄吾垣者凡二十年，与余订车笠好。岁丙子夏六月，君至自平津，持其族新修之谱一帙相示曰："吾族肇姬周，但明以前代远年湮莫可考。今吾谱之修起于明初，断自智深府君，迄余三十世，余之次又一世，年凡五百，世凡三十一，支派厘然，昭穆秩然，某公配某氏，某女适某氏亦附见焉。汉丞相定国、唐学士志宁虽为远祖，然阙有间，用效狄武襄之言，不敢附之以为族光宠。子知我深，敢以序请。"且曰已告诸宗老矣，序成将附析津梓民而寿枣梨。穆子曰，人相生而成族，族与族相积而为郡县，郡县相合而为国家；故欲国家之强必先郡县之理，郡县之理必先族党之睦，而族党之睦必自敬宗，则敬宗之首务，舍立祠修谱盖无以属也。今于氏既修谱矣，是敬宗睦族之大道于焉以立，俾海内芸芸万姓取而则之。衍而绎之，各敬其宗，各睦其族，无以强凌弱，无以下犯上，更无以淫害义而残其同气。郡县不理而自理，国家不治而自强矣。而静波修谱之功国家，实利赖之于氏云乎哉！用是不计蠡测而为序，以报余友之命，且以明国史、地方志与族谱相异实同、实同体异、相辅相证以为用之道，以告夫海内士大夫与吾同心者，是为序。

筹边高等学校毕业清附生长垣紫墀穆祥仲撰文。

崔氏家族

顶代庄槐林堂崔氏谱序

盖闻水流有源，木生有本也，维人亦然。天地间，五福之中，寿为止重；百行之内，孝居最先。我崔氏，自永乐年间，由山东枣林庄迁居丰邑，宣庄镇管辖顶代庄，安居乐业，已数百世矣。立茔在大夫坨，以后人烟茂盛，子孙众多。后迁居本庄北，此系招魂之墓也。第恐日久年湮，有迁居关外者，有移居关里者，远近不一，遐迩各异。新茔有迹可考，老茔有契可寻。于是合族公议，定于修谱追宗遡族。千载之蒸，当无旧纪月。编年百代之，祭祀犹新。上著先人之遗风，下培后人之元气。使有知传无知，无知终归有知，无知访有知，有知必告无知。是远近之人，遐迩之处，总归有知，不至于无知也。百世不紊，所益者维传承先；万载流芳，所益又在启后倚欤！休哉何其盛兴！（愚等）不敏裁订简篇，已往着著名，将来着书号。今而后，延序班行，可永垂不朽矣！

古语云：慎终追远民德归后，岂不诚然乎哉！是为序。

同治三年（1864年）岁次甲子书

马氏家族

丰润马氏族谱重修序

行救时之政者，必考诸史。遏滔天之浪者，必遡其源。盖履霜坚冰至，其由来者渐也。是以史家执笔，大之国家政典，小之衣食起居，罔不记述靡遗。俾后世君子，得以明其始终，详其颠末，而得失从违于焉定论。记一国一世之事者，曰史；记一地之事者，曰志；记一家族之世者，曰谱，其意一也。太平庄马氏，本丰润望族，耕读传家，礼仪为训，克勤克俭，惟敬为和，族邻既无间言，门庭复多贤士，融融泄泄，化成俗美。今值重修谱牒，竟问序于珊。珊本后学，自愧不文，奚足以当此任！唯念挚友鸣章先生，谆嘱再三，谊难辞谢，爰执数语，藉贡刍荛。夫物有本末，事有始终，慎终追远，民德归厚。老吾老以及人之老，幼吾幼以及人之幼，天下可运于掌。盖亲亲仁民，自近而远，亲其亲者，斯能亲人之亲，未见不亲其所亲而能亲人之亲者。舍己为人，天下必无之事也。时无古今，人无先后，皆不越于斯理。我国自海通以还，匪特物质文明，瞠乎人后，即民族精神，亦复相形见绌。今则民族竞争益剧烈，强存弱亡，优胜劣败，其事无可逃，其象日以著，稍不振刷，未有不遭颠覆者。倘犹不急起直追，则我莽莽神州，堂堂华胄，将目睹其沉沦。是以有志之士，愁然心忧，群思有以挽救之。然则即我固有之家族精神，而扩大之、发挥之、巩固之，以为我之民族精神，诚当今之急务矣。且国运之隆，尤视乎社会组织之健全，而中国社会组织之基础，在于家族。家族既为社会之基础，斯改良之、促进之，自可为改造社会之先声。曾文正公谓风俗之厚薄，自乎一二人之心旨哉！呜乎！家族虽小，而移风易俗，促进民德，固攸赖之，况今之社会，人口日增，人事愈繁，文明亦愈进，若以家族之人口、资产、职业、生卒、疾病、结婚等作为系统之序述，举而供之于社会，则家族之性质及其功效，既以显明，斯社会之利弊，可得而言，改进之方针，亦可得而定。然则谱牒之作，实与国史通其血脉，与年鉴同其所需要，诚为不容缓之事矣。况乎饮水思源，景怀先德，居族中者，固有不能自己之情乎？

时民国廿一年十一月十日。

燕京大学教授遵化徐文珊。

舒穆禄氏家族

族谱达言

曾祖明III[①]，舒穆禄氏哈赉达[②]，钦纳临嘎山达[③]，善骑射，通明俗，参貂明商于姓[④]数年，与明商舒共贾，天时人和共乌林[⑤]。明舒籍江西郡吉安府吉水人，善汉书，贤仁贵。明舒曾祖睦貂参与辽明京畿，商旺斗金，明舒愿与曾祖园结弟兄，互誓天，同难祸，共孝之。故曾祖慕明切，誓与园弟同归于汉地矣。曾祖教：视汉舒同与祖，谊园祖挚传于世，纳明人之文俗，商汉地之乌林，父祖皆孝之，随园祖商明地于中原，继园叔廿余载也。严尊祖命，寻固山[⑥]，投牛录[⑦]，充超哈[⑧]，斯用武之地也。曾祖慰终与世矣，时年八旬有九，园祖礼厚金葬之，虽悲至极，感吾嘎山[⑨]，喻吾哈赉[⑩]。父祖嘱：世牢教园祖恩，宗世永继。呜呼！尊嘱谨书，传于世嗣云。

天启甲子年曾孙志美嘱录。

曾孙志美嘱录。

注：①III，过去商人记账多用苏州数码，III码即为汉字三。这句话的意思是曾祖名叫明舒，排行老三。

②哈赉达：满语，意为一族中的族长。

③钦纳临嘎山达：满语，即村长或屯长。

④姓：地名，即“三姓”，是黑龙江省依兰县的旧称。

⑤乌木：满语，财帛的意思。

⑥固山：满语。即清代八旗的“旗”。

⑦牛录：满语。即旗的下辖组织，旗下辖五参领，参领满语称“甲喇”，每参领下辖五佐领，佐领满语叫“牛录”。初为 10 人，后为 30 人。

⑧超哈：满语。旗兵的意思。

⑨感吾嘎山：使全屯深受感动。

⑩喻吾哈赉：传遍了全族。

安氏家族

安各庄安氏谱原序

尝思水有源，木有本，宗祖者，即人之原本也。夫水惟有源，虽支流纷注而脉络相缘，尚可溯流以汇于始达。木惟有本，总枝叶葱茏而株荑相属，亦能按枝以识其本根，非有源本之谓乎？人若不设谱文，不蓄家乘，则世系愈衍愈繁，子孙愈生愈盛，分支别派，各立门庭，移徙迁居，自传宗绪，迨至世远年湮，或溯本源而无据，或考世系而无凭，非我族者，罔敢却之！本我族者，罔敢任之！悠悠忽忽，宗不为宗，族不为族，是何异拔本塞源？遂至枝无依，附流无统宗也哉。慨思我祖原籍中山定州枣林庄人也，永乐二年迁居滦州长春社二甲安家庄居住，坟墓在庄北老茔殡厝，六世墓址犹存。至七世我祖谦公始葬东茔，然已在天启年矣。未几，而兵氛肆起，急迫仓皇，继以旗人占地，房产一空。我族人分头四散，迁徙流离，遂将肇始老谱失亡。盖自谦公以上六世之祖，不惟行事无可考，即世系宗派亦罔有传焉。故至今族人虽众，而叙谱不敢妄有牵就。止以谦公为始祖，亦仅传一支之宗绪耳。缺也何如？据考万历三十一年碑记，崇乡贤者十二人；称乐善者，十四人；而有可考者，止存两族六人而已。盖遭明末焚尘之后，颠播游离，失传其众，可胜慨哉。兹予有志汇宗，联我同姓，庶不使后人兴我今日之叹也！已然一人之见遇无多，闻之有限，但愿凡我宗亲，谅予之心，鉴予之诚，所遇同姓，延访搜罗究稽根本，倘或有据，即叙谱中，诚予之厚望也夫！凡我宗亲，务将此谱各抄一册，藏之严密，以备遗亡。是亦警于前，以谨于后之至意也。其共勉旃碑载数人，开记于左。

大清咸丰四年五月之吉。

十世孙勋熏沐敬叙。

重修序

族谱者，所以叙同族之世系一同族之心思不路人视之者也。往哲垂训，悉重亲亲义綦钜哉！读圣谕广训及老泉谱引，诚足兴思欤！吾族旧谱相传没于兵氛与匪人之火，至今阙如失传六世，真令人愧叹无穷。先夫子功超公因慨然曰：后之视今，犹今之视昔，宁使今人抱恨于昔，毋令后人复憾于今，当力勉之。于是，采访考证，遵所闻，阙所疑，仅得本支一门获就。迄今三十余载，未经续订，族丁繁衍，迁居死丧，非重叙则涣散无凭。因邀同族人共襄其事，非敢曰族谱。亦只以本支谱稿名帙，以为族人之现在者劝，又以为族人之后起者助焉，云尔。

光绪十一年正月上浣。

十一世孙汝止谨识。

重修谱图辨要

安氏族谱由来旧矣，然谱世既修，而绘图增例者何也？盖为谱中次序，非细心忝阅，或一时难明，故又绘图增例，以约于简便。图者，取其丝连不紊；例者，修谱绳墨。其看图之法：凡以竖线贯者父子也，以横线贯者兄弟也，凡胞兄弟无论几人俱以一线贯之，其断处下即令人之子，亦必从上有一竖线贯下也。且凡等辈者俱属平写，可以一目了然，无烦猜度。再者，凡上帙从某世起至某世止，下页即以止者为起也。如上页至五世止，下页仍以五世起，乃取丝连之义，勿谓重写名字。结构不清，势必如此。乃可免恍惚错误之虞尔。

时

光绪十一年正月上浣。

十一世孙兆桂谨识。

重修序

天地者，万物之所由生也；祖先者，子孙之所由育也。然天地普万物，而无心所生者，亦听其自变自化而已。而祖先之于子孙，则有厚焉者，孤孑也而望其繁衍，寒微也而望其贵盛，朴鄙也而望其贤明。其所以绵延而培植者，虽没世犹有余情也。故吾谓祖先之泽，尤深于天地。夫以祖先之泽如此其深，则当事死如生，事亡如存，永世相承而勿替也。乃有或历数世或数十世而名讳湮沉，有不能尽考者何哉？大抵人当盛壮时，多能记忆先世。凡夫春秋省墓，未尝不引子弟而历为告曰：某祖某宗遥遥相接，孰承孰继，脉脉相传。即当年之遗韵流风，犹堪默为像焉。方谓以我示子，以子示孙，虽百世可知也。岂知陵谷有变迁，人事多兴废，或转徙无凭，或存亡莫继，不一再传。而荒原之古冢参差，有难确为指证者。即后世英才，特起意欲溯厥渊源，而故老无闻，伊谁向九泉而参姓字？此先讳之所以易湮，而谱文之设有自也。遐想族祖功超公修谱之年，迄今三十余载，未经续订矣，其怅恨为何如。及今年正月间，宅仕子馨、兰、墀诸族叔，忽有叙谱之谋，献闻之而继述之心遂怦怦动矣。于是率堂弟廷藩，与诸族叔萃聚一堂，而修起焉。其始修也，或访诸故老，或考诸遗文，或求诸木主之所题，或得诸疏稿之所记，或墓而数也。披拂荆榛，指挥荒冢或铭而读也。摩净苔藓，洗认残碑或庙志溯遗徽。向斜阳而几回凭吊，或家堂参世系，拂香烟而多事低回，头绪多则商确难，阅半载，而事犹未竟。心志同则功业就，臻九月而功甫告成，今者素心稍慰矣。然而恨远祖之失传，尚抱无涯之痛，虑简编之易缺，犹深莫尽之忧。祖宗有贻谋惠泽，实深于覆载传流，称盛典纂承，尤赖于子孙。愿教百代之常存，遂弁一言，以为序。后之览者，庶其知所法守乎！

大清光绪十一年岁在乙酉。

十二世孙廷献谨序。

冯氏家族

冯家狗庄冯氏谱序（越支冯氏同宗）

古者国有史，家有乘，而谱系为尤重。昔司马公溯其先，始自穰苴，班孟坚述其世出于斗谷。而唐之刘知几又别做谱考，其按据明审为当世所矜式。诚可谓返本复初，彝伦攸叙之首务也。迨夫后世衰道微，薄于同气抑，且之分流派属远谊疏甚，至有尊卑，尔汝不识其名号者，良由谱之未明系无统，遂至视犹秦越而不觉耳。记曰："亲亲，故尊祖；尊祖，故敬宗；敬宗，故睦族；然欲睦族，而敬宗尊祖，而亲亲要，非谱系之修明则不可。"且夫人之有祖也，犹木之有本，水之有源也。木也枝发于本，水之流出于源，故源远则流长。本大则枝茂，使不明宗辨支，则子姓之日繁而难稽也，尊卑之无序而难考也，长幼之或紊而失次莫辨也。于是冯府诸公，上追远祖，下稽后昆，于道光二年始序谱系。谨按冯氏之先，无非虞夏商周之后，至若暖佐孟尝，唐拜都尉，异封将军，此皆一代之良也。虽时异产殊然，均发于一本，出于一源者也。迄今滦阳冯氏之始祖曰祢公者，而传述世居定州中山后之苗裔，于明永乐二年始迁滦邑冯家狗儿庄，公生子六，建也、文也、本也、存也、茂也、瑞也。自是以下，绳绳振振，繁衍无穷。按支以核，殆十有余世，良由本之大源之远故，其分枝也滋，茂而流派也愈长矣。自今以往，余知览是谱者，将深敦伦睦族之思，溯祖功宗德之自，扩胞民兴物之量大，承前启后之模贤者，其必勉诸不及者，其必企诸得毋如老泉所云："孝弟之心油然而生者哉"。诗曰："无念尔祖聿，修厥德后之君子。"诚能尊尊亲亲，则唐虞三代之隆风正未有艾尔。

刘氏家族

刘唐保刘氏谱序

忆自出就外，传读至尊祖敬宗收族，未尝不三复之。阅他族成谱，未尝不歆之、羡之，且欲修我族之谱也，族兄正芝、志先、于墉在关外多年，凡我族之出关者，殃存皆抄辑成本，且去虽不能尽录，而不录亦少持。惜于配氏皆未详志耳。自同治末年，在家搜辑合族疏札，至光绪八年，往返三四次，携来在关外辑本，聚族而商修谱。无奈众不一辞，有云自明永乐二年至今近五百年矣，则虑其世远；有云自山东定州中山府枣林庄迁于丰润县送甲营镇西之越支者，分五门；迁于送甲营北之刘唐保庄者分七门，虽绝三门，尚有四门，支分派别不下数百户矣，则虑其族繁，自是因循未果，其事遂止。而其志仍不懈者，又细搜寻，将在家前后听获者辑成一本，从此出关，光绪二十七年竟作古于关外。吁十数年之苦心孤意云至矣，十数年之有志未逮，不良可慨哉？幸族侄荣世久蓄此志，去冬商之于余且云：“凡读书者皆已商之。”而余曰：“我族之修谱较之他族为尤难，其故何也？盖我始迁祖来时，一支居越支庄，一支居本庄。自明永乐至我清康熙以前皆有谱本，相传康熙年间，先祖中有人称‘创二爷’者，第知其子刘彬、刘肇。惜不知其何名，并不知其何门人也，将老谱携之入京，一云未返。而今之所可考者，不过口碑与疏札耳，难乎不难？”而荣世侄曰：“不可畏难而苟安也，如再迟延不修，则我不知有祖，而后之祖我者，谁复知有我乎？”今年二月初四日，邀集族人而商谱事，齐声皆曰：“善！”即筮吉期初六日起首，凡修谱，任事者无不踊跃从之，其殆孝弟之心油然而生欤，抑祖宗之灵，爽有以凭之也。复再立家祠，置祭产。间有能上进而膺诏命，以光宗耀祖者，不惟合族人之厚望，亦余之厚望也夫。是为序。

光绪癸卯年三月上浣十四世孙建墉学名握枢，熏沐敬撰。

谱序

盖闻人之生也有本，如水之流也有源。不溯源则不知水之所自流，不追本则不知人之所自生。兹我刘唐保庄与越支庄两刘氏，世传支繁，籍非修谱以叙明其谁知？凡我族亲，皆系我始迁祖，讳登云者之所生哉。故我族中读书者之某某闲尝窃考，定欲修谱，又邀集理事者之某某大众相商，不意人同此心，遂皆曰：“修谱盛事也！”且恐我懈心，助我所需。又况有族伯讳正芝者，其于世居本庄者，将某名某氏并某生某辑成一书，于赴居于关外者，将某地某县并某几丁亦辑成一书。是族伯正芝之心，即修谱之心矣。乃心有余，而天不予算，竟于光绪二十七年在关外寿终。噫！族伯正芝之心不几徒劳枉功哉，然自今视之，伯正芝修谱之心未遂，而修谱之稿创成。幸我宗叔儒学握枢字稻东、族叔国学正朋出为督理，总统、正言、广圣、锡恩等宗正芝之谱稿，志没存之讳名，支分派别，少长咸集，叙清以入谱焉。噫！此修谱也，祖宗之灵也，天假之缘也。从可知我刘氏苗裔亲亲、长长、远近亲疏之情，必从此而具焉矣。初何虑凡我族亲，尚不知身之所自出者，皆始于我始祖讳登云，自山东定州中山府枣林庄不远千里来之身哉。

光绪癸卯年三月上浣十五世孙荣世榜名习曾熏沐敬指撰。

谱序

尝思谱者，属也，普也。人之有谱，所以聊属宗族没或存，欲其普遍无遗也。我刘氏自山东来于丰润，一支居刘唐保庄，一支居越支庄，南北相距十八里。自明永乐至今，相传亦十九世。两庄人每相见，均不忍漠视，与他庄刘姓者不同，总由情关一本也。但今日族大丁多，支分派别，倘不及时修谱以叙明来历，将至于世远年沿，不第远适者，因地隔而彼此相忘，即聚族而居，恐亦有忘其祖，而不知系出何门者。故两庄所由拳拳焉，而无不以修谱为急。南门族祖朝乡有志修谱，尝搜采各家疏札，辑成一本。又与族兄万明屡相考订，恐有差失。自是杰父与三胞叔亦蓄此志，奈力不从心，事难创始。所以迟延至今，而总未得果。其事也，今何幸有北门族伯荣世，去年冬月间，因事过舍间，谈忽及修谱。胞叔遂屡屡称善，追族伯旋里，邀族中理事者而商之，无不踊跃相从。于是有族祖建墉、正言，族伯叔荣世、广圣，族弟锡恩共任其事，虽旷日持久，亦未常惮劳。可见诸公皆孝悌存心也，历月余而谱稿始成。杰强与誊录之列焉。然则谱之修也，不独唯我北门之幸，实亦我南门之幸也，岂不懿欤？爰遵叔命，叙其缘起，附诸序末，用以志悦服之意，云尔。

时

光绪癸卯年三月上浣十六世孙万杰学名价藩沐敬撰。

序

尝思忠孝节义，人之所最重者也。而忠孝义之能尽者，则尤需乎节，节之所系虽大，而节全于男子者犹易，节全于妇人者尤难。正惟其难也，而朝廷有殊恩焉，且有定例焉。果合其例，或入祠，或载志，或匾额，或牌坊，煌煌制典。赫声名，即母家、夫家两家皆与，有荣猗欤。休哉！凡我族之有节宜守者，皆外懔冰霜，内坚金石，则尽己之心节，以全其忠，善事翁姑，节以全其孝，心得制事，咸宜节以全其义，载诸家谱，亦能永垂不朽也，特为序以志之。

光绪癸卯年三月上浣十四世孙建墉学名握枢熏沐敬撰。

王氏家族

枣园王氏家谱序

尝思慎终追远，实乃世人最要之事也。若夫慎终者无非父母临终之时，衣衾棺椁尽其心力而为之，犹可易也。然而追远之事，诚所难也。想自开辟及今，论代约有千百余代，试问世人孰能尽追述之，但年深代远无可考者，总有心追之，亦不能耳。若年浅代近者，尤不可不追也。我王氏自明永乐二年由柳州枣林庄喜鹊窝（小地名）迁于直北丰邑境内，初居于四王庄，后自四王庄复分居于数处，唯我本支祖灵碑公迁居于枣园庄，所生四子分为四门，班班如也。小集本街大小王家庄、李家沙坨子、下王家庄子、渠坨、双坨、董家庄子皆我始迁祖之原派也。父老传说凡前明奉迁者，皆自丁户蕃盛中所选之民也，然则吾王氏之瓜瓞绵衍，自前代而已然矣。余今欲成总谱，虽知与数处同族，惜前世失谱，今亦难详。向唯无谱者，故不免绝沟断港之虞，已往者不可咎矣。继今再不行收合，当前可谱者，不亦散乎！而其弊可忍言乎？仰愿祖宗厚德滋培，支流曼羡，余先父在日，恐源远未分而失其本，尝有意将关里关外凡自枣园庄迁居各处者尽皆访明，录总谱以遗后世。不意寿至半百竟而辞世，以致临终之时，犹念念不忘。余自先父故后，忆此事无日不在心头。惜我时运不济，家务连累，未得早终余父子之志。延至五十六岁，稍有微力，设教潜修轩先，将四门总谱续清，复光绪三十四年与宣统二年正月，散馆之时行关外二次，将上下八城可谱者皆已访明，惟迁居于江东者，路途遥远，余未得亲赴其地。有遗漏之虞，万望我同族之人，各守本业，皆存孝悌睦族之心，少毋凌长，强毋欺弱，雍雍然自有睦风兴焉。余在潜修轩期年内成谱十二部分，存于四门谨厚之家，关里存谱七部，关外存谱五部，后日同族之人遇有谱前遗漏之族，即可补续于谱后，以为将来续修之籍。

余两次行关外，车较路费需银五十余元，关外族中，虽有征助，亦不过谨足一路茶水之资，继而修谱纸笔墨资一切费用，并未受族中分文之助。余生平睦族之意不敢不白于族。

宣统三年三月上浣十三世孙攀桂鹤鸣。

佟氏家族

合族公修序

盖闻族之有谱，亦古宗子之遗法纪，世次叙亲疏，使为子若孙者得知所自来。维五服尽犹不忘水源木本之义，而服有未尽，盖可知孝弟慈爱之忱，是谱之有关于人心为也。我佟祖于前明永乐二年，由定州徙丰邑南百十里曰佟家庄。自始祖后裔分为四门，子继孙承，日就繁衍，赖诸先祖远遵先传，近据见闻按支立谱，方得不失传嗣，十世孙勤思欲承先祖之愿，约同族人续增世次。于是会集族中能事者，求闻见，考核行，见族中之人，咸先集事，不日缮写成帙。合长门二门三门为一谱，自可永传不失矣。而四门届在南村未经会同叙及，终属缺憾。幸而四门十世孙继思考证推寻，叙成四门，始得合长门、二门、三门、四门为全谱，自始祖至十二世胥秩然不紊焉。如水之有源木之有本，而脉络分明，枝柯散达，至支派虽疏，皆得溯流知源，寻未知本，而与尊祖之心，笃亲亲之义，况亲且近之者乎，是谱也。我子孙永保之。

嘉庆九年岁在甲子四月五日十一世孙如柏敬书。

附：

唐山市丰南区所属村庄一览表

单位：丰南镇

村名	曾属镇、社、屯	曾用名	建村时间	备注
铁南村	丰润县胥各庄镇	胥各庄	明永乐年间	
胥各庄一街				
胥各庄二街				
胥各庄三街				
胥各庄四街				
胥各庄五街				
胥各庄六街				
胥各庄七街				
胥各庄八街				
白石庄	丰润县胥各庄镇	白石头庄	清康熙初年	
东清庄湖	丰润县胥各庄镇	清庄湖	明永乐初年	
西清庄湖				
于家泊前村	丰润县胥各庄镇		明万历年间	
于家泊北村	丰润县胥各庄镇		明永乐初年	
兰高庄	丰润县胥各庄镇	狼羔子庄	清康熙初年	
艾坨子	丰润县胥各庄镇		明万历初年	
么家泊	丰润县胥各庄镇	东、西么家泊	明万历年间	
侉庄子一村	丰润县宣庄镇	侉子庄	清康熙初年	
侉庄子二村				
侉庄子三村				
侉庄子四村				
杨贵庄	丰润县宣庄镇		清康熙初年	

村名	曾属镇、社、屯	曾用名	建村时间	备注
大翟庄一村	丰润县宣庄镇		明朝末年	
大翟庄二村				
大翟庄三村				
丰益庄	丰润县胥各庄镇		1656 年	
大庄子			1701 年	
小岔河	丰润县宣庄镇	西岔河	1701 年	
大岔河	丰润县宣庄镇	东岔河	1691 年	
魏家庄	丰润县宣庄镇		1671 年	
张思庄	丰润县宣庄镇		1721 年	
岗子庄			1731 年	
铁匠庄	丰润县胥各庄镇		1721 年	
东板桥	丰润县宣庄镇		1731 年	
西板桥	丰润县宣庄镇		1741 年	
蛮子坨	丰润县胥各庄镇	坨儿上	明永乐初年	
四王庄	滦州桥头社		712 年	
北新庄子	滦州桥头社	新庄子	明初	
西王家河	滦州桥头社		明永乐初年	
东王家河	滦州桥头社		明代	
岭子上	滦州桥头社		明代	
于庄子	滦州桥头社		明代	
高庄子	滦州桥头社		明代	
东望马台	滦州长春社		明代 1704 年	
西望马台				
小王庄	滦州桥头社	王家庄	清顺治初年	
大王庄				
小翟庄	胥各庄镇		明崇祯年间	

唐山市丰南区所属村庄一览表

单位：唐坊镇

村名	曾属镇、社、屯	曾用名	建村时间	备注
莲花泊	丰润县宣庄镇		1406 年	
石桥沽	丰润县宣庄镇	十家沽	1406 年	
莲花沽	丰润县宣庄镇		1635 年	
蒲子泊	丰润县宣庄镇	蒲家泊	1403 年	
双　港	丰润县宣庄镇	双井	1405 年	
义和庄	丰润县宣庄镇		1664 年	
新河庄	丰润县王兰庄镇	芦苇庄	1403 年	
挡水埝	丰润县王兰庄镇		1736 年	
刁庄子	丰润县王兰庄镇	刁家窝铺	1649 年	
翟家庄	丰润县王兰庄镇		1644 年	
塘坊桥		五道桥	1881 年	
南刘砦	丰润县宣庄镇	六间房、兔子砦	1736 年	
塘坊村	丰润县王兰庄镇	唐家房	1739 年	
赵茂庄	丰润县王兰庄镇	泊南刘家庄	1577 年	
孙老庄	丰润县王兰庄镇		1405 年	
张山庄	丰润县王兰庄镇		1825 年	
孔家庄	丰润县王兰庄镇		1634 年	
赵翎庄	丰润县王兰庄镇	赵鸡翎庄	1634 年	

唐山市丰南区所属村庄一览表

单位：王兰庄镇

村名	曾属镇、社、屯	曾用名	建村时间	备注
高先甸	丰润县王兰庄镇	高先家店	1597 年	
横沽一村	丰润县王兰庄镇	横沽、安定沽	1596 年	
横沽二村				
横沽三村				
横沽四村				
高家围		佟家围	1877 年	丰润县志无载
王兰庄一村	丰润县王兰庄镇	王兰庄	638 年	
王兰庄二村				
王兰庄三村				
将军庄	丰润县王兰庄镇		1726 年	
车道铺	丰润县王兰庄镇		1882 年	
大麦铺	丰润县王兰庄镇		1705 年	
西杨庄	丰润县王兰庄镇	杨庄子	1578 年	
董恩庄	丰润县王兰庄镇		1600 年	
岔道口	丰润县王兰庄镇		1575 年	
董唐庄	丰润县王兰庄镇		1585 年	
董代庄	丰润县王兰庄镇		1585 年	
么家庄	丰润县王兰庄镇		1724 年	
张神庄	丰润县宣庄镇	张台庄	1630 年	
高家庄	丰润县王兰庄镇		1629 年	
马家庄	丰润县王兰庄镇		1631 年	
杨庄户	丰润县宣庄镇		1726 年	
李报庄	丰润县宣庄镇		1667 年	
孙永庄	丰润县王兰庄镇		1523 年	
刘迁庄	丰润县王兰庄镇		1404 年	
抓先庄	丰润县王兰庄镇		1404 年	
王道庄	丰润县王兰庄镇	王道士	1800 年	
刘官庄	丰润县王兰庄镇	景阳庵	1737 年	
彭家庄	丰润县王兰庄镇		1369 年	
毕武庄	丰润县王兰庄镇	比武庄	1404 年	

唐山市丰南区所属村庄一览表

单位：南孙庄乡

村名	曾属镇、社、屯	曾用名	建村时间	备注
南孙庄	丰润县宣庄镇	孙家庄	1407 年	
刘胡庄	丰润县韩城镇	刘湖庄	1401 年	
北孙庄	丰润县宣庄镇	小孙家庄	1634 年	
新赵庄	丰润县欢喜庄镇	赵新庄	1407 年	
董庄子	丰润县韩城镇	三家店	1406 年	
李新庄	丰润县宣庄镇		1667 年	
薛家妵	丰润县欢喜庄镇		1631 年	
刘家妵	丰润县宣庄镇	北刘妵	1631 年	
东　街		桃子庄	1633 年	
韩家场	丰润县宣庄镇	韩家厂	1407 年	
张六庄	丰润县欢喜庄镇		1630 年	
东张稳	丰润县欢喜庄镇	东规昆庄	1427 年	
西张稳	丰润县欢喜庄镇	西规昆庄	1427 年	
何仓庄	丰润县欢喜庄镇		1410 年	
杨英庄	丰润县韩城镇	养鹰庄	1407 年	
小李庄	丰润县欢喜庄镇	小李家庄	1633 年	
小何庄	丰润县韩城镇	小何家庄	1665 年	
马新庄	丰润县欢喜庄镇		1405 年	
新王庄	丰润县欢喜庄镇	王家庄	1630 年	
北袁庄	丰润县胥各庄镇		1433 年	
无名泊	丰润县欢喜庄镇	吴名泊	1798 年	
深　井	丰润县韩城镇		1798 年	
教军场	丰润县欢喜庄镇	教厂庄	1798 年	
小张庄	丰润县欢喜庄镇	张家庄	1671 年	
赵四牛	丰润县韩城镇	赵犇牛庄	1666 年	
王玉石	丰润县欢喜庄镇	王御史庄	1649 年	
黄河庄		黄何庄	1669 年	丰润县志无载
张干庄		芦子庄	1647 年	

唐山市丰南区所属村庄一览表

单位：东田庄乡

村名	曾属镇、社、屯	曾用名	建村时间	备注
东田庄	丰润县王兰庄镇	大田家庄	1626 年	
西田庄	丰润县王兰庄镇	小田家庄	1626 年	
李兴庄西街	丰润县宣庄镇		1548 年	
李兴庄东街				
郭家庄	丰润县王兰庄镇		明崇祯初年	
付庄子	丰润县王兰庄镇	付家庄	1405 年	
刘四新	丰润县王兰庄镇	刘四新庄	1630 年	
张良庄	丰润县胥各庄镇		1630 年	
崔庄户	丰润县王兰庄镇	崔家庄	1632 年	
王打刁庄	丰润县王兰庄镇	王大刀庄	1620 年	
宋庄子	丰润县王兰庄镇		1620 年	
韩庄子	丰润县王兰庄镇	韩家庄	1631 年	
刘木林	丰润县王兰庄镇	刘木林庄	1582 年	
岂庄子	丰润县胥各庄镇		1580 年	
谷庄子	丰南县胥各庄镇	谷家庄	1643 年	
么排庄	丰南县胥各庄镇	杨排庄	1647 年	
西刘良	丰南县胥各庄镇		1579 年	
新集	丰润县韩城镇	新集庄	1634 年	
东刘良	丰南县胥各庄镇		1579 年	
南元庄	丰润县韩城镇	南袁家庄	1632 年	
小于庄	丰润县韩城镇	于家庄	1665 年	
大吴庄	丰润县王兰庄镇		1405 年	
刘大官庄	丰润县王兰庄镇	刘家窝铺	1574 年	
张柏庄	丰润县王兰庄镇		1404 年	
大吴庄户	丰润县王兰庄镇	吴庄户	1598 年 1572 年	
小吴庄户				
孙茂庄	丰润县韩城镇		1630 年	

唐山市丰南区所属村庄一览表

单位：黄各庄镇

村名	曾属镇、社、屯	曾用名	建村时间	备注
西老治	丰润县宣庄镇	老治庄	1742 年	
东老治				
东洪鸭泊	丰润县宣庄镇	东红家泊	1404 年	
西洪鸭泊	丰润县宣庄镇	西红家泊	1404 年	
王洪庄	丰润县宣庄镇	王红庄	638 年	
王家盘子	丰润县宣庄镇	王家盘	1404 年	
曹庄子	丰润县宣庄镇	曹家庄	1404 年	
赵新庄			1605 年	丰润县志无载
顶戴庄	丰润县宣庄镇		1603 年	
宋家坨	丰润县宣庄镇		1404 年	
五相庄			1533 年	丰润县志无载
公庄子	丰润县宣庄镇	龚家庄	1875 年	
宣庄一街	丰润县宣庄镇	宣各庄	1404 年	
宣庄二街				
宣庄三街				
宣庄四街				
宣庄五街				
宣庄六街				
楼庄子	丰润县宣庄镇		1522 年	
忠信庄	丰润县宣庄镇		1735 年	属丰润县志无载
新房子	丰润县宣庄镇	丰裕庄	1628 年	属丰润县志无载
作城庄	丰润县宣庄镇	二节沙子	1752 年	属丰润县志无载
董各庄一村	丰润县宣庄镇		1404 年	
董各庄二村				
董各庄三村				
董各庄四村				

村名	曾属镇、社、屯	曾用名	建村时间	备注
太平庄	丰润县宋家营镇	王勺庄	1404 年	
张建庄	丰润县宋家营镇		1671 年	
郝庄子	丰润县宋家营镇	郝家庄	1404 年	
汤家庄			1324 年	滦州志无载
杨家庄	丰润县宋家营镇		1404 年	
庄　窠	丰润县宋家营镇	杨家庄？	1404 年	
南新庄子	丰润县宋家营镇	道院寺新庄子	1404 年	
老庄子	丰润县宋家营镇		1454 年	
范家岗	丰润县宣庄镇		1662 年	丰润县志无载
李家博乐	丰润县宣庄镇		1404 年	丰润县志无载
董家博乐	丰润县宣庄镇		1404 年	丰润县志无载
韩家博乐	丰润县宣庄镇		1404 年	
张家博乐	滦州长春社	张家籦箩	明初	
双　坨	丰润县宣庄镇		647	丰润县志无载
东发旺台	丰润县宣庄镇	发旺台、放马台	1662 年	
西发旺台				
黄各庄一村	丰润县宣庄镇	黄各庄、黄土岗	1404 年	
黄各庄二村				
黄各庄三村				
李家庄	丰润县宣庄镇	李庄子	1790	
红花园			1404 年	丰润县志无载
东黄各庄		东韩庄	1404 年	丰润县志无载
米　厂	丰润县宣庄镇	迷城庄	清代初期	
东城坨	丰润县宣庄镇	东米城坨	1796 年	
西城坨	丰润县宣庄镇	西米城坨	1796 年	
河　西		七沟房子	1792 年	丰润县志无载
北杨家泊	丰润县宣庄镇	杨家泊	1404 年	
西杨家泊				
南杨家泊				

唐山市丰南区所属村庄一览表

单位：西葛镇

村名	曾属镇、社、屯	曾用名	建村时间	备注
越支一村	丰润县宣庄镇	越支庄	1336 年	
越支二村				
越支三村				
越支四村				
越支五村				
越支六村				
刘各庄	丰润县宋家营镇		1404 年	
李各庄	丰润县宋家营镇		1367 年	
东葛庄	丰润县宋家营镇	小葛各庄	明永乐年间	
西葛庄	丰润县宋家营镇	大葛各庄	1404 年	
东尖坨一村	丰润县宋家营镇	东尖坨	1404 年	
东尖坨二村				
东尖坨三村				
东尖坨四村				
西尖坨	丰润县宋家营镇		1404 年	
沙坨子	丰润县宋家营镇	傅家沙坨	1404 年	
孟　庄	丰润县宋家营镇		1404 年	
蛮子坨	丰润县宋家营镇		1404 年	

唐山市丰南区所属村庄一览表

单位：黑沿子镇

村名	曾属镇、社、屯	曾用名	建村时间	备注
黑沿子北村	丰润县小集镇	黑沿子、海沿子	1573 年	
黑沿子东村				
黑沿子西村				
毕家酆东村	丰润县宣庄镇	毕家酆	1404 年	
毕家酆西村				
毕家酆中村				
涧河一村	丰润县宣庄镇	涧河	1573 年	
涧河二村				
涧河三村				

唐山市丰南区所属村庄一览表

单位：柳树鄙镇

村名	曾属镇、社、屯	曾用名	建村时间	备注
柳树鄙东村	丰润县宣庄镇	柳树鄙	1662 年	
柳树鄙北村				
柳树鄙前村				
夏新庄	丰润县宣庄镇	下新庄	1644 年	
韩家鄙	丰润县宣庄镇		1650 年	
李富庄	丰润县宣庄镇		1736 年	
戟　门	丰润县宣庄镇	挤门庄	1671 年	
刘德庄	丰润县宣庄镇		1644 年	
老　铺	丰润县宣庄镇		1682 年	
廒　里	丰润县宣庄镇	熬里庄	1755 年	
三　沟			1968 年	
西河一村	丰润县王兰庄镇	西河	1506 年	
西河二村				
西河三村				

唐山市丰南区所属村庄一览表

单位：尖子沽乡

村名	曾属镇、社、屯	曾用名	建村时间	备注
望马泊大街	丰润县王兰庄镇	望马泊	1736 年	
望马泊西街				
望马泊北街				
上双坨	丰润县王兰庄镇		1737 年	
下双坨	丰润县王兰庄镇		1804 年	
雁翎庄	丰润县宣庄镇	闫李庄	1675 年	丰润县志无载
尖子沽	丰润县宣庄镇		1736 年	
东河沽	丰润县宣庄镇		1686 年	
蒲台河	丰润县宣庄镇		1736 年	

唐山市丰南区所属村庄一览表

单位：稻地镇

村名	曾属镇、社、屯	曾用名	建村时间	备注
稻地二村	滦州长春社		1190年	稻地镇
桥　东				
桥　西				
西门外				
龙凤庄			1404年	耿家街
边庄子	滦州长春社		明初	
北　岭	滦州长春社		明初	
窦家庄	滦州长春社		明初	
喻庄子	滦州长春社	喻家庄	明代	
东大夫坨	滦州桥头社	东大福坨	明代	
西大夫坨	滦州桥头社	西大福坨	明代	
傅家坨	滦州桥头社	富家坨	明代	
孙家楼	滦州桥头社		明初	
安机寨北街	滦州桥头社		明初	
安机寨中街				
安机寨前街				
重广庵	滦州桥头社	重家庵子	明初	
杨庄子	滦州长春社	杨家庄	明初	
相庄子	滦州长春社	相家庄	明初	
景庄子	滦州长春社	景家庄	明代	
尚德村	滦州长春社		明代	
范庄	滦州长春社	范家庄	1404年	
傅庄北街	滦州长春社	傅家庄	明代	
傅庄前街				
傅庄中街				
傅庄腰街	丰润县宣庄镇			
于　庄	丰润县宋家营镇	于家庄	1404年	
王　庄	丰润县宋家营镇	王家庄	1404年	
霍　庄	丰润县宋家营镇	霍家庄	1404年	
大公庄	滦州长春社	大工庄	金代	
李新庄	滦州长春社	公尚新庄子	金代	
胡家庄	滦州长春社		金代	
张福庄	丰润县宋家营镇	张飞庄	1404年	
刘唐保东街	丰润县宋家营镇	刘家庄	明永乐初年	小北街属滦州长春社
刘唐保西街				
刘唐保中街				
刘唐保北街				

唐山市丰南区所属村庄一览表

单位：大齐各庄镇

村名	曾属镇、社、屯	曾用名	建村时间	备注
大长春	滦州长春社	长春淀	辽代	
安各庄	滦州长春社	安家庄	明初	
小长春	滦州长春社	长春淀	辽代	
小史马	滦州长春社	小史马庄	明永乐初年	康庄社三十户
王家楼	滦州长春社	望家楼	明永乐初年	
王庄子村	滦州长春社	王家庄	辽代	
小公庄村	滦州长春社	小工庄、小宫庄	金代	
大齐各庄	滦州康庄社	大齐家庄	1404 年	
小齐各庄	滦州嘉祐屯	小齐家庄	明永乐年间	
詹家屯	遵化州忠义屯		1404 年	
李家坨	滦州长春社		1404 年	
夏庄屯	遵化州忠义屯		1404 年	滦州赤口社（5 户）
小王庄	滦州北柳河社		1404 年	
鲁　庄	滦州长春社		明永乐年间	
大田港	滦州北柳河社	大田港新庄子	1404 年	
高各庄	滦州北柳河社		1404 年	
赵各庄	滦州北柳河社		1404 年	
林　屯	遵化州忠义屯	林家屯	1581 年	
井　屯	遵化州忠义屯		明永乐年间	

唐山市丰南区所属村庄一览表

单位：小集镇

村名	曾属镇、社、屯	曾用名	建村时间	备注
大韩庄	丰润县小集镇	韩家庄	1404 年	
起庄子	丰润县小集镇	起家庄	1404 年	
大孙庄	丰润县小集镇	大孙家庄	1404 年	
郑家坨	丰润县小集镇		1404 年	
东邸庄	丰润县小集镇		1404 年	
东刘庄	丰润县小集镇		1404 年	
西刘庄	丰润县小集镇		1404 年	
西郑庄	丰润县小集镇		1404 年	
小　集	丰润县小集镇		1404 年	
东王庄	丰润县小集镇	北王家庄	1404 年	
赵　庄	丰润县小集镇	赵家庄	1404 年	
鸭子庄	丰润县小集镇		1404 年	
洼　里	丰润县小集镇	洼儿庄	1404 年	
杨　塘	丰润县小集镇	杨家塘	1404 年	
小高庄	丰润县小集镇	高家庄	1404 年	
西邸庄	丰润县小集镇	邸家庄	1404 年	
北田庄	丰润县小集镇	田家庄	明初	
北韩庄	丰润县小集镇	北韩家庄	元至元初年	
张　庄	滦州北柳河社	张家湾坨	明永乐年间	
骚古庄	滦州北柳河社		明永乐年间	
柳　河	滦州北柳河社		1412 年	
康各庄	滦州北柳河社		明永乐年间	
西纪各庄	滦州北柳河社	几家庄	明永乐年间	

<table>
<tr><th>村名</th><th>曾属镇、社、屯</th><th>曾用名</th><th>建村时间</th><th>备注</th></tr>
<tr><td>东纪各庄</td><td>滦州北柳河社</td><td></td><td>明永乐年间</td><td></td></tr>
<tr><td>檀　庄</td><td>滦州崇道屯</td><td>檀家庄</td><td>1404 年</td><td></td></tr>
<tr><td>张　坨</td><td></td><td></td><td>明永乐初年</td><td>滦州志无载</td></tr>
<tr><td>北董庄子</td><td>滦州崇道屯</td><td>董庄子</td><td>1404 年</td><td></td></tr>
<tr><td>钱　庄</td><td></td><td>郭城子</td><td>1271 年</td><td>滦州志无载</td></tr>
<tr><td>辉　坨</td><td>滦州崇道屯</td><td>灰坨</td><td>明永乐年间</td><td></td></tr>
<tr><td>油房庄</td><td>滦州北柳河社</td><td></td><td>明永乐年间</td><td></td></tr>
<tr><td>北刘庄</td><td></td><td>刘家庄</td><td>1404 年</td><td></td></tr>
<tr><td>小北柳河</td><td>丰润县爽坨镇</td><td></td><td>1404 年</td><td></td></tr>
<tr><td>碱　城</td><td>丰润县爽坨镇</td><td>碱场</td><td>1271 年</td><td></td></tr>
<tr><td>龙　湾</td><td>丰润县爽坨镇</td><td>龙湾庄</td><td>1404 年</td><td></td></tr>
<tr><td>杨　庄</td><td>丰润县爽坨镇</td><td>杨家庄</td><td></td><td>丰润县志无载</td></tr>
<tr><td>小庄子</td><td></td><td></td><td>1271 年</td><td></td></tr>
<tr><td>东韩庄</td><td>丰润县爽坨镇</td><td></td><td>1404 年</td><td></td></tr>
<tr><td>宋家营一村</td><td rowspan="6">丰润县宋家营镇</td><td rowspan="6">送甲营、宋家营</td><td rowspan="6">唐代</td><td rowspan="6"></td></tr>
<tr><td>宋家营二村</td></tr>
<tr><td>宋家营三村</td></tr>
<tr><td>宋家营四村</td></tr>
<tr><td>宋家营五村</td></tr>
<tr><td>宋家营六村</td></tr>
<tr><td>郑庄子</td><td>丰润县宋家营镇</td><td>郑家庄</td><td>1404 年</td><td></td></tr>
<tr><td>吕庄子</td><td></td><td></td><td>1404 年</td><td>丰润县志无载</td></tr>
<tr><td>姚　庄</td><td>丰润县宋家营镇</td><td>姚家庄</td><td>1404 年</td><td></td></tr>
<tr><td>深　港</td><td>丰润县宋家营镇</td><td>深港庄</td><td>1404 年</td><td></td></tr>
<tr><td>新房子</td><td>丰润县宋家营镇</td><td></td><td>1404 年</td><td></td></tr>
</table>

唐山市丰南区所属村庄一览表

单位：钱营镇

<table>
<tr><th>村名</th><th>曾属镇、社、屯</th><th>曾用名</th><th>建村时间</th><th>备注</th></tr>
<tr><td>草各庄</td><td>滦州花港社</td><td></td><td></td><td></td></tr>
<tr><td>新庄子</td><td>滦州花港社</td><td></td><td>明永乐年间</td><td></td></tr>
<tr><td>小赞公庄</td><td rowspan="4">滦州康庄社</td><td rowspan="4">赞公庄</td><td rowspan="4">明永乐年间</td><td rowspan="4"></td></tr>
<tr><td>前赞公庄</td></tr>
<tr><td>中赞公庄</td></tr>
<tr><td>后赞公庄</td></tr>
<tr><td>崔庄子</td><td></td><td></td><td>1004 年</td><td>滦州志无载</td></tr>
<tr><td>北苗庄</td><td>滦州康庄社</td><td>小苗庄</td><td>明永乐年间</td><td></td></tr>
<tr><td>南苗庄</td><td>滦州北柳河社</td><td>大苗庄</td><td>明永乐年间</td><td></td></tr>
<tr><td>东黄庄</td><td>滦州北柳河社</td><td>黄各庄</td><td>明永乐年间</td><td></td></tr>
<tr><td>阎　庄</td><td>滦州北柳河社</td><td>闫家庄</td><td>1419 年</td><td></td></tr>
<tr><td>钱　营</td><td>滦州花港社</td><td>钱家营</td><td>明永乐年间</td><td></td></tr>
<tr><td>北阳庄</td><td>滦州花港社</td><td></td><td>明永乐年间</td><td></td></tr>
<tr><td>林子里</td><td>滦州嘉祐屯</td><td></td><td>1404 年</td><td></td></tr>
<tr><td>学各庄</td><td>滦州崇道屯</td><td></td><td>明初</td><td></td></tr>
<tr><td>罗各庄</td><td>滦州崇道屯</td><td></td><td>明初</td><td></td></tr>
<tr><td>王各庄</td><td>滦州花港社</td><td></td><td>明永乐年间</td><td></td></tr>
<tr><td>岭上庄</td><td>滦州崇道屯</td><td></td><td>明永乐年间</td><td></td></tr>
<tr><td>小　屯</td><td>滦州嘉祐屯</td><td></td><td>明初</td><td></td></tr>
<tr><td>李毫子庄</td><td>滦州赤口社</td><td>李蒿子庄</td><td>明初</td><td></td></tr>
<tr><td>钱毫子庄</td><td>丰润开平镇</td><td>钱家濠</td><td>1404 年</td><td></td></tr>
<tr><td>陆毫子庄</td><td>丰润开平镇</td><td>陆家濠</td><td>明初</td><td></td></tr>
<tr><td>汤毫子庄</td><td>滦州北柳河社</td><td></td><td>明初</td><td></td></tr>
<tr><td>徐　街</td><td></td><td></td><td>1404 年</td><td>滦州志无载</td></tr>
<tr><td>中石各庄</td><td rowspan="2">滦州崇道屯</td><td rowspan="2"></td><td>1404 年</td><td></td></tr>
<tr><td>前石各庄</td><td>1404 年</td><td></td></tr>
<tr><td>东北柳河</td><td rowspan="3">滦州北柳河社</td><td></td><td rowspan="3">明初</td><td></td></tr>
<tr><td>中北柳河</td><td></td><td></td></tr>
<tr><td>西北柳河</td><td></td><td></td></tr>
</table>

村名	曾属镇、社、屯	曾用名	建村时间	备注
李庄子	滦州北柳河社		明永乐初年	
东桥北坨	滦州狗儿社		明永乐初年	
西桥北坨	滦州狗儿社		明永乐初年	
太各庄	滦州狗儿社		明初	
陆庄子	滦州狗儿社	刘家庄	明初	
刘庄子	滦州狗儿社	陆家庄	1404 年	
史庄子	滦州赤口社	史家庄	明初	
前打弓庄	滦州赤口社		明初	
后打弓庄	滦州赤口社	后打公庄	明初	
毕家庄	滦州赤口社		明初	
前程各庄	滦州赤口社	成各庄	明初	
后程各庄			明初	
仁义庄			明初	滦州志无载
中南阳庄	滦州花港社	南阳庄	明初	
后南阳庄				
前南阳庄				
王庄子			1404 年	滦州志无载
小　营	滦州嘉祐屯	小营庄	1404 年	
惊马林	滦州崇道屯		明永乐初年	
谢马庄	滦州崇道屯	谢家庄	明永乐年间	
大张各庄	滦州崇道屯		明初	
大陈庄	滦州崇道屯		1404 年	
王官屯	滦州康庄社		明初	
鲁庄子			1404 年	滦州志无载
北新庄	滦州花港社		1404 年	
小张各庄	滦州花港社		明初	
碾子庄	滦州花港社	辇子庄	明初	
高各庄	滦州花港社		明初	
郑各庄	滦州康庄社	征各庄	明初	
东五里屯	滦州康庄社	吴家屯	明初	
中五里屯				
西五里屯				

唐山市丰南区所属村庄一览表

单位：大新庄镇

村名	曾属镇、社、屯	曾用名	建村时间	备注
大新庄一村	丰润县黄米廒镇	大新庄	1404 年	
大新庄二村				
大新庄三村				
大赵庄	丰润县黄米廒镇		1404 年	
薄　庄			1404 年	
小河各庄	丰润县爽坨镇		1404 年	
大河各庄	丰润县爽坨镇		1404 年	
柳林一村	丰润县爽坨镇		1798 年	
柳林二村				
柳林三村				
孙沙坨	丰润县小集镇		1405 年	
薄　港	丰润县黄米廒镇	薄家港	1404 年	
李公道庄	丰润县黄米廒镇	李鄂大庄	1404 年	
大岭子	丰润县小集镇		1404 年	
小岭子	丰润县小集镇		1404 年	
沙沟庄	丰润县黄米廒镇		明永乐年间	
安　子	丰润县黄米廒镇		1404 年	
薄庄子	丰润县黄米廒镇		1404 年	
东李庄	丰润县黄米廒镇		1404 年	
四间房	丰润县黄米廒镇	丝茧房	1404 年	
南董庄	丰润县爽坨镇	董家庄	1629 年	
渠　坨	丰润县爽坨镇		1404 年	
枣　园	丰润县爽坨镇		1404 年	
东八户	丰润县爽坨镇	八户庄	1644 年	
西八户				
大佟庄一村	丰润县黄米廒镇	大佟家庄	明永乐初年	
大佟庄二村				
大佟庄三村				
博乐坨	丰润县黄米廒镇	部落坨	明洪武年间	
芝麻坨		置买坨		丰润县志无载

村名	曾属镇、社、屯	曾用名	建村时间	备注
东滩沟			1404 年	丰润县志无载
西滩沟			1404 年	丰润县志无载
佟庄子	丰润县黄米廒镇		1404 年	
黄米廒	丰润县黄米廒镇		1404 年	
水西村	丰润县黄米廒镇		1404 年	
小双坨			1404 年	
养马坨	丰润县黄米廒镇	羊马坨	1404 年	
小裴庄			1404 年	
大裴庄	丰润县黄米廒镇		1404 年	
阎魏庄	丰润县黄米廒镇		1404 年	
河沿庄	丰润县黄米廒镇		1404 年	
孟庄子			1404 年	丰润县志无载
寺　坨			1404 年	
爽坨一村	丰润县爽坨镇	爽坨镇、双坨	元代	
爽坨二村				
爽坨三村				
爽坨四村				
爽小庄			元代	丰润县志无载
瓦子庄	丰润县爽坨镇		1404 年	
东崔坨	丰润县爽坨镇	崔家庄、盔甲坨	元代	
西崔坨			元代	
小卢庄			元代	丰润县志无载
菜　园			明崇祯年间	丰润县志无载
六各庄	丰润县爽坨镇		清顺治年间	
黑　坨	丰润县爽坨镇		元代	
双　港	丰润县爽坨镇		元代	
王家岭坨	滦州狗儿社		明永乐年间	
李岭坨	滦州狗儿社		明隆庆年间	
郭家岭坨	滦州狗儿社		元代	
沟子岭坨	滦州狗儿社	聂家岭坨	元代	
高　庄	滦州狗儿社	高庄子	清顺治年间	
杜　林	滦州狗儿社		明永乐年间	

大爱献史志　妙笔著华章

——《丰南志体古籍汇编》跋

20 世纪 80 年代初，我就从事《丰南县志》的编纂工作。因丰南是 1946 年新建县，原属丰润和滦县，历史上从无属于丰南的旧志。有关丰南的历史资料，只在旧《丰润县志》和旧《滦州志》中有部分记载，既不完整也不系统，所以在编《丰南县志》时尽管千方百计地搜集了一些历史资料，但仍显苍白无力。也曾设想把散记在旧史志中有关丰南的历史资料摘录下来，汇集成册，但又一想，此项工程浩繁，须耗大量的时间和精力，几次想动手，却望而生畏。总感到这是一大遗憾，是对丰南人民的一笔欠账，每念及此，就惴惴不安。可是没想到，2015 年 10 月，原大齐各庄镇人大主席郭百新同志携《丰南志体古籍汇编》送我审阅，我如获至宝，喜出望外，仿佛是在做梦，然而，沉甸甸的资料告诉我，这真的不是梦！

我与百新相识有十几个年头了，记得是 2006 年 5 月，我们去沿海黑沿子镇征集修志资料，作为镇党委副书记的他，在办公室热情地接待了我们。从交谈中，得知他热爱史志工作，喜欢读书，积累了不少黑沿子镇历史资料，并有一定的文字功底和古文基础。彼此之间颇有“同声相应，同气相求”之感。

此后，或晤面交流，或电话沟通，结成了“忘年交。”他在黑沿子镇期间，从多方面研究当地历史文化，编写了一部近十几万字的《黑沿子要事纪略》。以后他调到大齐各庄镇，仍是笔耕不辍，仅用一年多的时间，走访上百位亲历者，完成一部 24 万字的传记文学作品——《传奇英雄——大中》，展现战争年代本土英雄的光辉事迹。此外，结合个人爱好，他还写过一些散文、报告文学和历史考证文章。他的文章如同他本人，无矫揉造作之风，亦无故作惊人之笔，娓娓道来，如行云流水，真实、朴实、严谨、生动，有很强的可读性和存史价值。

从 2006 年，他开始编纂《丰南志体古籍汇编》，这是一项非常艰难复杂的工作，其难度主要有三；一是搜集资料难，有关丰南的史志资料不光分布在旧《丰润县志》《滦州志》，有的还需在统领这些州、县的遵化直隶州、永平府的志书中去查找，这些州、府、县又多次修志，其旧志很难查找，他上京、津，去保定、石家庄，跑有关县、市、区等地的图书馆、档案馆，经数千公里跋涉，利用一切可利用的人脉资源查阅旧志30余部。他还跑遍了本区所有乡、镇，收集旧家谱30余部。同时，他还阅读了《中国二十五史》《读史方舆纪要》《水经注》《清实录》等近百种史籍。

面对这些汗牛充栋的史志资料，查找有关丰南的史料如同大海捞针，尤其是有许多资料都很珍贵，既不能购买，也不能借，他用复印、摄影、抄录等方法，用了近十年时间收集资料上百万字。

二是搜集资料固然艰苦，整理资料更为困难。这些资料都是文言文，古代语法与现代汉语有较大差异，其行文、用词用典也迥然不同，其纪年、地名、称谓等与今也大相径庭，而且都无标点符号，连句子都断不开，尤其是对“圣旨”类的文字，更晦涩难懂，如读天书。但这些都没难倒他，他一面苦心钻研，一面向能者智者请教，在干中学，在学中干。十几年来，他“焚膏继晷”“恒兀兀以穷年”“爬罗剔抉”分条缕析，不仅读懂了这些史料，还将其全部句读，将繁体字、异体字转为简体，这真是：满纸金玉言，一把辛酸泪。都云作者痴，谁解其中味？只有亲自搞过史志编纂的人，才能体味到其中的苦辣酸甜咸。

三是资料整理出来以后，如何分类、排列，编纂成一部科学的、符合旧方志体例的资料汇编，仍然是一项艰苦的工作，民国方志学家李泰棻说“纂志之道故多，而门目标题，则为首要”。《丰南志体古籍汇编》既然是志体的，而且是旧志体例，作为新中国成立后出生的郭百新同志对旧志的编纂体例是非常生疏的，这些都没难住他，不懂就学。他研究了三十余部旧志书的体例，终于制定出了一部既符合旧志体例，又符合丰南特点的古志体的编纂篇目，这是修志工作的一个创举。这部志体古籍汇编，采用了卷与类目相结合的旧志编纂体例。全书共设方舆、建置、职官、赋役、学仕、人物、风土、艺文、谱籍九卷，每卷下又设若干类目，共设80多个类目。清光绪《丰润县志》只设四卷、29 个类目，清光绪《滦州志》设十八卷，87 个类目。与两部旧志比较，《丰润县志》显得过粗过简，《滦州志》则显得过细过于琐碎。相比之下，《丰南志体古籍汇编》则吸收了其长，摒弃了其短，显得更加科学，归并得当，排列有序，纲举目张，一目了然。

《丰南志体古籍汇编》不但汇集了相关旧志的资料，还汇集了国家正史和有关其他史料书籍中，尤其可贵的是将家谱资料也选入了“汇编”，这是旧志中所没有的，也是旧志整理的一个创新。族谱是中华民族三大历史文献（正史、地方志、家谱）之一，属珍贵的人文资料，对于历史学、民族学、人口学和经济学的深入研究，均有不可替代的独特功能。它还可以补志之缺，详志之略。《丰南志体古籍汇编》以旧志为主体，融正史、族谱为一体，不仅丰富了旧志的内容，而且更突出了其可信性、权威性。其出版发行，是丰南人民政治文化生活中的一件盛事，弥补了丰南历史文化的断层，使丰南有了一部属于自己的、完整的、系统的历史文献。其意义之大有三：第一，可以为丰南建设经济强区、文化强区提供可靠的历史资料，有利于了解国情、地情。第二，可以为爱国爱乡教育提供生动的乡土教材。恩格斯说过“爱国主义是以爱家乡为基础的。”第三，从更大范围来说，本书的出版，也为全国新设县区旧志整理提供了一条创新性的参考路径。

我们应感谢百新同志，他长期奋战在乡镇一线，面向基层群众，任务复杂繁重，工作之余本来可以放松一下，可是他没这样做，而是把业余时间全用在研究丰南历史文化上面，并为此痴迷、上瘾。闷热的伏天，人们在室外纳凉聊天，他却挥汗如雨查阅史料；严冬寒夜，人们在娱乐消遣，他却在灯下奋笔疾书。其动力源于何处？源于对生于斯，长于斯的丰南热土无限热爱。在此，真心期待百新同志百尺竿头更进一步，在新的岗位上，努力创作出更多、更好的作品，为丰南历史文化繁荣做出更大的贡献。

最后，我想再强调两点：一是这部古籍汇编都是从旧史志中摘录下来的，保存了丰富珍贵的历史文化资料，但这些史志都是历代封建统治阶级编修的，必然带有封建统治阶级的思想意识，如皇权至上、忠孝节义等。编写的这部古籍汇编，为保持原貌，对那些错误东西未加批判。阅读时要用马克思主义、毛泽东思想吸收其民主性的精华，剔除其封建性的糟粕。二是全书都是文言文，由于编者的水平所限，有些句读及生僻字转换可能不准确，种种错误肯定不少，欢迎读者不吝赐教。

——唐山市丰南区地方志办公室原主任李继隆

2018 年 5 月于丰南